中华
正史
经典

汉书

〔汉〕班固 撰
〔唐〕颜师古 注

三

中华书局

汉 书 卷 四 十

张陈王周传第十

张良字子房，其先韩人也。大父开地，①相韩昭侯、宣惠王、襄哀王。父平，相釐王、②悼惠王。悼惠王二十三年，平卒。卒二十岁，秦灭韩。良（年）少，[1]未宦事韩，韩破，良家僮三百人，弟死不葬，悉以家财求客刺秦王，为韩报仇，以五世相韩故。③

①应劭曰："大父，祖父，开地，名也。"

②师古曰："釐读曰僖。"

③师古曰："从昭侯至悼惠王，凡五君。"

1775

良尝学礼淮阳，东见仓海君，①得力士，为铁椎重百二十斤。秦皇帝东游，至博狼沙中，②良与客狙击秦皇帝，③误中副车。④秦皇帝大怒，大索天下，⑤求贼急甚。良乃更名姓，亡匿下邳。⑥

①晋灼曰："海神也。"如淳曰："东夷君长也。"师古曰："二说并非。
　盖当时贤者之号也。良既见之，因而求得力士。"

②服虔曰："河南阳武南地名也，今有亭。"师古曰："狼音浪。"

③师古曰："狙谓密伺之，音千豫反，字本作覰。"

④师古曰："副谓后乘也。"

⑤师古曰："索，搜也。索音山客反。"

⑥师古曰："更，改也。"

　良尝闲从容步游下邳圯上，①有一老父，衣褐，至良所，②直
堕其履圯下，③顾谓良曰："孺子下取履！"④良愕然，欲殴之。⑤
为其老，乃强忍，下取履，因跪进。父以足受之，笑去。良殊大
惊。父去里所，复还，⑥曰："孺子可教矣。后五日平明，与我期
此。"良因怪（之），[2]跪曰："诺。"五日平明，良往。父已先在，
怒曰："与老人期，后，何也？去，后五日蚤会。"⑦五日，鸡鸣
往。父又先在，复怒曰："后，何也？去，后五日复蚤来。"五
日，良夜半往。有顷，父亦来，喜曰："当如是。"出一编书，⑧
曰："读是则为王者师。后十年兴。十三年，孺子见我，济北穀
城山下黄石即我已。"⑨遂去不见。旦日视其书，乃太公兵法。良
因异之，常习〔读〕诵。[3]

①服虔曰："圯音颐，楚人谓桥曰圯。"应劭曰："汜水之上也。"文颖
　曰："沂水上桥也。"师古曰："下邳之水，非汜水也，又非沂水。
　服说是矣。"

②师古曰："褐制若裘，今道士所服者是。"

③师古曰："直犹故也，一曰正也。"

④师古曰："孺，幼也。"

⑤师古曰："愕，惊貌也。殴，击也，音一口反。"

⑥师古曰："行一里许而还来。"

⑦师古曰："放良令去，戒以后会也。其下亦同。蚤音早。"

⑧师古曰："编谓联次之也。联简牍以为书，故云一编。编音鞭。"

⑨师古曰："已，语终之辞。"

居下邳，为任侠。项伯尝杀人，从良匿。

后十年，陈涉等起，良亦聚少年百馀人。景驹自立为楚假王，在留。良欲往从之，行道遇沛公。沛公将数千人略地下邳，遂属焉。沛公拜良为厩将。①良数以太公兵法说沛公，沛公喜，常用其策。良为它人言，皆不省。②良曰："沛公殆天授。"③故遂从不去。

①服虔曰："官名也。"

②师古曰："省，视也。"

③师古曰："殆，近也。"

沛公之薛，见项梁，共立楚怀王。良乃说项梁曰："君已立楚后，韩诸公子横阳君成贤；可立为王，益树党。"①项梁使良求韩成，立为韩王。以良为韩司徒，与韩王将千馀人西略韩地，得数城，秦辄复取之，往来为游兵颍川。

①师古曰："广立六国之后共攻秦也。"

沛公之从雒阳南出轘辕，良引兵从沛公，下韩十馀城，击杨熊军。沛公乃令韩王成留守阳翟，与良俱南，攻下宛，西入武关。沛公欲以二万人击秦峣关下军，①良曰："秦兵尚强，未可轻。臣闻其将屠者子，贾竖易动以利。②愿沛公且留壁，使人先行，为五万人具食，益张旗帜诸山上，为疑兵，③令郦食其持重宝唉秦将。"④秦将果欲连和俱西袭咸阳,⑤沛公欲听之。良曰:"此独其将欲叛,士卒恐不从。不从必危,不如因其解击之。"⑥沛公乃引兵击秦军,大破之。逐北至蓝田,再战,秦兵竟败。遂至咸阳,秦王子婴降沛公。

①师古曰:"峣音尧。"
②师古曰:"商贾之人志无远大,譬犹僮竖,故云贾竖。"
③师古曰:"皆所以表己军之多,夸示敌人。帜音式志反。"
④师古曰:"唉音徒滥反,解在高纪。"
⑤师古曰:"欲与汉王和而随汉兵袭咸阳。"
⑥师古曰:"解读曰懈。"

沛公入秦,宫室帷帐狗马重宝妇女以千数,意欲留居之。樊哙谏,沛公不听。良曰:"夫秦为无道,故沛公得至此。为天下除残去贼,宜缟素为资。①今始入秦,即安其乐,此所谓'助桀为虐'。且'忠言逆耳利于行,毒药苦口利于病',愿沛公听樊哙言。"沛公乃还军霸上。

①晋灼曰:"资,质也。欲令沛公反秦奢泰,服俭素以为资。"师古曰:"缟,白素也,音工老反。"

项羽至鸿门,欲击沛公,项伯夜驰至沛公军,私见良,欲与俱去。良曰:"臣为韩王送沛公,今(有事)〔事有〕急,[4]亡去不义。"乃具语沛公。沛公大惊,曰:"为之奈何?"良曰:"沛公诚欲背项王邪?"沛公曰:"鲰生说我距关毋内诸侯,①秦地可王也,故听之。"良曰:"沛公自度能却项王乎?"②沛公默然,曰:"今为奈何?"良因要项伯见沛公。沛公与伯饮,为寿,结婚,令伯具言沛公不敢背项王,所以距关者,备它盗也。项羽后解，语在羽传。

①服虔曰："鰓音七垢反。鰓，小人也。"臣瓒曰："楚汉春秋鰓姓。"
　师古曰："服说是也。音才垢反。"
②师古曰："却音丘略反。"

　汉元年，沛公为汉王，王巴蜀，赐良金百溢，①珠二斗，良
具以献项伯。汉王亦因令良厚遗项伯，使请汉中地。②项王许之。
汉王之国，良送至褒中，遣良归韩。良因说汉王烧绝栈道，③示
天下无还心，以固项王意。乃使良还。行，烧绝栈道。④

①服虔曰："二十两曰溢。"师古曰："秦以溢名金，若汉之论斤也。"
②服虔曰："本不尽与汉中，故请求之。"
③师古曰："栈道，阁道也。"
④师古曰："还谓归还韩。且行且烧，所过之处皆烧之也。"

　良归至韩，闻项羽以良从汉王故，不遣韩王成之国，与俱
东，至彭城杀之。时汉王还定三秦，良乃遗项羽书曰："汉王失
职，欲得关中，如约即止，不敢复东。"又以齐反书遗羽，曰：
"齐与赵欲并灭楚。"项羽以故北击齐。

　良乃间行归汉。汉王以良为成信侯，从东击楚。至彭城，汉
王兵败而还。至下邑，①汉王下马踞鞍而问曰："吾欲捐关已东等
弃之，谁可与共功者？"②良曰："九江王布，楚枭将，③与项王有
隙，彭越与齐王田荣反梁地，此两人可急使。而汉王之将独韩信
可属大事，当一面。④即欲捐之，捐之此三人，楚可破也。"汉王
乃遣随何说九江王布，而使人连彭越。⑤及魏王豹反，使韩信特
将北击之，⑥因举燕、（伐）〔代〕、齐、赵。[5]然卒破楚者，此三
人力也。

① 师古曰："梁国之县也，今属宋州。"

② 师古曰："捐关以东，谓不自有其地，将以与人，令其立功，共破楚也。"

③ 师古曰："枭谓最勇健也。"

④ 师古曰："属，委也，音之欲反。"

⑤ 师古曰："与相连结也。"

⑥ 师古曰："特，独也。专任之使将也。"

良多病，未尝特将兵，常为画策臣，时时从。

汉三年，项羽急围汉王于荥阳，汉王忧恐，与郦食其谋桡楚权。①郦生曰："昔汤伐桀，封其后杞；武王诛纣，封其后宋。今秦无道，伐灭六国，无立锥之地。陛下诚复立六国后，此皆争戴陛下德义，愿为臣妾。德义已行，南面称伯，②楚必敛衽而朝。"③汉王曰："善。趣刻印，先生因行佩之。"④

① 师古曰："桡，弱也，音女教反，其字从木。"

② 师古曰："伯读曰霸。"

③ 师古曰："衽，衣襟也。"

④ 师古曰："趣读曰促。佩谓授与六国使带也。"

郦生未行，良从外来谒汉王。汉王方食，曰："客有为我计桡楚权者。"具以郦生计告良，曰："于子房何如？"良曰："谁为陛下画此计者？陛下事去矣。"汉王曰："何哉？"良曰："臣请借前箸以筹之。①昔汤武伐桀纣封其后者，度能制其死命也。②今陛下能制项籍死命乎？其不可一矣。武王入殷，表商容闾，③式箕子门，④封比干墓，今陛下能乎？其不可二矣。发钜桥之粟，⑤散鹿台之财，⑥以赐贫穷，今陛下能乎？

其不可三矣。殷事以毕，偃革为轩，⑦倒载干戈，示不复用，今陛下能乎？其不可四矣。休马华山之阳，示无所为，今陛下能乎？其不可五矣。息牛桃林之野，⑧（示）天下不复输积，[6]今陛下能乎？其不可六矣。且夫天下游士，（左）〔离〕亲戚，[7]弃坟墓，⑨去故旧，从陛下者，但日夜望咫尺之地。今乃立六国后，唯无复立者，⑩游士各归事其主，从亲戚，反故旧，陛下谁与取天下乎？其不可七矣。且楚唯毋强，六国复桡而从之，⑪陛下焉得而臣之？其不可八矣。诚用此谋，陛下事去矣。"汉王辍食吐哺，骂曰：."竖儒，几败乃公事！"⑫令趣销印。⑬

①张晏曰："求借所食之箸用指画也。或曰，前世汤武箸明之事，以筹度今时之不若也。"师古曰："或说非也。箸音直庶反。"

②师古曰："度音大各反。"

③师古曰："商容，殷贤人也。里门曰闾。表谓显异之。"

④师古曰："式亦表也。一说，至其门而抚车式，所以敬之。"

⑤服虔曰："钜桥，仓名也。"师古曰："许慎云钜鹿之大桥，有漕粟也。"

⑥臣瓒曰："鹿台，台名，今在朝歌城中。"师古曰："刘向云鹿台大三里，高千尺也。"

⑦苏林曰："革者，兵车革辂。轩者，朱轩也。"如淳曰："偃武备而治礼乐也。"

⑧晋灼曰："在弘农阌乡南谷中。"师古曰："山海经云'夸父之山，北有林焉，名曰桃林，广围三百里'，即谓此也。其山谷今在阌乡县东南，湖城县西南，去湖城三十五里。"

⑨师古曰："（左）〔离〕者，言其乖避而委离之，以从汉也。"

⑩师古曰："既立六国后，土地皆尽，无以封功劳之人，故云无复立者。唯，发语之辞。"

⑪服虔曰："唯当使楚无强，强则六国弱而从之。"晋灼曰："当今唯楚大，无有强之者，若复立六国，皆桡而从之，陛下焉得而臣之乎？"师古曰："服说是也。"

⑫师古曰："辍，止也。哺，食在口中者也。几，近也。哺音捕。几音巨依反。"

⑬师古曰："趣读曰促。"

后韩信破齐欲自立为齐王，汉王怒。良说汉王，汉王使良授齐王信印。语在信传。

五年冬，汉王追楚至阳夏南，①战不利，壁固陵，诸侯期不至。良说汉王，汉王用其计，诸侯皆至。语在高纪。

①师古曰："夏音工雅反。"

汉六年，封功臣。良未尝有战斗功，高帝曰："运筹策帷幄中，决胜千里外，子房功也。自择齐三万户。"良曰："始臣起下邳，与上会留，此天以臣授陛下。陛下用臣计，幸而时中，臣愿封留足矣，不敢当三万户。"乃封良为留侯，与萧何等俱封。

上已封大功臣二十馀人，其馀日夜争功而不决，未得行封。上居雒阳南宫，从复道望见诸将①往往数人偶语。上曰："此何语？"良曰："陛下不知乎？此谋反耳。"上曰："天下属安定，何故而反？"②良曰："陛下起布衣，与此属取天下，今陛下已为天子，而所封皆萧、曹故人所亲爱，而所诛者皆平生仇怨。今军吏计功，天下不足以遍封，此属畏陛下不能尽封，又恐见疑过失及诛，故相聚而谋反耳。"上乃忧曰："为将奈何？"良曰："上

平生所憎，群臣所共知，谁最甚者？"上曰："雍齿与我有故怨，
数窘辱我，③我欲杀之，为功多，不忍。"良曰："今急先封雍齿，
以示群臣，群臣见雍齿先封，则人人自坚矣。"于是上置酒，封
雍齿为什方侯，④而急趣丞相御史定功行封。⑤群臣罢酒，皆喜
曰："雍齿且侯，我属无患矣。"

①师古曰："复读曰複。"

②师古曰："属，近也，言近始安。属音之欲反。"

③服虔曰："未起之时与我有故怨也。"师古曰："每以勇力困辱
高祖。"

④苏林曰："汉中县也。"师古曰："地理志属广汉，非汉中也。今则
属益州。什音十。"

⑤师古曰："趣音促。"

刘敬说上都关中，上疑之。左右大臣皆山东人，多劝上都雒
阳："雒阳东有成皋，西有殽黾，①背河乡雒，其固亦足恃。"②良
曰："雒阳虽有此固，其中小，不过数百里，田地薄，四面受敌，
此非用武之国。夫关中左殽函，右陇蜀，沃野千里，③南有巴蜀
之饶，北有胡苑之利，④阻三面而固守，独以一面东制诸侯。诸
侯安定，河、渭漕挽天下，西给京师；⑤诸侯有变，顺流而下，
足以委输。此所谓金城千里，天府之国。⑥刘敬说是也。"于是上
即日驾，西都关中。

①师古曰："殽，山也。黾，池也，音浼。"

②师古曰："乡读曰向。"

③师古曰："沃者，溉灌也。言其土地皆有溉灌之利，故云沃野。"

④师古曰："谓安定、北地、上郡之北与胡相接之地，可以畜牧者也。

养禽兽谓之苑。"

⑤师古曰:"挽,引也。挽音晚。"

⑥师古曰:"财物所聚谓之府。言关中之地物产饶多,可备赡给,故称天府也。"

良从入关,性多疾,即道引不食谷,①闭门不出岁馀。

①孟康曰:"服辟谷药而静居行气。道读曰导。"

上欲废太子,立戚夫人子赵王如意。大臣多争,未能得坚决也。吕后恐,不知所为。或谓吕后曰:"留侯善画计,上信用之。"吕后乃使建成侯吕泽劫良,曰:"君常为上谋臣,今上日欲易太子,①君安得高枕而卧?"②良曰:"始上数在急困之中,幸用臣策;今天下安定,以爱欲易太子,骨肉之间,虽臣等百人何益!"吕泽强要曰:"为我画计。"良曰:"此难以口舌争也。顾上有所不能致者四人。③四人年老矣,皆以上嫚娒士,④故逃匿山中,义不为汉臣。然上高此四人。今公诚能毋爱金玉璧帛,令太子为书,卑辞安车,因使辨士固请,宜来。⑤来,以为客,时从入朝,令上见之,则一助也。"于是吕后令吕泽使人奉太子书,卑辞厚礼,迎此四人。四人至,客建成侯所。

①师古曰:"言日日欲易之。"

②师古曰:"安,焉也。"

③师古曰:"顾,念也。四人,谓园公、绮里季、夏黄公、角里先生,所谓商山四皓也。"

④师古曰:"嫚与慢同。娒,古侮字。"

⑤师古曰:"宜应得其来。"

汉十一年,黥布反,上疾,欲使太子往击之。四人相

1784

汉书卷四十

谓曰："凡来者，将以存太子。太子将兵，事危矣。"乃说建成侯曰："太子将兵，有功即位不益，①无功则从此受祸。且太子所与俱诸将，皆与上定天下枭将也，今乃使太子将之，此无异使羊将狼，皆不肯为用，其无功必矣。臣闻'母爱者子抱'，今戚夫人日夜侍御，赵王常居前，上〔曰〕'终不使不肖子居爱子上'，明〔其〕代太子位必矣。[8]君何不急请吕后承间为上泣②言：'黥布，天下猛将，善用兵，今诸将皆陛下故等夷，③乃令太子将，此属莫肯为用，且布闻之，鼓行而西耳。④上虽疾，强载辎车，卧而护之，⑤诸将不敢不尽力。上虽苦，强为妻子计。'于是吕泽夜见吕后。吕后承间为上泣而言，如四人意。上曰："吾惟之，竖子固不足遣，⑥乃公自行耳。"⑦于是上自将而东，群臣居守，皆送至霸上。良疾，强起至曲邮，⑧见上曰："臣宜从，疾甚。楚人剽疾，愿上慎毋与楚争锋。"⑨因说上令太子为将军监关中兵。上谓"子房虽疾，强卧傅太子"。是时叔孙通已为太傅，良行少傅事。

①师古曰："太子嗣君，贵已极矣，虽更立功，位无加益矣。"

②师古曰："因空隙之时。"

③师古曰："夷，平也，言故时皆齐等。"

④师古曰："击鼓而行，言无所畏。"

⑤师古曰："辎车，衣车也。护谓监领诸将。"

⑥师古曰："惟，思也。"

⑦师古曰："乃公，汝父也。"

⑧师古曰："在新丰西，今俗谓之邮头。"

⑨师古曰："剽音匹妙反。"

汉十二年，上从破布归，疾益甚，愈欲易太子。良谏不听，因疾不视事。叔孙太傅称说引古，以死争太子。上阳许之，犹欲易之。及宴，置酒，太子侍。四人者从太子，年皆八十有馀，须眉皓白，衣冠甚伟。[1]上怪，问曰："何为者？"四人前对，各言其姓名。上乃惊曰："吾求公，避逃我，今公何自从吾儿游乎？"四人曰："陛下轻士善骂，臣等义不辱，故恐而亡匿。今闻太子仁孝，恭敬爱士，天下莫不延颈愿为太子死者，故臣等来。"上曰："烦公幸卒调护太子。"[2]

①师古曰："所以谓之四皓。"

②师古曰："调谓和平之，护谓保安之。"

四人为寿已毕，趋去。上目送之，[1]召戚夫人指视曰：[2]"我欲易之，彼四人为之辅，羽翼已成，难动矣。吕氏真乃主矣。"[3]戚夫人泣涕，上曰："为我楚舞，吾为若楚歌。"[4]歌曰："鸿鹄高飞，一举千里。[5]羽翼以就，横绝四海。[6]横绝四海，又可奈何！虽有矰缴，尚安所施！"[7]歌数阕，[8]戚夫人嘘欷流涕。[9]上起去，罢酒。竟不易太子者，良本招此四人之力也。

①师古曰："以目瞻之讫其出也。"

②师古曰："视读曰示。"

③师古曰："乃，汝也。"

④师古曰："若亦汝也。"

⑤师古曰："鹄音胡督反。"

⑥师古曰："就，成也。绝谓飞而直度也。"

⑦师古曰："缴，弋射也。其矢为矰。矰音增。缴音之若反。"

⑧师古曰："阕，尽也。曲终为阕，音口穴反。"

⑨师古曰："歔音虚，欷音稀，又音许气反。"

　　良从上击代，出奇计下马邑，及立萧相国，①所与从容言天
下事甚众，②非天下所以存亡，故不著。③良乃称曰："家世相韩，
及韩灭，不爱万金之资，为韩报仇强秦，天下震动。今以三寸舌
为帝者师，封万户，位列侯，此布衣之极，于良足矣。愿弃人间
事，欲从赤松子游耳。"④乃学道，欲轻举。⑤高帝崩，吕后德良，
乃强食之，⑥曰："人生一世〔间〕，[9]如白驹之过隙，⑦何自苦如
此！"良不得已，强听食。后六岁薨。谥曰文成侯。

　　①服虔曰："何时未为相国，良劝高祖立之。"

　　②师古曰："从音千容反。"

　　③师古曰："著谓书之于史。著音竹助反。"

　　④师古曰："赤松子，仙人号也，神农时为雨师，服水玉，教神农能入
　　　火自烧。至昆山上，常止西王母石室，随风雨上下。炎帝少女追之，
　　　亦得仙俱去。"

　　⑤师古曰："道谓仙道。"

　　⑥师古曰："食读曰饲。"

　　⑦师古曰："解在魏豹传。"

　　良始所见下邳圯上老父与书者，后十三岁从高帝过济北，果
得穀城山下黄石，取而宝祠之。及良死，并葬黄石。每上冢伏腊
祠黄石。

　　子不疑嗣侯。孝文三年坐不敬，国除。

　　陈平，阳武户牖乡人也。①少时家贫，好读书，治黄帝、老
子之术。有田三十亩，与兄伯居。伯常耕田，纵平使游学。平为

人长大美色，人或谓平："贫何食而肥若是？"其嫂疾平之不亲家生产，曰："亦食糠覈耳。②有叔如此，不如无有！"伯闻之，逐其妇弃之。

①师古曰："阳武，县名，属陈留。户牖者，其乡名。"

②孟康曰："覈，麦糠中不破者也。"晋灼曰："覈音纥。京师人谓粗屑为纥头。"

及平长，可取妇，富人莫与者，贫者平亦愧之。久之，户牖富人张负有女孙，五嫁夫辄死，人莫敢取，平欲得之。邑中有大丧，平家贫侍丧，以先往后罢为助。张负既见之丧所，独视伟平，①平亦以故后去。负随平至其家，家乃负郭穷巷，②以席为门，然门外多长者车辙。张负归，谓其子仲曰："吾欲以女孙予陈平。"仲曰："平贫不事事，③一县中尽笑其所为，独奈何予之女？"负曰："固有美如陈平长贫者乎？"卒与女。为平贫，乃假贷币以聘，④予酒肉之资以内妇。负戒其孙曰："毋以贫故，事人不谨。事兄伯如事乃父，事嫂如事乃母。"⑤平既取张氏女，资用益饶，游道日广。

①师古曰："视而悦其奇伟。"

②师古曰："负谓偹也。"

③师古曰："不事产业之事。"

④师古曰："贷音土戴反。"

⑤师古曰："乃，汝也。"

里中社，平为宰，①分肉甚均。里父老曰："善，陈孺子之为宰！"平曰："嗟乎，使平得宰天下，亦如此肉矣！"

①师古曰："主切割肉也。"

陈涉起王，使周市略地，立魏咎为魏王，与秦军相攻于临济。平已前谢兄伯，①从少年往事魏王咎，为太仆。说魏王，王不听。人或谗之，平亡去。

①服虔曰："谢语其兄伯，往事魏也。"

项羽略地至河上，平往归之，从入破秦，赐爵卿。①项羽之东王彭城也，汉王还定三秦而东。殷王反楚，项羽乃以平为信武君，将魏王客在楚者往击，殷降而还。项王使项悍拜平为都尉，②赐金二十溢。居无何，③汉攻下殷。项王怒，将诛定殷者。平惧诛，乃封其金与印，使使归项王，而平身间行杖剑亡。度河，船人见其美丈夫，独行，疑其亡将，要下当有宝器金玉，目之，欲杀平。平心恐，乃解衣裸而佐刺船。④船人知其无有，乃止。

①张晏曰："礼秩如卿，不治事。"
②师古曰："悍音下旦反。"
③师古曰："无何，犹言无几时。"
④师古曰："自露其形，示无所怀挟。"

平遂至修武降汉，因魏无知求见汉王，汉王召入。是时，万石君石奋为中涓，受平谒。平等十人俱进，赐食。王曰："罢，就舍矣。"平曰："臣为事来，所言不可以过今日。"于是汉王与语而说之，①问曰："子居楚何官？"平曰："为都尉。"是日拜平为都尉，使参乘，典护军。诸将尽欢，②曰："大王一日得楚之亡卒，未知高下，而即与共载，使监护长者！"汉王闻之，愈益幸平，遂与东伐项王。至彭城，为楚所败，引师而还。收散兵至荥阳，以平为亚将，属韩王信，军广武。

①师古曰:"说读曰悦。"

②师古曰:"欢噩而议也。"

绛、灌等或谗平曰:①"平虽美丈夫,如冠玉耳,其中未必有也。②闻平居家时盗其嫂;③事魏王不容,亡而归楚;归楚不中,又亡归汉。④今大王尊官之,令护军。臣闻平使诸将,金多者得善处,金少者得恶处。平,反覆乱臣也,愿王察之。"汉王疑之,以让无知,问曰:"有之乎?"无知曰:"有。"汉王曰:"公言其贤人何也?"对曰:"臣之所言者,能也;陛下所问者,行也。今有尾生、孝已之行,⑤而无益于胜败之数,陛下何暇用之乎?今楚汉相距,臣进奇谋之士,顾其计诚足以利国家耳。⑥盗嫂受金又安足疑乎?"汉王召平而问曰:"吾闻先生事魏不遂,事楚而去,⑦今又从吾游,信者固多心乎?"平曰:"臣事魏王,魏王不能用臣说,故去事项王。项王不信人,其所任爱,非诸项即妻之昆弟,虽有奇士不能用。臣居楚闻汉王之能用人,故归大王。裸身来,不受金无以为资。诚臣计画有可采者,愿大王用之;使无可用者,大王所赐金具在,请封输官,得请骸骨。"汉王乃谢,厚赐,拜以为护军中尉,尽护诸将。诸将乃不敢复言。

①师古曰:"旧说云,绛,绛侯周勃也,灌,灌婴也。而楚汉春秋高祖之臣别有绛灌,疑昧之文,不可据也。"

②孟康曰:"饰冠以玉,光好外见,中非所有也。"

③师古曰:"盗犹私也。"

④师古曰:"中音竹仲反。"

⑤如淳曰:"孝已,高宗之子,有孝行。"师古曰:"尾生,古之信士,一说即微生高。"

⑥师古曰："顾，念也。"

⑦师古曰："遂犹竟（也）。"〔10〕

　　其后，楚急击，绝汉甬道，围汉王于荥阳城。汉王患之，请割荥阳以西和。项王弗听。汉王谓平曰："天下纷纷，何时定乎？"平曰："项王为人，恭敬爱人，士之廉节好礼者多归之。至于行功赏爵邑，重之，①士亦以此不附。今大王嫚而少礼，士之廉节者不来；然大王能饶人以爵邑，士之顽顿耆利无耻者亦多归汉。②诚各去两短，集两长，天下指麾即定矣。然大王资侮人，③不能得廉节之士。顾楚有可乱者，④彼项王骨鲠之臣亚父、钟离眛、龙且、周殷之属，⑤不过数人耳。大王能出捐数万斤金，行反间，间其君臣，以疑其心，⑥项王为人意忌信谗，必内相诛。汉因举兵而攻之，破楚必矣。"汉王以为然，乃出黄金四万斤予平，恣所为，不问出入。

①师古曰："言爱惜之。"

②如淳曰："顽顿，谓无廉隅也。"师古曰："顿读曰钝。耆读曰嗜。"

③师古曰："资谓天性也。侮，古侮字。"

④师古曰："顾，念也。"

⑤师古曰："眛音秣。且音子闾反。"

⑥师古曰："间音居苋反。"

　　平既多以金纵反间于楚军，宣言诸将钟离眛等为项王将，功多矣，然终不得列地而王，欲与汉为一，以灭项氏，分王其地。项王果疑之，使使至汉。汉为太牢之具，举进，见楚使，①即阳惊曰："以为亚父使，乃项王使也！"复持去，以恶草具进楚使。②使归，具以报项王，果大疑亚父。亚父欲急击下荥阳城，项王不信，不肯听亚父。亚父闻项王疑之，乃大怒曰："天下事大定矣，君王自为之！愿乞骸骨归！"归未至彭城，疽发背而死。③

①师古曰："举鼎俎而来。"

②服虔曰："去肴肉，更以恶草之具。"

③师古曰："疽，痈疮也，音千馀反。"

平乃夜出女子二千人荥阳东门，楚因击之。平乃与汉王从城西门出去。遂入关，收聚兵而复东。

明年，淮阴侯信破齐，自立为假齐王，使使言之汉王。汉王怒而骂，平蹑汉王。①汉王寤，乃厚遇齐使，使张良往立信为齐王。于是封平以户牖乡。用其计策，卒灭楚。

①孟康曰："蹑谓蹑汉王足。"

汉六年，人有上书告楚王韩信反。高帝问诸将，诸将曰："亟发兵坑竖子耳。"①高帝默然。以问平，平固辞谢，曰："诸将云何？"上具告之。平曰："人之上书言信反，人有闻知者乎？"曰："未有。"曰："信知之乎？"曰："弗知。"平曰："陛下兵精孰与楚？"②上曰："不能过也。"平曰："陛下将用兵有能敌韩信者乎？"上曰："莫及也。"平曰："今兵不如楚精，将弗及，而举兵击之，是趣之战也，③窃为陛下危之。"上曰："为之奈何？"平曰："古者天子巡狩，会诸侯。南方有云梦，④陛下弟出，伪游云梦，⑤会诸侯于陈。陈，楚之西界，信闻天子以好出游，其势必郊迎谒。⑥而陛下因禽之，特一力士之事耳。"高帝以为然，乃发使告诸侯会陈，"吾将南游云梦"。上因随以行。行至陈，楚王信果郊迎道中。高帝豫具武士，见信，即执缚之。语在信传。

①师古曰："亟，急也，音居力反。"

②师古曰："与，如也。"

③师古曰："趣读曰促。"

④师古曰："楚泽名。梦音莫风反，又读如本字。"

⑤师古曰："弟，但也，语声急也。它皆类此。"

⑥师古曰："出〔其〕郊远迎谒也。"〔11〕

遂会诸侯于陈。还至雒阳，与功臣剖符定封，封平为户牖侯，世世勿绝。平辞曰："此非臣之功也。"上曰："吾用先生计谋，战胜克敌，非功而何？"平曰："非魏无知臣安得进？"上曰："若子可谓不背本矣！"①乃复赏魏无知。

①师古曰："若，如也。"

其明年，平从击韩王信于代。至平城，为匈奴围，七日不得食。高帝用平奇计，使单于阏氏解，围以得开。①高帝既出，其计秘，世莫得闻。高帝南过曲逆，②上其城，望室屋甚大，曰："壮哉县！吾行天下，独见雒阳与是耳。"顾问御史："曲逆户口几何？"对曰："始秦时三万馀户，间者兵数起，多亡匿，今见五千馀户。"于是（召）〔诏〕御史，〔12〕更封平为曲逆侯，尽食之，除前所食户牖。

①师古曰："阏氏音焉支。"

②孟康曰："中山蒲阴县。"

平自初从，至天下定后，常以护军中尉从击臧荼、陈豨、黥布。凡六出奇计，辄益邑封。奇计或颇秘，世莫得闻也。

高帝从击布军还，病创，徐行至长安。燕王卢绾反，上使樊哙以相国将兵击之。既行，人有短恶哙者。①高帝怒曰："哙见吾病，乃幾我死也！"②用平计，召绛侯周勃受诏床下，曰："〔陈〕平乘驰传[13]载勃代哙将，③平至军中即斩哙头！"二人既受诏，驰传未至军，行计曰："樊哙，帝之故人，功多，④又吕后女弟吕须夫，有亲且贵，帝以忿怒故欲斩之，即恐后悔。宁囚而致上，令上自诛之。"未至军，为坛，以节召樊哙。哙受诏，即反接，⑤载槛车诣长安，而令周勃代将兵定燕。

①师古曰："陈其短失过恶于上，谓谮毁之。它皆类此。"

②孟康曰："幾幸我死也。几音冀。"

③师古曰："传音张恋反。"

④师古曰："行计，谓于道中且计也。"

⑤师古曰："反缚两手也。"

平行闻高帝崩，①平恐吕后及吕须怒，乃驰传先去。逢使者诏平与灌婴屯于荥阳。平受诏，立复驰至宫，哭殊悲，因奏事丧前。吕后哀之，曰："君出休矣！"平畏谗之就，②因固请之，得宿卫中。太后乃以为郎中令，曰傅教帝。③是后吕须谗乃不得行。樊哙至，即赦复爵邑。

①师古曰："未至京师，于道中闻高帝崩。"

②师古曰："就，成也，言畏谗毒己者得（其成）〔成其〕计。"[14]

③如淳曰："傅相之。"

惠帝六年，相国曹参薨，安国侯王陵为右丞相，平为左丞相。

王陵，沛人也。始为县豪，高祖微时兄事陵。及高祖起沛，入咸阳，陵亦聚党数千人，居南阳，不肯从沛公。及汉王之还击项籍，陵乃以兵属汉。项羽取陵母置军中，陵使至，则东乡坐陵母，欲以招陵。①陵母既私送使者，泣曰："愿为老妾语陵，善事汉王。汉王长者，毋以老妾故持二心。妾以死送使者。"遂伏剑而死。项王怒，亨陵母。陵卒从汉王定天下。以善雍齿，雍齿，高祖之仇，陵又本无从汉之意，以故后封陵，为安国侯。

①师古曰："乡读曰向。"

陵为人少文任气，好直言。为右丞相二岁，惠帝崩。高后欲立诸吕为王，问陵。陵曰："高皇帝刑白马而盟曰：'非刘氏而王者，天下共击之。'今王吕氏，非约也。"太后不说。①问〔左〕丞相平[15]及绛侯周勃等，皆曰："高帝定天下，王子弟；今太后称制，欲王昆弟诸吕，无所不可。"太后喜。罢朝，陵让平、勃曰："始与高帝喋血而盟，诸君不在邪？②今高帝崩，太后女主，欲王吕氏，诸君纵欲阿意背约，何面目见高帝于地下乎！"平曰："于面折廷争，臣不如君；③全社稷，定刘氏后，君亦不如臣。"陵无以应之。于是吕太后欲废陵，乃阳迁陵为帝太傅，实夺之相权。陵怒，谢病免，杜门竟不朝请，④十年而薨。

①师古曰："说读曰悦。"
②师古曰："喋，小歠也，音所甲反。"
③师古曰："廷争，谓当朝廷而谏争。"
④师古曰："杜，塞也，闭塞其门也。请音才性反。杜字本作敨，音同。"

陵之免，吕太后徙平为右丞相，以辟阳侯审食其为左丞相。①食其亦沛人也。汉王之败彭城西，楚取太上皇、吕后为质，食其以舍人侍吕后。其后从破项籍为侯，幸于吕太后。及为相，不治，②监宫中，如郎中令，公卿百官皆因决事。

①师古曰："食其音异基。"

②郑氏曰："不立治处，使止宫中也。"李奇曰："不治丞相职事也。"

师古曰："李说是也。"

吕须常以平前为高帝谋执樊哙，数谗平曰："为丞相不治事，日饮醇酒，戏妇人。"平闻，日益甚。吕太后闻之，私喜。面质吕须于平前，①曰："鄙语曰'儿妇人口不可用'，顾君与我何如耳，无畏吕须之谮。"②

①师古曰："质，对也。"

②师古曰："顾，念也。"

吕太后多立诸吕为王，平伪听之。①及吕太后崩，平与太尉勃合谋，卒诛诸吕，立文帝，平本谋也。审食其免相，文帝立，举以为相。②

①师古曰："谓且顺从之，不乖忤也。"

②如淳曰："举犹皆也。众人之议皆以为勃、平功多矣。"师古曰："言文帝以平、勃俱旧臣，有功，皆欲以为相。"

太尉勃亲以兵诛吕氏，功多；平欲让勃位，乃谢病。文帝初立，怪平病，问之。平曰："高帝时，勃功不如臣；及诛诸吕，臣功亦不如勃。愿以相让勃。"于是乃以太尉勃为右丞相，位第一；平徙为左丞相，位第二。赐平金千斤，益封三千户。

居顷之，上益明习国家事，朝而问右丞相勃曰："天下一岁决狱几何?"①勃谢不知。问:"天下钱谷一岁出入几何?"勃又谢不知。汗出洽背,②愧不能对。上亦问左丞相平。平曰:"(各)有主者。"〔16〕上曰:"主者为谁乎?"平曰:"陛下即问决狱,责廷尉;问钱谷,责治粟内史。"上曰:"苟各有主者,而君所主何事也?"平谢曰:"主臣!③陛下不知其驽下,使待罪宰相。④宰相者,上佐天子理阴阳,顺四时,下遂万物之宜,⑤外填抚四夷诸侯,内亲附百姓,使卿大夫各得任其职也。"上称善。勃大惭,出而让平曰:"君独不素教我乎!"平笑曰:"君居其位,独不知其任邪?且陛下即问长安盗贼数,又欲强对邪?"于是绛侯自知其能弗如平远矣。居顷之,勃谢(病请)免相,〔17〕而平颛为丞相。⑥

①师古曰:"临朝问也。几音居岂反。"

②师古曰:"洽,沾也。"

③文颖曰:"惶恐之辞也,犹今言死罪也。"孟康曰:"主臣,主群臣也,若今言人主。"晋灼曰:"主,击也。臣,服也。言其击服,惶恐之辞也。"师古曰:"文、晋二说是也。"

④师古曰:"驽,凡马之称,非骏者也,故以自喻。驽音奴。"

⑤师古曰:"遂,申也。"

⑥师古曰:"颛与专同。"

孝文二年,平薨,谥曰献侯。传子至曾孙何,坐略人妻弃(主)〔市〕。〔18〕王陵亦至玄孙,坐酎金国除。辟阳侯食其免后三岁而为淮南王所杀,文帝令其子平嗣侯。淄川王反,辟阳近淄川,平降之,国除。

始平曰:"我多阴谋,道家之所禁。①吾世即废,亦已矣,终不能复起,以吾多阴祸也。"其后曾孙陈掌以卫氏亲戚贵,②愿得续封，然终不得也。

①师古曰："此平谓陈平。"

②师古曰："掌妻，卫子夫之姊。"

　　周勃，沛人。其先卷人也，①徙沛。勃以织薄曲为生，②常以吹箫给丧事，③材官引强。④

①师古曰："卷，县名也，地理志属河南，音丘权反。其下亦同。"

②苏林曰："薄一名曲。月令曰'具曲植'。"师古曰："许慎云苇薄为曲也。"

③师古曰："吹箫以乐丧宾，若乐人也。"

④服虔曰："能引强弓弩官也。"孟康曰："如今挽强司马也。"师古曰："强音其两反。"

　　高祖为沛公初起，勃以中涓从攻胡陵，下方与。①方与反，与战，却敌。攻丰。击秦军砀东。还军留及萧。复攻砀，破之。下下邑，先登。赐爵五大夫，攻（兰）〔蒙〕、虞，取之。〔19〕击章邯车骑殿。②略定魏地。攻辕戚、东缗，以往至栗，③取之。攻啮桑，先登。击秦军阿下，破之。追至濮阳，下蕲城。攻都关、定陶，袭取宛朐，得单父令。④夜袭取临济，攻寿张，以前至卷，破李由雍丘下。攻开封，先至城下为多。⑤后章邯破项梁，沛公与项羽引兵东如砀。自初起沛还至砀，一岁二月。楚怀王封沛公号武安侯，为砀郡长。沛公拜勃为襄贲令。⑥从沛公定魏地，攻东郡尉于成武，破之。攻长社，先登。攻颍阳、缑氏，绝河津。击赵贲军尸北。⑦南攻南阳守齮，破武关、峣关。攻秦军于蓝田。至咸阳，灭秦。

①师古曰："音房豫。"

②师古曰："殿之言填也，谓镇军后以扞敌。勃击破章邯之殿兵也。殿音丁见反。"

③师古曰："缙音昏。"

④师古曰："音善甫。"

⑤文颖曰："勃士卒至者多也。"如淳曰："周礼'战功曰多'。"师古曰："多谓功多也。"

⑥师古曰："贲音肥。"

⑦师古曰："贲音奔。尸即尸乡。"

项羽至，以沛公为汉王。汉王赐勃爵为威武侯。从入汉中，拜为将军。还定三秦，赐食邑怀德。攻槐里、好畤，最。①北击赵贲、内史保于咸阳，最。北救漆。②击章平、姚卬军。西定汧。③还下郿、频阳。④围章邯废丘，破之。西击益已军，破之。⑤攻上邽。⑥东守峣关。击项籍。攻曲遇，最。⑦还守敖仓，追籍。籍已死，因东定楚地泗水、东海郡，凡得二十二县。还守雒阳、栎阳，赐与颍阴侯共食锺离。以将军从高祖击燕王臧荼，破之易下。所将卒当驰道为多。⑧赐爵列侯，剖符世世不绝。食绛八千二百八十户。

①如淳曰："于将率之中功为最也。"

②师古曰："漆，扶风县。"

③师古曰："汧亦扶风县，音口肩反。"

④师古曰："郿即岐州郿县也。频阳在栎阳东北。郿音媚。"

⑤如淳曰："章邯将也。"

⑥师古曰："邽音圭。"

⑦师古曰:"曲音丘禹反。遇音颙。"

⑧师古曰:"当高祖所行之前。"

以将军从<u>高帝</u>击<u>韩王信</u>于<u>代</u>,降下<u>霍人</u>。以前至<u>武泉</u>,①击<u>胡</u>骑,破之<u>武泉</u>北。转攻<u>韩信</u>军<u>铜鞮</u>,破之。还,降<u>太原</u>六城。击<u>韩信胡</u>骑<u>晋阳</u>下,破之,下<u>晋阳</u>。后击<u>韩信</u>军于<u>硰石</u>,②破之,追北八十里。还攻<u>楼烦</u>三城,因击<u>胡</u>骑<u>平城</u>下,所将卒当驰道为多。<u>勃</u>迁为太尉。

①<u>孟康</u>曰:"县属<u>云中</u>也。"

②<u>应劭</u>曰:"硰音沙。"<u>孟康</u>曰:"地名也。"<u>齐恭</u>曰:"硰音赤坐反。"师古曰:"齐音是也。"

〔击〕<u>陈豨</u>,[20]屠<u>马邑</u>。所将卒斩<u>豨</u>将军<u>乘马降</u>。①转击<u>韩信</u>、<u>陈豨</u>、<u>赵利</u>军于<u>楼烦</u>,破之。得<u>豨</u>将<u>宋最</u>、<u>雁门</u>守<u>圂</u>。②因转攻得<u>云中</u>守<u>遬</u>、丞相<u>箕肆</u>、将军<u>博</u>。③定<u>雁门</u>郡十七县,<u>云中</u>郡十二县。因复击<u>豨灵丘</u>,破之,斩<u>豨</u>、丞相<u>程纵</u>、将军<u>陈武</u>、都尉<u>高肆</u>。定<u>代</u>郡九县。

①师古曰:"姓乘马,名降也。乘音食孕反。"

②师古曰:"圂者,雁门守之名,音下顿反。"

③师古曰:"遬,古速字也。肆音弋二反。博者,亦豨将之名也。"

<u>燕王卢绾</u>反,<u>勃</u>以相国代<u>樊哙</u>将,击下<u>蓟</u>,①得<u>绾</u>大将<u>抵</u>、丞相<u>偃</u>、守<u>陉</u>、②太尉<u>弱</u>、御史大夫<u>施</u>屠<u>浑都</u>。③破<u>绾</u>军<u>上兰</u>,后击<u>绾</u>军<u>沮阳</u>。④追至长城,定<u>上谷</u>十二县,<u>右北平</u>十六县,<u>辽东</u>二十九县,<u>渔阳</u>二十二县。最从<u>高帝</u>得相国一人,⑤丞相二人,将军、二千石各三人;别破军二,下城三,定郡五,县七十九,得丞相、大将各一人。

①师古曰:"即<u>幽州蓟县</u>也,音计。"

②张晏曰："卢绾郡守，陉其名也。"师古曰："陉音刑。"

③师古曰："姓施屠，名浑都。浑音胡昆反。"

④服虔曰："沮音阻。"师古曰："县名，属上谷。"

⑤师古曰："最者，凡也。总言其攻战克获之数。"

勃为人木强敦厚，①高帝以为可属大事。②勃不好文学，每召诸生说士，东乡坐责之：③"趣为我语。"④其椎少文如此。⑤

①师古曰："木谓质朴。强音其两反。"

②师古曰："属，委也，音之欲反。"

③如淳曰："勃自东乡，责诸生说士，不以宾主之礼也。"师古曰："乡读曰向。"

④苏林曰："音趣舍。"臣瓒曰："令直言勿称经书也。"师古曰："二说皆非也。趣读曰促。谓令速言也。"

⑤服虔曰："谓讷钝也。"应劭曰："今俗名拙语为椎储。"师古曰："椎谓朴钝如椎也。音直推反。"

勃既定燕而归，高帝已崩矣，以列侯事惠帝。惠帝六年，置太尉官，以勃为太尉。十年，高后崩。吕禄以赵王为汉上将军，吕产以吕王为相国，秉权，欲危刘氏。勃与丞相平、朱虚侯章共诛诸吕。语在高后纪。

于是阴谋（乃）〔以〕为[21]"少帝及济川、淮阳、恒山王皆非惠帝子，吕太后以计诈名它人子，杀其母，养之后宫，令孝惠子之，立以为后，用强吕氏。今已灭诸吕，少帝即长用事，吾属无类矣，①不如视诸侯贤者立之"。遂迎立代王，是为孝文皇帝。

①师古曰："云被诛灭无遗种。"

东牟侯兴居，朱虚侯章弟也，曰："诛诸吕，臣无功，请得

1801

除宫。"乃与太仆汝阴滕公入宫。滕公前谓少帝曰:"足下非刘氏,不当立。"乃顾麾左右执戟,皆仆兵罢。①有数人不肯去,(官)〔宦〕者令张释谕告,亦去。②〔22〕滕公召乘舆车载少帝出。少帝曰:"欲持我安之乎?"③滕公曰:"就舍少府。"乃奉天子法驾,迎皇帝代邸,报曰:"宫谨除。"皇帝入未央宫,有谒者十人持戟卫端门,④曰:"天子在也,足下何为者?"不得入。太尉往喻,乃引兵去,皇帝遂入。是夜,有司分部诛济川、淮阳、常山王及少帝于邸。

①师古曰:"仆,顿也,音赴。"
②师古曰:"荆燕吴传云张择,今此作释,参错不同,未知孰是也。"
③师古曰:"言往何所也。"
④师古曰:"端门,殿之正门。"

文帝即位,以勃为右丞相,赐金五千斤,邑万户。居十馀月,人或说勃曰:"君既诛诸吕,立代王,威震天下,而君受厚赏处尊位以厌之,则祸及身矣。"①勃惧,亦自危,乃谢请归相印。上许之。岁馀,陈丞相平卒,上复用勃为(丞)相。〔23〕十馀月,上曰:"前日吾诏列侯就国,或颇未能行,丞相朕所重,其为朕率列侯之国。"乃免相就国。

①师古曰:"厌谓当之也。言既有大功,又受厚赏而居尊位,以久当之〔不去〕,即祸及矣。〔24〕厌音一涉反,又音乌狎反。"

岁馀,每河东守尉行县至绛,绛侯勃自畏恐诛,常被甲,令家人持兵以见。其后人有上书告勃欲反,下廷尉,逮捕勃治之。勃恐,不知置辞。①吏稍侵辱之。勃以千金与狱吏,狱吏乃书牍背示之,②曰"以公主为证"。公主者,孝文帝女也,勃太子胜之尚之，③故狱吏教引为证。初，勃之益封，尽以予薄昭。及系急，薄昭为言薄太后，太后亦以为无反事。文帝朝，太后以冒絮提文帝，④曰："绛侯绾皇帝玺，将兵于北军，⑤不以此时反，今居一小县，顾欲反邪！"⑥文帝既见勃狱辞，乃谢曰："吏方验而出之。"于是使使持节赦勃，复爵邑。勃既出，曰："吾尝将百万军，安知狱吏之贵也！"

①师古曰："置，立也。辞，对狱之辞。"

②李奇曰："吏所执簿也。"师古曰："牍，木简，以书辞也，音读。"

③师古曰："尚，配也，解在张耳传。"

④应劭曰："陌颔絮也。"晋灼曰："巴蜀异志谓头上巾为冒絮。"师古曰："冒，覆也，老人所以覆其头。提，掷也。提音徒计反。"

⑤应劭曰："言勃诛诸吕，废少帝，手贯国玺时尚不反，况今更有异乎？"师古曰："绾谓引结其组，音乌版反。"

⑥师古曰："顾犹倒也。"

勃复就国，孝文十一年薨，谥曰武侯。子胜之嗣，尚公主不相中，①坐杀人，死，国绝。一年，〔文帝乃择勃子贤者河内太守〕（弟）亚夫复为侯。[25]

①如淳曰："犹言不相合当也。"师古曰："意不相可也。中音竹仲反。"

亚夫为河内守时，许负相之：①"君后三岁而侯。侯八岁，为将相，持国秉，②贵重矣，于人臣无二。后九年而饿死。"亚夫笑曰："臣之兄以代父侯矣，有如卒，子当代，我何说侯乎？然既已贵如负言，又何说饿死？指视我。"③负指其口曰："从理入口，此饿死法也。"④居三岁，兄绛侯胜之有罪，文帝择勃子贤者，皆推亚夫，乃封为条侯。⑤

①应劭曰："许负，河内温人，老妪也。"

②师古曰："秉音彼命反。"

③师古曰："视读曰示。"

④师古曰："从，竖也，音子容反。"

⑤师古曰："县在勃海。地理志作蓨字，其音同耳。"

文帝后六年，匈奴大入边。以宗正刘礼为将军军霸上，祝兹侯徐厉为将军军棘门，以河内守亚夫为将军军细柳，以备胡。上自劳军，至霸上及棘门军，直驰入，将以下骑出入送迎。已而之细柳军，军士吏被甲，锐兵刃，彀弓弩，持满。①天子先驱至，不得入。②先驱曰："天子且至！"军门都尉曰："军中闻将军之令，不闻天子之诏。"有顷，上至，又不得入。于是上使使持节诏将军曰："吾欲劳军。"亚夫乃传言开壁门。壁门士请车骑曰："将军约，军中不得驱驰。"于是天子乃按辔徐行。至中营，将军亚夫揖，曰："介胄之士不拜，请以军礼见。"③天子为动，改容式车。④使人称谢：⑤"皇帝敬劳将军。"成礼而去。既出军门，群臣皆惊。文帝曰："嗟乎，此真将军矣！乡者霸上、棘门如儿戏耳，⑥其将固可袭而虏也。至于亚夫，可得而犯邪！"称善者久之。月馀，三军皆罢。乃拜亚夫为中尉。

①师古曰："彀，张也，音遘。"

②师古曰："先驱，导驾者也，若今之武候队矣。"

③应劭曰："礼，介者不拜。"

④师古曰："古者立乘，凡言式车者，谓俛身抚式，以礼敬人。式，车前横木也。"

⑤师古曰："谢，告也。"

⑥师古曰："乡读曰向。"

文帝且崩时，戒太子曰："即有缓急，周亚夫真可任将兵。"文帝崩，亚夫为车骑将军。

孝景帝三年，吴楚反。亚夫以中尉为太尉，东击吴楚。因自请上曰："楚兵剽轻，难与争锋。①愿以梁委之，绝其食道，乃可制也。"上许之。②

①师古曰："剽音匹妙反。"

②师古曰："吴王传云亚夫至淮阳，问邓都尉，为画此计，亚夫乃从之。今此云自请而后行。二传不同，未知孰是。"

亚夫既发，至霸上，赵涉遮说亚夫曰："将军东诛吴楚，胜则宗庙安，不胜则天下危，能用臣之言乎？"亚夫下车，礼而问之。涉曰："吴王素富，怀辑死士久矣。①此知将军且行，必置间人于淆黾阸狭之间。且兵事上神密，将军何不从此右去，走蓝田，②出武关，抵雒阳，③间不过差一二日，④直入武库，击鸣鼓。诸侯闻之，以为将军从天而下也。"⑤太尉如其计。至雒阳，使吏搜殽黾间，果得吴伏兵。乃请涉为护军。

①师古曰："辑与集同。"

②师古曰："右谓少西去也。走音奏。"

③师古曰："抵，至也。"

④师古曰："谓右去行迟止一二日也。"

⑤师古曰："不意其猝至。"

亚夫至，会兵荥阳。①吴方攻梁，梁急，请救。亚夫引兵东北走昌邑，②深壁而守。梁王使使请亚夫，亚夫守便宜，不往。

梁上书言景帝，景帝诏使救梁。亚夫不奉诏，坚壁不出，而使轻骑兵弓高侯等绝吴楚兵后食道。吴楚兵乏粮，饥，欲退，数挑战，终不出。夜，军中惊，内相攻击扰乱，至于帐下。亚夫坚卧不起。顷之，复定。吴奔壁东南陬，③亚夫使备西北。已而其精兵果奔西北，不得入。吴楚既饿，乃引而去。亚夫出精兵追击，大破吴王濞。吴王濞弃其军，与壮士数千人亡走，保于江南丹徒。汉兵因乘胜，遂尽虏之，降其县，购吴王千金。月馀，越人斩吴王头以告。凡相守攻三月，而吴楚破平。于是诸将乃以太尉计谋为是。由此梁孝王与亚夫有隙。

①师古曰："会，集也。"

②师古曰："走音奏。"

③如淳曰："陬，隅也。"师古曰："音子侯反，又音邹。"

归，复置太尉官。五岁，迁为丞相，景帝甚重之。上废栗太子，亚夫固争之，不（待）〔得〕。[26]上由此疏之。而梁孝王每朝，常与太后言亚夫之短。

窦太后曰："皇后兄王信可侯也。"上让曰："始南皮及章武先帝不侯，①及臣即位，乃侯之，信未得封也。"窦太后曰："人生各以时行耳。②窦长君在时，竟不得封侯，死后，乃其子彭祖顾得侯。③吾甚恨之。帝趣侯信也！"④上曰："请得与丞相计之。"亚夫曰："高帝约'非刘氏不得王，非有功不得侯。不如约，天下共击之'。今信虽皇后兄，无功，侯之，非约也。"上默然而沮。⑤

①师古曰："南皮窦彭祖，太后弟长君之子。章武，太后母弟广国。"

②师古曰："言富贵当及己身也。"

③师古曰:"顾,反也。"

④师古曰:"趣读曰促。"

⑤师古曰:"沮者,止坏之意也,音才与反。"

其后匈奴王徐卢等五人降汉,①上欲侯之以劝后。亚夫曰:"彼背其主降陛下,陛下侯之,即何以责人臣不守节者乎?"上曰:"丞相议不可用。"乃悉封徐卢等为列侯。亚夫因谢病免相。

①师古曰:"功臣表云唯徐卢。"

顷之,上居禁中,召亚夫赐食。独置大胾,①无切肉,又不置箸。亚夫心不平,顾谓尚席取箸。②上视而笑曰:"此非不足君所乎!"③亚夫免冠谢上。上曰:"起。"亚夫因趋出。上目送之,曰:"此鞅鞅,非少主臣也!"

①师古曰:"胾,大脔,音侧吏反。"

②应劭曰:"尚席,主席者也。"

③孟康曰:"设胾无箸者,此非不足满于君所乎?嫌恨之也。"如淳曰:"非故不足君之食具,偶失之也。"师古曰:"孟说近之。帝言赐君食而不设箸,此由我意,于君有不足乎?"

居无何,亚夫子为父买工官尚方甲楯五百被可以葬者。①取庸苦之,不与钱。②庸知其盗买县官器,怨而上变告子,事连汙亚夫。书既闻,上下吏。吏簿责亚夫,③亚夫不对。上骂之曰:"吾不用也。"④召诣廷尉。廷尉责问曰:"君侯欲反何?"亚夫曰:"臣所买器,乃葬器也,何谓反乎?"吏曰:"君纵不欲反地上,即欲反地下耳。"吏侵之益急。初,吏捕亚夫,亚夫欲自杀,其夫人止之,以故不得死,遂入廷尉,因不食五日,欧血而死。国绝。

①如淳曰："工官，官名也。"张晏曰："被，具也。五百具甲楯也。"
师古曰："被音皮义反。"

②师古曰："庸谓赁也。苦谓极苦使也。"

③如淳曰："簿音主簿之簿，簿问其辞情。"师古曰："簿问者，书之
于簿，一一问之也。"

④孟康曰："言不用汝对，欲杀之也。"如淳曰："恐狱吏畏其复用事，
不敢折辱也。"师古曰："孟说是也。一云，帝责此吏云不胜其任，
吾不用汝，故召亚夫令诣廷尉也。"

一岁，上乃更封绛侯勃它子坚为平曲侯，续绛侯后。传子建德，为太子太傅，坐酎金免官。后有罪，国除。

亚夫果饿死。死后，上乃封王信为盖侯。至平帝元始二年，继绝世，复封勃玄孙之子恭为绛侯，千户。

赞曰：闻张良之智勇，以为其貌魁梧奇伟，①反若妇人女子。故孔子称"以貌取人，失之子羽"。②学者多疑于鬼神，③如良受书老父，亦异矣。高祖数离困厄，良常有力，④岂可谓非天乎！陈平之志，见于社下，倾侧扰攘楚、魏之间，卒归于汉，而为谋臣。及吕后时，事多故矣，⑤平竟自免，以智终。王陵廷争，杜门自绝，亦各其志也。周勃为布衣时，鄙朴庸人，至登辅佐，匡国家难，诛诸吕，立孝文，为汉伊周，⑥何其盛也！始吕后问宰相，高祖曰："陈平智有馀，王陵少戆，可以佐之；⑦安刘氏者必勃也。"又问其次，云"过此以后，非乃所及"。⑧终皆如言，圣矣夫！

①应劭曰："魁梧，丘虚壮大之意也。"苏林曰："梧音悟。"师古曰：
"魁，大貌也。梧者，言其可惊悟，今人读为吾，非也。"

②师古曰："子羽，孔子弟子澹台灭明字，貌恶而行善，故云然也。"

③师古曰："谓无鬼神之事也。"

④师古曰："离，遭也。"

⑤师古曰："故谓中屯难也。"

⑥师古曰："处伊尹、周公之任。"

⑦师古曰："戆，愚也，旧音下绀反，今读音竹巷反。"

⑧师古曰："乃，汝也，言汝亦不及见也。"

【校勘记】

〔1〕　良（年）少，　景祐、殿本都无"年"字。

〔2〕　良因怪（之），　景祐、殿本都无"之"字。

〔3〕　常习〔读〕诵。　宋祁说一本"习"下有"读"字。按景祐本有。

〔4〕　今（有事）〔事有〕急，　景祐、殿本都作"事有"。

〔5〕　因举燕、（伐）〔代〕、齐、赵。　何焯说"伐"当作"代"。按各本都作"伐"，史记作"代"。

〔6〕　（示）天下不复输积，　景祐、殿本都无"示"字。

〔7〕　（左）〔离〕亲戚，　景祐、殿本都作"离"，注同。

〔8〕　上〔曰〕'终不使不肖子居爱子上'，明〔其〕代太子位必矣。　景祐、殿本都有"曰"字"其"字，史记同。

〔9〕　人生一世〔间〕，　景祐、殿本都有"间"字，史记同。

〔10〕　遂犹竟（也）。　景祐、殿本都无"也"字。

〔11〕　出〔其〕郊远迎谒也。　景祐、殿本都有"其"字。

〔12〕　于是（召）〔诏〕御史，　景祐、殿本都作"诏"。王先谦说作"诏"是。

〔13〕　〔陈〕平乘驰传　景祐、殿本都有"陈"字。

〔14〕 言畏谗毒己者得〔其成〕〔成其〕计。　王先谦说"其成"字误倒。

〔15〕 问〔左〕丞相平　景祐、殿本都有"左"字。

〔16〕 （各）有主者。　宋祁说越本无"各"字。按景祐本亦无。王念孙说无"各"字是。

〔17〕 勃谢（病请）免相，　宋祁说越本无"病请"二字。按景祐本亦无。

〔18〕 坐略人妻弃（主）〔市〕。　景祐、汲古、殿、局本都作"市"，"主"字误。

〔19〕 攻（兰）〔蒙〕、虞，取之。　齐召南说史记作"攻蒙、虞"，"兰"当作"蒙"。王先谦说地无"兰虞"名，齐说是。

〔20〕 〔击〕陈豨，　景祐、殿本都有"击"字，史记亦有，此脱。

〔21〕 于是阴谋（乃）〔以〕为　景祐、殿本都作"以"。王先谦说作"以"是。

〔22〕 有数人不肯去，（官）〔宦〕者令张释谕告，亦去。　景祐、殿、局本都作"宦"。王先谦说作"宦"是。

〔23〕 上复用勃为（丞）相。　景祐、殿本都无"丞"字。

〔24〕 以久当之〔不去〕，即祸及矣。　景祐、殿本都有"不去"二字。王先谦说此脱。

〔25〕 一年，〔文帝乃择勃子贤者河内太守〕（弟）亚夫复为侯　钱大昭说闽本无"弟"字，"亚夫"上多十二字。按景祐本同闽本。

〔26〕 不（待）〔得〕。　钱大昭说"待"当作"得"。按景祐、殿本都作"得"。

汉 书 卷 四 十 一

樊郦滕灌傅靳周传第十一

樊哙，沛人也，以屠狗为事。①后与高祖俱隐于芒砀山泽间。

①师古曰："时人食狗亦与羊豕同，故哙专屠以卖。"

陈胜初起，萧何、曹参使哙求迎高祖，立为沛公。①哙以舍人从攻胡陵、方与，②还守丰，击泗水监丰下，破之。③复东定沛，破泗水守薛西。④与司马𡰥战砀东，⑤却敌，斩首十五级，赐爵国大夫。⑥常从，沛公击章邯军濮阳，攻城先登，斩首二十三级，赐爵列大夫。⑦从攻（阳城）〔城阳〕，[1]先登。下户牖，⑧破李由军，斩首十六级，赐上闻爵。⑨后攻围都尉、东郡守尉于成武，⑩却敌，斩首十四级，捕虏十六人，⑪赐爵五大夫。从攻秦军，出亳南。⑫河间守军于杠里，破之。⑬击破赵贲军开封北，⑭以却敌先登，斩候一人，首六十八级，捕虏二十六人，⑮赐爵卿。从攻破扬熊于曲遇。⑯攻宛陵，先登，斩首八级，捕虏四十四人，赐爵封号贤成君。[17]从攻长社、辕辕，绝河津，东攻秦军尸乡，南攻秦军于犨，破南阳守齮于阳城。东攻宛城，先登。西至郦，[18]以却敌，斩首十四级，捕虏四十（四）人，[2]赐重封。[19]攻武关，至霸上，斩都尉一人，首十级，捕虏百四十六人，降卒二千九百人。

① 师古曰："高祖时亡在外，故求而迎之。"

② 师古曰："皆县名。方音房。与音豫。"

③ 师古曰："泗水，郡名。监谓御史监郡者也，破之于丰县下。"

④ 师古曰："破郡守于薛县之西。"

⑤ 师古曰："秦将章邯之司马也。卬读与夷同。"

⑥ 文颖曰："即官大夫也，爵第六级。"

⑦ 文颖曰："即公大夫也，爵第七级。"

⑧ 师古曰："阳武县之乡。"

⑨ 张晏曰："得径上闻也。"如淳曰："吕氏春秋曰'魏文侯东胜齐于长城，天子赏文侯以上闻'。"晋灼曰："名通于天子也。"

⑩ 师古曰："围即陈留围县。"

⑪ 师古曰："生获曰虏。"

⑫ 郑氏曰："亳，成汤封邑，今河南偃师汤亭是。"

⑬ 师古曰："杠音江。"

⑭ 师古曰："贲音奔。"

⑮ 师古曰："既斩候一人，又更斩它首六十八。"

⑯ 师古曰："曲音丘羽反。遇音颙。"

⑰ 张晏曰："食禄比封君而无邑也。"臣瓒曰："秦制，列侯乃有封爵。"师古曰："瓒说非也。楚汉之际，权设宠荣，假其位号，或得邑地，或空受爵，此例多矣。约以秦制，于义不通。"

⑱ 师古曰："南阳之县也，音直益反。"

⑲张晏曰："益禄也。"如淳曰："正爵名也。"臣瓒曰："增封也。"师古曰："诸家之说皆非也。重封者，加二号耳。"

项羽在戏下，欲攻沛公。沛公从百馀骑因项伯面见项羽，谢无有闭关事。项羽既飨军士，中酒，①亚父谋欲杀沛公，令项庄拔剑舞坐中，欲击沛公，项伯常屏蔽之。时独沛公与张良得入坐，樊哙居营外，闻事急，乃持盾入。初入营，营卫止哙，②哙直撞入，立帐下。③项羽目之，问为谁。张良曰："沛公参乘樊哙也。"项羽曰："壮士。"赐之卮酒彘肩。哙既饮酒，拔剑切肉食之。项羽曰："能复饮乎？"哙曰："臣死且不辞，岂特卮酒乎！且沛公先入定咸阳，暴师霸上，以待大王。④大王今日至，听小人之言，与沛公有隙，臣恐天下解心疑大王也。"项羽默然。沛公如厕，麾哙去。既出，沛公留车骑，⑤独骑马，哙等四人步从，从山下走归霸上军，而使张良谢项羽。羽亦因遂已，⑥无诛沛公之心。是日微樊哙奔入营谯让项羽，沛公几殆。⑦

①张晏曰："酒酣也。"师古曰："饮酒之中也。不醉不醒，故谓之中。中音竹仲反。"

②师古曰："营卫，谓营垒之守卫者。"

③师古曰："谓以盾撞击人。撞音丈江反。"

④师古曰："时项羽未为王，故高纪云'以待将军'。此言大王，史追书耳。"

⑤师古曰："沛公所乘之车及从者之骑。"

⑥师古曰："已，止也。"

⑦师古曰："微，无也。谯，责也。殆，危也。谯音才笑反。几音巨依反。"

后数日，项羽入屠咸阳，立沛公为汉王。汉王赐哙爵为列侯，号临武侯。迁为郎中，从入汉中。

还定三秦，别击西丞白水北，①（拥）〔雍〕轻车骑雍南，[3]破之。从攻雍、斄城，先登。②击章平军好畤，攻城，先登陷阵，斩县令丞各一人，首十一级，虏二十人，迁为郎中骑将。从击秦车骑壤东，③却敌，迁为将军。攻赵贲，下郿、槐里、柳中、咸阳；④灌废丘，最。⑤至栎阳，赐食邑杜之樊乡。⑥从攻项籍，屠煮枣，⑦击破王武、程处军于外黄。攻邹、鲁、瑕丘、薛。项羽败汉王于彭城，尽复取鲁、梁地。哙还至荥阳，益食平阴二千户，以将军守广武一岁。⑧项羽引东，从高祖击项籍，下阳夏，⑨虏楚周将军卒四千人。⑩围项籍陈，大破之。⑪屠胡陵。

①服虔曰："西丞，县名也。"晋灼曰："白水，今广平魏县也。地理志无西丞，似秦将名也。"师古曰："二说并非也。西谓陇西郡西县也。白水，水名，经西县东南流而过。言击西县之丞于白水之北。"

②师古曰："斄读与邰同，县名，即后稷所封，今武功故城是，音胎。"

③师古曰："地名也。"

④师古曰："柳中即细柳地也，在长安西。"

⑤李奇曰："以水灌废丘也。"张晏曰："最，功第一也。"晋灼曰："京辅治华阴灌北也。"师古曰："高纪言'引水灌废丘'，李说是也。或者云汉王自彭城败还始灌废丘，此时未也。此说非矣。彭城还，更灌废丘，始平定之，无废丘。此时已当灌矣。"

⑥师古曰："杜县之乡也，今曰樊川。"

⑦晋灼曰："地理志无也。清河有煮枣城，功臣表有煮枣侯。"师古曰："既云攻项籍，屠煮枣，则其地当在大河之南，非清河之城明矣，但未详其处耳。"

⑧师古曰："即荥阳之广武。"

⑨师古曰："夏音工雅反。"

⑩师古曰："周殷。"

⑪师古曰："于陈县围之。"

项籍死，汉王即皇帝位，以哙有功，益食邑八百户。其秋，燕王臧荼反，哙从攻荼，定燕地。楚王韩信反，哙从至陈，取信，定楚。更赐爵列侯，与剖符，世世勿绝，食舞阳，号为舞阳侯，除前所食。以将军从攻反者韩王信于代。自霍人以往至云中，与绛侯等共定之，益食千五百户。因击陈豨与曼丘臣军，战襄国，破柏人，先登，降（之）定清河、常山凡二十七县，[4]残东垣，①迁为左丞相。破得綦母（印）〔卬〕,[5]尹潘军于无终、广昌。②破豨别将胡人王黄军代南，因击韩信军参合。军所将卒斩韩信，击豨胡骑横谷，斩将军赵既，虏代丞相冯梁、守孙奋、大将王黄、将军（大将）一人，[6]太仆解福等十人。与诸将共定代乡邑七十三。后燕王卢绾反，哙以相国击绾，破其丞相抵蓟南，③定燕县十八，乡邑五十一。益食千三百户，定食舞阳五千四百户。从，斩首百七十六级，虏二百八十七人。别，破军七，下城五，定郡六，县五十二，得丞相一人，将军十三人，二千石以下至三百石十二人。

①张晏曰："残，有所毁也。"臣瓒曰："残谓多所杀伤也。"师古曰："瓒说是。"

②师古曰："姓綦母，名（印）〔卬〕也。綦音其。"

③师古曰："抵，至也。一说，抵者，其丞相之名也，音丁礼反。"

哙以吕后弟吕须为妇，生子伉，①故其比诸将最亲。先黥布反时，高帝尝病，②恶见人，卧禁中，诏户者无得入群臣。群臣绛、灌等莫敢入。十馀日，哙乃排闼直入，③大臣随之。上独枕一宦者卧。哙等见上流涕曰："始陛下与臣等起丰沛，定天下，何其壮也！今天下已定，又何惫也！④且陛下病甚，大臣震恐，不见臣等计事，顾独与一宦者绝乎？⑤且陛下独不见赵高之事乎？"⑥高帝笑而起。

①师古曰："伉音抗，又音刚。"

②师古曰："黥布未反之前。"

③师古曰："闼，宫中小门也，一曰门屏也，音土曷反。"

④师古曰："惫，力极也，音蒲拜反。"

⑤师古曰："顾犹反也。"

⑥师古曰："谓始皇崩，赵高矫为诏命，杀扶苏而立胡亥。"

其后卢绾反，高帝使哙以相国击燕。是时高帝病甚，人有恶哙党于吕氏，①即上一日宫车晏驾，则哙欲以兵尽诛戚氏、赵王如意之属。高帝大怒，乃使陈平载绛侯代将，而即军中斩哙。②陈平畏吕后，执哙诣长安。至则高帝已崩，吕后释哙，③得复爵邑。

①师古曰："恶谓毁谮，言其罪恶也。"

②师古曰："即，就也。"

③师古曰："释，解也，解免其罪。"

孝惠六年，哙薨，谥曰武侯，子伉嗣。而伉母吕须亦为临光侯，（哙）高后时用事颛权，[7]①大臣尽畏之。高后崩，大臣诛吕须等，因诛伉，舞阳侯中绝数月。孝文帝立，乃复封哙庶子市人为侯，复故邑。薨，谥曰荒侯。子佗广嗣。六岁，其舍人上书言："荒侯市人病不能为人，②令其夫人与其弟乱而生佗广，佗广实非荒侯子。"下吏，免。平帝元始二年，继绝世，封哙玄孙之子章为舞阳侯，邑千户。

①师古曰："頯与专同。"

②师古曰："言无人道也。"

郦商，高阳人也。①陈胜起，商聚少年得数千人。沛公略地六月馀，商以所将四千人属沛公于岐。从攻长社，先登，赐爵封信成君。从攻缑氏，绝河津，破秦军雒阳东。从下宛、穰，定十七县。别将攻旬关，②西定汉中。③

①师古曰："郦音历。"

②师古曰："汉中旬水上之关也，今在洵阳县。"

③师古曰："先言攻旬关，定汉中，然后云沛公为汉王，是则沛公从武关、蓝田而来，商时别从西道平定汉中。"

沛公为汉王，赐商爵信成君，以将军为陇西都尉。别定北地郡，破章邯别将于乌氏、枸邑、泥阳，①赐食邑武城六千户。从击项籍军，与锺离眜战，受梁相国印，②益食四千户。从击项羽二岁，攻胡陵。

①师古曰："乌氏，安定县也。枸邑今在豳州。泥阳，北地县。氏音支。枸音苟。"

②师古曰："汉以梁相国印授之。"

汉王即帝位，燕王臧荼反，商以将军从击荼，战龙脱，①先登陷阵，破荼军易下，②却敌，迁为右丞相，赐爵列侯，与剖符，世世勿绝，食邑涿郡五千户。别定上谷，因攻代，受赵相国印。③与绛侯等定代郡、雁门，得代丞相程纵、守相郭同、④将军以下至六百石十九人。还，以将军将太上皇卫一岁。十月，以右丞相击陈豨，残东垣。又从击黥布，攻其前垣，⑤陷两陈，得以破布军，更封为曲周侯，食邑五千一百户，除前所食。凡别破军三，降定郡六，县七十三，得丞相、守相、大将（军）各一人，小将（军）二人，[8]二千石以下至六百石十九人。

①孟康曰："地名也。"

②师古曰："今易县。"

③师古曰："初受梁相国印，今又受赵相国印。"

④师古曰："守相，谓为相而居守者。"

⑤李奇曰："前锋坚蔽若垣墙也。或曰，军前以大（军）〔车〕自障若垣也。"[9]师古曰："二说皆非也。谓攻其壁垒之前垣。"

商事孝惠帝、吕后。吕后崩，商疾不治事。①其子寄，字况，与吕禄善。及高后崩，大臣欲诛诸吕，吕禄为将军，军于北军，太尉勃不得入北军，于是乃使人劫商，令其子寄绐吕禄。吕禄信之，与出游，而太尉勃乃得入据北军，遂以诛诸吕。商是岁薨，谥曰景侯。子寄嗣。天下称郦况卖友。

①文颖曰："商有疾病，不能治官事。"

孝景时，吴、楚、齐、赵反，上以寄为将军，围赵城，七月不能下。栾布自平齐来，乃灭赵。孝景中二年，寄欲取平原君（姊）为夫人，①[10]景帝怒，下寄吏，免。上乃封商它子坚为缪侯，②奉商后。传至玄孙终根，武帝时为太常，坐巫蛊诛，国除。元始中，赐高祖时功臣自郦商以下子孙爵（乎）〔皆〕关内侯，[11]食邑凡百馀人。

①苏林曰："景帝王皇后母臧儿也。"

②师古曰："缪，所封邑名。"

夏侯婴，沛人也。为沛厩司御，每送使客，还过泗上亭，与高祖语，未尝不移日也。婴已而试补县吏，与高祖相爱。高祖戏而伤婴，人有告高祖。高祖时为亭长，重坐伤人，①告故不伤婴，②婴证之。移狱覆，婴坐高祖系岁馀，掠笞数百，终脱高祖。

①如淳曰："为吏伤人，其罪重。"

②苏林曰："自告情故，不伤婴也。"

高祖之初与徒属欲攻沛也，①婴时以县令史为高祖使。上降沛一日，②高祖为沛公，赐爵七大夫，以婴为太仆，常奉车。③从攻胡陵，婴与萧何降泗水监平，④平以胡陵降，赐婴爵五大夫。从击秦军砀东，攻济阳，下户牖，破李由军雍丘，以兵车趣攻战疾，破之，⑤赐爵执帛。从击章邯军东阿、濮阳下，以兵车趣攻战疾，破之，赐爵执圭。从击赵贲军开封，杨熊军曲遇。婴从捕虏六十八人，降卒八百五十人，得印一匮⑥。又击秦军雒阳东，以兵车趣攻战疾，赐爵封，转为滕令。⑦因奉车⑧从攻定南阳，战于蓝田、芷阳，⑨至霸上。沛公为汉王，赐婴爵列侯，号昭平侯，复为太仆，从入蜀汉。

①师古曰："谓始亡在外，未被樊哙召时。"

②师古曰："谓父老开城门迎高祖时也。"

③师古曰："为沛公御车。"

④张晏曰："胡陵，平所止县，何尝给之，故与降。"

⑤师古曰："趣读曰促，谓急速也。次下亦同。"

⑥师古曰："时自相署置官之印。"

⑦邓展曰："今沛郡公丘县。"

⑧师古曰："因此又每奉车从攻战，以至霸上。"

⑨师古曰："芷阳后为霸陵县。"

还定三秦，从击项籍。至彭城，项羽大破汉军。汉王不利，驰去。见孝惠、鲁元，载之。汉王急，马罢，虏在后，①常蹴两儿弃之，②婴常收载行，面雍树驰。③汉王怒，欲斩婴者十馀，卒得脱，而致孝惠、鲁元于丰。

①师古曰："罢读曰疲。"

②服虔曰："蹴音拨。"晋灼曰："音足蹴物之蹴。"师古曰："服音是。"

③服虔曰："高祖欲斩之，故婴围树走，面向树也。"应劭曰："古者立乘，婴恐小儿堕坠，各置一面拥持之。树，立也。"苏林曰："南方人谓抱小儿为雍树。面者，以面首向临之也。"师古曰："面，偝也。雍，抱持之。言取两儿，令面背己，而抱持之以驰，故云面雍树驰。服言围树而走，义尤疏越。雍读曰拥。"

汉王既至荥阳，收散兵，复振，赐婴食邑沂阳。①击项籍下邑，追至陈，卒定楚。至鲁，益食兹氏。②

①师古曰："沂音鱼依反。"

②师古曰："兹氏，县名，地理志属太原。"

汉王即帝位，燕王臧荼反，婴从击荼。明年，从至陈，取楚王信。更食汝阴，剖符，世世勿绝。从击代，至武泉、云中，益食千户。因从击韩信军胡骑晋阳旁，大破之。追北至平城，为胡所围，七日不得通。高帝使使厚遗阏氏，冒顿乃开其围一角。高帝出欲驰，婴固徐行，弩皆持满外乡，①卒以得脱。②益食婴细阳千户。③从击胡骑句注北，大破之。击胡骑平城南，三陷陈，功为多，（阙）〔赐〕所夺邑五百户。④〔12〕从击陈豨、黥布军，陷陈却敌，益千户，定食汝阴六千九百户，除前所食。

①师古曰："故示闲暇，所以固士卒心，而令敌不测也。乡读曰向。"

②师古曰："卒，终也。"

③师古曰："益其邑使食之。"

④孟康曰："时有罪过夺邑者，以赐之。"

婴自上初起沛，常为太仆从，竟高祖崩。以太仆事惠帝。惠帝及高后德婴之脱孝惠、鲁元于下邑间也，乃赐婴北第第一，①曰"近我"，以尊异之。惠帝崩，以太仆事高后。高后崩，代王之来，婴以太仆与东牟侯入清宫，废少帝，以天子法驾迎代王代邸，与大臣共立文帝，复为太仆。八岁薨，谥曰文侯。传至曾孙颇，②尚平阳公主，坐与父御婢奸，自杀，国除。

①师古曰："北第者，近北阙之第，婴最第一也。故张衡西京赋云'北阙甲第，当道直启'。"

②师古曰："颇音普河反。"

初婴为滕令奉车，故号滕公。及曾孙颇尚主，主随外家姓，号孙公主，故滕公子孙更为孙氏。

灌婴，睢阳贩缯者也。①高祖为沛公，略地至雍丘，章邯杀项梁，而沛公还军于砀，婴以中涓从，击破东郡尉于成武及秦军于杠里，疾斗，赐爵七大夫。又从攻秦军亳南、开封、曲遇，战疾力，②赐爵执帛，号宣陵君。从攻阳武以西至雒阳，破秦军尸北。北绝河津，南破南阳守齮阳城东，遂定南阳郡。西入武关，战于<u>蓝田</u>，疾力，^②至<u>霸上</u>，赐爵执圭，号<u>昌文君</u>。

①师古曰："缯者，帛之总名。"

②孟康曰："攻战速疾也。"师古曰："疾，急速也。力，强力也。"

　　<u>沛公</u>为<u>汉王</u>，拜<u>婴</u>为郎中，从入<u>汉中</u>，十月，拜为中谒者。
从还定<u>三秦</u>，下<u>栎阳</u>，降<u>塞王</u>。还围<u>章邯废丘</u>，未拔。从东出<u>临
晋关</u>，击降<u>殷王</u>，定其地。击<u>项羽</u>将<u>龙且</u>、<u>魏</u>相<u>项佗</u>军<u>定陶</u>南，
疾战，破之。赐<u>婴</u>爵列侯，号<u>昌文侯</u>，食<u>杜平乡</u>。^①

①师古曰："<u>杜</u>县之<u>平乡</u>。"

　　复以中谒者从降下<u>砀</u>，以北至<u>彭城</u>。<u>项羽</u>击破<u>汉王</u>，<u>汉王</u>遁
而西，<u>婴</u>从还，军于<u>雍丘</u>。<u>王武</u>、<u>魏公申徒</u>反，^①从击破之。攻
下<u>外黄</u>，西收军于<u>荥阳</u>。<u>楚</u>骑来众，<u>汉王</u>乃择军中可为骑将者，
皆推故<u>秦</u>骑士<u>重泉</u>人<u>李必</u>、<u>骆甲</u>^②习骑兵，今为校尉，可为骑
将。<u>汉王</u>欲拜之，<u>必</u>、<u>甲</u>曰："臣故<u>秦</u>民，恐军不信臣，臣愿得
大王左右善骑者傅之。"^③<u>婴</u>虽少，然数力战，乃拜<u>婴</u>为中大夫，
令<u>李必</u>、<u>骆甲</u>为左右校尉，将郎中骑兵击<u>楚</u>骑于<u>荥阳</u>东，大破
之。受诏别击<u>楚</u>军后，绝其饟道，^④起<u>阳武</u>至<u>襄邑</u>。击<u>项羽</u>之将
<u>项冠</u>于<u>鲁</u>下，破之，所将卒斩右司马、骑将各一人。^⑤击破<u>柘公
王武</u>军<u>燕</u>西，^⑥所将卒斩楼烦将五人，^⑦连尹一人。^⑧击<u>王武</u>别将<u>桓
婴白马</u>下，破之，所将卒斩都尉一人。以骑度<u>河</u>南，送<u>汉王</u>到<u>雒
阳</u>，从北迎相国<u>韩信</u>军于<u>邯郸</u>。还至<u>敖仓</u>，<u>婴</u>迁为御史大夫。

①<u>张晏</u>曰："故<u>秦</u>将，降为公，今反。"

②师古曰："<u>重泉</u>，县名也，<u>地理志</u>属<u>左冯翊</u>。"

③<u>如淳</u>曰："傅音附，犹言随从者。"

④师古曰："饟，古饷字。"

⑤张晏曰："主右方之马，左亦如之。"晋灼曰："下所谓左右千人之骑。"

⑥师古曰："柘，县名。公者，柘之令也。王武，其人姓名也。燕亦县名，古南燕国也。音一千反。"

⑦李奇曰："楼烦，县名，其人善骑射，故名射士为楼烦，取其称也。"

师古曰："解在项羽传。"

⑧苏林曰："楚官也。"

三年，以列侯食邑杜平乡。受诏将郎中骑兵东属相国韩信，击破齐军于历下，所将卒虏（单）〔车〕骑将（军）华毋伤①[13]及将吏四十六人。降下临淄，得相田光。追齐相田横至嬴、博，②击破其骑，所将卒斩骑将一人，生得骑将四人。攻下嬴、博，破齐将军田吸于千乘，斩之。东从韩信攻龙且、留公于假密，③卒斩龙且，④生得右司马、连尹各一人，楼烦将十人，身生得亚将周兰。⑤

①师古曰："华音下化反。"

②师古曰："二县名。"

③师古曰："留，县名。公，留令也。攻龙且及留令于假密。"

④师古曰："婴所将之卒也。其下亦同。"

⑤师古曰："亚，次也。"

齐地已定，韩信自立为齐王，使婴别将击楚将公杲于鲁北，破之。转南，破薛郡长，①身虏骑将（人）〔一人〕。攻（博）〔傅〕阳，[14]前至下相以东南僮、取虑、徐，②度淮，尽降其城邑，至广陵。③项羽使项声、薛公、郯公复定淮北，婴度淮击破项声、郯公下邳，斩薛公，下下邳、寿春。击破楚骑平阳，④遂降彭城。虏柱国项佗，⑤降留、薛、沛、鄫、萧、相。⑥攻苦、谯，⑦复得亚将。与<u>汉王</u>会<u>颐乡</u> 。从击<u>项籍</u>军<u>陈</u>下，破之。所将卒斩<u>楼烦</u>将二人，虏将八人。赐益食邑二千五百户。

　①师古曰："长，亦如郡守也，时每郡置长。"

　②师古曰："<u>僮</u>及<u>取虑</u>及<u>徐</u>，三县名也。取音趋，又音秋。虑音庐。"

　③苏林曰："别将兵屯<u>广陵</u>也。"师古曰："此说非也。谓从<u>下相</u>以东南尽降城邑，乃至<u>广陵</u>皆平定。"

　④师古曰："此<u>平阳</u>在<u>东郡</u>。"

　⑤师古曰："佗音徒何反。"

　⑥师古曰："凡六县也，酂音才何反。"

　⑦师古曰："二县也。"

<u>项籍</u>败<u>垓下</u>去也，<u>婴</u>以御史大夫将车骑别追<u>项籍</u>至<u>东城</u>，破之。所将卒五人共斩<u>项籍</u>，皆赐爵列侯。降左右司马各一人，卒万二千人，尽得其军将吏。下<u>东城</u>、<u>历阳</u>。度<u>江</u>，破<u>吴郡</u>长<u>吴</u>下，①得<u>吴</u>守，遂定<u>吴</u>、<u>豫章</u>、<u>会稽郡</u>。还定<u>淮</u>北，凡五十二县。

　①如淳曰："雄长之长也。"师古曰："此说非也。<u>吴郡</u>长，当时为<u>吴郡</u>长，<u>婴</u>破之于<u>吴</u>下。"

<u>汉王</u>即帝位，赐益<u>婴</u>邑三千户。以车骑将军从击<u>燕王</u>茶。明年，从至<u>陈</u>，取<u>楚王</u>信。还，剖符，世世勿绝，食<u>颍阴</u>二千五百户。

1824从击（汉）〔<u>韩</u>〕<u>王</u>信于<u>代</u>，[15] 至<u>马邑</u>，别降<u>楼烦</u>以北六县，斩<u>代</u>左将，破<u>胡</u>骑将于<u>武泉</u>北。复从击信<u>胡</u>骑<u>晋阳</u>下，所将卒斩<u>胡</u>白题将一人。①又受诏并将<u>燕</u>、<u>赵</u>、<u>齐</u>、<u>梁</u>、<u>楚</u>车骑，击破<u>胡</u>骑于<u>硰石</u>。②至<u>平城</u>，为<u>胡</u>所困。

　①师古曰："<u>胡</u>名也。"

②师古曰："岧音千坐反。"

从击陈豨，别攻豨丞相侯敞军曲逆下，破之，卒斩敞及特将五人。①降曲逆、卢奴、上曲阳、安国、安平。攻下东垣。

①师古曰："卒谓所将之卒也。特，独也，各（特）〔独〕为将。"〔16〕

黥布反，以车骑将军先出，攻布别将于相，破之，斩亚将楼烦将三人。又进击破布上柱国及大司马军。又进破布别将肥铢。婴身生得左司马一人，所将卒斩其小将十人，追北至淮上。益食邑二千五百户。布已破，高帝归，定令婴食颍阴五千户，除前所食邑。凡从所得，二千石二人，别破军十六，降城四十六，定国一，郡二，县五十二，得将军二人，柱国、相各一人，二千石十人。

婴自破布归，高帝崩，以列侯事惠帝及吕后。吕后崩，吕禄等欲为乱。齐哀王闻之，举兵西，吕禄等以婴为大将军往击之。婴至荥阳，乃与绛侯等谋，因屯兵荥阳，风齐王以诛吕氏事，①齐兵止不前。绛侯等既诛诸吕，齐王罢兵归。婴自荥阳还，与绛侯、陈平共立文帝。于是益封婴三千户，赐金千斤，为太尉。

①师古曰："风读曰讽。"

三岁，绛侯勃免相，婴为丞相，罢太尉官。是岁，匈奴大入北地，上令丞相婴将骑八万五千击匈奴。匈奴去，济北王反，诏罢婴兵。后岁馀，以丞相薨，谥曰懿侯。传至孙（疆）〔彊〕，〔17〕有罪，绝。武帝复封婴孙贤为临汝侯，奉婴后，后有罪，国除。

傅宽，以魏五大夫骑将从，为舍人，起横阳。从攻安阳、杠里，赵贲军于开封，及击杨熊曲遇、阳武，斩首十二级，赐爵卿。从至霸上。沛公为汉王，赐宽封号共德君。① 从入汉中，为右骑将。定三秦，赐食邑雕阴。② 从击项籍，待怀，③ 赐爵通德侯。从击项冠、周兰、龙且，所将卒斩骑将一人敖下，④ 益食邑。

① 师古曰："共读曰恭。"

② 孟康曰："县名，属上郡。"

③ 服虔曰："（侍）〔待〕高帝于怀。怀，县（召）〔名〕也。"〔18〕师古曰："地理志属河内，即今怀州。"

④ 师古曰："敖，地名。敖仓盖取此名也。左氏传曰'敖、鄗之间'。"

属淮阴，① 击破齐历下军，击田解。属相国参，残博，② 益食邑。因定齐地，剖符世世勿绝，封阳陵侯，二千六百户，除前所食。为齐右丞相，备齐。③ 五岁为齐相国。

① 张晏曰："韩信也。信时为相国，云淮阴者，终言之也。"

② 师古曰："参，曹参也。博，太山县也。"

③ 张晏曰："时田横未降，故设屯备。"

四月，击陈豨，属太尉勃，以相国代丞相哙击豨。一月，徙为代相国，将屯。① 二岁，为丞相，将屯。孝惠五年薨，谥曰景侯。传至曾孙偃，谋反，诛，国除。

① 如淳曰："既为相国，有警则将卒而屯守也。"师古曰："此说非也。时代国常有屯兵以备边寇，宽为代相，兼将此屯兵也。"

靳歙，以中涓从，起宛朐。① 攻济阳。破李由军。击秦军开封东，斩骑千人将一人，② 首五十七级，捕虏七十三人，赐爵封临平君。又战蓝田北，斩车司马二人，③ 骑长一人，④ 首二十八级，捕虏五十七人。至霸上。沛公为汉王，赐歂爵建武侯，迁骑都尉。

①师古曰："歂音翕。宛音于元反。胸音其于反。"
②如淳曰："骑将率号为千人。汉仪注边郡置部都尉、千人、司马、候也。"
③张晏曰："主车也。"
④张晏曰："骑之长。"

从定三秦。别西击章平军于陇西，破之，定陇西六县，所将卒斩车司马、候各四人，骑长十二人。从东击楚，至彭城。汉军败还，保雍丘，击反者王武等。略梁地，别西击邢说军菑南，破之，①身得说都尉二人，司马、候十二人，降吏卒四千六百八十人。破楚军荥阳东。食邑四千二百户。

①师古曰："菑，县名也，后为考城。说读曰悦。"

别之河内，击赵贲军朝歌，破之，所将卒得骑将二人，车马二百五十匹。从攻安阳以东，至棘蒲，下十县。别攻破赵军，得其将司马二人，候四人，降吏卒二千四百人。从降下邯郸。别下平阳，身斩守相，所将卒斩兵守郡一人，①降邺。从攻朝歌、邯郸，又别击破赵（郡）〔军〕，[19]降邯郸郡六县。还军敖仓，破项籍军成皋南，击绝楚饷道，起荥阳至襄邑。破项冠鲁下。略地东至鄢、郯、下邳，南至蕲、竹邑。击项悍济阳下。还击项籍军陈下，破之。别定江陵，降柱国、大司马以下八人，身得江陵王，致雒阳，②因定南郡。从至陈，取楚王信，剖符世世勿绝，定食四千六百户，为信武侯。

①李奇曰："或以为郡守也，字反耳。"晋灼曰："将兵郡守也。"师古

曰：“当言兵郡守一人也。”

②师古曰：“江陵王谓共敖之子共尉也，得而送致于雒阳。”

以骑都尉〔从〕击代，[20]攻韩信平城下，还军东垣。有功，迁为车骑将军，并将梁、赵、齐、燕、楚车骑，别击陈豨丞相敞，破之，①因降曲逆。从击黥布有功，益封，定食邑五千三百户。凡斩首九十级，虏百四十二人，别破军十四，降城五十九，定郡、国各一，县二十三，得王、柱国各一人，二千石以下至五〔百〕石三十九人。[21]

①师古曰：“侯敞。”

高后五年，薨，谥曰肃侯。子亭嗣，有罪，国除。

周緤，沛人也。①以舍人从高祖起沛。至霸上，西入蜀汉，还定三秦，常为参乘，赐食邑池阳。②从东击项羽荥阳，绝甬道，从出度平阴，遇韩信军襄国，战有利不利，终亡离上心。上以緤为信武侯，③食邑三千三百户。

①师古曰：“緤音息列反。”

②师古曰：“即冯翊池阳县。”

③师古曰：“以其忠信，故加此号。”

1828

上欲自击陈豨，緤泣曰：“始秦攻破天下，未曾自行，今上常自行，是亡人可使者乎？”上以为“爱我”，赐入殿门不趋。

十二年，更封緤为郦城侯，①孝文五年薨，谥曰贞侯。子昌嗣，有罪，国除。景帝复封緤子应为郸侯，②薨，谥曰康侯。子仲居嗣，坐为太常有罪，国除。

①服虔曰："音菅蒯之蒯。"苏林曰："音簿催反。"晋灼曰："功臣表
　属长沙。"师古曰："此字从崩，从邑，音蒯，非也。吕忱音陪。而
　楚汉春秋作凭城侯。陪、凭声相近，此其实也。又音普肯反。"
②苏林曰："音多，属沛国。"

　赞曰：仲尼称："犂牛之子骍且角，虽欲勿用，山川其舍
诸？"①言士不系于世类也。语曰"虽有兹基，不如逢时"，②信
矣！樊哙、夏侯婴、灌婴之徒，方其鼓刀、仆御、贩缯之时，③
岂自知附骥之尾，④（勤）〔勒〕功帝籍，[22]庆流子孙哉？当孝文
时，天下以郦寄为卖友。夫卖友者，谓见利而忘义也。若寄父为
功臣而又执劫，⑤虽摧吕禄，以安社稷，谊存君亲，可也。

①师古曰："论语载孔子为弟子仲弓发此言也。犂，杂色；骍，赤色
　也。舍，置也。言牛色纯而角美，堪为牺牲，虽以其母犂色而不欲
　用，山川宁肯置之？喻父虽不材，不害子之美。"
②张晏曰："兹基，锄也。言虽有田具，值时乃获。"
③师古曰："鼓刀谓屠狗。"
④师古曰："盖以蚊虻为喻，言托骥之尾，则涉千里。"
⑤师古曰："周勃等劫其父而令寄行说。"

【校勘记】

〔1〕　从攻（阳城）〔城阳〕，　史记作"城阳"，正义说汉书作"阳
　　　城"，大错误。
〔2〕　捕虏四十（四）人，　景祐、殿本都作"四十人"，史记同。
〔3〕　（拥）〔雍〕轻车骑雍南，　景祐本作"雍"，史记同。王念孙
　　　说作"雍"是。

〔4〕 降（之）定清河、常山凡二十七县， 王先谦说"之"字衍，史记无。

〔5〕 破得綦母（印）〔卬〕、 景祐、殿本都作〔卬〕。王先谦说作"卬"是。注同。

〔6〕 将军（大将）一人， 史记作"将军太卜"，王先谦疑"大将"即"太卜"之误。但汲古本史记无"太卜"二字，则此"大将"二字当是衍文。

〔7〕 （唅）高后时用事颛权， 景祐、殿本都无"唅"字。钱大昭说无"唅"字是。

〔8〕 得丞相、守相、大将（军）各一人，小将（军）二人， 景祐本无二"军"字。王念孙说景祐本是，史记亦无二"军"字。

〔9〕 军前以大（军）〔车〕自障若垣也。 景祐、殿本都作"车"。王先谦说作"车"是。

〔10〕 寄欲取平原君（姊）为夫人， 王先谦说各本无"姊"字，是。

〔11〕 郦商以下子孙爵（平）〔皆〕关内侯， 景祐、殿本都作"皆"。王先谦说作"皆"是。

〔12〕 （阅）〔赐〕所夺邑五百户。 景祐、殿本都作"赐"。王先谦说"阅"字误。

〔13〕 所将卒虏（单）〔车〕骑将（军）华毋伤 景祐、殿本都作"车"。王先谦说"单"字误。"华"字上景祐本无"军"字。

〔14〕 身虏骑将（入）〔一人〕。攻（博）〔傅〕阳， 齐召南说"入"字系"一人"两字传写误并。沈钦韩说"博阳"当作"傅阳"。

〔15〕 从击（汉）〔韩〕王信于代， 景祐、殿、局本都作"韩"，"汉"字误。

〔16〕 各（特）〔独〕为将。 景祐、殿本都作"独"。王先谦说作

"独"是。

〔17〕 传至孙（疆）〔彊〕， 景祐、殿本都作"彊"。

〔18〕 （侍）〔待〕高帝于怀。怀，县（召）〔名〕也。 景祐、殿、局本都作"待"作"名"，此误。

〔19〕 又别击破赵（郡）〔军〕， 景祐、殿本都作"军"。 王先谦说作"军"是。

〔20〕 以骑都尉〔从〕击代， 景祐、殿本都有"从"字。

〔21〕 至五〔百〕石三十九人。 景祐、殿本都有"百"字，此脱。

〔22〕 （勤）〔勒〕功帝籍， 景祐、殿本都作"勒"。王先谦说作"勒"是。

汉书卷四十二

张周赵任申屠传第十二

张苍，阳武人也，好书律历。秦时为御史，主柱下方书。①
有罪，亡归。及沛公略地过阳武，苍以客从攻南阳。苍当斩，解
衣伏质，②身长大，肥白如瓠，时王陵见而怪其美士，乃言沛公，
赦勿斩。遂西入武关，至咸阳。

①如淳曰："方，板也，谓事在板上者也。秦置柱下史，苍为御史，主
其事。或曰主四方文书也。"师古曰："下云苍自秦时为柱下御史，
明习天下图书计籍，则主四方文书是也。柱下，居殿柱之下，若今
侍立御史矣。"

②师古曰："质，锧也。"

沛公立为汉王，入汉中，还定三秦。陈馀击走常山王张耳，
耳归汉，汉以苍为常山守。从韩信击赵，苍得陈馀。赵地已平，
汉王以苍为代相，备边寇。已而徙为赵相，相赵王耳。耳卒，相

其子敫。复徙相代。燕王臧荼反，苍以代相从攻荼有功，（六年）封为北平侯，[1]食邑千二百户。

迁为计相，①一月，更以列侯为主计四岁。②是时萧何为相国，而苍乃自秦时为柱下御史，明习天下图书计籍，又善用算律历，故令苍以列侯居相府，领主郡国上计者。黥布反，汉立皇子长为淮南王，而苍相之。十四年，迁为御史大夫。

①文颖曰：“以能计，故号曰计相。”师古曰：“专主计籍，故号计相。”
②张晏曰：“以列侯典校郡国簿书。”如淳曰：“以其所主，因以为官号，与计相同。时所卒立，非久施也。”师古曰：“去计相之名，更号主计。”

周昌者，沛人也。其从兄苛，①秦时皆为泗水卒史。及高祖（沛起）〔起沛〕，[2]击破泗水守监，于是苛、昌（自）〔以〕卒史从沛公，[3]沛公以昌为职志，②苛为客。③从入关破秦。沛公立为汉王，以苛为御史大夫，昌为中尉。

①师古曰：“苛音何。”
②应劭曰：“掌主职也。”郑氏曰：“主旗志也。”师古曰：“志与帜同，音式异反。”
③张晏曰：“为帐下宾客，不掌官也。”

汉三年，楚围汉王荥阳急，汉王出去，而使苛守荥阳城。楚破荥阳城，欲令苛将，苛骂曰：“若趣降汉王！不然，今为（虏）〔虏〕矣！”①[4]项羽怒，亨苛。汉王于是拜昌为御史大夫。常从击破项籍。六年，与萧、曹等俱封，为汾阴侯。苛子成以父死事，封为高景侯。

昌为人强力，敢直言，自萧、曹等皆卑下之。①昌尝燕入奏事，②高帝方拥戚姬，③昌还走。④高帝逐得，骑昌项上，问曰："我何如主也？"昌仰曰："陛下即桀纣之主也。"于是上笑之，然尤惮昌。及高帝欲废太子，而立戚姬子如意为太子，大臣固争莫能得，上以留侯策止。而昌庭争之强，上问其说，昌为人吃，⑤又盛怒，曰："臣口不能言，然臣（心）〔期期〕知其（其）不可。[5]陛下欲废太子，臣期期不奉诏。"⑥上欣然而笑，即罢。吕后侧耳于东箱听，⑦见昌，为跪谢曰："微君，太子几废。"⑧

是岁，戚姬子如意为赵王，年十岁，高祖忧万岁之后不全也。赵尧为符玺御史，赵人方与公①谓御史大夫周昌曰："君之史赵尧，年虽少，然奇士，君必异之，是且代君之位。"昌笑曰："尧年少，刀笔吏耳，何至是乎！"居顷之，尧侍高祖，高祖独心不乐，悲歌，群臣不知上所以然。尧进请（间）〔问〕曰：[6]"陛下所为不乐，非以赵王年少，而戚夫人与吕后有隙，备万岁之后而赵王不能自全乎？”高祖曰：“我私忧之，不知所出。”②
尧曰：“陛下独为赵王置贵强相，及吕后、太子、群臣素所敬惮
者乃可。”高祖曰：“然。吾念之欲如是，而群臣谁可者？”尧
曰：“御史大夫昌，其人坚忍伉直，自吕后、太子及大臣皆素严
惮之。独昌可。”高祖曰：“善。”于是召昌谓曰：“吾固欲烦
公，③公强为我相赵。”④昌泣曰：“臣初起从陛下，陛下独奈何中
道而弃之于诸侯乎？”高祖曰：“吾极知其左迁，⑤然吾私忧赵，
念非公无可者。公不得已强行！”⑥于是徙御史大夫昌为赵相。

①孟康曰：“方与，县名。公，其号也。”师古曰：“音房豫。”

②师古曰：“不知计所出。”

③师古曰：“固，必也，言必欲劳烦公。”

④师古曰：“强音其两反。次下亦同。”

⑤师古曰：“是时尊右而卑左，故谓贬秩位为左迁。佗皆类此。”

⑥师古曰：“已，止也。”

　　既行久之，高祖持御史大夫印弄之，曰：“谁可以为御史大
夫者？”孰视尧曰：“无以易尧。”①遂拜尧为御史大夫。尧亦前
有军功食邑，及以御史大夫从击陈豨有功，封为江邑侯。

①师古曰：“言尧可为之，馀人不能胜也。易，代也。”

　　高祖崩，太后使使召赵王，其相昌令王称疾不行。使者三
反，昌曰：“高帝属臣赵王，①王年少，窃闻太后怨戚夫人，欲召
赵王并诛之。臣不敢遣王，王且亦疾，不能奉诏。”太后怒，乃
使使召赵相。相至，谒太后，太后骂昌曰：“尔不知我之怨戚氏
乎？而不遣赵王！”昌既被征，高后使使召赵王。王果来，至长
安月馀，见鸩杀。昌谢病不朝见，三岁而薨，谥曰悼侯。传子至

孙意，有罪，国除。景帝复封昌孙左车为安阳侯，有罪，国除。

①师古曰："属，委也，音之欲反。"

初，赵尧既代周昌为御史大夫，高祖崩，事惠帝终世。高后元年，怨尧前定赵王如意之画，①乃抵尧罪，以广阿侯任敖为御史大夫。

①师古曰："画谓画策令周昌为相。"

任敖，沛人也，少为狱吏。高祖尝避吏，吏系吕后，遇之不谨。任敖素善高祖，怒，击伤主吕后吏。及高祖初起，敖以客从为御史，守丰二岁。高祖立为汉王，东击项羽，敖迁为上党守。陈豨反，敖坚守，封为广阿侯，食邑千八百户。高后时为御史大夫，三岁免。孝文元年薨，谥曰懿侯。传子至曾孙越人，坐为太常庙酒酸不敬，国除。

初任敖免，平阳侯曹窋代敖为御史大夫。①高后崩，与大臣共诛诸吕。后坐事免，以淮南相张苍为御史大夫。苍与绛侯等尊立孝文皇帝，四年，代灌婴为丞相。

①师古曰："窋音竹律反。"

汉兴二十馀年，天下初定，公卿皆军吏。苍为计相时，绪正律历。①以高祖十月始至霸上，故因秦时本十月为岁首，不革。②推五德之运，以为汉当水德之时，上黑如故。吹律调乐，入之音声，及以比定律令。③若百工，天下作程品。④至于为丞相，卒就之。⑤故汉家言律历者本张苍。苍〔尤〕〔凡〕好书，无所不观，[7]无所不通，而尤邃律历。⑥

①文颖曰："绪，寻也，谓本其统绪而正之。"

②师古曰："革，改也。"

③如淳曰："比音比次之比。谓五音清浊，各有所比，不相错入，以定十二律之法令于乐官，使长行之。或曰，比谓比方之比，音必履反。"臣瓒曰："谓以比故取类，以定法律与条令也。"师古曰："依如氏之说，比音频二反。"

④如淳曰："若，顺也。百工为器物皆有尺寸斤两斛斗轻重之宜，使得其法，此之谓顺。"晋灼曰："若，豫及之辞。"师古曰："言吹律调音以定法令，及百工程品，皆取则也。若，晋说是。"

⑤师古曰："卒，终也。就，成也。"

⑥师古曰："邃，深也，音先遂反。"

苍德安国侯王陵，①及贵，父事陵。陵死后，苍为丞相，洗沐，常先朝陵夫人上食，然后敢归家。

①师古曰："以救其死刑故也。"

苍为丞相十馀年，鲁人公孙臣上书，陈终始五德传，①言汉土德时，其符黄龙见，当改正朔，易服色。事下苍，苍以为非是，罢之。其后黄龙见成纪，于是文帝召公孙臣以为博士，草立土德时历制度，②更元年。苍由此自绌，谢病称老。苍任人为中候，③大为奸利，上以为让，④苍遂病免。孝景五年薨，谥曰文侯。传子至孙类，有罪，国除。

①师古曰："传谓传次也，音直恋反。"

②张晏曰："以秦水德，汉土胜之。"晋灼曰："草，创始也。"

③张晏曰："所选举保任也。按中候，官名。"师古曰："苍有所保举，而其人为中候之官。"

④师古曰："用此事责苍。"

初苍父长不满五尺，苍长八尺馀，苍子复长八尺，及孙类长六尺馀。苍免相后，口中无齿，食乳，女子为乳母。①妻妾以百数，尝孕者不复幸。年百馀岁乃卒。著书十八篇，言阴阳律历事。

①师古曰："言每就饮之。"

申屠嘉，梁人也。以材官蹶张①从高帝击项籍，迁为队率。②从击黥布，为都尉。孝惠时，为淮阳守。孝文元年，举故以二千石从高祖者，悉以为关内侯，食邑二十四人，而嘉食邑五百户。十六年，迁为御史大夫。张苍免相，文帝以皇后弟窦广国贤有行，欲相之，曰："恐天下以吾私广国。"久念不可，而高帝时大臣馀见无可者，③乃以御史大夫嘉为丞相，因故邑封为故安侯。

①如淳曰："材官之多力，能脚踏强弩张之，故曰蹶张。律有蹶张士。"

师古曰："今之弩，以手张者曰擘张，以足蹋者曰蹶张。蹶音厥。擘音布麦反。"

②师古曰："一队之率也，音所类反。"

③师古曰："见谓见在之人。"

嘉为人廉直，门不受私谒。是时太中大夫邓通方爱幸，赏赐累巨万。文帝常燕饮通家，其（见）宠如是。[8]是时嘉入朝，而通居上旁，有怠慢之礼。嘉奏事毕，因言曰："陛下幸爱群臣则富贵之，至于朝廷之礼，不可以不肃！"①上曰："君勿言，吾私之。"②罢朝坐府中，嘉为檄召通（诣）丞相府，③不来，且斩通。通恐，入言上。上曰："汝弟往，④吾今使人召若。"⑤通至（诣）

丞相府，[9]免冠，徒跣，顿首谢嘉。嘉坐自如，⑥弗为礼，责曰："夫朝廷者，高皇帝之朝廷也，通小臣，戏殿上，大不敬，当斩。史今行斩之！"⑦通顿首，首尽出血，不解。上度丞相已困通，⑧使使持节召通，而谢丞相："此吾弄臣，君释之。"邓通既至，为上泣曰："丞相几杀臣。"⑨

①师古曰："肃，敬也。"

②师古曰："言欲私戒教之。"

③师古曰："檄，木书也，长二尺。"

④师古曰："弟，但也。"

⑤师古曰："若亦汝也。"

⑥师古曰："如其故。"

⑦如淳曰："嘉语其史曰：'今便行斩之。'"

⑧师古曰："度音徒各反。"

⑨师古曰："几音巨依反。"

嘉为丞相五岁，文帝崩，孝景即位。二年，晁错为内史，贵幸用事，诸法令多所请变更，议以適罚侵削诸侯。①而丞相嘉自绌，②所言不用，疾错。错为内史，门东出，不便，更穿一门，南出。南出者，太上皇庙堧垣也。③嘉闻错穿宗庙垣，为奏请诛错。客有语错，错恐，夜入宫上谒，自归上。④至朝，嘉请诛内史错。上曰："错所穿非真庙垣，乃外堧垣，故冗官居其中，⑤且又我使为之，错无罪。"罢朝，嘉谓长史曰："吾悔不先斩错乃请之，⑥为错所卖。"至舍，因欧血而死。谥曰节侯。传子至孙奂，有罪，国除。

①师古曰："適读曰谪。"

②师古曰:"绌,退也。"

③服虔曰:"宫外垣馀地也。"如淳曰:"壖音畏懦之懦。"师古曰:"壖音如椽反,解在食货志。"

④师古曰:"归首于天子。"

⑤师古曰:"冗谓散辈也,如今之散官,音如勇反。"

⑥师古曰:"言先斩而后奏。"

自嘉死后,开封侯陶青、桃侯刘舍及武帝时柏至侯许昌、平棘侯薛泽、武强侯庄青翟、商陵侯赵周,皆以列侯继踵,踧踧廉谨,①为丞相备员而已,无所能发明功名著于世者。

①师古曰:"踧踧,持整之貌也。踧音初角反。"

赞曰:"张苍文好律历,为汉名相,①而专遵用秦之颛顼历,何哉?②周昌,木强人也。③任敖以旧德用。④申屠嘉可谓刚毅守节,然无术学,殆与萧、曹、陈平异矣。⑤

①师古曰:"文好律历,犹言名为好律历也。"

②张晏曰:"不考经典,专用颛顼历,何哉?"师古曰:"何哉,何为其然哉?"

③师古曰:"言其强(直)〔质〕如木石然。〔10〕强音其两反。"

④张晏曰:"谓伤辱吕后吏。"

⑤师古曰:"殆,近也,言其识见不如萧、曹等也。"

【校勘记】

〔1〕 (六年)封为北平侯, 景祐、殿本都无"六年"二字。

〔2〕 及高祖(沛起)〔起沛〕, 景祐、殿本都作"起沛",此误倒。

〔3〕 于是苛、昌(自)〔以〕卒史从沛公, 宋祁说越本"自"作

"以"。按景祐本作"以"。

〔4〕 今为（虑）〔虏〕矣！ 景祐、殿本都作"虏"。钱大昭说当为"虏"。

〔5〕 然臣（心）〔期期〕知其（其）不可。 景祐、殿本都无"心"字及下"其"字，"知"上有"期期"二字。

〔6〕 尧进请（间）〔问〕曰： 景祐、殿本都作"问"。王念孙说"请问"义自可通，史记亦作"请问"。

〔7〕 苍（尤）〔凡〕好书，无所不观， 景祐本作"凡"。王念孙说"凡"当读为"泛"。

〔8〕 其（见）宠如是。 宋祁说越本无"见"字。按景祐本亦无。

〔9〕 通至（诣）丞相府， 王先谦说"诣"字误衍。

〔10〕 言其强（直）〔质〕如木石然。 景祐、殿本都作"质"。

汉 书 卷 四 十 三

郦陆朱刘叔孙传第十三

郦食其，陈留高阳人也。①好读书，家贫落魄，无衣食业。②为里监门，然吏县中贤豪不敢役，③皆谓之狂生。

①师古曰：“食音异。其音基。”

②郑氏曰：“魄音薄。”应劭曰：“志行衰恶之貌也。”师古曰：“落魄，失业无次也。郑音是。”

③师古曰：“吏及贤者豪者皆不敢使役食其。”

及陈胜、项梁等起，诸将徇地过高阳者数十人，①食其闻其将皆握龊好荷礼②自用，不能听大度之言，食其乃自匿。后闻沛公略地陈留郊，沛公麾下骑士适食其里中子，③沛公时时问邑中贤豪。骑士归，食其见，谓曰：“吾闻沛公嫚易人，有大略，此真吾所愿从游，莫为我先。④若见沛公，⑤谓曰‘臣里中有郦生，年六十馀，长八尺，人皆谓之狂生’，自谓我非狂。”骑士曰：

1843

"沛公不喜儒，⑥诸客冠儒冠来者，沛公辄解其冠，溺其中。⑦与人言，常大骂。未可以儒生说也。"食其曰："第言之。"⑧骑士从容言食其所戒者。⑨

①师古曰："狥亦略也，音辞峻反。"

②应劭曰："握龊，急促之貌。"师古曰："荷与苛同。苛，细也。龊音初角反。"

③服虔曰："食其里中子适会作沛公骑士。"

④师古曰："先谓绍介也。"

⑤师古曰："若，汝也。"

⑥师古曰："喜，好也，音许吏反。"

⑦师古曰："溺读曰尿，音乃钓反。"

⑧师古曰："第，但也。"

⑨师古曰："从音千容反。"

沛公至高阳传舍，①使人召食其。食其至，入谒，沛公方踞床令两女子洗，②而见食其。食其入，即长揖不拜，曰："足下欲助秦攻诸侯乎？欲率诸侯（攻）〔破〕秦乎？"〔1〕沛公骂曰："竖儒！③夫天下同苦秦久矣，故诸侯相率攻秦，何谓助秦？"食其曰："必欲聚徒合义兵诛无道秦，不宜踞见长者。"于是沛公辍洗，起衣，④延食其上坐，谢之。食其因言六国从衡时。⑤沛公喜，赐食其食，问曰："计安出？"食其曰："足下起瓦合之卒，⑥收散乱之兵，不满万人，欲以径入强秦，此所谓探虎口者也。夫陈留，天下之冲，四通五达之郊也，⑦今其城中又多积粟。臣知其令，⑧今请使，令下足下。⑨即不听，足下举兵攻之，臣为内应。"于是遣食其往，沛公引〔兵〕随之，〔2〕遂下陈留。号食其为广野君。

①师古曰："传舍者，人所止息，前人已去，后人复来，转相传也。一音张恋反，谓传置之舍也，其义两通。它皆类此。"

②师古曰："洗足也，音先典反。"

③师古曰："言其贱劣如僮竖。"

④师古曰："辍，止也。起衣，著衣也。"

⑤师古曰："从音子容反。衡，横也。"

⑥师古曰："瓦合，谓如破瓦之相合，虽曰聚合而不齐同。"

⑦如淳曰："四面往来通之，并数中央，凡五达也。"臣瓒曰："四通五达，言无险阻也。"

⑧师古曰："素与其县令相知。"

⑨师古曰："下，降也。"

食其言弟商，使将数千人从沛公西南略地。食其（尝）〔常〕为说客，[3]驰使诸侯。

汉三年秋，项羽击汉，拔荥阳，汉兵遁保巩。楚人闻韩信破赵，彭越数反梁地，则分兵救之。①韩信方东击齐，汉王数困荥阳、成皋，计欲捐成皋以东，屯巩、雒以距楚。食其因曰："臣闻之，知天之天者，王事可成；不知天之天者，王事不可成。王者以民为天，而民以食为天。夫敖仓，天下转输久矣，臣闻其下乃有臧粟甚多。楚人拔荥阳，不坚守敖仓，乃引而东，令适卒分守成皋，②此乃天所以资汉。方今楚易取而汉反却，自夺便，③臣窃以为过矣。且两雄不俱立，楚汉久相持不决，百姓骚动，海内摇荡，农夫释耒，红女下机，④天下之心未有所定也。愿足下急复进兵，收取荥阳，据敖庾之粟，⑤塞成皋之险，杜太行之道，⑥距飞狐之口，⑦守白马之津，以示诸侯形制之势，⑧则天下知所归矣。方今燕、赵已定，唯齐未下。今田广据千里之齐，田间将二十万之众军于历城，诸田宗强，负海岱，阻河济，⑨南近楚，齐人多变诈，足下虽遣数十万师，未可以岁月破也。臣请得奉明诏说齐王使为汉而称东藩。"上曰："善。"

①师古曰："（反）〔救〕赵及梁。"[4]

②师古曰："适读曰谪。谪卒谓卒之有罪谪者，即所谓谪戍。"

③师古曰："不图进取，是为自夺便利也。却音丘略反。"

④师古曰："耒，手耕曲木也，音卢对反。红读曰工。"

⑤师古曰："敖庚即敖仓。"

⑥师古曰："太行，山名，在河内野王之北，上党之南。行音胡刚反。"

⑦如淳曰："上党壶关也。"臣瓒曰："飞狐在代郡西南。"师古曰："瓒说是。壶关无飞狐之名。"

⑧师古曰："以地形而制服。"

⑨师古曰："负，背也。岱，泰山也。"

乃从其画，复守敖仓，而使食其说齐王，曰："王知天下之所归乎？"曰："不知也。"曰："知天下之所归，则齐国可得而有也；若不知天下之所归，即齐国未可保也。"齐王曰："天下何归？"食其曰："天下归汉。"齐王曰："先生何以言之？"曰："汉王与项王戮力西面击秦，约先入咸阳者王之，项王背约不与，而王之汉中。项王迁杀义帝，汉王起蜀汉之兵击三秦，出关而责义帝之负处，收天下之兵，立诸侯之后。降城即以侯其将，得赂则以分其士，与天下同其利，豪英贤材皆乐为之用。诸侯之兵四面而至，蜀汉之粟方船而下。①项王有背约之名，杀义帝之负；于人之功无所记，于人之罪无所忘；②战胜而不得其赏，拔城而不得其封；非项氏莫得用事；③为人刻印，玩而不能授；④攻城得赂，积财而不能赏。天下畔之，贤材怨之，而莫为之用。故天下之士归于汉王，可坐而策也。夫汉王发蜀汉，定三秦；涉西河之外，援上党之兵；⑤下井陉，诛成安君；破北魏，⑥举三十二城：此黄帝之兵，非人之力，天之福也。今已据敖庾之粟，塞成皋之险，守白马之津，杜太行之厄，距飞狐之口，天下后服者先亡矣。王疾下汉王，齐国社稷可得而保也；不下汉王，危亡可立而待也。"田广以为然，乃听食其，罢历下兵守战备，与食其日纵酒。⑦

①师古曰："方，并也。"

②师古曰："言项羽吝爵赏而念旧恶。"

③师古曰："言唯任同姓之亲。"

④孟康曰："刻断无复廉锷也。"臣瓒曰："项羽吝于爵赏，玩惜侯印，不能以封人。"师古曰："韩信传作刓，此作玩，其义各通。孟说非也。"

⑤师古曰："援，引也，音爰。"

⑥师古曰："谓魏豹也。梁地既有魏名，故谓此为北。"

⑦师古曰："日日纵意而饮酒。"

韩信闻食其冯轼下齐七十馀城，①乃夜度兵平原袭齐。齐王田广闻汉兵至，以为食其卖己，②乃亨食其，引兵走。

①师古曰："冯读曰凭。凭，据也。轼，车前横板隆起者也。云凭轼者，言但安坐乘车而游说，不用兵众。"

②师古曰："言其与韩信通谋。"

汉十二年，曲周侯郦商以丞相将兵击黥布，有功。高祖举功臣，思食其。食其子疥①数将兵，上以其父故，封疥为高梁侯。后更食武阳，卒，子遂嗣。三世，侯平有罪，国除。

①师古曰："疥音介。"

陆贾，楚人也。以客从高祖定天下，名有口辩，^①居左右，常
使诸侯。

①师古曰："时人皆谓其口辩。"

时中国初定，尉佗平南越，因王之。^①高祖使贾赐佗印为南越
王。贾至，尉佗魋结箕踞见贾。^②贾因说佗曰："足下中国人，亲戚
昆弟坟墓在真定。今足下反天性，弃冠带，^③欲以区区之越与天之
(伉)〔抗〕衡为敌国，^{④〔5〕}祸且及身矣。夫秦失其正，诸侯豪桀并
起，^⑤唯汉王先入关，据咸阳。项籍背约，自立为西楚霸王，诸侯
皆属，可谓至强矣。然汉王起巴蜀，鞭笞天下，劫诸侯，遂诛项
羽。五年之间，海内平定，此非人力，天之所建也。天子闻君王
王南越，而不助天下诛暴逆，将相欲移兵而诛王，天子怜百姓新
劳苦，且休之，遣臣授君王印，剖符通使。君王宜郊迎，北面称
臣，^⑥乃欲以新造未集之越^⑦屈强于此。^⑧汉诚闻之，掘烧君王先人
(家)〔冢〕墓，^{〔6〕}夷种宗族，^⑨使一偏将将十万众临越，即越杀王降
汉，如反覆手耳。"^⑩

①师古曰："佗音徒河反。"

②服虔曰："魋音椎，今兵士椎头髻也。"师古曰："结读曰髻。椎髻者，
一撮之髻，其形如椎。箕踞，谓伸其两脚而坐。亦曰箕踞其形似箕。"

③师古曰："俏父母之国，无骨肉之恩，是反天性也。"

④师古曰："区区，小貌。"

⑤师古曰："正亦政也。"

⑥师古曰："郊迎，谓出郊而迎。"

⑦师古曰："集犹成也。"

⑧师古曰："屈音其勿反。屈强，谓不柔服也。"

⑨师古曰："夷，平也，谓平除其种族。"

⑩师古曰："言其易。"

于是佗乃蹶然起坐，①谢贾曰："居蛮夷中久，殊失礼义。"因问贾曰："我孰与萧何、曹参、韩信贤？"②贾曰："王似贤也。"复问曰："我孰与皇帝贤？"贾曰："皇帝起丰沛，讨暴秦，诛强楚，为天下兴利除害，继五帝三王之业，统天下，理中国。中国之人以亿计，地方万里，居天下之膏腴，人众车舆，万物殷富，政由一家，自天地剖判未始有也。③今王众不过数万，皆蛮夷，崎岖山海间，④譬如汉一郡，王何乃比于汉！"佗大笑曰："吾不起中国，故王此。使我居中国，何遽不若汉？"⑤乃大说贾，⑥留与饮数月。曰："越中无足与语，至生来，令我日闻所不闻。"⑦赐贾橐中装直千金，⑧它送亦千金。⑨贾卒拜佗为南越王，令称臣奉汉约。归报，高帝大说，⑩拜贾为太中大夫。

①师古曰："蹶然，惊起之貌也，音厥。"

②师古曰："与，如也。"

③师古曰："言自开辟以来未尝有也。"

④师古曰："崎音丘宜反，岖音区。"

⑤师古曰："言有何迫促而不如汉也。遽音其庶反。"

⑥师古曰："说读曰悦，谓爱悦之。"

⑦师古曰："言素所不闻者，日闻之。"

⑧张晏曰："珠玉之宝也。装，裹也。"如淳曰："明月珠之属也。"师古曰："有底曰囊，无底曰橐。言其宝物质轻而价重，可入囊橐以赍行，故曰橐中装也。"

⑨(师古)〔苏林〕曰：[7]"非橐中物，故曰它送也。"师古曰："它犹

馀也。"

　　⑩师古曰："说读曰悦。"

　　贾时时前说称诗书。高帝骂之曰："乃公居马上得之，安事诗书！"贾曰："马上得之，宁可以马上治乎？且汤武逆取而以顺守之，文武并用，长久之术也。昔者吴王夫差、智伯极武而亡；①秦任刑法不变，卒灭赵氏。②乡使秦以并天下，行仁义，法先圣，陛下安得而有之？"③高帝不怿，④有惭色，谓贾曰："试为我著秦所以失天下，吾所以得之者，⑤及古成败之国。"贾凡著十二篇。每奏一篇，高帝未尝不称善，左右呼万岁，称其书曰新语。⑥

　　①师古曰："夫差，吴王阖闾子也，好用兵，卒为越所灭。智伯，晋卿荀瑶也，贪而好胜，率韩、魏共攻赵襄子，襄子与韩、魏约，反而丧之。夫音扶。差音楚宜反。"

　　②郑氏曰："秦之先造父封于赵城，其后以为（信）〔姓〕。"[8]张晏曰："庄襄王为质于赵，还为太子，遂称赵氏。"师古曰："据秦本纪，郑说是。"

　　③师古曰："乡读曰向。安，焉也。"

　　④师古曰："怿，和乐也。"

　　⑤师古曰："著，明也，谓作书明言（也）〔之〕。"[9]

　　⑥师古曰："其书今见存。"

　　孝惠时，吕太后用事，欲王诸吕，畏大臣及有口者。①贾自度不能争之，②乃病免。以好畤田地善，往家焉。③有五男，乃出所使越橐中装，卖千金，分其子，子二百金，令为生产。贾常乘安车驷马，从歌鼓瑟侍者十人，宝剑直百金，谓其子曰："与女约：过女，女给人马酒食极（饮）〔欲〕，[10]十日而更。④所死家，得宝剑车骑侍从者。一岁中以往来过它客，率不过再过，⑤数击鲜，毋久溷女为也。"⑥

①师古曰:"有口谓辩士。"

②师古曰:"度音徒各反。"

③师古曰:"好畤即今雍州好畤县。"

④师古曰:"又改向一子处。"

⑤师古曰:"非徒至诸子所,又往来经过它处为宾客,率计一岁之中,
每子不过再过至也。上过音工禾反。"

⑥服虔曰:"澜,辱也。吾常行,数击新美食,不久辱汝也。"师古曰:
"鲜谓新杀之肉也。澜,乱也。言我至之时,汝宜数数击杀牲牢,与
我鲜食,我不久住,乱累汝也。数音所角反。澜音下困反。"

吕太后时,王诸吕,诸吕擅权,欲劫少主,危刘氏。右丞相
陈平患之,力不能争,恐祸及己。平(尝)〔常〕燕居深念。①[11]贾
往,不请,直入坐,②陈平方念,不见贾。③贾曰:"何念深也?"平
曰:"生揣我何念?"④贾曰:"足下位为上相,食三万户侯,可谓
极富贵无欲矣。然有忧念,不过患诸吕、少主耳。"陈平曰:"然。
为之奈何?"贾曰:"天下安,注意相;天下危,注意将。将相和,
则士豫附;⑤士豫附,天下虽有变,则权不分。权不分,为社稷计,
在两君掌握耳。臣常欲谓太尉绛侯,⑥绛侯与我戏,易吾言。⑦君何
不交欢太尉,深相结?"为陈平画吕氏数事。平用其计,乃以五百
金为绛侯寿,厚具乐饮太尉,⑧太尉亦报如之。两人深相结,吕氏
谋益坏。陈平乃以奴婢百人,车马五十乘,钱五百万,遗贾为食
饮费。贾以此游汉廷公卿间,⑨名声籍甚。⑩及诛吕氏,立孝文,贾
颇有力。

①师古曰:"念,思也。以国家不安,故静居独虑,思其方策。"

②师古曰："言不因门人将命，而径入自坐。"

③师古曰："思虑之际，故不觉贾至。"

④孟康曰："揣，度也。"韦昭曰："揣音初委反。"

⑤师古曰："豫，素也。"

⑥师古曰："谓者，与之言。"

⑦师古曰："言绛侯与我相戏狎，轻易其言耳。"

⑧师古曰："厚为（其）〔共〕具，[12]而与太尉乐饮。"

⑨师古曰："廷谓朝廷。"

⑩孟康曰："言狼籍（之）〔甚〕盛。"[13]

孝文即位，欲使人之南越，丞相平乃言贾为太中大夫，往使尉佗，去黄屋称制，①令比诸侯，皆如意指。语在南越传。陆生竟以寿终。

①师古曰："黄屋，谓车上之盖也。黄屋及称制，皆天子之仪，故令去之。"

朱建，楚人也。故尝为淮南王黥布相，有罪去，后复事布。布欲反时，问建，建谏止之。布不听，听梁父侯，遂反。①汉既诛布，闻建谏之，高祖赐建号平原君，家徙长安。

①如淳曰："遂者，布臣也。"臣瓒曰："布用梁甫侯之计而遂反。"师古曰："瓒说是也。"

为人辩有口，刻廉刚直，行不苟合，义不取容。辟阳侯行不正，得幸吕太后，①欲知建，②建不肯见。及建母死，贫未有以发丧，方假贷服具。③陆贾素与建善，乃见辟阳侯，贺曰："平原君母死。"〔辟阳侯曰："平原君母死〕，何乃贺我？"[14]陆生曰："前日君侯欲知平原君，平原君义不知君，²以其母故。④今其母死，君诚厚送丧，则彼为君死矣。"辟阳侯乃奉百金祝，⑤列侯贵人以辟阳侯故，往赙凡五百金。⑥

①师古曰："审食其。"

②师古曰："欲与相知。"

③师古曰："贳音士得反。"

④张晏曰："相知当同恤灾危，以母在，故义不知君也。"

⑤师古曰："赠终者之衣被曰祝。言以百金为衣被之具。祝音式芮反，其字从衣。"

⑥师古曰："布帛曰赙。"

久之，人或毁辟阳侯，惠帝大怒，下吏，欲诛之。太后惭，不可言。①大臣多害辟阳侯行，欲遂诛之。辟阳侯困急，使人欲见建。建辞曰："狱急，不敢见君。"建乃求见孝惠幸臣闳籍孺，②说曰："君所以得幸帝，天下莫不闻。③今辟阳侯幸太后而下吏，④道路皆言君谗，欲杀之。今日辟阳侯诛，旦日太后含怒，亦诛君。君何不肉袒为辟阳侯言帝？⑤帝听君出辟阳侯，太后大欢。两主俱幸君，君富贵益倍矣。"于是闳籍孺大恐，从其计，言帝，帝果出辟阳侯。辟阳侯之囚，欲见建，建不见，辟阳侯以为背之，大怒。及其成功出之，大惊。

①师古曰："不可自言之。"

②师古曰："佞幸传云高祖时则有籍孺，孝惠有闳孺，斯则二人皆名为孺，而姓各别。今此云闳籍孺，误剩籍字，后人所妄加耳。"

③师古曰："言不以材德进。"

④师古曰："下音胡嫁反。它皆类此。"

⑤师古曰："肉袒，谓脱其衣袖而见肉。肉袒者，自挫辱之甚，冀见

哀怜。"

吕太后崩，大臣诛诸吕，辟阳侯与诸吕至深，①卒不诛。计画所以全者，皆陆生、平原君之力也。

①如淳曰："辟阳侯与诸吕相亲信，为罪宜诛者至深也。"师古曰："直言辟阳侯与诸吕相知，情义至深重耳。如说非也。"

孝文时，淮南厉王杀辟阳侯，以党诸吕故。孝文闻其客朱建为其策，使吏捕欲治。闻吏至门，建欲自杀。诸子及吏皆曰："事未可知，何自杀为？"建曰："我死祸绝，不及乃身矣。"①遂自刭。文帝闻而惜之，曰："吾无杀建意也。"乃召其子，拜为中大夫。使匈奴，单于无礼，骂单于，遂死匈奴中。

①师古曰："乃，汝也。"

娄敬，齐人也。汉五年，戍陇西，过雒阳，高帝在焉。敬脱挽辂，①见齐人虞将军曰："臣愿见上言便宜。"虞将军欲与鲜衣，敬曰："臣衣帛，衣帛见，②衣褐，衣褐见，③不敢易衣。"虞将军入言上，上召见，赐食。

①苏林曰："辂音冻洛之洛。一木横遮车前，二人挽之，一人推之。"孟康曰："辂音胡格反。"师古曰："二音同声也。"

②师古曰："衣，著也。帛谓缯也。"

③师古曰："此褐谓织毛布之衣。"

已而问敬，敬说曰："陛下都雒阳，岂欲与周室比隆哉？"上曰："然。"敬曰："陛下取天下与周异。周之先自后稷，尧封之邰，①积德絫善十馀世。②公刘避桀居豳。大王以狄伐故，去豳，杖马箠去居岐，③国人争归之。及文王为西伯，断虞芮讼，④始受命，吕望、伯夷自海滨来归之。⑤武王伐纣，不期而会孟津上八百诸侯，遂灭殷。成王即位，周公之属傅相焉，乃营成周都雒，以为此天下中，⑥诸侯四方纳贡职，道里钧矣，有德则易以王，无德则易以亡。凡居此者，欲令务以德致人，不欲阻险，令后世骄奢以虐民也。及周之衰，分而为二，⑦天下莫朝周，周不能制。非德薄，形势弱也。今陛下起丰沛，收卒三千人，以之径往，卷蜀汉，定三秦，与项籍战荥阳，大战七十，小战四十，使天下之民肝脑涂地，父子暴骸中野，不可胜数，哭泣之声不绝，伤夷者未起，⑧而欲比隆成康之时，臣窃以为不侔矣。⑨且夫秦地被山带河，四塞以为固，卒然有急，百万之众可具。⑩因秦之故，资甚美膏腴之地，此所谓天府。⑪陛下入关而都之，山东虽乱，秦故地可全而有也。夫与人斗，不搤其亢，拊其背，未能全胜。⑫今陛下入关而都，按秦之故，此亦搤天下之亢而拊其背也。"

①师古曰："邰，邑名也，即今武功故城是其处，音吐材反。"

②师古曰："絫，古累字。"

③师古曰："箠，马策也。杖谓柱之也。云杖马箠者，以示无所携持也。箠音止棠反。"

④文颖曰："二国争田，见文王之德而自和也。"师古曰："虞，今虞州是也。芮，今芮城县是也。"

⑤师古曰："滨，涯也，音宾，又音频。"

⑥师古曰："中音竹仲反。"

⑦师古曰："谓东周君、西周君。"

⑧师古曰："夷，创也，音痍。"

⑨师古曰："侔，等也。"

⑩师古曰："卒读曰猝。"

⑪师古曰："府，聚也，万物所聚。"

⑫张晏曰："亢，喉咙也。"师古曰："搤与扼同，谓捉持之也。亢音冈，又音下郎反。"

高帝问群臣，群臣皆山东人，争言周王数百年，秦二世则亡，不如都周。上疑未能决。及留侯明言入关便，即日驾西都关中。

于是上曰："本言都秦地者娄敬，娄者刘也。"赐姓刘氏，拜为郎中，号曰奉春君。①

①张晏曰："春，岁之始，以其首劝都关中。"

汉七年，韩王信反，高帝自往击。至晋阳，闻信与匈奴欲击汉，上大怒，使人使匈奴。匈奴匿其壮士肥牛马，①徒见其老弱及羸畜。使者十辈来，皆言匈奴易击。上使刘敬复往使匈奴，还报曰："两国相击，此宜夸矜见所长。②今臣往，徒见羸瘠老弱，③此必欲见短，伏奇兵以争利。愚以为匈奴不可击也。"是时汉兵以逾句注，三十馀万众，④兵已业行。上怒，骂敬曰："齐虏！以舌得官，乃今妄言沮吾军。"⑤械系敬广武。⑥遂往，至平城，匈奴果出奇兵围高帝白登，七日然后得解。高帝至广武，赦敬，曰："吾不用公言，以困平城。吾已斩先使十辈言可击者矣。"乃封敬二千户，为关内侯，号建信侯。

①师古曰："匿，藏也。"

②师古曰："见，示也。"

③师古曰："瘠音渍，谓（见）〔死〕者之肉也。[15]一说瘠读曰瘠。瘠，瘦也。"

④师古曰："句注，山名，在雁门。"

⑤师古曰："沮谓止坏也，音材汝反。"

⑥师古曰："械谓桎梏也。广武，县名，属雁门。"

高帝罢平城归，韩王信亡入胡。当是时，冒顿单于兵强，控弦四十万骑，①数苦北边。上患之，问敬。敬曰："天下初定，士卒罢于兵革，②未可以武服也。冒顿杀父代立，妻群母，以力为威，未可以仁义说也。独可以计久远子孙为臣耳，然陛下恐不能为。"上曰："诚可，何为不能！顾为奈何？"③敬曰："陛下诚能以適长公主妻单于，④厚奉遗之，彼知汉女送厚，蛮夷必慕，以为阏氏，生子必为太子，代单于。何者？贪汉重币。陛下以岁时汉所馀彼所鲜数问遗，⑤使辩士风谕以礼节。⑥冒顿在，固为子婿；死，外孙为单于。岂曾闻（外）孙敢与大父亢礼哉？[16]可毋战以渐臣也。若陛下不能遣长公主，而（今）〔令〕宗室及后宫诈称公主，[17]彼亦知不肯贵近，无益也。"⑦高帝曰："善。"欲遣长公主。吕后泣曰："妾唯以一太子、一女，⑧奈何弃之匈奴！"上竟不能遣长公主，而取家人子为公主，妻单于。⑨使敬往结和亲约。

①师古曰："控，引也，谓皆引弓也，音口弄反。"

②师古曰："罢读曰疲。"

③师古曰："顾，思念也。"

④师古曰："適读曰嫡，谓皇后所生。"

⑤师古曰："鲜，少也。问遗，谓馈饷之也。鲜音息善反。遗音弋季反。"

⑥师古曰："风读曰讽。"

⑦师古曰："近音其靳反。"

⑧师古曰："言唯以此自慰。"

⑨师古曰："于外庶人之家取女而名之为公主。"

敬从匈奴来，因言"匈奴河南白羊、楼烦王，①去长安近者七百里，轻骑一日一夕可以至。②秦中新破，③少民，地肥饶，可益实。夫诸侯初起时，非齐诸田，楚昭、屈、景莫与。④今陛下虽都关中，实少人。北近胡寇，东有六国强族，一日有变，陛下亦未得安枕而卧也。臣愿陛下徙齐诸田，楚昭、屈、景，燕、赵、韩、魏后，及豪杰名家，且实关中。无事，可以备胡；诸侯有变，亦足率以东伐。此强本弱末之术也。"上曰："善。"乃使刘敬徙所言关中十馀万口。⑤

①张晏曰："白羊，匈奴国名也。"

②师古曰："言匈奴欲来为寇者。"

③师古曰："秦中谓关中，故秦地也。新破，谓经兵革之后未殷实。"

④师古曰："皆二国之王族。"

⑤师古曰："今高陵、栎阳诸田，华阴、好畤诸景，及三辅诸屈、诸怀尚多，皆此时所徙。"

叔孙通，薛人也。①秦时以文学征，待诏博士。②数岁，陈胜起，二世召博士诸儒生问曰："楚戍卒攻蕲入陈，于公何如？"博士诸生三十馀人前曰："人臣无将，将则反，罪死无赦。③愿陛下急发兵击之。"二世怒，作色。④通前曰："诸生言皆非。夫天下为一家，毁郡县城，铄其兵，视天下弗复用。⑤且明主在上，法令具于下，吏人人奉职，四方辐辏，⑥安有反者！此特群盗，鼠窃狗盗，⑦何足置齿牙间哉？郡守尉（令）〔今〕捕诛，何足忧？"〔18〕二世喜，尽问诸生，诸生或言反，或言盗。于是二世令御史按诸生言反者下吏，非所宜言。诸生言盗者皆罢之。乃赐通帛二十疋，衣一袭，⑧拜为博士。通已出，反舍，⑨诸生曰："生何言之谀也?"通曰："公不知，我几不免虎口!"⑩乃亡去之薛，薛已降楚矣。

①晋灼曰："楚汉春秋名何。"师古曰："薛，县名，属鲁国。"

②师古曰："于博士中待诏。"

③臣瓒曰："将谓为逆乱也。"师古曰："将有其意。"

④师古曰："不许其言陈胜为反。作色，谓变动其色。"

⑤师古曰："铄，销也。视读曰示。"

⑥师古曰："辏，聚也，言如车辐之聚于毂也。字或作凑，并音千豆反。"

⑦师古曰："如鼠之窃，如狗之盗。"

⑧师古曰："一袭，上下皆具也，今人呼为一副也。"

⑨师古曰："还其所居也。"

⑩师古曰："几音巨依反。"

及项梁之薛，通从之。败定陶，从怀王。怀王为义帝，徙长沙，通留事项王。汉二年，汉王从五诸侯入彭城，通降汉王。

通儒服，汉王憎之，乃变其服，服短衣，楚制。①汉王喜。

①师古曰："制谓裁衣之形制。"

通之降汉，从弟子百馀人，然无所进，剸言诸故群盗壮士进之。①弟子皆曰："事先生数年，幸得从降汉，今不进臣等，剸言大猾，何也?"②通乃谓曰："汉王方蒙矢石争天下，③诸生宁能斗乎?故先言斩将搴旗之士。④诸生且待我，我不忘矣。"汉王拜通为博士，号稷嗣君。⑤

①师古曰："剸与专同，又音之兖反。此则言专声之急上者耳。"

②师古曰："狡猾之人。"

③师古曰："蒙犹被也，冒也。"

④师古曰："搴，拔取，音褰。"

⑤张晏曰："后稷佐唐，欲令复如之。"

汉王已并天下，诸侯共尊为皇帝于定陶，通就其仪号。①高帝悉去秦仪法，为简易。群臣饮争功，醉或妄呼，②拔剑击柱，上患之。通知上益厌之，说上曰："夫儒者难与进取，可与守成。臣愿征鲁诸生，与臣弟子共起朝仪。"高帝曰："得无难乎？"通曰："五帝异乐，三王不同礼。礼者，因时世人情为之节文者也。故夏、殷、周礼所因损益可知者，谓不相复也。③臣愿颇采古礼与秦仪杂就之。"上曰："可试为之，令易知，度吾所能行为之。"④

①师古曰："就，成也。"

②师古曰："呼音火故反。"

③师古曰："复，重也，因也，音扶目反。"

④师古曰："度音徒各反。"

于是通使征鲁诸生三十馀人。①鲁有两生不肯行，曰："公所事者且十主，皆面谀亲贵。今天下初定，死者未葬，伤者未起，又欲起礼乐。礼乐所由起，百年积德而后可兴也。②吾不忍为公所为。公所为不合古，吾不行。公往矣，毋污我！"通笑曰："若真鄙儒，不知时变。"③

①师古曰："通为使者，而征诸生。"

②师古曰："言（德行）〔行德〕教百年，〔19〕然后可定礼乐也。"

③师古曰："若，汝也。鄙，言不通。"

遂与所征三十人西，①及上左右为学者②与其弟子百馀人为绵蕝野外。③习之月餘，通曰："上可试观。"上使行礼，曰："吾能为此。"乃令群臣习肄，④会十月。

① 师古曰："西入关。"

② 师古曰："左右，谓近臣也。为学，谓素有学术。"

③ 应劭曰："立竹及茅索营之，习礼仪其中也。"如淳曰："谓以茅翦树地，为纂位尊卑之次也。春秋传曰'置茅蕝'。"师古曰："蕝与蕞同，并音子悦反。如说是。"

④ 师古曰："肄亦习也，音弋二反。"

汉七年，长乐宫成，诸侯群臣朝十月。①仪：②先平明，③谒者治礼，引以次入殿门，廷中陈车骑戌卒卫官，设兵，张旗志。④传曰："趋。"⑤殿下郎中侠陛，陛数百人。⑥功臣列侯诸将军军吏以次陈西方，东乡；文官丞相以下陈东方，西乡。⑦大行设九宾，胪句传。⑧于是皇帝辇出房，百官执戟传警，⑨引诸侯王以下至吏六百石以次奉贺。自诸侯王以下莫不震恐肃敬。至礼毕，尽伏，置法酒。⑩诸侍坐殿上皆伏抑首，⑪以尊卑次起上寿。觞九行，谒者言"罢酒"。御史执法举不如仪者辄引去。竟朝置酒，无敢讙譁失礼者。于是高帝曰："吾乃今日知为皇帝之贵也。"拜通为奉常，⑫赐金五百斤。

① 师古曰："适会七年十月，而长乐宫新成也。汉时尚以十月为正月，故行朝岁之礼，史家追书十月。"

② 师古曰："欲叙其下仪法，先言仪如此也。"

③ 师古曰："未平明之前。"

④ 师古曰："志与帜同，音式饵反。"

⑤ 师古曰："传声教入者皆令趋，谓疾行为敬也。"

⑥ 师古曰："侠与挟同。挟其两旁，每陛皆数百人也。"

⑦师古曰："乡皆读曰向。"

⑧苏林曰："上传语告下为胪，下告上为句也。"韦昭曰："大行掌宾客之礼，今之鸿胪也。九宾则周礼九仪也。谓公、侯、伯、子、男、孤、卿、大夫、士也。"师古曰："胪音庐。"

⑨师古曰："传声而唱警。"

⑩师古曰："法酒者，犹言礼酌，谓不饮之至醉。"

⑪师古曰："抑，屈也。谓依礼法不敢平坐而视。"

⑫师古曰："解在百官公卿表。后改为太常也。"

通因进曰："诸弟子儒生随臣久矣，与共为仪，愿陛下官之。"高帝悉以为郎。通出，皆以五百金赐诸生。诸生乃喜曰："叔孙生圣人，知当世务。"

九年，高帝徙通为太子太傅。十二年，高帝欲以赵王如意易太子，通谏曰："昔者晋献公以骊姬故，废太子，立奚齐，晋国乱者数十年，为天下笑。秦以不早定扶苏，胡亥诈立，自使灭祀，此陛下所亲见。今太子仁孝，天下皆闻之；吕后与陛下（共）〔攻〕苦食啖，①〔20〕其可背哉！陛下必欲废適而立少，②臣愿先伏诛，以颈血污地。"高帝曰："公罢矣，吾特戏耳。"③通曰："太子天下本，本壹摇天下震动，奈何以天下戏！"高帝曰："吾听公。"及上置酒，见留侯所招客从太子入见，上遂无易太子志矣。

①如淳曰："食无菜茹为啖。"师古曰："啖当作淡。淡谓无味之食也。言共攻击勤苦之事，而食无味之食也。淡音大敢反。"

②师古曰："適读曰嫡。"

③师古曰："特，但也。"

高帝崩，孝惠即位，乃谓通曰："先帝园陵寝庙，群臣莫习。”徙通为奉常，①定宗庙仪法。及稍定汉诸仪法，皆通所论著也。惠帝为东朝长乐宫，②及间往，③数跸烦民，④作复道，方筑武库南，⑤通奏事，因请间，⑥曰：“陛下何自筑复道高帝寝，衣冠月出游高庙？⑦子孙奈何乘宗庙道（以）〔上〕行哉！”[21]惠帝惧，曰：“急坏之。”通曰：“人主无过举。⑧今已作，百姓皆知之矣。愿陛下为原庙⑨渭北，衣冠月出游之，益广宗庙，大孝之本。”上乃诏有司立原庙。

①师古曰："又重为之也。"

②孟康曰："朝太后于长乐宫。"

③师古曰："非大朝时，中间小谒见。"

④孟康曰："妨其往来也。"

⑤如淳曰："作复道，方始筑武库南也。"师古曰："复音方目反。"

⑥师古曰："请空隙之时，不欲对众言之。"

⑦服虔曰："持高庙中衣，月旦以游于众庙，已而复之。"应劭曰："月旦出高帝衣冠，备法驾，名曰游衣冠。"如淳曰："高祖之衣冠藏在宫中之寝，三月出游，其道正值今之所作复道下，故言乘宗庙道上行也。"晋灼曰："黄图高庙在长安城门街东，寝在桂宫北。服言衣藏于庙中，如言宫中，皆非也。"师古曰："诸家之说皆未允也。谓从高帝陵寝出衣冠，游于高庙，每月一为之，汉制则然。而后之学者不晓其意，谓以月出之时而夜游衣冠，失之远也。"

⑧师古曰："举事不当有过失。"

⑨师古曰："原，重也。先以有庙，今更立之，故云重也。"

惠帝常出游离宫，通曰："古者有春尝果，方今樱桃孰，可献，①愿陛下出，因取樱桃献宗庙。"上许之。诸果献由此兴。

①师古曰："礼记曰'仲春之月，羞以含桃，先荐寝庙'，即此樱桃

也。今所谓朱樱者是也。樱音于耕反。"

赞曰：高祖以征伐定天下，而缙绅之徒骋其知辩，①并成大业。语曰"廊庙之材非一木之枝，帝王之功非一士之略"，②信哉！刘敬脱挽辂而建金城之安，叔孙通舍枹鼓而立一王之仪，③遇其时也。郦生自匿监门，待主然后出，犹不免鼎镬。④朱建始名廉直，既距辟阳，不终其节，亦以丧身。陆贾位止大夫，致仕诸吕，⑤不受忧责，从容平、勃之间，⑥附会将相以强社稷，身名俱荣，其最优乎！

①师古曰："缙绅，儒者之服也，解在郊祀志。"

②师古曰："此语本出慎子。"

③师古曰："枹者鼓椎，所以击鼓也。舍枹鼓者，言新罢战阵之事，别创汉代之礼，故云一王之仪也。枹音桴，其字从木。"

④师古曰："鼎大而无足曰镬，音胡郭反。"

⑤师古曰："以诸吕僭差，托病归家。"

⑥师古曰："谓和辑陈平、周勃以安汉朝也。从音七容反。"

【校勘记】

〔1〕 欲率诸侯（攻）〔破〕秦乎？ 景祐、殿本都作"破"，史记同。

〔2〕 沛公引〔兵〕随之， 景祐、殿本都有"兵"字。王先谦说此脱。

〔3〕 食其（尝）〔常〕为说客， 王先谦说"尝"字误，当依史记作"常"。

〔4〕 （反）〔救〕赵及梁。 景祐、殿本都作"救"。王先谦说作"救"是。

〔5〕 与天子（伉）〔抗〕衡为敌国， 景祐、殿本都作"抗"。

〔6〕 掘烧君王先人（家）〔冢〕墓， 景祐、殿、局本都作"冢"，此误。

〔7〕 （师古）〔苏林〕曰： 景祐、殿本都作"苏林"。

〔8〕 其后以为（信）〔姓〕。 景祐、殿本都作"姓"，此误。

〔9〕 谓作书明言（也）〔之〕。 景祐本"也"作"之"。

〔10〕 女给人马酒食极（饮）〔欲〕， 景祐、殿本都作"欲"。

〔11〕 平（尝）〔常〕燕居深念。 景祐本作"尝"，殿本作"常"，史记同。王先谦说作"尝"是。

〔12〕 厚为（其）〔共〕具， 景祐、殿本都作"共"。王先谦说作"共"是。

〔13〕 言狼籍（之）〔甚〕盛。 景祐、殿本都作"甚"。

〔14〕 〔辟阳侯曰："平原君母死〕，何乃贺我？" 景祐、殿本都有"何"上九字。王先谦说史记同，此夺。

〔15〕 胾音渍，谓（见）〔死〕者之肉也。 景祐、殿本都作"死"。王先谦说作"死"是。

〔16〕 岂曾闻（外）孙敢与大父亢礼哉？ 宋祁说越本无"外"字。按景祐本无。

〔17〕 而（今）〔令〕宗室及后宫诈称公主， 景祐、殿、局本都作

"令"，此误。

〔18〕　郡守尉（令）〔今〕捕诛，何足忧？　景祐、殿本都作"今"。
王先谦说作"今"是。

〔19〕　言（德行）〔行德〕教百年，　景祐、殿本都作"行德"。王先
谦说作"行德"是。

〔20〕　吕后与陛下（共）〔攻〕苦食啖，　景祐、殿本都作"攻"。王
先谦说作"攻"是。

〔21〕　子孙奈何乘宗庙道（以）　〔上〕行哉！　景祐、殿本都作
"上"。王先谦说作"上"是。

汉书卷四十四

淮南衡山济北王传第十四

淮南厉王长，高帝少子也，其母故赵王张敖美人。高帝八年，从东垣过赵，赵王献美人，厉王母也，幸，有身。赵王不敢内宫，①为筑外宫舍之。②及贯高等谋反事觉，并逮治王，尽捕王母兄弟美人，系之河内。厉王母亦系，告吏曰："日得幸上，有子。"③吏以闻，上方怒赵，未及理厉王母。厉王母弟赵兼因辟阳侯言吕后，吕后妒，不肯白，辟阳侯不强争。厉王母已生厉王，恚，即自杀。吏奉厉王诣上，上悔，④令吕后母之，而葬其母真定。真定，厉王母家县也。

①师古曰："不敢更内之于宫中。"

②师古曰："舍，止也。"

③师古曰："日谓往日。"

④师古曰："（以）〔悔〕不理其母。"[1]

十一年，淮南王布反，上自将击灭布，即立子长为淮南王。王早失母，常附吕后，孝惠、吕后时以故得幸无患，然常心怨辟阳侯，不敢发。及孝文初即位，自以为最亲，①骄蹇，数不奉法。②上宽赦之。三年，入朝，甚横。③从上入苑猎，与上同辇，常谓上"大兄"。厉王有材力，力扛鼎，④乃往请辟阳侯。辟阳侯出见之，即自袭金椎椎之，⑤命从者刑之。⑥驰诣阙下，肉袒而谢曰："臣母不当坐赵时事，辟阳侯力能得之吕后，不争，罪一也。赵王如意子母无罪，吕后杀之，辟阳侯不争，罪二也。吕后王诸吕，欲以危刘氏，辟阳侯不争，罪三也。臣谨为天下诛贼，报母之仇，伏阙下请罪。"文帝伤其志为亲，故不治，赦之。

①师古曰："时高帝子唯二人在。"

②师古曰："蹇谓不顺也。"

③师古曰："横音胡孟反。"

④师古曰："扛，举也，音江。"

⑤师古曰："袭，古袖字也。谓以金椎藏置袖中，出而椎之。"

⑥如淳曰："刻其形体，备五刑也。"师古曰："直断其首，非五刑也。事见史记。"

当是时，自薄太后及太子诸大臣皆惮厉王。厉王以此归国益恣，不用汉法，出入警跸，称制，自作法令，数上书不逊顺。①文帝重自切责之。②时帝舅薄昭为将军，尊重，上令昭予厉王书谏数之，曰：③

①师古曰："数音所角反。"

②如淳曰："重，难也。"

③师古曰："数音所具反。"

窃闻大王刚直而勇，慈惠而厚，贞信多断，是天以圣人之资奉大王也甚盛，不可不察。今大王所行，不称天资。皇帝初即位，易侯邑在淮南者，①大王不肯。皇帝卒易之，②使大王得三县之实，甚厚。大王以未尝与皇帝相见，求入朝见，未毕昆弟之欢，③而杀列侯以自为名。皇帝不使吏与其间，④赦大王，甚厚。汉法，二千石缺，辄言汉补，大王逐汉所置，而请自置相、二千石。皇帝骫天下正法而许大王，甚厚。⑤大王欲属国为布衣，守冢真定。⑥皇帝不许，使大王毋失南面之尊，甚厚。⑦大王宜日夜奉法度，修贡职，以称皇帝之厚德，今乃轻言恣行，以负谤于天下，甚非计也。

①晋灼曰："侯邑在淮南者，更易以它郡地封之，不欲使错在王国。"

②师古曰："卒，终也。"

③师古曰："毕，尽也。"

④师古曰："与读曰豫，谓不令吏干豫治其事。"

⑤苏林曰："不从正法，听王自置二千石。"师古曰："骫，古委字。骫谓曲也。"

⑥师古曰："属谓委弃之也，音之欲反。"

⑦师古曰："毋失，不失也。南面之尊，谓王位也。"

夫大王以千里为宅居，以万民为臣妾，此高皇帝之厚德也。高帝蒙霜露，沐风雨，①赴矢石，野战（次）〔攻〕城，[2]身被创痍，②以为子孙成万世之业，艰难危苦甚矣。大王不思先帝之艰苦，日夜怵惕，修身正行，养牺牲，丰洁粢盛，奉祭祀，以无忘先帝之功德，而欲属国为布衣，甚过。且夫贪让国土之名，轻废先帝之业，不可以言孝。父为之基，而不能守，不贤。不求守长陵，而求之真定，先母后父，不谊。数逆天子之令，不顺。言节行以高兄，无礼。③
幸臣有罪，大者立断，小者肉刑，不仁。④贵布衣一剑之任，
贱王侯之位，不知。不好学问大道，触情妄行，不（详）
〔祥〕。⑤[3]此八者，危亡之路也，而大王行之。弃南面之位，
奋诸、贲之勇，⑥常出入危亡之路，臣之所见，高皇帝之神
必不庙食于大王之手，明白。

①师古曰："沬亦靧字也。蒙，冒也。沬，洗面也，音胡内反，字从午
　　未之未。"

②师古曰："瘗音夷。"

③郑氏曰："淮南王呼帝为大兄也。"师古曰："郑说非也。谓请守母
　　冢，自为名节而表异行，用此矜高于兄耳。"

④师古曰："断谓斩也。"

⑤师古曰："任情意所欲则行之妄行。行音下更反。"

⑥应劭曰："吴专诸，卫孟贲也。"师古曰："贲音奔。"

昔者，周公诛管叔，放蔡叔，以安周；齐桓杀其弟，以反
国；①秦始皇杀两弟，迁其母，以安秦；②顷王亡代，高帝夺之
国，以便事；③济北举兵，皇帝诛之，以安汉。④故周、齐行之于
古，秦、汉用之于今，大王不察古今之所以安国便事，而欲以亲
戚之意望于太上，不可得也。⑤亡之诸侯，游宦事人，及舍匿者，
论皆有法。⑥其在王所，吏主者坐。⑦今诸侯子为吏者，御史主；⑧
为军吏者，中尉主；客出入殿门者，卫尉大行主；诸从蛮夷来归
谊及以亡名数自（古）〔占〕者，[4]内史县令主。相欲委下吏，无
与其祸，不可得也。⑨王若不改，汉系大王邸，论相以下，为之
奈何？夫堕父大业，退为布衣所哀，⑩幸臣皆伏法而诛，为天下
笑，以羞先帝之德，⑪甚为大王不取也。

汉书卷四十四

1870

①韦昭曰："子纠兄也，言弟者讳也。"

②应劭曰："始皇母与嫪毒私通生二子，事觉诛毒，并杀二弟，迁其母于咸阳宫也。"

③应劭曰："顷王，高帝兄仲也。匈奴入代不能守，走归京师。高帝夺其国，退为郃阳侯，以便国法也。"师古曰："便音频面反。"

④应劭曰："济北王兴居与大臣共诛诸吕，自以功大，怨其赏薄，故反。"

⑤如淳曰："太上，天子也。"

⑥师古曰："舍匿，谓容止而藏隐也。"

⑦师古曰："言各有所主，而坐其罪。"

⑧如淳曰："主御史也。自此以下至县令主皆谓王官属。"

⑨师古曰："言诸侯王之相欲委罪于在下小吏，而身不干豫之，不可得也。与读曰豫。"

⑩师古曰："堕，毁也。布衣，贫贱之人。王既伏法，则贫贱之人反哀怜之。堕音火规反。"

⑪师古曰："羞，辱也。"

宜急改操易行，上书谢罪，曰："臣不幸早失先帝，少孤，吕氏之世，未尝忘死。①陛下即位，臣怙恩德骄盈，行多不轨。②追念罪过，恐惧，伏地待诛不敢起。"皇帝闻之必喜。大王昆弟欢欣于上，群臣皆得延寿于下；上下得宜，海内常安。愿执计而疾行之。行之有疑，祸如发矢，不可追已。③

①服虔曰："常恐畏死也。"

②师古曰："轨，法也。"

③师古曰："发矢，喻速也。已，语终辞。"

王得书不说。①六年，令男子但等七十人与棘蒲侯柴武太子奇谋，以辇车四十乘反谷口，^②令人使闽越、匈奴。事觉，治之，乃使使召淮南王。

①师古曰："说读曰悦。"

②孟康曰："谷口在长安北，故县也，处多崄阻。"师古曰："辇车，人挽行以载兵器也。"

　　王至长安，丞相张苍，典客冯敬行御史大夫事，与宗正、廷尉杂奏："长废先帝法，不听天子诏，居处无度，为黄屋盖儗天子，^①擅为法令，不用汉法。及所置吏，以其郎中春为丞相，收聚汉诸侯人及有罪亡者，匿与居，为治家室，赐与财物爵禄田宅，爵或至关内侯，奉以二千石所当得。^②大夫但、^③士伍开章等七十人^④与棘蒲侯太子奇谋反，欲以危宗庙社稷，谋使闽越及匈奴发其兵。事觉，长安尉奇等往捕开章，长匿不予，与故中尉简忌谋，杀以闭口，^⑤为棺椁衣衾，葬之肥陵，^⑥谩吏曰'不知安在'。^⑦又阳聚土，树表其上曰'开章死，葬此下'。^⑧及长身自贼杀无罪者一人；令吏论杀无罪者六人；为亡命弃市诈捕命者以除罪；^⑨擅罪人，无告劾系治城旦以上十四人；赦免罪人死罪十八人，城旦春以下五十八人；赐人爵关内侯以下九十四人。前日长病，陛下心忧之，使使者赐枣脯，长不肯见拜使者。南海民处庐江界中者反，淮南吏卒击之。陛下遣使者赍帛五十匹，以赐吏卒劳苦者。长不欲受赐，谩曰'无劳苦者'。南海王织上书献璧帛皇帝，忌擅燔其书，不以闻。^⑩吏请召治忌，长不遣，谩曰'忌病'。长所犯不轨，当弃市，臣请论如法。"

①师古曰："儗，比也。"

②如淳曰："赐亡畔来者，如赐其国二千石也。"臣瓒曰："奉畔者以

二千石之秩禄也。"师古曰："瓒说是也。奉音扶用反。"

③张晏曰："大夫，姓也，上云'男子但'，明其本姓大夫也。"如淳曰："但，大夫名也。"师古曰："既曰大夫但，又士伍开章，明其为大夫也。上言男子但等者，总谓反人耳，不妨但为大夫也。"

④如淳曰："律，有罪失官爵，称士伍也。开章，名。"

⑤师古曰："姓蕑，名忌。蕑音奸，严助传作间字，音同耳。今流俗书本此蕑字或有作简者，非也，盖后人所改。既杀开章，所有口语皆无端绪，故云闭口。"

⑥师古曰："肥陵，地名，在肥水之上。"

⑦师古曰："谩，诳也。实葬肥陵，诳云不知处。谩音慢，又音莫连反。次下亦同。"

⑧师古曰："表者，竖木为之，若柱形也。"

⑨晋灼曰："亡命者当弃市，而王藏之。诈捕不命者而言命，以脱命者之罪。"师古曰："为音于伪反。"

⑩文颖曰："忌，蕑忌也。"

制曰："朕不忍置法于王，其与列侯吏二千石议。"列侯吏二千石臣婴等四十三人议，皆曰："宜论如法。"制曰："其赦长死罪，废勿王。"有司奏："请处蜀严道邛邮，①遣其子、子母从居，②县为筑盖家室，皆日三食，给薪菜盐炊食器席蓐。"③制曰："食长，给肉日五斤，④酒二斗。令故美人材人得幸者十人从居。"⑤于是尽诛所与谋者。乃遣长，载以辎车，⑥令县次传。

①张晏曰："严道，蜀郡县也。邛，邮置名也。"师古曰："邮，行书之舍，音尤。"

②师古曰："子母者，所生子之姬妾。"

③师古曰："炊器，釜鬲之属。食器，杯碗之属。"

④师古曰："食音饲。"

⑤师古曰："上言子母，则有子者令从之。今此云美人材人，则无子者亦令从之。"

⑥师古曰："辎，衣车也，音甾。"

爰盎谏曰："上素骄淮南王，不为置严相傅，以故至此。且淮南王为人刚，今暴摧折之，臣恐其逢雾露病死，陛下有杀弟之名，奈何！"上曰："吾特苦之耳，令复之。"①淮南王谓侍者曰："谁谓乃公勇者？吾以骄不闻过，故至此。"乃不食而死。县传者不敢发车封。②至雍，③雍令发之，以死闻。上悲哭，谓爰盎曰："吾不从公言，卒亡淮南王。"盎曰："淮南王不可奈何，愿陛下自宽。"上曰："为之奈何？"曰："独斩丞相、御史以谢天下乃可。"上即令丞相、御史逮诸县传淮南王不发封馈侍者，④皆弃市。乃以列侯葬淮南王于雍，置守冢三十家。

①师古曰："暂困苦之，令其自悔，即追还也。复音扶目反。"

②孟康曰："槛车有封也。"

③师古曰："雍，扶风雍县。"

④师古曰："逮，追捕之也。馈亦馈字耳。"

孝文八年，怜淮南王，王有子四人，年皆七八岁，乃封子安为阜陵侯，子勃为安阳侯，子赐为阳周侯，子良为东城侯。

十二年，民有作歌歌淮南王曰："一尺布，尚可缝；一斗粟，尚可舂。兄弟二人，不相容！"①上闻之曰："昔尧舜放逐骨肉，周公杀管蔡，②天下称圣，不以私害公。天下岂以为我贪淮南地邪？"乃徙城阳王王淮南故地，而追尊谥淮南王为厉王，置园如诸侯仪。

①孟康曰："尺帛斗粟犹尚不弃，况于兄弟而更相逐乎！"臣瓚曰："一尺帛可缝而共衣，一斗粟可舂而共食，况以天下之广，而不相容也。"师古曰："瓚说是。"

②师古曰："鲧及共工皆尧舜之同姓，故云骨肉。"

十六年，上怜淮南王废法不轨，自使失国早夭，乃徙淮南王喜复王故城阳，而立厉王三子王淮南故地，三分之：阜陵侯安为淮南王，安阳侯勃为衡山王，阳周侯赐为庐江王。东城侯良前薨，无后。

孝景三年，吴楚七国反，吴使者至淮南，(淮南)王欲发兵应之。^[5]其相曰："王必欲应吴，臣愿为将。"王乃属之。①相已将兵，因城守，不听王而为汉。汉亦使曲城侯将兵救淮南，②淮南以故得完。吴使者至庐江，庐江王不应，而往来使越；至衡山，衡山王坚守无二心。孝景四年，吴楚已破，衡山王朝，上以为贞信，乃劳苦之③曰："南方卑湿。"徙王王于济北以褒之。及薨，遂赐谥为贞王。庐江王以边越，数使使相交，④徙为衡山王，王江北。

①师古曰："属谓以兵委之也。属音之欲反。"

②晋灼曰："功臣表虫达也。"师古曰："晋说非。此虫达之子耳，名(捷)〔捷〕^[6]。达已先薨也。"

③师古曰："劳音来到反。"

④师古曰："边越者，边界与越相接。"

淮南王安为人好书，鼓琴，不喜弋猎狗马驰骋，①亦欲以行阴德拊循百姓，流名誉。招致宾客方术之士数千人，作为内书二十一篇，外书甚众，又有中篇八卷，言神仙黄白之术，②亦二十徐万言。时武帝方好艺文，以安属为诸父，③辩博善为文辞，甚尊重之。每为报书及赐，④常召司马相如等视草乃遣。⑤初，安入朝，献所作内篇，新出，上爱秘之。使为离骚传，⑥旦受诏，日食时上。又献颂德及长安都国颂。每宴见，谈说得失及方技赋颂，昏莫然后罢。

①师古曰："喜音许吏反。"
②张晏曰："黄，黄金；白，白银也。"
③师古曰："安于天子服属为从父叔父。"
④师古曰："赐，赐书也。"
⑤师古曰："草谓为文之稿草。"
⑥师古曰："传谓解说之，若毛诗传。"

安初入朝，雅善太尉武安侯，①武安侯迎之霸上，与语曰："方今上无太子，王亲高皇帝孙，行仁义，天下莫不闻。宫车一日晏驾，非王尚谁立者！"淮南王大喜，厚遗武安侯宝赂。其群臣宾客，江淮间多轻薄，以厉王迁死感激安。建元六年，彗星见，淮南王心怪之。或说王曰："先吴军时，彗星出，长数尺，然尚流血千里。今彗星竟天，天下兵当大起。"王心以为上无太子，天下有变，诸侯并争，愈益治攻战具，积金钱赂遗郡国。游士妄作妖言阿谀王，王喜，多赐予之。

①师古曰："田蚡。"

王有女陵，慧有口。①王爱陵，多予金钱，为中诇长安，②约结上左右。元朔二年，上赐淮南王几杖，不朝。后荼爱幸，③生子迁为太子，取皇太后外孙修成君女为太子妃。④王谋为反具，畏太子妃知而内泄事，乃与太子谋，令诈不爱，三月不同席。王阳怒太子，闭使与妃同内，终不近妃。妃求去，王乃上书谢归之。后荼、太子迁及女陵擅国权，夺民田宅，妄致系人。⑤

①师古曰："性慧了而口辩。"

②孟康曰："诇音侦。西方人以反间为诇。王使其女为侦于中也。"如淳曰："诇音朽政反。"师古曰："诇，有所候伺也。如音是矣。侦者，义与诇同，然音则异。音丑政反。"

③师古曰："荼者，后名也，音涂。"

④服虔曰："武帝异姓姊之女也。"应劭曰："修成君，王太后先适金氏女也。"

⑤师古曰："致，至也，牵引而致之。"

太子学用剑，自以为人莫及，闻郎中雷被巧，①召与戏。被一再辞让，误中太子。②太子怒，被恐。此时有欲从军者辄诣长安，被即愿奋击匈奴。太子数恶被，③王使郎中令斥免，欲以禁后。④元朔五年，被遂亡之长安，上书自明。事下廷尉、河南。河南治，⑤逮淮南太子。⑥王、王后计欲毋遣太子，⑦遂发兵。计未定，犹与十馀日。⑧会有诏即讯太子，⑨淮南相怒寿春丞留太子逮不遣，⑩劾不敬。王请相，相不听。王使人上书告相，事下廷尉治。从迹连王，⑪王使人候司。⑫汉公卿请逮捕治王，王恐，欲发兵。太子迁谋曰："汉使即逮王，令人衣卫士衣，持戟居王旁，有非是者，即刺杀之，臣亦使人刺杀淮南中尉，乃举兵，未晚也。"是时上不许公卿，而遣汉中尉宏即讯验王。⑬王视汉中尉颜色和，问斥雷被事耳，自度无何，⑭不发。中尉还，以闻。公卿治者曰："淮南王安雍閼求奋击匈奴者雷被等，格明诏，⑮当弃市。"诏不许。请废勿王，上不许。请削五县，可二县。使中尉宏赦其罪，罚以削地。中尉入淮南界，宣言赦王。王初闻公卿请诛之，未知得削地，闻汉使来，恐其捕之，乃与太子谋如前计。中尉至，即贺王，王以故不发。其后自伤曰："吾行仁义见削地，寡人甚耻之。"为反谋益甚。诸使者道长安来，⑯为妄言，言上无男，即喜；言汉廷治，有男，即怒，⑰以为妄言，非也。⑱

①师古曰："被音皮义反。巧者，善用剑也。"

②师古曰："中音竹仲反。"

③师古曰："谓谮毁之于王也。"

④师古曰："令后人更不敢效之。"

⑤师古曰："章下廷尉及河南令，于河南杂治其事。"

⑥师古曰："追赴河南也。"

⑦师古曰："王与王后共计也。"

⑧师古曰："与读曰豫。"

⑨师古曰："即，就也。讯，问也。就淮南问之，不逮诣河南。"

⑩如淳曰："丞顺王意，不遣太子应逮书。"

⑪师古曰："从读曰踪。"

⑫师古曰："入京师候司其事。"

⑬师古曰："即亦就也。"

⑭师古曰："自计度更无罪。度音徒各反。"

⑮师古曰："雍读曰壅。格音阁，谓攱阁不行之。"

⑯师古曰："道，从也。"

⑰师古曰："汉廷治者，朝廷皆治理也。治音丈吏反。"

⑱师古曰："云治及有男皆妄言耳，非真实也。"

日夜与左吴等按舆地图，①部署兵所从入。王曰："上无太子，宫车即晏驾，大臣必征胶东王，不即常山王，诸侯并争，吾可以无备乎！且吾高帝孙，亲行仁义，陛下遇我厚，吾能忍之；

万世之后，吾宁能北面事竖子乎！"

①苏林曰："舆犹尽载之意。"

王有孽子不害，最长，①王不爱，后、太子皆不以为子兄数。②不害子建，材高有气，常怨望太子不省其父。③时诸侯皆得分子弟为侯，④淮南王有两子，一子为太子，而建父不得为侯。阴结交，⑤欲害太子，以其父代之。太子知之，数捕系笞建。建具知太子之欲谋杀汉中尉，即使所善寿春严正上书天子曰："毒药苦口利病，忠言逆耳利行。今淮南王孙建材能高，淮南王后荼、荼子迁常疾害建。建父不害无罪，擅数系，欲杀之。今建在，可征问，具知淮南王阴事。"书既闻，上以其事下廷尉、河南治。是岁元朔六年也。故辟阳侯孙审卿善丞相公孙弘，怨淮南厉王杀其大父，阴求淮南事而构之于弘。弘乃疑淮南有畔逆计，深探其狱。⑥河南治建，辞引太子及党与。

①师古曰："孽，庶也。"

②如淳曰："后不以为子，太子不以为兄秩数。"

③服虔曰："不省录著兄弟数中也。"

④师古曰："分国邑以封之。"

⑤师古曰："与外人交通为援。"

⑥张晏曰："探穷其根原。"

初，王数以举兵谋问伍被，被常谏之，以吴楚七国为效。①王引陈胜、吴广，被复言形势不同，必败亡。及建见治，王恐国阴事泄，欲发，复问被，被为言发兵权变。语在被传。于是王锐欲发，②乃令官奴入宫中，作皇帝玺，丞相、御史大夫、将军、吏中二千石、都官令、丞印，及旁近郡太守、都尉印，汉使节法冠。③欲如伍被计，使人为得罪而西，④事大将军、丞相；一日发兵，即刺大将军卫青，⑤而说丞相弘下之，如发蒙耳。⑥欲发国中兵，恐相、二千石不听，王乃与伍被谋，为失火宫中，相、二千石救火，因杀之。又欲令人衣求盗衣，⑦持羽檄从南方来，⑧呼言曰"南越兵入"，⑨欲因以发兵。乃使人之庐江、会稽为求盗，未决。

①师古曰："言反事不成。"

②师古曰："王意欲发兵如锋刃之锐利，故云锐也。"

③师古曰："法冠，御史冠也。本楚王冠，秦灭楚，以其君冠赐御史。"

④苏林曰："诈作得罪人而西也。"师古曰："为得罪之状而去也。西谓如京师也。"

⑤师古曰："发兵谓王发兵反。"

⑥如淳曰："以物蒙覆其头，而为发去之，则其人欲之耳。"晋灼曰："如发去物上之蒙，直取其易也。"师古曰："晋说是。"

⑦师古曰："求盗，卒之掌逐捕贼盗者。"

⑧师古曰："羽檄，征兵之书也，解在高纪。"

⑨师古曰："呼音火故反。"

廷尉以建辞连太子迁闻，上遣廷尉监与淮南中尉逮捕太子。至，淮南王闻，与太子谋召相、二千石，欲杀而发兵。召相，相至；内史以出为解。①中尉曰："臣受诏使，不得见王。"王念独杀相而内史、中尉不来，无益也，即罢相。②计犹与未决。③太子念所坐者谋杀汉中尉，所与谋杀者已死，以为口绝，乃谓王曰："群臣可用者皆前系，今无足与举事者。王以非时发，恐无功，臣愿会逮。"④王亦愈欲休，即许太子。太子自刑，不殊。⑤伍被自诣吏，具告与淮南王谋反。吏因捕太子、王后，围王宫，尽捕王宾客在国中者，索得反具以闻。⑥上下公卿治，所连引与淮南王谋反列侯、二千石、豪桀数千人，皆以罪轻重受诛。

①师古曰："不应召而云已出也。解者，解说也，若今言分疏矣。"

②师古曰："遣出去。"

③师古曰："与读曰豫。"

④师古曰："会谓应逮书而往也。"

⑤晋灼曰："不殊，不死也。"师古曰："殊，绝也，虽自刑杀，而身首不绝也。"

⑥师古曰："索，搜也，音山客反。"

衡山王赐，淮南王弟，当坐收。有司请逮捕衡山王，上曰："诸侯各以其国为本，不当相坐。与诸侯王列侯议。"赵王彭祖、列侯让等四十三人皆曰："淮南王安大逆无道，谋反明白，当伏诛。"胶西王端议曰："安废法度，行邪辟，①有诈伪心，以乱天下，营惑百姓，②背畔宗庙，妄作妖言。春秋曰：'臣毋将，将而诛。'安罪重于将，谋反形已定。臣端所见，其书印图及它逆亡道事验明白，当伏法。论国吏二百石以上及比者，③宗室近幸臣不在法中者，不能相教，皆当免，④削爵为士伍，毋得官为吏。其非吏，它赎死金二斤八两，⑤以章安之罪，⑥使天下明知臣子之道，毋敢复有邪僻背畔之意。"丞相弘、廷尉汤等以闻，上使宗正以符节治王。未至，安自刑杀。后、太子诸所与谋皆收夷。国除为九江郡。⑦

①师古曰："辟读曰僻。下皆类此。"

②师古曰："营谓回绕之。"

③师古曰："谓真二百石及秩比二百石以上。"

④师古曰："若本有重罪，自从其法，纵无反状者，亦皆免。"

⑤苏林曰："非吏故曰它。"师古曰："为近幸之人，非吏人者。"

⑥师古曰："章，明也。"

⑦师古曰："夷谓诛灭之。"

衡山王赐，后乘舒生子三人，长男爽为太子，次女无采，少男孝。姬徐来生子男女四人，美人厥姬生子二人。淮南、衡山相责望礼节，间不相能。①衡山王闻淮南王作为畔逆具，亦心结宾客以应之，恐为所并。

①师古曰："兄弟相责故有嫌。"

元光六年入朝，谒者卫庆有方术，欲上书事天子，王怒，故劾庆死罪，强榜服之。①内史以为非是，却其狱。②王使人上书告内史，内史治，言王不直。③又数侵夺人田，坏人冢以为田。有司请逮治衡山王，上不许，为置吏二百石以上。④衡山王以此恚，与奚慈、张广昌谋，求能为兵法候星气者，日夜纵臾王谋反事。⑤

①师古曰："榜，击也。击笞之，令其自服死罪也。榜音彭。"

②师古曰："却，退也。"

③师古曰："内史被治而具言王之意状。"

④如淳曰："汉仪注吏四百石已下自除国中。今以王之恶，天子皆为置。"

⑤如淳曰："臾读曰勇。纵臾，犹言勉强也。"师古曰："纵音子勇反。纵臾谓奖劝也。"

后乘舒死，立徐来为后，厥姬俱幸。两人相妒，厥姬乃恶徐来于太子，①曰：“徐来使婢蛊杀太子母。”太子心怨徐来。徐来兄至衡山，太子与饮，以刃刑伤之。后以此怨太子，数恶之于王。女弟无采嫁，弃归，②与客奸。太子数以数让之，③无采怒，不与太子通。后闻之，即善遇无采及孝。孝少失母，附后，后以计爱之，④与共毁太子，王以故数系笞太子。元朔四年中，人有贼伤后假母者，⑤王疑太子使人伤之，笞太子。后王病，太子时称病不侍。孝、无采恶太子：“实不病，自言，有喜色。”王于是大怒，欲废太子而立弟孝。后知王决废太子，又欲并废孝。后有侍者善舞，王幸之，后欲令与孝乱以污之，欲并废二子而以己子广代之。太子知之，念后数恶己无已时，⑥欲与乱以止其口。后饮太子，太子前为寿，因据后求与卧。后怒，以告王。王乃召，欲缚笞之。太子知王常欲废己而立孝，乃谓王曰：“孝与王御者奸，无采与奴奸，王强食，请上书。”即背王去。王使人止之，莫能禁，王乃自追捕太子。太子妄恶言，王械系宫中。

①师古曰：“恶谓谗毁之也。下皆类此。”

②师古曰：“为夫所弃而归也。”

③师古曰：“上数音所角反，下数音所具反。”

④师古曰：“非心实慈念，但以事计须抚之。”

⑤师古曰：“继母也。一曰父之旁妻。”

⑥师古曰：“已，止也，数见谗谮无休止。”

孝日益以亲幸。王奇孝材能，乃佩之王印，号曰将军，（今）〔令〕居外家，[7]多给金钱，招致宾客。宾客来者，微知淮南、衡山有逆计，皆将养劝之。①王乃使孝客江都人枚赫、陈喜作輣车锻矢，刻天子玺，将、相、军吏印。王日夜求壮士如周丘等，②数称引吴楚反时计画约束。衡山王非敢效淮南王求即天子位，畏淮南起并其国，以为淮南已西，发兵定江淮间而有之，望如是。

①师古曰："将读曰奖。"
②师古曰："下邳人，吴王反时请得汉节下下邳者。"

元朔五年秋，当朝，六年，过淮南。淮南王乃昆弟语，①除前隙，约束反具。②衡山王即上书谢病，上赐不朝。乃使人上书请废太子爽，立孝为太子。爽闻，即使所善白嬴之长安上书，言衡山王与子谋逆，言孝作兵车锻矢，与王御者奸。至长安未及上书，即吏捕嬴，以淮南事系。③王闻之，恐其言国阴事，即上书告太子，以为不道。事下沛郡治。元狩元年冬，有司求捕与淮南王谋反者，得陈喜于孝家。吏劾孝首匿喜。④孝以为陈喜雅数与王计反，⑤恐其发之，闻律先自告除其罪，又疑太子使白嬴上书发其事，即先自告所与谋反者枚赫、陈喜等。廷尉治，事验，请逮捕衡山王治。上曰："勿捕。"遣中尉安、大行息即问王，⑥王具以情实对。吏皆围王宫守之。中尉、大行还，以闻。公卿请遣宗正、大行与沛郡杂治王。王闻，即自杀。孝先自告反，告除其罪。⑦孝坐与王御婢奸，及后徐来坐蛊前后乘舒，及太子爽坐告王父不孝，皆弃市。诸坐与王谋反者皆诛。国除为郡。

①师古曰："为相亲爱之言。"
②师古曰："（芙）〔共〕契约为反具。"〔8〕
③师古曰："汉有司捕系之。"
④师古曰："为头首而藏匿之。"
⑤师古曰："数音所角反。"

⑥师古曰:"就问之。"

⑦师古曰:"先告有反谋,又告人与己反,而自得除反罪。"

济北贞王勃者,景帝四年徙。徙二年,因前王衡山,凡十四年薨。子式王胡嗣,五十四年薨。子宽嗣。十二年,宽坐与父式王后光、姬孝儿奸,悖人伦,①又祠祭祝诅上,有司请诛。上遣大鸿胪利召王,王以刃自刭死。国除为北安县,属泰山郡。

①师古曰:"悖,乱也,音布内反。"

赞曰:诗云"戎狄是膺,荆舒是惩",①信哉是言也!淮南、衡山亲为骨肉,疆土千里,列在诸侯,不务遵蕃臣职,以丞辅天子,而刓怀邪辟之计,②谋为畔逆,仍父子再亡国,③各不终其身。此非独王也,亦其俗薄,臣下渐靡使然。④夫荆楚剽轻,好作乱,乃自古记之矣。⑤

①师古曰:"此鲁颂閟宫之章也。膺,当也,惩,艾也。荆,楚也。舒,群舒也。言北有戎狄,南有荆舒,土俗强犷,好为寇乱,常须以兵膺当而惩艾也。"

②师古曰:"刓与专同,音之兖反。"

③师古曰:"仍,频也。"

④师古曰:"靡谓相随从。"

⑤师古曰:"剽音匹妙反。"

【校勘记】

〔1〕 (以)〔悔〕不理其母。 景祐、殿本都作"悔"。

〔2〕 野战（次）〔攻〕城 钱大昭说"次"当作"攻"。按景祐、殿、局本都作"攻"。

〔3〕 触情妄行，不（详）〔祥〕。 景祐、殿本都作"祥"。

〔4〕 诸从蛮夷来归谊及以亡名数自（古）〔占〕者， 景祐、殿、局本都作"占"。此误。

〔5〕 吴使者至淮南，（淮南）王欲发兵应之。 钱大昭说"淮南"二字闽本不重。按景祐、殿本都不重。

〔6〕 此虫达之子耳，名（揵）〔捷〕。 景祐本作"捷"，与功臣表同。

〔7〕 号曰将军，（今）〔令〕居外家， 景祐、殿、局本都作"令"。

〔8〕 （芙）〔共〕契约为反具。 景祐、殿、局本都作"共"。王先谦说作"共"是。

汉书卷四十五

蒯伍江息夫传第十五

蒯通，范阳人也，①本与武帝同讳。②楚汉初起，武臣略定赵地，号武信君。通说范阳令徐公曰："臣，范阳百姓蒯通也，窃闵公之将死，故吊之。虽然，贺公得通而生也。"徐公再拜曰："何以吊之？"通曰："足下为令十馀年矣，杀人之父，孤人之子，断人之足，黥人之首，甚众。慈父孝子所以不敢事刃于公之腹者，畏秦法也。③今天下大乱，秦政不施，④然则慈父孝子将争接刃于公之腹，以复其怨而成其（功）名。⑤[1]此通之所以吊者也。"曰："何以贺得子而生也？"曰："赵武信君不知通不肖，使人候问其死生，通且见武信君而说之，⑥曰：'必将战胜而后略地，攻得而后下城，臣窃以为殆矣。⑦用臣之计，毋战而略地，不攻而下城，传檄而千里定，可乎？'彼将曰：'何谓也？'⑧臣因对曰：'范阳令宜整顿其士卒以守战者也，怯而畏死，贪而好

1887

富贵，故欲以其城先下君。先下君而君不利〔之〕，[2] 则边地之城皆将相告曰"范阳令先降而身死"，必将婴城固守，⑨皆为金城汤池，不可攻也。⑩为君计者，莫若以黄屋朱轮迎范阳令，使驰骛于燕赵之郊，⑪则边城皆将相告曰"范阳令先下而身富贵"，必相率而降，犹如阪上走丸也。⑫此臣所谓传檄而千里定者也。'"徐公再拜，具车马遣通。通遂以此说武臣。武臣以车百乘，骑二百，侯印迎徐公。燕赵闻之，降者三十馀城，如通策焉。

①师古曰："涿郡之县也，旧属燕。通本燕人，后游于齐，故高祖云齐辩士蒯通。"

②师古曰："本名为彻，其后史家追书为通。"

③李奇曰："东方人以物画地中为事。"师古曰："事音侧吏反。字本作傳，周官考工记又作䡓，音皆同耳。"

④师古曰："施，设也，立也。"

⑤师古曰："复犹报也，音扶目反。"

⑥师古曰："今将欲见之。"

⑦师古曰："殆，危也。"

⑧师古曰："彼谓武信君也。"

⑨孟康曰："婴，以城自绕。"

⑩师古曰："金以喻坚，汤喻沸热不可近。"

⑪师古曰："令众皆见。"

⑫师古曰："言乘势便易。"

后汉将韩信虏魏王，破赵、代，降燕，定三国，引兵将东击齐。未度平原，闻汉王使郦食其说下齐，信欲止。通说信曰："将军受诏击齐，而汉独发间使下齐，宁有诏止将军乎？①何以得无行！且郦生一士，伏轼掉三寸舌，下齐七十馀城，②将军将数万之众，乃下赵五十馀城。为将数岁，反不如一竖儒之功乎!"
于是信然之，从其计，遂度河。齐已听郦生，即留之纵酒，罢备
汉守御。信因袭历下军，遂至临菑。齐王以郦生为欺己而亨之，
因败走。信遂定齐地，自立为齐假王。汉方困于荥阳，遣张良即
立信为齐王，以安固之。项王亦遣武涉说信，欲与连和。

①师古曰："间使，谓使人伺间隙而单行。"
②师古曰："掉，摇也，音徒钓反。"

　　蒯通知天下权在信，欲说信令背汉，乃先微感信曰："仆尝
受相人之术，相君之面，不过封侯，又危而不安；相君之背，贵
而不可言。"①信曰："何谓也?"通因请间，②曰："天下初作难
也，俊雄豪桀建号壹呼，③天下之士云合雾集，鱼鳞杂袭，④飘至
风起。⑤当此之时，忧在亡秦而已。⑥今刘、项分争，使人肝脑涂
地，流离中野，不可胜数。汉王将数十万众，距巩、雒，阻山
河，一日数战，无尺寸之功，折北不救，⑦败荥阳，伤成皋，⑧还
走宛、叶之间，此所谓智勇俱困者也。楚人起彭城，转斗逐北，
至荥阳，乘利席胜，威震天下，⑨然兵困于京、索之间，⑩迫西山
而不能进，三年于此矣。⑪锐气挫于崄塞，粮食尽于内藏，百姓
罢极，无所归命。⑫以臣料之，⑬非天下贤圣，其势固不能息天下
之祸。当今之时，两主县命足下。足下为汉则汉胜，与楚则楚
胜。臣愿披心腹，堕肝胆，⑭效愚忠，恐足下不能用也。方今为
足下计，莫若两利而俱存之，参分天下，鼎足而立，其势莫敢先
动。夫以足下之贤圣，有甲兵之众，据强齐，从燕、赵，出空虚
之地以制其后，因民之欲，西乡为百姓请命，⑮天下孰敢不听!
足下按齐国之故，有淮泗之地，怀诸侯以德，深拱揖让，⑯则天

下君王相率而朝齐矣。盖闻'天与弗取，反受其咎；时至弗行，反受其殃'。愿足下孰图之。"

①张晏曰："言背者，云背畔则大贵。"

②师古曰："不欲显言，故请间隙而私说。"

③师古曰："建号者，自立为侯王。呼音火故反。"

④师古曰："杂袭犹杂沓，言相杂而累积。"

⑤师古曰："飘读曰猋，谓疾风，音必遥反。"

⑥师古曰："志灭秦，所忧者唯此。"

⑦师古曰："折，挫也。北，奔也。不救，谓无援助也。"

⑧张晏曰："于成皋战伤胸也。"

⑨师古曰："席，因也，若人之在席上。"

⑩师古曰："索音山客反。"

⑪师古曰："至今已三年。"

⑫师古曰："罢读曰疲。"

⑬师古曰："料，量也。"

⑭师古曰："堕，毁也，音火规反。"

⑮师古曰："乡读曰向。齐国在东，故曰西向。止楚汉之战斗，士卒不死亡，故云请命。"

⑯师古曰："深拱犹高拱。"

信曰："汉遇我厚，吾岂可见利而背恩乎！"通曰："始常山王、成安君故相与为刎颈之交，及争张黡、陈释之事，①常山王奉头鼠窜，以归汉王。②借兵东下，战于鄗北，成安君死于泜水之南，③头足异处。此二人相与，天下之至欢也，而卒相灭亡者，何也？患生于多欲而人心难测也。今足下行忠信以交于汉王，必不能固于二君之相与也，而事多大于张黡、陈释之事者，故臣以为足下必汉王之不危足下，过矣。④大夫种存亡越，伯句践，⑤立功名而身死。语曰：'野禽殚，走犬亨；⑥敌国破，谋臣亡。'故以交友言之，则不过张王与成安君；以忠臣言之，则不过大夫种。此二者，宜足以观矣。愿足下深虑之。且臣闻之，勇略震主者身危，功盖天下者不赏。足下涉西河，虏魏王，禽夏说，⑦下井陉，诛成安君之罪，以令于赵，胁燕定齐，南摧楚人之兵数十万众，遂斩龙且，西乡以报，⑧此所谓功无二于天下，略不世出者也。⑨今足下挟不赏之功，戴震主之威，归楚，楚人不信；归汉，汉人震恐。足下欲持是安归乎？⑩夫势在人臣之位，而有高天下之名，切为足下危之。"信曰："生且休矣，吾将念之。"⑪

①师古曰："厣音一点反。"

②师古曰："言其迫窘逃亡，如鼠之藏窜。"

③师古曰："鄗音呼各反。泜音祗，又音丁计反。"

④师古曰："过犹误也。"

⑤师古曰："令句践致霸功也。伯读曰霸。"

⑥师古曰："殚，尽也，音单。"

⑦师古曰："说读曰悦。"

⑧师古曰："且音子馀反。乡读曰向。"

⑨师古曰："言其计略奇异，世所希有。"

⑩师古曰："安，焉也。此下亦同。"

⑪师古曰："念犹思也。"

数日，通复说曰："听者，事之候也；①计者，存亡之机也。夫随厮养之役者，失万乘之权；守儋石之禄者，阙卿相之位。②计诚知之，而决弗敢行者，百事之祸也。故猛虎之犹与，不如蜂虿之致螫；③孟贲之狐疑，不如童子之必至。④此言贵能行之也。

夫功者难成而易败，时者难值而易失。'时乎时，不再来。'⑤愿足下无疑臣之计。"信犹与不忍背汉，又自以功多，汉不夺我齐，遂谢通。⑥通说不听，惶恐，乃阳狂为巫。

① 师古曰："谓能听善谋也。"

② 应劭曰："齐人名小甖为儋，受二斛。"晋灼曰："石，斗石也。"师古曰："儋音都滥反。或曰，儋者，一人之所负担也。"

③ 师古曰："与读曰预。蚤，蝎也。蠚，毒也。蚤音丑界反。蠚音呼各反。"

④ 师古曰："孟贲，古之勇力士。贲音奔。"

⑤ 师古曰："此古语，叹时之不可失。"

⑥ 师古曰："告令罢去。"

天下既定，后信以罪废为淮阴侯，谋反被诛，临死叹曰："悔不用蒯通之言，死于女子之手！"高帝曰："是齐辩士蒯通。"乃诏齐召蒯通。通至，上欲亨之，曰："若教韩信反，何也?"①通曰："狗各吠非其主。当彼时，臣独知齐王韩信，非知陛下也。且秦失其鹿，②天下共逐之，高材者先得。天下匈匈，争欲为陛下所为，顾力不能，③可殚诛邪！"④上乃赦之。

① 师古曰："若，汝也。"

② 张晏曰："以鹿喻帝位。"

③ 师古曰："顾，念也。"

④ 师古曰："殚，尽也。"

至齐悼惠王时，曹参为相，礼下贤人，请通为客。

初，齐王田荣怨项羽，谋举兵畔之，劫齐士，不与者死。①齐处士东郭先生、梁石君在劫中，强从。及田荣败，二人丑之,②相与入深山隐居。客谓通曰："先生之于曹相国，拾遗举过，显贤进能，齐国莫若先生者。先生知梁石君、东郭先生世俗所不及，何不进之于相国乎？"通曰："诺。臣之里妇，与里之诸母相善也。里妇夜亡肉，姑以为盗，怒而逐之。妇晨去，过所善诸母，语以事而谢之。③里母曰：'女安行，④我今令而家追女矣。'⑤即束缊请火于亡肉家，⑥曰：'昨暮夜，犬得肉，争斗相杀，请火治之。'⑦亡肉家遽追呼其妇。⑧故里母非谈说之士也，束缊乞火非还妇之道也，然物有相感，事有适可。臣请乞火于曹相国。"乃见相国曰："妇人有夫死三日而嫁者，有幽居守寡不出门者，足下即欲求妇，何取？"曰："取不嫁者。"通曰："然则求臣亦犹是也，彼东郭先生、梁石君，齐之俊士也，隐居不嫁，未尝卑节下意以求仕也。愿足下使人礼之。"曹相国曰："敬受命。"皆以为上宾。

②师古曰："自耻从乱，以为丑恶也。"

③师古曰："谢谓告辞也。"

④师古曰："安，徐也。"

⑤师古曰："而，亦汝。"

⑥师古曰："缊，乱麻，音于粉反。"

⑦师古曰："治谓烌治死犬。烌音似廉反。"

⑧师古曰："遽，速也。"

通论战国时说士权变，亦自序其说，凡八十一首，号曰隽永。①

①师古曰："隽音字兖反。隽，肥肉也。永，长也。言其所论甘美，而

义深长也。"

初，通善齐人安其生，安其生尝干项羽，羽不能用其策。而项羽欲封此两人，两人卒不肯受。

伍被，楚人也。①或言其先伍子胥后也。被以材能称，为淮南中郎。是时淮南王安好术学，折节下士，招致英隽以百数，被为冠首。②

①师古曰："被音皮义反。"

②师古曰："最居其上也。"

久之，淮南王阴有邪谋，被数微谏。①后王坐东宫，召被欲与计事，呼之曰："将军上。"被曰："王安得亡国之言乎？昔子胥谏吴王，吴王不用，乃曰：'臣今见麋鹿游姑苏之台也。'②今臣亦将见宫中生荆棘、露沾衣也。"于是王怒，系被父母，囚之三月。

①师古曰："私谏之。"

②张晏曰："吴台名也。"师古曰："吴地记云因山为名，西南去国三十五里。"

王复召被曰："将军许寡人乎？"（对）〔被〕曰：[3]"不，臣将为大王画计耳。臣闻聪者听于无声，明者见于未形，①故圣人万举而万全。文王壹动而功显万世，列为三王，所谓因天心以动作者也。"王曰："方今汉庭治乎？乱乎？"被曰："天下治。"王不说②曰："公何以言治也？"被对曰："被窃观朝廷，君臣父子夫妇长幼之序皆得其理，上之举错遵古之道，③风俗纪纲未有所缺。重装富贾周流天下，道无不通，交易之道行。<u>南越</u>宾服，<u>羌</u>、<u>僰</u>贡献，<u>东瓯</u>入朝，④广<u>长榆</u>，⑤开<u>朔方</u>，<u>匈奴</u>折伤。虽未及古太平时，然犹为治。"王怒，<u>被</u>谢死罪。

①师古曰："言智虑通达，事未形兆，皆预见之。"

②师古曰："说读曰悦。"

③师古曰："错音千故反。"

④师古曰："<u>僰</u>，<u>西南夷</u>也，音蒲北反。"

⑤如淳曰："广谓斥大之也。长榆，塞名，<u>王恢</u>所谓树榆以为塞者也。"

　师古曰："长榆在<u>朔方</u>，即<u>卫青</u>传所云榆溪旧塞是也。或谓之<u>榆中</u>。"

王又曰："<u>山东</u>即有变，<u>汉</u>必使大将军将而制<u>山东</u>，公以为大将军何如人也？"<u>被</u>曰："臣所善<u>黄义</u>，从大将军击<u>匈奴</u>，言大将军遇士大夫以礼，与士卒有恩，众皆乐为用。骑上下山如飞，材力绝人如此，数将习兵，未易当也。及谒者<u>曹梁</u>使<u>长安</u>来，言大将军号令明，当敌勇，常为士卒先；须士卒休，乃舍；穿井得水，乃敢饮；军罢，士卒已逾河，乃度。皇太后所赐金钱，尽以赏赐。虽古名将不过也。"王曰："夫<u>蓼太子</u>①知略不世出，非常人也，以为<u>汉</u>廷公卿列侯皆如沐猴而冠耳。"<u>被</u>曰："独先刺大将军，乃可举事。"

①服虔曰："<u>淮南</u>太子也。"文颖曰："食采于此，或言外家姓也。"师古曰："蓼自地名，而王之太子岂以食地为号？文言外家姓，近为得之，亦犹<u>汉</u>之<u>栗太子</u>也。"

王复问<u>被</u>曰："公以为<u>吴</u>举兵非邪？"<u>被</u>曰："非也。夫<u>吴王</u>赐号为<u>刘氏祭酒</u>，①受几杖而不朝，王四郡之众，地方数千里，采山铜以为钱，煮海水以为盐，伐<u>江陵</u>之木以为船，国富民众，行珍宝，赂诸侯，与七国合从，举兵而西，破大梁，败狐父，②奔走而还，为越所禽，死于丹徒，③头足异处，身灭祀绝，为天下戮。④夫以吴众不能成功者，何也？诚逆天违众而不见时也。"王曰："男子之所死者，一言耳。⑤且吴何知反？汉将一日过成皋者四十馀人。⑥今我令缓先要成皋之口，⑦周被下颍川兵塞辕辕、伊阙之道，陈定发南阳兵守武关。河南太守独有雒阳耳，⑧何足忧？然此北尚有临晋关、河东、上党与河内、赵国界者通谷数行。⑨人言'绝成皋之道，天下不通'。据三川之险，招天下之兵，公以为何如？"被曰："臣见其祸，未见其福也。"

①应劭曰："礼，饮酒必祭，示有先也，故称祭酒，尊之也。"如淳曰："祭祠时唯尊长者以酒沃酹。"师古曰："如说是也。"

②师古曰："在梁、砀之间也。父音甫。"

③师古曰："即今润州丹徒县也。"

④师古曰："天下之人皆共戮之。一曰天下之大戮也。"

⑤张晏曰："不成即死，一言耳。"臣瓒曰："或有一言，云以死报也。"师古曰："二说死，并非也。言男子感气，相许一言，不顾其死。或曰，一言之恨，不顾危亡，以此致死也。"

⑥师古曰："言不知塞成皋口，而令汉将得出之，是不知反计也。"

⑦韦昭曰："淮南臣名也。"师古曰："缓者，名也，不言其姓。今流俗书本于缓上妄加楼字，非也。"

⑧师古曰："如此计，则汉河南郡唯有雒阳在耳，馀皆不属。"

⑨如淳曰："言此北尚崄阻，其溪谷可得通行者有数处。"

后汉逮淮南王孙建，系治之。王恐阴事泄，谓被曰："事至，吾欲遂发。天下劳苦有间矣，①诸侯颇有失行，皆自疑，我举兵西乡，必有应者；②无应，即还略衡山。势不得不发。"被曰：

"略衡山以击（卢）〔庐〕江，[4]有寻阳之船，守下雉之城，③结九江之浦，绝豫章之口，强弩临江而守，以禁南郡之下，东保会稽，南通劲越，屈强江淮间，④可以延岁月之寿耳，未见其福也。"王曰："左吴、赵贤、朱骄如皆以为什八九成，⑤公独以为无福，何？"被曰："大王之群臣近幸素能使众者，皆前系诏狱，馀无可用者。"王曰："陈胜、吴广无立锥之地，百人之聚，起于大泽，奋臂大呼，天下向应，⑥西至于戏而兵百二十万。今吾国虽小，胜兵可得二十万，公何以言有祸无福？"被曰："臣不敢避子胥之诛，愿大王无为吴王之听。往者秦为无道，残贼天下，杀术士，燔诗书，灭圣迹，弃礼义，任刑法，转海滨之粟，致于西河。⑦当是之时，男子疾耕不足于粮馈，⑧女子纺绩不足于盖形。遣蒙恬筑长城，东西数千里。暴兵露师，常数十万，死者不可胜数，僵尸满野，流血千里。于是百姓力屈，⑨欲为乱者十室而五。又使徐福入海求仙药，多赍珍宝，童男女三千人，五种百工而行。⑩徐福得平原大泽，止王不来。于是百姓悲痛愁思，欲为乱者十室而六。又使尉佗逾五岭，攻百越，⑪尉佗知中国劳极，止王南越。⑫行者不还，往者莫返，于是百姓离心瓦解，欲为乱者十室而七。兴万乘之驾，作阿房之宫，收太半之赋，发闾左之戍。⑬父不宁子，兄不安弟，⑭政苛刑惨，民皆引领而望，倾耳而听，悲号仰天，叩心怨上，⑮欲为乱者，十室而八。客谓高皇帝曰：'时可矣。'高帝曰：'待之，圣人当起东南。'间不一岁，陈、吴大呼，⑯刘、项并和，天下向应，⑰所谓蹈瑕衅，因秦之亡时而动，百姓愿之，若枯旱之望雨，故起于行陈之中，以成帝王之功。今大王见高祖得天下之易也，独不观近世之吴楚乎！

当今陛下临制天下，壹齐海内，泛爱蒸庶，⑱布德施惠。口虽未言，声疾雷震；令虽未出，化驰如神。心有所怀，威动千里；下之应上，犹景向也。⑲而大将军材能非直章邯、杨熊也。王以陈胜、吴广论之，被以为过矣。⑳且大王之兵众不能什分吴楚之一，天下安宁又万倍于秦时。愿王用臣之计。臣闻箕子过故国而悲，作麦秀之歌，㉑痛纣之不用王子比干之言也。故孟子曰，纣贵为天子，死曾不如匹夫。是纣先自绝久矣，非死之日天去之也。今臣亦窃悲大王弃千乘之君，将赐绝命之书，为群臣先，㉒身死于东宫也。"㉓被因流涕而起。

① 如淳曰："言天下劳苦，人心有间隙，易动乱。"师古曰："此说非也。有间，犹言中间已有也。故谓此者乃为间也。"

② 师古曰："乡读曰向。"

③ 孟康曰："下雉，江夏县名。"师古曰："雉音羊氏反。"

④ 师古曰："屈音具勿反。"

⑤ 师古曰："吴、贤、骄如，王之三臣也。"

⑥ 师古曰："呼音火故反。向读曰响。"

⑦ 师古曰："濒，涯也。海滨谓缘海涯之地。濒音频，又音宾。"

⑧ 师古曰："馈亦馈字也。"

⑨ 师古曰："屈，尽也，音其勿反。"

⑩ 师古曰："五种，五谷之种也。"

⑪ 师古曰："五岭解在张耳传。"

⑫ 师古曰："南越传云南海尉任嚣谓赵佗曰'闻陈胜等作乱，豪桀叛秦相立'，即被佗书行南海尉事。嚣死后，佗始自为王。今此乃言尉佗先王，陈胜乃反，此盖伍被一时对辞，不究其实也。"

⑬ 师古曰："同左解在食货志。"

⑭师古曰："言不能相保。"

⑮师古曰："叩，击也。"

⑯师古曰："中间不经一岁也。呼音火故反。"

⑰师古曰："和音胡（计）〔卧〕反。[5]向读曰响。"

⑱师古曰："泛，普也。蒸亦众也。泛音敷剑反。"

⑲师古曰："言如影之随形，响之应声。向读曰响。"

⑳师古曰："过，误也。"

㉑张晏曰："箕子将朝周，过殷故都，见麦及禾黍，心悲，乃作歌曰：'麦秀之渐渐兮，黍苗之绳绳兮，彼狡童兮，不与我好兮。'狡童谓纣也。"

㉒师古曰："在群臣先死。"

㉓如淳曰："王时所居也。"

后王复召问被："苟如公言，不可以徼幸邪?"①被曰："必不得已，被有愚计。"王曰："奈何?"被曰："当今诸侯无异心，百姓无怨气。朔方之郡土地广美，民徙者不足以实其地。可为丞相、御史请书，②徙郡国豪桀及耐罪以上，以赦令除，家产五十万以上者，皆徙其家属朔方之郡，③益发甲卒，急其会日。④又伪为左右都司空上林中都官诏狱书，⑤逮诸侯太子及幸臣。⑥如此，则民怨，诸侯惧，即使辩士随而说之，党可以徼幸。"⑦王曰："此可也。虽然，吾以不至若此，专发而已。"⑧后事发觉，被诣吏自告与淮南王谋反（纵）〔踪〕迹如此。[6]天子以伍被雅辞多引汉美，欲勿诛。张汤进曰："被首为王画反计，罪无赦。"遂诛被。

①师古曰："徼，要也。幸，非望之福也。"

②师古曰："谓诈为此文书，令徙人也。"

③师古曰："以赦令除，谓遇赦免罪者。"

④师古曰："促其期日。"

⑤晋灼曰："百官表宗正有左右都司空，上林有水司空；皆主囚徒官也。"师古曰："中都官，京师诸官府。"

⑥师古曰："追对狱。"

⑦师古曰："党读曰傥。"

⑧师古曰："言不须为此诈，直自发兵而已。"

江充字次倩，赵国邯郸人也。①充本名齐，有女弟善鼓琴歌舞，嫁之赵太子丹。齐得幸于敬肃王，为上客。

①师古曰："倩音千见反。"

久之，太子疑齐以己阴私告王，与齐忤，①使吏逐捕齐，不得，收系其父兄，按验，皆弃市。齐遂绝迹亡，西入关，更名充。诣阙告太子丹与同产姊及王后宫奸乱，交通郡国豪猾，攻剽为奸，②吏不能禁。书奏，天子怒，遣使者诏郡发吏卒围赵王宫，收捕太子丹，移系魏郡诏狱，与廷尉杂治，法至死。

①师古曰："言相乖。"

②师古曰："剽，劫也，音频妙反。"

赵王彭祖，帝异母兄也，上书讼太子罪，言："充逋逃小臣，苟为奸讻，激怒圣朝，①欲取必于万乘以复私怨。②后虽亨醢，计犹不悔。臣愿选从赵国勇敢士，③从军击匈奴，极尽死力，以赎丹罪。"上不许，竟败赵太子。④

①师古曰："讻，古讼字也。"

②师古曰："取必，谓必取胜也。复，报也，音扶目反。"

③师古曰："选取勇敢之士（已）〔以〕自随。"[7]

④张晏曰："虽遇赦，终见废也。"

初，充召见犬台宫，①自请愿以所常被服冠见上。②上许之。充衣纱縠禅衣，③曲裾后垂交输，④冠禅缅步摇冠，飞翮之缨。⑤充为人魁岸，容貌甚壮。⑥帝望见而异之，谓左右曰："燕赵固多奇士。"既至前，问以当世政事，上说之。

①晋灼曰："黄图上林有犬台宫，外有走狗观也。"师古曰："今书本犬台有作太一字者，误也。汉无太一宫也。"

②师古曰："被音皮义反。"

③师古曰："纱縠，纺丝而织之也。轻者为纱，绉者为縠。禅衣，制若今之朝服中禅也。汉官仪曰武贲中郎将衣纱縠禅衣。禅音单，字从衣。次下亦同。"

④张晏曰："曲裾者，如妇人衣也。"如淳曰："交输，割正幅，使一头狭若燕尾，垂之两旁，见于后，是礼深衣'（绩）〔续〕衽钩边'。"[8]贾逵谓之'衣圭'。"苏林曰："交输，如今新妇袍上挂全幅缯角割，名曰交输裁也。"师古曰："如、苏二说皆是也。"

⑤服虔曰："冠禅缅，故行步则摇，以鸟羽作缨也。"苏林曰："析翠鸟羽以作蕤也。"臣瓒曰："飞翮之缨，谓如蝉翼者也。"师古曰："服说是也。缅，织丝为之，即今方目纱是也。缅音山尔反。摇音（戈）〔弋〕招反。"[9]

⑥师古曰："魁，大也。岸者，有廉棱如崖岸之形。"

充因自请，愿使匈奴。诏问其状，充对曰："因变制宜，以敌为师，事不可豫图。"上以充为谒者，使匈奴还，拜为直指绣衣使者，督三辅盗贼，禁察逾侈。贵戚近臣多奢僭，充皆举劾，奏请没入车马，令身待北军击匈奴。①奏可。充即移书光禄勋中黄门，逮名近臣侍中诸当诣北军者，移劾门卫，禁止无令得出入宫殿。于是贵戚子弟惶恐，皆见上叩头求哀，愿得入钱赎罪。上许之，令各以秩次输钱北军，凡数千万。上以**充**忠直，奉法不阿，所言中意。②

①文颖曰："令贵戚身待于北军也。"

②师古曰："中，当也。"

充出，逢馆陶长公主行驰道中。①**充**呵问之，公主曰："有太后诏。"**充**曰："独公主得行，车骑皆不得。"②尽劾没入官。③

①师古曰："武帝之姑，即陈皇后母也。"

②师古曰："从公主之车骑也。"

③如淳曰："令乙，骑乘车马行驰道中，已论者，没入车马被具。"

后**充**从上**甘泉**，①逢太子家使②乘车马行驰道中，**充**以属吏。③太子闻之，使人谢**充**曰："非爱车马，诚不欲令上闻之，以教敕亡素者。④唯**江君**宽之！"**充**不听，遂白奏。上曰："人臣当如是矣。"大见信用，威震京师。

①师古曰："甘泉在北山，故言上也。他皆类此。"

②师古曰："太子遣人之甘泉请问者也。使音山吏反。"

③师古曰："属音之欲反。"

④师古曰："言素不教敕左右。"

迁为水衡都尉，宗族知友多得其力者。久之，坐法免。

会阳陵朱安世告丞相公孙贺子太仆敬声为巫蛊事，连及阳石、诸邑公主，贺父子皆坐诛。语在贺传。后上幸甘泉，疾病，充见上年老，恐晏驾后为太子所诛，因是为奸，奏言上疾祟在巫蛊。^①于是上以<u>充</u>为使者治巫蛊。<u>充</u>将<u>胡巫</u>掘地求偶人，^②捕蛊及夜祠，视鬼，染污令有处，^③辄收捕验治，烧铁钳灼，强服之。^④民转相诬以巫蛊，吏辄劾以大逆亡道，坐而死者前后数万人。

  ^①<u>师古</u>曰："祟谓祸咎之征也，音息遂反。故其字从出从示。示者，鬼神所以示人也。"

  ^②<u>张晏</u>曰："胡者，言不与华同，故<u>充</u>任使之。"

  ^③<u>张晏</u>曰："<u>充</u>捕巫蛊及夜祭祠祝诅者，令<u>胡巫</u>视鬼，诈以酒醑地，令有处也。"<u>师古</u>曰："捕夜祠及视鬼之人，而<u>充</u>遣巫污染地上，为祠祭之处，以诬其人也。"

  ^④<u>师古</u>曰："以烧铁或钳之，或灼之。钳，镊也。灼，炙也。钳音其炎反。"

  是时，上春秋高，疑左右皆为蛊祝诅，有与亡，莫敢讼其冤者。<u>充</u>既知上意，因言宫中有蛊气，先治后宫希幸夫人，以次及皇后，遂掘蛊于太子宫，得桐木人。^①太子惧，不能自明，收<u>充</u>，自临斩之。骂曰："<u>赵虏</u>！乱乃国王父子不足邪！^②乃复乱吾父子也！"太子<u>据</u>是遂败。^③语在<u>戾园</u>传。^④后<u>武帝</u>知<u>充</u>有诈，夷<u>充</u>三族。

  ^①<u>师古</u>曰："三辅旧事云<u>充</u>使<u>胡巫</u>作而埋之。"

  ^②<u>师古</u>曰："乃，汝也。"

  ^③<u>师古</u>曰："据读与由同。"

  ^④<u>师古</u>曰："即<u>武五子</u>传也，其中叙<u>戾太子</u>。后加谥，置园邑，故云<u>戾园</u>。"

  <u>息夫躬</u>字<u>子微</u>，<u>河内河阳</u>人也。少为博士弟子，受春秋，通

览记书。①容貌壮丽，为众所异。

①师古曰："传记及诸家之书。"

哀帝初即位，皇后父特进孔乡侯傅晏与躬同郡，相友善，躬繇是以为援，交游日广。①先是，长安孙宠亦以游说显名，免汝南太守，②与躬相结，俱上书，召待诏。是时哀帝被疾，始即位，而人有告中山孝王太后祝诅上，太后及弟宜乡侯冯参皆自杀，其罪不明。是后无盐危山有石自立，开道。③躬与宠谋曰："上亡继嗣，体久不平，关东诸侯，心争阴谋。今无盐有大石自立，闻邪臣托往事，以为大山石立而先帝龙兴。④东平王云以故与其后日夜祠祭祝诅上，欲求非望。⑤而后舅伍宏反因方术以医技得幸，出入禁门。霍显之谋将行于杯杓，⑥荆轲之变必起于帷幄。事势若此，告之必成；发国奸，诛主仇，取封侯之计也。"躬、宠乃与中郎右师谭，⑦共因中常侍宋弘上变事告焉。上恶之，下有司案验，东平王云、云后谒及伍宏等皆坐诛。⑧上擢宠为南阳太守，谭颍川都尉，弘、躬皆光禄大夫左曹给事中。是时侍中董贤爱幸，上欲侯之，遂下诏云："躬、宠因贤以闻，封贤为高安侯，宠为方阳侯，躬为宜陵侯，食邑各千户。赐谭爵关内侯，食邑。"丞相王嘉内疑东平狱事，⑨争不欲侯贤等，语在嘉传。嘉固言董贤泰盛，宠、躬皆倾覆有佞邪材，恐必挠乱国家，⑩不可任用。嘉以此得罪矣。

①师古曰："繇读与由同。"

②师古曰："为太守免而归也。"

③服虔曰："山开自成道也。"张晏曰："从石立之下道径自通也。"

④师古曰："言邪人有此私议。"

⑤师古曰："言求帝位也。"

⑥师古曰："杓，所以抒挹也，字与勺同，音上灼反。"

⑦张晏曰："右师，姓。谭，名也。"

⑧师古曰："谒者，后之名也。"

⑨师古曰："疑不实也。"

⑩师古曰："挠，搅也。挠音呼高反。"

躬既亲近，数进见言事，论议亡所避。众畏其口，见之仄目。①躬上疏历诋公卿大臣，②曰："方今丞相王嘉健而蓄缩，不可用。③御史大夫贾延堕弱不任职。左将军公孙禄、司隶鲍宣皆外有直项之名，内实验不晓政事。④诸曹以下仆邀不足数。⑤卒有强弩围城，长戟指阙，⑥陛下谁与备之？如使狂夫嚄諏于东崖，⑦匈奴饮马于渭水，边竟雷动，四野风起，⑧京师虽有武蜂精兵，未有能窥左足而先应者也。⑨军书交驰而辐凑，羽檄重迹而押至，⑩小夫愿臣之徒愦眊不知所为。⑪其有犬马之决者，仰药而伏刃，⑫虽加夷灭之诛，何益祸败之至哉！"

①师古曰："仄，古侧字也。"

②师古曰："诋谓毁訾也，音丁礼反。"

③师古曰："蓄缩，谓耎于事也。"

④师古曰："骇，愚也，音五骇反。"

⑤师古曰："仆邀，凡短之貌也。仆音步木反。邀，古速字。"

⑥师古曰："卒读曰猝。"

⑦师古曰："东崖谓东海之边也。嚄，古叫字。諏音火故反。"

⑧师古曰："竟读曰境。"

⑨苏林曰："窥音跬。"师古曰："跬，半步也，言一举足也，音口婢反。"

⑩文颖曰："押音狎习之狎。"师古曰："押至，言相因而至也。羽檄，檄之插羽者也，解在高纪。"

⑪师古曰："愦，心乱也。眊，目暗也。愦音工内反。眊音莫报反。"

⑫师古曰："仰药，仰首而饮药。"

躬又言："秦开郑国渠以富国强兵，今为京师，土地肥饶，可度地势水泉，广溉灌之利。"①天子使躬持节领护三辅都水。躬立表，欲穿长安城，引漕注太仓下以省转输。议不可成，乃止。

①师古曰："度音徒各反。"

董贤贵幸日盛，丁、傅害其宠，孔乡侯晏与躬谋，欲求居位辅政。会单于当来朝，遣使言病，愿朝明年。躬因是而上奏，以为："单于当以十一月入塞，后以病为解，①疑有他变。乌孙两昆弥弱，卑爰疐强盛，②居彊煌之地，③拥十万之众，东结单于，遣子往侍。如因素强之威，循乌孙就屠之迹，④举兵南伐，并乌孙之势也。乌孙并，则匈奴盛，而西域危矣。可令降胡诈为卑爰疐使者来上书曰：'所以遣子侍单于者，非亲信之也，实畏之耳。唯天子哀，⑤告单于归臣侍子。愿助戊己校尉保恶都奴之界。'因下其章诸将军，令匈奴客闻焉。则是所谓'上兵伐谋，⑥其次伐交'者也。"⑦

①师古曰："自解说云病。"

②苏林曰："疐音欹嚏之嚏。"晋灼曰："音诗'载疐其尾'之疐。"师古曰："以字言之，晋音是，音竹二反。而匈奴传服虔乃音献捷之捷，既已失之。末俗学者又改疐字为庱，以应服氏之音，尤离真矣。"

③臣瓒曰："是其国所都地名。"

④孟康曰："乌孙先王也。"

⑤师古曰："谓闵念之。"

⑥服虔曰："谋者,举兵伐解之也。"师古曰："此说非也。言知敌有谋者,则以事而应之,沮其所为,不用兵革,所以为贵耳。"

⑦师古曰："知敌有外交连结相援者,则间误之,令其解散也。"

　书奏,上引见躬,召公卿将军大议。左将军公孙禄以为:"中国常以威信怀伏夷狄,躬欲逆诈造不信之谋,不可许。且匈奴赖先帝之德,保塞称蕃。今单于以疾病不任奉朝贺,遣使自陈,不失臣子之礼。臣禄自保没身不见匈奴为边竟忧也。"①躬掎禄曰:②"臣为国家计幾先,谋将然,③豫图未形,④为万世虑。而左将军公孙禄欲以其犬马齿保目所见。臣与禄异议,未可同日语也。"上曰:"善。"乃罢群臣,独与躬议。

①师古曰："竟读曰境。"

②师古曰："掎,从后引之也,谓引蹑其言也,音居绮反。"

③张晏曰："幾音冀。"师古曰："先谋将然者,谓彼欲有其事,则为谋策以坏之。"

④师古曰："图,谋也,未有形兆而谋之。"

　因建言:"往年荧惑守心,太白高而芒光,又角星茀于河鼓,①其法为有兵乱。是后讹言行诏筹,经历郡国,天下骚动,恐必有非常之变。可遣大将军行边兵,敕武备,②斩一郡守以立威,震四夷,因以厌应变异。"③上然之,以问丞相。丞相嘉对曰:"臣闻动民以行不以言,应天以实不以文。下民微细,犹不可诈,况于上天神明而可欺哉!天之见异,所以敕戒人君,④欲令觉悟反正,推诚行善。民心说而天意得矣。⑤辩士见一端,或妄以意傅著星历，⑥虚造匈奴、乌孙、西羌之难，谋动干戈，设为权变，非应天之道也。守相有罪，⑦车驰诣阙，交臂就死，恐惧如此，而谈说者云，动安之危，⑧辩口快耳，⑨其实未可从。夫议政者，苦其謫谀倾险辩慧深刻也。⑩謫谀则主德毁，倾险则下怨恨，辩慧则破正道，深刻则伤恩惠。昔秦缪公不从百里奚、蹇叔之言，⑪以败其师，⑫悔过自责，疾诖误之臣，思黄发之言，⑬名垂于后世。唯陛下观览古戒，反覆参考，无以先入之语为主。"⑭

①师古曰："第读与字同。"

②师古曰："敕，整也。行音下更反。"

③师古曰："厌音一涉反。"

④师古曰："见谓显示也。"

⑤师古曰："说读曰悦。"

⑥师古曰："傅读曰附。著音治略反。"

⑦邓展曰："郡守、诸侯相。"

⑧师古曰："之，往也，言摇动安全之计，往就危殆也。"

⑨师古曰："苟快听者之耳。"

⑩师古曰："謫，古谄字。"

⑪师古曰："缪读曰穆。"

⑫师古曰："谓败于殽。"

⑬师古曰："语在秦誓。"

⑭师古曰："先入，谓躬先为此计入于帝耳。"

上不听，遂下诏曰："间者灾变不息，盗贼众多，兵革之征，或颇著见。①未闻将军恻然深以为意，简练戎士，缮修干戈。②器用鹽恶③孰当督之！④天下虽安，忘战必危。将军与中二千石举明习兵法有大虑者各一人，将军二人，诣公车。"⑤就拜孔乡侯傅晏为大司马卫将军，<u>阳安侯丁明</u>又为大司马票骑将军。

①师古曰："谓玄象。"

②师古曰："缮，补也。"

③邓展曰："毉，不坚牢也。"师古曰："音公户反。"

④师古曰："督，视察也。"

⑤师古曰："堪为将军者，凡举二人。"

是日，日有食之，<u>董贤</u>因此沮<u>躬</u>、<u>晏</u>之策。后数日，收<u>晏</u>卫将军印绶，而丞相御史奏<u>躬</u>罪过。上繇是恶<u>躬</u>等，①下诏曰："<u>南阳</u>太守<u>方阳侯宠</u>，素亡廉声，有酷恶之资，毒流百姓。左曹光禄大夫<u>宜陵侯躬</u>，虚造诈谖之策，②欲以诖误朝廷。皆交游贵戚，趋权门，为名。其免<u>躬</u>、<u>宠</u>官，遣就国。"

①师古曰："繇读与由同。"

②师古曰："谖，诈辞也，音虚远反。"

<u>躬</u>归国，未有第宅，寄居丘亭。①奸人以为侯家富，常夜守之。②<u>躬</u>邑人<u>河内</u>掾<u>贾惠</u>往过<u>躬</u>，教以祝盗方，以桑东南指枝为匕，③画<u>北斗</u>七星其上，<u>躬</u>夜自被发，立中庭，向<u>北斗</u>，④持匕招指祝盗。⑤人有上书言<u>躬</u>怀怨恨，非笑朝廷所进，（侯）〔候〕星宿，[10]视天子吉凶，与巫同祝诅。上遣侍御史、廷尉监逮<u>躬</u>，系<u>雒阳</u>诏狱。欲掠问，<u>躬</u>仰天大谭，⑥因僵仆。吏就问，云咽已绝，⑦血从鼻耳出。食顷，死。党友谋议相连下狱百馀人。⑧<u>躬</u>母<u>圣</u>，坐祠灶祝诅上，大逆不道。<u>圣</u>弃市，妻<u>充汉</u>与家属徙<u>合浦</u>。<u>躬</u>同族亲属素所厚者，皆免，废锢。⑨<u>哀帝</u>崩，有司奏："<u>方阳侯宠</u>及右师谭等，皆造作奸谋，罪及王者骨肉，虽蒙赦令，不宜处爵位，在中土。"皆免<u>宠</u>等，徙<u>合浦郡</u>。

①张晏曰："丘亭，野亭名。"师古曰："此说非也。丘，空也。"

②师古曰："谓欲盗之，伺其便。"

③师古曰："桑东南出之枝。"

④师古曰："被音皮义反。"

⑤师古曰："或招或指，所以求福排祸也。"

⑥师古曰："谆，古呼字，音火故反。"

⑦师古曰："咽，喉咙，音一千反。"

⑧师古曰："亲党及朋友。"

⑨师古曰："终身不得仕。"

初，躬待诏，数危言高论，自恐遭害，著绝命辞曰："玄云
泱郁，将安归兮！①鹰隼横厉，鸾俳佪兮！②矰若浮焱，动则机
兮！③蓁棘栈栈，曷可栖兮！④发忠忘身，自绕罔兮！冤颈折翼，
庸得往兮！⑤涕泣流兮萑兰，⑥心结愲兮伤肝。⑦虹蜺曜兮日微，⑧
孽杳冥兮未开。⑨痛入天兮鸣谆，冤际绝兮谁语！⑩仰天光兮自
列，招上帝兮我察。⑪秋风为我唫，浮云为我阴。⑫嗟若是兮欲何
留，⑬抚神龙兮揽其须。⑭游旷迥兮反亡期，⑮雄失据兮世我思。"⑯
后数年乃死，如其文。

1910

①师古曰："泱郁，盛貌。泱音焉朗反。"

②师古曰："厉，疾飞也。鸾，神鸟也，赤灵之精，赤色，五采，鸡
　形，鸣中五音。俳佪，谓不得其所也。"

③师古曰："矰，弋射矢也。焱，疾风也。言缯弋张设，其疾若风，动
　则机发。焱音必遥反。"

④师古曰："栈栈，众盛貌，音仕巾反。"

⑤应劭曰："虽冤颈折翼，庸得不往也。"张晏曰："陷于谗人之网，
　何用得去也。"师古曰："冤，屈也。张说是。"

⑥张晏曰："萑兰，草名也，蔓延于地，有所依凭则起。躬怨哀帝不用己为大臣以（置）〔致〕治也。"[11] 臣瓒曰："萑兰，泣涕阑干也。"师古曰："瓒说是。萑音完。"

⑦师古曰："结惛，乱也。"孟康曰："惛音骨。"

⑧张晏曰："虹蜺，邪阴之气，而有照曜，以蔽日月。云谗言流行，忠良浸微也。"

⑨如淳曰："虹蜺覆日光明谓之蓻。"师古曰："蓻，邪气也，音牛列反。"

⑩师古曰："躬自以被谗枉而与君绝也。"师古曰："鸣呼者，以乌自喻也。谁语，言无所告语也。谆音火故反。语音牛助反。"

⑪张晏曰："上帝，天也。招，呼也。"师古曰："列谓陈列其本心。"

⑫师古曰："唫，古吟字。"

⑬师古曰："言变故如是，何用久留而生。"

⑭师古曰："搢与擎同，谓执持之。"

⑮师古曰："言一死不可复生。"

⑯师古曰："雄谓君上也。据谓尊位也。言上失所据，乃思我耳。"

赞曰：仲尼"恶利口之覆邦家"，①蒯通一说而丧三儁，②其得不亨者，幸也。伍被安于危国，身为谋主，忠不终而诈讎，③诛夷不亦宜乎！书放四罪，④诗歌青蝇，⑤春秋以来，祸败多矣。昔子翚谋桓而鲁隐危，⑥栾书构郤而晋厉弑。⑦竖牛奔仲，叔孙卒；⑧郤伯毁季，昭公逐；⑨费忌纳女，楚建走；⑩宰嚭谗胥，夫差丧；⑪李园进妹，春申毙；⑫上官诉屈，怀王执；⑬赵高败斯，二世缢；⑭伊戾坎盟，宋痤死；⑮江充造蛊，太子杀，息夫作奸，东平诛：皆自小覆大，繇疏陷亲，可不惧哉！可不惧哉！⑯

①应劭曰："事具论语。"

②应劭曰："亨郦食其，败田横，骄韩信也。"

③李奇曰："诈为王画策，而雠见纳也。"师古曰："雠读曰（集）〔售〕。[12]谓被初忠于汉，而不能终，为王画诈伪之策，而见纳用也。"

④师古曰："谓流共工，放驩兜，窜三苗，殛鲧也。事见虞书。"

⑤师古曰："小雅青蝇之诗也。其首章曰：'营营青蝇，止于樊，恺悌君子，无信谗言。'盖蝇之为虫，毁污白黑，以喻佞人变乱善恶。"

⑥应劭曰："公子翚谓隐公曰：'吾将为君杀桓公，以我为太宰。'公曰：'为其少故，今将授之矣。'翚惧，反谮隐公而杀之。"

⑦应劭曰："栾书使楚公子茂语厉公曰：'鄢陵之战，郤至以为必败，欲奉孙周以代君也。'公信之而灭三郤。栾书因是反，弑厉公。"

⑧张晏曰："牛，叔孙穆子之孽子也。仲，正妻子也。牛谮仲，叔孙怒而逐之，奔齐。叔孙病，牛饿杀之。"

⑨张晏曰："邱昭伯毁季平子于昭公，昭公伐平子不胜，因出奔齐。"

⑩应劭曰："楚平王为太子建娶于秦。无忌曰秦女美甚，劝王自纳之，因而构焉，云其怨望，今将畔，令王杀之。"

⑪应劭曰："吴将伐齐，子胥谏之。宰嚭曰：'伍员自以先王谋臣，心常鞅鞅，临事沮大众，冀国之败。'夫差大怒，赐之属镂之剑。其明年越灭吴。"

⑫张晏曰："李园，春申君之舍人也，进其妹于春申君。已有身，使妹谓春申君曰：'楚王无子，百年之后，将立兄弟。君用事日久，多失礼于王之兄弟。兄弟诚立，祸将及身。今妾有子，人莫知。若进妾于王，后若生男，则君之子为王也。'春申君乃言之王，召入之，遂生男，立为太子。后（孝）〔考〕烈王薨，[13]李园害春申君之宠，乃刺杀之。"

⑬张晏曰："屈平忠而有谋，为上官子兰所谮，见放逐。后秦昭诱怀王

汉书卷四十五

会于武关，遂执以归，卒死于秦。"

⑭张晏曰："赵高谮杀李斯而代其位，乃使其婿阎乐攻二世于望夷宫，乞为黔首，不听，乃缢而死。"

⑮李奇曰："伊戾为太子傅，无宠，欲败太子，言与楚客盟谋宋，诈歃血加盟书以证之，公以故杀痤。"师古曰："痤音在戈反。"

⑯师古曰："覆音芳福反。繇与由同。"

【校勘记】

〔1〕 以复其怨而成其（功）名。 景祐、殿本都无"功"字，史记张耳陈馀传同。

〔2〕 先下君而君不利〔之〕， 景祐本有"之"字。

〔3〕 （对）〔被〕曰： 景祐、殿本都作"被"。

〔4〕 略衡山以至（卢）〔庐〕江， 景祐、殿本都作"庐"。王先谦说此误。

〔5〕 和音胡（计）〔卧〕反。 景祐、殿本都作"卧"，此误。

〔6〕 被诣吏自告与淮南王谋反（纵）〔踪〕迹如此。 景祐、殿本都作"踪"，此误。

〔7〕 选取勇敢之士（已）〔以〕自随。 景祐、殿本都作"以"。

〔8〕 （绩）〔续〕衽钩边。 殿本作"续"。王先谦说作"续"是。按景祐本作"绩"。

〔9〕 摇音（戈）〔弋〕招反。 景祐、殿本都作"弋"，此误。

〔10〕 （侯）〔候〕星宿， 景祐、殿、局本都作"候"，此误。

〔11〕 以（置）〔致〕治也。 殿本作"致"。王先谦说作"致"是。

〔12〕 雠读曰（集）〔售〕。 景祐、殿、局本都作"售"，此误。

〔13〕 后（孝）〔考〕烈王薨， 王先谦说"孝"当作"考"。

汉书卷四十六

万石卫直周张传第十六

万石君石奋，其父赵人也。赵亡，徙温。①高祖东击项籍，过河内，时奋年十五，为小吏，侍高祖。高祖与语，爱其恭敬，问曰："若何有？"②对曰："有母，不幸失明。家贫。有姊，能鼓瑟。"高祖曰："若能从我乎？"曰："愿尽力。"于是高祖召其姊为美人，以奋为中涓，受书谒。③徙其家长安中戚里，④以姊为美人故也。

①师古曰："温，河内之县。"

②师古曰："若，汝也。有何戚属？"

③师古曰："中涓，官名，主居中而涓洁者也。外有书谒，令奋受之也。涓音蠲。"

④师古曰："于上有姻戚者，则皆居之，故名其里为戚里。"

奋积功劳，孝文时官至太中大夫。无文学，恭谨，举无与比。①东阳侯张相如为太子太傅，免。选可为傅者，皆推奋为太子太傅。及孝景即位，以奋为九卿。迫近，惮之，②徙奋为诸侯相。奋长子建，次甲，次乙，次庆，③皆以驯行孝谨，④官至二千石。于是景帝曰："石君及四子皆二千石，人臣尊宠乃举集其门。"凡号奋为万石君。⑤

①张晏曰："举朝无比也。"师古曰："举，皆也。"

②张晏曰："以其恭敬履度，故难之。"

③师古曰："史失其名，故云甲乙耳，非其名。"

④师古曰："驯，顺也，音巡。"

⑤师古曰："集，合也。凡，最计也。总合其一门之计，五人为二千石，故号万石君。"

孝景季年，万石君以上大夫禄归老于家，以岁时为朝臣。①过宫门阙必下车趋，见路马必轼焉。②子孙（谓）〔为〕小吏，[1]来归谒，万石君必朝服见之，不名。子孙有过失，不谯让，为便坐，③对案不食。然后诸子相责，因长老肉袒固谢罪，改之，乃许。子孙胜冠者在侧，虽燕必冠，申申如也。④僮仆訢訢如也，⑤唯谨。⑥上时赐食于家，必稽首俯伏而食，如在上前。其执丧，哀戚甚。⑦子孙遵教，亦如之。万石君家以孝谨闻乎郡国，虽齐鲁诸儒质行，皆自以为不及也。"⑧

①师古曰："豫朝请。"

②师古曰："路马，天子路车之马。轼谓抚轼，盖为敬也。"

③师古曰："便坐于便侧之处，非正室也。"

④师古曰："申申，整敕之貌。"

⑤晋灼曰："许慎云古欣字也。"师古曰："晋说非也。此訢读与訚訚同，谨敬之貌也，音牛巾反。"

⑥师古曰："唯以谨敬为先。"

⑦师古曰："执丧，犹言持丧服也。<u>礼记</u>曰：'执亲之丧'。"

⑧师古曰："质，重也。"

<u>建元</u>二年，郎中令<u>王臧</u>以文学获罪皇太后。①太后以为儒者文多质少，今<u>万石君</u>家不言而躬行，乃以长子<u>建</u>为郎中令，少子<u>庆</u>为内史。

①<u>张晏</u>曰："<u>窦太后</u>。"

<u>建</u>老白首，<u>万石君</u>尚无恙。①每五日洗沐归谒亲，②入子舍，③窃问侍者，取亲中裙厕牏，身自澣洒，④复与侍者，不敢令<u>万石君</u>知之，以为常。<u>建</u>奏事于上前，即有可言，屏人乃言极切；⑤至廷见，如不能言者。⑥上以是亲而礼之。

①师古曰："恙，忧病。"

②<u>文颖</u>曰："郎官五日一下。"

③师古曰："入诸子之舍，自其所居也，若今言诸房矣。"

④<u>服虔</u>曰："亲身之衣也。"<u>苏林</u>曰："牏音投。<u>贾逵</u>解周官云'牏，行清也'。"<u>孟康</u>曰："厕，行清；牏，中受粪函者也。东南人谓凿木空中如曹谓之牏。"<u>晋灼</u>曰："今世谓反门小袖衫为侯牏。"师古曰："亲谓父也。中裙，若今言中衣也。厕牏者，近身之小衫，若今汗衫也。<u>苏</u>音<u>晋</u>说是矣。洒音先礼反。"

⑤师古曰："有可言，谓有事当奏谏。"

⑥师古曰："廷见，谓当朝而见时。"

<u>万石君</u>徙居<u>陵里</u>。①内史<u>庆</u>醉归，入外门不下车。<u>万石君</u>闻之，不食。<u>庆</u>恐，肉袒谢请罪，不许。举宗及兄<u>建</u>肉袒，<u>万石君</u>让曰：②"内史贵人，入闾里，里中长老皆走匿，而内史坐车中

自如，固当！"③乃谢罢庆。④庆及诸子入里门，趋至家。

①师古曰："茂陵邑中之里。"

②师古曰："让，责也。"

③师古曰："此深责之也，言内史贵人，正固当尔。"

④师古曰："告令去。"

万石君元朔五年卒，建哭泣哀思，杖乃能行。岁馀，建亦死。诸子孙咸孝，然建最甚，甚于万石君。

建为郎中令，奏事下，①建读之，惊恐曰："书'马'者与尾而五，②今乃四，不足一，获谴死矣！"其为谨慎，虽他皆如是。

①师古曰："建有所奏上而被报下也。下音胡亚反。"

②服虔曰："作马字下曲者而五，建时上书误作四。"师古曰："马字下曲者为尾，并四点为四足，凡五。"

庆为太仆，御出，①上问车中几马，庆以策数马毕，举手曰："六马。"庆于兄弟最为简易矣，然犹如此。出为齐相，齐国慕其家行，不治而齐国大治，②为立石相祠。

①师古曰："为上御车而出。"

②师古曰："不治，言无所治罚。"

元狩元年，上立太子，选群臣可傅者，庆自沛守为太子太傅，七岁迁御史大夫。元鼎五年，丞相赵周坐酎金免，制诏御史："万石君先帝尊之，子孙至孝，其以御史大夫庆为丞相，封牧丘侯。"是时汉方南诛两越，东击朝鲜，北逐匈奴，西伐大宛，中国多事。天子巡狩海内，修古神祠，封禅，兴礼乐。公家用少，桑弘羊等致利，王温舒之属峻法，兒宽等推文学，九卿更进用事，①事不关决于庆，庆醇谨而已。②在位九岁，无能有所匡言。尝欲请治上近臣所忠、九卿咸宣，③不能服，反受其过，赎罪。

①师古曰："更，互也，音工衡反。"
②师古曰："醇，专厚也，音纯。"
③服虔曰："咸音减损之减。"师古曰："治所忠及咸宣（三）〔二〕人。"〔2〕

元封四年，关东流民二百万口，无名数者四十万，①公卿议欲请徙流民于边以適之。②上以为庆老谨，不能与其议，③乃赐丞相告归，而案御史大夫以下议为请者。庆惭不任职，上书曰："臣幸得待罪丞相，疲驽无以辅治。城郭仓廪空虚，民多流亡，罪当伏斧质，上不忍致法。愿归丞相侯印，乞骸骨归，避贤者路。"

①师古曰："名数，若今户籍。"
②师古曰："適读曰谪。"
③师古曰："与读曰豫。"

上报曰："间者，河水滔陆，①泛滥十馀郡，堤防勤劳，弗能堙塞，②朕甚忧之。是故巡方州，③礼嵩岳，通八神，以合宣房。④济淮江，历山滨海，⑤问百年民所疾苦。惟吏多私，征求无已，⑥去者便，居者扰，故为流民法，以禁重赋。⑦乃者封泰山，皇天嘉况，神物并见。⑧朕方答气应，未能承意，⑨是以切比间里，知吏奸邪。⑩委任有司，然则官旷民愁，盗贼公行。⑪往年觐明堂，赦殊死，无禁锢，咸自新，与更始。今流民愈多，计文不改，⑫君不绳责长吏，而请以兴徙四十万口，摇荡百姓，⑬孤儿幼年未满十岁，无罪而坐率，⑭朕失望焉。今君上书言仓库城郭不充实，民多贫，盗贼众，请入粟为庶人。⑮夫怀知民贫而请益赋，⑯动危之而辞位，⑰欲安归难乎？⑱君其反室！"⑲

①晋灼曰："滔，漫也。"师古曰："高平曰陆。漫音莫干反。"

②师古曰："堙，填也，音因。"

③张晏曰："四方之州也。"师古曰："东方诸州。"

④孟康曰："八神，郊祀志八神也，于宣房宫合祀之。"师古曰："此说非也。自言致礼中岳，通敬八神耳。合宣房者，于宣房塞决河也，事见沟洫志。"

⑤师古曰："滨海者，循海涯而行也。滨音宾，又音频。"

⑥师古曰："惟，思也。已，止也。"

⑦师古曰："言百姓去其本土者则免于吏征求，在旧居者则见烦扰，故朝廷特为流人设法，又禁吏之重赋也。一曰，去者，谓吏出使而侵扰居人以自便也。"

⑧师古曰："况，赐也。见，显示也。"

⑨师古曰："言自修整，以报瑞应，恐未承顺上天之意。"

⑩师古曰："比，校考也，音频寐反。"

⑪师古曰："旷，空也。人不举职，是空其官。"

⑫苏林曰："校户口文书不改减也。"如淳曰："郡上计文书，自文饰，不改正也。"师古曰："如说是。"

⑬师古曰："荡，动也。"

⑭服虔曰："率，坐刑法也。"如淳曰："率，家长也。"师古曰："幼年无罪，坐为父兄所率而并徙，如说近之。"

⑮服虔曰："庆自以居相位不能理，请入粟赎己罪，退为庶人。"

⑯师古曰："怀此（志）〔心〕。"[3]

⑰师古曰："摇动百姓，使其危急，而自欲去位。"

⑱师古曰："以此危难之事，欲归之于何人。"

⑲师古曰："若此自谓理当然者，可还家。"

庆素质，见诏报反室，自以为得许，欲上印绶。掾史以为见责甚深，而终以反室者，丑恶之辞也。或劝庆宜引决。①庆甚惧，不知所出，遂复起视事。

①师古曰："令自杀。"

庆为丞相，文深审谨，无他大略。后三岁馀薨，谥曰恬侯。中子德，庆爱之。上以德嗣，后为太常，坐法免，国除。庆方为丞相时，诸子孙为小吏至二千石者十三人。及庆死后，稍以罪去，孝谨衰矣。

卫绾，代大陵人也，以戏车为郎，事文帝，①功次迁中郎将，醇谨无它。②孝景为太子时，召上左右饮，而绾称病不行。③文帝且崩时，属孝景曰："绾长者，善遇之。"及景帝立，岁馀，不孰何绾，④绾日以谨力。⑤

①服虔曰："力士能扶戏车也。"应劭曰："能左右超乘。"师古曰："二说皆非也。戏车，若今之弄车之技。"

②师古曰："无它馀志念也。"

③张晏曰："恐文帝谓豫有二心事太子。"

④服虔曰："不问也。"李奇曰："孰，谁也。何，呵也。"师古曰："何即问也。不谁何者，犹言不借问耳。"

⑤师古曰："自勉力为谨慎，日日益甚。"

景帝幸上林，诏中郎将参乘，还而问曰："君知所以得（骖）〔参〕乘乎？"①[4]绾曰："臣代戏车士，幸得功次迁，待罪中郎将，不知也。"上问曰："吾为太子时召君，君不肯来，何也?"②
对曰："死罪，病。"上赐之剑，绾曰："先帝赐臣剑凡六，不敢
奉诏。"上曰："剑，人之所施易，独至今乎?"③绾曰："具在。"
上使取六剑，剑常盛，未尝服也。④

①师古曰："言何以得参乘?"

②师古曰："言以此特识之。"

③如淳曰："施读曰移。言剑者人所好，故多数移易贸换之也。"师古
　　曰："施读曰貤。貤，延也，音弋豉反。"

④师古曰："盛谓在削室之中也。盛音成。削音先召反。"

郎官有谴，常蒙其罪，①不与它将争；有功，常让它将。上
以为廉，忠实无它肠，②乃拜绾为河间王太傅。吴楚反，诏绾为
将，将河间兵击吴楚有功，拜为中尉。三岁，以军功封绾为建
陵侯。

①师古曰："蒙谓覆蔽之。"

②师古曰："心肠之内无他恶。"

明年，上废太子，诛栗卿之属。①上以绾为长者，不忍，乃
赐绾告归，而使郅都治捕栗氏。既已，上立胶东王为太子，召绾
拜为太子太傅，迁为御史大夫。五岁，代桃侯舍为丞相，②朝奏
事如职所奏。③然自初宦以至相，终无可言。④上以为敦厚可相少
主，尊宠之，赏赐甚多。

①师古曰："太子废为临江王，故诛其外家亲属。"

②师古曰："刘舍。"

③师古曰："言守职分而已。"

④师古曰："不能有所兴建及废罢。"

为丞相三岁，景帝崩，武帝立。建元中，丞相以景帝病时诸官囚多坐不辜者，而君不任职，①免之。后薨，谥曰哀侯。子信嗣，坐酎金，国除。

①师古曰："天子不亲政，则丞相当理之，而绾不申其冤。"

直不疑，南阳人也。为郎，事文帝。其同舍有告归，误持其同舍郎金去。已而同舍郎觉，亡意不疑，①不疑谢有之，②买金偿。后告归者至而归金，亡金郎大惭，以此称为长者。稍迁至中大夫。朝，廷见，人或毁不疑③曰："不疑状貌甚美，然特毋奈其善盗嫂何也！"④不疑闻，曰："我乃无兄。"然终不自明也。

①师古曰："（谥）〔疑〕其盗取。"〔五〕
②师古曰："告云实取。"
③师古曰："当于阙廷大朝见之时，而人毁之。"
④师古曰："盗谓私之。"

吴楚反时，不疑以二千石将击之。景帝后元年，拜为御史大夫。天子修吴楚时功，封不疑为塞侯。①武帝即位，与丞相绾俱以过免。

①师古曰："塞音先代反。"

不疑学老子言。其所临，为官如故，唯恐人之知其为吏迹也。不好立名，称为长者。薨，谥曰信侯。传子至孙彭祖，坐酎金，国除。

周仁，其先任城人也。以医见。①景帝为太子时，为舍人，积功迁至太中大夫。景帝初立，拜仁为郎中令。

①师古曰："见于天子。"

仁为人阴重不泄。①常衣弊补衣溺袴，期为不洁清，②以是得幸，入卧内。于后宫秘戏，仁常在旁，终无所言。③上时问人，④仁曰："上自察之。"然亦无所毁，如此。⑤景帝再自幸其家。家徙阳陵。上所赐甚多，然终常让，不敢受也。诸侯群臣赂遗，终无所受。武帝立，为先帝臣重之。⑥仁乃病免，以二千石禄归老，子孙咸至大官。

①服虔曰："质重不泄人之阴谋也。"张晏曰："阴重不泄，下湿，故溺袴，是以得比宦者，得入后宫也。仁有子孙，先未得此疾时所生也。"师古曰："张、服二说皆非也。阴，密也。为性密重不泄人言也。霍去病少言不泄，亦其类也。"

②师古曰："故为不洁清之事而弊败其衣服也。溺读曰尿。尿袴者，为小袴，以藉其尿。"

③师古曰："是不泄也。"

④师古曰："问以他人之善恶。"

⑤师古曰："虽知其恶，不欲言毁之，故云上自察之。"

⑥师古曰："重谓敬难之。"

张欧字叔，①高祖功臣安丘侯说少子也。②欧孝文时以治刑名侍太子，③然其人长者。景帝时尊重，常为九卿。至武帝元朔中，代韩安国为御史大夫。欧为吏，未尝言按人，刓以诚长者处官。④官属以为长者，亦不敢大欺。上具狱事，有可却，却之；⑤不可者，不得已，为涕泣，面而封之。⑥其爱人如此。

①孟康曰："欧音驱。"

②师古曰："说读曰悦。"

③师古曰："刘向别录云申子学号曰刑名。刑名者，循名以责实，其尊君卑臣，崇上抑下，合于六经。说者云，刑，刑家，名，名家也，即太史公所论六家之（一）〔二〕也。[6]此说非。"

④师古曰："邠与专同，又音之宛反。"

⑤师古曰："退令更平番之。"

⑥如淳曰："不正视，若不见者也。"晋灼曰："面对囚读而封之，使其闻见，死而无恨也。"师古曰："二说皆非也。面谓俏之也，言不忍视之，与吕马童面之同义。"

老笃，请免，天子亦宠以上大夫禄，归老于家。家阳陵。子孙咸至大官。

赞曰：仲尼有言"君子欲讷于言而敏于行"，①其万石君、建陵侯、塞侯、张叔之谓与？②是以其教不肃而成，不严而治。至石建之瀚衣，周仁为垢污，君子讥之。

①师古曰："论语载孔子之言也。讷，迟也。敏，疾也。"

②师古曰："与读曰欤。"

【校勘记】

〔1〕 子孙（谓）〔为〕小吏，　景祐、殿、局本都作"为"。

〔2〕 治所忠及咸宣（三）〔二〕人。　景祐、殿本都作"二"，此误。

〔3〕 怀此（志）〔心〕。　景祐、殿本都作"心"。

〔4〕 君知所以得（骖）〔参〕乘乎？　殿本作"参"。王先谦说作"参"是。

〔5〕 （溢）〔疑〕其盗取。　景祐、殿本都作"疑"，此误。

〔6〕　即太史公所论六家之 (一)〔二〕也。　景祐、殿本都作"二"。
　　　王先谦说作"二"是。

汉书卷四十七

文三王传第十七

孝文皇帝四男：窦皇后生孝景帝、梁孝王武，诸姬生代孝王参、梁怀王揖。①

①师古曰："不得其姓氏，故曰诸姬，言在诸姬之列者也。解在高五王传。"

梁孝王武以孝文二年与太原王参、梁王揖同日立。武为代王，四年徙为淮阳王，十二年徙梁，自初王通历已十一年矣。①

①师古曰："总数其为王之年。"

1927

孝王十四年，入朝。十七年，十八年，比年入朝，留。①其明年，乃之国。二十一年，入朝。二十二年，文帝崩。二十四年，入朝。二十五年，复入朝。是时，上未置太子，与孝王宴饮，从容言曰：②"千秋万岁后传于王。"王辞谢。虽知非至言，然心内喜。太后亦然。

①师古曰："比，频也。留谓留在京师。"

②师古曰："从音千容反。"

其春，吴、楚、齐、赵七国反，先击梁棘壁，^①杀数万人。梁王城守睢阳，^②而使韩安国、张羽等为将军以距吴、楚。吴、楚以梁为限，不敢过而西，与太尉亚夫等相距三月。吴、楚破，而梁所杀虏略与汉中分。^③

①文颖曰："地名。"

②师古曰："据睢阳城而自守。"

③孟康曰："梁所虏吴、楚之捷略与汉同。"

明年，汉立太子。梁最亲，有功，又为大国，居天下膏腴地，北界泰山，西至高阳，^①四十馀城，多大县。孝王，太后少子，爱之，赏赐不可胜道。^②于是孝王筑东苑，方三百馀里，广睢阳城七十里，^③大治宫室，为复道，自宫连属于平台三十馀里。^④得赐天子旌旗，从千乘万骑，出称警，入言趯，^⑤儗于天子。^⑥招延四方豪桀，自山东游士莫不至：齐人羊胜、公孙诡、邹阳之属。^⑦公孙诡多奇邪计，初见日，王赐千金，官至中尉，号曰公孙将军。多作兵弩弓数十万，而府库金钱且百巨万，^⑧珠玉宝器多于京师。

①苏林曰："陈留北县。"

②师古曰："道谓言。"

③师古曰："更广大之也。晋太康地记云城方十三里，梁孝王筑之。鼓倡节杵而后下和之者称睢阳曲，今踵以为故。今之乐家睢阳曲是其遗音。"

④如淳曰："平台在大梁东北，离宫所在也。"晋灼曰："或说在城中东
　北角。"师古曰："今其城东二十里所有故台基，其处宽博，土俗云
　平台也。复音方目反。"

⑤师古曰："警者，戒肃也。蹕，止行人也。言出入者，互文耳。出亦
　有蹕。汉仪注皇帝辇动，左右侍帷幄者称警，出殿则传跸，止人清
　道也。"

⑥师古曰："儗，比也，音拟。"

⑦师古曰："言皆游梁。"

⑧师古曰："巨万，百万也。有百万者，言凡百也。"

　二十九年十月，孝王入朝。景帝使使持乘舆驷，迎梁王于关
下。①既朝，上疏，因留。以太后故，入则侍帝同辇，出则同车
游猎上林中。梁之侍中、郎、谒者著引籍出入天子殿门，②与汉
宦官亡异。

　①邓展曰："但持驷马往也。"臣瓒曰："称乘舆驷，则车马皆往。言
　　四，不驾六马耳。天子副车驾四马。"师古曰："舆即车也。瓒
　　说是。"

　②师古曰："著音竹略反。"

　十一月，上废栗太子，太后心欲以梁王为嗣。大臣及爰盎等
有所关说于帝，太后议格，①孝王不敢复言太后以嗣事。②事秘，
世莫知，乃辞归国。

　①服虔曰："格音格斗。"张晏曰："止也。"苏林曰："音阁。"师古曰：
　　"苏音、张说是。"

　②师古曰："不敢更以此事言于太后。"

　其夏，上立胶东王为太子。梁王怨爰盎及议臣，乃与羊胜、
公孙诡之属谋，阴使人刺杀爰盎及他议臣十馀人。贼未得也。于

是天子意梁，①逐贼，果梁使之。遣使冠盖相望于道，覆案梁事。捕公孙诡、羊胜，皆匿王后宫。使者责二千石急，梁相轩丘豹②及内史安国③皆泣谏王，王乃令胜、诡皆自杀，出之。上由此怨望于梁王。④梁王恐，乃使韩安国因长公主谢罪太后，然后得释。

①师古曰："意，疑也。"
②师古曰："姓轩丘，名豹。"
③师古曰："即韩安国。"
④师古曰："望谓责而怨之。"

上怒稍解，因上书请朝。既至关，茅兰说王，①使乘布车，②从两骑入，匿于长公主园。汉使迎王，王已入关，车骑尽居外，外不知王处。太后泣曰："帝杀吾子！"（弟）〔帝〕忧恐。[1]于是梁王伏斧质，之阙下谢罪。然后太后、帝皆大喜，相与泣，复如故。悉召王从官入关。然帝益疏王，不与同车辇矣。

①服虔曰："茅兰，孝王大夫也。"
①张晏曰："布车降服，自比丧人也。"

三十五年冬，复入朝。上疏欲留，上弗许。归国，意忽忽不乐。北猎梁山，有献牛，足上出背上，孝王恶之。六月中，病热，六日薨。①

①张晏曰："足当处下，所以辅身也。今出背上，象孝王背朝而干上也。北者，阴也，又在梁山，明为梁也。牛者，丑之畜，冲在六月。北方数六，故六月六日王薨也。"

孝王慈孝，每闻太后病，口不能食，常欲留长安侍太后。太后亦爱之。及闻孝王死，窦太后泣极哀，不食，曰："帝果杀吾子！"帝哀惧，不知所为。与长公主计之，乃分梁为五国，尽立孝王男五人为王，女五人皆令食汤沐邑。奏之太后，太后乃说，为帝壹餐。①

①师古曰："说读曰悦。餐，古飧字。"

孝王未死时，财以巨万计，不可胜数。及死，藏府馀黄金尚四十馀万斤，他财物称是。

代孝王参初立为太原王。四年，代王武徙为淮阳王，而参徙为代王，复并得太原，都晋阳如故。①五年一朝，凡三朝。十七年薨，子共王登嗣。②二十九年薨，子义嗣。元鼎中，汉广关，以常山为阻，③徙代王于清河，是为刚王。并前在代凡立四十年薨，子顷王汤嗣。二十四年薨，子年嗣。

①师古曰："如文帝在代时。"

②师古曰："共读曰恭。"

③师古曰："依山以为关。"

地节中，冀州刺史林奏年为太子时与女弟则私通。及年立为王后，则怀年子，其婿使勿举。①则曰："自来杀之。"婿怒曰："为王生子，自令王家养之。"则送儿顷太后所。②相闻知，禁止则，令不得入宫。③年使从季父往来送迎则，④连年不绝。有司奏年淫乱，年坐废为庶人，徙房陵，与汤沐邑百户。立三年，国除。

①师古曰："不养也。"

②师古曰："顷王之后，年之太后，故曰顷太后。"

③师古曰："相者，王之相。"

④师古曰："宗室诸从也。"

元始二年，新都侯王莽兴灭继绝，白太皇太后，立年弟子如意为广宗王，奉代孝王后。莽篡位，国绝。

梁怀王揖，文帝少子也。好诗书，帝爱之，异于他子。五年一朝，凡再入朝。因堕马死，立十年薨。无子，国除。明年，梁孝王武徙王梁。

梁孝王子五人为王。太子买为梁共王，[1]次子明为济川王，彭离为济东王，定为山阳王，不识为济阴王，皆以孝景中六年同日立。

[1]师古曰："共读曰恭。"

梁共王买立十年薨，子平王襄嗣。

济川王明以垣邑侯立。七年，坐射杀其中尉，有司请诛，武帝弗忍，废为庶人，徙房陵，国除。

济东王彭离立二十九年。彭离骄悍，[1]昏莫私与其奴亡命少年数十人行剽，[2]杀人取财物以为好。[3]所杀发觉者百馀人，国皆知之，莫敢夜行。所杀者子上书告言，有司请诛，武帝弗忍，废为庶人，徙上庸，国除，为大河郡。

[1]师古曰："悍，勇也。"

[2]师古曰："剽，劫也，音频妙反。"

[3]如淳曰："以是为好喜之事也。"师古曰："好音呼到反。"

山阳哀王定立九年薨。亡子，国除。

济阴哀王不识立一年薨。亡子，国除。

孝王支子四王，皆绝于身。[1]

[1]师古曰："支子，谓非正嫡也。"

梁平王襄，母曰陈太后。共王母曰李太后。李太后，亲平王
之大母也。①而平王之后曰任后，任后甚有宠于襄。

①师古曰："大母，祖母也。共王即李太后所生，故云亲祖母也。"

初，孝王有𦉢尊，①直千金，戒后世善宝之，毋得以与人。②
任后闻而欲得之。李太后曰："先王有命，毋得以尊与人。他物
虽百巨万，犹自恣。"任后绝欲得之。王襄直使人开府取尊赐任
后，又王及母陈太后事李太后多不顺。有汉使者来，李太后欲自
言，王使谒者中郎胡等遮止，闭门。李太后与争门，措指，③太
后啼謼，④不得见汉使者。李太后亦私与食官长及郎尹霸等奸乱，
王与任后以此使人风止李太后。⑤李太后亦已，⑥后病薨。病时，
任后未尝请疾；⑦薨，又不侍丧。

①应劭曰："诗云'酌彼金𦉢'。𦉢，画云雷之象，以金饰之也。"郑
　氏曰："上盖刻为山云雷之象。"师古曰："郑说是也。𦉢，古雷字。"
②师古曰："宝谓爱守也。"
③晋灼曰："许慎云'措，置'。字借以为笮耳。"师古曰："音壮客
　反，谓为门扉所笮。"
④师古曰："呼音火故反。"
⑤师古曰："风读曰讽。止者，止其自言也。"
⑥师古曰："已，止也。"
⑦张晏曰："请，问也。"

元朔中，睢阳人犴反，①人辱其父，而与睢阳太守客俱出同
车。犴反杀其仇车上，亡去。睢阳太守怒，以让梁二千石。二千
石以下求反急，执反亲戚。反知国阴事，乃上变告梁王与大母争
尊状。时相以下具知之，欲以伤梁长吏，书闻。天子下吏验问，

有之。公卿治，奏以为不孝，请诛王及太后。②天子曰："首恶失道，任后也。朕置相吏不逮，③无以辅王，故陷不谊，不忍致法。"削梁王五县，夺王太后汤沐成阳邑，枭任后首于市，中郎胡等皆伏诛。梁馀尚有八城。

①师古曰："犴姓，反名也。犴音岸。"

②师古曰："陈太后。"

③师古曰："逮，及也，言其材知不及。"

襄立四十年薨，子顷王无伤嗣。十一年薨，子敬王定国嗣。四十年薨，子夷王遂嗣。六年薨，子荒王嘉嗣。十五年薨，子立嗣。

鸿嘉中，太傅辅奏："立一日至十一犯法，臣下愁苦，莫敢亲近，不可谏止。愿令王，非耕、祠，法驾毋得出宫，尽出马置外苑，收兵杖藏私府，毋得以金钱财物假赐人。"事下丞相、御史，请许。①奏可。后数复殴伤郎，②夜私出宫。傅相连奏，坐削或千户或五百户，如是者数焉。

①师古曰："许太傅所奏。"

②师古曰："殴，捶击，音一口反。"

荒王女弟园子为立舅任宝妻，宝兄子昭为立后。数过宝饮食，报宝曰："我好翁主，①欲得之。"宝曰："翁主，姑也，法重。"立曰："何能为！"②遂与园子奸。

①师古曰："诸王女皆称翁主，言其父自主婚也。"

②师古曰："言罪不能至重也。"

积数岁，永始中，相禹奏立对外家怨望，有恶言。有司案验，因发淫乱事，奏立禽兽行，请诛。太中大夫谷永上疏曰：
"臣闻'礼，天子外屏，不欲见外'也。①是故帝王之意，不窥
人闺门之私，听闻中冓之言。②春秋为亲者讳。诗云'戚戚兄弟，
莫远具尔'。③今梁王年少，颇有狂病，始以恶言按验，既亡事
实，而发闺门之私，非本章所指。王辞又不服，猥强劾立，傅致
难明之事，④独以偏辞成罪断狱，亡益于治道。污蔑宗室，⑤以内
乱之恶披布宣扬于天下，非所以为公族隐讳，增朝廷之荣华，昭
圣德之风化也。臣愚以为王少，而父同产长，年齿不伦；梁国之
富，足以厚聘美女，招致妖丽；父同产亦有耻辱之心。⑥案事者
乃验问恶言，⑦何故猥自发舒？⑧以三者揆之，殆非人情，疑有所
迫切，过误失言，文吏蹑寻，不得转移。萌牙之时，加恩勿治，
上也。⑨既已案验举宪，宜及王辞不服，诏廷尉选上德通理之吏，
更审考清问，著不然之效，定失误之法，⑩而反命于下吏，⑪以广
公族附疏之德，为宗室刷污乱之耻，⑫甚得治亲之谊。"天子由是
寝而不治。

①师古曰："屏谓当门之墙，以屏蔽者也。外屏，于门外为之。"

②应劭曰："中冓，材构在堂之中也。"晋灼曰："鲁诗以为夜也。"师
　古曰："冓谓舍之交积材木也。应说近之。冓音工豆反。"

③师古曰："小雅行苇之诗也。戚戚，内相亲也。尔，近也。言王之族
　亲，情无疏远，皆昵近也。"

1935

④师古曰："傅读曰附。"

⑤孟康曰："蔑音漫。"师古曰："蔑音秫，谓涂染也。"

⑥师古曰："言其姑亦当自耻，必不与奸。"

⑦师古曰："本所问者，怨望朝廷之言耳。"

⑧师古曰："猥，曲也。"

⑨如淳曰："覆盖之，则计之上。"

⑩师古曰："著，明也。"

⑪师古曰："使者还反，以清白之状付有司也。"

⑫师古曰："刷谓拭刷除之也，音所劣反。"

居数岁，元延中，立复以公事怨相掾及睢阳丞，使奴杀之，杀奴以灭口。凡杀三人，伤五人，手殴郎吏二十馀人。上书不拜奏。谋篡死罪囚。①有司请诛，上不忍，削立五县。

①师古曰："逆取曰篡。"

哀帝建平中，立复杀人。天子遣廷尉赏、大鸿胪由持节即讯。①至，移书傅、相、中尉曰："王背策戒，②誇暴妄行，③连犯大辟，毒流吏民。比比蒙恩，不伏重诛，④不思改过，复贼杀人。幸得蒙恩，丞相长史、大鸿胪丞即问。王阳病抵谰，置辞骄嫚，⑤〔2〕不首主令，与背畔亡异。⑥丞相、御史请收王玺绶，送陈留狱。明诏加恩，复遣廷尉、大鸿胪杂问。今王当受诏置辞，恐复不首实对。书曰：'至于再三，有不用，我降尔命。'⑦傅、相、中尉皆以辅正为职，'虎兕出于匣，龟玉毁于匮中，是谁之过也？'⑧书到，明以谊晓王。敢复怀诈，罪过益深。傅、相以下，不能辅导，有正法。"

①师古曰："就问也。"

②师古曰："初封时，策书有戒敕之言。"

③师古曰："誇，乖也，音布内反。"

④师古曰："比犹频也。"

⑤师古曰："抵，距也。谰，诬讳也。抵音丁礼反。谰音来亶反。"

⑥师古曰："不首谓不伏其罪也。主令者，于法令之条与背畔无异也。

首音失救反。次下亦同。"

⑦师古曰："此周书多方篇之辞也。言我教汝，至于再三，汝不能用，则我下罚黜汝命也。"

⑧师古曰："此论语孔子责冉有、季路之辞也。言虎兕出于槛，龟玉毁于椟匮，岂非典守者之过邪？喻辅相人者，当能持危扶颠也。"

立惶恐，免冠对曰："立少失父母，孤弱处深宫中，独与宦者婢妾居，渐渍小国之俗，加以质性下愚，有不可移之姿。①往者傅相亦不纯以仁谊辅翼立，大臣皆尚苛刻，刺求微密。谗臣在其间，左右弄口，积使上下不和，更相眮伺。②宫殿之里，毛氂过失，亡不暴陈。当伏重诛，以视海内，③数蒙圣恩，得见贳赦。④今立自知贼杀中郎曹将，冬月迫促，贪生畏死，即诈僵仆阳病，⑤徼幸得逾于须臾。⑥谨以实对，伏须重诛。"⑦时冬月尽，其春大赦，不治。

①师古曰："言不从化也。论语称孔子曰'唯上智与下愚不移'。"

②师古曰："更音工衡反。"

③师古曰："视读曰示。"

④师古曰："贳谓宽其罪。"

⑤师古曰："僵仆，倒地也。僵音薑。仆音赴。"

⑥师古曰："冀得逾冬月而减罪也。"

⑦师古曰："须，待也。"

元始中，立坐与平帝外家中山卫氏交通，新都侯王莽奏废立为庶人，徙汉中。立自杀。二十七年，国除。后二岁，莽白太皇太后立孝王玄孙之曾孙沛郡卒史音为梁王，奉孝王后。莽篡，国绝。

赞曰：梁孝王虽以爱亲故王膏腴之地，^①然会汉家隆盛，百姓殷富，故能殖其货财，广其宫室车服。然亦僭矣。怙亲亡厌，牛祸告罚，卒用忧死，悲夫！

①师古曰："太后爱子，而帝亲弟，故曰爱亲。"

【校勘记】

〔1〕（弟）〔帝〕忧恐。　景祐、殿、局本都作"帝"。王先谦说作"帝"是。

〔2〕王阳病抵谰，置辞骄嫚，^⑤　注⑤原在"置辞"下。刘攽说"骄嫚"当属上句。王先谦亦说当读"置辞骄嫚"为句。

汉 书 卷 四 十 八

贾谊传第十八

贾谊，雒阳人也，年十八，以能诵诗书属文称于郡中。^①河南守吴公闻其秀材，召置门下，^②甚幸爱。文帝初立，闻河南守吴公治平为天下第一，^③故与李斯同邑，而尝学事焉，^④征以为廷尉。廷尉乃言谊年少，颇通诸家之书。文帝召以为博士。

①师古曰："属谓缀辑之也，言其能为文也。属音之欲反。"

②师古曰："秀，美也。"

③师古曰："治平，言其政治和平也。"

④师古曰："事之而从其学也。"

是时，谊年二十馀，最为少。每诏令议下，^①诸老先生未能言，谊尽为之对，人人各如其意所出。诸生于是以为能。文帝说之，^②超迁，岁中至太中大夫。

①师古曰："谓有诏令出下及遣议事。"

汉 书 卷 四 十 八

贾谊传第十八

贾谊，雒阳人也，年十八，以能诵诗书属文称于郡中。[1]河南守吴公闻其秀材，召置门下，[2]甚幸爱。文帝初立，闻河南守吴公治平为天下第一，[3]故与李斯同邑，而尝学事焉，[4]征以为廷尉。廷尉乃言谊年少，颇通诸家之书。文帝召以为博士。

[1]师古曰："属谓缀辑之也，言其能为文也。属音之欲反。"

[2]师古曰："秀，美也。"

[3]师古曰："治平，言其政治和平也。"

[4]师古曰："事之而从其学也。"

是时，谊年二十馀，最为少。每诏令议下，[1]诸老先生未能言，谊尽为之对，人人各如其意所出。诸生于是以为能。文帝说之，[2]超迁，岁中至太中大夫。

[1]师古曰："谓有诏令出下及遣议事。"

②师古曰："说读曰悦。"

　　谊以为汉兴二十馀年，天下和洽，宜当改正朔，易服色制度，定官名，兴礼乐。乃草具其仪法，①色上黄，数用五，为官名悉更，奏之。②文帝谦让未皇也。③然诸法令所更定，及列侯就国，其说皆谊发之。于是天子议以谊任公卿之位。绛、灌、东阳侯、冯敬之属尽害之，④乃毁谊曰："雒阳之人年少初学，专欲擅权，纷乱诸事。"于是天子后亦疏之，不用其议，以谊为长沙王太傅。

　　①师古曰："草谓创造之。"

　　②师古曰："更，改也。"

　　③师古曰："皇，暇也。自以为不当改制。"

　　④师古曰："绛，绛侯周勃也。灌，灌婴也。东阳侯，张相如也。冯敬，时为御史大夫。"

　　谊既以适去，①意不自得，及度湘水，②为赋以吊屈原。屈原，楚贤臣也，被谗放逐，作离骚赋，③其终篇曰："已矣！国亡人，莫我知也。"遂自投江而死。谊追伤之，因以自谕。④其辞曰：

　　①师古曰："适读曰谪。其下亦同。"

　　②师古曰："湘水出零陵阳海山，北流入江也。"

　　③师古曰："离，遭也。忧动曰骚。遭忧而作此辞。"

　　④师古曰："谕，譬也。"

　　恭承嘉惠兮，①俟罪长沙。②仄闻屈原兮，自湛汨罗。③造托湘流兮，敬吊先生。④遭世罔极兮，乃陨厥身。⑤乌虖哀哉兮，逢时不祥！⑥鸾凤伏窜兮，鸱鸮翱翔。⑦阘茸尊显兮，谗谀得志;⑧贤圣逆曳兮,方正倒植。⑨谓随、夷溷兮,⑩谓跖、蹻廉;⑪莫邪为钝兮,⑫铅刀为铦。⑬于嗟默默,生之亡故兮!⑭斡弃周鼎,⑮宝康瓠兮。⑯腾驾罢牛,骖蹇驴兮;⑰骥垂两耳,服盐车兮。⑱章父荐屦,渐不可久兮;⑲嗟(若)〔苦〕先生,[1]独离此咎兮!⑳

①师古曰:"恭,敬也。嘉惠,谓诏命也。"

②师古曰:"俟,古俟字。俟,待也。"

③师古曰:"仄,古侧字。汨,水名,在长沙罗县,故曰汨罗。湛读曰沉。汨音莫历反。"

④师古曰:"造,至也。言至湘水而因托其流也。造音千到反。"

⑤张晏曰:"诼言罔极。"师古曰:"罔,无也。极,中也,无中正之道。一曰极,止也。"

⑥师古曰:"嫭读曰呼。"

⑦师古曰:"鸱,鸱鸺,怪鸟也。鸮,恶声之鸟也。鸱音尺夷反。鸮音于骄反。鸺音休。"

⑧师古曰:"阘茸,下材不肖之人也。阘音吐盍反。茸音人勇反。"

⑨师古曰:"植,立也,音值。"

⑩应劭曰:"随,卞随,汤时廉士,汤以天下让而不受。夷,伯夷也,不食周粟,饿于首阳之下。"师古曰:"溷,浊也,音胡困反。"

⑪李奇曰:"跖,秦大盗也。楚之大盗为庄蹻。"师古曰:"跖音之石反。蹻音居略反。庄周云,盗跖,柳下惠之弟,盖寓言也。"

⑫应劭曰:"莫邪,吴大夫也,作宝剑,因以冠名。"

⑬晋灼曰:"世俗为利为铦彻。"师古曰:"音弋占反。"

⑭应劭曰:"默默,不得意也。"邓展曰:"言屈原无故遇此祸也。"师古曰:"生,先生也。"

⑮师古曰:"斡,转也,音管。"

⑯郑氏曰："康瓠，瓦盆底也。尔雅曰：'康瓠谓之甈。'"师古曰："甈音五列反。"

⑰师古曰："罢读曰疲。蹇，跛也。"

⑱师古曰："驾盐车也。"

⑲师古曰："章父，殷冠名也。言冠乃居下，屦反在上也。父读曰甫。"

⑳应劭曰："嗟，咨嗟也。劳苦屈原遇此难也。"师古曰："离，遭也。"

讯曰：①已矣！国其莫吾知兮，②子独壹郁其谁语？③凤缥缥其高逝兮，夫固自引而远去。④袭九渊之神龙兮，⑤沕渊潜以自珍；⑥偭蝉獭以隐处兮，⑦夫岂从虾与蛭螾？⑧所贵圣之神德兮，远浊世而自臧。使麒麟可系而羁兮，岂云异夫犬羊？般纷纷其离此邮兮，⑨亦夫子之故也！⑩历九州而相其君兮，何必怀此都也？⑪凤皇翔于千仞兮，览德煇而下之；⑫见细德之险（微）〔征〕兮，[2]遥增击而去之。⑬彼寻常之污渎兮，岂容吞舟之鱼！⑭横江湖之鳣鲸兮，固将制于蝼蚁。⑮

①李奇曰："讯，告也。"张晏曰："讯，离骚下章乱也。"师古曰："讯音碎。"

②师古曰："一国之人不知我也。"

③师古曰："壹郁犹怫郁也。"

④师古曰："缥缥，轻举貌，音匹遥反。"

⑤邓展曰："袭，重也。"师古曰："九渊，九旋之川，言至深也。"

⑥邓展曰："沕音昧。"张晏曰："潜，藏也。"

⑦服虔曰："螾音奆。"应劭曰："蝉獭，水虫害鱼者也。偭，背也。欲舍蝉獭，从神龙游也。"师古曰："偭音面。"

⑧服虔曰："蛭，水虫。螾，今之蟮螾也。"孟康曰："言龙自绝于蝉獭，况从虾与蛭螾也。"师古曰："虾亦水虫也，音遐。蛭音质。螾

字与蚓同，音引，今合韵，当音弋人反。堇音丘谨反。"

⑨苏林曰："般音槃。"孟康曰："般音班。般，反也。纷纷，搆谗意也。"师古曰："般，孟音是也。字从丹青之丹。离，遭也。邮，过也。"

⑩李奇曰："亦夫子不如麟凤之故，离此咎也。"师古曰："此说非也。贾谊自言今之离邮，亦犹屈原耳。"

⑪师古曰："言往长沙为傅，不足哀伤，何用苟怀此之都邑，盖亦谊自宽广之言。"

⑫师古曰："八尺曰仞。千仞，言其极高。"

⑬师古曰："增，重也。言见苛细之人，险阨之证，故重击其羽而高去。"

⑭应劭曰："八尺曰寻，倍寻曰常。"师古曰："水不泄为污，音一胡反，又音一故反。"

⑮如淳曰："鳣、鲸，皆大鱼也。"臣瓒曰："鳣鱼无鳞，口在腹下。鲸鱼长者长数里。"晋灼曰："小水不容大鱼，而横鳣鲸于污渎，必为蝼蚁所制。以况小朝主闇，不容受忠逆之言，亦为谗贼小臣所害。"师古曰："鳣音竹连反，字或作鱣。鱏亦大鱼也，音淫，又音寻。蝼音楼，谓蝼蛄也。"

谊为长沙傅三年，有服飞入谊舍，止于坐隅。①服似鸮，②不祥鸟也。谊既以適居长沙，长沙卑湿，谊自伤悼，以为寿不得长，乃为赋以自广。其辞曰：

① 师古曰："坐音才卧反。"

① 晋灼曰："异物志曰'有鸟小鸡，体有文色，土俗因形名之曰服，不能远飞，行不出域'也。"

单阏之岁，四月孟夏，①庚子日斜，服集余舍，②止于坐

1943

隅，貌甚閒暇。③异物来萃，私怪其故，④发书占之，谶言其度。⑤曰"野鸟入室，主人将去。"问于子服："余去何之？⑥吉虖告我，凶言其灾。淹速之度，语余其期。"⑦

①应劭曰："太岁在卯为单阏。"师古曰："阏音一葛反。"

②孟康曰："日斜，日昳时。"

③师古曰："閒读曰闲。"

④孟康曰："萃音萃。萃，聚集也。"

⑤师古曰："谶，验也，有征验之书也。谶音初禁反。"

⑥师古曰："子服者，言加其美称也。"

⑦师古曰："淹，迟也。"

服乃太息，举首奋翼，口不能言，请对以意。①万物变化，固亡休息。斡流而迁，或推而还。②形气转续，变化而嬗。③沕穆亡间，胡可胜言！④祸兮福所倚，福兮祸所伏；⑤忧喜聚门，吉凶同域。⑥彼吴强大，夫差以败；粤栖会稽，句践伯世。⑦斯游遂成，卒被五刑；⑧傅说胥靡，乃相武丁。⑨夫祸之与福，何异纠纆！⑩命不可说，孰知其极？⑪水激则旱，矢激则远。⑫万物回薄，震荡相转。云蒸雨降，纠错相纷。大钧播物，块圠无垠。⑬天不可与虑，道不可与谋。迟速有命，乌识其时？⑭

①师古曰："意字合韵，宜音亿。"

②师古曰："斡音管。斡，转也。还读曰旋。"

③服虔曰："嬗音如蝉，谓变蜕也。"苏林曰："相传与也。"师古曰："此即禅代字，合韵故音蝉耳。苏说是也。"

④师古曰："沕穆，深微貌。胡，何也。言其理深微，不可尽言。沕音勿。"

⑤师古曰："此老子德经之言也。倚音於绮反。"

⑥师古曰："言祸福相因，吉凶不定。"

⑦师古曰："会稽，山名也。句践避吴之难，保于兹山，故曰栖也。句音钩。伯读曰霸。"

⑧应劭曰："李斯西游于秦，身登相位，二世时为赵高所谮，身伏五刑。"

⑨张晏曰："胥靡，刑名也。傅说被刑，筑于傅岩，武丁以为己相。"师古曰："胥靡，相随之刑也，解在楚元王传。"

⑩应劭曰："祸福相为表里，如纠绳索相附会也。"臣瓒曰："纠，绞也。纆，索也。"师古曰："纆音墨。"

⑪师古曰："极，止也。"

⑫师古曰："言水之激疾，则去尽，不能浸润。矢之激发，则去远。"

⑬如淳曰："陶者作器于钧上，此以造化为大钧也。"应劭曰："其气坱圠，非有限齐也。"师古曰："今造瓦者谓所转者为钧，言造化为人，亦犹陶之造瓦耳。坱音乌朗反。圠音於黠反。"

⑭师古曰："乌犹何也。"

且夫天地为炉，造化为工；阴阳为炭，万物为铜，①合散消息，安有常则？千变万化，未始有极。忽然为人，何足控揣；②化为异物，又何足患！③小智自私，贱彼贵我；达人大观，物亡不可。贪夫徇财，列士徇名；④夸者死权，品庶每生。⑤怵迫之徒，或趋西东；⑥大人不曲，意变齐同。愚士系俗，僚若囚拘；⑦至人遗物，独与道俱。众人惑惑，好恶积意；⑧真人恬漠，独与道息。⑨释智遗形，超然自丧；⑩寥廓忽荒，与道翱翔。⑪乘流则逝，得坎则止；⑫纵躯委命，不私与己。其生分若浮，其死分若休。⑬澹虖若深渊之靓，泛虖若不系之舟。⑭不以生故自保，养空而浮。⑮德人无累，知命不忧。细故蒂芥，何足以疑！⑯

① 师古曰："以冶铸为喻。"

② 孟康曰："控，引也。揗，持也。言人生忽然，何足引持自贵（借）〔惜〕也。"〔3〕如淳曰："控，引也。揗音团。控揗，玩弄爱生之意也。"师古曰："如说是。"

③ 师古曰："患合韵音环。"

④ 臣瓒曰："以身从物曰徇。"

⑤ 臣瓒曰："谓夸泰也。庄子曰'权势不（充）〔尤〕，则夸者悲'。"〔4〕孟康曰："每，贪也。"师古曰："品庶犹庶品也。"

⑥ 孟康曰："怵，为利所诱诔也。迫，迫贫贱，东西趋利也。"师古曰："诱诔之诔则音戌。或曰，怵，怵惕也，音丑出反，其义两通。而说者欲改字为怵，盖穿凿耳。"

⑦ 李奇曰："儃音块。"苏林曰："音人肩伛儃尔。音欺全反。"师古曰："苏音是。"

⑧ 李奇曰："惢惢，东西也。所好所恶，积之万亿也。"臣瓒曰："言众怀好恶，积之心意也。"师古曰："瓒说是也。意合韵，音於力反。"

⑨ 师古曰："恬，安也。漠，静也。"

⑩ 服虔曰："绝圣弃智，而亡其身也。"师古曰："丧合韵，音先郎反。"

⑪ 师古曰："荒音呼广反。"

⑫ 孟康曰："易'坎为险'，遇险难而止也。"张晏曰："谓夷易则仕，险难则隐也。"

⑬ 师古曰："休，息也。"

⑭ 师古曰："澹，安也，音徒滥反。靓与静同。泛音敷剑反。"

⑮ 服虔曰："道家养空虚，若浮舟也。"

⑯师古曰:"蒂芥,小鲠也。蒂音丑芥反。"

　　后岁馀,**文帝**思**谊**,征之。至,入见,上方受**釐**,坐**宣室**。①上因感鬼神事,而问鬼神之本。**谊**具道所以然之故。至夜半,**文帝**前席。②既罢,曰:"吾久不见**贾生**,自以为过之,今不及也。"乃拜**谊**为**梁怀王太傅**。**怀王**,上少子,爱,而好书,故令**谊**傅之,数问以得失。③

①苏林曰:"**宣室**,未央前正室也。"应劭曰:"**釐**,祭馀肉也。汉仪注祭天地五畤,皇帝不自行,祠还致福。釐音禧。"师古曰:"禧,福也。借釐字为之耳,言受神之福也。"

②师古曰:"渐迫近**谊**,听说其言也。"

③师古曰:"汉朝问以国家之事。"

　　是时,**匈奴**强,侵边。天下初定,制度疏阔。诸侯王僭儗,地过古制,①**淮南**、**济北王**皆为逆诛。**谊**数上疏陈政事,多所欲匡建,②其大略曰:

①师古曰:"儗,比也,上比于天子。儗音拟。"

②师古曰:"匡,正也,正其失也。建,立也,立制节也。"

　　臣窃惟事势,可为痛哭者一,可为流涕者二,可为长太息者六,若其它背理而伤道者,难遍以疏举。①进言者皆曰天下已安已治矣,②臣独以为未也。曰安且治者,非愚则谀,③皆非事实知治乱之体者也。夫抱火厝之积薪之下而寝其上,④火未及燃,因谓之安,方今之势,何以异此!本末舛逆,首尾衡决,国制抢攘,⑤非甚有纪,⑥胡可谓治!陛下何不壹令臣得孰数之于前,因陈治安之策,试详择焉!

①师古曰："言不可尽条记也。"

②师古曰："进言者，谓陈说于天子前者也。治音直吏反。此下并同。"

③师古曰："实谓治安，则是愚也；知其不尔而假言之，是谄谀也。"

④师古曰："厝，置也，音千故反。"

⑤苏林曰："抢音济济跄跄，不安貌也。"晋灼曰："抢音伧。吴人骂楚人曰伧。伧攘，乱貌也。"师古曰："晋音是。伧音仕庚反。攘音女庚反。"

⑥师古曰："纪，理也。"

　夫射猎之娱，与安危之机孰急？①使为治劳智虑，苦身体，乏锺鼓之乐，勿为可也。乐与今同，而加之诸侯轨道，兵革不动，②民保首领，匈奴宾服，四荒乡风，③百姓素朴，狱讼衰息。大数既得，则天下顺治，海内之气，清和咸理，生为明帝，没为明神，名誉之美，垂于无穷。礼祖有功而宗有德，使顾成之庙称为太宗，上配太祖，与汉亡极。建久安之势，成长治之业，以承祖庙，以奉六亲，至孝也；④以幸天下，以育群生，至仁也；立经陈纪，轻重同得，后可以为万世法程，⑤虽有愚幼不肖之嗣，犹得蒙业而安，至明也。以陛下之明达，因使少知治体者得佐下风，致此非难也。⑥其具可素陈于前，愿幸无忽。⑦臣谨稽之天地，⑧验之往古，按之当今之务，日夜念此至孰也，虽使禹舜复生，为陛下计，亡以易此。⑨

①师古曰："言二事之中，何者为急。"

②师古曰："轨道，言遵法制也。"

③师古曰："乡读曰向。"

④应劭曰："六亲，父母兄弟妻子也。"

⑤师古曰:"程,式也。"

⑥师古曰:"少知治体者,谊自谓也。"

⑦师古曰:"忽,急忘也。"

⑧师古曰:"稽,考也。"

⑨师古曰:"易,改也。"

夫树国固必相疑之势,①下数被其殃,上数爽其忧,②甚非所以安上而全下也。今或亲弟谋为东帝,③亲兄之子西乡而击,④今吴又见告矣。⑤天子春秋鼎盛,⑥行义未过,⑦德泽有加焉,犹尚如是,况莫大诸侯,⑧权力且十此者虖!⑨

①郑氏曰:"今建立国泰大,其势必固相疑也。"臣瓒曰:"树国于险固,诸侯强大,则必与天子有相疑之势也。"师古曰:"郑说是也。"

②如淳曰:"爽,忒也。"

③应劭曰:"淮南厉王长。"

④如淳曰:"谓齐悼惠王子兴居而为济北王反,欲击取荥阳也。"师古曰:"乡读曰向。"

⑤如淳曰:"时吴王又不循汉法,有告之者。"

⑥应劭曰:"鼎,方也。"

⑦师古曰:"行音下更反。"

⑧师古曰:"莫大,谓无有大于其国者,言最大也。"

⑨师古曰:"十倍于此。"

然而天下少安,何也?大国之王幼弱未壮,汉之所置傅相方握其事。数年之后,诸侯之王大抵皆冠,①血气方刚,汉之傅相称病而赐罢,彼自丞尉以上偏置私人,如此,有异淮南、济北之为邪!此时而欲为治安,虽尧舜不治。

①师古曰:"大抵,犹言大略也,音丁礼反。其下亦同。"

黄帝曰:"日中必熭,操刀必割。"①今令此道顺而全安,甚易,不肯早为,已乃堕骨肉之属而抗刭之,②岂有异秦之季世虖!夫以天子之位,乘今之时,因天之助,尚惮以危为安,以乱为治,假设陛下居齐桓之处,将不合诸侯而匡天下乎?臣又以知陛下有所必不能矣。假设天下如曩时,③淮阴侯尚王楚,黥布王淮南,彭越王梁,韩信王韩,张敖王赵,贯高为相,卢绾王燕,陈豨在代,令此六七公者皆亡恙,④当是时而陛下即天子位,能自安虖?臣有以知陛下之不能也。天下殽乱,高皇帝与诸公并起,⑤非有仄室之势以豫席之也。⑥诸公幸者,乃为中涓,其次廑得舍人,⑦材之不逮至远也。高皇帝以明圣威武即天子位,割膏腴之地以王诸公,多者百馀城,少者乃三四十县,惪至渥也,⑧然其后十年之间,反者九起。陛下之与诸公,非亲角材而臣之也,⑨又非身封王之也,自高皇帝不能以是一岁为安,故臣知陛下之不能也。然尚有可诿者,曰疏,⑩臣请试言其亲者。假令悼惠王王齐,元王王楚,中子王赵,幽王王淮阳,共王王梁,⑪灵王王燕,厉王王淮南,六七贵人皆亡恙,当是时陛下即位,能为治虖?臣又知陛下之不能也。若此诸王,虽名为臣,实皆有布衣昆弟之心,⑫虑亡不帝制而天子自为者。⑬擅爵人,赦死罪,⑭甚者或戴黄屋,⑮汉法令非行也。虽行不轨如厉王者,令之不肯听,召之安可致乎!⑯幸而来至,法安可得加!动一亲戚,天下圜视而起,⑰陛下之臣虽有悍如冯敬者,⑱适启其口,匕首已陷其匈矣。⑲陛下虽贤,谁与领此?⑳故疏者必危,亲者必乱,已然之效也。其异姓负强而动者，汉已幸胜之矣，又不易其所以然。同姓袭是迹而动，㉑既有征矣，㉒其势尽又复然。殃疢之变，未知所移，㉓明帝处之尚不能以安，后世将如之何！

① 孟康曰："蘾音卫。日中盛者，必暴蘾也。"臣瓒曰："太公曰'日中不蘾，是谓失时；操刀不割，失利之期。'言当及时也。"师古曰："此语见六韬。蘾谓暴晒之也。晒音所智反，又音所懈反。"

② 应劭曰："抗其头而到之也。"师古曰："堕，毁也。抗，举也。到，割颈也。堕音火规反。到音工鼎反。"

③ 师古曰："曩，久也。谓昔时。"

④ 师古曰："无恙，言无忧病。"

⑤ 师古曰："骰，杂也。并音步鼎反。"

⑥ 应劭曰："礼，卿大夫之支子为侧室。席，大也。"臣瓒曰："席，藉也。言非有侧室之势为之资藉也。"师古曰："瓒说是也。"

⑦ 师古曰："廑与仅同。廑，劣也，言才得舍人。"

⑧ 师古曰："悳，古德字。渥，厚也，音握。"

⑨ 师古曰："角，校也，竞也。"

⑩ 孟康曰："诿，累也。以疏为累，言不以国也。"蔡谟曰："诿者，托也。尚可托言信、越等以疏故反，故其下句曰'臣请试言其亲者'。亲者亦恃强为乱，明信等不以疏也。"师古曰："蔡说是矣。诿音女瑞反。"

⑪ 师古曰："共读曰恭。"

⑫ 师古曰："自以为于天子为昆弟，而不论君臣之义。"

⑬ 师古曰："虑，大计也，言诸侯皆欲同皇帝之制度，而为天子之事。"

⑭ 师古曰："擅，专也。"

⑮ 师古曰："天子车盖之制。"

⑯ 师古曰："不轨，谓不修法制也。致，至也。"

⑰应劭曰："圌，精正视也。"师古曰："言惊愕也。"

⑱如淳曰："冯无择子，名忠直，为御史大夫，奏淮南厉王诔之。"师古曰："悍，勇也。"

⑲师古曰："始欲发言节制诸侯王，则为刺客所杀。"

⑳师古曰："领，理也。"

㉑师古曰："易其所以然，谓改其法制使不然。"

㉒师古曰："征，证验也。"

㉓师古曰："祄，古祸字。"

屠牛坦一朝解十二牛，①而芒刃不顿者，②所排击剥割，皆众理解也。③至于髋髀之所，非斤则斧。④夫仁义恩厚，人主之芒刃也；权势法制，人主之斤斧也。今诸侯王皆众髋髀也，释斤斧之用，而欲婴以芒刃，⑤臣以为不缺则折。胡不用之淮南、济北？势不可也。⑥

①苏林曰："孔子时人也。"师古曰："坦，屠牛者之名也。事见管子。"

②师古曰："芒刃，谓刃之利如豪芒也。顿读曰钝。"

③师古曰："解，支节也，音胡懈反。"

④师古曰："髀，股骨也。髋，髀上也。言其骨大，故须斤斧也。髋音宽。髀音陛，又音必尔反。"

⑤师古曰："婴，绕也。"

⑥晋灼曰："（一）〔二〕国皆反诔。[5]何不施之仁恩？势不可故也。"

臣窃迹前事，①大抵强者先反。淮阴王楚最强，则最先反；韩信倚胡，则又反；②贯高因赵资，则又反；陈豨兵精，则又反；彭越用梁，则又反；③黥布用淮南，则又反；卢绾最弱，最后反。长沙乃在二万五千户耳，功少而最完，势疏而最忠，非独性异人也，亦形势然也。曩令樊、郦、绛、灌据数十城而王，今虽以残亡可也；④令信、越之伦列为彻侯而居，虽至今存可也。⑤然则天下之大计可知已。⑥欲诸王之皆忠附，则莫若令如长沙王；欲臣子之勿菹醢，则莫若令如樊、郦等；欲天下之治安，莫若众建诸侯而少其力。力少则易使以义，国小则亡邪心。⑦令海内之势如身之使臂，臂之使指，莫不制从，诸侯之君不敢有异心，辐凑并进而归命天子，虽在细民，且知其安，故天下咸知陛下之明。割地定制，令齐、赵、楚各为若干国，⑧使悼惠王、幽王、元王之子孙毕以次各受祖之分地，⑨地尽而止，及燕、梁它国皆然。其分地众而子孙少者，建以为国，空而置之，须其子孙生者，举使君之。⑩诸侯之地其削颇入汉者，为徙其侯国及封其子孙也，⑪所以数偿之；一寸之地，一人之众，天子亡所利焉，⑫诚以定治而已，故天下咸知陛下之廉。地制壹定，宗室子孙莫虑不王，⑬下无倍畔之心，上无诛伐之志，⑭故天下咸知陛下之仁。法立而不犯，令行而不逆，贯高、利幾之谋不生，柴奇、开章之计不萌，⑮细民乡善，大臣致顺，⑯故天下咸知陛下之义。卧赤子天下之上而安，植遗腹，朝委裘，而天下不乱，⑰当时大治，后世诵圣。⑱壹动而五业附，陛下谁惮而久不为此？⑲

①师古曰："寻前事之踪迹。"

②师古曰："倚，依也，音于绮反。"

③晋灼曰："用，役用之也。"

④晋灼曰："事势可亡也。"师古曰："曩亦谓昔时也。"

⑤晋灼曰："事势可存。"

⑥师古曰："已，语终辞。"

⑦师古曰："使以义，使之遵礼义也。"

⑧师古曰："若干，豫设数也。解在食货志。"

⑨师古曰："分音扶问反，次下亦同。"

⑩师古曰："须，待也。"

⑪师古曰："徙其侯国，列侯国邑在诸侯王封内而犬牙相入者，则正其疆界，令其隔绝也。封其子孙者，分诸侯王之国邑，各自封其子孙，而受封之人若有罪黜，其地皆入于汉，故云颇入也。"

⑫师古曰："偿者，谓所正列侯疆界，有侵诸侯王者，则汉偿之。"

⑬师古曰："虑，计也。"

⑭师古曰："倍读曰偝。"

⑮应劭曰："柴奇、开章，皆与淮南王谋反者也。"

⑯师古曰："乡读曰向。"

⑰服虔曰："言天下安，虽赤子遗腹在位，犹不危也。"应劭曰："置遗腹，朝委裘，皆未有所知也。"孟康曰："委裘，若容衣，天子未坐朝，事先帝裘衣也。"师古曰："应、孟二说皆是。"

⑱师古曰："称诵其圣明。"

⑲师古曰："惮，畏难也，音徒旦反。"

天下之势方病大瘇。①一胫之大几如要，一指之大几如股，②平居不可屈信，③一二指搐，身虑亡聊。④失今不治，必为锢疾，⑤后虽有扁鹊，不能为已。⑥病非徒瘇也，又苦跛躄。⑦元王之子，帝之从弟也；⑧今之王者，从弟之子也。惠王，亲兄子也；今之王者，兄子之子也。⑨亲者或亡分地以安天下，⑩疏者或制大权以偪天子，⑪臣故曰非徒病瘇也，又苦跛躄。可痛哭者，此病是也。

①如淳曰："肿足曰瘇。"师古曰："音上勇反。"

②师古曰："凡，并音巨依反。"

③师古曰："信读曰伸。"

④师古曰："搐谓动而痛也。聊，赖也。搐音丑六反。"

⑤师古曰："锢疾，坚久之疾。"

⑥师古曰："扁鹊，良医也。为，治也。已，语终辞。"

⑦师古曰："跖，古蹠字也，音之石反。足下曰蹠，今所呼脚掌是也。鳌，古戾字，言足蹠反戾，不可行也。"

⑧师古曰："楚元王，高帝之弟，其子于文帝为从弟。"

⑨师古曰："惠王，齐悼惠王。"

⑩师古曰："广立蕃屏，则天下安，故曰以安天下。"

⑪师古曰："偪，古逼字。"

　　天下之势方倒县。凡天子者，天下之首，何也？上也。蛮夷者，天下之足，何也？下也。今匈奴嫚娒侵掠，至不敬也，①为天下患，至亡已也，②而汉岁致金絮采缯以奉之。夷狄征令，是主上之操也；③天子共贡，是臣下之礼也。④足反居上，首顾居下，⑤倒县如此，莫之能解，犹为国有人乎？⑥非亶倒县而已，⑦又类辟，且病痱。⑧夫辟者一面病，痱者一方痛。今西边北边之郡，虽有长爵不轻得复，⑨五尺以上不轻得息，⑩斥候望烽燧不得卧，⑪将吏被介胄而睡，⑫臣故曰一方病矣。医能治之，而上不使，⑬可为流涕者此也。

①师古曰："娒，古侮字。"

②师古曰："亡已，言不可止也。"

③师古曰："征，召也。令，号令也。操谓主上之所操持也。操音千高反。"

④师古曰："共读曰恭。"

⑤师古曰："顾亦反也，言如人反顾然。"

⑥师古曰："颠倒如此，而不能解救，岂谓国有明智之人乎？"

⑦师古曰："亶读曰但。"

⑧服虔曰："病（癖）〔辟〕，不能行也。"〔6〕师古曰："辟，足病。痱，风。辟音壁。痱音肥。"

⑨张晏曰："长爵，高爵也。虽受高爵之赏，犹将御寇，不得复除逸豫也。"苏林曰："轻，易也。不易得复除，言难也。"师古曰："复音方目反。"

⑩如淳曰："五尺谓小儿也。言无大小皆当自为战备。"

⑪文颖曰："边方备胡寇，作高土橹，橹上作桔皋，桔皋头兜零，以薪草置其中，常低之，有寇即火然举之以相告，曰烽。又多积薪，寇至即燃之，以望其烟，曰燧。"张晏曰："昼举烽，夜燔燧也。"师古曰："张说误也。昼则燔燧，夜则举烽。"

⑫师古曰："被音皮义反。"

⑬师古曰："医者，谊自谓。"

陛下何忍以帝皇之号为戎人诸侯，势既卑辱，而祸不息，长此安穷！①进谋者率以为是，固不可解也，亡具甚矣。②臣窃料匈奴之众，③不过汉一大县，以天下之大困于一县之众，甚为执事者羞之。陛下何不试以臣为属国之官以主匈奴？行臣之计，请必系单于之颈而制其命，伏中行说而笞其背，④举匈奴之众唯上之令。⑤今不猎猛敌而猎田彘，不搏反寇而搏畜菟，翫细娱而不图大患，非所以为安也。德可远施，威可远加，而直数百里外威令不信，⑥可为流涕者此也。

①师古曰："言长养此患，将何所穷极也。"

②师古曰："无治安之具。"

③师古曰："料，量也，音聊。"

④郑氏曰："说，奄人也，汉使送公主妻匈奴，说不肯行，强之，因以汉事告匈奴也。"师古曰："中行，姓也。说，名也。行音胡刚反。说读曰悦。中行说事具在匈奴传。"

⑤师古曰："听天子之命。"

⑥师古曰："信读曰伸。"

今民卖僮者，①为之绣衣丝履偏诸缘，②内之闲中，③是古天子后服，所以庙而不宴者也，④而庶人得以衣婢妾。白縠之表，薄纨之里，緁以偏诸，⑤美者黼绣，⑥是古天子之服，今富人大贾嘉会召客者以被墙。⑦古者以奉一帝一后而节适，⑧今庶人屋壁得为帝服，倡优下贱得为后饰，然而天下不屈者，殆未有也。⑨且帝之身自衣皂绨，⑩而富民墙屋被文绣；天子之后以缘其领，庶人孽妾缘其履：⑪此臣所谓舛也。夫百人作之不能衣一人，⑫欲天下亡寒，胡可得也？一人耕之，十人聚而食之，欲天下亡饥，不可得也。饥寒切于民之肌肤，欲其亡为奸邪，不可得也。国已屈矣，⑬盗贼直须时耳，⑭然而献计者曰"毋动"，⑮为大耳。⑯夫俗至大不敬也，至亡等也，⑰至冒上也，⑱进计者犹曰"毋为"，可为长太息者此也。

①如淳曰："僮谓隶妾也。"

②服虔曰："如牙条以作履缘。"师古曰："偏诸，若今之织成以为要襻及褾领者也。古谓之车马裙，其上为乘车及骑从之象也。"

③服虔曰："闲，卖奴婢阑。"

④师古曰："入庙则服之，宴处则不著，盖贵之也。"

⑤晋灼曰："以偏诸緁著衣也。"师古曰："緁音妾，谓以偏诸缠著之

也。缠音步千反。"

⑥师古曰:"黼者,织为斧形。绣者,刺为众文。"

⑦师古曰:"被音皮义反。"

⑧师古曰:"得其节而合宜。"

⑨师古曰:"屈谓财力尽也,音其勿反。"

⑩师古曰:"绨,厚缯也,音徒奚反。"

⑪师古曰:"孽,庶贱者。"

⑫师古曰:"衣音於既反。"

⑬师古曰:"屈音其勿反。"

⑭师古曰:"言待时而发。"

⑮师古曰:"言天下安,不可动摇。"

⑯如淳曰:"好为大语者。"

⑰师古曰:"无尊卑之差。"

⑱师古曰:"冒,犯也。"

　　商君遗礼义,弃仁恩,①并心于进取,行之二岁,秦俗日败。故秦人家富子壮则出分,家贫子壮则出赘。②借父耰锄,虑有德色;③母取箕帚,立而谇语。④抱哺其子,与公併倨;⑤妇姑不相说,则反唇而相稽。⑥其慈子耆利,不同禽兽者亡几耳。⑦然并心而赴时,犹曰蹶六国,兼天下。⑧功成求得矣,⑨终不知反廉愧之节,仁义之厚。⑩信并兼之法,遂进取之业,⑪天下大败;众掩寡,智欺愚,勇威怯,壮陵衰,其乱至矣。是以大贤起之,威震海内,德从天下。⑫曩之为秦者,今转而为汉矣。然其遗风馀俗,犹尚未改。今世以侈靡相竞,而上亡制度,弃礼谊,捐廉耻,日甚,可谓月异而岁不同矣。逐利不耳,虑非顾行也,⑬今其甚者杀父兄矣。

盗者剟寝户之帘,⑭搴两庙之器,⑮白昼大都之中剽吏而夺之金。⑯矫伪者出几十万石粟,⑰赋六百馀万钱,乘传而行郡国,⑱此其亡行义之(先)〔尤〕至者也。[7]而大臣特以簿书不报,期会之间,以为大故。⑲至于俗流失,世坏败,因恬而不知怪,⑳虑不动于耳目,以为是适然耳。㉑夫移风易俗,使天下回心而乡道,类非俗吏之所能为也。㉒俗吏之所务,在于刀笔筐箧,㉓而不知大(礼)〔体〕。[8]陛下又不自忧,窃为陛下惜之。

① 师古曰:"谓商鞅。"

② 应劭曰:"出作赘婿也。"师古曰:"谓之赘婿者,言其不当出在妻家,亦犹人身体之有疣赘,非应所有也。一说,赘,质也,家贫无有聘财,以身为质也。赘音之锐反。分音扶问反。"

③ 师古曰:"耰,摩田器也,言以耰及钼借与其父,而容色自矜为恩德也。耰音忧。"

④ 服虔曰:"谇犹骂也。"张晏曰:"谇,责让也。"师古曰:"张说是也。谇音碎。"

⑤ 师古曰:"哺,饲也。言妇抱子而哺之,乃与其舅併倨,无礼之甚也。哺音步。併音步鼎反。"

⑥ 应劭曰:"稽,计也,相与计校也。"师古曰:"说音悦。稽音工奚反。"

⑦ 师古曰:"唯有慈爱其子而贪嗜财利,小异于禽兽也。无几,言不多也。几音居岂反。"

⑧ 苏林曰:"蹶音厥。"师古曰:"蹶谓拔而取之。"

⑨ 师古曰:"求得,所求者得也。"

⑩ 师古曰:"反,还也。"

⑪ 师古曰:"信读曰伸,一曰信任。"

⑫师古曰："大贤谓高祖也。德从天下，天下从其德。"

⑬师古曰："言其所追赴，唯计利与不耳。念虑之中，非顾行之善
恶也。"

⑭师古曰："剟谓割取之也。室有东西箱曰庙，无东西箱曰寝，盖谓陵
上之寝。剟音辍。"

⑮如淳曰："搴，取也。两庙，高祖、惠帝庙也。"师古曰："搴，拔
也，音褰，又音蹇。"

⑯师古曰："白昼，昼日也。言白者，谓不阴晦也。剽，劫也，音频
妙反。"

⑰服虔曰："吏矫伪征发，盈出十万石粟。"师古曰："服说非也。几，
近也。言诈为文书，以出仓粟近十万石耳。非谓征发于下也。几音
巨依反。"

⑱如淳曰："此言富者出钱谷，得高爵，或乃为使者，乘传车循行郡
国，以为荣也。"师古曰："如说亦非也。此又言矫伪之人诈为诏令，
妄作赋敛，其数甚多，又诈乘传而行郡国也。行音下更反。"

⑲师古曰："特，徒也。言公卿大臣特以簿书期会为急，不知正风俗、
厉行义也。"

⑳师古曰："恬，安也，音徒兼反。"

㉑师古曰："适，当也，谓事理当然。"

㉒师古曰："乡读曰向。"

㉓师古曰："刀所以削书札。筐箧所以盛书。"

夫立君臣，等上下，使父子有礼，六亲有纪，①此非天之所
为，人之所设也。夫人之所设，不为不立，不植则僵，不修则
坏。②筦子曰：③"礼义廉耻，是谓四维；四维不张，国乃灭亡。"
使筦子愚人也则可，筦子而少知治体，则是岂可不为寒心哉！④
秦灭四维而不张，故君臣乖乱，六亲殃戮，奸人并起，万民离

叛，凡十三岁，〔而〕社稷为虚。⑤〔9〕今四维犹未备也，故奸人幾幸，而众心疑惑。⑥岂如今定经制，⑦令君君臣臣，⑧上下有差，父子六亲各得其宜，奸人亡所幾幸，而群臣众信，上不疑惑！⑨此业壹定，世世常安，而后有所持循矣。⑩若夫经制不定，是犹度江河亡维楫，⑪中流而遇风波，船必覆矣。⑫可为长太息者此也。

①师古曰："纪，（礼）〔理〕也。"〔10〕

②师古曰："植，建也。僵，偃也，音疆。"

③师古曰："筦与管同。管子，管仲也。"

④师古曰："若以管子为愚人，其言不实，则无礼义廉耻可也。若以管子为微识治体，则当寒心而忧之。"

⑤师古曰："虚读曰墟，谓丘墟。"

⑥师古曰："幾读曰冀。次下亦同。"

⑦师古曰："经，常也。"

⑧师古曰："君为君德，臣为臣道。"

⑨师古曰："众信谓共为忠信也。"

⑩师古曰："执持而顺行之。"

⑪师古曰："维所以系船，楫所以刺船也。诗曰'绋纚维之'。楫音集，又音接。"

⑫师古曰："覆音芳目反。"

夏为天子，十有餘世，而殷受之。殷为天子，二十餘世，而周受之。周为天子，三十餘世，而秦受之。秦为天子，二世而亡。人性不甚相远也，①何三代之君有道之长，而秦无道之暴也？其故可知也。古之王者，太子乃生，固举以礼，②使士负之，有司齐肃端冕，③见之南郊，见于天也。④过阙则下，过庙则趋，孝子之道也。故自为赤子而教固已行矣。⑤

昔者成王幼在繈抱之中，<u>召</u>公为太保，<u>周</u>公为太傅，<u>太公</u>为太师。保，保其身体；傅，傅之德（意）〔义〕；[11]师，道之教训：⑥此三公之职也。于是为置三少，皆上大夫也，曰少保、少傅、少师，是与太子宴者也。⑦故乃孩提有识，三公、三少固明孝仁礼义以道习之，⑧逐去邪人，不使见恶行。于是皆选天下之端士⑨孝悌博闻有道术者以卫翼之，⑩使与太子居处出入。故太子乃生而见正事，闻正言，行正道，左右前后皆正人也。夫习与正人居之，不能毋正，犹生长于<u>齐</u>不能不<u>齐</u>言也；习与不正人居之，不能毋不正，犹生长于<u>楚</u>之地不能不<u>楚</u>言也。故择其所耆，必先受业，乃得尝之；⑪择其所乐，必先有习，乃得为之。<u>孔子</u>曰："少成若天性，习贯如自然。"⑫及太子少长，知妃色，⑬则入于学。学者，所学之官也。⑭学礼曰："帝入东学，上亲而贵仁，则亲疏有序而恩相及矣；帝入南学，上齿而贵信，则长幼有差而民不诬矣；帝入西学，上贤而贵德，则圣智在位而功不遗矣；帝入北学，上贵而尊爵，则贵贱有等而下不踰矣；⑮帝入太学，承师问道，退习而考于太傅，太傅罚其不则而匡其不及，⑯则德智长而治道得矣。此五学者既成于上，则百姓黎民化辑于下矣。"⑰及太子既冠成人，免于保傅之严，则有记过之史，⑱彻膳之宰，⑲进善之旌，⑳诽谤之木，㉑敢谏之鼓。㉒瞽史诵诗，工诵箴谏，㉓大夫进谋，士传民语。习与智长，故切而不媿；㉔化与心成，故中道若性。<u>三代</u>之礼：春朝朝日，秋暮夕月，所以明有敬也；㉕春秋入学，坐国老，执酱而亲馈之，㉖所以明有孝也；行以鸾和，㉗步中<u>采齐</u>，㉘趣中<u>肆</u>

夏，^㉙所以明有度也；其于禽兽，见其生不食其死，闻其声不食其肉，故远庖厨，所以长恩，且明有仁也。^㉚

①师古曰："远音于万反。"

②师古曰："乃，始也。"

③师古曰："齐读曰斋。"

④师古曰："见音胡电反。"

⑤师古曰："赤子，言其新生未有眉发，其色赤。"

⑥师古曰："保，安也。傅，辅也。道读曰导。其下亦同。"

⑦师古曰："宴谓安居。"

⑧师古曰："孩，小儿也。提谓提撕之。"

⑨师古曰："端，正也，直也。"

⑩师古曰："悌音徒继反。"

⑪师古曰："耆读曰嗜。"

⑫师古曰："贯亦习也，音工宦反。"

⑬师古曰："妃色，妃匹之色。"

⑭师古曰："官谓官舍。"

⑮师古曰："隃与逾同，谓越制。"

⑯师古曰："则，法也。匡，正也。"

⑰师古曰："辑与集同。辑，和也。"

⑱师古曰："有过则记。"

⑲师古曰："有阙则谏。"

⑳师古曰："进善言者，立于旌下。"

㉑师古曰："讥恶事者，书之于木。"

㉒师古曰："欲显谏者则击鼓。"

㉓师古曰："瞽，无目者也。工，习乐者也。"

㉔师古曰："每被切磋，故无大过可耻愧之事。"

㉕师古曰："朝日以朝，夕月以暮，皆迎其初出也。下朝音直遥反。"

㉖师古曰："餽字与馈同。"

㉗师古曰："鸾和，车上铃也，解在礼乐志。"

㉘师古曰："乐诗名也。字或作苯，又作茨，并音（律）〔才〕私反。"[12]

㉙师古曰："亦乐诗名。趣读曰趋。趋，疾步也。凡此中者，谓与其节相应也，并音竹仲反。"

㉚师古曰："远音于万反。长音竹两反。"

　　夫三代之所以长久者，以其辅翼太子有此具也。及秦而不然。其俗固非贵辞让也，所上者告讦也；①固非贵礼义也，所上者刑罚也。使赵高傅胡亥而教之狱，所习者非斩劓人，则夷人之三族也。故胡亥今日即位而明日射人，忠谏者谓之诽谤，深计者谓之妖言，其视杀人若艾草菅然。②岂惟胡亥之性恶哉？彼其所以道之者非其理故也。③

①师古曰："讦谓面相斥罪也，音居谒反。"

②师古曰："艾读曰刈。菅，茅也，音奸。"

③师古曰："道读曰导。"

　　鄙谚曰："不习为吏，视已成事。"又曰："前车覆，后车诫。"夫三代之所以长久者，其已事可知也；①然而不能从者，是不法圣智也。②秦世之所以亟绝者，其辙迹可见也；③然而不避，是后车又将覆也。夫存亡之变，治乱之机，其要在是矣。天下之命，县于太子；太子之善，在于早谕教与选左右。④夫心未滥而先谕教，则化易成也；开于道术智谊之指，则教之力也。若其服习积贯，则左右而已。⑤夫胡、粤之人，生而同声，耆欲不异，⑥及其长而成俗，累数译而不能相通，行者〔有〕虽死而不相为者，⑦[13]则教习然也。臣故曰选左右早谕教最急。夫教得而左右正，则太子正矣，太子正而天下定矣。书曰："一人有庆，兆民赖之。"⑧此时务也。

①师古曰："已事，已往之事。"

②师古曰："法谓则而效之。"

③师古曰："亟，急也，音居力反。车迹曰辙。"

④师古曰："谕，晓告也。与犹及也。"

⑤师古曰："贯音工宦反。"

⑥师古曰："耆读曰嗜。"

⑦苏林曰："言其人之行，不能易事相为处。"

⑧师古曰："周书吕刑之辞也。一人，天子也。言天子有善，则兆庶获其利。"

凡人之智，能见已然，不能见将然。①夫礼者禁于将然之前，而法者禁于已然之后，是故法之所用易见，而礼之所为生难知也。若夫庆赏以劝善，刑罚以惩恶，先王执此之政，坚如金石，行此之令，信如四时，据此之公，无私如天地耳，岂顾不用哉？②然而曰礼云礼云者，贵绝恶于未萌，而起教于微眇，③使民日迁善远罪而不自知也。④孔子曰："听讼，吾犹人也，必也使毋讼乎！"⑤为人主计者，莫如先审取舍；⑥取舍之极定于内，而安危之萌应于外矣。⑦安者非一日而安也，危者非一日而危也，皆以积渐然，不可不察也。人主之所积，在其取舍。以礼义治之者，积礼义；以刑罚治之者，积刑罚。刑罚积而民怨背，礼义积而民和亲。故

世主欲民之善同，而所以使民善者或异。或道之以德教，或
敺之以法令。⑧道之以德教者，德教洽而民气乐；敺之以法
令者，法令极而民风哀。哀乐之感，祸福之应也。秦王之欲
尊宗庙而安子孙，与汤武同，然而汤武广大其德行，六七百
岁而弗失，秦王治天下，十馀岁则大败。此亡它故矣，汤武
之定取舍审而秦王之定取舍不审矣。夫天下，大器也。今人
之置器，置诸安处则安，置诸危处则危。天下之情与器亡以
异，在天子之所置之。汤武置天下于仁义礼乐，而德泽洽，
禽兽草木广裕，⑨德被蛮貊四夷，累子孙数十世，此天下所
共闻也。秦王置天下于法令刑罚，德泽亡一有，而怨毒盈于
世，下憎恶之如仇雠，祸几及身，子孙诛绝，⑩此天下之所
共见也。是非其明效大验邪！人之言曰："听言之道，必以
其事观之，则言者莫敢妄言。"今或言礼谊之不如法令，教
化之不如刑罚，人主胡不引殷、周、秦事以观之也？⑪

①师古曰："将然，谓欲有其事。"

②师古曰："顾犹反也。"

③师古曰："眇，细小也。"

④师古曰："见善则迁，畏罪而离。"

⑤师古曰："论语载孔子之言也。言使吾听讼，与众人齐等，然能先以
德义化之，使其无讼。"

⑥师古曰："取谓所择用也。舍谓所弃置也。"

⑦师古曰："极，中也。萌，始生也。"

⑧师古曰："道读曰导。敺与驱同。下皆类此。"

⑨师古曰："裕，饶也。"

⑩师古曰："几音巨依反。"

⑪师古曰：“胡，何也。”

　　人主之尊譬如堂，群臣如陛，众庶如地。故陛九级上，廉远地，则堂高；①陛亡级，廉近地，则堂卑。高者难攀，卑者易陵，②理势然也。故古者圣王制为等列，内有公卿大夫士，外有公侯伯子男，然后有官师小吏，③延及庶人，等级分明，而天子加焉，故其尊不可及也。里谚曰：“欲投鼠而忌器。”此善谕也。鼠近于器，尚惮不投，恐伤其器，况于贵臣之近主乎！④廉耻节礼以治君子，故有赐死而亡戮辱。是以黥劓之罪不及大夫，以其离主上不远也。礼不敢齿君之路马，蹴其刍者有罚；⑤见君之几杖则起，遭君之乘车则下，入正门则趋；君之宠臣虽或有过，刑戮之罪不加其身者，尊君之故也。此所以为主上豫远不敬也，⑥所以体貌大臣而厉其节也。⑦今自王侯三公之贵，皆天子之所改容而礼之也，古天子之所谓伯父、伯舅也，⑧而令与众庶同黥劓髡刖笞傌弃市之法，⑨然则堂不亡陛虖？被戮辱者不泰迫虖？廉耻不行，大臣无乃握重权、大官而有徒隶亡耻之心乎？夫<u>望夷</u>之事，<u>二世</u>见当以重法者，⑪投鼠而不忌器之习也。

①师古曰：“级，等也。廉，侧隅也。”

②师古曰：“陵，乘也。”

③师古曰：“官师，一官之长。”

④师古曰：“近音其靳反。”

⑤师古曰：“齿谓审其齿岁也。刍，所食之草也。蹴音千六反。”

⑥师古曰：“远，离也。”

⑦师古曰：“体貌，谓加礼容而敬之。”

⑧师古曰：“天子呼诸侯长者，同姓则曰伯父，异姓则曰伯舅。伯，

长也。"

⑨苏林曰:"偶音骂。"

⑩师古曰:"迫,迫天子也。"

⑪如淳曰:"决罪曰当。阎乐杀二世于望夷宫,本由秦制无忌上之风也。"

臣闻之,履虽鲜不加于枕,冠虽敝不以苴履。①夫尝已在贵宠之位,天子改容而体貌之矣,吏民尝俯伏以敬畏之矣,今而有过,帝令废之可也,退之可也,赐之死可也,灭之可也;若夫束缚之,系缍之,②输之司寇,编之徒官,③司寇小吏詈骂而榜笞之,④殆非所以令众庶见也。夫卑贱者习知尊贵者之一旦吾亦乃可以加此也,⑤非所以习天下也,非尊尊贵贵之化也。夫天子之所尝敬,众庶之所尝宠,死而死耳,贱人安宜得如此而顿辱之哉!

①师古曰:"苴者,履中之藉也,音子余反。"

②师古曰:"缍谓以长绳系之也。缍音先列反。"

③师古曰:"司寇,主刑罚之官。编,次列也。"

④师古曰:"榜音彭。"

⑤苏林曰:"知其有一旦之刑。"

豫让事中行之君,智伯伐而灭之,①移事智伯。及赵灭智伯,豫让衅面吞炭,②必报襄子,五起而不中。人问豫子,豫子曰:"中行众人畜我,我故众人事之;智伯国士遇我,我故国士报之。"故此一豫让也,反君事雠,行若狗彘,已而抗节致忠,行出虏列士,人主使然也。故主上遇其大臣如遇犬马,彼将犬马自为也;如遇官徒,彼将官徒自为也。顽顿亡耻，③虡诟亡节，④廉耻不立，且不自好，⑤苟若而可，⑥故见利则逝，见便则夺。⑦主上有败，则因而挺之矣；⑧主上有患，则吾苟免而已，立而观之耳；有便吾身者，则欺卖而利之耳。人主将何便于此？⑨群下至众，而主上至少也，所托财器职业者粹于群下也。⑩俱亡耻，俱苟妄，则主上最病。故古者礼不及庶人，刑不至大夫，所以厉宠臣之节也。古者大臣有坐不廉而废者，不谓不廉，曰"簠簋不饰"；⑪坐污秽淫乱男女亡别者，不曰污秽，曰"帷薄不修"；坐罢软不胜任者，不谓罢软，曰"下官不职"。⑫故贵大臣定有其罪矣，犹未斥然正以谇之也，⑬尚迁就而为之讳也。故其在大谴大何之域者，⑭闻谴何则白冠氂缨，⑮盘水加剑，造请室而请罪耳，⑯上不执缚系引而行也。其有中罪者，闻命而自弛，⑰上不使人颈盭而加也。⑱其有大罪者，闻命则北面再拜，跪而自裁，⑲上不使捽抑而刑之也，⑳曰："子大夫自有过耳！㉑吾遇子有礼矣。"遇之有礼，故群臣自虞；㉒婴以廉耻，故人矜节行。㉓上设廉耻礼义以遇其臣，而臣不以节行报其上者，则非人类也。故化成俗定，则为人臣者主耳忘身，㉔国耳忘家，公耳忘私，利不苟就，害不苟去，唯义所在。上之化也，故父兄之臣诚死宗庙，法度之臣诚死社稷，辅翼之臣诚死君上，守圉扞敌之臣诚死城郭封疆。故曰圣人有金城者，比物此志也。㉕彼且为我死，故吾得与之俱生；彼且为我亡，故吾得与之俱存；夫将为我危，故吾得与之皆安。㉖顾行而忘利，守节而仗义，故可以托不御之权，可以寄六尺之孤。㉗此厉廉耻行礼谊之所致也，主上何丧焉！㉘此之不为，

而顾彼之久行，㉙故曰可为长太息者此也。㉚

① 师古曰："行音胡刚反。"

② 郑氏曰："衃，漆面以易貌。吞炭，以变声也。"师古曰："衃，熏也，以毒药熏之。"

③ 师古曰："顿读曰钝。"

④ 师古曰："夬诟，谓无志分也。夬音胡结反。诟音后。"

⑤ 师古曰："自好犹言自喜也。好音呼倒反。"

⑥ 师古曰："若犹然。"

⑦ 师古曰："逝，往也。"

⑧ 服虔曰："音挺起。"师古曰："挺音式延反。"

⑨ 师古曰："此于人主为不便也。便音频面反。"

⑩ 苏林曰："粹，纯也。言其势悉在群下。"

⑪ 师古曰："簠簋，所以盛饭也。方曰簠，圆曰簋。簠音甫，又音扶。簋音轨。"

⑫ 师古曰："罢，废于事也。软，弱也。罢读曰疲。软音人兖反。"

⑬ 师古曰："諿，古呼字。"

⑭ 师古曰："谴，责也。何，问也。域，界局也。"

⑮ 郑氏曰："以毛作缨。白冠，丧服也。"

⑯ 应劭曰："请室，请罪之室。"苏林曰："音絜清。胡公汉官车驾出有请室令在前先驱，此官有别狱也。"如淳曰："水性平，若己有正罪，君以平法治之也。加剑，当以自刭也。或曰，杀牲者以盘水取颈血，故示若此也。"师古曰："应、如二说皆是。"

⑰ 师古曰："中罪，非大非小也。弛，废也，自废而死。弛音式尔反。"

⑱ 苏林曰："不戾其颈而亲加刀锯也。"师古曰："鏖，古戾字，音庐结反。"

⑲ 师古曰："裁，谓自刑杀也。"

⑳师古曰:"捽,持头发也。抑谓按之也。捽音才兀反。"

㉑服虔曰:"子者,男子美号。"

㉒师古曰:"憙读曰喜,音许吏反。憙,好也,好为志气也。"

㉓师古曰:"婴,加也。矜,尚也。"

㉔孟康曰:"唯为主耳,不念其身。"

㉕李奇曰:"志,记也。凡此上陈廉耻之事,皆古记也。"如淳曰:"比谓比方也。使忠臣以死社稷之志,比于金城也。"师古曰:"二家之说皆非也。此言圣人厉此节行以御群下,则人皆怀德,勠力同心,国家安固不可毁,状若金城也。寻其下文,义可晓矣。"

㉖师古曰:"夫,夫人也,亦犹彼人耳。夫音扶。"

㉗应劭曰:"言念主忘身,忧国忘家,如此,可托权柄,不须复制御也。六尺之孤,未能自立者也。"

㉘师古曰:"如此则于主上无所失。"

㉙服虔曰:"彼谓亡国也。"师古曰:"顾,反也。久谓久行之也。言何不为投鼠忌器之法,而反久行无陛级之事。"

㉚师古曰:"谊上疏言可为长太息者六,今此至三而止,盖史家直取其要切者耳。故下赞云撮其切于世事者著于传。"

是时丞相绛侯周勃免就国,人有告勃谋反,逮系长安狱治,卒亡事,复爵邑,故贾谊以此讥上。上深纳其言,养臣下有节。是后大臣有罪,皆自杀,不受刑。至武帝时,稍复入狱,自甯成始。

初,文帝以代王入即位,后分代为两国,立皇子武为代王,参为太原王,小子胜则梁王矣。后又徙代王武为淮阳王,而太原王参为代王,尽得故地。居数年,梁王胜死,亡子。谊复上疏曰:

陛下即不定制，如今之势，不过一传再传，^①诸侯犹且人恣而不制，豪植而大强，^②汉法不得行矣。陛下所以为蕃扞及皇太子之所恃者，唯淮阳、代二国耳。^③代北边匈奴，与强敌为邻，能自完则足矣。而淮阳之比大诸侯，廑如黑子之著面，^④适足以饵大国耳，^⑤不足以有所禁御。方今制在陛下，制国而令子适足以为饵，岂可谓工哉！人主之行异布衣。布衣者，饰小行，竞小廉，以自托于乡党，人主唯天下安社稷固不耳。高皇帝瓜分天下以王功臣，反者如猬毛而起，^⑥以为不可，故蕲去不义诸侯而虚其国。^⑦择良日，立诸子雒阳上东门之外，^⑧毕以为王，^⑨而天下安。故大人者，不牵小行，以成大功。

①服虔曰："一二传世也。"

②师古曰："植，立也。"

③师古曰："蕃（翰）〔扞〕得宜，则嗣王安固，^{〔14〕}故云皇太子之所恃也。"

④师古曰："黑子，今所谓黡子也。著音直略反。"

⑤师古曰："饵谓为其所吞食。"

⑥师古曰："猬，虫名也，其毛为刺，音谓。"

⑦如淳曰："不义诸侯，彭越、黥布等。"师古曰："蕲读与芟同，谓芟刈之。"

⑧师古曰："诸侯国皆在关东，故于东门外立之也。东面最北出门曰上东门。"

⑨师古曰："毕犹尽。"

今淮南地远者或数千里，越两诸侯，^①而县属于汉。^②其吏民徭役往来长安者，自悉而补，中道衣敝，^③钱用诸费称此，④其苦属汉而欲得王至甚，逋逃而归诸侯者已不少矣。其势不可久。臣之愚计，愿举淮南地以益淮阳，而为梁王立后，割淮阳北边二三列城⑤与东郡以益梁；不可者，可徙代王而都睢阳。梁起于新郪以北著之河，⑥淮阳包陈以南捷之江，⑦则大诸侯之有异心者，破胆而不敢谋。梁足以扞齐、赵，淮阳足以禁吴、楚，陛下高枕，终亡山东之忧矣，此二世之利也。⑧当今恬然，适遇诸侯之皆少，⑨数岁之后，陛下且见之矣。夫秦日夜苦心劳力以除六国之祸，今陛下力制天下，颐指如意，⑩高拱以成六国之祸，难以言智。苟身亡事，畜乱宿祸，孰视而不定，⑪万年之后，传之老母弱子，将使不宁，不可谓仁。臣闻圣主言问其臣而不自造事，⑫故使人臣得毕其愚忠。唯陛下财幸！⑬

①师古曰："越，过也。两诸侯，梁及淮阳。"

②师古曰："为县而属汉。"

③应劭曰："自悉其家资财，补缝作衣。"师古曰："悉，尽也。"

④师古曰："称音尺孕反。"

⑤孟康曰："列城，县。"

⑥师古曰："新郪，颍川县也。郪音千移反。著音直略反。"

⑦晋灼曰："包，取也。"如淳曰："捷谓立封界也。或曰，捷，接也。"师古曰："捷音巨偃反。"

⑧如淳曰："从谊言可二世安耳。"师古曰："言帝身及太子嗣位之时。"

⑨师古曰："恬，安也。少谓年少。"

⑩如淳曰："但动颐指麾，则所欲皆如意。"

⑪师古曰："畜读曰蓄。"

⑫师古曰："欲发言则问其臣。"

⑬师古曰："财与裁同。裁择而幸从其言。"

文帝于是从谊计，乃徙淮阳王武为梁王，北界泰山，西至高阳，得大县四十餘城；徙城阳王喜为淮南王，抚其民。

时又封淮南厉王四子皆为列侯。谊知上必将复王之也，上疏谏曰："窃恐陛下接王淮南诸子，①曾不与如臣者孰计之也。淮南王之悖逆亡道，天下孰不知其罪？②陛下幸而赦迁之，自疾而死，天下孰以王死之不当？今奉尊罪人之子，适足以负谤于天下耳。③此人少壮，岂能忘其父哉？④白公胜所为父报仇者，大父与伯父、叔父也。⑤白公为乱，非欲取国代主也，发愤快志，剶手以冲仇人之匈，⑥固为俱靡而已。⑦淮南虽小，黥布尝用之矣，汉存特幸耳。⑧夫擅仇人足以危汉之资，于策不便。⑨虽割而为四，四子一心也。予之众，积之财，此非有子胥、白公报于广都之中，即疑有剸诸、荆轲起于两柱之间，⑩所谓假贼兵为虎翼者也。⑪愿陛下少留计！"

①孟康曰："接音挟，挟持欲王淮南诸子也。"臣瓒曰："谓以恩接待而王之。"师古曰："二说皆非也。谓接今时当即王之，言不久也。接犹续也，犹今人言续复也。"

②师古曰："悖，惑也，音布内反。"

③师古曰："言若尊王其子，则是厉王无罪，汉枉杀之。"

④师古曰："少壮，犹言稍长大。"

⑤师古曰："白公，楚平王之孙，太子建之子也。大父即祖，谓平王也。伯父、叔父，平王（之）〔诸〕子也。〔15〕事见春秋传。"

⑥师古曰："剶，利也，音弋（再）〔冄〕反。"〔16〕

⑦师古曰："言与仇人俱灭毙也。靡，碎也，音武皮反。"

⑧师古曰："言汉之胜布得存，此直天幸耳。"

⑨师古曰:"言假四子以资权,则当危汉。"

⑩师古曰:"剸诸刺吴王,荆轲刺秦皇。事见春秋传及燕丹子也。"

⑪应劭曰:"周书云'无为虎傅翼,将飞入邑,择人而食之。'"

梁王胜坠马死,①谊自伤为傅无状,②常哭泣,后岁馀,亦死。贾生之死,年三十三矣。

①李奇曰:"文三王传言揖,此言胜,为有两名。"

②师古曰:"无善状。"

后四岁,齐文王薨,亡子。文帝思贾生之言,乃分齐为六国,尽立悼惠王子六人为王;又迁淮南王喜于城阳,而分淮南为三国,尽立厉王三子以王之。后十年,文帝崩,景帝立,三年而吴、楚、赵与四齐王合从举兵,①西乡京师,②梁王扞之,卒破七国。至武帝时,淮南厉王子为王者两国亦反诛。

①韦昭曰:"四齐王,胶东、胶西、菑川、济南也。"师古曰:"从音子容反。"

②师古曰:"乡读曰向。"

孝武初立,举贾生之孙二人至郡守。贾嘉最好学,世其家。①

①师古曰:"言继其家业。"

赞曰:刘向称"贾谊言三代与秦治乱之意,其论甚美,通达国体,虽古之伊、管未能远过也。①使时见用,功化必盛。为庸臣所害,甚可悼痛。"追观孝文玄默躬行以移风俗,②谊之所陈略施行矣。及欲改定制度,以汉为土德,色上黄,数用五,及欲试属国，施五饵三表以系单于，③其术固以疏矣。谊（以天）〔亦天〕年早终，[17]虽不至公卿，未为不遇也。凡所著述五十八篇，掇其切于世事者著于传云。④

①师古曰："伊，伊尹。管，管仲。"

②师古曰："躬行，谓身亲俭约之行也，自追观以下，并史家之词。"

③师古曰："贾谊书谓爱人之状，好人之技，仁道也；信为大操，常义也；爱好有实，已诺可期，十死一生，彼将必至：此三表也。赐之盛服车乘以坏其目；赐之盛食珍味以坏其口；赐之音乐妇人以坏其耳；赐之高堂邃宇府库奴婢以坏其腹；于来降者，上以召幸之，相娱乐，亲酌而手食之，以坏其心：此五饵也。"

④师古曰："掇，拾也，音丁活反。"

【校勘记】

〔1〕 嗟（若）〔苦〕先生，　王先谦说史记、文选"若"都作"苦"，据注文亦当作"苦"。

〔2〕 见细德之险（微）〔微〕兮，　宋祁说浙本"微"作"微"，作"微"者非是。

〔3〕 何足引持自贵（借）〔惜〕也。　宋祁说姚本"贵借"作"贵惜"。按景祐本作"贵惜"。

〔4〕 权势不（充）〔尤〕，则夸者悲。　景祐本作"尤"。史记集解引庄子亦作"尤"。

〔5〕（一）〔二〕国皆反诛。　景祐、殿本都作"二"。王先谦说作"二"是。

〔6〕 病（癖）〔辟〕，不能行也。　王先谦说"癖"为"辟"之误。

〔7〕 此其亡行义之（先）〔尤〕至者也。　殿本作"尤"，景祐本亦作"先"。

〔8〕 而不知大（礼）〔体〕。　景祐、殿本都作"体"。王先谦说作"体"是。

〔9〕 凡十三岁，〔而〕社稷为虚。　景祐、殿本都有"而"字。

〔10〕 纪，（礼）〔理〕也。　景祐、殿本都作"理"。

〔11〕 傅，傅之德（意）〔义〕；　景祐、殿本都作"义"。王先谦说作"义"是。

〔12〕 并音（律）〔才〕私反。　景祐本作"才"。

〔13〕 行者〔有〕虽死而不相为者，　按景祐本作"行者有"，殿本作"行有"。

〔14〕 蕃（翰）〔扞〕得宜，则嗣王安固，　王先谦说"翰"当为"扞"之误。

〔15〕 伯父、叔父，平王（之）〔诸〕子也。　景祐、殿本都作"诸"。

〔16〕 音弋（再）〔冉〕反。　景祐、殿本都作"冉"，此误。

〔17〕 谊（以天）〔亦天〕年早终，　景祐、殿本都作"亦天"。

汉 书 卷 四 十 九

爰盎晁错传第十九

师古曰："晁，古朝字，其下作朝，盖通用耳。"

爰盎字丝。其父楚人也，①故为群盗，徙安陵。②高后时，盎为吕禄舍人。孝文即位，盎兄哙任盎为郎中。③

①师古曰："盎音一浪反。"

②师古曰："群盗者，群众相随而为盗也。"

③〔师古〕〔如淳〕曰：[1]"盎为兄所保任，故得为郎中也。"

绛侯为丞相，朝罢趋出，意得甚。①上礼之恭，常目送之。盎进曰："丞相何如人也?"上曰："社稷臣。"盎曰："绛侯所谓功臣，非社稷臣。社稷臣主在与在，主亡与亡。②方吕后时，诸吕用事，擅相王，刘氏不绝如带。③是时绛侯为太尉，本兵柄，④弗能正。吕后崩，大臣相与共诛诸吕，太尉主兵，适会其成功，所谓功臣，非社稷臣。丞相如有骄主色，陛下谦让，⑤臣主失礼，

窃为陛下弗取也。"后朝，上益庄，丞相益畏。⑥已而绛侯望盎
曰："吾与汝兄善，今儿乃毁我！"⑦盎遂不谢。

①师古曰："意甚自得也。"

②如淳曰："人主在时，与共治在时之事；人主虽亡，其法度存，当奉
　　行之。高祖誓非刘氏不王，而勃等听王诸吕，是从生主之欲，不与
　　亡者也。"

③师古曰："言微细也。"

④师古曰："执兵权之本。"

⑤师古曰："如，似也。"

⑥师古曰："庄，严也。"

⑦师古曰："望，责怨之也。"

　　及绛侯就国，人上书告以为反，征系请室，①诸公莫敢为言，
唯盎明绛侯无罪。绛侯得释，盎颇有力。绛侯乃大与盎结交。

①师古曰："请室，狱也。解在贾谊传。"

　　淮南厉王朝，杀辟阳侯，①居处骄甚。盎谏曰："诸侯太骄必
生患，可適削地。"②上弗许。淮南王益横。③谋反发觉，上征淮
南王，迁之蜀，槛车传送。盎时为中郎将，谏曰："陛下素骄之，
弗稍禁，以至此，今又暴摧折之。淮南王为人刚，有如遇霜露行
道死，陛下竟为以天下大弗能容，有杀弟名，奈何？"上不听，
遂行之。

①师古曰："自国入朝而杀之。"

②师古曰："適读曰謫。"

③师古曰："横音胡孟反。"

　　淮南王至雍，病死，闻，①上辍食，哭甚哀。②盎入，顿首请

罪。③上曰："以不用公言至此。"盎曰："上自宽，此往事，岂可悔哉！且陛下有高世行三，此不足以毁名。"上曰："吾高世三者何事？"盎曰："陛下居代时，太后尝病，三年，陛下不交睫解衣，④汤药非陛下口所尝弗进。夫曾参以布衣犹难之，今陛下亲以王者修之，过曾参远矣。诸吕用事，大臣颛制，⑤然陛下从代乘六乘传，驰不测渊，⑥虽贲育之勇不及陛下。⑦陛下至代邸，西乡让天子者三，南乡让天子者再。⑧夫许由一让，⑨陛下五以天下让，过许由四矣。且陛下迁淮南王，欲以苦其志，使改过，有司宿卫不谨，故病死。"于是上乃解，盎繇此名重朝廷。⑩

①师古曰："雍是扶风雍县也。闻，闻于天子也。"

②师古曰："辍，止也。"

③师古曰："自责以不强谏也。"

④师古曰："睫，目旁毛也。交睫，谓睡寐也。睫音接。"

⑤师古曰："颛与专同。"

⑥郑氏曰："大臣乱，乘传而赴之，故曰不测渊。"

⑦孟康曰："孟贲、夏育，皆古勇士也。"

⑧师古曰："乡读曰向。"

⑨师古曰："许由，古高士也。尧让天下于由，由不受也。"

⑩师古曰："繇读与由同。"

盎常引大体忼慨。宦者赵谈以数幸，常害盎，盎患之。盎兄子种为常侍骑，谏盎曰："君众辱之，后虽恶君，上不复信。"①于是上朝东宫，赵谈骖乘，盎伏车前曰："臣闻天子所与共六尺舆者，皆天下豪英。今汉虽乏人，陛下独奈何与刀锯之馀共载！"于是上笑，下赵谈。谈泣下车。

①师古曰："恶谓谮毁之，言其过恶。"

上从霸陵上，欲西驰下峻阪，盎揽辔。①上曰："将军怯邪？"
盎言曰："臣闻千金之子不垂堂，②百金之子不骑衡，③圣主不乘
危，不徼幸。今陛下骋六飞，④驰不测山，有如马惊车败，陛下
纵自轻，奈高庙、太后何？"上乃止。

①师古曰："揽与揽同。"

②师古曰："言富人之子则自爱也。垂堂，谓坐堂外边，恐坠堕也。"

③如淳曰："骑，倚也。衡，楼殿边栏楯也。"师古曰："骑谓跨之耳，
非倚也。"

④如淳曰："六马之疾若飞也。"

上幸上林，皇后、慎夫人从。其在禁中，常同坐。①及坐，
郎署长布席，盎引却慎夫人坐。②慎夫人怒，不肯坐。上亦怒，
起。盎因前说曰："臣闻尊卑有序则上下和，今陛下既以立后，
慎夫人乃妾，妾主岂可以同坐哉！且陛下幸之，则厚赐之。陛
下所以为慎夫人，适所以祸之也。独不见'人彘'乎？"③于是
上乃说，④入语慎夫人。慎夫人赐盎金五十斤。

①师古曰："同坐，谓所坐之处高下齐同，无差等也。"

②苏林曰："郎署，上林中直卫之署也。"如淳曰："盎时为中郎将，天
子幸署，豫设供帐待之，故得却慎夫人坐也。"师古曰："却谓退而
卑之也。坐音材卧反。"

③张晏曰："戚夫人也。"

④师古曰："说读曰悦。"

然盎亦以数直谏，不得久居中。调为陇西都尉，①仁爱士卒，
士卒皆争为死。迁齐相，徙为吴相。辞行，种谓盎曰："吴王骄

日久，国多奸，今<u>丝</u>欲刻治，②彼不上书告君，则利剑刺君矣。南方卑湿，<u>丝</u>能日饮，亡何，说王毋反而已。③如此幸得脱。"<u>盎</u>用<u>种</u>之计，<u>吴王</u>厚遇<u>盎</u>。

①<u>师古</u>曰："调，选也，音徒钓反。"

②<u>如淳</u>曰："<u>种</u>称叔父字曰<u>丝</u>。"

③<u>师古</u>曰："无何，言更无馀事。"

<u>盎</u>告归，道逢丞相<u>申屠嘉</u>，下车拜谒，丞相从车上谢。<u>盎</u>还，愧其吏，①乃之丞相舍上谒，②求见丞相。丞相良久乃见。因跪曰："愿请间。"③丞相曰："使君所言公事，之曹与长史掾议之，吾且奏之；则私，吾不受私语。"<u>盎</u>即起说曰："君为相，自度孰与<u>陈平</u>、<u>绛侯</u>？"④丞相曰："不如。"<u>盎</u>曰："善，君自谓弗如。夫<u>陈平</u>、<u>绛侯</u>辅翼<u>高帝</u>，定天下，为将相，而诛诸<u>吕</u>，存<u>刘氏</u>；君乃为材官蹶张，迁为队帅，⑤积功至<u>淮阳</u>守，非有奇计攻城野战之功。且陛下从<u>代</u>来，每朝，郎官者上书疏，未尝不止辇受。其言不可用，置之；言可采，未尝不称善。何也？欲以致天下贤英士大夫，日闻所不闻，以益圣。⑥而君自闭箝天下之口，⑦而日益愚。夫以圣主责愚相，君受祸不久矣。"丞相乃再拜曰："<u>嘉</u>鄙人，乃不知，将军幸教。"引与入坐，为上客。

①<u>师古</u>曰："惭不见礼也。"

②<u>师古</u>曰："上谒，若今通名也。"

③<u>师古</u>曰："欲因间隙，私有所白也。"

④<u>师古</u>曰："度，计量也。与犹如也。"

⑤<u>如淳</u>曰："队帅，军中小官。"<u>师古</u>曰："帅音所类反。"

⑥<u>师古</u>曰："日日得闻异言也。"

⑦师古曰："箝，籨也，音其炎反。"

　　盎素不好晁错，错所居坐，盎辄避；盎所居坐，错亦避：两人未尝同堂语。及孝景即位，晁错为御史大夫，使吏案盎受吴王财物，抵罪，诏赦以为庶人。吴楚反闻，①错谓丞史曰：②"爰盎多受吴王金钱，专为蔽匿，言不反。今果反，欲请治盎，宜知其计谋。"丞史曰："事未发，治之有绝。③今兵西向，治之何益！且盎不宜有谋。"④错犹与未决。⑤人有告盎，盎恐，夜见窦婴，为言吴所以反，愿（致）〔至〕前，口对状。⑥[2]婴入言，上乃召盎。盎入见，竟言吴所以反，独急斩错以谢吴，吴可罢。上拜盎为泰常，窦婴为大将军。两人素相善。是时，诸陵长安中贤大夫争附两人，车骑随者日数百乘。

①师古曰："闻，闻于天子。"

②如淳曰："百官表御史大夫有两丞。丞史，丞及史也。"

③如淳曰："事未发之时，治之乃有所绝也。"

④如淳曰："盎大臣，不宜有奸谋。"

⑤师古曰："与读曰豫。"

⑥师古曰："至天子之前也。"

　　及晁错已诛，盎以泰常使吴。吴王欲使将，不肯。欲杀之，使一都尉以五百人围守盎军中。初，盎为吴相时，从史盗私盎侍儿。①盎知之，弗泄，遇之如故。人有告从史，"君知女与侍者通"，乃亡去。盎驱自追之，②遂以侍者赐之，复为从史。及盎使吴见守，从史适在守盎校为司马，③乃悉以其装赍买二石醇醪。④会天寒，士卒饥渴，饮醉西南陬卒，卒皆卧。⑤司马夜引盎起，曰："君可以去矣，吴王期旦日斩君。"盎弗信，曰："何为者？"

汉书卷四十九

1984

司马曰："臣故为君从史盗侍儿者也。"盎乃惊，谢曰："公幸有亲，⑥吾不足絫公。"⑦司马曰："君弟去，⑧臣亦且亡，辟吾亲，⑨君何患！"乃以刀决帐，道从醉卒直出。⑩司马与分背，⑪盎解节旄怀之，⑫屐步行七十里，⑬明，见梁骑，驰去，遂归报。⑭

①文颖曰："婢也。"

②师古曰："驱驰而追，言疾速。"

③师古曰："为校中之司马，所领士卒，正当守盎。"

④师古曰："装赍，谓所赍衣物自随者也。醇者不杂，言其酽也。醪，汁滓合之酒也，音牢。"

⑤师古曰："陬，隅也。饮音于禁反。陬音子侯反，又音邹。"

⑥文颖曰："言汝有亲老。"

⑦师古曰："絫，古累字也，音力瑞反。"

⑧师古曰："弟，但也。"

⑨如淳曰："藏匿吾亲，不使遇害也。"晋灼曰："辟音避。"

⑩师古曰："于醉卒之处决帐而开，令通道得亡也。"

⑪师古曰："一时各去也。"

⑫如淳曰："不欲令人见。"

⑬如淳曰："著屐步行而逃亡。"

⑭文颖曰："梁骑将击吴楚者也。"师古曰："遇梁军之骑，遂因得脱，归报天子。"

吴楚已破，上更以元王子平陆侯礼为楚王，以盎为楚相。尝上书，不用。盎病免家居，与闾里浮湛，相随行斗鸡走狗。①洛阳剧孟尝过盎，盎善待之。安陵富人有谓盎曰："吾闻剧孟博徒，②将军何自通之？"盎曰："剧孟虽博徒，然母死，客送丧车千馀乘，此亦有过人者。且缓急人所有。③夫一旦叩门，不以亲为解，④不以在亡为辞，⑤天下所望者，独季心、剧孟。⑥今公阳从数骑，⑦一旦有缓急，宁足恃乎！"遂骂富人，弗与通。诸公闻之，皆多盎。⑧

①师古曰："湛读曰沉。"

②服虔曰："博戏之徒也。"

③师古曰："凡人在生，不能无缓急之事。"

④张晏曰："不语云亲不听也。"臣瓒曰："凡人之于赴难济厄，多以有父母为解，而孟兼行之。"师古曰："瓒说是也。解者，若今言分疏矣。"

⑤师古曰："或实在家，而辞云不在。"

⑥文颖曰："心，季布弟也。"

⑦邓展曰："阳，外也。"晋灼曰："阳犹常也。"师古曰："邓说是也。"

⑧师古曰："多犹重。"

盎虽居家，景帝时时使人问筹策。梁王欲求为嗣，盎进说，其后语塞。①梁王以此怨盎，使人刺盎。刺者至关中，问盎，称之皆不容口。②乃见盎曰："臣受梁王金刺君，君长者，不忍刺君。然后刺者十馀曹，③备之！"盎心不乐，家多怪，乃之棓生所问占。④还，梁刺客后曹果遮刺杀盎安陵郭门外。

①师古曰："塞，不行也。"

②师古曰："称美其德，口不能容也。"

③如淳曰："曹，辈也。"

④苏林曰："音栝。"文颖曰："音陪，秦时贤士善术者也。"师古曰："苏音文说是。"

晁错，颍川人也。①学申商刑名于轵张恢生所，②与洛阳宋孟及刘带同师。以文学为太常掌故。③

①晋灼曰："音厝置之厝。"师古曰："据申屠嘉傅序云'责通请错，匪躬之故'，以韵而言，晋音是也。潘岳西征赋乃读为错杂之错，不可依也。"

②师古曰："轵县之儒生姓张名恢，错从之受申商法也。"

③应劭曰："掌故，六百石吏，主故事。"

错为人陗直刻深。①孝文时，天下亡治尚书者，独闻齐有伏生，故秦博士，治尚书，年九十馀，老不可征。乃诏太常，使人受之。太常遣错受尚书伏生所，还，因上书称说。②诏以为太子舍人，门大夫，③迁博士。又上书言："人主所以尊显，功名扬于万世之后者，以知术数也。④故人主知所以临制臣下而治其众，则群臣畏服矣；知所以听言受事，则不欺蔽矣；知所以安利万民，则海内必从矣；知所以忠孝事上，则臣子之行备矣：此四者，臣窃为皇太子急之。人臣之议或曰皇太子亡以知事为也，⑤臣之愚，诚以为不然。窃观上世之君，不能奉其宗庙而劫杀于其臣者，皆不知术数者也。（皇太子所读书多矣，而未深知术数者也。）[3]皇太子所读书多矣，而未深知术数者，不问书说也。⑥夫多诵而不知其说，所谓劳苦而不为功。臣窃观皇太子材智高奇，驭射伎艺过人绝远，然于术数未有所守者，以陛下为心也。⑦窃愿陛下幸择圣人之术可用今世者，以赐皇太子，因时使太子陈明于前。唯陛下裁察。"上善之，于是拜错为太子家令。⑧以其辩得幸太子，太子家号曰"智囊"。⑨

①师古曰："陗字与峭同。峭谓峻陿也，音千笑反。"

②师古曰："称师法而说其义。"

③师古曰："初为舍人，又为门大夫。"

④张晏曰："术数，刑名之书也。"臣瓒曰："术数谓法制，治国之术也。"师古曰："瓒说是也。公孙弘云'擅生杀之力，通壅塞之途，权轻重之数，论得失之道，使远近情伪必见于上，谓之术。'此与错所言同耳。"

⑤师古曰："言何用知事。"

⑥师古曰："说谓所说之义也。"

⑦张晏曰："若伯鱼须仲尼教，乃读诗书也。"

⑧臣瓒曰："茂陵中书太子家令秩八百石。"

⑨师古曰："言其一身所有皆是智算，若囊橐之盛物也。"

是时匈奴强，数寇边，上发兵以御之。错上言兵事，曰：

臣闻汉兴以来，胡虏数入边地，小入则小利，大入则大利；高后时再入陇西，攻城屠邑，殴略畜产；①其后复入陇西，杀吏卒，大寇盗。窃闻战胜之威，民气百倍；②败兵之卒，没世不复。③自高后以来，陇西三困于匈奴矣，民气破伤，亡有胜意。今兹陇西之吏，赖社稷之神灵，奉陛下之明诏，和辑士卒，底厉其节，④起破伤之民以当乘胜之匈奴，用少击众，杀一王，败其众而（法曰）大有利。[4]非陇西之民有勇怯，乃将吏之制巧拙异也。故兵法曰："有必胜之将，无必胜之民。"繇此观之，⑤安边境，立功名，在于良将，不可不择也。

①师古曰："殴与驱同。"

②师古曰："益奋厉也。"

③师古曰："永挫折也。"

④师古曰："辑与集同。底与砥同。"

⑤师古曰："繇读与由同。"

臣又闻用兵，临战合刃之急者三：①一曰得地形，二曰卒服习，三曰器用利。兵法曰：丈五之沟，渐车之水，②山林积石，经川丘阜，③屮木所在，④此步兵之地也，车骑二不当一。土山丘陵，曼衍相属，⑤平原广野，此车骑之地，步兵十不当一。平陵相远，川谷居间，⑥仰高临下，此弓弩之地也，短兵百不当一。两陈相近，平地浅（草）〔屮〕，[5]可前可后，此长戟之地也，剑楯三不当一。（藿）〔崔〕苇竹萧，⑦[6]屮木蒙茏，支叶茂接，⑧此矛铤之地也，⑨长戟二不当一。曲道相伏，险阨相薄，此剑楯之地也，弓弩三不当一。士不选练，卒不服习，起居不精，动静不集，⑩趋利弗及，避难不毕，前击后解，与金鼓之（音）〔指〕相失，⑪[7]此不习勒卒之过也，百不当十。兵不完利，与空手同；甲不坚密，与袒裼同；⑫弩不可以及远，与短兵同；射不能中，与亡矢同；中不能入，与亡镞同：⑬此将不省兵之祸也，⑭五不当一。故兵法曰：器械不利，以其卒予敌也；卒不可用，以其将予敌也；将不知兵，以其主予敌也；君不择将，以其国予敌也。四者，（国）〔兵〕之至要也。[8]

①师古曰："合刃，谓交兵。"

②师古曰："渐读曰瀸，谓浸也，音子廉反。"

③师古曰："经川，常流之水也。大陆曰阜。"

④师古曰："屮，古草字。"

⑤师古曰："曼衍，犹联延也。属，续也。衍音弋战反。属音之欲反。"

⑥师古曰："远，离也。"

⑦师古曰："（崔乱）〔崔，藑〕也。[9]苇，葭也。萧，蒿也。崔音完。"

⑧师古曰："蒙茏，覆蔽之貌也。茏音来东反。"

⑨师古曰："铤，铁把短矛也，音上延反。"

⑩师古曰："集，齐也。"

⑪师古曰："金，金钲也。鼓所以进众，金所以止众也。"

⑫应劭曰："袒裼，肉袒也。"师古曰："裼音锡。"

⑬师古曰："镞，矢锋也，音子木反。"

⑭师古曰："省，视也。"

　　臣又闻小大异形，强弱异势，险易异备。①夫卑身以事强，小国之形也；合小以攻大，敌国之形也；②以蛮夷攻蛮夷，中国之形也。③今匈奴地形技艺与中国异。上下山阪，出入溪涧，中国之马弗与也；④险道倾仄，且驰且射，⑤中国之骑弗与也；风雨罢劳，饥渴不困，⑥中国之人弗与也：此匈奴之长技也。若夫平原易地，轻车突骑，⑦则匈奴之众易挠乱也；⑧劲弩长戟，射疏及远，⑨则匈奴之弓弗能格也；坚甲利刃，长短相杂，游弩往来，什伍俱前，⑩则匈奴之兵弗能当也；材官驺发，矢道同的，⑪则匈奴之革笥木荐弗能支也；⑫下马地斗，剑戟相接，去就相薄，⑬则匈奴之足弗能给也：⑭此中国之长技也。以此观之，匈奴之长技三，中国之长技五。陛下又兴数十万之众，以诛数万之匈奴，众寡之计，以一击十之术也。

①师古曰："易，平也，音弋豉反。"

②师古曰："彼我力均，不能相胜，则须连结外援共制之也。"

③师古曰："不烦华夏之兵，使其同类自相攻击也。"

④师古曰："与犹如。"

⑤师古曰："仄，古侧字。"

⑥师古曰："罢读曰疲。"

⑦师古曰："易亦平也。突骑，言其骁锐可用冲突敌人也。"

⑧师古曰：“挠，搅也，音火高反，其字从手。一曰，桡，曲也，弱也，音女教反，其字从木。”

⑨师古曰：“疏亦阔远也。”

⑩师古曰：“五人为伍，二伍为什。”

⑪苏林曰：“骲音马骤之骤。”如淳曰：“骲，矢也。处平易之地可以矢相射也。”臣瓒曰：“材官，骑射之官也。射者骲发，其用矢者同中一的，言其工妙也。”师古曰：“骲谓矢之善者也。春秋左氏传作取字，其音同耳。材官，有材力者。骲发，发骲矢以射也。手工矢善，故中则同的。的谓所射之准臬也。苏音失之矣。臬音牛列反，即谓橛也。”

⑫孟康曰：“革笥，以皮作如铠者被之。木荐，以木板作如楯。一曰，革笥若楯，木荐之以当人心也。”师古曰：“一说非也。笥音息嗣反。”

⑬师古曰：“薄，迫也。”

⑭师古曰：“给谓相连及。”

　　虽然，兵，凶器；战，危事也。以大为小，以强为弱，在俛卬之间耳。①夫以人之死争胜，跌而不振，②则悔之亡及也。帝王之道，出于万全。今降胡义渠蛮夷之属来归谊者，其众数千，饮食长技与匈奴同，可赐之坚甲絮衣，劲弓利矢，益以边郡之良骑。令明将能知其习俗和辑其心者，③以陛下之明约将之。即有险阻，以此当之；平地通道，则以轻车材官制之。两军相为表里，各用其长技，衡加之以众，④此万全之术也。

①师古曰：“言不知其术，则虽大必小，虽强必弱也。俛亦俯字。卬读曰仰。”

②服虔曰："蹉跌不可复起也。"师古曰："跌，足失据也。跌音徒结反。"

③师古曰："辑与集同也。"

④张晏曰："衡音横。"师古曰："衡即横耳，无劳借音。"

传曰："狂夫之言，而明主择焉。"臣错愚陋，昧死上狂言，唯陛下财择。①

①师古曰："财与裁同也。"

文帝嘉之，乃赐 错玺书宠答焉，曰："皇帝问太子家令：上书言兵体三章，闻之。①书言'狂夫之言，而明主择焉'，今则不然。言者不狂，而择者不明，国之大患，故在于此。使夫不明择于不狂，是以万听而万不当也。"

①李奇曰："三者，得地形，卒服习，器用利。"

错复言守边备塞，劝农力本，当世急务二事，曰：

臣闻秦时北攻胡貉，筑塞河上，①南攻杨粤，②置戍卒焉。其起兵而攻胡、粤者，非以卫边地而救民死也，贪戾而欲广大也，故功未立而天下乱。且夫起兵而不知其势，战则为人禽，屯则卒积死。夫胡貉之地，积阴之处也，木皮三寸，冰厚六尺，③食肉而饮酪，其人密理，鸟兽毳毛，④其性能寒。⑤杨粤之地少阴多阳，其人疏理，鸟兽希毛，其性能暑。秦之戍卒不能其水土，戍者死于边，输者偾于道。⑥秦民见行，如往弃市，因以谪发之，名曰"谪戍"。先发吏有谪及赘婿、贾人，后以尝有市籍者，又后以大父母、父母尝有市籍者，后入闾，取其左。⑦发之不顺，行者深怨，有背畔之心。凡民守战至死而不降北者，以计为之也。⑧故战胜守固则有拜爵之赏，攻城屠邑则得其财卤以富家室，故能使其众蒙矢石，赴汤火，⑨视死如生。今秦之发卒也，有万死之害，而亡铢两之报，死事之后不得一算之复，⑩天下明知祸烈及己也。⑪陈胜行戍，至于大泽，为天下先倡，⑫天下从之如流水者，秦以威劫而行之之敝也。

①师古曰："貉音莫客反。"

②张晏曰："杨州之南越也。"

③文颖曰："土地寒故也。"

④师古曰："密理，谓其肌肉也。毳，细毛也。"

⑤师古曰："能读曰耐。此下能暑亦同。"

⑥服虔曰："偾，仆也。"如淳曰："偾音奋。"

⑦孟康曰："秦时复除者居闾之左，后发役不供，复役之也。或云直先发取其左也。"师古曰："闾，里门也。居闾之左者，一切皆发之，非谓复除也。解在食货志。"

⑧师古曰："北谓败退。"

⑨师古曰："蒙，冒犯也。"

⑩师古曰："复，复除也，音方目反。"

⑪师古曰："猛火曰烈，取以喻耳。"

⑫师古曰："倡读曰唱。"

胡人衣食之业不著于地，①其势易以扰乱边竟。②何以明之？胡人食肉饮酪，衣皮毛，非有城郭田宅之归居，如飞鸟走兽于广野，③美草甘水则止，草尽水竭则移。以是观之，往来转徙，时至时去，此胡人之生业，而中国之所以离南晦也。④今使胡人数处转牧行猎于塞下，或当燕代，或当上郡、北地、陇西，以候备塞之卒，卒少则入。陛下不救，则边民绝望而有降敌之心；救之，少发则不足，多发，远县才至，则胡又已去。⑤聚而不罢，为费甚大；罢之，则胡复入。如此连年，则中国贫苦而民不安矣。

①师古曰："著音直略反。"

②师古曰："竟读曰境。"

③师古曰："壄，古野字也。"

④师古曰："晦，古亩字也。南亩，耕种之处也。"

⑤李奇曰："才音裁。"师古曰："才，浅也，犹言仅至也。他皆类此。"

陛下幸忧边境，遣将吏发卒以治塞，甚大惠也。然令远方之卒守塞，一岁而更，①不知胡人之能，不如选常居者，家室田作，且以备之。以便为之高城深堑，具蔺石，布渠答，②复为一城其内，城间百五十步。要害之处，通川之道，调立城邑，毋下千家，③为中周虎落。④先为室屋，具田器，乃募罪人及免徒复作令居之；⑤不足，募以丁奴婢赎罪及输奴婢欲以拜爵者；不足，乃募民之欲往者。皆赐高爵，复其家。⑥予冬夏衣，廪食，能自给而止。⑦郡县之民得买其爵，以自增至卿。⑧其亡夫若妻者，县官买予之。人情非有匹敌，不能久安其处。塞下之民，禄利不厚，不可使久居危难之地。胡人入驱而能止其所驱者，以其半予之，⑨县官为赎其民。⑩〔10〕如是，则邑里相救助，赴胡不避死。非以德上也，⑪欲全亲戚而利其财也。此与东方之（戍）〔戌〕卒[11]不习地势而心畏胡者，功相万也。⑫以陛下之时，徙民实边，使远方无屯戍之事，塞下之民父子相保，亡系虏之患，利施后世，名称圣明，其与秦之行怨民，相去远矣。⑬

①师古曰："更谓易代也，音庚，又读如本字。"

②服虔曰："蔺石，可投人石也。"苏林曰："渠答，铁疾藜也。"如淳曰："蔺石，城上雷石也。墨子曰：'城上二步一渠，立程长三尺，冠长十尺，臂长六尺；二步一答，广九尺，袤十二尺。'"师古曰："蔺石，如说是也。渠答，苏说是也。雷音来内反。"

③师古曰："调谓算度之也。总计城邑之中令有千家以上也。调音徒钓反。"

④郑氏曰："虎落者，外蕃也，若今时竹虎也。"苏林曰："作虎落于塞要下，以沙布其表，旦视其迹，以知匈奴来入，一名天田。"师古曰："苏说非也。虎落者，以竹篾相连遮落之也。"

⑤张晏曰："募民有罪自首，除罪定输作者也，复作如徒也。"臣瓒曰："募有罪者及罪人遇赦复作竟其日月者，今皆除其罚，令居之也。"师古曰："瓒说是也。复音扶目反。"

⑥师古曰："复音方目反。"

⑦师古曰："初徙之时，县官且禀给其衣食，于后能自供赡乃止也。"

⑧孟康曰："食货志所谓乐卿者也，朝位从卿而无职也。"师古曰："孟说非也。乐卿武帝所置耳，错之上书未得豫言之也。然二十等爵内无有卿名，盖谓其等级同列卿者也。"

⑨孟康曰："谓胡人入为寇，驱收中国，能夺得之者，以半与之。"师古曰："孟说非也。言胡人入为寇，驱略汉人及畜产，而它人能止得其所驱者，令其本主以半赏之。"

⑩张晏曰："得汉人，官为赎也。"师古曰："此承上句之言，谓官为备价赎之耳。张说非也。"

⑪师古曰："言非以此事欲立德义于主上也。"

⑫如淳曰："东方诸郡民不习战斗当戍边者也。"

⑬师古曰："言发怨恨之人使行戍役也。"

上从其言，募民徙塞下。错复言：

　　陛下幸募民相徙以实塞下，使屯戍之事益省，输将之费益寡，①甚大惠也。下吏诚能称厚惠，奉明法，②存恤所徙之老弱，善遇其壮士，和辑其心而勿侵刻，③使先至者安乐而不思故乡，则贫民相募而劝往矣。臣闻古之徙远方以实广虚也，④相其阴阳之和，尝其水泉之味，审其土地之宜，观其屮木之饶，然后营邑立城，制里割宅，通田作之道，正阡陌之界，先为筑室，家有一堂二内，门户之闭，⑤置器物焉，民至有所居，作有所用，此民所以轻去故乡而劝之新（色）〔邑〕也。⑥〔12〕为置医巫，以救疾病，以脩祭祀，男女有昏，⑦生死相恤，坟墓相从，种树畜长，⑧室屋完安，此所以使民乐其处而有长居之心也。

①如淳曰："将，送也。或曰，将，资也。"

②师古曰："称，副也。"

③师古曰："辑与集同。"

④师古曰："所以充实宽广空虚之地。"

⑤张晏曰："二内，二房也。"

⑥师古曰："之，往也。"

⑦师古曰："昏谓婚姻配合也。"

⑧张晏曰："畜长，六畜也。"师古曰："种树谓桑果之属。长音竹两反。"

　　臣又闻古之制边县以备敌也，使五家为伍，伍有长；十长一里，里有假士；四里一连，连有假五百；①十连一邑，邑有假候：皆择其邑之贤材有护，②习地形知民心者，居则习民于射法，出则教民于应敌。故卒伍成于内，则军正定于外。服习以成，勿令迁徙，③幼则同游，长则共事。夜战声相知，则足以相救；昼战目相见，则足以相识；骊爱之心，足以相死。如此而劝以厚赏，威以重罚，则前死不还踵矣。④所徙之民非壮有材力，但费衣粮，不可用也；虽有材力，不得良吏，犹亡功也。

①服虔曰："假音假借之假。五百，帅名也。"师古曰："假，大也，音工雅反。"

②师古曰："有保护之能者也。今流俗书本护字作让，妄改之耳。"

③师古曰："各守其业也。"

④师古曰："还读曰旋。旋踵，回旋其足也。"

陛下绝匈奴不与和亲，臣窃意其冬来南也，①壹大治，则终身创矣。②欲立威者，始于折胶，③来而不能困，使得气去，④后未易服也。愚臣亡识，唯陛下财察。

①师古曰："意，疑之也。"

②师古曰："创，惩艾也，音初亮反。"

③苏林曰："秋气至，胶可折，弓弩可用，匈奴常以为候而出（车）〔军〕。"[13]

④师古曰："使之得胜，逞志气而去。"

后诏有司举贤良文学士，错在选中。上亲策诏之，曰：

惟十有五年九月壬子，皇帝曰：昔者大禹勤求贤士，施及方外，①四极之内，舟车所至，人迹所及，靡不闻命，以辅其不逮；②近者献其明，远者通厥聪，比善戮力，以翼天子。③是以大禹能亡失德，夏以长楙。④高皇帝亲除大害，去乱从，⑤并建豪英，以为官师，⑥为谏争，辅天子之阙，而翼戴汉宗也。赖天之灵，宗庙之福，方内以安，泽及四夷。今朕获执天子之正，以承宗庙之祀，朕既不德，又不敏，明弗能烛，而智不能治，此大夫之所著闻也。故诏有司、诸侯王、三公、九卿及主郡吏，⑦各帅其志，以选贤良明于国家之大体，通于人事之终始，及能直言极谏者，各有人数，将以匡朕之不逮。二三大夫之行当此三道，⑧朕甚嘉之，故登大夫于朝，亲谕朕志。⑨大夫其上三道之要，及永惟朕之不德，吏之不平，政之不宣，民之不宁，⑩四者之阙，悉陈其志，毋有所隐。上以荐先帝之宗庙，下以兴愚民之休利，著之于篇，⑪朕亲览焉，观大夫所以佐朕，至与不至。书之，周之密之，重之闭之。⑫兴自朕躬，⑬大夫其正论，毋枉执事。⑭乌虖，戒之！⑮二三大夫其帅志毋怠！

①师古曰："施，延也，音弋豉反。"

②师古曰："意所不及者，取其言以自辅也。"

③师古曰："比，和也。翼，助也。比音频寐反。"

④师古曰："揫，美也。"

⑤师古曰："从音子容反。乱从，谓祸乱之踪迹也。一曰，乱谓作乱者，从谓合从者，若六国时为从者也。今书本从下或有顺字，或有治字，皆非也，后人妄加之也。"

⑥师古曰："师，长也，各为一官之长也。字或作帅，音所类反。"

⑦师古曰："主郡吏，谓郡守也。"

⑧张晏曰："三道，国体、人事、直言也。"师古曰："二三大夫，总谓当时受策者，非止错一人焉。"

⑨师古曰："谕，告也。"

⑩师古曰："永犹深也。惟，思也。"

⑪师古曰:"休,美也。篇谓简也。"

⑫师古曰:"重音直龙反。"

⑬师古曰:"言朕自发视之。"

⑭张晏曰:"毋为有司枉桡也。"

⑮师古曰:"虖读曰呼。"

错对曰:

平阳侯臣窑、①汝阴侯臣灶、②颍阴侯臣何、③廷尉臣宜昌、陇西太守臣昆邪④所选贤良太子家令臣错⑤昧死再拜言:臣窃闻古之贤主莫不求贤以为辅翼,故黄帝得力牧而为五帝〔先〕,⑥[14]大禹得咎繇而为三王祖,齐桓得筦子而为五伯长。⑦今陛下讲于大禹及高皇帝之建豪英也,⑧退托于不明,以求贤良,⑨让之至也。臣窃观上世之传,⑩若高皇帝之建功业,陛下之德厚而得贤佐,皆有司之所览,刻于玉版,藏于金匮,历之春秋,纪之后世,为帝者祖宗,与天地相终。今臣窑等乃以臣错充赋,⑪甚不称明诏求贤之意。臣错草茅臣,亡识知,昧死上愚对,曰:

①孟康曰:"曹窑,参子也。"

②如淳曰:"夏侯婴子也。"

③文颖曰:"灌婴子。"

④服虔曰:"公孙昆邪也。"师古曰:"昆读曰混,音下昆反。"

⑤师古曰:"诏列侯九卿及郡守举贤良,故错为窑等所举。"

⑥服虔曰:"力牧,黄帝之佐也。"

⑦师古曰:"筦字与管同。伯读曰霸。"

⑧臣瓒曰:"讲谓讲议也。"

⑨师古曰:"自托不明,是谦退。"

⑩师古曰："谓史传。"

⑪〔如淳〕曰：[15]"犹言备数也。"臣瓒曰："充赋，此错之谦也，云如赋调也。"

诏策曰"明于国家大体"，愚臣窃以古之五帝明之。臣闻五帝神圣，其臣莫能及，故自亲事，①处于法宫之中，明堂之上；②动静上配天，下顺地，中得人。故众生之类亡不覆也，根著之徒亡不载也；③烛以光明，亡偏异也；④德上及飞鸟，下至水虫，草木诸产，皆被其泽。⑤然后阴阳调，四时节，日月光，风雨时，膏露降，⑥五谷孰，祅孽灭，贼气息，民不疾疫，河出图，洛出书，神龙至，凤鸟翔，德泽满天下，灵光施四海。此谓配天地，治国大体之功也。

①师古曰："亲理万机之务。"

②如淳曰："法宫，路寝正殿也。"

③师古曰："有根著地者皆载之也。著音直略反。"

④师古曰："烛，照也。"

⑤师古曰："被音皮义反。"

⑥师古曰："甘露凝如膏。"

诏策曰"通于人事终始"，愚臣窃以古之三王明之。臣闻三王臣主俱贤，故合谋相辅，计安天下，莫不本于人情。人情莫不欲寿，三王生而不伤也；人情莫不欲富，三王厚而不困也；人情莫不欲安，三王扶而不危也；人情莫不欲逸，三王节其力而不尽也。其为法令也，合于人情而后行之；其动众使民也，本于人事然后为之。取人以己，内恕及人。①情之所恶，不以强人；情之所欲，不以禁民。是以天下乐其政，归其德，望之若父母，从之若流水；百姓和亲，国家安宁，名位不失，施及后世。②此明于人情终始之功也。

①师古曰："以己之心揆之于人也。"
②师古曰："施，延也，音弋豉反。"

诏策曰"直言极谏"，愚臣窃以<u>五伯</u>之臣明之。①臣闻<u>五伯</u>不及其臣，故属之以国，任之以事。②<u>五伯</u>之佐之为人臣也，察身而不敢诬，③奉法令不容私，尽心力不敢矜，④遭患难不避死，见贤不居其上，受禄不过其量，不以亡能居尊显之位。自行若此，可谓方正之士矣。其立法也，非以苦民伤众而为之机陷也，⑤以之兴利除害，尊主安民而救暴乱也。其行赏也，非虚取民财妄予人也，以劝天下之忠孝而明其功也。故功多者赏厚，功少者赏薄。如此，敛民财以顾其功，⑥而民不恨者，知与而安己也。其行罚也，非以忿怒妄诛而从暴心也，⑦以禁天下不忠不孝而害国者也。故罪大者罚重，罪小者罚轻。如此，民虽伏罪至死而不怨者，知罪罚之至，自取之也。立法若此，可谓平正之吏矣。法之逆者，请而更之，不以伤民；⑧主行之暴者，逆而复之，不以伤国。⑨救主之失，补主之过，扬主之美，明主之功，使主内亡邪辟之行，外亡骞污之名。⑩事君若此，可谓直言极谏之士矣。此<u>五伯</u>之所以德匡天下，威正诸侯，功业甚美，名声章明。举天下之贤主，<u>五伯</u>与焉，⑪此身不及其臣而使得直言极谏补其不逮之功也。今陛下人民之众，威武之重，德惠之厚，令行禁止之势，万万于<u>五伯</u>，而赐愚臣策曰"匡朕之不逮"，愚臣何足以识陛下之高明而奉承之！

①师古曰："伯读曰霸。"

②师古曰："属，委也，音之欲反。"

③师古曰："各察己之材用，不敢逾越而诬上。"

④师古曰："矜谓自伐也。"

⑤孟康曰："机，发也。陷，阱也。"

⑥师古曰："顾，雇也，若今言雇赁也。"

⑦师古曰："从读曰纵。"

⑧师古曰："更，改也。"

⑨师古曰："谓逆主意而反还之，不令施行，致伤国也。复音扶目反。"

⑩师古曰："辟读曰僻。骞，损也。污，辱也。"

⑪师古曰："与读曰豫。"

诏策曰"吏之不平，政之不宣，民之不宁"，愚臣窃以秦事明之。臣闻秦始并天下之时，其主不及三王，而臣不及其佐，①然功力不迟者，何也？地形便，山川利，财用足，民利战。其所与并者六国，六国者，臣主皆不肖，谋不辑，②民不用，故当此之时，秦最富强。夫国富强而邻国乱者，帝王之资也，故秦能兼六国，立为天子。当此之时，三王之功不能进焉。③及其末涂之衰也，任不肖而信谗贼；宫室过度，奢欲亡极，④民力罢尽，赋敛不节；⑤矜奋自贤，群臣恐谀，⑥骄溢纵恣，不顾患祸；妄赏以随（善）〔喜〕意，〔16〕妄诛以快怒心，法令烦憯，⑦刑罚暴酷，轻绝人命，身自射杀；天下寒心，莫安其处。奸邪之吏，乘其乱法，以成其威，狱官主断，生杀自恣。上下瓦解，各自为制。秦始乱之时，吏之所先侵者，贫人贱民也；至其中节，所侵者富人吏家也；及其末涂，所侵者宗室大臣也。是故亲疏皆危，外内咸怨，离散逋逃，人有走心。陈胜先倡，天下大溃，⑧绝祀亡世，为异姓福。此吏不平，政不宣，民不宁之祸也。今陛下配天象地，覆露万民，⑨绝秦之迹，除其乱法；躬亲本事，废去淫末；除苛解娆，⑩宽大爱人；肉刑不用，罪人亡笞；⑪非谤不治，铸钱者除；⑫通关去塞，⑬不孽诸侯；⑭宾礼长老，爱恤少孤；罪人有期，⑮后宫出嫁；尊赐孝悌，农民不租；⑯明诏军师，爱士大夫；求进方正，废退奸邪；除去阴刑，⑰害民者诛；忧劳百姓，列侯就都；⑱亲耕节用，视民不奢。⑲所为天下兴利除害，变法易故，以安海内者，大功数十，皆上世之所难及，陛下行之，道纯德厚，元元之民幸矣。

①师古曰："臣亦不及三王之佐。"

②师古曰："辑与集同。辑，和也。"

③师古曰："进，前也，言不在秦之前也。"

④师古曰："耆读曰嗜。"

⑤师古曰："罢读曰疲。"

⑥张晏曰："恐机发陷祸而为谄谀以求自全也。"师古曰："此说非也。直为恐惧而为谄谀也。恐音丘勇反。"

⑦师古曰："憯，痛也。言痛害于下。憯音千感反。"

⑧师古曰："倡读曰唱。"

⑨如淳曰："覆，荫也。露，膏泽也。"

⑩文颖曰："娆，烦绕也。"师古曰："音如绍反。"

⑪师古曰："谓除收帑相坐律。亡读曰无。帑读曰孥。"

⑫张晏曰："除铸钱之律，听民得自铸也。"师古曰："非读曰诽。"

⑬张晏曰："文帝十二年，除关不用传。"

⑭应劭曰："接之以礼，不以庶孽畜之。"如淳曰："孽，疑也。去关禁，明无疑于诸侯。"师古曰："应说是。"

⑮张晏曰："早决之也。"晋灼曰："刑法志云'罪人各以轻重不亡逃，有年而免'。满其年，免为庶人也。"师古曰："晋说是也。"

⑯张晏曰："足用则除租也。"

⑰张晏曰："宫刑也。"

⑱师古曰："各就其国也。"

⑲师古曰："视读曰示。"

诏策曰"永惟朕之不德"，愚臣不足以当之。

诏策曰"悉陈其志，毋有所隐"，愚臣窃以五帝之贤臣明之。臣闻五帝其臣莫能及，则自亲之；三王臣主俱贤，则共忧之；五伯不及其臣，则任使之。此所以神明不遗，而圣贤不废也，①故各当其世而立功德焉。传曰"往者不可及，来者犹可待，②能明其世者谓之天子"，此之谓也。窃闻战不胜者易其地，民贫穷者变其业。今以陛下神明德厚，资财不下五帝，③临制天下，至今十有六年，民不益富，盗贼不衰，边竟未安，④其所以然，意者陛下未之躬亲，而待群臣也。今执事之臣皆天下之选已，⑤然莫能望陛下清光，⑥譬之犹五帝之佐也。陛下不自躬亲，而待不望清光之臣，臣窃恐神明之遗也。⑦日损一日，岁亡一岁，日月益暮，盛德不及究于天下，⑧以传万世，愚臣不自度量，窃为陛下惜之。昧死上狂惑草茅之愚，臣言唯陛下财择。

①师古曰："遗，弃也。不弃神明之德，不废圣贤之名。"

②师古曰："言各当其时务立功也。"

③师古曰："资，质也，谓天子之财质。"

④师古曰："竟读曰境。"

⑤师古曰："已，语终之辞。"

⑥晋灼曰："今之臣不能望见陛下之光景所及。"

⑦师古曰："言天子虚弃神明之德。"

⑧师古曰："究，竟也。"

时贾谊已死，对策者百馀人，唯错为高第，繇是迁中大夫。①

①师古曰："繇读与由同。"

错又言宜削诸侯事，及法令可更定者，书凡三十篇。孝文虽不尽听，然奇其材。当是时，太子善错计策，爰盎诸大功臣多不好错。

景帝即位，以错为内史。错数请间言事，辄听，幸倾九卿，法令多所更定。丞相申屠嘉心弗便，力未有以伤。内史府居太上庙堧中，①门东出，不便，错乃穿门南出，凿庙堧垣。丞相大怒，欲因此过为奏请诛错。错闻之，即请间为上言之。丞相奏事，因言错擅凿庙垣为门，请下廷尉诛。上曰："此非庙垣，乃堧中垣，不致于法。"丞相谢。②罢朝，因怒谓长史曰："吾当先斩以闻，乃先请，固误。"丞相遂发病死。错以此愈贵。

①师古曰："堧者，内垣之外游地也，音人缘反。"
②师古曰："以所奏不当天子意，故谢。"

迁为御史大夫，请诸侯之罪过，削其支郡。①奏上，上〔令〕公卿列侯宗室〔杂议〕，[17]莫敢难，独窦婴争之，繇此与错有隙。②错所更令三十章，③诸侯讙哗。错父闻之，从颍川来，谓错曰："上初即位，公为政用事，④侵削诸侯，疏人骨肉，口让多怨，公何为也！"⑤错曰："固也。⑥不如此，天子不尊，宗庙不安。"父曰："刘氏安矣，而晁氏危矣，吾去公归矣！"遂饮药死，曰："吾不忍见祸逮身。"

①师古曰："支郡，在国之四边者也。"

②师古曰："颢读与由同。"

③师古曰："更，改也。"

④如淳曰："错为御史大夫，位三公也。"

⑤师古曰："让，责也。"

⑥师古曰："言固当如此。"

后十馀日，吴楚七国俱反，以诛错为名。上与错议出军事，错欲令上自将兵，而身居守。会窦婴言爰盎，诏召入见，上方与错调兵食。①上问盎曰："君尝为吴相，知吴臣田禄伯为人虖？今吴楚反，于公意何如？"对曰："不足忧也，今破矣。"上曰："吴王即山铸钱，煮海为盐，②诱天下豪桀，白头举事，此其计不百全，岂发虖？何以言其无能为也？"盎对曰："吴铜盐之利则有之，安得豪桀而诱之！诚令吴得豪桀，亦且辅而为谊，不反矣。吴所诱，皆亡赖子弟，亡命铸钱奸人，故相诱以乱。"错曰："盎策之善。"上问曰："计安出？"盎对曰："愿屏左右。"上屏人，独错在。盎曰："臣所言，人臣不得知。"乃屏错。错趋避东箱，甚恨。上卒问盎，③对曰："吴楚相遗书，言高皇帝王子弟各有分地，④今贼臣晁错擅适诸侯，削夺之地，⑤以故反名为西共诛错，复故地而罢。方今计，独有斩错，发使赦吴楚七国，复其故地，则兵可毋血刃而俱罢。"于是上默然，良久曰："顾诚何如，吾不爱一人谢天下。"⑥盎曰："愚计出此，唯上孰计之。"乃拜盎为太常，密装治行。

①师古曰："调谓计发之也，音徒钓反。"

②师古曰："即，就也。"

③师古曰："卒，竟也。"

④师古曰："分音扶问反。"

⑤师古曰："適读曰谪。"

⑥师古曰："顾，念也。诚，实也。"

后十馀日，丞相青翟、中尉嘉、廷尉瓯①劾奏错曰："吴王反逆亡道，欲危宗庙，天下所当共诛。今御史大夫错议曰：'兵数百万，独属群臣，不可信，②陛下不如自出临兵，使错居守。徐、僮之旁吴所未下者可以予吴。'③错不称陛下德信，欲疏群臣百姓，又欲以城邑予吴，亡臣子礼，大逆无道。错当要斩，父母妻子同产无少长皆弃市。臣请论如法。"制曰："可。"错殊不知。乃使中尉召错，绐载行市。④错衣朝衣斩东市。⑤

①师古曰："张瓯也，音区。"

②师古曰："属，委也，音之欲反。"

③邓展曰："徐、僮，临淮二县也。"

④师古曰："诳云乘车案行市中也。行音下更反。"

⑤师古曰："朝衣，朝服也。"

错已死，谒者仆射邓公为校尉，击吴楚为将。还，上书言军事，见上。上问曰："道军所来，①闻晁错死，吴楚罢不？"邓公曰："吴为反数十岁矣，发怒削地，以诛错为名，其意不在错也。且臣恐天下之士拑口不敢复言矣。"②上曰："何哉？"邓公曰："夫晁错患诸侯强大不可制，故请削之，以尊京师，万世之利也。计画始行，卒受大戮，③内杜忠臣之口，外为诸侯报仇，④臣窃为陛下不取也。"于是景帝喟然长息，曰："公言善，吾亦恨之。"

乃拜邓公为城阳中尉。

①如淳曰："道路从吴军所来也。"师古曰："道军所来，即是从军所来耳，无烦更说道路也。"

②师古曰："拑音其炎反。"

③师古曰："卒，竟也。"

④师古曰："杜，塞也。"

邓公，成固人也，①多奇计。建元年中，上招贤良，公卿言邓先。②邓先时免，起家为九卿。一年，复谢病免归。其子章，以修黄老言显诸公间。

①师古曰："汉中之县。"

②师古曰："邓先，犹云邓先生也。一曰，先者其名也。"

赞曰：爰盎虽不好学，亦善傅会，①仁心为质，引义慷慨。遭孝文初立，资适逢世。②时已变易，③及吴壹说，果于用辩，④身亦不遂。晁错锐于为国远虑，而不见身害。其父睹之，经于沟渎，⑤亡益救败，不如赵母指括，以全其宗。⑥悲夫！错虽不终，世哀其忠。故论其施行之语著于篇。

①张晏曰："因宜附著合会之。"

②张晏曰："资，财也，适值其世，得骋其才。"

③张晏曰："谓景帝。"

④师古曰："谓杀晁错也。"

⑤师古曰："论语称孔子曰：'岂若匹夫匹妇之为谅也，自经于沟渎，人莫之知。'故赞引之云。"

⑥张晏曰："赵奢卒，赵使赵括为将，其母言之赵王曰：'愿王易括。'

王不许。母要王：'〔括〕有罪，愿不坐，[18]'王许之。后括果败于
长平，以母前约故，卒得不坐。"

【校勘记】

〔1〕　(师古)〔如淳〕曰：　景祐、殿本都作"如淳"，史记集解引亦
作"如淳"。

〔2〕　愿(致)〔至〕前，口对状。　景祐、殿本都作"至"。王先谦说
作"至"是。

〔3〕　(皇太子所读书多矣，而未深知术数者也。)　景祐、汲古、殿、局本
都无此十六字。

〔4〕　败其众而(法曰)大有利。　宋祁说当从浙本作"败其众而有大
利"。王先谦说通志九十七晁错传亦作"败其众而有大利"。

〔5〕　平地浅(草)〔屮〕，　景祐、殿本都作"屮"。

〔6〕　(藋)〔萑〕苇竹萧，　景祐、殿本都作"萑"，此误。注同。

〔7〕　与金鼓之(音)〔指〕相失，　景祐本作"指"。王念孙说作
"指"是。

〔8〕　四者，(国)〔兵〕之至要也。　景祐、殿本都作"兵"。王先谦
说作"兵"是。

〔9〕　(藋乱)〔萑，薍〕也。　景祐、殿本都作"萑薍"，此误。

〔10〕　县官为赎其民。⑩　注⑩原在"为赎"下。　刘敞说"其民"
当连上句。　王先谦说刘说是。

〔11〕　此与东方之(戎)〔戍〕卒。　景祐、殿本都作"戍"。王先谦
说作"戍"是。

〔12〕　此民所以轻去故乡而劝之新(色)〔邑〕也。　钱大昭说"色"
当作"邑"。按景祐、汲古、殿、局本都作"邑"。

〔13〕　匈奴常以为候而出(车)〔军〕。　景祐、殿本都作"军"。王先
谦说作"军"是。

〔14〕　故黄帝得力牧而为五帝〔先〕，　景佑、殿本都有"先"字。

<u>王先谦</u>说有"先"字是。

〔15〕 〔<u>如淳</u>〕曰： <u>景佑</u>、殿本都有"如淳"二字，此脱。

〔16〕 妄赏以随 (善)〔喜〕意， <u>景祐</u>、殿本都作"喜"。

〔17〕 上〔令〕公卿列侯宗室〔杂议〕， <u>景祐</u>、殿本都有"令"及
"杂议"字。

〔18〕 〔<u>括</u>〕有罪，愿不坐。 <u>景祐</u>、殿本都有"括"字。

汉 书 卷 五 十

张冯汲郑传第二十

张释之字季，南阳堵阳人也。① 与兄仲同居，以赀为骑郎，②事文帝，十年不得调，③亡所知名。释之曰："久宦减仲之产，不遂。"④欲免归。中郎将爰盎知其贤，惜其去，乃请徙释之补谒者。释之既朝毕，因前言便宜事。文帝曰："卑之，毋甚高论，⑤令今可行也。"于是释之言秦汉之间事，秦所以失，汉所以兴者。文帝称善，拜释之为谒者仆射。

①师古曰："堵音者。"

②苏林曰："雇钱若出谷也。"如淳曰："汉注赀五百万得为常侍郎。"

　师古曰："如说是也。"

③师古曰："调，选也，音徒钓反。"

④师古曰："遂犹达。"

⑤师古曰："令其议论依附时事也。"

从行，上登虎圈，①问上林尉禽兽簿，②十馀问，尉左右视，尽不能对。③虎圈啬夫从旁代尉对上所问禽兽簿甚悉，④欲以观其能口对向应亡穷者。⑤文帝曰："吏不当如此邪？尉亡赖！"⑥诏释之拜啬夫为上林令。释之前曰："陛下以绛侯周勃何如人也？"上曰："长者。"又复问："东阳侯张相如何如人也？"上复曰："长者。"释之曰："夫绛侯、东阳侯称为长者，此两人言事曾不能出口，岂效此啬夫喋喋利口捷给哉！⑦且秦以任刀笔之吏，争以亟疾苛察相高，⑧其敝徒文具，亡恻隐之实。⑨以故不闻其过，陵夷至于二世，天下土崩。⑩今陛下以啬夫口辩而超迁之，臣恐天下随风靡，争口辩，亡其实。且下之化上，疾于景向，举错不可不察也。"⑪文帝曰："善。"乃止，不拜啬夫。

①师古曰："圈，养兽之所也，音求远反。"
②师古曰："簿谓簿书也，音步户反。"
③师古曰："视其属官，皆不能对也。"
④师古曰："悉谓详尽也。"
⑤师古曰："观犹示也。向读曰（向）〔响〕。[1]如响应声，言其疾也。"
⑥张晏曰："材无可恃也。"
⑦晋灼曰："喋音牒。"
⑧师古曰："亟，急也，音居力反。"
⑨师古曰："文具，谓具文而已。"
⑩师古曰："陵夷，颓替也，解在成纪。"
⑪师古曰："向读曰響。错音千故反。"

就车，召释之骖乘，徐行，行问释之秦之敝。①具以质言。②至宫，上拜释之为公车令。

①师古曰："行问，且行且问也。"

②如淳曰："质，诚也。"

顷之，太子与梁王共车入朝，不下司马门，①于是释之追止太子、梁王毋入殿门。遂劾不下公门不敬，奏之。薄太后闻之，文帝免冠谢曰："教儿子不谨。"薄太后使使承诏赦太子、梁王，然后得入。文帝繇是奇释之，②拜为中大夫。

①如淳曰："宫卫令'诸出入殿门公车司马门者皆下，不如令，罚金四两'。"

②师古曰："繇读与由同。"

顷之，至中郎将。从行至霸陵，上居外临厕。①时慎夫人从，上指视慎夫人新丰道，曰："此走邯郸道也。"②使慎夫人鼓瑟，上自倚瑟而歌，③意凄怆悲怀，顾谓君臣曰："嗟乎！以北山石为椁，用纻絮斫陈漆其间，岂可动哉！"④左右皆曰："善"。释之前曰："使其中有可欲，虽锢南山犹有隙；使其中亡可欲，虽亡石椁，又何戚焉？"⑤文帝称善。其后，拜释之为廷尉。

①师古曰："厕，岸之边侧也。解在刘向传。"

②张晏曰："慎夫人，邯郸人也。"如淳曰："走音奏。奏，趣也。"师古曰："视读曰示。"

③李奇曰："声气依倚瑟也。"师古曰："倚瑟，即今之以歌合曲也。倚音于绮反。"

④师古曰："纻音竹吕反。斫音侧略反。"

⑤师古曰："解并在刘向传。"

顷之，上行出中渭桥，①有一人从桥下走，乘舆马惊。于是使骑捕之，属廷尉。②释之治问。曰："县人来，③闻跸，匿桥下。

久，以为行过，④既出，见车骑，即走耳。"释之奏当：此人犯跸，⑤当罚金。上怒曰："此人亲惊吾马，马赖和柔，令它马，固不败伤我乎？而廷尉乃当之罚金！"释之曰："法者天子所与天下公共也。⑥今法如是，更重之，是法不信于民也。且方其时，上使使诛之则已。⑦今已下廷尉，廷尉，天下之平也，壹倾，天下用法皆为之轻重，民安所错其手足？⑧唯陛下察之。"上良久曰："廷尉当是也。"

①张晏曰："在渭桥中路。"

②师古曰："属，委也，音之欲反。次下亦同。"

③如淳曰："长安县人也。"

④师古曰："言天子已过。"

⑤如淳曰："乙令'跸先至而犯者，罚金四两'。"师古曰："当谓处其罪也。"

⑥师古曰："公谓不私也。"

⑦师古曰："言初执获此人，天子即令诛之，其事即毕。"

⑧师古曰："安，焉也。错，置也，音千故反。"

其后人有盗高庙座前玉环，得，①文帝怒，下廷尉治。案盗宗庙服御物者为奏，当弃市。上大怒曰："人亡道，乃盗先帝器！吾属廷尉者，欲致之族，而君以法奏之，②非吾所以共承宗庙意也。"③释之免冠顿首谢曰："法如是足也。且罪等，④然以逆顺为基。今盗宗庙器而族之，有如万分一，假令愚民取长陵一抔土，⑤陛下且何以加其法虖？"文帝与太后言之，乃许廷尉当。是时，中尉条侯周亚夫与梁相山都侯王恬（咸）〔启〕[2]见释之持议平，乃结为亲友。张廷尉繇此天下称之。⑥

①师古曰："得者，盗环之人为吏所捕得也。"

②师古曰："法谓常法。"

③师古曰："共读曰恭。"

④如淳曰："俱死罪也，盗玉环不若盗长陵土之逆。"

⑤张晏曰："不欲指言，故以取土喻也。"师古曰："抔音步侯反，谓手掬之也，其字从手。不忍言毁彻，故止云取土耳。今学者读抔为（抔）〔杯〕勺之（抔）〔杯〕，非也。（抔）〔杯〕非应盛土之物也。"〔3〕

⑥师古曰："繇读与由同。"

文帝崩，景帝立，释之恐，①称疾。欲免去，惧大诛至；欲见，则未知何如。用王生计，卒见谢，景帝不过也。

①师古曰："以尝劾帝不下司马门。"

王生者，善为黄老言，处士。尝召居廷中，公卿尽会立，王生老人，曰"吾韤解"，①顾谓释之："为我结韤！"释之跪而结之。②既已，人或让王生："独奈何廷辱张廷尉如此？"王生曰："吾老且贱，自度终亡益于张廷尉。廷尉方天下名臣，吾故聊使结韤，欲以重之。"诸公闻之，贤王生而重释之。

①师古曰："韤音武伐反。"

②师古曰："结读曰系。"

释之事景帝岁馀，为淮南相，犹尚以前过也。年老病卒。其子挚，字长公，官至大夫，免。以不能取容当世，故终身不仕。

冯唐，祖父赵人也。父徙代。汉兴徙安陵。唐以孝著，为郎中署长，①事文帝。帝辇过，问唐曰："父老何自为郎？家安在？"②具以实言。文帝曰："吾居代时，吾尚食监高祛数为我言赵将李齐之贤，战于钜鹿下。吾每饮食，意未尝不在钜鹿也。③
父老知之乎？"唐对曰："齐尚不如廉颇、李牧之为将也。"上
曰："何已？"④唐曰："臣大父在赵时，为官帅将，⑤善李牧。臣
父故为代相，善李齐，知其为人也。"上既闻廉颇、李牧为人，
良说，⑥乃拊髀曰：⑦"嗟乎！吾独不得廉颇、李牧为将，岂忧匈
奴哉！"唐曰："主臣！⑧陛下虽有廉颇、李牧，不能用也。"上
怒，起入禁中。良久，召唐让曰："公众辱我，独亡间处虖？⑨
唐谢曰："鄙人不知忌讳。"

①郑氏曰："以至孝闻也。"师古曰："以孝得为郎中，而为郎署之长
也。著音竹助反。"

②师古曰："言年已老矣，何乃自为郎也？崔浩以为自，从也。从何为
郎？此说非也。"

③张晏曰："每食念监所说李齐在钜鹿时也。"

④师古曰："已犹耳。"

⑤师古曰："大父，祖父也。帅音所类反。将音子亮反。"

⑥如淳曰："良，善也。"师古曰："说读曰悦。闻颇、牧之善，帝意
大悦。"

⑦师古曰："髀音陛。"

⑧师古曰："恐惧之言。解在陈平传。"

⑨师古曰："何不间隙之处而言。"

当是时，匈奴新大入朝那，杀北地都尉卬。上以胡寇为意，
乃卒复问唐曰："公何以言吾不能用颇、牧也？"唐对曰："臣闻
上古王者遣将也，跪而推毂，曰：'阃以内寡人制之，阃以外将
军制之；①军功爵赏，皆决于外，归而奏之。'此非空言也。臣大
父言李牧之为赵将居边，军市之租皆自用飨士，赏赐决于外，不

从中覆也。②委任而责成功，故李牧乃得尽其知能，选车千三百乘，彀骑万三千匹，③百金之士十万，④是以北逐单于，破东胡，灭澹林，⑤西抑强秦，南支韩、魏。当是时，赵几伯。⑥后会赵王迁立，⑦其母倡也，⑧用郭开谗，而诛李牧，令颜聚代之。是以为秦所灭。今臣窃闻魏尚为云中守，军市租尽以给士卒，出私养钱，五日壹杀牛，⑨以飨宾客军吏舍人，是以匈奴远避，不近云中之塞。虏尝一入，尚帅车骑击之，所杀甚众。夫士卒尽家人子，起田中从军，安知尺籍伍符？⑩终日力战，斩首捕虏，上功莫府，一言不相应，文吏以法绳之。其赏不行，吏奉法必用。愚以为陛下法太明，赏太轻，罚太重。且云中守尚坐上功首虏差六级，陛下下之吏，削其爵，罚作之。繇此言之，⑪陛下虽得李牧，不能用也。臣诚愚，触忌讳，死罪！"文帝说。⑫是日，令唐持节赦魏尚，复以为云中守，而拜唐为车骑都尉，主中尉及郡国车士。⑬

①韦昭曰："门中橛为阃。"师古曰："音牛列反。"

②师古曰："覆谓覆白之也，音芳目反。"

③师古曰："彀，张弩也，音遘。"

④服虔曰："良士直百金也。"如淳曰："黄金一斤直万。言富家子弟可任使也。"师古曰："百金喻其贵重耳。服说是也。"

⑤郑氏曰："澹音担石之担。"如淳曰："胡也。匈奴传曰'晋北有澹林之胡，楼烦之戎也'。"师古曰："澹音都甘反，又音谈。"

⑥师古曰："几致于霸也。几音巨依反。伯读曰霸。"

⑦苏林曰："赵幽王。"

⑧师古曰："倡，乐家之女。"

⑨服虔曰："私假钱也。"

⑩李奇曰："尺籍所以书军令。伍符，军士五五相保之符信也。"如淳曰："汉军法曰吏卒斩首，以尺籍书下县移郡，令人故行，不行夺劳二岁。伍符亦什伍之符，要节度也。"师古曰："家人子，谓庶人之家子也。"

⑪师古曰："絲读与由同。"

⑫师古曰："说读曰悦。"

⑬服虔曰："车战之士也。"

十年，景帝立，以唐为楚相。武帝即位，求贤良，举唐。唐时年九十馀，不能为官，乃以子遂为郎。遂字王孙，亦奇士。魏尚，槐里人也。

汲黯字长孺，濮阳人也。其先有宠于古之卫君也。①至黯十世，世为卿大夫。以父任，孝景时为太子洗马，②以严见惮。

①文颖曰："六国时卫弱，但称君也。"

②孟康曰："大臣任举其子弟为官。"

武帝即位，黯为谒者。东粤相攻，上使黯往视之。至吴而还，报曰："粤人相攻，固其俗，不足以辱天子使者。"河内失火，烧千馀家，上使黯往视之。还报曰："家人失火，屋比延烧，①不足忧。臣过河内，河内贫人伤水旱万馀家，或父子相食，臣谨以便宜，持节发河内仓粟以振贫民。请归节，伏矫制罪。"②上贤而释之，迁为荥阳令。黯耻为令，称疾归田里。上闻，乃召为中大夫。以数切谏，不得久留内，迁为东海太守。

①师古曰："比，近也。言屋相近，故连延而烧也。比音频寐反。"

②师古曰："矫，托也，托奉制诏而行之。"

黯学黄老言，治官民，好清静，择丞史任之，①责大指而已，不细苛。黯多病，卧阁内不出。岁馀，东海大治，称之。上闻，召为主爵都尉，列于九卿。治务在无为而已，引大体，不拘文法。

①如淳曰："择郡丞及史任之也。郑当时为大司农，官属丞史，亦是也。"

为人性倨，少礼，①面折，不能容人之过。合己者善待之，不合者弗能忍见，士亦以此不附焉。然好游侠，任气节，行修洁。其谏，犯主之颜色。常慕傅伯、爰盎之为人。②善灌夫、郑当时及宗正刘弃疾。亦以数直谏，不得久居位。

①师古曰："倨，简傲也，音居庶反。"

②应劭曰："傅伯，梁人，为孝王将，素抗直也。"

是时，太后弟武安侯田蚡为丞相，中二千石拜谒，蚡弗为礼。黯见蚡，未尝拜，揖之。上方招文学儒者，上曰吾欲云云，①黯对曰："陛下内多欲而外施仁义，奈何欲效唐虞之治乎！"上怒，变色而罢朝。公卿皆为黯惧。上退，谓人曰："甚矣，汲黯之戆也！"群臣或数黯，②黯曰："天子置公卿辅弼之臣，宁令从谀承意，陷主于不谊虖？且已在其位，纵爱身，奈辱朝廷何！"

①张晏曰："所言欲施仁义也。"师古曰："云云，犹言如此如此也。史略其辞耳。"

②师古曰："数，责之，音所具反。"

黯多病，病且满三月，上常赐告者数，终不瘉。①最后，严助为请告。上曰："汲黯何如人也？"曰："使黯任职居官，亡以瘉人，②然至其辅少主守成，虽自谓贲育弗能夺也。"③上曰：
"然。古有社稷之臣，至如汲黯，近之矣。"

①如淳曰："杜钦所谓病满赐告诏恩也。数者，非一也。"师古曰："数
　音所角反。瘉与愈同。"
②师古曰："瘉，胜也，读与愈同。"
③师古曰："孟贲、夏育，皆古之勇士也。贲音奔。"

　　大将军青侍中，上踞厕视之。①丞相弘宴见，上或时不冠。
至如见黯，不冠不见也。上尝坐武帐，②黯前奏事，上不冠，望
见黯，避帷中，使人可其奏。其见敬礼如此。

①如淳曰："厕，溷也。"孟康曰："厕，床边侧也。"师古曰："如说
　是也。"
②应劭曰："武帐，织成帐为武士象也。"孟康曰："今御武帐，置兵阑
　五兵于帐中也。"师古曰："孟说是也。"

　　张汤以更定律令为廷尉，①黯质责汤于上前，②曰："公为正
卿，上不能褒先帝之功业，下不能化天下之邪心，安国富民，使
囹圄空虚，何空取高皇帝约束纷更之为？③而公以此无种矣！"④
黯时与汤论议，汤辩常在文深小苛，黯愤发，骂曰："天下谓刀
笔吏不可（谓）〔为〕公卿，果然。[4]必汤也，令天下重足而立，
仄目而视矣！"⑤

①师古曰："更，改也。"
②师古曰："质，对之也。"
③师古曰："言何为乃纷乱而改更也。"
④师古曰："言当诛及子孙也。"
⑤师古曰："重累其足，言惧甚也。仄，古侧字也。"

是时，汉方征匈奴，招怀四夷。黯务少事，间常言与胡和亲，毋起兵。① 上方乡儒术，② 尊公孙弘，及事益多，吏民巧。上分别文法，汤等数奏决谳以幸。而黯常毁儒，面触弘等徒怀诈饰智以阿人主取容，而刀笔之吏专深文巧诋，③ 陷人于罔，以自为功。上愈益贵弘、汤，弘、汤心疾黯，虽上亦不说也，④ 欲诛之以事。⑤ 弘为丞相，乃言上曰："右内史界部中多贵人宗室，难治，非素重臣弗能任，请徙黯为右内史。"数岁，官事不废。

①师古曰："每因间隙而言也。"

②师古曰："乡读曰向。"

③师古曰："诋，毁辱也，音丁礼反。"

④师古曰："说读曰悦。"

⑤师古曰："以事致其罪而诛也。"

大将军青既益尊，姊为皇后，然黯与亢礼。或说黯曰："自天子欲令群臣下大将军，① 大将军尊贵，诚重，君不可以不拜。"黯曰："夫以大将军有揖客，反不重耶？"② 大将军闻，愈贤黯，数请问以朝廷所疑，遇黯加于平日。

①师古曰："下音胡稼反。"

②师古曰："言能降贵以礼士，最为重也。"

淮南王谋反，惮黯，曰："黯好直谏，守节死义；至说公孙弘等，如发蒙耳。"①

①师古曰："说音式锐反。"

上既数征匈奴有功，黯言益不用。

始黯列九卿矣，而公孙弘、张汤为小吏。及弘、汤稍贵，与黯同位，黯又非毁弘、汤。已而弘至丞相封侯，汤御史大夫，黯时丞史皆与同列，或尊用过之。黯褊心，不能无少望，①见上，言曰："陛下用群臣如积薪耳，后来者居上。"黯罢，上曰："人果不可以无学，观汲黯之言，日益甚矣。"②

①师古曰："褊，狭也。望，怨也。"

②师古曰："言其鄙俚也。或曰，积薪之言出曾子，故云不可无学也。"

居无何，匈奴浑邪王帅众来降，①汉发车二万乘。县官亡钱，从民贳马。②民或匿马，马不具。上怒，欲斩长安令。黯曰："长安令亡罪，独斩臣黯，民乃肯出马。且匈奴畔其主而降汉，徐以县次传之，何至令天下骚动，罢中国，甘心夷狄之人乎！"③上默然。后浑邪王至，贾人与市者，坐当死五百馀人。黯入，请间，见高门，④曰："夫匈奴攻当路塞，绝和亲，中国举兵诛之，死伤不可胜计，而费以钜万百数。⑤臣愚以为陛下得胡人，皆以为奴婢，赐从军死者家；卤获，因与之，以谢天下，塞百姓之心。⑥今纵不能，浑邪帅数万之众来，虚府库赏赐，发良民侍养，若奉骄子。愚民安知市买长安中而文吏绳以为阑出财物如边关乎？⑦陛下纵不能得匈奴之赢以谢天下，⑧又以微文杀无知者五百馀人，臣窃为陛下弗取也。"上弗许，曰："吾久不闻汲黯之言，今又复妄发矣。"后数月，黯坐小法，会赦，免官。于是黯隐于田园者数年。

①师古曰："浑音胡昆反。"

②师古曰："赊买也。"

③师古曰："罢读曰疲。"

④晋灼曰："三辅黄图未央宫中有高门殿也。"

⑤师古曰："即数百钜万也。"

⑥师古曰："塞,满也。"

⑦应劭曰："阑,妄也。律,胡市,吏民不得持兵器及铁出关。虽于京师市买,其法一也。"臣瓒曰："无符传出入为阑也。"

⑧师古曰："赢,馀也,音弋成反。"

会更立五铢钱,民多盗铸钱者,楚地尤甚。上以为淮阳,楚地之郊也,①召黯拜为淮阳太守。黯伏谢不受印绶,诏数强予,然后奉诏。召上殿,黯泣曰："臣自以为填沟壑,不复见陛下,②不意陛下复收之。臣常有狗马之心,③今病,力④不能任郡事。[5]臣愿为中郎,出入禁闼,补过拾遗,臣之愿也。"上曰："君薄淮阳邪?吾今召君矣。⑤顾淮阳吏民不相得,⑥吾徒得君重,⑦卧而治之。"黯既辞,过大行李息,曰："黯弃逐居郡,不得与朝廷议矣。⑧然御史大夫汤智足以距谏,诈足以饰非,非肯正为天下言,专阿主意。主意所不欲,因而毁之;主意所欲,因而誉之。好兴事,舞文法,⑨内怀诈以御主心,外挟贼吏以为重。公列九卿不早言之何?⑩公与之俱受其戮矣!"息畏汤,终不敢言。黯居郡如其故治,淮阳政清。后张汤败,上闻黯与息言,抵息罪。令黯以诸侯相秩居淮阳。⑪居淮阳十岁而卒。

①师古曰："郊谓交道冲要之处也。"

②师古曰："填音大贤反。"

③师古曰："思报效。"

④师古曰："力谓甚也。"

⑤师古曰："言后即召也。"

⑥师古曰："顾谓思念也。"

⑦师古曰："徒,但也。重,威重也。"

⑧师古曰："与读曰豫。"

⑨如淳曰："舞犹弄也。"

⑩师古曰："言何不早言也。"

⑪如淳曰："诸侯王相在郡守上，秩真二千石。律，真二千石月得百五十斛，岁凡得千八百石耳。二千石月得百二十斛，岁凡得一千四百四十石耳。"

卒后，上以黯故，官其弟仁至九卿，子偃至诸侯相。黯姊子司马安亦少与黯为太子洗马。安文深巧善宦，四至九卿，以河南太守卒。昆弟以安故，同时至二千石十人。濮阳段宏始事盖侯信，①信任宏，②官亦再至九卿。然卫人仕者皆严惮汲黯，出其下。

①服虔曰："景帝王皇后兄也。"

②苏林曰："任，保举。"

郑当时字庄，陈人也。其先郑君尝事项籍，籍死而属汉。高祖令诸故项籍臣名籍，郑君独不奉诏。诏尽拜名籍者为大夫，而逐郑君。郑君死孝文时。

当时以任侠自喜，脱张羽于厄，①声闻梁楚间。孝景时，为太子舍人。每五日洗沐，常置驿马长安诸郊，②请谢宾客，夜以继日，至明旦，常恐不遍。当时好黄老言，其慕长者，如恐不称。③自见年少官薄，然其知友皆大父行，天下有名之士也。④

①服虔曰："梁孝王将，楚相之弟也。"师古曰："喜音许吏反。脱音佗活反。"

②如淳曰："郊，交道四通处也，以请宾客便。"臣瓒曰："长安四面

郊祀之处，闲静可以请宾客也。"师古曰："二说皆非也。此谓长安城外四面之郊耳。邑外谓之郊，近郊二十里。"

③师古曰："恐不称其意。"

④师古曰："大父谓祖父。行音胡浪反。"

武帝即位，当时稍迁为鲁中尉，济南太守，江都相，至九卿为右内史。以武安魏其时议，①贬秩为詹事，迁为大司农。

①师古曰："议田蚡及窦婴事。"

当时为大吏，戒门下："客至，亡贵贱亡留门〔下〕者。"〔6〕执宾主之礼，以其贵下人。性廉，又不治产，印奉赐给诸公。①然其馈遗人，不过具器食。②每朝，候上间说，未尝不言天下长者。③其推毂士及官属丞史，诚有味其言也。④常引以为贤於己。未尝名吏，与官属言，若恐伤之。闻人之善言，进之上，唯恐后。山东诸公以此翕然称郑庄。

①师古曰："印音牛向反。奉音扶用反。"

②师古曰："犹今言一盘食也。"

③师古曰："候天子间隙之时，其所称说，皆言长者也。"

④师古曰："推毂，言荐举人，如推毂之运转也。有味者，其言甚美也。"

使视决河，自请治行五日。①上曰："吾闻郑庄行，千里不赍粮，治行者何也？"然当时在朝，常趋和承意，②不敢甚斥臧否。汉征匈奴，招四夷，天下费多，财用益屈。③当时为大司农，任人宾客僦，④入多逋负。司马安为淮阳太守，发其事，当时以此陷罪，赎为庶人。顷之，守长史。⑤迁汝南太守，数岁，以官卒。昆弟以当时故，至二千石者六七人。

①如淳曰："治行，谓庄严。"

②师古曰："趋读曰趣。趣，向也。和音胡卧反。"

③师古曰："屈，尽也，音其勿反。"

④晋灼曰："当时为大司农，而任使其宾客辇较作僦也。"师古曰："僦谓受顾赁而载运也。言当时保任其宾客于司农载运也。僦音子就反。"

⑤如淳曰："丞相长史也。"

当时始与汲黯列为九卿，内行修。两人中废，宾客益落。①当时死，家亡馀财。

①师古曰："落，散也。"

先是下邽翟公为廷尉，①宾客亦填门，②及废，门外可设爵罗。③后复为廷尉，客欲往，翟公大署其门④曰："一死一生，乃知交情；一贫一富，乃知交态；一贵一贱，交情乃见。"⑤

①苏林曰："邽音圭，京兆县名也。"

②师古曰："填，满也，音田。"

③师古曰："言其寂静，无人行也。"

④师古曰："署谓书之。"

⑤师古曰："见音胡电反。"

赞曰：张释之之守法，冯唐之论将，汲黯之正直，郑当时之推士，不如是，亦何以成名哉！扬子以为孝文亲诎帝尊以信亚夫之军，①曷为不能用颇、牧？彼将有激云尔。②

①师古曰："扬子，谓扬雄也。信读曰伸。"

②师古曰："谓冯唐欲理魏尚，故以此言激文帝也。"

【校勘记】

〔1〕 向读曰（向）〔响〕， 景祐、殿本都作"响"，此误。

〔2〕 王恬（咸）〔启〕 殿本作"启"。王念孙说"咸"字误。

〔3〕 今学者读抔为（抔）〔杯〕勺之（抔）〔杯〕，非也。（抔）〔杯〕非应盛土之物也。 殿本作"杯"，景祐本作"桮"。则是"桮"之误。

〔4〕 天下谓刀笔吏不可（谓）〔为〕公卿，果然。 景祐、殿本都作"为"。

〔5〕 今病，力④不能任郡事。 注④在"力"字下，明颜读"今病力"为句。周寿昌说"力"字属下句读似较顺。王先谦说周说是。

〔6〕 亡贵贱亡留门（下）者。 宋祁说邵本无"下"字。按景祐本亦无"下"字，史记同。

汉 书 卷 五 十 一

贾邹枚路传第二十一

贾山，颍川人也。祖父（袪）〔袪〕，[1] 故魏王时博士弟子也。①山受学（袪）〔袪〕，所言涉猎书记，不能为醇儒。②尝给事颍阴侯为骑。③

①师古曰："六国时魏也。"

②师古曰："涉若涉水，猎若猎兽，言历览之不专精也。醇者，不杂也。"

③师古曰："为骑者，常骑马而从也。"

孝文时，言治乱之道，借秦为谕，名曰至言。其辞曰：

臣闻为人臣者，尽忠竭愚，以直谏主，不避死亡之诛者，臣山是也。臣不敢以久远谕，愿借秦以为谕，唯陛下少加意焉。

夫布衣韦带之士，①修身于内，成名于外，而使后世不绝息。至秦则不然。贵为天子，富有天下，赋敛重数，百姓任罢，②赭衣半道，群盗满山，③使天下之人戴目而视，倾耳而听。④一夫大谭，天下向应者，陈胜是也。⑤秦非徒如此也，起咸阳而西至雍，离宫三百，⑥锺鼓帷帐，不移而具。又为阿房之殿，殿高数十仞，⑦东西五里，南北千步，从车罗骑，四马骛驰，旌旗不桡。⑧为宫室之丽至于此，使其后世曾不得聚庐而托处焉。为驰道于天下，东穷燕齐，南极吴楚，江湖之上，濒海之观毕至。⑨道广五十步，三丈而树，厚筑其外，隐以金椎，⑩树以青松。为驰道之丽至于此，使其后世曾不得邪径而托足焉。死葬乎骊山，吏徒数十万人，⑪旷日十年。⑫下彻三泉，⑬合采金石，冶铜锢其内，桼涂其外，⑭被以珠玉，饰以翡翠，⑮中成观游，上成山林。为葬薶之侈至于此，使其后世曾不得蓬颗蔽冢而托葬焉。⑯秦以熊罴之力，虎狼之心，蚕食诸侯，并吞海内，而不笃礼义，⑰故天殃已加矣。臣昧死以闻，愿陛下少留意而详择其中。⑱

①师古曰："言贫贱之人也。韦带，以单韦为带，无饰也。。"

②师古曰："数，屡也。任谓役事也。罢读曰疲，言疲于役使也。"

③师古曰："犯罪者则衣赭衣，行道之人半著赭衣，言被罪者众也。盗贼皆依山为阻，故云满山也。"

④师古曰："戴目者，言常远视，有异志也。倾耳而听，言乐祸乱也。"

⑤师古曰："谭字与呼同。谭，叫也，音火故反。向读曰响。"

⑥师古曰："（此）〔凡〕言离宫者，皆谓于别处置之，[2]非常所居也。"

⑦师古曰："阿房者，言殿之四阿皆为房也。一说大陵曰阿，言其殿高若于阿上为房也。房字或作旁，说云始皇作此殿，未有名，以其去

咸阳近，且号阿旁。阿，近也。八尺曰仞。”

⑧师古曰："桡，屈也。言庭之广大，殿之高敞，众骑驰骛无所迫触，建立旌旗不屈桡。桡音女孝反。"

⑨师古曰："濒，水涯也。濒海，谓缘海之边也。毕，尽也。濒音频，又音宾，字或作滨，音义同。"

⑩服虔曰："作壁如甬道。隐筑也，以铁椎筑之。"师古曰："筑令坚实而使隆高耳，不为甬壁也。隐音於靳反。"

⑪师古曰："吏以督领，徒以役作也。"

⑫师古曰："旷，空也，废也。言为重役，空废时日，积年岁也。"

⑬师古曰："三重之泉，言其深也。"

⑭师古曰："锢谓铸而合之也，音固。"

⑮应劭曰："雄曰翡，雌曰翠。"臣瓒曰："异物志云翡色赤而大于翠。"师古曰："鸟各别类，非雄雌异名也。翡音皮义反。"

⑯服虔曰："谓块墣作冢，喻小也。"臣瓒曰："蓬颗，犹裸颗小冢也。"晋灼曰："东北人名土块为蓬颗。"师古曰："诸家之说皆非。颗谓土块。蓬颗，言块上生蓬者耳。举此以对冢上山林，故言蓬颗蔽冢也。颗音口果反。"

⑰师古曰："笃，厚也。"

⑱师古曰："中音竹仲反。"

　　臣闻忠臣之事君也，言切直则不用而身危，不切直则不可以明道，故切直之言，明主所欲急闻，忠臣之所以蒙死而竭知也。①地之硗者，虽有善种，不能生焉；②江皋河濒，虽有恶种，无不猥大。③昔者夏商之季世，虽关龙逢、箕子、比干之贤，身死亡而道不用。④文王之时，豪俊之士皆得竭其智，刍荛采薪之人皆得尽其力，⑤此周之所以兴也。故地之美者善养禾，君之仁者善养士。雷霆之所击，无不摧折者;⑥万钧之所压,无不糜灭者。今人主之威,非特雷霆也;⑦势重,非特万钧也。开道而求谏,和颜色而受之,用其言而显其身,士犹恐惧而不敢自尽,又乃况于纵欲恣行暴虐,恶闻其过乎!震之以威,压之以重,⑧则虽有尧舜之智,孟贲之勇,岂有不摧折者哉?⑨如此,则人主不得闻其过失矣;弗闻,则社稷危矣。古者圣王之制,史在前书过失,工诵箴谏,⑩瞽诵诗谏,⑪公卿比谏,⑫士传言谏(过),[3]庶人谤于道,商旅议于市,⑬然后君得闻其过失也。闻其过失而改之,见义而从之,所以永有天下也。天子之尊,四海之内,其义莫不为臣。然而养三老于大学,亲执酱而馈,执爵而酳,⑭祝饐在前,祝鲠在后,⑮公卿奉杖,大夫进履,举贤以自辅弼,求修正之士使直谏。⑯故以天子之尊,尊养三老,视孝也;⑰立辅弼之臣者,恐骄也;置直谏之士者,恐不得闻其过也;学问至于刍荛者,求善无餍也;商人庶人诽谤己而改之,从善无不听也。

①师古曰:"蒙,冒犯也。"

②师古曰:"碗,埆,瘠薄也。碗音口交反。"

③李奇曰:"皋,水边淤地也。"师古曰:"猥,盛也。"

④服虔曰:"关龙逢,桀之忠臣也。"师古曰:"比干谏纣而纣杀之。论语曰'微子去之,箕子为之奴,比干谏而死。'"

⑤师古曰:"刍,刈草也。荛,草薪也。言执贱役者也。大雅板之诗曰'询于刍荛'。"

⑥师古曰:"霆,疾雷也,音廷。"

⑦师古曰:"特,独也。"

⑧师古曰:"震,动也。"

⑨师古曰:"孟贲,古之勇士。贲音奔。"

⑩李奇曰:"古有诵诗之工,记过之史,常在君侧也。"师古曰"箴,戒也,音之林反。"

⑪师古曰:"瞽,无目之人。"

⑫李奇曰:"相亲比而谏也,或曰比方事类以谏也。"师古曰:"比方是也。"

⑬师古曰:"旅,众也。"

⑭师古曰:"馈字与馈同。进食曰馈。酳者,少少饮酒,谓食已而荡口也,音胤。"

⑮师古曰:"餰,古饘字,谓食不下也。以老人好馈鲠,故为备祝以祝之。"

⑯师古曰:"修正,谓修身正行者。"

⑰师古曰:"视读曰示。"

  昔者,秦政力并万国,富有天下,破六国以为郡县,筑长城以为关塞。秦地之固,大小之势,轻重之权,其与一家之富,一夫之强,胡可胜计也!①然而兵破于陈涉,地夺于刘氏者,何也?秦王贪狼暴虐,残贼天下,穷困万民,以适其欲也。②昔者,周盖千八百国,以九州之民养千八百国之君,用民之力不过岁三日,什一而籍,③君有馀财,民有馀力,而颂声作。④秦皇帝以千八百国之民自养,力罢不能胜其役,财尽不能胜其求。⑤一君之身耳,所以自养者驰骋弋猎之娱,天下弗能供也。⑥劳罢者不得休息,饥寒者不得衣食,亡罪而死刑者无所告诉,人与之为怨,家与之为雠,⑦故天下坏也。秦皇帝身在之时,天下已坏矣,而弗自知也。秦皇帝东巡狩,至会稽、琅邪,刻石著其功,自以为过尧舜统；⑧县石铸锺虡，⑨筛土筑阿房之宫，⑩自以为万世有天下也。古者圣王作谥，三四十世耳，虽尧舜禹汤文武絫世广德⑪以为子孙基业，无过二三十世者也。⑫秦皇帝曰死而以谥法，是父子名号有时相袭也，以一至万，则世世不相复也，⑬故死而号曰始皇帝，其次曰二世皇帝者，欲以一至万也。秦皇帝计其功德，度其后嗣，世世无穷，⑭然身死才数月耳，⑮天下四面而攻之，宗庙灭绝矣。

①师古曰："胡，何也。胜，尽也。"

②师古曰："适，快也。"

③师古曰："什一，谓十分之中公取一也。籍，借也，谓借人力也。一曰为簿籍而税之。"

④师古曰："颂者，六诗之一，美盛德之形容，盖帝王之嘉致。"

⑤师古曰："胜，堪也。罢读曰疲。次下亦同。"

⑥师古曰："弋，缴射也。"

⑦师古曰："言人人为怨，家家为雠。"

⑧如淳曰："统，继也。尧舜子不才，不能长世，而秦自以过尧舜，可至万世也。"师古曰："此说非也。统，治也。言自美功德，治理天下过于尧舜也。其下乃言以一至万之事。"

⑨服虔曰："县石以为磬也。"苏林曰："秦欲平天下法，使轻重如石之在称也。"师古曰："二说皆非也。县，称也。石，百二十斤，称铜铁之斤石以铸锺虡，言其奢泰也。虡，猛兽之名，谓锺鼓之柎饰为此兽。虡音钜。"

⑩师古曰："筛以竹筵为之。筛音师。筵音山尔反。"

⑪师古曰："絫，古累字。"

⑫张晏曰："夏十七世，殷三十一世，周三十六世。"

⑬师古曰："复，重也，音扶目反。"

⑭师古曰:"度音大各反。"

⑮师古曰:"才音财,暂也,浅也。"

　　秦皇帝居灭绝之中而不自知者何也?天下莫敢告也。其所以莫敢告者何也?亡养老之义,亡辅弼之臣,亡进谏之士,纵恣行诛,退诽谤之人,杀直谏之士,是以道谀媮合苟容,①比其德则贤于尧舜,课其功则贤于汤武,天下已溃而莫之告也。②诗曰:"匪言不能,胡此畏忌,听言则对,谮言则退。"此之谓也。③又曰:"济济多士,文王以宁。"④天下未尝亡士也,然而文王独言以宁者何也?文王好仁则仁兴,得士而敬之则士用,用之有礼义。

①师古曰:"道读曰导,导引主意于邪也。媮与偷同。"

②师古曰:"水旁决曰溃,言天下之(壤)〔坏〕如水溃。"〔4〕

③师古曰:"此大雅桑柔之篇也。言贤者见事之是非,非不能分别言之,而不言者何也?此但畏忌犯颜得罪罚也。又言,言而见听,则悉意答对;不见信受,则屏退也。今诗本云'听言则对,诵言如醉'。说者又别为义,与此不同。"

④师古曰:"此大雅文王之篇也。济济,多威仪也。此言文王以多士之故,能安天下也。"

　　故不致其爱敬,则不能尽其心;不能尽其心,则不能尽其力;不能尽其力,则不能成其功。故古之贤君于其臣也,尊其爵禄而亲之;疾则临视之亡数,①死则往吊哭之,临其小敛大敛,已棺涂而后为之服锡衰麻绖,②而三临其丧;未敛不饮酒食肉,未葬不举乐,当宗庙之祭而死,为之废乐。故古之君人者于其臣也,可谓尽礼矣;服法服,端容貌,正颜色，然后见之。故臣下莫敢不竭力尽死以报其上，功德立于后世，而令闻不忘也。③

①师古曰："言心实忧念之，不为礼饰也。"

②师古曰："已棺，谓已大敛也。涂谓涂殡也。锡衰，十五升布，无事其缕者也。棺音工唤反。"

③师古曰："令，善也。闻谓声之闻也。"

今陛下念思祖考，术追厥功，①图所以昭光洪业休德，②使天下举贤良方正之士，天下皆䜣䜣焉，③曰将兴尧舜之道，三王之功矣。天下之士莫不精白以承休德。④今方正之士皆在朝廷矣，又选其贤者使为常侍诸吏，与之驰殴射猎，⑤一日再三出。臣恐朝廷之解弛，⑥百官之堕于事也，诸侯闻之，又必怠于政矣。

①师古曰："术亦作述。"

②师古曰："图，谋也。休，美也。"

③师古曰："䜣读与欣同。"

④师古曰："厉精而为洁白也。"

⑤师古曰："殴与驱同。"

⑥师古曰："解读曰懈。弛，放也，音式尔反。"

陛下即位，亲自勉以厚天下，损食膳，不听乐，减外徭卫卒，止岁贡；省厩马以赋县传，①去诸苑以赋农夫，出帛十万馀匹以振贫民；礼高年，九十者一子不事，八十者二算不事；②赐天下男子爵，大臣皆至公卿；发御府金赐大臣宗族，亡不被泽者；赦罪人，怜其亡发，赐之巾，怜其衣赭书其背，父子兄弟相见也③而赐之衣。平狱缓刑，天下莫不说喜。④是以元年膏雨降，五谷登，此天之所以相陛下也。⑤刑轻于它时而犯法者寡，衣食多于前年而盗贼少，此天下之所以顺陛下也。⑥臣闻<u>山东</u>吏布诏令，民虽老羸癃疾，扶杖而往听之，愿少须臾毋死，思见德化之成也。今功业方就，名闻方昭，四方乡风，⑦今从豪俊之臣，方正之士，直与之日日猎射，击兔伐狐，以伤大业，绝天下之望，臣窃悼之。<u>诗</u>曰："靡不有初，鲜克有终。"⑧臣不胜大愿，愿少衰射猎，以<u>夏岁二月</u>，⑨定明堂，造太学，修先王之道。风行俗成，万世之基定，然后唯陛下所幸耳。⑩古者大臣不媟，⑪故君子不常见其齐严之色，肃敬之容。⑫大臣不得与宴游，⑬方正修洁之士不得从射猎，使皆务其方以高其节，⑭则群臣莫敢不正身修行，尽心以称大礼。⑮如此，则陛下之道尊敬，功业施于四海，垂于万世子孙矣。诚不如此，则行日坏而荣日灭矣。夫士修之于家，而坏之于天子之廷，臣窃愍之。陛下与众臣宴游，与大臣方正朝廷论议。夫游不失乐，朝不失礼，议不失计，轨事之大者也。⑯

① 师古曰："赋，给与也。传音张恋反。"

② 师古曰："一子不事，蠲其赋役。二算不事，免二口之算赋也。"

③ 师古曰："衣音于既反。"

④ 师古曰："说读曰悦。"

⑤ 师古曰："相，助也。"

⑥ 师古曰："天下之人也。"

⑦ 师古曰："乡读曰向。"

⑧ 师古曰："此大雅荡之诗也。言人初始皆庶几于善道，而少有能终之者。"

⑨师古曰："时以十月为岁首，则（为）〔谓〕夏正之二月为五月。[5]今欲定制度，循于古法，故特云用夏岁二月也。夏音胡雅反。"

⑩师古曰："言乃可恣意也。"

⑪师古曰："媟，狎也，音息列反。"

⑫师古曰："见，显示也，音胡电反。"

⑬师古曰："安息曰宴。与读曰豫。"

⑭师古曰："方，道也。一曰方谓廉隅也。"

⑮师古曰："称，副也。"

⑯师古曰："轨谓法度也。"

其后文帝除铸钱令，山复上书谏，以为变先帝法，非是。又讼淮南王无大罪，宜急令反国。又言柴唐子为不善，足以戒。①章下诘责，②对以为"钱者，亡用器也，而可以易富贵。富贵者，人主之操柄也，③令民为之，是与人主共操柄，不可长也。"④其言多激切，善指事意，然终不加罚，所以广谏争之路也。其后复禁铸钱云。

①邓展曰："淮南传棘蒲侯柴武太子柴奇与士伍开章谋反。"
②师古曰："以其所上之章，令有司诘问。"
③师古曰："操，持也，音千高反。"
④师古曰："长谓畜养也。言此事宜速禁绝，不可畜养。"

邹阳，齐人也。汉兴，诸侯王皆自治民聘贤。吴王濞招致四方游士，阳与吴严忌、枚乘等俱仕吴，皆以文辩著名。久之，吴王以太子事怨望，称疾不朝，阴有邪谋，阳奏书谏。为其事尚隐，恶指斥言，故先引秦为谕，因道胡、越、齐、赵、淮南之难，然后乃致其意。其辞曰：

臣闻秦倚曲台之宫，①悬衡天下，②画地而不犯，兵加胡越；③至其晚节末路，张耳、陈胜连从兵之据，④以叩函谷，咸阳遂危。⑤何则？列郡不相亲，万室不相救也。今胡数涉北河之外，上覆飞鸟，下不见伏菟，⑥斗城不休，救兵不止，死者相随，辇车相属，⑦转粟流输，千里不绝。何则？强赵责于河间，⑧六齐望于惠后，⑨城阳顾于卢博，⑩三淮南之心思坟墓。⑪大王不忧，臣恐救兵之不专，⑫胡马遂进窥于邯郸，越水长沙，还舟青阳。⑬虽使梁并淮阳之兵，下淮东，越广陵，以遏越人之粮，汉亦折西河而下，北守漳水，以辅大国，胡亦益进，越亦益深。此臣之所为大王患也。⑭

①应劭曰："始皇帝所治处也，若汉家未央宫。"师古曰："倚，恃也，音於绮反。"

②服虔曰："关西为衡。"应劭曰："衡，平也。"如淳曰："衡犹称之（权）〔衡〕也，[6]言其悬法度于其上也。"师古曰："此说秦自以为威力强固，非论平法也。下又言陈胜连从兵之据，则是说从横之事耳。服释是也。"

③师古曰："画地不犯者，法制之行也。"

④师古曰："从音子容反。"

⑤师古曰："叩，击也。"

⑥苏林曰："言胡来人马之盛，扬尘上覆飞鸟，下不见伏菟也。一曰，覆，尽也。言上射飞鸟，下尽伏菟也。"师古曰："覆，尽，是也，音芳目反。"

⑦师古曰："属，连也，音之欲反。"

⑧应劭曰："赵幽王为吕后所幽死，文帝立其长子遂为赵王，取赵之河间立遂弟辟彊为河间王，至子哀王无嗣，国除，遂欲复还得河间。"

⑨孟康曰："高后割齐济南郡为吕（王）台奉邑，[7]又割琅邪郡封营陵侯刘泽为琅邪王。文帝乃立悼惠王六子为王。言六齐不保今日之恩，而追怨惠帝与吕后也。一说惠帝二年悼惠王入朝，吕后欲鸩杀之，献城阳郡，尊鲁元公主，得免，六子以此怨之。"

⑩孟康曰："城阳王喜也。喜父章与弟兴居讨诸吕有功，本当尽以赵地王章，梁地王兴居。文帝闻其欲立齐王，更以二郡王之。章失职，岁馀薨。兴居诛死。卢博，济北王治处，喜顾念而怨也。"

⑪张晏曰："淮南厉王三子为三王，念其父见迁杀，思墓，欲报怨也。"师古曰："三子为王，谓淮南、衡山、济北也。"

⑫孟康曰："不专救汉也。"如淳曰："皆自私怨宿忿，不能为吴也。若吴举兵反，天子来讨，谓四国但有意，不敢相救也。"师古曰："二说皆非也。言诸国各有私怨，欲申其志，不肯专为吴，非不敢相救也。"

⑬张晏曰："青阳，地名。还舟，聚舟船也。言胡为赵难，越为吴难，不可恃也。"

⑭应劭曰："时赵王遂北连匈奴，吴王濞素事三越，故邹阳微言胡越亦自受敌，救兵之不专也。胡马故曰进，越水故曰深。"苏林曰："折，截也。阳知吴王阴连结齐、赵、淮南、胡、越，欲谏不敢指斥言，故陈胡、越之难，齐、赵之怨，微言梁并淮阳绝越人之粮，汉折西河以辅大国，以破难其计。欲隐其辞，故谬言胡益进，越益深，为大王患之，以错乱其语，若吴为忧助汉者也。自此以下，乃致其意焉。"师古曰："苏说是。"

臣闻交龙襄首奋翼，则浮云出流，雾雨咸集。①圣王底节修德，则游谈之士归义思名。②今臣尽智毕议，易精极虑，③则无国不可奸；④饰固陋之心，则何王之门不可曳长裾乎？然臣所以历数王之朝，背淮千里而自致者，非恶臣国而乐吴民也，窃高下风之行，尤说大王之义。⑤故愿大王之无忽，察听其志。

①师古曰："襄，举也。"

②师古曰："底，厉也，音指。"

③如淳曰："改易精思以极尽谋虑也。"

④师古曰："奸音干。"

⑤师古曰："言在下风侧听，高尚美悦大王之行义也。说读曰悦。"

臣闻鸷鸟絫百，不如一鹗。①夫全赵之时，②武力鼎士袨服丛台之下者一旦成市，③而不能止幽王之湛患。④淮南连山东之侠，死士盈朝，不能还厉王之西也。⑤然而计议不得，虽诸、贲不能安其位，亦明矣。⑥故愿大王审画而已。⑦

①孟康曰："鹗，大雕也。"如淳曰："鸷鸟比诸侯，鹗比天子。"师古曰："鸷击之鸟，鹰鹯之属也。鹗自大鸟而鸷者耳，非雕也。絫，古累字。鹗音愕。"

②服虔曰："全赵，赵未分之时。"

③师古曰："袨服，盛服也。鼎士，举鼎之士也。丛台，赵王之台也，在邯郸。袨音州县之县。"

④师古曰："幽王谓赵幽王友也。湛读曰沈。沈患，言幽王为吕后所幽死。"

⑤师古曰："厉王，淮南厉王长也。西谓废迁严道而死于雍也。"

⑥师古曰："诸谓专诸，贲谓孟贲，皆古勇士也。"

⑦师古曰："画，计也，音获。"

始孝文皇帝据关入立，寒心销志，不明求衣。①自立天子之后，使东牟朱虚东褒义父之后，②深割婴儿王之。③壤子王梁、代，④益以淮阳。卒仆济北，囚弟于雍者，岂非象新垣平等哉！⑤今天子新据先帝之遗业，左规山东，右制关中，变权易势，大臣难知。大王弗察，臣恐周鼎复起于汉，新垣过计于朝，⑥则我吴遗嗣，不可期于世矣。⑦高皇帝烧栈道，水章邯，⑧兵不留行，⑨收弊民之倦，东驰函谷，西楚大破。⑩水攻则章邯以亡其城，陆击则荆王以失其地，⑪此皆国家之不几者也。⑫愿大王孰察之。

①张晏曰："据函谷关立为天子，诸国闻文帝入关为之寒心散志也。求衣，夜索衣著，不及待明，意不安也。"臣瓒曰："文帝入关而立，以天下多难，故乃寒心战栗，未明而起。"师古曰："瓒说是。"

②应劭曰："天下已定，文帝遣朱虚侯章东喻齐王，嘉其首举兵，欲诛诸吕，犹春秋褒邴仪父也。"师古曰："立天子，谓立为天子也。义读曰仪。父读曰甫。"

③应劭曰："封齐王六子为王，其中有小小婴儿者，文帝于骨肉厚也。或曰，皇子武为代王，参为太原王，揖为梁王。"师古曰："或说是也。"

④如淳曰："文帝之二子。"晋灼曰："扬雄方言'梁益之间，所爱谓其肥盛曰壤'。或曰，言深割婴儿王之壤。壤，土也。壤字当上属也。"师古曰："或说非也。"

⑤应劭曰："仆，僵仆也。济北王兴居反，见诛。囚弟于雍者，淮南王长有罪，见徙，死于雍。所以然者，坐二国有奸臣如新垣平等，劝王共反。"师古曰："仆音赴。"

⑥如淳曰："新垣平诈言'鼎在泗水中，臣望东北汾阴有金宝气，鼎其在乎？弗迎，则不至。'为吴计者，犹新垣平之言，周鼎终不可得也。"服虔曰："过，误也。"

⑦师古曰："言吴当绝灭无遗嗣也。"

⑧应劭曰："章邯为雍王，高祖以水灌其城，破之也。"

⑨师古曰："言无所稽留，不废于行。"

⑩张晏曰："项羽自号西楚霸王。"

⑪如淳曰："荆亦楚也，谓项羽败走。"

⑫应劭曰："言不可庶几也。"李奇曰："不但几微，乃著见也。或曰几，危也。此数事于国家皆无危险之虑也。"师古曰："言汉朝之安，诸侯不当妄起邪意。应说是也。"

吴王不内其言。

是时，景帝少弟梁孝王贵盛，亦待士。于是邹阳、枚乘、严忌知吴不可说，皆去之梁，从孝王游。

阳为人有智略，慷慨不苟合，①介于羊胜、公孙诡之间。②胜等疾阳，恶之孝王。③孝王怒，下阳吏，将杀之。阳客游以谗见禽，恐死而负絫，④乃从狱中上书曰：

①师古曰："慷音口朗反。"

②师古曰："介谓间厕也。"

③师古曰："恶谓谗毁也。其下亦同。"

④师古曰："絫音力瑞反。"

臣闻忠无不报，信不见疑，臣常以为然，徒虚语耳。昔荆轲慕燕丹之义，白虹贯日，太子畏之；①卫先生为秦画长平之事，太白食昴，昭王疑之。②夫精（诚）变天地而信不谕两主，[8]岂不哀哉！今臣尽忠竭诚，毕议愿知，③左右不明，卒从吏讯，为世所疑。④是使荆轲、卫先生复起，而燕、秦不寤也。愿大王孰察之。

①应劭曰："燕太子丹质于秦，始皇遇之无礼，丹亡去，厚养荆轲，令西刺秦王。精诚感天，白虹为之贯日也"。如淳曰："白虹，兵象，

日为君，为燕丹表可克之兆。”师古曰：“精诚若斯，太子尚畏而不
信也。太白食昴，义亦如之。”

②苏林曰：“白起为秦伐赵，破长平军，欲遂灭赵，遣卫先生说昭王益
兵粮，为应侯所害，事用不成。其精诚上达于天，故太白为之食昴。
昴，赵分也，将有兵，故太白食昴。食，干历之也。”如淳曰：“太
白，天之将军。”

③张晏曰：“尽其计议，愿王知之。”

④师古曰：“言左右不明者，不欲斥王也。讯谓鞫问也，音信。”

　　昔玉人献宝，楚王诛之；①李斯竭忠，胡亥极刑。②是以
箕子阳狂，接舆避世，③恐遭此患也。愿大王察玉人、李斯
之意，而后楚王、胡亥之听，④毋使臣为箕子、接舆所笑。
臣闻比干剖心，子胥鸱夷，⑤臣始不信，乃今知之。愿大王
孰察，少加怜焉！

①应劭曰：“卞和得玉璞，献之武王，王示玉人，曰石也，刖其右足。
武王殁，复献文王，玉人复曰石也，刖其左足。至成王时，抱其璞
哭于郊，乃使玉人攻之，果得宝玉也。”

②张晏曰：“李斯谏二世以正，而二世杀之，具五刑。”

③张晏曰：“接舆，楚贤人，阳狂避世。”师古曰：“舆音弋于反。”

④师古曰：“以谬听为后。后犹下也。”

⑤应劭曰：“吴王取马革为鸱夷，受子胥，沈之江。鸱夷，榼形。”师
古曰：“鸱夷，即今之盛酒鸱夷滕。”

　　语曰“有白头如新，①倾盖如故”。②何则？知与不知也。
故樊於期逃秦之燕，藉荆轲首以奉丹事；③王奢去齐之魏，
临城自刭以却齐而存魏。④夫王奢、樊於期非新于齐、秦而
故于燕、魏也，所以去二国死两君者，行合于志，慕义无穷

也。是以苏秦不信于天下，为燕尾生；⑤白圭战亡六城，为魏取中山。⑥何则？诚有以相知也。苏秦相燕，人恶之燕王，燕王按剑而怒，食以䮍騠；⑦白圭显于中山，⑧人恶之于魏文侯，文侯赐以夜光之璧。何则？两主二臣，剖心析肝相信，⑨岂移于浮辞哉！⑩

①孟康曰："初相识至白头不相知。"

②文颖曰："倾盖，犹交盖驻车也。"

③张晏曰："於期为秦将，被谮走之燕。始皇灭其家，又重购之。燕遣荆轲欲刺秦王，於期自刎首，令轲赍往。"师古曰："之，往也。藉，假也。"

④孟康曰："王奢，齐臣也，亡至魏。其后齐伐魏，奢登城谓齐将曰：'今君之来，不过以奢故也，义不苟生，以为魏累。'遂自刭也。"

⑤服虔曰："苏秦于秦不出其信，于燕则出尾生之信也。"晋灼曰："说齐宣王使还燕十城，又令闵王厚葬以弊齐，终死为燕也。"师古曰："尾生，古之信士，守志亡躯，故以为喻。"

⑥张晏曰："白圭为中山将，亡六城，君欲杀之，亡入魏，魏文侯厚遇之，还拔中山。"

⑦孟康曰："䮍騠，骏马也，生七日而超其母。敬重苏秦，虽有谗谤，而更食以珍奇之味。"师古曰："食读曰飤。䮍音决。騠音题。"

⑧师古曰："以拔中山之功而尊显也。"

⑨师古曰："析，分也。"

⑩师古曰："不以浮说而移心。"

故女无美恶，入宫见妒；士无贤不肖，入朝见嫉。昔司马喜膑脚于宋，卒相中山；①范雎拉胁折齿于魏，卒为应侯。②此二人者，皆信必然之画，捐朋党之私，挟孤独之交，故不能自免于嫉妒之人也。③是以<u>申徒狄</u>蹈雍之河，④<u>徐衍</u>负石入海。⑤不容于<u>世</u>，义不苟取比周于朝以移主上之心。⑥故<u>百里奚</u>乞食于道路，<u>缪公</u>委之以政；⑦<u>甯戚</u>饭牛车下，<u>桓公</u>任之以国。⑧此二人者，岂素宦于朝，借誉于左右，然后二主用之哉？感于心，合于行，坚如胶读，昆弟不能离，岂惑于众口哉？故偏听生奸，独任成乱。昔鲁听<u>季孙</u>之说逐<u>孔子</u>，⑨<u>宋</u>任<u>子冉</u>之计囚<u>墨翟</u>。⑩夫以<u>孔</u>、<u>墨</u>之辩，不能自免于谗谀，而二国以危。何则？众口铄金，积毁销骨也。⑪<u>秦</u>用<u>戎</u>人<u>由余</u>而伯中国，⑫<u>齐</u>用<u>越</u>人<u>子臧</u>而强威、宣。⑬此二国岂系于俗，牵于世，系奇偏之浮辞哉？公听并观，垂明当世。⑭故意合则<u>胡</u><u>越</u>为兄弟，<u>由余</u>、<u>子臧</u>是矣；不合则骨肉为雠敌，<u>朱</u>、<u>象</u>、<u>管</u>、<u>蔡</u>是矣。⑮今人主诚能用<u>齐</u>、<u>秦</u>之明，后<u>宋</u>、<u>鲁</u>之听，则<u>五伯</u>不足侔，而<u>三王</u>易为也。⑯

①<u>苏林</u>曰："<u>六国</u>时人，被此刑也。"

②<u>应劭</u>曰："<u>魏</u>人也。<u>魏</u>相<u>魏齐</u>疑其以国阴事告<u>齐</u>，乃掠笞数百，拉胁折齿。"<u>师古</u>曰："后入<u>秦</u>为相，封为<u>应侯</u>。拉，摧也，音卢合反。"

③<u>师古</u>曰："言直道而行，不求朋党之助，谓忠信必可恃也。画，计也，音获。"

④<u>服虔</u>曰："<u>殷</u>之末世（人）〔介士〕也。[9]雍之河，<u>雍州</u>之河也。"<u>师古</u>曰："雍者，河水溢出为小流也。言<u>狄</u>初因蹈雍，遂入大河也。<u>尔雅</u>曰'水自<u>河</u>出为雍'，又曰'<u>江</u>有沱，<u>河</u>有雍'。雍音于龙反。<u>服虔</u>曰<u>雍州</u>之河，非也。"

⑤<u>服虔</u>曰："<u>周</u>之末世人也。"<u>师古</u>曰："负石者，欲速沈也。"

⑥<u>师古</u>曰："比音频寐反。"

⑦<u>应劭</u>曰："<u>虞</u>人也，闻<u>秦缪公</u>贤，欲往干之，乏资，乞食以自致也。"

⑧应劭曰："齐桓公夜出迎客，甯戚疾击其牛角，高歌曰：'南山矸，白石烂，生不逢尧与舜禅。短布单衣适至骭，从昏饭牛薄夜半，长夜曼曼何时旦！'桓公召与语，说之，以为大夫。"师古曰："矸字与岸同。骭，胫也。薄，止也。骭音下谏反。曼音莫幹反。"

⑨师古曰："季孙，鲁大夫季桓子也，名斯。论语云'齐人归女乐，季桓子受之，三日不朝，孔子行。'盖桓子故使定公受齐之女乐，欲令去孔子也。"

⑩文颖曰："子冉，子罕也。"

⑪师古曰："美金见毁，众共疑之，数被烧炼，以至销铄。谗佞之人，肆其诈巧，离散骨肉，而不觉知。"

⑫师古曰："伯读曰霸。"

⑬师古曰："齐之二王谥也。"

⑭师古曰："公听，言不私也。并观，所见齐同也。"

⑮师古曰："朱，丹朱，尧子。象，舜弟。管、蔡，周之二叔也。"

⑯师古曰："侔，等也。伯读曰霸。"

是以圣王觉寤，（损）〔捐〕子之之心，[10]而不说田常之贤，①封比干之后，修孕妇之墓，②故功业覆于天下。③何则？欲善亡厌也。夫晋文亲其雠，强伯诸侯；齐桓用其仇，而一匡天下。④何则？慈仁殷勤，诚加于心，不可以虚辞借也。

①应劭曰："燕王哙贤其相子之，欲禅以燕国，国乃大乱。田常，陈恒也。齐简公悦之，而杀简公。今使人君去此心，则国家安全也。"师古曰："说读曰悦。"

②应劭曰："纣剖妊者，观其胎产。"师古曰："武王克商，反其故政，乃封修之。"

③师古曰："覆犹被也。"

④张晏曰："寺人勃鞮为晋献公逐文公，斩其祛。及文公即位，用其言

以免吕郄之难。管仲射中桓公带钩，而用为相。"师古曰："伯读为霸。下皆类此。"

　　至夫秦用商鞅之法，东弱韩、魏，立强天下，卒车裂之。①越用大夫种之谋，禽劲吴而伯中国，遂诛其身。是以孙叔敖三去相而不悔，②於陵子仲辞三公为人灌园。③今人主诚能去骄傲之心，怀可报之意，披心腹，见情素，④堕肝胆，施德厚，⑤终与之穷达，无爱于士，⑥则桀之犬可使吠尧，跖之客可使刺由，⑦何况因万乘之权，假圣王之资乎！然则〔荆〕轲湛七族，[11]要离燔妻子，岂足为大王道哉！⑧

①师古曰："卒，终也。"

②师古曰："叔敖三为楚相，而三去之。缯丘之封人谓之曰：'吾闻处官久者士妒之，禄厚者众怨之，位尊者君恨之。今相国有此三者，而不得罪于楚之士众，(仕)〔何〕也？'叔敖曰：'吾三相楚而(不)〔身〕愈卑，[12]每益禄而施愈博，位滋尊而礼愈恭，是以不得罪于楚人也。'"

③师古曰："於陵，地名也。子仲，陈仲子也。其先与齐同族，兄载为齐相，仲子以为不义，乃将妻子适楚，居于於陵，自谓於陵子仲。楚王闻其贤，使使者持金百镒聘之，欲以为相。仲子不许，遂夫妻相与逃，而为人灌园，终身不屈其节。"

④师古曰："见，显示之也。素谓心所向也。"

⑤师古曰："堕，毁也，音火规反。"

⑥师古曰："无所吝惜也。"

⑦应劭曰："盗跖之客为其人使刺由。由，许由也。"师古曰："此言被之以恩，则用命也。"

⑧应劭曰："荆轲为燕刺秦始皇，不成而死，其族坐之。湛，没也。吴

王阖闾欲杀王子庆忌，要离诈以罪亡，令吴王燔其妻子。要离走见庆忌，以剑刺之。"张晏曰："七族，上至曾祖，下至曾孙。"师古曰："此说云湛七族，无荆字也。寻诸史籍，荆轲无湛族之事，不知阳所云者定何人也。湛读曰沈。"

臣闻明月之珠，夜光之璧，以暗投人于道，众莫不按剑相眄者。何则？无因而至前也。蟠木根柢，轮囷离奇，[1]而为万乘器者，以左右先为之容也。[2]故无因而至前，虽出随珠和璧，祗怨结而不见德；[3]有人先游，则枯木朽株，树功而不忘。[4]今夫天下布衣穷居之士，身在贫羸，[5]虽蒙尧、舜之术，挟伊、管之辩，[6]怀龙逢、比干之意，而素无根柢之容，虽竭精神，欲开忠于当世之君，[7]则人主必袭按剑相眄之迹矣。[8]是使布衣之士不得为枯木(巧)〔朽〕株之资也。[13]

① 苏林曰："柢音蒂。"张晏曰："柢，根下本也。轮囷离奇，委曲盘戾也。"师古曰："蟠木，屈曲之木也。囷音去轮反。离音力尔反。奇音於绮反。一曰离奇各读如本字。"

② 师古曰："万乘器，天子车舆之属也。容谓雕刻加饰。"

③ 师古曰："随国之侯见大蛇伤者，疗而愈之，蛇衔明珠以报其德，故称随珠。和氏之璧，即卞和所献之玉耳。祗，适也，音支。"

④ 师古曰："先游，谓进纳之也。树，立也。"

⑤ 师古曰："衣食不充，故羸瘦也。一曰羸谓无威力。"

⑥ 师古曰："伊，伊尹。管，管仲。"

⑦ 师古曰："开谓陈说也。"

⑧ 师古曰："袭，重也。言蹑其故迹也。"

是以圣王制世御俗，独化于陶钧之上，[1]而不牵乎卑辞之语，不夺乎众多之口。[2]故秦皇帝任中庶子蒙〔嘉〕之言，③〔14〕以信荆轲，而匕首窃发；④周文王猎泾渭，载吕尚归，以王天下。⑤秦信左右而亡，周用乌集而王。⑥何则？以其能越挛拘之语，驰域外之议，⑦独观乎昭旷之道也。⑧

①张晏曰："陶家名模下圆转者为钧，以其制器为大小，比之于天也。"

师古曰："此说非也。陶家名转者为钧，盖取周回调钧耳。言圣王制驭天下，亦犹陶人转钧，非陶家转象天也。"

②师古曰："夺者，言欲行善道而为佞人夺其计也。"

③师古曰："蒙者，庶子名也。今流俗书本蒙下辄加恬字，非也。"

④师古曰："匕首，短剑也。其首类匕，便于用也。"

⑤应劭曰："西伯出遇吕尚于渭之阳，与语大悦，因载归。"

⑥师古曰："言文王之得太公，非因旧故，若乌鸟之暴集。"

⑦师古曰："宁音力全反。"

⑧师古曰："昭，明也。旷，广也。"

今人主沈谄谀之辞，牵帷廧之制，①使不羁之士与牛骥同皁，②此鲍焦所以愤于世也。③

①孟康曰："言为左右便僻侍帷廧臣妾所见牵制矣。"

②师古曰："不羁，言才识高远不可羁系也。皁，历也。扬雄方言云'梁、宋、齐、楚、燕之间谓历曰皁'。皁音在早反。"

③孟康曰："周之介士也。"师古曰："鲍焦怨时之不用己，采蔬于道。子贡难曰：'非其时而采其蔬，此焦之有哉？'弃其蔬，乃立枯于洛水之上。蔬谓菜也。"

臣闻盛饰入朝者不以私污义，底厉名号者不以利伤行。①故里名胜母，曾子不入；②邑号朝歌，墨子回车。③今欲使天下寥廓之士笼于威重之权，胁于位势之贵，④回面污行，以事谄谀之人，⑤而求亲近于左右，则士有伏死堀穴岩薮之

①师古曰："底厉，言其自修廉隅，若磨厉于石也。"

②师古曰："曾子至孝，以胜母之名不顺，故不入也。"

③晋灼曰："纣作朝歌之音。朝歌者，不时也。"师古曰："朝歌，殷之邑名也。淮南子云'墨子非乐，不入朝歌'。"

④师古曰："寥廓，远大之度也。胁，迫也。寥音聊。"

⑤师古曰："回，邪也。污，不洁也，音一胡反。或曰污，曲也，音一故反。"

⑥师古曰："堀与窟同。泽无水曰薮。"

书奏孝王，孝王立出之，卒为上客。

初，胜、诡欲使王求为汉嗣，王又尝上书，愿赐容车之地径至长乐宫，自使梁国士众筑作甬道朝太后。爰盎等皆建以为不可。①天子不许。梁王怒，令人刺杀盎。上疑梁杀之，使者冠盖相望责梁王。梁王始与胜、诡有谋，阳争以为不可，故见谗。枚先生、严夫子皆不敢谏。②

①师古曰："建谓立议。"

②师古曰："先生，枚乘。夫子，严忌。"

及梁事败，胜、诡死，孝王恐诛，乃思阳言，深辞谢之，赍以千金，令求方略解罪于上者。阳素知齐人王先生，①年八十馀，多奇计，即往见，语以其事。王先生曰："难哉！人主有私怨深怒，欲施必行之诛，诚难解也。以太后之尊，骨肉之亲，犹不能止，况臣下乎？昔秦始皇有伏怒于太后，群臣谏而死者以十数。得茅焦为廓大义，②始皇非能说其言也，乃自强从之耳。③茅焦亦廑脱死如毛氂耳，④故事所以难者也。今子欲安之乎？"⑤阳曰：

"邹鲁守经学，齐楚多辩知，韩魏时有奇节，吾将历问之。"王先生曰："子行矣。还，过我而西。"

①师古曰："素与相知也。"

②郑氏曰："齐人也。"应劭曰："茅集谏云：'陛下车裂假父，有嫉妒之心；囊扑两弟，有不慈之名；迁母咸阳，有不孝之行。臣窃为陛下危之。臣所言毕。'乃解衣趋镬。始皇下殿，左手接之曰：'先生起矣！'即迎太后，遂为母子如初。"

③师古曰："说读曰悦。"

④师古曰："廑，少也。言才免于死也。廑音巨刃反。"

⑤师古曰："安，焉也。之，往也。"

邹阳行月馀，莫能为谋，还过王先生，曰："臣将西矣，为如何？"王先生曰："吾先日欲献愚计，以为众不可盖，①窃自薄陋不敢道也。若子行，必往见王长君，士无过此者矣。"邹阳发寤于心，曰："敬诺。"辞去，不过梁，径至长安，因客见王长君。长君者，王美人兄也，后封为盖侯。邹阳留数日，乘间而请曰：②"臣非为长君无使令于前，故来侍也；③愚戆窃不自料，愿有谒也。"④长君跪曰："幸甚。"阳曰："窃闻长君弟得幸后宫，天下无有，⑤而长君行迹多不循道理者。今爱盎事即穷竟，梁王恐诛。如此，则太后怫郁泣血，无所发怒，⑥切齿侧目于贵臣矣。臣恐长君危于累卵，⑦窃为足下忧之。"长君惧然曰："将为之奈何？"⑧阳曰："长君诚能精为上言之，得毋竟梁事，长君必固自结于太后。太后厚德长君，入于骨髓，而长君之弟幸于两宫，⑨金城之固也。⑩又有存亡继绝之功，德布天下，名施无穷，愿长君深自计之。昔者，舜之弟象日以杀舜为事，⑪及舜立为天子，封之于有卑。⑫夫仁人之于兄弟，无臧怒，无宿怨，厚亲爱而已，是以后世称之。鲁公子庆父使仆人杀子般，⑬狱有所归，⑭季友不探其情而诛焉；⑮庆父亲杀闵公，季子缓追免贼，⑯春秋以为亲亲之道也。⑰鲁哀姜薨于夷，孔子曰'齐桓公法而不谲'，以为过也。⑱以是说天子，徼幸梁事不奏。"长君曰："诺。"乘间入而言之。及韩安国亦见长公主，事果得不治。

①师古曰："盖，覆蔽也。"

②师古曰："间谓空隙无事之时。"

③师古曰："使令，谓役使之人也。令音力成反。"

④师古曰："料，量也。谒，告也。"

⑤师古曰："言独一耳，无所比类也。"

⑥师古曰："怫郁，蕴积也。怫音佛。"

⑦师古曰："累卵者，言其将陨而破碎也。"

⑧师古曰："惧读曰瞿，音居具反。瞿然，无守之貌。"

⑨如淳曰："太后宫及帝宫也。"

⑩师古曰："言其荣宠无极不可坏，故取喻于金城也。"

⑪师古曰："言日日欲杀也。"

⑫服虔曰："音畀予之畀也。"师古曰："地名也，音鼻，今鼻亭是也，在零陵。"

⑬师古曰："庆父，庄公弟也。子般，庄公太子也。仆人，即邓扈乐也。父读曰甫。般字与班同。"

⑭师古曰："归罪于邓扈乐也。"

⑮师古曰："季友，庆父之弟，不探庆父本情而诛扈乐。"

⑯师古曰："庆父出奔，季友纵而不追，免其贼乱之罪。"

⑰师古曰："公羊之说也，言季友亲其兄也。"

⑱师古曰："哀姜，庄公夫人也，淫于二叔，而豫杀闵公，齐人杀之于

夷。夷，齐地也。法而不谲者，言守法而行，不能用权以免其
亲也。”

　　初，吴王濞与七国谋反，及发，齐、济北两国城守不行。汉
既破吴，齐王自杀，不得立嗣。济北王亦欲自杀，幸全其妻子。
齐人公孙玃谓济北王曰：① “臣请试为大王明说梁王，通意天子，
说而不用，死未晚也。”公孙玃遂见梁王，曰：“夫济北之 地，
东接强齐，南牵吴越，北胁燕赵，此四分五裂之国，②权不足以
自守，劲不足以扞寇，③又非有奇怪云以待难也，④虽坠言于吴，
非其正计也。⑤昔者郑祭仲许宋人立公子突以活其君，非义也，
春秋记之，为其以生易死，以存易亡也。⑥乡使济北见情实，示
不从之端，⑦则吴必先历齐毕济北，⑧招燕、赵而总之。如此，则
山东之从结而无隙矣。⑨今吴楚之王练诸侯之兵，驱白徒之众，⑩
西与天子争衡，济北独底节坚守不下。使吴失与而无助，跬步独
进，⑪瓦解土崩，破败而不救者，未必非济北之力也。夫以区区
之济北而与诸侯争强，⑫是以羔犊之弱而扞虎狼之敌也。守职不
桡，可谓诚一矣。⑬功义如此，尚见疑于上，胁肩低首，絫足抚
衿，⑭使有自悔不前之心，⑮非社稷之利也。臣恐藩臣守职者疑
之。臣窃料之，⑯能历西山，径长乐，抵未央，攘袂而正议者，
独大王耳。⑰上有全亡之功，下有安百姓之名，德沦于骨髓，⑱恩
加于无穷，愿大王留意详惟之。”⑲孝王大说，⑳使人驰以闻。济
北王得不坐，徙封于淄川。

　　①师古曰：“玃音俱略反。”
　　②张晏曰：“四方受敌，济北居中央为五。”晋灼曰：“四分，即交五而
　　　裂，如田字也。”

③师古曰："扞，御也，音胡旦反。"

④如淳曰："非有奇材异计欲以为乱逆也，但假权许吴以避其祸耳。"晋灼曰："非有以怪异之心而城守，须待变难而应吴也。"师古曰："二说皆非也。此言权谋劲力既不能扞守，又无奇怪神灵可以御难，恐不自全，故坠言于吴也。"

⑤苏林曰："坠犹失也。"

⑥师古曰："祭仲，郑大夫祭足也，事郑庄公，为公娶邓曼，生昭公，故祭仲立之。而宋大夫雍氏以女妻庄公而生突。昭公既立，宋人诱祭仲而执之，曰：'不立突，将死。'祭仲与宋人盟，以厉公归而立之。昭公奔卫。言足胁于大国，苟顺其心，欲以全昭公也。祭音侧界反。"

⑦师古曰："乡读曰向。见谓显也。"

⑧张晏曰："历，过。毕，尽收济北之地。"

⑨师古曰："从音子容反。"

⑩师古曰："练，选也。敺与驱同。白徒，言素非军旅之人，若今言白丁矣。"

⑪师古曰："半步曰跬，音空絫反。"

⑫师古曰："区区，小貌也。"

⑬师古曰："桡，曲也，音女教反。"

⑭师古曰："胁，翕也，谓敛也。"

⑮张晏曰："悔不与吴西也。"

⑯师古曰："料，量也。"

⑰师古曰："西山，谓崤及华山也。抵，至也。攘，却也。袂，衣袖也。攘袂，犹今人云掉臂耳。"

⑱师古曰："沦，入也。"

⑲师古曰："惟，思也。"

⑳师古曰："说读曰悦。"

枚乘字叔，淮阴人也，为吴王濞郎中。吴王之初怨望谋为逆也，乘奏书谏曰：

臣闻得全者全昌，失全者全亡。舜无立锥之地，以有天下；禹无十户之聚，以王诸侯。①汤、武之土不过百里，上不绝三光之明，下不伤百姓之心者，有王术也。②故父子之道，天性也；忠臣不避重诛以直谏，③则事无遗策，功流万世。臣乘愿披腹心而效愚忠，唯大王少加意念恻怛之心于臣乘言。

①师古曰："聚，聚邑也，音才喻反。"

②师古曰："德政和平，上感天象，则日月星辰无有错谬，故言不绝三光之明也。"

③师古曰："言父子君臣，其义一也。"

夫以一缕之任系千钧之重，上悬无极之高，下垂不测之渊，虽甚愚之人犹知哀其将绝也。马方骇鼓而惊之，①系方绝又重镇之；系绝于天不可复结，队入深渊难以复出。其出不出，间不容发。②能听忠臣之言，百举必脱。③必若所欲为，危于累卵，难于上天；变所欲为，易于反掌，安于太山。今欲极天命之寿，敝无穷之乐，究万乘之势，④不出反掌之易，以居泰山之安，而欲乘累卵之危，走上天之难，⑤此愚臣之所以为大王惑也。

①师古曰："骇亦惊也。鼓，击鼓也。"

②苏林曰："政计取福正在今日，言其激切甚急也。"

③师古曰:"脱者,免于祸也,音土活反。"

④师古曰:"敿,尽也。究,竟也。"

⑤师古曰:"走,趋向之也,音奏。"

　　人性有畏其景而恶其迹者,却背而走,迹愈多,景愈疾,①不知就阴而止,景灭迹绝。欲人勿闻,莫若勿言;欲人勿知,莫若勿为。欲汤之沧,②一人炊之,百人扬之,无益也,③不如绝薪止火而已。不绝之于彼,而救之于此,譬犹抱薪而救火也。养由基,楚之善射者也,去杨叶百步,百发百中。杨叶之大,加百中焉,可谓善射矣。然其所止,乃百步之内耳,比于臣乘,未知操弓持矢也。④

①师古曰:"背音步内反。"

②郑氏曰:"音凄怆之怆,寒也。"

③师古曰:"炊谓爨火也。"

④师古曰:"乘自言所知者远,非止见百步之中,故谓由基为不晓射也。"

　　福生有基,祸生有胎;①纳其基,绝其胎,祸何自来?②泰山之霤穿石,单极之统断干。③水非石之钻,索非木之锯,渐靡使之然也。④夫铢铢而称之,至石必差;寸寸而度之,至丈必过。⑤石称丈量,径而寡失。⑥夫十围之木,始生如蘖,足可搔而绝,手可擢而拔,⑦据其未生,先其未形也。磨砻底厉,不见其损,有时而尽;⑧种树畜养,不见其益,有时而大;积德累行,不知其善,有时而用;弃义背理,不知其恶,有时而亡。臣愿大王孰计而身行之,此百世不易之道也。

①服虔曰："基、胎，皆始也。"

②师古曰："纳犹藏也。何自来，言无所从来也。"

③孟康曰："西方人名屋梁谓极。单，一也。一梁，谓井鹿卢也。言鹿卢为绠索久锲，断井干也。"晋灼曰："统，古绠字也。单，尽也，尽极之绠断干。干，井上四交之干，常为汲索所契伤也。"师古曰："晋说近之。干者，交木井上以为栏者也。孟云鹿卢，失其义矣。统、绠皆音鲠。锲、契皆刻也，音口计反。"

④师古曰："靡，尽也。"

⑤郑氏曰："石，百二十斤。"张晏曰："乘所转四万六千八十铢而至于石，合而称之必有盈缩也。"师古曰："言自小小以至于大数，则有轻重不同也。度音徒各反。"

⑥师古曰："径，直也。"

⑦师古曰："如蘖，言若蘖之生牙也。搔谓抓也。搔音索高反。抓音庄交反。"

⑧师古曰："砻亦磨也。底，柔石也；厉，皂石也：皆可以磨者。砻音聋。"

吴王不纳。乘等去而之梁，从孝王游。

景帝即位，御史大夫晁错为汉定制度，损削诸侯，吴王遂与六国谋反，举兵西乡，①以诛错为名。汉闻之，斩错以谢诸侯。枚乘复说吴王曰：

①师古曰："乡读曰向。"

昔者，秦西举胡戎之难，北备榆中之关，①南距羌笮之塞，②东当六国之从。③六国乘信陵之籍，④明苏秦之约，厉荆轲之威，并力一心以备秦。然秦卒禽六国，灭其社稷，而并天下，是何也？则地利不同，而民轻重不等也。今汉据全秦之地，兼六国之众，修戎狄之义，⑤而南朝羌筰，此其与秦，地相什而民相百，大王之所明知也。⑥今夫谗谀之臣为大王计者，不论骨肉之义，民之轻重，国之大小，以为吴祸，⑦此臣所以为大王患也。

①师古曰："即今所谓榆关也。"

②师古曰："筰，西南夷也，音才各反。"

③师古曰："从音子容反。"

④孟康曰："魏公子无忌号信陵君。无忌尝总五国却秦，有地资也。"

⑤师古曰："修恩义以抚戎狄。"

⑥师古曰："地十倍于秦，众百倍于秦。"

⑦师古曰："言劝王之反，则于吴为祸也。"

夫举吴兵以訾于汉，①譬犹蝇蚋之附群牛，腐肉之齿利剑，锋接必无事矣。②天子闻吴率失职诸侯，愿责先帝之遗约，③今汉亲诛其三公，以谢前过，是大王之威加于天下，而功越于汤武也。夫吴有诸侯之位，而实富于天子；有隐匿之名，而居过于中国。④夫汉并二十四郡，十七诸侯，方输错出，运行数千里不绝于道，其珍怪不如东山之府。⑤转粟西乡，陆行不绝，水行满河，不如海陵之仓。⑥修治上林，杂以离宫，积聚玩好，圈守禽兽，不如长洲之苑。⑦游曲台，临上路，不如朝夕之池。⑧深壁高垒，副以关城，不如江淮之险。此臣之所（以）为大王乐也。⑨〔15〕

①李奇曰："訾，量也。"师古曰："音子私反。"

②师古曰："蚋，蚊属也。齿谓当之也。蚋音芮，又音人悦反。"

③师古曰："失职，谓被削黜，失其常分。"

④师古曰:"隐匿,谓僻在东南。"

⑤张晏曰:"汉时有二十四郡,十七诸侯王也。四方更输,错互(更)出攻也。"〔16〕如淳曰:"东方诸郡以封王侯,不以封者二十四耳。时七国谋反,其馀不反者,十七也。东山,吴王之府藏也。"师古曰:"二说皆非也。言汉此时有二十四郡,十七诸侯,方轨而输,杂出贡赋,入于天子,犹不如吴之富也。"

⑥如淳曰:"言汉京师仰须山东漕运以自给也。"晋灼曰:"海陵,海中山为仓也。"臣瓒曰:"海陵,县名也。有吴大仓。"师古曰:"瓒说是也。乡读曰向。"

⑦服虔曰:"吴苑。"孟康曰:"以江水洲为苑也。"韦昭曰:"长洲在吴东。"

⑧张晏曰:"曲台,长安台,临道上。"苏林曰:"吴以海水朝夕为池也。"师古曰:"三辅黄图未央宫有曲台殿。"

⑨师古曰:"言其富饶及游晏之处逾天子也。"

　　今大王还兵疾归,尚得十半。①不然,汉知吴之有吞天下之心也,赫然加怒,遣羽林黄头循江而下,②袭大王之都;鲁东海绝吴之馕道;③梁王饬车骑,习战射,④积粟固守,以备荥阳,待吴之饥。大王虽欲反都,亦不得已。⑤夫三淮南之计不负其约,⑥齐王杀身以灭其迹,⑦四国不得出兵其郡,⑧赵囚邯郸,⑨此不可掩,亦已明矣。⑩大王已去千里之国,而制于十里之内矣。⑪张、韩将北地,⑫弓高宿左右,⑬兵不得下壁,军不得大息,臣窃哀之。愿大王孰察焉。

①师古曰:"十分之中可冀五分无患,故云尚得十半。"

②苏林曰:"羽林黄头郎,习水战者也。"张晏曰:"天子舟立黄旄于其端也。"师古曰:"邓通以棹船为黄头郎。苏说是也。"

③师古曰："饟，古饷字。"

④师古曰："饬与敕同。饬，整也。"

⑤师古曰："已，语终之辞。"

⑥晋灼曰："吴楚反，皆守约不从也。"

⑦晋灼曰："齐孝王将闾也。吴楚反，坚守距三国。后栾布闻齐初与三国有谋，欲伐之，王惧自杀。"师古曰："齐王传云吴楚已平，齐王乃自杀，今此枚乘谏书即已称之。二传不同，当有误者。"

⑧晋灼曰："胶东、胶西、济南、淄川王也。发兵应吴楚，皆见诛。"

⑨应劭曰："汉将郦寄围赵王于邯郸，与囚无异。"

⑩师古曰："言事已彰著。"

⑪师古曰："梁下屯兵方十里也。"

⑫如淳曰："张，张羽；韩，韩安国也。时皆仕梁。北地良家子，善骑射者也。"师古曰："将北地者，言将兵而处吴军之北以距吴，非北地良家子也。张羽、韩安国不将汉兵，如说非也。"

⑬服虔曰："韩颓当也。"如淳曰："宿军左右也。后弓高侯竟将轻骑绝吴粮道。"师古曰："宿，止也。言弓高所将之兵屯止于吴军左右也。"

吴王不用乘策，卒见禽灭。

汉既平七国，乘由是知名。景帝召拜乘为弘农都尉。乘久为大国上宾，与英俊并游，得其所好，不乐郡吏，以病去官。

复游梁，梁客皆善属辞赋，乘尤高。孝王薨，乘归淮阴。

武帝自为太子闻乘名，及即位，乘年老，乃以安车蒲轮征乘，①道死。②诏问乘子，无能为文者，后乃得其孽子皋。③

①师古曰："蒲轮，以蒲裹轮。"

②师古曰："（道）在道病死也。"[17]

③师古曰："孳，庶也。"

皋字少孺。乘在梁时，取皋母为小妻。乘之东归也，皋母不肯随乘，乘怒，分皋数千钱，留与母居。年十七，上书梁共王，①得召为郎。三年，为王使，与冗从争，②见谗恶遇罪，③家室没入。皋亡至长安。会赦，上书北阙，自陈枚乘之子。上得之大喜，召入见待诏，皋因赋殿中。诏使赋平乐馆，善之。拜为郎，使匈奴。皋不通经术，诙笑类俳倡，④为赋颂，好嫚戏，⑤以故得嫚黩贵幸，⑥比东方朔、郭舍人等，而不得比严助等得尊官。⑦

①师古曰："恭王名买，孝王之子也。"

②师古曰："冗从，散职之从王者也。冗音人勇反。"

③师古曰："恶谓冗从言其短恶之事。"

④李奇曰："诙，嘲也。"师古曰："俳，杂戏也。倡，乐人也。诙音恢。俳音排。嘲音竹交反。"

⑤师古曰："嫚，亵污也，音慢。"

⑥师古曰："嫚，狎也。黩，垢浊也，音渎。"

⑦师古曰："尊，高也。"

武帝春秋二十九乃得皇子，群臣喜，故皋与东方朔作皇太子生赋及立皇子禖祝，①受诏所为，皆不从故事，重皇子也。

①师古曰："礼月令'祀于高禖'。高禖，求子之神也。武帝晚得太子，喜而立此禖祠，而令皋作祭祀之文也。"

初，卫皇后立，皋奏赋以戒终。①皋为赋善于朔也。

①师古曰："令慎终如始也。"

从行至甘泉、雍、河东，东巡狩，封泰山，塞决河宣房，游观三辅离宫馆，临山泽，弋猎射驭狗马蹴鞠刻镂，^①上有所感，辄使赋之。为文疾，受诏辄成，故所赋者多。司马相如善为文而迟，故所作少而善于皋。皋赋辞中自言为赋不如相如，又言为赋乃俳，见视如倡，自悔类倡也。故其赋有诋娸东方朔，^②又自诋娸。其文骫骳，曲随其事，皆得其意，^③颇诙笑，不甚闲靡。凡可读者百二十篇，其尤嫚戏不可读者尚数十篇。

> ①师古曰："蹴，足蹴之也。鞠以韦为之，中实以物，蹴蹋为戏乐也。蹴音千六反。鞠音臣六反。"
>
> ②如淳曰："娸音欺。诋犹刑辟也。"师古曰："诋，毁也。娸，丑也。诋音丁礼反。"
>
> ③师古曰："骫，古委字也。骳音被。骫骳，犹言屈曲也。"

路温舒字长君，钜鹿东里人也。父为里监门。使温舒牧羊，温舒取泽中蒲，截以为牒，编用写书。^①稍习善，求为狱小吏，因学律令，转为狱史，县中疑事皆问焉。太守行县，见而异之，署决曹史。又受春秋，通大义。举孝廉，为山邑丞，^②坐法免，复为郡吏。

> ①师古曰："小简曰牒，编联次之。"
>
> ②苏林曰："县名，在常山。"晋灼曰："地理志常山有石邑，无山邑。"师古曰："山邑不知其处。今流俗书本云常山石邑丞，后人妄加石字耳。"

元凤中，廷尉光以治诏狱，请温舒署奏曹掾，^①守廷尉史。会昭帝崩，昌邑王贺废，宣帝初即位，温舒上书，言宜尚德缓刑。其辞曰：

①张晏曰："光，解光。"

臣闻齐有无知之祸，而桓公以兴；晋有骊姬之难，而文公用伯。①近世赵王不终，诸吕作（难）〔乱〕，[18]而孝文为大宗。繇是观之，②祸乱之作，将以开圣人也。故桓文扶微兴坏，尊文武之业，泽加百姓，功润诸侯，虽不及三王，天下归仁焉。文帝永思至德，以承天心，崇仁义，省刑罚，通关梁，一远近，敬贤如大宾，爱民如赤子，内恕情之所安，而施之于海内，是以囹圄空虚，天下太平。夫继变化之后，必有异旧之恩，此贤圣所以昭天命也。往者，昭帝即世而无嗣，大臣忧戚，焦心合谋，皆以昌邑尊亲，援而立之。③然天不授命，淫乱其心，遂以自亡。深察祸变之故，乃皇天之所以开至圣也。故大将军受命武帝，股肱汉国，④披肝胆，决大计，黜亡义，立有德，辅天而行，然后宗庙以安，天下咸宁。

①师古曰："伯读曰霸。"
②师古曰："繇读与由同。"
③师古曰："援，引也，音爰。"
④师古曰："谓霍光。"

臣闻春秋正即位，大一统而慎始也。陛下初登至尊，与天合符，宜改前世之失，正始受（命）之统，[19]涤烦文，除民疾，存亡继绝，以应天意。

臣闻秦有十失，其一尚存，治狱之吏是也。秦之时，羞文学，好武勇，贱仁义之士，贵治狱之吏；正言者谓之诽谤，遏过者谓之妖言。①故盛服先生不用于世，忠良切言皆郁于胸，②誉谀之声日满于耳；虚美熏心，实祸蔽塞。③此乃秦之所以亡天下也。方今天下赖陛下恩厚，亡金革之危，饥寒之患，父子夫妻勠力安家，然太平未洽者，狱乱之也。夫狱者，天下之大命也，死者不可复生，劃者不可复属。④书曰："与其杀不辜，宁失不经。"⑤今治狱吏则不然，上下相殴，以刻为明；⑥深者获公名，平者多后患。故治狱之吏皆欲人死，非憎人也，自安之道在人之死。是以死人之血流离于市，被刑之徒比肩而立，大辟之计岁以万数，此仁圣之所以伤也。太平之未洽，凡以此也。夫人情安则乐生，痛则思死。棰楚之下，何求而不得？故囚人不胜痛，则饰辞以视之；⑦吏治者利其然，则指道以明之；上奏畏却，则锻练而周内之。⑧盖奏当之成，⑨虽咎繇听之，犹以为死有馀辜。⑩何则？成练者众，文致之罪明也。是以狱吏专为深刻，残贼而亡极，偷为一切，⑪不顾国患，此世之大贼也。故俗语曰："画地为狱，议不入；刻木为吏，期不对。"⑫此皆疾吏之风，悲痛之辞也。故天下之患，莫深于狱；败法乱正，离亲塞道，莫甚乎治狱之吏。此所谓一尚存者也。

①师古曰："遏，止也，音一曷反。"

②师古曰："郁，积也。"

③师古曰："熏，气烝也，音勋。"

④师古曰："劃，古绝字。属，连也，音之欲反。"

⑤师古曰："虞书大禹谟载咎繇之言。辜，罪也。经，常也。言人命至重，治狱宜慎，宁失不常之过，不滥无罪之人，所以（常）〔崇〕宽恕也。"[20]

⑥师古曰："殴与驱同。"

⑦师古曰:"视读曰示。"

⑧晋灼曰:"精熟周悉,致之法中也。"师古曰:"却,退也,畏为上所却退。却音丘略反。"

⑨师古曰:"当谓处其罪也。"

⑩师古曰:"咎繇作士,善听狱讼,故以为喻也。"

⑪如淳曰:"偷,苟且也。一切,权时也。"

⑫师古曰:"画狱木吏,尚不入对,况真实乎。期犹必也。议必不入对。"

臣闻乌鸢之卵不毁,而后凤凰集;①诽谤之罪不诛,而后良言进。故古人有言:"山薮藏疾,川泽纳污,瑾瑜匿恶,国君含诟。"②唯陛下除诽谤以招切言,开天下之口,广箴谏之路,扫亡秦之失,尊文武之德,省法制,宽刑罚,以废治狱,则太平之风可兴于世,永履和乐,与天亡极,天下幸甚。③

①师古曰:"鸢,鸱也,音弋全反。"

②师古曰:"春秋左氏传载晋大夫伯宗之辞。诟,耻也。言山薮之有草木则毒害者居之,川泽之形广大则能受于污浊,人君之善御下,亦当忍耻病也。诟音垢。"

③师古曰:"与天长久,无穷极也。"

上善其言,迁广阳私府长。①

①师古曰:"藏钱之府,天子曰少府,诸侯曰私府。长者,其官之长也。"

内史举温舒文学高第,迁右扶风丞。时,诏书令公卿选可使匈奴者,温舒上书,愿给厮养,暴骨方外,①以尽臣节。事下度辽将军范明友、太仆杜延年问状，罢归故官。②久之，迁临淮太守，治有异迹，卒于官。

①师古曰："求为卒而随使至匈奴也。"

②师古曰："以其言无可取，故罢而遣归故官。"

温舒从祖父受历数天文，以为汉厄三七之间，①上封事以豫戒。成帝时，谷永亦言如此。②及王莽篡位，欲章代汉之符，著其语焉。温舒子及孙皆至牧守大官。

①张晏曰："三七二百一十岁也。自汉初至哀帝元年二百一年也，至平帝崩二百十一年。"

②师古曰："永上书所谓'涉三七之节绝'者也。"

赞曰：春秋鲁臧孙达以礼谏君，君子以为有后。①贾山自下劘上，②邹阳、枚乘游于危国，然卒免刑戮者，以其言正也。路温舒辞顺而意笃，遂为世家，宜哉！③

①师古曰："臧孙达，鲁大夫臧哀伯也。桓公取郜大鼎于宋，哀伯谏之。周内史闻之，曰：'臧孙达其有后于鲁乎！君违，不忘谏之以德。'"

②孟康曰："劘谓剀切之也。"苏林曰："劘音摩，厉也。"师古曰："剀音工来反。"

③师古曰："谓子孙为大官不绝。"

2067

【校勘记】

〔1〕祖父（祛）〔祛〕，　景祐、殿、局本都作"　"。下同。

〔2〕（此）〔凡〕言离宫者，皆谓于别处置之，　景祐、殿本都作

"凡"。王先谦说作"凡"是。

〔3〕士传言谏（过），王先谦说，此句不得独有"过"字，盖涉下文而衍。汉纪无"过"字。

〔4〕言天下之（壤）〔坏〕如水溃。景祐、殿本都作"坏"，此误。

〔5〕则（为）〔谓〕夏正之二月为五月。景祐、殿本都作"谓"。

〔6〕衡犹称之（权）〔衡〕也，景祐、殿本都作"衡"。王先谦说作"衡"是。

〔7〕高后割齐济南郡为吕（王）台奉邑，景祐本无"王"字。

〔8〕夫精（诚）变天地而信不谕两主，景祐、汲古、殿、局本都无"诚"字。

〔9〕殷之末世（人）〔介士〕也。景祐、殿本都作"介士"。

〔10〕（损）〔捐〕子之之心，景祐、殿本都作"捐"。王先谦说作"捐"是。

〔11〕然则〔荆〕轲湛七族，景祐本有"荆"字。王念孙、王先谦都说当有。

〔12〕"今相国有此三者，而不得罪于楚之士众，（仕）〔何〕也？"叔敖曰："吾三相楚而（不）〔身〕愈卑"，景祐、殿、局本"仕"都作"何"。景祐、殿本"不"作"身"，局本作"心"。

〔13〕是使布衣之士不得为枯木（巧）〔朽〕株之资也。景祐、殿、局本都作"朽"。

〔14〕故秦皇帝任中庶子蒙〔嘉〕之言，顾炎武说传文脱"嘉"字。

〔15〕此臣之所（以）为大王乐也。景祐本无"以"字。王念孙说景祐本是。

〔16〕四方更输，错互（更）出攻也。王先谦说，据文选注引，明

下"更"字衍。

〔17〕 (道)在道病死也。　景祐、殿本都无上"道"字。

〔18〕 诸吕作(难)〔乱〕，　景祐、殿本都作"乱"。

〔19〕 正始受(命)之统，　王念孙说"命"字涉上文而衍，汉纪及
说苑贵德篇皆无"命"字。

〔20〕 所以(常)〔崇〕宽恕也。　景祐、殿本都作"崇"。

汉 书 卷 五 十 二

窦田灌韩传第二十二

窦婴字王孙，孝文皇后从兄子也。父世观津人也。①喜宾客。②孝文时为吴相，病免。孝景即位，为詹事。

①师古曰："县名也，地理志属信都。观音工唤反。"

②师古曰："喜，好也，音许吏反。"

帝弟梁孝王，母窦太后爱之。孝王朝，因燕昆弟饮。①是时上未立太子，酒酣，上从容曰："千秋万岁后传王。"②太后驩。婴引卮酒进上曰："天下者，高祖天下，父子相传，汉之约也，上何以得传梁王！"太后由此憎婴。婴亦薄其官，③因病免。太后除婴门籍，不得朝请。④

①师古曰："序家人昆弟之亲，不为君臣礼也。"

②师古曰："从音千庸反。"

③师古曰："自嫌其官，轻薄之也。"

2071

④师古曰："请音才性反。其下亦同。"

孝景三年，吴楚反，上察宗室诸窦无如婴贤，①召入见，固让谢，称病不足任。太后亦惭。于是上曰："天下方有急，王孙宁可以让邪？"乃拜婴为大将军，赐金千斤。婴言爰盎、栾布诸名将贤士在家者进之。所赐金，陈廊庑下，②军吏过，辄令财取为用，③金无入家者。婴守荥阳，监齐赵兵。七国破，封为魏其侯。游士宾客争归之。每朝议大事，条侯、魏其，列侯莫敢与亢礼。④

①师古曰："宗室，帝之同姓亲也。诸窦，总谓帝外家也。以吴楚之难，故欲用内外之亲为将也。"

②师古曰："廊，堂下周屋也。庑，门屋也，音侮。"

③师古曰："财与裁同，谓裁量而用之也。"

④师古曰："言特敬此二人也。"

四年，立栗太子，①以婴为傅。七年，栗太子废，婴争弗能得，谢病，屏居蓝田南山下②数月，诸窦宾客辩士说，莫能来。梁人高遂乃说婴曰："能富贵将军者，上也；能亲将军者，太后也。今将军傅太子，太子废，争不能拔，又不能死，自引谢病，拥赵女屏閒处而不朝，③祇加怼自明，扬主之过。④有如两宫奭将军，⑤则妻子无类矣。"⑥婴然之，乃起，朝请如故。

①师古曰："栗姬之子，（敬）〔故〕曰栗太子。"[1]

②师古曰："屏，隐也。"

③师古曰："拥，抱也。閒处，犹言私处也。"

④师古曰："祇，适也。怼，怨怒也。祇音支，其字从衣。怼音直类反。"

汉书卷五十二

2072

⑤师古曰："两宫，太后及帝也。奭，怒貌也，音赫。"

⑥师古曰："言被诛戮无遗类也。"

桃侯免相，①窦太后数言魏其。景帝曰："太后岂以臣有爱相魏其者?②魏其沾沾自喜耳，多易，③难以为相持重。"遂不用，用建陵侯卫绾为丞相。

①服虔曰："刘舍也。"

②师古曰："爱犹惜也。"

③张晏曰："沾沾，言自整顿也。多易，多轻薄之行也。或曰，沾音瞻。"师古曰："沾沾，轻薄也，或音他兼反，今俗言薄沾沾。喜音许吏反。易音弋豉反。"

田蚡，孝景王皇后同母弟也，生长陵。窦婴已为大将军，方盛，蚡为诸曹郎，未贵，往来侍酒婴所，跪起如子姓。①及孝景晚节，蚡益贵幸，②为中大夫。辩有口，学盘盂诸书，③王皇后贤之。

①师古曰："姓，生也，言同子礼，若己所生。"

②师古曰："晚节，犹言末时也。"

③应劭曰："黄帝史孔甲所作也，凡二十九篇，书盘盂中，所以为法戒也。诸书，诸子之书也。"孟康曰："孔甲盘盂二十六篇，杂家书，兼儒墨名法者也。"晋灼曰："案艺文志，孟说是也。"

孝景崩，武帝初即位，蚡以舅封为武安侯，弟胜为周阳侯。

蚡新用事，卑下宾客，①进名士家居者贵之，②欲以倾诸将相。③上所填抚，多蚡宾客计策。④会丞相绾病免，上议置丞相、太尉。藉福说蚡曰："魏其侯贵久矣，素天下士归之。今将军初兴，未如，即上以将军为相，必让魏其。魏其为相，将军必为太尉。太尉、相尊等耳，⑤有让贤名。”蚡乃微言太后风上，⑥于是乃以婴为丞相，蚡为太尉。藉福贺婴，因吊曰：“君侯资性喜善疾恶，⑦方今善人誉君侯，故至丞相；然恶人众，亦且毁君侯。君侯能兼容，则幸久；⑧不能，今以毁去矣。”婴不听。

①师古曰：“下音胡稼反。”

②晋灼曰：“滞在里巷未仕者。”

③师古曰：“倾谓蹫越而胜之也。”

④如淳曰：“多荐名士，名士得进为帝画计策也。”师古曰：“填音竹刃反。”

⑤师古曰：“言其尊贵同一等也。”

⑥师古曰：“风读曰讽。”

⑦师古曰：“喜，好也，音许吏反。”

⑧师古曰：“兼容，谓不嫉恶人令其怨也。”

婴、蚡俱好儒术，推毂赵绾为御史大夫，王臧为郎中令。①迎鲁申公，欲设明堂，令列侯就国，除关，②以礼为服制，③以兴太平。举谪诸窦宗室无行者，除其属藉。诸外家为列侯，列侯多尚公主，皆不欲就国，以故毁日至窦太后。太后好黄老言，而婴、蚡、赵绾等务隆推儒术，贬道家言，是以窦太后滋不说。④二年，御史大夫赵绾请毋奏事东宫。窦太后大怒，曰：“此欲复为新垣平邪！”乃罢逐赵绾、王臧，而免丞相婴、太尉蚡，以柏至侯许昌为丞相，武彊侯庄青翟为御史大夫。婴、蚡以侯家居。

①师古曰：“推毂，谓升荐之，若转车毂之为也。”

②服虔曰：“除关禁也。”

③师古曰：“谓丧服之制也。”

④师古曰：“滋，益也。说读曰悦。”

蚡虽不任职，以王太后故亲幸，数言事，多效，①士吏趋势利者皆去婴而归蚡。蚡日益横。②六年，窦太后崩，丞相昌、御史大夫青翟坐丧事不办，免。上以蚡为丞相，大司农韩安国为御史大夫。天下士郡诸侯愈益附蚡。③

①师古曰：“效谓见听用。”

②师古曰：“横，恣也，音胡孟反。”

③师古曰：“郡及诸侯也，犹言郡国耳。”

蚡为人貌侵，生贵甚。①又以为诸侯王多长，②上初即位，富于春秋，③蚡以肺附为相，④非痛折节以礼屈之，天下不肃。⑤当是时，丞相入奏事，语移日，所言皆听。荐人或起家至二千石，权移主上。上乃曰：“君除吏尽未？吾亦欲除吏。”⑥尝请考工地益宅，上怒曰：“遂取武库！”是后乃退。⑦召客饮，坐其兄盖侯北乡，自坐东乡，⑧以为汉相尊，不可以兄故私桡。⑨由此滋骄，⑩治宅甲诸第，⑪田园极膏腴，⑫市买郡县器物相属于道。⑬前堂罗钟鼓，立曲旃；⑭后房妇女以百数。诸奏珍物狗马玩好，不可胜数。⑮

①服虔曰：“侵，短小也。”师古曰：“生贵，谓自尊高示贵宠也。”

②张晏曰：“多长年。”

③师古曰：“谓年幼也。齿历方久，故云富于春秋也。”

④师古曰：“旧解云肺附，如肝肺之相附著也。一说，肺，斫木札也，

喻其轻薄附著大材也。"

⑤师古曰："痛犹甚也。言以尊贵临之，皆令其屈节而下己也。"

⑥师古曰："凡言除者，除去故官就新官。"

⑦师古曰："考工，少府之属官也，主作器械。上责其此请，故谓之曰：'何不遂取武库！'蚡乃退也。"

⑧师古曰："自处尊位也。乡读皆曰响。"

⑨师古曰："桡，曲也，音女教反。"

⑩师古曰："滋，益也。"

⑪师古曰："言为诸第之（长）〔最〕也。[2] 以甲乙之次，言甲则为上矣。"

⑫师古曰："膏腴，谓肥厚之处。"

⑬师古曰："属，逮及也，音之欲反。"

⑭如淳曰："旆，旗之名也，通帛曰旆。曲旆，僭也。"苏林曰："礼，大夫建旆。曲，柄上曲也。"师古曰："苏说是也。许慎云'旆，旗曲柄也，所以旆表士众'也。"

⑮师古曰："奏，进也。"

而婴失窦太后，益疏不用，无势，诸公稍自引而怠（骜）〔骜〕，①[3] 唯灌夫独否。故婴墨墨不得意，而厚遇夫也。

①师古曰："（骜）〔骜〕与傲同。"

灌夫字仲孺，颍阴人也。父张孟，（常）〔尝〕为颍阴侯灌婴舍人，[4] 得幸，因进之，①至二千石，故蒙灌氏姓为灌孟。②吴楚反时，颍阴侯灌婴为将军，属太尉，③请孟为校尉。夫以千人与父俱。④孟年老，颍阴侯强请之，郁郁不得意，故战常陷坚，遂死吴军中。汉法，父子俱，有死事，得与丧归。夫不肯随丧归，奋曰："愿取吴王若将军头以报父仇。"⑤于是夫被甲持戟，募军中壮士所善愿从数十人。⑥及出壁门，莫敢前。独两人及从奴十馀骑驰入吴军，至戏下，⑦所杀伤数十人。不得前，复还走汉壁，⑧亡其奴，独与一骑归。夫身中大创十馀，适有万金良药，故得无死。⑨创少瘳，⑩又复请将军曰："吾益知吴壁曲折，请复往。"⑪将军壮而义之，恐亡夫，乃言太尉，太尉召固止之。吴军（败）〔破〕，[5]夫以此名闻天下。

①师古曰："进，荐也。婴荐孟也。"

②师古曰："蒙，冒也。"

③师古曰："时颍阴侯是灌婴之子，名何，转写误为婴耳。"

④孟康曰："官主千人，如候司马也。"

⑤张晏曰："自奋厉也。"

⑥师古曰："所善，素与己善者。"

⑦师古曰："戏，大将之旗也，读与麾同，又音许宜反。"

⑧师古曰："走，趣向也，音奏。"

⑨师古曰："万金者，言其价贵也。金字或作全，言得之者必生全也。"

⑩师古曰："瘳，差也，音丑流反。"

⑪师古曰："曲折，犹言委曲也。"

颍阴侯言夫，夫为郎中将。数岁，坐法去。家居长安中，诸公莫不称，由是复为代相。

武帝即位，以为淮阳天下郊，劲兵处，①故徙夫为淮阳太守。入为太仆。二年，夫与长乐卫尉窦甫饮，轻重不得，②夫醉，搏甫。③甫，窦太后昆弟。上恐太后诛夫，徙夫为燕相。数岁，坐法免，家居长安。

①师古曰："郊谓四交辐凑，而兵又劲强。"

②晋灼曰：“饮酒轻重不得其平也。”师古曰：“礼数之轻重也。”

③师古曰：“搏，以手击之。”

夫为人刚直，使酒，①不好面谀。贵戚诸势在己之右，欲必陵之；士在己左，愈贫贱，尤益礼敬，与钧。②稠人广众，荐宠下辈。③士亦以此多之。④

①师古曰：“使酒，因酒而使气也。”

②师古曰：“右，尊也。左，卑也。钧，等也。”

③师古曰：“稠，多也。下辈，下等之人也。每于人众之中故宠荐也。”

④师古曰：“多犹重之。”

夫不好文学，喜任侠，已然诺。①诸所与交通，无非豪桀大猾。家累数千万，食客日数十百人。②波池田园，宗族宾客为权利，③横颍川。④颍川儿歌之曰：“颍水清，灌氏宁；颍水浊，灌氏族。”⑤

①师古曰：“已，必也。谓一言许人，必信之也。喜音许吏反。”

②师古曰：“或八九十，或百人也。”

③师古曰：“波读曰陂。”

④师古曰：“横音胡孟反。其下亦同。”

⑤师古曰：“深怨嫉之，故为此言也。”

夫家居，卿相待中宾客益衰。①及窦婴失势，亦欲倚夫引绳排根生平慕之后弃者。②夫亦得婴通列侯宗室为名高。两人相为引重，③其游如父子然，相得驩甚，无厌，恨相知之晚。

①师古曰：“以夫居家，而卿相待中素为夫之宾客者，渐以衰退不复往也。”

②苏林曰：“二人相倚，引绳直排根宾客去之者，不与交通也。”孟康

曰:"根者,根格,引绳以弹排摈根格之也。"师古曰:"孟说近之。
根音下恩反。格音下各反。言婴与夫共相提挈,有人生平慕婴、夫,
后见其失职而颇慢弛,如此者,共排退之,不复与交。譬如相对挽
绳而根格之也。今吴楚俗犹谓牵引前却为根格也。"

③张晏曰:"相荐达为声势也。"师古曰:"相牵引而致于尊重也。为音
于伪反。"

夫尝有服,①过丞相蚡。蚡从容曰:②"吾欲与仲孺过魏其
侯,会仲孺有服。"夫曰:"将军乃肯幸临况魏其侯,③夫安敢以
服为解!④请语魏其具,⑤将军旦日蚤临。"⑥蚡许诺。夫以语婴。
婴与夫人益市牛酒,⑦夜洒埽张具至旦。⑧[6]平明,令门下候司。
至日中,蚡不来。婴谓夫曰:"丞相岂忘之哉?"夫不怿,⑨曰:
"夫以服请,不宜。"⑩乃驾,自往迎蚡。蚡特前戏许夫,⑪殊无意
往。夫至门,蚡尚卧也。于是夫见,曰:"将军昨日幸许过魏其,
魏其夫妻治具,至今未敢尝食。"蚡悟,谢曰:"吾醉,忘与仲
孺言。"乃驾往。往又徐行,夫愈益怒。及饮酒酣,夫起舞属
蚡,⑫蚡不起。夫徙坐,语侵之。⑬婴乃扶夫去,谢蚡。蚡卒饮至
夜,极驩而去。

①师古曰:"谓丧服也。"

②师古曰:"从音千容反。"

③师古曰:"况,赐也。"

④师古曰:"解谓辞之也,若今言分疏矣。"

⑤师古曰:"具,办具酒食。"

⑥师古曰:"旦日,明旦也。蚤,古早字。"

⑦师古曰:"益,多也。"

⑧师古曰:"洒音灑,又音所寄反。"

⑨师古曰："怿，悦也。"

⑩师古曰："不当忘也。"

⑪师古曰："特，但也。"

⑫师古曰："属，付也，犹今之舞讫相劝也。属音之欲反。"

⑬师古曰："徙坐，谓移就其坐也。"

后蚡使藉福请婴城南田，婴大望曰：①"老仆虽弃，将军虽贵，宁可以势相夺乎！"不许。夫闻，怒骂福。福恶两人有隙，乃谩好谢蚡②曰："魏其老且死，易忍，且待之。"已而蚡闻婴、夫实怒不予，亦怒曰："魏其子尝杀人，蚡活之。蚡事魏其无所不可，爱数顷田？且灌夫何与也？③吾不敢复求田。"由此大怒。

①师古曰："望，怨也。"

②师古曰："谩犹诡也，诈为好言也。谩读与慢同，又音莫连反。"

③师古曰："与读曰预。预，干也。"

元光四年春，蚡言灌夫家在颍川，横甚，民苦之。请案之。上曰："此丞相事，何请？"夫亦持蚡阴事，为奸利，受淮南王金与语言。宾客居间，遂已，俱解。①

①师古曰："两家宾客处于中间和解之。"

夏，蚡取燕王女为夫人，①太后诏召列侯宗室皆往贺。婴过夫，欲与俱。夫谢曰："夫数以酒失过丞相，②丞相今者又与夫有隙。"婴曰："事已解。"强与俱。酒酣，蚡起为寿，坐皆避席伏。已婴为寿，独故人避席，馀半膝席。③夫行酒，至蚡，蚡膝席曰："不能满觞。"夫怒，因嘻笑曰："将军贵人也，毕之！"④时蚡不肯。⑤行酒次至临汝侯灌贤，贤方与程

不识耳语，⑥又不避席。夫无所发怒，乃骂贤曰：“平生毁程
不识不直一钱，今日长者为寿，乃效女曹儿咕嗫耳语！”⑦蚡
谓夫曰：“程、李俱东西宫卫尉，⑧今众辱程将军，仲孺独不
为李将军地乎？”⑨夫曰：“今日斩头穴匈，何知程、李！”⑩坐
乃起更衣，⑪稍稍去。婴去，戏夫。⑫夫出，蚡遂怒曰：“此吾
骄灌夫罪也。”乃令骑留夫，⑬夫不得出。藉福起为谢，案夫
项令谢。⑭夫愈怒，不肯顺。蚡乃戏骑缚夫⑮置传舍，⑯召长史
曰：“今日召宗室，有诏。”⑰〔7〕劾灌夫骂坐不敬，⑱系居室。⑲
遂其前事，⑳遣吏分曹逐捕诸灌氏支属，皆得弃市罪。婴愧，
为资使宾客请，莫能解。㉑蚡吏皆为耳目，诸灌氏皆亡匿，夫
系，遂不得告言蚡阴事。

①师古曰：“燕王泽之子康王嘉女。”

②师古曰：“言因酒有失，得罪过于丞相。”

③苏林曰：“下席而膝半在席上也。”如淳曰：“以膝跪席上也。”师古
　曰：“如说是也。”

④张晏曰：“行酒过之为已毕。”如淳曰：“言虽贵，且当尽酒，以其势
　劫之也。”师古曰：“如说近之。言将军虽贵人也，请尽此觞。嘻，
　强笑也，音许其反。”

⑤师古曰：“不为尽也。”

⑥师古曰：“附耳小语也。”

⑦师古曰：“女曹儿犹言儿女辈也。咕音昌涉反。嗫音人涉反。”

⑧孟康曰：“李广为东宫，程不识为西宫。”

⑨苏林曰：“不为李将军除道地邪？”如淳曰：“二人同号比尊，今辱一
　人，不当为毁广邪？”师古曰：“如说近之。言既毁程，令广何地自
　安处。”

⑩晋灼曰："斩头见刺，犹不止也。"

⑪师古曰："坐谓坐上之人也。更，改也。凡久坐者，皆起更衣，以其寒暖或变也。"

⑫晋灼曰："戏，古麾字也。"师古曰："招麾之令出也。汉书多以戏为麾字。"

⑬师古曰："骑谓常从之骑也。"

⑭师古曰："使其拜也。"

⑮师古曰："戏读亦曰麾。谓指麾命之而令收缚夫也。"

⑯师古曰："传舍，解在郦食其传。"

⑰师古曰："长史，丞相长史也。召宗室，谓请召之为客也。"

⑱师古曰："于大坐中骂詈，(不为)〔为不〕敬。"[8]

⑲师古曰："居室，署名也，属少府。其后改名曰保宫。"

⑳师古曰："遂，竟也。"

㉑如淳曰："为出资费，使人为夫请罪也。"师古曰："如说非也。为资，为其资地耳，非财物也。为读如本字。"

　　婴锐为救夫，婴夫人谏曰："灌将军得罪丞相，与太后家连，①宁可救邪？"婴曰："侯自我得之，自我捐之，无所恨。②且终不令灌仲孺独死，婴独生。"乃匿其家，窃出上书。③立召入，具告言灌夫醉饱事，不足诛。上然之，赐婴食，曰："东朝廷辩之。"④

①师古曰："相逆迕也。迕音悟。"

②师古曰："言不过失爵耳。"

③师古曰："匿，避也。不令家人知之，恐其又止谏也。"

④如淳曰："东朝，太后朝也。"张晏曰："会公卿大夫东朝，共理而分别也。"

婴东朝，盛推夫善，言其醉饱得过，乃丞相以它事诬罪之。蚡盛毁夫所为横恣，罪逆不道。婴度无可奈何，①因言蚡短。蚡曰：“天下幸而安乐无事，蚡得为（肺）〔胏〕附，[9]所好音乐狗马田宅，所爱倡优巧匠之属，②不如魏其、灌夫日夜招聚天下豪桀壮士与论议，腹诽而心谤，卬视天，俛画地，③辟睨两宫间，④幸天下有变，而欲有大功。⑤臣乃不如魏其等所为。”上问朝臣：“两人孰是？”御史大夫韩安国曰：“魏其言灌夫父死事，身荷戟驰不测之吴军，⑥身被数十创，名冠三军，此天下壮士，非有大恶，争杯酒，不足引它过以诛也。魏其言是。丞相亦言灌夫通奸猾，侵细民，家累巨万，横恣颍川，轹轹宗室，侵犯骨肉，⑦此所谓‘支大于干，胫大于股，不折必披’。⑧丞相言亦是。唯明主裁之。”主爵都尉汲黯是魏其。内史郑当时是魏其，后不坚。馀皆莫敢对。上怒内史曰：“公平生数言魏其、武安长短，今日廷论，局趣效辕下驹，⑨吾并斩若属矣！”⑩即罢起入，上食太后。太后亦已使人候司，具以语太后。太后怒，不食，曰：“我在也，而人皆藉吾弟，⑪令我百岁后，皆鱼肉之乎！⑫且帝宁能为石人邪！⑬此特帝在，即录录，⑭设百岁后，是属宁有可信者乎？”⑮上谢曰：“俱外家，故廷辨之。⑯不然，此一狱吏所决耳。”是时郎中令石建为上分别言两人。

2083

①师古曰：“度音徒各反。”

②师古曰：“倡，乐人也。优，谐戏者也。”

③张晏曰：“视天，占三光也。画地，知分野所在也。念欲作反事也。”

师古曰：“卬读曰仰。”

④张晏曰：“占太后与帝吉凶之期也。”师古曰：“辟睨，傍视也。辟音

普计反，字本作瞚。睆音吾计反。”

⑤张晏曰：“幸有反者，当为将立大功也。”臣瓒曰：“天下有变，谓因国家变难之际得立大功也。”师古曰：“瓒说是。”

⑥师古曰：“荷，负也。不测，言其强盛也。荷音何。”

⑦师古曰：“轹轶，谓蹈践之也。轹音凌，轶音郎击反。”

⑧师古曰：“披音丕靡反。”

⑨应劭曰：“驹者，驾著辕下。局趣，踧小之貌也。”张晏曰：“俛头于车辕下，随母而已。”师古曰：“张说非也。驾车不以牝马。小雅皇皇者华之诗曰‘我马维驹’，非随母也。”

⑩师古曰：“若，汝也。”

⑪晋灼曰：“藉，蹈也。”

⑫师古曰：“以比鱼肉而食啖也。”

⑬师古曰：“言徒有人形耳，不知好恶也。一曰，石人者，谓常存不死也。”

⑭师古曰：“录录，言循众也。”

⑮师古曰：“设犹脱也。”

⑯师古曰：“婴，景帝从舅子。蚡，太后同母弟。故言俱外家。”

蚡已罢朝，出止车门，召御史大夫安国载，①怒曰：“与长孺共一秃翁，何为首鼠两端？”②安国良久谓蚡曰：“君何不自喜！③夫魏其毁君，君当免冠解印绶归，④曰‘臣以（肺）〔肺〕附幸得待罪，固非其任，魏其言皆是。’如此，上必多君有让，⑤不废君。魏其必愧，杜门齰舌自杀。⑥今人毁君，君亦毁之，譬如贾竖女子争言，何其无大体也！”蚡谢曰：“争时急，不知出此。”

①师古曰：“韩安国也。载谓共乘车。”

②服虔曰："秃翁，言婴无官位版授也。首鼠，一前一却也。"张晏曰："婴年老，又嗜酒，头秃，言当共治一秃翁也。"师古曰："服说是也。"

③师古曰："何不自谦逊为可喜之事也。喜音许吏反。"

④师古曰："归印绶于天子也。"

⑤师古曰："多犹重也。"

⑥师古曰："杜，塞也。龊，啮也，音仕客反。"

于是上使御史簿责婴①所言灌夫颇不雠，②劾系都司空。③孝景时，婴尝受遗诏，曰"事有不便，以便宜论上。"④及系，灌夫罪至族，事日急，诸公莫敢复明言于上。婴乃使昆弟子上书言之，幸得召见。⑤书奏，案尚书，大行无遗诏。⑥诏书独臧婴家，婴家丞封。⑦乃劾婴矫先帝诏害，罪当弃市。⑧五年十月，悉论灌夫支属。婴良久乃闻有劾，即阳病痱，不食欲死。⑨或闻上无意杀婴，复食，治病，议定不死矣。乃有飞语为恶言闻上，⑩故以十二月晦论弃市渭城。⑪

①师古曰："簿责，以文簿一一责之也。簿音步户反。"

②晋灼曰："雠，当也。"

③师古曰："都司空，宗正属官也，见百官公卿表。"

④师古曰："论说其事而上于天子。"

⑤师古曰："幸，冀也。"

⑥如淳曰："大行，主诸侯官也。"师古曰："此说非也。大行，景帝大行也。尚书之中无此大行遗诏也。"

⑦孟康曰："以家丞印封遗诏也。"

⑧郑氏曰："矫诏有害不害也。"

⑨师古曰："痱，风疾也，音肥。"

⑩张晏曰：“蚡为作飞扬诽谤之语也。”臣瓒曰：“无根而至也。”

⑪张晏曰：“著日月者，见春垂至，恐遇赦赎之。”

春，蚡疾，一身尽痛，若有击者，谨服谢罪。①上使视鬼者瞻之，曰：“魏其侯与灌夫共守，笞欲杀之。”竟死。子恬嗣，元朔中有罪免。

①晋灼曰：“服音砲。关西俗谓得杖呼及小儿啼呼为呼砲。或言蚡号谨服罪也。”师古曰：“两说皆通。谨，古呼字也。若谓啼为谨服，则谨音火交反，服音平卓反。”

后淮南王安谋反，觉。始安入朝时，蚡为太尉，迎安霸上，谓安曰：“上未有太子，大王最贤，高祖孙，即（公）〔宫〕车晏驾，〔10〕非大王立，尚谁立哉？”①淮南王大喜，厚遗金钱财物。上自婴、夫事时不直蚡，特为太后故。及闻淮南事，上曰：“使武安侯在者，族矣。”②

①师古曰：“言大王尚不得立，当谁立也？”

②师古曰：“言其赖自死。”

韩安国字长孺，梁成安人也，后徙睢阳。尝受韩子、杂说邹田生所。①事梁孝王，为中大夫。吴楚反时，孝王使安国及张羽为将，扞吴兵于东界。张羽力战，安国持重，以故吴不能过梁。吴楚破，安国、张羽名由此显梁。

①师古曰：“田生，邹县人。”

梁王以至亲故，得自置相、二千石，出入游戏，僭于天子。①天子闻之，心不善。太后知帝弗善，乃怒梁使者，弗见，案责王所为。安国为梁使，见大长公主而泣②曰："何梁王为人子之孝，为人臣之忠，而太后曾不省也？③夫前日吴、楚、齐、赵七国反，自关以东皆合从而西向，④唯梁最亲，为限难。梁王念太后、帝在中，⑤而诸侯扰乱，壹言泣数行而下，跪送臣等六人将兵击却吴楚，吴楚以故兵不敢西，而卒破亡，梁之力也。今太后以小苛礼责望梁王。⑥梁王父兄皆帝王，而所见者大，故出称趩，入言警，⑦车旗皆帝所赐，即以嫣鄙小县，⑧驱驰国中，欲夸诸侯，令天下知太后、帝爱之也。今梁使来，辄案责之，梁王恐，日夜涕泣思慕，不知所为。何梁王之忠孝而太后不恤也？"长公主具以告太后，太后喜曰："为帝言之。"言之，帝心乃解，而免冠谢太后曰："兄弟不能相教，乃为太后遗忧。"悉见梁使，厚赐之。其后，梁王益亲驩。太后、长公主更赐安国直千馀金。⑨由此显，结于汉。

①师古曰："僭，拟也。"

②如淳曰："大长公主，景帝姊也。"

③师古曰："省，视也。"

④师古曰："从音子容反。"

⑤师古曰："中，关中也。一说谓京师为中，犹言中国也。"

⑥师古曰："苛，细也。"

⑦师古曰："趩，止行人也。警，令戒肃也。天子出入皆备此仪。而今云出称警入言趩者，互举之耳。"

⑧服虔曰："嫣，夸妮也。"晋灼曰："嫣音垎嫣之嫣。"邓展曰："嫣，好也。自以车服之好曜边鄙之邑也。"师古曰："服说、晋音是也。鄙，小县，言在外鄙之小县也。"

⑨师古曰："更音工衡反。"

其后，安国坐法抵罪，蒙①狱吏田甲辱安国。安国曰："死灰独不复然乎？"甲曰："然即溺之。"②居无几，梁内史缺，③汉使使者拜安国为梁内史，起（徙）〔徒〕中为二千石。[11]田甲亡。安国曰："甲不就官，我灭而宗。"④甲肉袒谢，安国笑曰："公等足与治乎？"⑤卒善遇之。

①师古曰："蒙，梁国之县也。"

②师古曰："溺读曰尿。"

③师古曰："无几，未多时也。几音居岂反。"

④师古曰："而，汝也。"

⑤师古曰："治谓当敌也，今人犹云对治。治音丈吏反。一曰，不足绳治也。治读如本字。"

内史之缺也，王新得齐人公孙诡，说之，①欲请为内史。窦太后（所）〔闻〕，乃诏王以安国为内史。[12]

①师古曰："说读曰悦。"

公孙诡、羊胜说王求为帝太子及益地事，恐汉大臣不听，乃阴使人刺汉用事谋臣。及杀故吴相爰盎，景帝遂闻诡、胜等计画，乃遣使捕诡、胜，必得。①汉使十辈至梁，相以下举国大索，②月馀弗得。安国闻诡、胜匿王所，乃入见王而泣曰："主辱者臣死。大王无良臣，故纷纷至此。今胜、诡不得，请辞赐死。"王曰："何至此？"安国泣数行下，曰："大王自度于皇帝，孰与太上皇之与高帝及皇帝与临江王亲？"③王曰："弗如也。"安国曰："夫太上皇、临江亲父子间，然高帝曰'提三尺取天下者朕也'，④故太上终不得制事，居于栎阳。临江，適长太子，⑤以一言过，废王临江；⑥用宫垣事，卒自杀中尉府。⑦何则？治天下终不用私乱公。语曰：'虽有亲父，安知不为虎？虽有亲兄，安知不为狼？'⑧今大王列在诸侯，讹邪臣浮说，⑨犯上禁，桡明法。⑩天子以太后故，不忍致法于大王。太后日夜涕泣，幸大王自改，大王终不觉寤。有如太后宫车即晏驾，大王尚谁攀乎？"语未卒，王泣数行而下，谢安国曰："吾今出之。"即日诡、胜自杀。汉使还报，梁事皆得释，⑪安国力也。景帝、太后益重安国。

①师古曰："必令得之。"

②师古曰："索，搜也，音山客反。"

③师古曰："孰与，犹言何如也。"

④师古曰："三尺，谓剑也。"

⑤师古曰："适读曰嫡。"

⑥师古曰："景帝尝属诸姬子，太子母栗姬言不逊，由是废太子，栗姬忧死也。"

⑦张晏曰："以侵壖垣征，自杀也。"

⑧师古曰："言其恩爱不可必保也。"

⑨师古曰："讹，诱也，音戍。"

⑩师古曰："桡，曲也，音女教反。"

⑪师古曰："释，解也。"

孝王薨，共王即位，①安国坐法失官，家居。武帝即位，武安侯田蚡为太尉，亲贵用事。安国以五百金遗蚡，蚡言安国太后，上素闻安国贤，即召以为北地都尉，迁为大司农。闽、东越相攻，遣安国、大行王恢将兵。未至越，越杀其王降，汉兵亦罢。其年，田蚡为丞相，安国为御史大夫。

①师古曰："共读曰恭。"

匈奴来请和亲，上下其议。①大行王恢，燕人，数为边吏，习胡事，议曰："汉与匈奴和亲，率不过数岁即背约。不如勿许，举兵击之。"安国曰："千里而战，即兵不获利。今匈奴负戎马足，怀鸟兽心，②迁徙鸟集，难得而制。得其地不足为广，有其众不足为强，自上古弗属。③汉数千里争利，则人马罢，④虏以全制其敝，势必危殆。臣故以为不如和亲。"群臣议多附安国，于是上许和亲。

①师古曰："下音胡亚反。"

②师古曰："负，恃也。"

③师古曰："不内属于中国。"

④师古曰："罢读曰疲。"

明年，雁门马邑豪聂壹①因大行王恢言："匈奴初和亲，亲信边，可诱以利致之，伏兵袭击，必破之道也。"上乃召问公卿曰："朕饰子女以配单于，币帛文锦，赂之甚厚。单于待命加嫚，侵盗无已，边竟数惊，朕甚闵之。②今欲举兵攻之，何如？"

①张晏曰："豪犹帅也。"

②师古曰："竟读曰境。其下亦同。"

大行恢对曰："陛下虽未言，臣固愿效之。①臣闻全代之时，②北有强胡之敌，内连中国之兵，然尚得养老长幼，种树以时，仓廪常实，③匈奴不轻侵也。今以陛下之威，海内为一，天下同任，④又遣子弟乘边守塞，⑤转粟輓输，以为之备，⑥然匈奴侵盗不已者，无它，以不恐之故耳。⑦臣窃以为击之便。"

①师古曰："效，致也，致其计。"

②服虔曰："代未分之时也。"李奇曰："六国之时全代为一国，尚能以

击匈奴，况今加以汉之大乎！"

③师古曰："树，殖也。"

④如淳曰："任，事也。"

⑤师古曰："乘，登也。登其城而备守也。"

⑥师古曰："輓，引车也，音晚。"

⑦师古曰："不示威令恐惧也。"

御史大夫安国曰："不然。臣闻高皇帝尝围于平城，匈奴至者投鞍高如城者数所。①平城之饥，七日不食，天下歌之，及解围反位，而无忿怒之心。夫圣人以天下为度者也，②不以己私怒伤天下之功，故乃遣刘敬奉金千斤，以结和亲，至今为五世利。孝文皇帝又尝壹拥天下之精兵聚之广武常溪，③然终无尺寸之功，而天下黔首无不忧者。孝文寤于兵之不可宿，④故复合和亲之约。此二圣之迹，足以为效矣。臣窃以为勿击便。"

①师古曰："解脱其马，示闲暇也。投积其鞍，若营垒也。"

②师古曰："言当随天下人心而宽大其度量也。"

③张晏曰："广武，雁门县。常溪，溪名。"

④师古曰："宿，久留也。"

恢曰："不然。臣闻五帝不相袭礼，三王不相复乐，①非故相反也，各因世宜也。且高帝身被坚执锐，蒙雾露，沐霜雪，行几十年，②所以不报平城之怨者，非力不能，所以休天下之心也。今边竟数惊，士卒伤死，中国輓车相望，③此仁人之所隐也。④臣故曰击之便。"

①师古曰："袭，因也。复，重也。复音扶目反。"

②师古曰："几，近也，音巨依反。"

③师古曰："櫬，小棺也。从军死者以櫬送致其丧，载櫬之车相望于
　道，言其多也。櫬音卫。"

④张晏曰："隐，痛也。"

　安国曰："不然。臣闻利不十者不易业，功不百者不变常，
是以古之人君谋事必就祖，发政占古语，重作事也。①且自三代
之盛，夷狄不与正朔服色，②非威不能制，强弗能服也，以为远
方绝地不牧之民，不足烦中国也。③且匈奴，轻疾悍亟之兵也，④
至如猋风，去如收电，⑤畜牧为业，弧弓射猎，⑥逐兽随草，居处
无常，难得而制。今使边郡久废耕织，以支胡之常事，其势不相
权也。⑦臣故曰勿击便。"

①师古曰："祖，祖庙也。占，问也。重犹难之也。"

②师古曰："与读曰豫。"

③师古曰："不牧，谓不可牧养也。"

④师古曰："悍，勇也。亟，急也，音居力反。"

⑤师古曰："猋，疾风也，音必遥反。"

⑥师古曰："以木曰弧，以角曰弓。"

⑦师古曰："轻重不等也。"

　恢曰："不然。臣闻凤鸟乘于风，圣人因于时。昔秦缪公都
雍，①地方三百里，知时宜之变，攻取西戎，辟地千里，并国十
四，②陇西、北地是也。及后蒙恬为秦侵胡，辟数千里，以河为
竟，③累石为城，树榆为塞，④匈奴不敢饮马于河，置烽燧然后敢
牧马。⑤夫匈奴独可以威服，不可以仁畜也。今以中国之盛，万
倍之资，遣百分之一以攻匈奴，譬犹以强弩射且溃之痈也，必不
留行矣。⑥若是，则北发月氏可得而臣也。⑦臣故曰击之便。"

①师古曰："缪读与穆同。"

②师古曰："辟读曰闢。次下亦同。"

③师古曰："竟读曰境。"

④如淳曰："塞上种榆也。"

⑤师古曰："爕，古燮字。"

⑥师古曰："留，止也。言无所碍也。"

⑦师古曰："发犹征召也。言威声之盛，北自月支以来皆可征召而为臣也。氏读曰支。"

安国曰："不然。臣闻用兵者以饱待饥，正治以待其乱，定舍以待其劳。①故接兵覆众，伐国堕城，②常坐而役敌国，此圣人之兵也。且臣闻之，冲风之衰，不能起毛羽；③强弩之末，力不能入鲁缟。④夫盛之有衰，犹朝之必莫也。今将卷甲轻举，深入长敺，难以为功；⑤从行则迫胁，衡行则中绝，⑥疾则粮乏，徐则后利，⑦不至千里，人马乏食。兵法曰：'遗人获也。'⑧意者有它缪巧可以禽之，则臣不知也；不然，则未见深入之利也。臣故曰勿击便。"

①师古曰："舍，止息也。"

②师古曰："覆，败也。堕，毁也。言兵与敌接则败其众，所伐之国则毁其城也。覆音芳目反。堕音火规反。"

③师古曰："冲风，疾风之冲突者也。"

④师古曰："缟，素也。曲阜之地，俗善作之，尤为轻细，故以取喻也。"

⑤师古曰："敺与驱同。"

⑥师古曰："从音子容反。衡犹横也。"

⑦师古曰："后利，谓不及于利。"

⑧师古曰："言以军遗敌人，令其虏获也。遗音弋季反。"

恢曰："不然。夫草木遭霜者不可以风过，①清水明镜不可以形逃，②通方之士，不可以文乱。③今臣言击之者，固非发而深入也，将顺因单于之欲，诱而致之边，吾选枭骑壮士阴伏而处以为之备，审遮险阻以为其戒。吾势已定，或营其左，或营其右，或当其前，或绝其后，单于可禽，百全必取。"

①师古曰："言易零落。"

②师古曰："言美恶皆见。"

③师古曰："方，道也。"

上曰："善。"乃从恢议。阴使聂壹为间，①亡入匈奴，谓单于曰："吾能斩马邑令丞，以城降，财物可尽得。"单于爱信，以为然而许之。聂壹乃诈斩死罪囚，县其头马邑城下，视单于使者为信，②曰："马邑长吏已死，可急来。"于是单于穿塞，将十万骑入武州塞。③

①师古曰："间音居苋反。"

②师古曰："视读曰示。"

③师古曰："在雁门。"

当是时，汉伏兵车骑材官三十馀万，匿马邑旁谷中。卫尉李广为骁骑将军，太仆公孙贺为轻车将军，大行王恢为将屯将军，太中大夫李息为材官将军。御史大夫安国为护军将军，诸将皆属。约单于入马邑纵兵。王恢、李息别从代主击辎重。①于是单于入塞，未至马邑百馀里，觉之，还去。语在匈奴传。塞下传言单于已去，汉兵追至塞，度弗及，②王恢等皆罢兵。

①师古曰："辎，衣车也。重谓载重物车也。故行者之资，总曰辎重。重音直用反。"

②师古曰："度，音徒各反。"

上怒恢不出击单于辎重也，恢曰："始约为入马邑城，兵与单于接，而臣击其辎重，可得利。今单于不至而还，臣以三万人众不敌，祇取辱。①固知还而斩，然完陛下士三万人。"于是下恢廷尉，廷尉当恢逗桡，当斩。②恢行千金丞相蚡。蚡不敢言上，而言于太后曰："王恢首为马邑事，今不成而诛恢，是为匈奴报仇也。"上朝太后，太后以蚡言告上。上曰："首为马邑事者恢，故发天下兵数十万，从其言，为此。且纵单于不可得，恢所部击，犹颇可得，以尉士大夫心。③今不诛恢，无以谢天下。"于是恢闻，乃自杀。

①师古曰："祇，适也，音支。"

②服虔曰："逗音企。"应劭曰："逗，曲行避敌也，桡，顾望也，军法语也。"苏林曰："逗音豆。"如淳曰："军法，行而逗留畏懦者要斩。"师古曰："服、应二说皆非也。逗谓留止也。桡，屈弱也。逗又音住。"

③师古曰："或当得其辎重人众也。(故)〔古〕尉安之字正如此，[13]其后流俗乃加心耳。"

安国为人多大略，知足以当世取舍，①而出于忠厚。贪者财利，②然所推举皆廉士贤于己者。于梁举壶遂、臧固，至它，皆天下名士，③士亦以此称慕之，唯天子以为国器。④安国为御史大夫五年，丞相蚡薨。安国行丞相事，引堕车，蹇。⑤上欲用安国为丞相，使使视，蹇甚，乃更以平棘侯薛泽为丞相。安国病免，⑥数月，愈，复为中尉。

①师古曰："舍，止也。取舍，言可取则取，可止则止。"

②师古曰："耆读曰嗜。"

③师古曰："于梁举二人，至于他馀所举，亦皆名士也。"

④师古曰："言臣下皆敬重之，天子一人亦以为国器。国器者，言其器用重大，可施于国政也。"

⑤如淳曰："为天子〔尊〕〔导〕引，[14]而堕车跛蹇也。"

⑥师古曰："以足疾。"

岁馀，徙为卫尉。而将军卫青等击匈奴，破龙城。明年，匈奴大入边。语在青传。安国为材官将军，屯渔阳，捕生口虏，言匈奴远去。即上言方佃作时，①请且罢屯。罢屯月馀，匈奴大入上谷、渔阳。安国壁乃有七百馀人，出与战，安国伤，入壁。匈奴虏略千馀人及畜产去。上怒，使使责让安国。徙益东，屯右北平。是时虏言当入东方。

①师古曰："安国上奏也。佃，治田也，音与田同。"

安国始为御史大夫及护军，后稍下迁。新壮将军卫青等有功，益贵。安国既斥疏，将屯又失亡多，甚自愧。幸得罢归，①乃益东徙，意忽忽不乐，数月，病欧血死。

①师古曰："冀得罢归，以徼幸也。他皆类此。"

壶遂与太史迁等定汉律历，官至詹事，其人深中笃行君子。上方倚欲以为相，会其病卒。①

①师古曰："倚谓仗任之也，音於绮反。"

赞曰：窦婴、田蚡皆以外戚重，灌夫用一时决策，①而各名显，并位卿相，大业定矣。然婴不知时变，夫亡术而不逊，②蚡负贵而骄溢。③凶德参会，待时而发，④藉福区区其间，恶能救斯败哉!⑤以韩安国之见器，临其挚而颠坠，⑥陵夷以忧死，⑦遇合有命，悲夫! 若王恢为兵首而受其咎，岂命也虖?⑧

①师古曰："谓驰入吴军，欲报父雠也。"

②师古曰："逊，顺也。"

③师古曰："负，恃也。"

④师古曰："三人相遇，故曰参会。"

⑤师古曰："恶音乌，谓於何也。"

⑥李奇曰："挚，极也。"

⑦师古曰："陵夷，即陵迟也，言渐卑替也。"

⑧师古曰："言自己为之，非由命也。"

【校勘记】

〔1〕（敬）〔故〕曰栗太子。　景祐、殿本都作"故"，此误

〔2〕言为诸第之（长）〔最〕也。　景祐、殿本都作"最"。

〔3〕诸公稍自引而怠（鹜）〔骛〕，　景祐、殿本都作"骛"，注同。王先谦说作"骛"是。

〔4〕（常）〔尝〕为颍阴侯灌婴舍人，　宋祁说南本、浙本"常"并作"尝"。王先谦说南、浙本是。

〔5〕吴军（败）〔破〕，　景祐、殿本都作"破"。

〔6〕夜洒埽张具至旦。⑧　注⑧原在"张具"下。王先谦说，"至旦"二字连上为文，言婴洒埽张具，自夜达旦。

〔7〕 "今日召宗室,有诏",⑰　注⑰原在"宗室"下,景祐、汲古、局本同。今从殿本,以"有诏"连上,蚡与长史语止此。

〔8〕 于大坐中骂詈(不为)〔为不〕敬。　景祐、殿本都作"为不"。

〔9〕 蚡得为(胏)〔肺〕附,　殿本"肺"作"胏",与上蚡传同。而此及景祐本都作"胏",与蚡传异。"肺""胏"盖一字之异体。

〔10〕 即(公)〔宫〕车晏驾,　景祐、殿本都作"宫",史记同。王先谦说作"宫"是。

〔11〕 起(徙)〔徒〕中为二千石。　景祐、殿本都作"徒",史记同,此误。

〔12〕 窦太后(所)〔闻〕,乃诏王以安国为内史。　杨树达说"所"是误字,当从史记作"闻"。

〔13〕 (故)〔古〕尉安之字正如此,　景祐、殿本都作"古"。王先谦说作"古"是。

〔14〕 为天子(尊)〔导〕引,　景祐、殿本都作"导",此误。

汉书卷五十三

景十三王传第二十三

孝景皇帝十四男。王皇后生孝武皇帝。栗姬生临江闵王荣、河间献王德、临江哀王阏。①程姬生鲁共王馀、②江都易王非、③胶西于王端。④贾夫人生赵敬肃王彭祖、中山靖王胜。唐姬生长沙定王发。王夫人生广川惠王越、胶东康王寄、清河哀王乘、常山宪王舜。⑤

①师古曰："阏音乌葛反。"

②师古曰："共读曰恭。下皆类此。"

③师古曰："易音改易之易。谥法云'好更故旧曰易'。"

④师古曰："于，远也，言其所行不善，远乖道德，故以为谥。"

⑤师古曰："王夫人，即王皇后之妹也。"

河间献王德以孝景前二年立，修学好古，实事求是。①从民得善书，必为好写与之，留其真，②加金帛赐以招之。繇是四方道术之人不远千里，③或有先祖旧书，多奉以奏献王者，④故得书多，与汉朝等。是时，淮南王安亦好书，所招致率多浮辩。⑤献王所得书皆古文先秦旧书，⑥周官、尚书、礼、礼记、⑦孟子、老子之属，皆经传说记，七十子之徒所论。⑧其学举六艺，⑨立毛氏诗、左氏春秋博士。修礼乐，被服儒术，造次必于儒者。⑩山东诸儒（者）〔多〕从而游。[1]

①师古曰："务得事实，每求真是也。今流俗书本云求长长老，以是从人得善书，盖妄加之耳。"

②师古曰："真，正也。留其正本。"

③师古曰："不以千里为远，而自致也。繇与由同。"

④师古曰："奏，进也。"

⑤师古曰："言无实用耳。"

⑥师古曰："先秦，犹言秦先，谓未焚书之前。"

⑦师古曰："礼者，礼经也。礼记者，诸儒记礼之说也。"

⑧师古曰："七十子，孔子弟子也，解具在艺文志。"

⑨师古曰："此六艺谓六经。"

⑩师古曰："被服，言常居处其中也。造次，谓所向（必）〔所〕行也。[2]被音皮义反。造音千到反。"

武帝时，献王来朝，献雅乐，对三雍宫①及诏策所问三十馀事。其对推道术而言，得事之中，②文约指明。③

①应劭曰："辟雍、明堂、灵台也。雍，和也，言天地君臣人民皆和也。"

②师古曰："中音竹仲反。"

③师古曰："约，少也。指谓义之所趋，若人以手指物也。他皆类此。"

立二十六年薨。中尉常丽以闻，曰："王身端行治，①温仁恭

俭，笃敬爱下，明知深察，惠于鳏寡。"大行令奏："谥法曰
'聪明睿知曰献'，②宜谥曰献王。"子共王不害嗣，四年薨。子
刚王堪嗣，十二年薨。子顷王授嗣，③十七年薨。子孝王庆嗣，
四十三年薨。子元嗣。

①师古曰："端，直；治，理也。"

②师古曰："睿，深也，通也。"

③师古曰："顷音倾。诸为谥者，皆类此也。"

　　元取故广陵厉王、厉王太子及中山怀王故姬廉等以为姬。甘
露中，冀州刺史敞奏元，事下廷尉，逮召廉等。元迫胁凡七人，
令自杀。有司奏请诛元，有诏削二县，万一千户。后元怒少史留
贵，留贵逾垣出，欲告元，元使人杀留贵母。有司奏元残贼不
改，不可君国子民。废勿王，处汉中房陵。①居数年，坐与妻若
共乘朱轮车，怒若，又笞击，令自髡。汉中太守请治（元），病
死。[3]立十七年，国除。

①师古曰："房陵，汉中县。"

　　绝五岁，成帝建始元年，复立元弟上郡库令良，①是为河间
惠王。良修献王之行，母太后薨，服丧如礼。哀帝下诏褒扬曰：
"河间王良，丧太后三年，为宗室仪表，其益封万户。"二十七
年薨。子尚嗣，王莽时绝。

①如淳曰："汉官北边郡库，官兵之所藏，故置令。"

　　临江哀王阏以孝景前二年立，三年薨。无子，国除为郡。

　　临江闵王荣以孝景前四年为皇太子，四岁废为临江王。三
岁，坐侵庙壖地为宫，①上征荣。荣行，祖于江陵北门，②既上

车，轴折车废。③江陵父老流涕窃言曰："吾王不反矣！"荣至，诣中尉府对簿。中尉郅都簿责讯王，④王恐，自杀。葬蓝田，燕数万衔土置冢上，百姓怜之。

①师古曰："壖音人缘反。解在食货志及晁错传。"

②师古曰："祖者，送行之祭，因飨饮也。昔黄帝之子累祖好远游而死于道，故后人以为行神也。"

③师古曰："废，坏也。"

④师古曰："簿皆音薄户反。讯，问也，音信。"

荣最长，亡子，国除。①地入于汉，为南郡。

①师古曰："荣实最长，而传居二王之后者，以其从太子被废，后乃立为王也。"

鲁恭王馀以孝景前二年立为淮阳王。吴楚反破后，以孝景前三年徙王鲁。好治宫室苑囿狗马，季年好音，①不喜辞。②为人口吃难言。③

①师古曰："季年，末年也。"

②师古曰："喜音许吏反。"

③师古曰："吃音讫。"

二十八年薨。子安王光嗣，初好音乐舆马，晚节遴，①唯恐不足于财。四十年薨。子孝王庆忌嗣，三十七年薨。子顷王劲嗣，二十八年薨。子文王晙嗣，十八年薨，亡子，国除。哀帝建平三年，复立顷王子晙弟郚乡侯闵为王。②王莽时绝。

①师古曰："晚节犹言末时也。遴与吝同，犹言贪啬也。"

②苏林曰："郚音鱼，县名也，属东海郡。"师古曰："又音吾。"

恭王初好治宫室，坏孔子旧宅以广其宫，闻钟磬琴瑟之声，遂不敢复坏，于其壁中得古文经传。

江都易王非以孝景前二年立为汝南王。吴楚反时，非年十五，有材气，上书自请击吴。景帝赐非将军印，击吴。吴已破，徙王江都，治故吴国，①以军功赐天子旗。元光中，匈奴大入汉边，非上书愿击匈奴，上不许。非好气力，治宫馆，招四方豪桀，骄奢甚。二十七年薨，子建嗣。

①师古曰："治谓都之。刘濞所居也。"

建为太子时，邯郸人梁蚡持女欲献之易王，建闻其美，私呼之，因留不出。蚡宣言曰："子乃与其公争妻！"建使人杀蚡。蚡家上书，下廷尉考，会赦，不治。易王薨未葬，建居服舍，①召易王所爱美人淖姬等凡十人与奸。②建女弟徵臣为盖侯子妇，③以易王丧来归，建复与奸。建异母弟定国为淮阳侯，易王最小子也，其母幸立之，④具知建事，行钱使男子茶恬上书⑤告建淫乱，不当为后。事下廷尉，廷尉治恬受人钱财为上书，论弃市。建罪不治。后数使使至长安迎徵臣，鲁恭王太后闻之，⑥遗徵臣书曰："国中口语籍籍，慎无复至江都。"⑦后建使谒者吉请问共太后，⑧太后泣谓吉："归以吾言谓而王，⑨王前事漫漫，今当自谨，独不闻燕齐事乎？⑩言吾为而王泣也。"吉归，致共太后语，建大怒，击吉，斥之。⑪

①师古曰："倚庐垩室之次也。"

②郑氏曰："淖音卓王孙之卓。"苏林曰："淖音泥淖。"师古曰："苏说是，音女教反。"

③师古曰："女弟，即妹也。"

④师古曰："冀得立其子为**易王**嗣。"

⑤苏林曰："荼音食邪反。"

⑥师古曰："**易王**即**鲁恭王**同母之弟，徵臣则太后之孙也，故与书戒之。"

⑦师古曰："籍籍，喧聒之意。"

⑧师古曰："谓请问起居也。"

⑨师古曰："谓，告也。而，汝也。"

⑩张晏曰："**燕王定国**、**齐王次昌**皆与子昆弟奸，发觉自杀也。"

⑪师古曰："斥谓退弃之。"

建游章台宫，令四女子乘小船，建以足蹹覆其船，①四人皆溺，二人死。后游雷波，②天大风，建使郎二人乘小船入波中。船覆，两郎溺，攀船，乍见乍没。建临观大笑，令皆死。③

①师古曰："覆音芳目反。其下亦同。"

②师古曰："波读为陂。**雷陂**，陂名。其下云入波中亦同。"

③师古曰："不救止之，并死陂中也。"

宫人姬八子有过者，辄令裸立击鼓，①或置树上，久者三十日乃得衣；或髡钳以铅杵舂，②不中程，辄掠；③或纵狼令啮杀之，④建观而大笑；或闭不食，令饿死。凡杀不辜三十五人。建欲令人与禽兽交而生子，强令宫人裸而四据，与羝羊及狗交。⑤

①师古曰："八子，姬妾官名也。裸者，露其形也，音来果反。"

②师古曰："铅者，锡之类也，音弋全反。"

③师古曰："程者，作之课也。掠，笞击也。"

④师古曰："纵，放也。"

⑤师古曰："羝羊，牡羊，音丁奚反。"

汉书卷五十三

2104

专为淫虐，自知罪多，国中多欲告言者，建恐诛，心内不安，与其后成光共使越婢下神，祝诅上。与郎中令等语怨望："汉廷使者即复来覆我，我决不独死！"①

①师古曰："覆，治也。不独死，言欲反也。覆音芳目反。"

建亦颇闻淮南、衡山阴谋，恐一日发，为所并，遂作兵器。号王后父胡应为将军。中大夫疾有材力，善骑射，①号曰灵武君。作治黄屋盖；刻皇帝玺，铸将军、都尉金银印；作汉使节二十，缓千馀；具置军官品员，及拜爵封侯之赏；具天下之舆地及军陈图。遣人通越繇王闽侯，遗以锦帛奇珍，繇王闽侯亦遗建荃、葛、②珠玑、③犀甲、翠羽、蝯熊奇兽，数通使往来，约有急相助。④及淮南事发，治党与，颇连及建，建使人多推金钱绝其狱。⑤

①师古曰："疾者，中大夫之名。"

②苏林曰："荃音诠，细布属也。"服虔曰："音苏，细葛也。"臣瓒曰："荃，香草也。"师古曰："服、瓒二说皆非也。许慎云'荃，细布也'。字本作绖，音千全反，又音千劣反，盖今南方筒布之属皆为荃也。葛即今之葛布也。以荃及葛遗建也。"

③师古曰："玑谓珠之不圜者也，音机，又音畿。"

④师古曰："约谓言契也。"

⑤师古曰："行贿赂以灭其踪绪也。"

后复谓近臣曰："我为王，诏狱岁至，生又无驩怡日，壮士不坐死，欲为人所不能为耳。"①建时佩其父所赐将军印，载天子旗出。积数岁，事发觉，汉遣丞相长史与江都相杂案，索得兵器玺缓节反具，②有司请捕诛建。制曰："与列侯吏二千石博士议。"

议皆曰："建失臣子道，积久，辄蒙不忍，遂谋反逆。所行无道，虽桀纣恶不至于此。天诛所不赦，当以谋反法诛。"有诏宗正、廷尉即问建。③建自杀，后成光等皆弃市。六年国除，地入于汉，为广陵郡。

①师古曰："亦言欲反也。"

②师古曰："索，搜也。"

③师古曰："即，就也，就其国问之。"

绝百二十一年，平帝时新都侯王莽秉政，兴灭继绝，立建弟盱眙侯子宫为广陵王，①奉易王后。莽篡，国绝。

①师古曰："盱音许于反。眙音怡。"

胶西于王端，孝景前三年立。为人贼盭，又阴痿，①一近妇人，病数月。有所爱幸少年，以为郎。郎与后宫乱，端禽灭之，及杀其子母。数犯法，②汉公卿数请诛端，天子弗忍，而端所为滋甚。③有司比再请，削其国，去太半。④端心愠，遂为无訾省。⑤府库坏漏，尽腐财物，以钜万计，终不得收徙。⑥令吏毋得收租赋。端皆去卫，封其宫门，从一门出入。数变名姓，为布衣，之它国。⑦

①师古曰："盭，古戾字也，言其性贼害而很戾也。痿音萎。"

②师古曰："数音所角反。次下亦同。"

③师古曰："滋，益也。"

④张晏曰："三分之二为太半，一为少半。"师古曰："比，频也。"

⑤苏林曰："为无所省录也。"师古曰："訾，訾财也。省，视也。言不视訾财也。"

⑥师古曰："不收又不徙置他处。"

⑦师古曰："之，往也。"

相二千石至者，奉汉法以治，端辄求其罪告之，亡罪者诈药杀之。所以设诈究变，^①强足以距谏，知足以饰非。相二千石从王治，则汉绳以法。故胶西小国，而所杀伤二千石甚众。

①师古曰："究，极也。"

立四十七年薨，无子，国除。地入于汉，为胶西郡。

赵敬肃王彭祖以孝景前二年立为广川王。赵王遂反破后，徙王赵。彭祖为人巧佞，卑谄足共，^①而心刻深，好法律，持诡辩以中人。^②多内宠姬及子孙。相二千石欲奉汉法以治，则害于王家。是以每相二千石至，彭祖衣帛布单衣，^③自行迎除舍，^④多设疑事以诈动之，得二千石失言，中忌讳，辄书之。二千石欲治者，则以此迫劫；不听，乃上书告之，及污以奸利事。彭祖立六十馀年，相二千石无能满二岁，辄以罪去，大者死，小者刑。以故二千石莫敢治，而赵王擅权。使使即县为贾人榷会，^⑤入多于国租税。以是赵王家多金钱，然所赐姬诸子，亦尽之矣。

①师古曰："共读曰恭。足恭，谓便辟也。"
②师古曰："诡辩，违道之辩也。中，伤也，音竹仲反。"
③师古曰："或帛或布以为单衣。"
④师古曰："至除舍迎之也。除舍，谓初所至之舍。"
⑤韦昭曰："平会两家买卖之贾者。榷者，禁他家，独王家得为之也。"
师古曰："即，就也。就诸县而专榷贾人之会，若今和市矣。榷音角。会音工外反。"

彭祖不好治宫室机祥，^①好为吏。上书愿督国中盗贼。^②常夜从走卒行徼邯郸中。^③诸使过客，以彭祖险陂，莫敢留邯郸。^④

①服虔曰："求福也。"师古曰："祝，鬼俗也，字或作鬽。淮南子曰
'荆人鬼，越人鬽'。祝祥，总谓鬼神之事也。服说失之。祝音居
衣反。"

②师古曰："督，视察也。"

③师古曰："徼谓巡察也，音工钓反。"

④师古曰："使谓京师使人也。过客，行客从赵过者也。陂谓倾侧也，
音彼义反。"

久之，太子丹与其女弟及同产姊奸。江充告丹淫乱，又使人
椎埋攻剽，为奸甚众。①武帝遣使者发吏卒捕丹，下魏郡诏狱，
治罪至死。彭祖上书冤讼丹，愿从国中勇敢击匈奴，②赎丹罪，
上不许。久之，竟赦出。后彭祖入朝，因帝姊平阳隆虑公主，③
求复立丹为太子，上不许。

①师古曰："椎杀人而埋之，故曰椎埋。剽，劫也。椎音直佳反，其字
从木，剽音频妙反，其字从刀。"

②师古曰："以勇敢自随。"

③师古曰："虑音庐。"

彭祖取江都易王宠姬，王建所奸淖姬者，甚爱之，生一男，
号淖子。彭祖以征和元年薨，谥敬肃王。彭祖薨时，淖姬兄为汉
宦者，上召问："淖子何如？"对曰："为人多欲。"上曰："多欲
不宜君国子民。"问武始侯昌，曰："无咎无誉。"上曰："如是
可矣。"遣使者立昌，是为顷王，十九年薨。子怀王尊嗣，五年
薨。无子，绝二岁。宣帝立尊弟高，是为哀王，数月薨。子共王
充嗣，五十六年薨。子隐嗣，王莽时绝。

初，武帝复以亲亲故，立敬肃王小子偃为平干王，①是为顷
王，十一年薨。子缪王元嗣，二十五年薨。大鸿胪禹奏："元前

以刃贼杀奴婢，子男杀谒者，为刺史所举奏，罪名明白。病先令，令能为乐奴婢从死，②迫胁自杀者凡十六人，暴虐不道。故春秋之义，诛君之子不宜立。元虽未伏诛，不宜立嗣。”奏可，国除。

①孟康曰：“今广平。”

②师古曰：“先令者，预为遗令也。能为乐，作乐之人也。从死，以殉葬也。”

中山靖王胜以孝景前三年立。武帝初即位，大臣惩吴楚七国行事，议者（勿）〔多〕冤晁错之策，①〔4〕皆以诸侯连城数十，泰强，欲稍侵削，数奏暴其过恶。②诸侯王自以骨肉至亲，先帝所以广封连城，犬牙相错者，为盘石宗也。③今或无罪，为臣下所侵辱，有司吹毛求疵，④笞服其臣，使证其君，多自以侵冤。

①师古曰：“言错策为是，枉见杀也。”

②师古曰：“暴谓披布之。”

③师古曰：“错，杂也，言其地相交杂。”

④师古曰：“疵，病也，音才斯反。”

建元三年，代王登、长沙王发、中山王胜、济川王明来朝，天子置酒，胜闻乐声而泣。问其故，胜对曰：

臣闻悲者不可为累欷，①思者不可为叹息。②故高渐离击筑易水之上，荆轲为之低而不食；③雍门子壹微吟，孟尝君为之於邑。④今臣心结日久，每闻幼眇之声，不知涕泣之横集也。⑤

①师古曰：“累，古累字。累，重也。欷，歔欷也，音许既反。”

②师古曰：“言闻欷叹之声，则悲思益甚。”

③应劭曰："燕太子丹遣荆轲刺秦王，宾客祖于易水之上，渐离击筑，士皆垂泣，荆卿不能复食也。"师古曰："低谓俛首。"

④张晏曰："齐之贤者，居雍门，因以为号。"苏林曰："六国时人，名周，善鼓琴，母死无以葬，见孟尝君而微吟也。"如淳曰："雍门子以善鼓琴见孟尝君，先说万岁之后，高台既已颠，曲池又已平，坟墓生荆棘，牧竖游其上，孟尝君亦如是乎？孟尝君喟然叹息也。"师古曰："如说是也，苏失之矣。於邑，短气貌。於音乌。邑音一合反，或读如本字。"

⑤师古曰："幼音一笑反。眇音妙。幼眇，精微也。"

夫众煦漂山，①聚蚊成雷，②朋党执虎，十夫桡椎。③是以文王拘于牖里，孔子厄于陈、蔡。此乃烝庶之成风，增积之生害也。④臣身远与寡，莫为之先，⑤众口铄金，积毁销骨，⑥丛轻折轴，羽翮飞肉，⑦纷惊逢罗，潸然出涕。⑧

①应劭曰："煦，吹煦蚊也。"师古曰："漂，动也。煦蚊音许句反，又音许于反。漂音匹遥反。"

②师古曰："蚊，古蚊字。雷，古雷字。言众蚊飞声有若雷也。"

③师古曰："桡，曲也，音女教反。"

④师古曰："烝庶，谓众人也。"

⑤师古曰："身远者，去帝京远。与寡者，少党与也。先谓素为延誉也。"

⑥师古曰："解在邹阳传。"

⑦师古曰："言积载轻物，物多至令车轴毁折。而鸟之所以能飞翔者，以羽翮扇扬之故也。"

⑧晋灼曰："言皆惊乱遇法罔，可为出涕者也。"师古曰："潸，垂涕貌，音所奸反。"

臣闻白日晒光，幽隐皆照；①明月曜夜，蟁蝱宵见。②然云蒸列布，杳冥昼昏；尘埃拂覆，昧不〔见〕泰山。③〔5〕何则？物有蔽之也。今臣雍阏不得闻，④谗言之徒蠚生。⑤道辽路远，曾莫为臣闻，臣窃自悲也。

①师古曰："晒，暴也，舒也，音山豉反，又音力支反。"

②师古曰："宵亦夜也。蟁音盲。"

③师古曰："拂亦布散也。昧，暗也。拂音铺。"

④师古曰："雍读曰壅。雍，塞也。阏犹止也，音乌曷反。"

⑤师古曰："蠚生，言众多也。一曰蠚与锋同。"

臣闻社鼷不灌，屋鼠不熏。①何则？所托者然也。臣虽薄也，得蒙肺附；位虽卑也，得为东藩，属又称兄。②今群臣非有葭莩之亲，鸿毛之重，③群居党议，朋友相为，使夫宗室摈却，骨肉冰释。④斯伯奇所以流离，比干所以横分也。⑤诗云"我心忧伤，惄焉如捣；假寐永叹，唯忧用老；心之忧矣，疢如疾首"，⑥臣之谓也。

①师古曰："鼷，小鼠，音奚。"

②师古曰："言于戚属为帝兄。"

③张晏曰："葭，芦〔叶〕也。〔6〕莩，叶里白皮也。"晋灼曰："莩，葭里之白皮也，皆取喻于轻薄也。"师古曰："葭，芦也。莩者，其筒中白皮至薄者也。葭莩喻（著）〔薄〕，〔7〕鸿毛喻轻薄甚也。莩音孚。张言叶里白皮非也。"

④师古曰："摈却，谓斥退也。冰释，言销散也。摈音必刃反。却音丘略反。"

⑤师古曰："伯奇，周尹吉甫之子也，事后母至孝，而后母谮之于吉甫。吉甫欲杀之，伯奇乃亡走山林。比干谏纣，纣怒，杀而剖其心，

故云横分也。"

　⑥师古曰："小雅小弁之诗也。怒，思也。捣，筑也。不脱衣冠而寐曰
　　假寐。永，长也。疚，病也。言我心中忧思，如被捣筑，假寐长叹，
　　以忧致老，至于苦病，如遇首疾也。"

具以吏所侵闻。于是上乃厚诸侯之礼，省有司所奏诸侯事，①加
亲亲之恩焉。其后更用主父偃谋，令诸侯以私恩自裂地分其子
弟，而汉为定制封号，辄别属汉郡。汉有厚恩，而诸侯地稍自分
析弱小云。

　①师古曰："省，减也。"

　　胜为人乐酒好内，①有子百二十馀人。常与赵王彭祖相非曰：
"兄为王，专代吏治事。王者当日听音乐，御声色。"赵王亦曰：
"中山王但奢淫，不佐天子拊循百姓，何以称为藩臣！"

　①师古曰："好内，耽于妻妾也。乐音五教反。"

　　四十三年薨。子哀王昌嗣，一年薨。子康王昆侈嗣，二十一
年薨。子顷王辅嗣，四年薨。子宪王福嗣，十七年薨。子怀王循
嗣，十五年薨，无子，绝四十五岁。成帝鸿嘉二年复立宪王弟孙
利乡侯子雲客，是为广德夷王。三年薨，无子，绝十四岁。哀帝
复立雲客弟广汉为广平王。薨，无后。平帝元始二年复立广川惠
王曾孙伦为广德王，奉靖王后。王莽时绝。

　　长沙定王发，母唐姬，故程姬侍者。景帝召程姬，程姬有所
避，不愿进，①而饰侍者唐儿使夜进。上醉，不知，以为程姬而
幸之，遂有身。已乃觉非程姬也。及生子，因名曰发。②以孝景
前二年立。以其母微无宠，故王卑湿贫国。③

①师古曰："谓月事。"

②张晏曰："长沙王生，乃发寝己之缪幸唐姬。"

③应劭曰："景帝后二年诸王来朝，有诏更前称寿歌舞。定王但张袖小举手，左右笑其拙。上怪问之，对曰：'臣国小地狭，不足回旋。'帝乃以武陵、零陵、桂阳益焉。"

二十八年薨。子戴王庸嗣，二十七年薨。子顷王鮒鮈嗣，①十七年薨。子刺王建德嗣，②宣帝时坐猎纵火燔民九十六家，③杀二人，又以县官事怨内史，教人诬告以弃市罪，削八县，罢中尉官。④三十四年薨。子炀王旦嗣，⑤二年薨。无子，绝岁馀。元帝初元三年复立旦弟宗，是为孝王，五年薨。子鲁人嗣，王莽时绝。

①服虔曰："鮈音拘。"师古曰："鮒音附。鮈音劬。字或作胕胸，其音同耳。"

②师古曰："刺音来曷反。"

③师古曰："纵，放也。"

④师古曰："减其官属，所以贬抑之。"

⑤师古曰："炀音弋向反。"

广川惠王越以孝景中二年立，十三年薨。子缪王齐嗣，①四十四年薨。初齐有幸臣乘距，已而有罪，欲诛距。距亡，齐因禽其宗族。距怨王，乃上书告齐与同产奸。②是后，齐数告言汉公卿及幸臣所忠等，③又告中尉蔡彭祖捕子明，④骂曰："吾尽汝种矣！"⑤有司案验，不如王言，劾齐诬罔，大不敬，请系治。齐恐，上书愿与广川勇士奋击匈奴，上许之。未发，病薨。有司请除国，奏可。

①师古曰："谥法曰'蔽仁伤善曰缪'。"

②师古曰："谓其姊妹也。"

③师古曰："所姓，忠名。解具在食货志。"

④孟康曰："彭祖子名明也。"师古曰："孟说非也。明，广川王子也。"

⑤师古曰："王诬彭祖骂明云然。"

后数月，下诏曰："广川惠王于朕为兄，朕不忍绝其宗庙，其以惠王孙去为广川王。"去即缪王齐太子也，师受易、论语、孝经皆通，好文辞、方技、博弈、倡优。其殿门有成庆画，短衣大绔长剑，①去好之，作七尺五寸剑，被服皆效焉。有幸姬王昭平、王地馀，许以为后。去尝疾，姬阳成昭信侍视甚谨，②更爱之。去与地馀戏，得褒中刀，③笞问状，服欲与昭平共杀昭信。笞问昭平，不服，以铁针针之，④强服。乃会诸姬，去以剑自击地馀，令昭信击昭平，皆死。昭信曰："两姬婢且泄口。"复绞杀从婢三人。后昭信病，梦见昭平等，以状告去。去曰："虏乃复见畏我！⑤独可燔烧耳。"掘出尸，皆烧为灰。

①晋灼曰："成庆，荆轲也，卫人谓之庆卿，燕人谓之荆卿。"师古曰："成庆，古之勇士也，事见淮南子，非荆卿也。"

②师古曰："阳成姓也，昭信名也。"

③师古曰："褒，古衣袖字。"

④师古曰："以针刺也。针音之林反。"

⑤师古曰："言其见形令我畏忌也。见音胡电反。"

后去立昭信为后；幸姬陶望卿为脩靡夫人，主缯帛；崔脩成为明贞夫人，主永巷。昭信复譖望卿曰："与我无礼，衣服常鲜于我，①尽取善缯句诸宫人。"②去曰："若数恶望卿，不能减我爱；③设闻其淫，我亨之矣。"后昭信谓去曰："前画工画望卿舍，望卿袒裼傅粉其傍。④又数出入南户窥郎吏，疑有奸。"去曰："善司之。"以故益不爱望卿。后与昭信等饮，诸姬皆侍，去为望卿作歌曰："背尊章，嫖以忽，⑤谋屈奇，起自绝。⑥行周流，自生患，谅非望，今谁怨！"⑦使美人相和歌之。去曰："是中当有自知者。"昭信知去已怒，即诬言望卿历指郎吏卧处，具知其主名，又言郎中令锦被，疑有奸。去即与昭信从诸姬至望卿所，臝其身，更击之。⑧令诸姬各持烧铁共灼望卿。望卿走，自投井死。昭信出之，椓杙其阴中，⑨割其鼻唇，断其舌。谓去曰："前杀昭平，反来畏我，⑩今欲靡烂望卿，使不能神。"⑪与去共支解，置大镬中，取桃灰毒药并煮之，召诸姬皆临观，连日夜靡尽。复共杀其女弟都。

①师古曰："鲜谓新华也。"

②师古曰："匄，乞遗之也，音工艾反。"

③师古曰："若，汝也。恶谓谗毁也。"

④师古曰："袒裼，脱衣露其肩背也。袒音但。裼音锡。"

⑤孟康曰："嫖音匹昭反。"师古曰："尊章犹言舅姑也。今关中俗妇呼舅（姑）为锺，[8]锺者章声之转也。"

⑥师古曰："屈奇，奇异也。屈音其勿反。"

⑦师古曰："谅，信也。言昔被爱宠，信非所望，今见罪责，无所怨也。"

⑧师古曰："更音工衡反。"

⑨师古曰："杙，橛也。椓音竹角反。杙音弋。"

⑩师古曰："令我恐畏也。"

⑪师古曰："靡，碎也，音糜，其下亦同。"

后去数召姬荣爱与饮，昭信复譖之，曰："荣姬视瞻，意态不善，疑有私。"时爱为去刺方领绣，①去取烧之。爱恐，自投井。出之未死，笞问爱，自诬与医奸。去缚系柱，烧刀灼溃两目，②生割两股，销铅灌其口中。爱死，支解以棘埋之。诸幸于去者，昭信辄譖杀之，凡十四人，皆埋太后所居长寿宫中。宫人畏之，莫敢复迕。③

①服虔曰："如今小儿却袭衣也。颈下施衿，领正方直。"晋灼曰："今之妇人直领也。绣为方领，上刺作黼黻文。王莽传曰'有人著赤缋方领'。方领，上服也。"师古曰："晋说是也。"

②师古曰："溃，决也。"

③师古曰："迕，逆也，不敢逆昭信意。"

昭信欲擅爱，曰："王使明贞夫人主诸姬，淫乱难禁。请闭诸姬舍门，无令出敖。"①使其大婢为仆射，②主永巷，尽封闭诸舍，上籥于后，非大置酒召，不得见。去怜之，为作歌曰："愁莫愁，居无聊。③心重结，意不舒。内荮郁，忧哀积。④上不见天，生何益！日崔隤，时不再。⑤愿弃躯，死无悔。"令昭信声鼓为节，以教诸姬歌之，歌罢辄归永巷，封门。独昭信兄子初为乘华夫人，得朝夕见。昭信与去从十馀奴博饮游敖。

①师古曰："敖谓游戏也。"

②师古曰："大婢，婢之长年也。"

③师古曰："聊，赖也。"

④师古曰："荮音拂。"

⑤师古曰："崔隤犹言蹉跎也。崔音千回反。隤音颓。"

初去年十四五，事师受易，师数谏正去，①去益大，逐之②

内史请以为掾，师数令内史禁切王家。去使奴杀师父子，不发
觉。后去数置酒，令倡俳裸戏坐中③以为乐。相彊劾系倡，阑入
殿门，④奏状。事下考案，倡辞，本为王教脩靡夫人望卿弟都歌
舞。使者召望卿、都，去对皆淫乱自杀。会赦不治。望卿前亨
煮，即取他死人与都死并付其母。⑤母曰："都是，望卿非也。"
数号哭求死，昭信令奴杀之。奴得，辞服。⑥本始三年，相内史
奏状，具言赦前所犯。天子遣大鸿胪、丞相长史、御史丞、廷尉
正杂治钜鹿诏狱，奏请逮捕去及后昭信。制曰："王后昭信、诸
姬奴婢证者皆下狱。"辞服。有司复请诛王。制曰："与列侯、
中二千石、二千石、博士议。"议者皆以为去悖虐，听后昭信谗
言，燔烧亨煮，生割剥人，距师之谏，杀其父子。凡杀无辜十六
人，至一家母子三人，逆节绝理。其十五人在赦前，大恶仍
重，⑦当伏显戮以示众。制曰："朕不忍致王于法，议其罚。"有
司请废勿王，与妻子徙上庸。奏可。与汤沐邑百户。去道自杀，
昭信弃市。

①师古曰："数音所角反。其下亦同。"

②师古曰："益大，谓年渐长大也。"

③师古曰："倡，乐人也。俳，杂戏者也。"

④如淳曰："彊，相名也。"

⑤师古曰："死者，尸也。次下求其死亦同。"

⑥师古曰："得者，为吏所捕得。"

⑦师古曰："仍，频也。重音直用反。"

立二十二年，国除。后四岁，宣帝地节四年，复立去兄文，
是为戴王。文素正直，数谏王去，故上立焉，二年薨。子海阳

嗣，十五年，坐画屋为男女裸交接，置酒请诸父姊妹饮，令仰视画；又海阳女弟为人妻，而使与幸臣奸；又与从弟调等谋杀一家三人，已杀。甘露四年坐废，徙房陵，国除。后十五年，平帝元始二年，复立戴王弟襄隄侯子瘉为广德王，①奉惠王后，二年薨。子赤嗣，王莽时绝。

①师古曰："隄音丁奚反。瘉音愈。"

胶东康王寄以孝景中二年立，二十八年薨。淮南王谋反时，寄微闻其事，私作兵车镞矢，①战守备，备淮南之起。及吏治淮南事，辞出之。②寄于上最亲，③意自伤，发病而死，不敢置后。于是上闻寄有长子贤，母无宠，少子庆，母爱幸，寄常欲立之，为非次，因有过，遂无所言。上怜之，立贤为胶东王，奉康王祀，而封庆为六安王，王故衡山地。胶东王贤立十五年薨，谥为哀王。子戴王通平嗣，二十四年薨。子顷王音嗣，五十四年薨。子共王授嗣，十四年薨。子殷嗣，王莽时绝。

①应劭曰："楼车也，所以看敌国营垒之虚实也。"师古曰："兵车止谓战车耳。镞矢，大镞之矢，今所谓兵箭者也。镞音子木反。"

②师古曰："辞语所连，出其事。"

③师古曰："寄母王夫人即王皇后之妹，于上为从母，故寄于诸兄弟之中又更亲也。此下有常山王云'天子为最亲'，其义亦同。"

六安共王庆立三十八年薨。子夷王禄嗣，十年薨。子缪王定嗣，二十二年薨。子顷王光嗣，二十七年薨。子育嗣，王莽时绝。

清河哀王乘以孝景中三年立，十二年薨。无子，国除。

常山宪王舜以孝景中五年立。舜，帝少子，骄淫，数犯禁，上常宽之。三十三年薨，子勃嗣为王。

初，宪王有不爱姬生长男棁，①棁以母无宠故，亦不得幸于王。王后脩生太子勃。王内多，所幸姬生子平、子商，王后稀得幸。及宪王疾甚，诸幸姬侍病，王后以妒媢不常在，②辄归舍。医进药，太子勃不自尝药，又不宿留侍疾。及王薨，王后、太子乃至。宪王雅不以棁为子数，③不分与财物。郎或说太子、王后，令分棁财，皆不听。太子代立，又不收恤棁。棁怨王后及太子。汉使者视宪王丧，棁自言宪王病时，王后、太子不侍，及薨，六日出舍，④太子勃私奸、饮酒、博戏、击筑，与女子载驰，环城过市，⑤入狱视囚。天子遣大行骞验问，⑥逮诸证者，⑦王又匿之。吏求捕，勃使人致击笞掠，擅出汉所疑囚。有司请诛勃及宪王后脩。上曰："脩素无行，使棁陷之罪。勃无良师傅，不忍致诛。"有司请废勿王，徙王勃以家属处房陵，上许之。

①苏林曰："音夺。"师古曰："音他活反，其字从木。"

②师古曰："媢亦妒也。媢音冒。"

③师古曰："雅，素也。数音所具反。"

④如淳曰："出服舍也。"

⑤师古曰："环，绕也，音宦。"

⑥师古曰："张骞也。"

⑦师古曰："逮捕之。"

勃王数月，废，国除。月馀，天子为最亲，诏有司曰："常山宪王早夭，后妾不和，適孽诬争，①陷于不谊以灭国，朕甚闵焉。其封宪王子平三万户，为真定王；子商三万户，为泗水王。"顷王平立二十五年薨。②子烈王偃嗣，十八年薨。子孝王由嗣，

二十二年薨。子安王雍嗣，二十六年薨。子共王普嗣，十五年
薨。子阳嗣，王莽时绝。

①师古曰："适音嫡。孽，庶也。"
②师古曰："真定顷王也。"

泗水思王商立十〔二〕年薨。〔9〕子哀王安世嗣，一年薨，无
子。于是武帝怜泗水王绝，复立安世弟贺，是为戴王。立二十二
年薨，有遗腹子煖，①相内史不以闻。太后上书，昭帝闵之，抵
相内史罪，立煖，是为勤王。②立三十九年薨。子戾王骏嗣，三
十一年薨。子靖嗣，王莽时绝。

①师古曰："煖音许远反。"
②师古曰："勤，谥也。"

赞曰：昔鲁哀公有言："寡人生于深宫之中，长于妇人之手，
未尝知忧，未尝知惧。"①信哉斯言也！虽欲不危亡，不可得
已。②是故古人以宴安为鸩毒，③亡德而富贵，谓之不幸。汉兴，
至于孝平，诸侯王以百数，率多骄淫失道。何则？沈溺放恣之
中，居势使然也。自凡人犹系于习俗，而况哀公之伦乎！夫唯大
雅，卓尔不群，河间献王近之矣。

①师古曰："哀公与孔子言也。事见孙卿子。"
②师古曰："已，语终辞。"
③师古曰："左氏传管敬仲云'宴安鸩毒，不可怀也'。"

【校勘记】

〔1〕 山东诸儒（者）〔多〕从而游。 钱大昕说闽本"者"作"多"。

按景祐、殿本都作"多"。

〔2〕造次，谓所向（必）〔所〕行也。 史记索隐"必"作"所"。
王先谦说此误。

〔3〕汉中太守请治（元），病死。 景祐、殿本都无"元"字。

〔4〕议者（勿）〔多〕冤晁错之策， 景祐、殿本都作"多"。王先谦
说作"多"是。

〔5〕昧不〔见〕泰山。 钱大昭说，"泰山"上脱"见"字。按景
祐、殿本都有"见"字。

〔6〕葭，芦〔叶〕也。 景祐、殿本都有"叶"字。

〔7〕葭莩喻（著）〔薄〕， 景祐本作"薄"。

〔8〕今关中俗妇呼舅（姑）为锺。 景祐、殿本都无"姑"字。

〔9〕泗水思王商立十〔二〕年薨。 景祐、殿本都有"二"字。史
记作"十一年"。

汉书卷五十四

李广苏建传第二十四

李广，陇西成纪人也。其先曰李信，秦时为将，逐得燕太子丹者也。广世世受射。①孝文十四年，匈奴大入萧关，②而广以良家子从军击胡，用善射，杀首虏多，为郎，骑常侍。③数从射猎，格杀猛兽，文帝曰："惜广不逢时，令当高祖世，万户侯岂足道哉！"

①师古曰："受射法。"

②师古曰："在上郡北。"

③师古曰："官为郎，常骑以侍天子，故曰骑常侍。"

景帝即位，为骑郎将。①吴楚反时，为骁骑都尉，从太尉亚夫战昌邑下，显名。以梁王授广将军印，故还，赏不行。②为上谷太守，数与匈奴战。典属国公孙昆邪为上泣曰：③"李广材气，天下亡双，自负其能，数与虏确，恐亡之。"④上乃徙广为上郡太守。

①师古曰："为骑郎之将，主骑郎。"

②文颖曰："广为汉将，私受梁印，故不得赏也。"

③服虔曰："昆邪，中国人也。"师古曰："对上而泣也。昆音下温反。"

④师古曰："负，恃也。确谓竞胜败也。确音角。"

匈奴（入）〔侵〕上郡，[1]上使中贵人从广①勒习兵击匈奴。中贵人者将数十骑从，②见匈奴三人，与战。射伤中贵人，杀其骑且尽。中贵人走广，③广曰："是必射雕者也。"④广乃从百骑往驰三人。⑤三人亡马步行，行数十里。广令其骑张左右翼，⑥而广身自射彼三人者，杀其二人，生得一人，果匈奴射雕者也。已缚之上山，望匈奴数千骑，见广，以为诱骑，惊，上山陈。⑦广之百骑皆大恐，欲驰还走。广曰："我去大军数十里，今如此走，匈奴追射，我立尽。今我留，匈奴必以我为大军之诱，不我击。"⑧广令曰："前！"未到匈奴陈二里所，止，令曰："皆下马解鞍！"骑曰："虏多如是，解鞍，即急，奈何？"广曰："彼虏以我为走，今解鞍以示不去，用坚其意。"⑨有白马将出护兵。⑩广上马，与十馀骑奔射杀白马将，而复还至其百骑中，解鞍，纵马卧。⑪时会暮，胡兵终怪之，弗敢击。夜半，胡兵以为汉有伏军于傍欲夜取之，即引去。平旦，广乃归其大军。后徙为陇西、北地、雁门、云中太守。

①服虔曰："内臣之贵幸者。"

②张晏曰："放（从）〔纵〕游猎也。[2]"师古曰："张读作纵，此说非也。直言将数十骑自随，在大军前行而忽遇敌也。从音才用反。"

③师古曰："走，趣也，音奏。"

④文颖曰："雕，鸟也，故使善射者射之。"师古曰："雕，大鸷鸟也，
　一名鹫，黑色，翮可以为箭羽，音雕。"

⑤师古曰："疾驰而逐之。"

⑥师古曰："旁引其骑，若鸟翼之为。"

⑦师古曰："为陈以待广也。"

⑧师古曰："不我击，不敢击我也。"

⑨师古曰："示以坚牢，令敌意知之。"

⑩师古曰："将之乘白马者也。护谓监视之。"

⑪师古曰："纵，放也。"

　　武帝即位，左右言广名将也，由是入为未央卫尉，而程不识
时亦为长乐卫尉。程不识故与广俱以边太守将屯。及出击胡，而
广行无部曲行陈，①就善水草顿舍，人人自便，②不击（刀）〔刁〕
斗自卫，③〔3〕莫府省文书，④然亦远斥候，未尝遇害。程不识正部
曲行伍营陈，击（刀）〔刁〕斗，吏治军簿⑤至明，军不得自便。
不识曰："李将军极简易，然虏卒犯之，无以禁；⑥而其士亦佚
乐，⑦为之死。我军虽烦扰，虏亦不得犯我。"是时汉边郡李广、
程不识为名将，然匈奴畏广，士卒多乐从，而苦程不识。⑧不识
孝景时以数直谏为太中大夫，为人廉，谨于文法。

①师古曰："续汉书百官志云'将军领军，皆有部曲。大将军营五部，
　部校尉一人。部下有曲，曲有军候一人。'今广尚于简易，故行道之
　中而不立部曲也。"

②师古曰："顿，止也。舍，息也。便，安利也，音频面反。其下
　亦同。"

③孟康曰："（刀）〔刁〕斗，以铜作鐎，受一斗。昼炊饭食，夜击持行
　夜，名曰（刀）〔刁〕斗。今在荥阳库中也。"苏林曰："形如锅，

2125

无缘。"师古曰:"鐎音谯郡之谯,温器也。锏音火玄反。锏即铫也。今俗或呼铜铫,音姚。"

④晋灼曰:"将军职在征行,无常处,所在为治,故言莫府也。莫,大也。或曰,卫青征匈奴,绝大莫,大克获,帝就拜大将军于幕中府,故曰莫府。莫府之名始于此也。"师古曰:"二说皆非也。莫府者,以军幕为义,古字通单用耳。军旅无常居止,故以帐幕言之。廉颇、李牧市租皆入幕府,此则非因卫青始有其号。又莫训大,于义乖矣。省,少也,音所领反。"

⑤师古曰:"簿,文簿,音步户反。"

⑥师古曰:"卒读曰猝。"

⑦师古曰:"佚与逸同。逸乐,谓闲豫也。"

⑧师古曰:"苦谓厌苦之也。"

后汉诱单于以马邑城,使大军伏马邑傍,而广为骁骑将军,属护军将军。①单于觉之,去,汉军皆无功。后四岁,广以卫尉为将军,出雁门击匈奴。匈奴兵多,破广军,生得广。单于素闻广贤,令曰:"得李广必生致之。"胡骑得广,广时伤,置两马间,络而盛(之)卧。[4]行十馀里,广阳死,睨其傍有一儿骑善马,②暂腾而上胡儿马,③因抱儿鞭马南驰数十里,得其馀军。匈奴骑数百追之,广行取儿弓射杀追骑,④以故得脱。于是至汉,汉下广吏。吏当广亡失多,为虏所生得,⑤当斩,赎为庶人。

①师古曰:"韩安国。"

②师古曰:"睨,邪视也,音五系反。"

③师古曰:"腾,跳跃也。"

④师古曰:"且行且射也。"

⑤师古曰:"当谓处其罪也。"

数岁，与故颍阴侯屏居蓝田南山中射猎。^①尝夜从一骑出，从人田间饮。还至亭，霸陵尉醉，呵止广，广骑曰："故李将军。"尉曰："今将军尚不得夜行，何故也！"宿广亭下。居无何，匈奴入辽西，杀太守，败韩将军。^②韩将军后徙居右北平，死。于是上乃召拜广为右北平太守。广请霸陵尉与俱，^③至军而斩之，上书自陈谢罪。上报曰："将军者，国之爪牙也。司马法曰：'登车不式，遭丧不服，^④振旅抚师，以征不服；率三军之心，同战士之力，故怒形则千里竦，威振则万物伏；^⑤是以名声暴于夷貉，威棱憺乎邻国。'^⑥夫报忿除害，捐残去杀，朕之所图于将军也；若乃免冠徒跣，稽颡请罪，岂朕之指哉！^⑦将军其率师东辕，弥节白檀，^⑧以临右北平盛秋。"^⑨广在郡，匈奴号曰"汉飞将军"，避之，数岁不入界。

①师古曰："颍阴侯，灌婴之孙，名彊。"

②苏林曰："韩安国。"

③师古曰："奏请天子而将行。"

④服虔曰："式，抚车之式以礼敬人也。式者，车前横木也，字或作轼。"

⑤师古曰："竦，惊也。"

⑥李奇曰："神灵之威曰棱。憺犹动也。"苏林曰："陈留人语恐言憺之。"师古曰："棱音来登反。憺音徒滥反。"

⑦师古曰："指，意也。"

⑧孟康曰："白檀，县名也，属右北平。"李奇曰："弥节，少安之貌。"师古曰："弥音亡俾反。"

⑨师古曰："盛秋马肥，恐虏为寇，故令折冲御难也。"

广出猎，见草中石，以为虎而射之，中石没矢，视之，石也。他日射之，终不能入矣。<u>广</u>所居郡闻有虎，常自射之。及居<u>右北平</u>射虎，虎腾伤<u>广</u>，<u>广</u>亦射杀之。

<u>石建</u>卒，上召<u>广</u>代为郎中令。元朔六年，<u>广</u>复为将军，从大将军出定襄。诸将多中首虏率为侯者，①而<u>广</u>军无功。后三岁，<u>广</u>以郎中令将四千骑出<u>右北平</u>，<u>博望侯张骞</u>将万骑与<u>广</u>俱，异道。行数百里，<u>匈奴</u>左贤王将四万骑围<u>广</u>，<u>广</u>军士皆恐，<u>广</u>乃使其子<u>敢</u>往驰之。<u>敢</u>从数十骑直贯<u>胡</u>骑，出其左右而还，报<u>广</u>曰："<u>胡</u>虏易与耳。"军士乃安。为圜陈外乡，②<u>胡</u>急击，矢下如雨。<u>汉</u>兵死者过半，<u>汉</u>矢且尽。<u>广</u>乃令持满毋发，③而<u>广</u>身自以大黄射其裨将，④杀数人，<u>胡</u>虏益解。会暮，吏士无人色，⑤而<u>广</u>意气自如，⑥益治军。⑦军中服其勇也。明日，复力战，而<u>博望侯</u>军亦至，<u>匈奴</u>乃解去。<u>汉</u>军罢，弗能追。⑧是时<u>广</u>军几没，⑨罢归。[5] <u>汉</u>法，<u>博望侯</u>后期，当死，赎为庶人。<u>广</u>军自当，亡赏。⑩

①如淳曰："中犹充也，充本法得首若干封侯也。"师古曰："率谓军功封赏之科著在法令者也。中音竹仲反。其下率亦同。"

②师古曰："乡读曰向。"

③师古曰："注矢于弓弩而引满之，不发矢也。"

④服虔曰："黄肩弩也。"孟康曰："太公陷坚却敌，以大黄参连弩也。"晋灼曰："黄肩即黄间也，大黄其大者也。"师古曰："服、晋二说是也。"

⑤师古曰："言惧甚。"

⑥师古曰："自如，犹云如旧。"

⑦师古曰："巡部曲，整行陈也。"

⑧师古曰："罢读曰疲。"

⑨师古曰："几音巨衣反。"

⑩师古曰："自当，谓为虏所胜，又能胜虏，功过相当也。"

初，广与从弟李蔡俱为郎，事文帝。景帝时，蔡积功至二千石。武帝元朔中，为轻车将军，从大将军击右贤王，有功中率，封为乐安侯。①元狩二年，代公孙弘为丞相。蔡为人在下中，②名声出广下远甚，然广不得爵邑，官不过九卿。广之军吏及士卒或取封侯。广与望气王朔语云："自汉击匈奴，广未尝不在其中，而诸妄校尉已下，③材能不及中，④以军功取侯者数十人。广不为后人，然终无尺寸功以得封邑者，何也？岂吾相不当侯邪？"朔曰："将军自念，岂尝有恨者乎？"⑤广曰："吾为陇西守，羌尝反，吾诱降者八百馀人，诈而同日杀之，至今恨独此耳。"朔曰："祸莫大于杀已降，此乃将军所以不得侯者也。"

①师古曰："此传及百官表并为乐安侯，而功臣表作安乐侯，是功臣表误也。"

②师古曰："在下辈之中。"

③张晏曰："妄犹凡也。"

④师古曰："中谓中庸之人也。"

⑤师古曰："恨，悔也。"

广历七郡太守，前后四十余年，得赏赐，辄分其戏下，①饮食与士卒共之。家无馀财，终不言生产事。为人长，爰臂，②其善射亦天性，虽子孙他人学者莫能及。广呐口少言，③与人居，则画地为军陈，射阔狭以饮。专以射为戏。④将兵，乏绝处见水，士卒不尽饮，不近水，不尽餐，不尝食。宽缓不苛，⑤士以此爱乐为用。其射，见敌，非在数十步之内，度不中不发，⑥发即应弦而倒。用此，其将数困辱，及射猛兽，亦数为所伤云。

①师古曰："戏读曰麾，又音许宜反。"

②如淳曰："臂如猨臂通肩也。或曰，似当为缓臂也。"师古曰："王国风菟爰之诗云'有菟爰爰'，爰爰，缓意也，其义两通。"

③师古曰："呐亦讷字。"

④如淳曰："为戏求疏密，持酒以饮不胜者也。"

⑤师古曰："苛，细也。"

⑥师古曰："度音待各反。中音竹仲反。"

元狩四年，大将军票骑将军大击匈奴，广数自请行。上以为老，不许；良久乃许之，以为前将军。

大将军青出塞，捕虏知单于所居，乃自以精兵走之，①而令广并于右将军军，出东道。②东道少回远，③大军行，水草少，其势不屯行。④广辞曰："臣部为前将军，今大将军乃徙臣出东道，且臣结发而与匈奴战，⑤乃今一得当单于，臣愿居前，先死单于。"⑥大将军阴受上指，以为李广数奇，⑦毋令当单于，恐不得所欲。⑧是时公孙敖新失侯，为中将军，大将军亦欲使敖与俱当单于，故徙广。广知之，固辞。大将军弗听，令长史封书与广之莫府，⑨曰："急诣部，如书。"广不谢大将军而起行，意象愠怒⑩而就部，引兵与右将军食其合军出东道。⑪惑失道，后大将军。⑫大将军与单于接战，单于遁走，弗能得而还。南绝幕，乃遇两将军。⑬广已见大将军，还入军。大将军使长史持糒醪遗广，⑭因问广、食其失道状，曰："青欲上书报天子失军曲折。"⑮广未对。大将军长史急责广之莫府上簿。⑯广曰："诸校尉亡罪，乃我自失道。吾今自上簿。"

①师古曰："走，趣也，音奏。"

②师古曰："并，合也，合军而同道。"

③师古曰:"回,绕也,曲也,音胡悔反。"

④张晏曰:"以水草少,不可群辈也。"

⑤师古曰:"言始胜冠即在战陈。"

⑥师古曰:"致死而取单于。"

⑦孟康曰:"奇,只不耦也。"如淳曰:"数为匈奴所败,为奇不耦。"
　　师古曰:"言广命只不耦合也。孟说是矣。数音所角反。奇音居
　　宜反。"

⑧师古曰:"谓不胜敌也。"

⑨师古曰:"之,往也。莫府,卫青行军府。"

⑩师古曰:"言愠怒之色形于外也。"

⑪师古曰:"赵食其也。食音异。其音基。"

⑫师古曰:"惑,迷也。在后不及期也。"

⑬师古曰:"绝,渡也。"

⑭师古曰:"糒,乾饭也。醪,汁滓酒也。糒音备。醪音牢。"

⑮师古曰:"曲折犹言委曲也。"

⑯师古曰:"之,往也。簿谓文状也,音步户反。"

　　至莫府,谓其麾下曰:"广结发与匈奴大小七十馀战,今幸
从大将军出接单于兵,而大将军徙广部行回远,又迷失道,岂非
天哉!且广年六十馀,终不能复对刀笔之吏矣!"遂引刀自刭。
百姓闻之,知与不知,老壮皆为垂泣。①而右将军独下吏,当死,
赎为庶人。

　　①师古曰:"知谓素相识知也。"

　　广三子,曰当户、椒、敢,皆为郎。上与韩嫣戏,嫣少不
逊,①当户击嫣,嫣走,于是上以为能。当户蚤死,②乃拜椒为代
郡太守,皆先广死。广死军中时,敢从票骑将军。广死明年,李

蔡以丞相坐诏赐冢地阳陵当得二十亩，蔡盗取三顷，颇卖得四十馀万，又盗取神道外壖地一亩葬其中，③当下狱，自杀。敢以校尉从票骑将军击胡左贤王，力战，夺左贤王旗鼓，斩首多，赐爵关内侯，食邑二百户，代广为郎中令。顷之，怨大将军青之恨其父，④乃击伤大将军，大将军匿讳之。居无何，敢从上雍，至甘泉宫猎，⑤票骑将军去病怨敢伤青，射杀敢。去病时方贵幸，上为讳，云鹿触杀之。居岁馀，去病死。

①师古曰："嫣音偃。"

②师古曰："蚤，古早字。"

③师古曰："壖音人椽反。"

④师古曰："令其父恨而死也。"

⑤师古曰："无何，谓未多时也。雍之所在，地形积高，故云上也。上音时掌反。他皆类此。"

敢有女为太子中人，爱幸。敢男禹有宠于太子，然好利，亦有勇。尝与侍中贵人饮，侵陵之，莫敢应。①后怼之上，上召禹，使刺虎，县下圈中，未至地，有诏引出之。禹从落中以剑斫绝纍，欲刺虎。②上壮之，遂救止焉。而当户有遗腹子陵，将兵击胡，兵败，降匈奴。后人告禹谋欲亡从陵，下吏死。

①师古曰："言畏其勇气。"

②师古曰："落与络同，谓当时缲络之而下也。纍，索也，音力追反。"

陵字少卿，少为侍中建章监。善骑射，爱人，谦让下士，①甚得名誉。武帝以为有广之风，使将八百骑，深入匈奴二千馀里，过居延视地形，不见虏，还。拜为骑都尉，将勇敢五千人，教射酒泉、张掖以备胡。数年，汉遣贰师将军伐大宛，使陵将五校兵随后。行至塞，会贰师还。上赐陵书，陵留吏士，与轻骑五百出敦煌，至盐水，迎贰师还，复留屯张掖。

①师古曰："下音胡亚反。"

天汉二年，贰师将三万骑出酒泉，击右贤王于天山。召陵，欲使为贰师将辎重。①陵召见武臺，②叩头自请曰："臣所将屯边者，皆荆楚勇士奇材剑客也，力扼虎，射命中，③愿得自当一队，④到兰干山南以分单于兵，毋令专乡贰师军。"⑤上曰："将恶相属邪！吾发军多，毋骑予女。"陵对："无所事骑，⑥臣愿以少击众，步兵五千人涉单于庭。"上壮而许之，因诏强弩都尉路博德将兵半道迎陵军。博德故伏波将军，亦羞为陵后距，奏言："方秋匈奴马肥，未可与战，臣愿留陵至春，俱将酒泉、张掖骑各五千人并击东西浚稽，可必禽也。"⑦书奏，上怒，疑陵悔不欲出而教博德上书，乃诏博德："吾欲予李陵骑，云'欲以少击众'。今虏入西河，其引兵走西河，遮钩营之道。"⑧诏陵："以九月发，出遮虏鄣，⑨至东浚稽山南龙勒水上，徘徊观虏，即亡所见，从浞野侯赵破奴故道抵受降城休士，⑩因骑置以闻。⑪所与博德言者云何？⑫具以书对。"陵于是将其步卒五千人出居延，北行三十日，至浚稽山止营，举图所过山川地形，使麾下骑陈步乐还以闻。步乐召见，道陵将率得士死力，上甚说，⑬拜步乐为郎。

①师古曰："重音直用反。"

②师古曰："未央宫有武臺殿。"

③师古曰："扼谓捉持之也。命中者，所指名处即中之也。扼音厄。"

④师古曰："队，部也，音徒内反。"

⑤师古曰："乡读曰向。"

⑥师古曰："犹言不事须骑也。"

⑦师古曰："浚稽，山名。时虏分居此两山也。浚音峻。稽音鸡。"

⑧张晏曰："胡来要害道，令博德遮之。"师古曰："走音奏。"

⑨师古曰："鄣者，塞上险要之处，往往修筑，别置候望之人，所以自鄣蔽而伺敌也。遮虏，鄣名也。"

⑩师古曰："抵，归也。受降城本公孙敖所筑。休，息也。洰音仕角反。"

⑪师古曰："骑置，谓驿骑也。"

⑫张晏曰："天子疑陵教博德上书求至春乃俱西也。"

⑬师古曰："说读曰悦。"

陵至浚稽山，与单于相直，骑可三万围陵军。军居两山间，以大车为营。陵引士出营外为陈，前行持戟盾，后行持弓弩，①令曰："闻鼓声而纵，闻金声而止。"②虏见汉军少，直前就营。陵搏战攻之，③千弩俱发，应弦而倒。虏还走上山，汉军追击，杀数千人。单于大惊，召左右地兵八万馀骑攻陵。陵且战且引，南行数日，抵山谷中。④连战，士卒中矢伤，三创者载辇，两创者将车，一创者持兵战。陵曰："吾士气少衰而鼓不起者，何也?⑤军中岂有女子乎?"始军出时，关东群盗妻子徙边者随军为卒妻妇，大匿车中。陵搜得，皆剑斩之。明日复战，斩首三千馀级。引兵东南，循故龙城道行，四五日，抵大泽葭苇中，⑥虏从上风纵火，陵亦令军中纵火以自救。⑦南行至山下，单于在南山上，使其子将骑击陵。陵军步斗树木间，复杀数千人，因发连弩射单于，⑧单于下走。是日捕得虏，言"单于曰：'此汉精兵，击之不能下，日夜引吾南近塞，得毋有伏兵乎?'诸当户君长皆言⑨'单于自将数万骑击汉数千人不能灭，后无以复使边臣，令

<u>汉</u>益轻<u>匈奴</u>。复力战山谷间，尚四五十里得平地，不能破，乃还。'"

①师古曰："行并音胡刚反。"

②师古曰："金谓钲也，一名镯，镯音浊。"

③如淳曰："手对战也。"

④师古曰："抵，当也，至也。其下亦同。"

⑤师古曰："击鼓进士而士气不起也。一曰，士卒以有妻妇，故闻鼓音而不时起也。"

⑥师古曰："葭即芦也，音家。"

⑦师古曰："预自烧其旁草木，令虏火不得延及也。"

⑧服虔曰："三十弩共一弦也。"张晏曰："三十絫共一臂也。"师古曰："张说是也。絫音去权反，又音眷。"

⑨师古曰："当户，匈奴官名也。"

是时<u>陵</u>军益急，<u>匈奴</u>骑多，战一日数十合，复伤杀虏二千馀人。虏不利，欲去，会<u>陵</u>军候<u>管敢</u>为校尉所辱，亡降<u>匈奴</u>，具言"<u>陵</u>军无后救，射矢且尽，独将军麾下及<u>成安侯</u>校各八百人为前行，以黄与白为帜，①当使精骑射之即破矣。"<u>成安侯</u>者，<u>颍川</u>人，父<u>韩千秋</u>，故<u>济南</u>相，奋击<u>南越</u>战死，<u>武帝</u>封子<u>延年</u>为侯，以校尉随<u>陵</u>。单于得<u>敢</u>大喜，使骑并攻汉军，疾呼曰："<u>李陵</u>、<u>韩延年趣降</u>！"②遂遮道急攻<u>陵</u>。<u>陵</u>居谷中，虏在山上，四面射，矢如雨下。汉军南行，未至<u>鞮汗山</u>，③一日五十万矢皆尽，即弃车去。士尚三千馀人，徒斩车辐而持之，④军吏持尺刀，抵山入狭谷。单于遮其后，乘隅下垒石，⑤士卒多死，不得行。昏后，<u>陵</u>便衣独步出营，⑥止左右："毋随我，丈夫一取单于耳！"⑦良久，<u>陵</u>还，大息曰："兵败，死矣！"军吏或曰："将军威震<u>匈</u>

奴，天命不遂，后求道径还归，如浞野侯为虏所得，后亡还，天子客遇之，况于将军乎！"陵曰："公止！吾不死，非壮士也。"于是尽斩旌旗，及珍宝埋地中，陵叹曰："复得数十矢，足以脱矣。今无兵复战，⑧天明坐受缚矣！各鸟兽散，犹有得脱归报天子者。"⑨令军士人持二升糒，一半冰，⑩期至遮虏鄣者相待。夜半时，击鼓起士，鼓不鸣。陵与韩延年俱上马，壮士从者十馀人。虏骑数千追之，韩延年战死。陵曰："无面目报陛下！"遂降。军人分散，脱至塞者四百馀人。

①师古曰："帜，旗也，音式志反。"

②师古曰："且攻且呼也。呼音火故反。趣读曰促。"

③师古曰："鞻音丁奚反。"

④师古曰："徒，但也。"

⑤服虔曰："山名也。"师古曰："此说非也。言放石以投入，因山隔曲而下也。垒音卢对反。"

⑥苏林曰："骞衣卷袖而行也。"师古曰："此说非也。便衣，谓著短衣小袖也。"

⑦师古曰："言一身独取也。"

⑧师古曰："兵即谓矢及矛戟之属也。"

⑨师古曰："脱，免也，音吐活反。次下亦同。"

⑩如淳曰："半读曰片，或曰五升曰半。"师古曰："半读曰判。判，大片也。时冬寒有冰，持之以备渴也。"

陵败处去塞百馀里，边塞以闻。上欲陵死战，召陵母及妇，使相者视之，无死丧色。后闻陵降，上怒甚，责问陈步乐，步乐自杀。群臣皆罪陵，上以问太史令司马迁，迁盛言："陵事亲孝，与士信，常奋不顾身以殉国家之急。①其素所畜积也，②有国士之风。今举事一不幸，全躯保妻子之臣随而媒糵其短，③诚可痛也！且陵提步卒不满五千，深輮戎马之地，④抑数万之师，虏救死扶伤不暇，悉举引弓之民共攻围之。转斗千里，矢尽道穷，士张空拳，⑤冒白刃，北首争死敌，⑥得人之死力，虽古名将不过也。身虽陷败，然其所摧败亦足暴于天下。⑦彼之不死，宜欲得当以报汉也。"⑧初，上遣贰师大军出，财令陵为助兵，⑨及陵与单于相值，而贰师功少。上以迁诬罔，欲沮贰师，为陵游说，⑩下迁腐刑。

①师古曰："殉，营也，一曰从也。"

②师古曰："畜读曰蓄。"

③服虔曰："媒音某，谓诋欺也。"孟康曰："媒，酒教；糵，麹也。谓酿成其罪也。"师古曰："孟说是也。齐人名麹饼曰媒。"

④师古曰："輮，践也，音人九反。"

⑤文颖曰："拳，弓弩拳也。"师古曰："拳字与絭同，音去权反，又音眷。"

⑥师古曰："冒，犯也。北首，北向也。冒音莫北反。首音式救反。"

⑦师古曰："所摧败，败匈奴之兵也。暴犹章也。"

⑧师古曰："言欲立功以当其罪也。"

⑨师古曰："财与纔同，谓浅也，仅也。史传通用字。他皆类此。"

⑩师古曰："沮谓毁坏之，音才吕反。"

久之，上悔陵无救，曰："陵当发出塞，乃诏强弩都尉令迎军。坐预诏之，得令老将生奸诈。"①乃遣使劳赐陵馀军得脱者。

①孟康曰："坐预诏强弩都尉路博德迎陵，博德老将，出塞不至，令陵见没也。"

陵在匈奴岁馀，上遣因杅将军公孙敖①将兵深入匈奴迎陵。敖军无功还，曰："捕得生口，言李陵教单于为兵以备汉军，故臣无所得。"上闻，于是族陵家，母弟妻子皆伏诛。陇西士大夫以李氏为愧。②其后，汉遣使使匈奴，陵谓使者曰："吾为汉将步卒五千人横行匈奴，以亡救而败，何负于汉而诛吾家？"使者曰："汉闻李少卿教匈奴为兵。"陵曰："乃李绪，非我也。"李绪本汉塞外都尉，居奚侯城，匈奴攻之，绪降，而单于客遇绪，常坐陵上。陵痛其家以李绪而诛，使人刺杀绪。大阏氏欲杀陵，③单于匿之北方，大阏氏死乃还。

①孟康曰："因杅，胡地名也。"师古曰："杅音于。"

②师古曰："耻其不能死节，累及家室。"

③师古曰："大阏氏，单于之母。"

单于壮陵，以女妻之，立为右校王，卫律为丁灵王，①皆贵用事。卫律者，父本长水胡人。律生长汉，善协律都尉李延年，延年荐言律使匈奴。使还，会延年家收，律惧并诛，亡还降匈奴。匈奴爱之，常在单于左右。陵居外，有大事，乃入议。

①师古曰："丁灵，胡之别种也。立为王而主其人也。"

昭帝立，大将军霍光、左将军上官桀辅政，素与陵善，遣陵故人陇西任立政等三人①俱至匈奴招陵。立政等至，单于置酒赐汉使者，李陵、卫律皆侍坐。立政等见陵，未得私语，即目视陵，②而数数自循其刀环，③握其足，阴谕之，言可还归汉也。后陵、律持牛酒劳汉使，博饮，④两人皆胡服椎结。⑤立政大言曰："汉已大赦，中国安乐，主上富于春秋，⑥霍子孟、上官少叔用事。"⑦以此言微动之。陵默不应，孰视而自循其发，答曰："吾已胡服矣!"有顷，律起更衣，立政曰："咄，少卿良苦!⑧霍子孟、上官少叔谢女。"⑨陵曰："霍与上官无恙乎?"⑩立政曰："请少卿来归故乡，毋忧富贵。"陵字立政曰："少公，⑪归易耳，恐再辱，奈何!"语未卒，卫律还，颇闻馀语，曰："李少卿贤者，不独居一国。范蠡遍游天下，由余去戎入秦，今何语之亲也!"因罢去。立政随谓陵曰："亦有意乎?"⑫陵曰："丈夫不能再辱。"

①师古曰："故人，谓旧与相知者。"

②师古曰："以目相视而感动之，今俗所谓眼语者也。"

③师古曰："循谓摩顺也。"

④苏林曰："博且饮也。"师古曰："劳音来到反。"

⑤师古曰："结读曰髻，一撮之髻，其形如椎。"

⑥师古曰："言天子年少。"

⑦师古曰："子孟，光之字；少叔，桀之字也。"

⑧师古曰："言甚劳苦。"

⑨师古曰："谢，以辞相问也。"

⑩师古曰："恙，忧病也。"

⑪师古曰："呼其字。"

⑫师古曰："随其后而语之。"

陵在匈奴二十馀年，元平元年病死。

苏建，杜陵人也。以校尉从大将军青击匈奴，封平陵侯。以将军筑朔方。后以卫尉为游击将军，从大将军出朔方。后一岁，以右将军再从大将军出定襄，亡翕侯，①失军当斩，赎为庶人。其后为代郡太守，卒官。有三子：嘉为奉车都尉，贤为骑都尉，中子武最知名。

①服虔曰："赵信也。"

　　武字子卿，少以父任，兄弟并为郎，稍迁至栘中厩监。①时汉连伐胡，数通使相窥观，匈奴留汉使郭吉、路充国等，前后十馀辈。匈奴使来，汉亦留之以相当。天汉元年，且鞮侯单于初立，②恐汉袭之，乃曰："汉天子我丈人行也。"③尽归汉使路充国等。武帝嘉其义，乃遣武以中郎将使持节送匈奴使留在汉者，因厚（辂）〔赂〕单于，[6]答其善意。武与副中郎将张胜及假吏常惠等④募士斥候百馀人俱。⑤既至匈奴，置币遗单于。单于益骄，非汉所望也。

　　①师古曰："栘中，厩名，为之监也。栘音移。"
　　②师古曰："且音子闾反。鞮音丁奚反。"
　　③师古曰："丈人，尊老之称。行音胡浪反。"
　　④师古曰："假吏犹言兼吏也。时权为使之吏，若今之差人充使典矣。"
　　⑤师古曰："募人以充士卒，及在道为斥候者。"

　　方欲发使送武等，会缑王与长水虞常等谋反匈奴中。①缑王者，昆邪王姊子也，②与昆邪王俱降汉，后随浞野侯没胡中。③及卫律所将降者，阴相与谋劫单于母阏氏归汉。会武等至匈奴，虞常在汉时素与副张胜相知，私候胜曰："闻汉天子甚怨卫律，常能为汉伏弩射杀之。吾母与弟在汉，幸蒙其赏赐。"张胜许之，以货物与常。后月馀，单于出猎，独阏氏子弟在。虞常等七十馀人欲发，其一人夜亡，告之。单于子弟发兵与战。缑王等皆死，虞常生得。④

　　①师古曰："缑音工侯反。"
　　②师古曰："昆音胡门反。"

③师古曰:"从赵破奴击匈奴,兵败而降。"

④师古曰:"被执获也。"

　　单于使卫律治其事。张胜闻之,恐前语发,以状语武。武曰:"事如此,此必及我。见犯乃死,重负国。"欲自杀,①胜、惠共止之。虞常果引张胜。单于怒,召诸贵人议,欲杀汉使者。左伊秩訾曰:②"即谋单于,何以复加?③宜皆降之。"单于使卫律召武受辞,④武谓惠等:"屈节辱命,虽生,何面目以归汉!"引佩刀自刺。卫律惊,自抱持武,驰召医。凿地为坎,置煴火,⑤覆武其上,⑥蹈其背以出血。武气绝,半日复息。⑦惠等哭,舆归营。单于壮其节,朝夕遣人候问武,而收系张胜。

①师古曰:"言被匈奴侵犯,然后乃死,是为更负汉国,故欲先自杀也。重音直用反。"

②臣瓒曰:"胡官之号也。"

③师古曰:"言谋〔杀〕卫律而杀之,[7]其罚太重也。"

④师古曰:"致单于之命,而取其对也。"

⑤师古曰:"煴谓聚火无焱者也,音於云反。焱音弋赡反。"

⑥师古曰:"覆身于坎上也。覆音芳目反。"

⑦师古曰:"息谓出气也。"

　　武益愈,单于使使晓武。①会论虞常,欲因此时降武。剑斩虞常已,律曰:"汉使张胜谋杀单于近臣,②当死,单于募降者赦罪。"举剑欲击之,胜请降。律谓武曰:"副有罪,当相坐。"武曰:"本无谋,又非亲属,何谓相坐?"复举剑拟之,武不动。律曰:"苏君,律前负汉归匈奴,幸蒙大恩,赐号称王,拥众数万,马畜弥山,富贵如此。③苏君今日降,明日复然。空以身膏草野，谁复知之！"武不应。律曰："君因我降，与君为兄弟，今不听吾计，后虽欲复见我，尚可得乎？"武骂律曰："女为人臣子，不顾恩义，畔主背亲，为降虏于蛮夷，何以女为见？④且单于信女，使决人死生，不平心持正，反欲斗两主，观祸败。南越杀汉使者，屠为九郡；宛王杀汉使者，头县北阙；朝鲜杀汉使者，即时诛灭。独匈奴未耳。若知我不降明，⑤欲令两国相攻，匈奴之祸从我始矣。"

①师古曰："谕说令降也。"

②师古曰："卫律自谓也。"

③师古曰："弥，满也。"

④师古曰："言何用见女为也。"

⑤师古曰："若，汝也。言汝知我不肯降明矣。"

律知武终不可胁，白单于。单于愈益欲降之，乃幽武置大窖中，①绝不饮食。②天雨雪，武卧啮雪与旃毛并咽之，③数日不死，匈奴以为神。乃徙武北海上无人处，使牧羝，羝乳乃得归。④别其官属常惠等，各置他所。

①师古曰："旧米粟之窖而空者也，音工孝反。"

②师古曰："饮音於禁反。食读曰饲。"

③师古曰："咽，吞也，音宴。"

④师古曰："羝，牡羊也。羝不当产乳，故设此言，示绝其事。若燕太子丹乌白头、马生角之比也。羝音丁奚反。乳音人喻反。"

武既至海上，廪食不至，①掘野鼠去中实而食之。②杖汉节牧羊，卧起操持，节旄尽落。积五六年，单于弟於靬王弋射海上。③武能网纺缴，檠弓弩，④於靬王爱之，给其衣食。三岁余，王病，赐武马畜服匿穹庐。⑤王死后，人众徙去。其冬，<u>丁令</u>盗<u>武</u>牛羊，⑥<u>武</u>复穷厄。

①师古曰："无人给饮之。"

②苏林曰："取鼠所去草实而食之。"张晏曰："取鼠及草实并而食之。"
　师古曰："苏说是也。中，古草字。去谓藏之也，音丘吕反。"

③师古曰："羍音居言反。"

④师古曰："缴，生丝缕也，可以弋射。檠谓辅正弓弩也。缴音斫。檠
　音警，又音巨京反。"

⑤刘德曰："服匿如小旃帐。"孟康曰："服匿如罂，小口大腹方底，
　用受酒酪。穹庐，旃帐也。"晋灼曰："河东北界人呼小石罂受二斗
　所曰服匿。"师古曰："孟、晋二说是也。"

⑥师古曰："令音零。丁令，即上所谓丁灵耳。"

初，<u>武</u>与<u>李陵</u>俱为侍中，<u>武</u>使匈奴明年，<u>陵</u>降，不敢求<u>武</u>。久之，单于使<u>陵</u>至海上，为<u>武</u>置酒设乐，因谓<u>武</u>曰："单于闻<u>陵</u>与<u>子卿</u>素厚，故使<u>陵</u>来说足下，虚心欲相待。终不得归汉，空自苦亡人之地，信义安所见乎？前长君为奉车，①从至<u>雍棫阳宫</u>，扶辇下除，②触柱折辕，劾大不敬，伏剑自刭，③赐钱二百万以葬。<u>孺卿</u>从祠<u>河东后土</u>，④宦骑与黄门驸马争船，⑤推堕驸马河中溺死，宦骑亡，诏使<u>孺卿</u>逐捕不得，惶恐饮药而死。来时，大夫人已不幸，⑥<u>陵</u>送葬至<u>阳陵</u>。<u>子卿</u>妇年少，闻已更嫁矣。独有女弟二人，两女一男，今复十馀年，存亡不可知。人生如朝露，⑦何久自苦如此！<u>陵</u>始降时，忽忽如狂，自痛负<u>汉</u>，加以老母系保宫，⑧<u>子卿</u>不欲降，何以过<u>陵</u>？且陛下春秋高，法令亡常，大臣亡罪夷灭者数十家，安危不可知，<u>子卿</u>尚复谁为乎？愿听<u>陵</u>计，勿复有云。"<u>武</u>曰："<u>武</u>父子亡功德，皆为陛下所成就，位列将，

爵通侯，兄弟亲近，常愿肝脑涂地。今得杀身自效，虽蒙斧钺汤镬，诚甘乐之。臣事君，犹子事父也，子为父死亡所恨。愿勿复再言。"陵与武饮数日，复曰："子卿壹听陵言。"武曰："自分已死久矣！⑨王必欲降武，请毕今日之驩，效死于前！"⑩陵见其至诚，喟然叹曰："嗟乎，义士！陵与卫律之罪上通于天。"因泣下沾衿，与武决去。⑪

①服虔曰："武兄嘉。"

②张晏曰："主扶辇下除道也。"师古曰："除谓门屏之间。"

③师古曰："刎，断也，断其颈也，音武粉反。"

④张晏曰："武弟贤。"

⑤师古曰："宦骑，宦者而为骑也。黄门驸马，天子驸马之在黄门者。驸，副也。金日磾传曰'养马于黄门'也。"

⑥师古曰："不幸亦谓死。"

⑦师古曰："朝露见日则晞，人命短促亦如之。"

⑧师古曰："百官公卿表云少府属官有居室，武帝太初元年更名保宫。"

⑨师古曰："分音扶问反。"

⑩师古曰："效，致也。"

⑪师古曰："决，别也。"

陵恶自赐武，①使其妻赐武牛羊数十头。后陵复至北海上，语武："区脱捕得云中生口，②言太守以下吏民皆白服，曰上崩。"武闻之，南乡号哭，欧血，旦夕临。③

①师古曰："谓若示己于匈奴中富饶以夸武。"

②服虔曰："区脱，土室，胡儿所作以候汉者也。"李奇曰："匈奴边境罗落守卫官也。"晋灼曰："匈奴传东胡与匈奴间有弃地千馀里，各居其边为区脱。又云汉得区脱王，发人民屯区脱以备汉，此为因

边境以为官。李说是也。”师古曰：“匈奴边境为候望之室，服说是也。本非官号，区脱王者，以其所部居区脱之处，因呼之耳。李、晋二说皆失之。区读（曰）〔与〕瓯同，[8]音一侯反。脱音土活反。”

③师古曰：“乡读曰向。临，哭也，音力禁反。”

数月，昭帝即位。数年，匈奴与汉和亲。汉求武等，匈奴诡言武死。后汉使复至匈奴，常惠请其守者与俱，得夜见汉使，具自陈道。教使者谓单于，言天子射上林中，得雁，足有系帛书，言武等在某泽中。使者大喜，如惠语以让单于。① 单于视左右而惊，谢汉使曰：“武等实在。”于是李陵置酒贺武曰：“今足下还归，扬名于匈奴，功显于汉室，虽古竹帛所载，丹青所画，何以过子卿！陵虽驽怯，令汉且贳陵罪，② 全其老母，使得奋大辱之积志，庶几乎曹柯之盟，③ 此陵宿昔之所不忘也。收族陵家，为世大戮，陵尚复何顾乎？已矣！令子卿知吾心耳。异域之人，壹别长绝！”陵起舞，歌曰：“径万里兮度沙幕，为君将兮奋匈奴。路穷绝兮矢刃摧，士众灭兮名已隤。老母已死，虽欲报恩将安归！”④ 陵泣下数行，因与武决。单于召会武官属，⑤ 前以降及物故，凡随武还者九人。⑥

①师古曰：“让，责也。”

②师古曰：“贳，宽也。”

③李奇曰：“欲劫单于，如曹刿劫齐桓公柯盟之时。”

④师古曰：“隤，坠也，音大回反。”

⑤师古曰：“会谓集聚也。”

⑥师古曰：“物故谓死也，言其同于鬼物而故也。一说，不欲斥言，但云其所服用之物皆已故耳。而说者妄欲改物为勿，非也。”

武以（元始）〔始元〕六年春至京师。[9]诏武奉一太牢谒武帝园庙，拜为典属国，秩中二千石，赐钱二百万，公田二顷，宅一区。常惠、徐圣、赵终根皆拜为中郎，赐帛各二百匹。其馀六人老归家，赐钱人十万，复终身。①常惠后至右将军，封列侯，自有传。武留匈奴凡十九岁，始以强壮出，及还，须发尽白。

①师古曰："复音芳目反。"

武来归明年，上官桀子安与桑弘羊及燕王、盖主谋反。武子男元与安有谋，坐死。

初桀、安与大将军霍光争权，数疏光过失予燕王，①令上书告之。又言苏武使匈奴二十年不降，还乃为典属国，②大将军长史无功劳，为搜粟都尉，光颛权自恣。③及燕王等反诛，穷治党与，武素与桀、弘羊有旧，数为燕王所讼，子又在谋中，廷尉奏请逮捕武。霍光寝其奏，免武官。

①师古曰："疏谓条录之。"
②师古曰："实十九年，而言二十者，欲久其事以见冤屈，故多言也。"
③师古曰："颛与专同。"

数年，昭帝崩，武以故二千石与计谋立宣帝，①赐爵关内侯，食邑三百户。久之，卫将军张安世荐武明习故事，奉使不辱命，先帝以为遗言。宣帝即时召武待诏宦者署，②数进见，复为右曹典属国。以武著节老臣，令朝朔望，号称祭酒，③甚优宠之。

①师古曰："与读曰预。"
②师古曰："百官公卿表少府属官有宦者令丞。以其署亲近，故令于此

待诏也。"

③师古曰:"加祭酒之号,所以示优尊也。祭酒,已解在伍被传。"

武所得赏赐,尽以施予昆弟故人,家不馀财。皇后父平恩侯、帝舅平昌侯、乐昌侯、①车骑将军韩增、丞相魏相、御史大夫丙吉皆敬重武。武年老,子前坐事死,上闵之,问左右:"武在匈奴久,岂有子乎?"武因平恩侯自白:"前发匈奴时,胡妇适产一子通国,有声问来,愿因使者致金帛赎之。"上许焉。后通国随使者至,上以为郎。又以武弟子为右曹。武年八十馀,神爵二年病卒。

①师古曰:"平恩侯许伯、平昌侯王无故、乐昌侯王武也。"

甘露三年,单于始入朝。上思股肱之美,乃图画其人于麒麟阁,①法其形貌,署其官爵姓名。②唯霍光不名,曰大司马大将军博陆侯姓霍氏,次曰卫将军富平侯张安世,次曰车骑将军龙𩨂侯韩增,次曰后将军营平侯赵充国,次曰丞相高平侯魏相,次曰丞相博阳侯丙吉,次曰御史大夫建平侯杜延年,次曰宗正阳城侯刘德,次曰少府梁丘贺,次曰太子太傅萧望之,次曰典属国苏武。皆有功德,知名当世,是以表而扬之,明著中兴辅佐,列于方叔、召虎、仲山甫焉。③凡十一人,皆有传。自丞相黄霸、廷尉于定国、大司农朱邑、京兆尹张敞、右扶风尹翁归及儒者夏侯胜等,皆以善终,著名宣帝之世,然不得列于名臣之图,以此知其选矣。

①张晏曰:"武帝获麒麟时作此阁,图画其象于阁,遂以为名。"师古曰:"汉宫阁疏名云萧何造。"

②师古曰:"署,表也,题也。"

③师古曰："三人皆周宣王之臣，有文武之功，佐宣王中兴者也。言宣帝亦重兴汉室，而霍光等并为名臣，皆比于方叔之属。召读曰邵。"

　　赞曰：李将军恂恂如鄙人，口不能出辞，①及死之日，天下知与不知皆为流涕，彼其中心诚信于士大夫也。谚曰："桃李不言，下自成蹊。"②此言虽小，可以喻大。然三代之将，道家所忌，自广至陵，遂亡其宗，哀哉！孔子称"志士仁人，有杀身以成仁，无求生以害仁"，"使于四方，不辱君命"，③苏武有之矣。

①师古曰："恂恂，诚谨貌也，音苟。"

②师古曰："蹊谓径道也。言桃李以其华实之故，非有所召呼，而人争归趣，来往不绝，其下自然成径，以喻人怀诚信之心，故能潜有所感也。蹊音奚。"

③师古曰："皆论语载孔子之言。"

【校勘记】

〔1〕匈奴（人）〔侵〕上郡，　景祐、殿本都作"侵"。

〔2〕放（从）〔纵〕游猎也。　殿本作"纵"。王先谦说作"纵"是。

〔3〕不击（刀）〔刁〕斗自卫，　景祐、殿本都作"刁"，注同。王先谦说作"刁"是。

〔4〕络而盛（之）卧，　宋祁说越本无"之"字。按景祐本亦无"之"字。

〔5〕是时广军几没，⑨罢归。　注⑨原在"罢"字下。王先谦说此师古误读，"罢"字连"归"为文。

〔6〕因厚（辂）〔赂〕单于，　景祐、殿、局本都作"赂"。王先谦说

"辂"讹字。

〔7〕 言谋〔杀〕卫律而杀之， 景祐本有"杀"字。

〔8〕 区读（日）〔与〕瓯同， 景祐、殿本都作"与"。王先谦说作"与"是。

〔9〕 武以（元始）〔始元〕六年春至京师。 景祐、殿本都作"始元"，此误倒。

汉 书 卷 五 十 五

卫青霍去病传第二十五

卫青字仲卿。其父郑季，河东平阳人也，以县吏给事侯家。平阳侯曹寿尚武帝姊阳信长公主。①季与主家僮卫媪通，②生青。青有同母兄卫长君及姊子夫，子夫自平阳公主家得幸武帝，故青冒姓为卫氏。③卫媪长女君孺，次女少儿，次女则子夫。子夫男弟步广，皆冒卫氏。④

①师古曰："寿姓曹，为平阳侯，当是曹参之后，然参传及功臣侯表并无之，未详其意也。"

②师古曰："僮者，婢女之总称也。媪者，后年老之号，非当时所呼也。卫者，举其夫家姓也。"

③师古曰："冒谓假称，若人首之有覆冒也。"

④师古曰："言步广及青二人皆不姓卫，而冒称。"

青为侯家人，少时归其父，父使牧羊。民母之子皆奴畜之，

2151

不以为兄弟数。①青尝从人至甘泉居室，②有一钳徒相青曰："贵人也，官至封侯。"青笑曰："人奴之生，得无笞骂即足矣，安得封侯事乎！"

①服虔曰："民母，嫡母也。"师古曰："言郑季正妻本在编户之间，以别于公主家也。今流俗书本云'牧羊人间，先母之子不以为兄弟数'，妄增也。"

②张晏曰："居室，甘泉中徒所居也。"

青壮，为侯家骑，从平阳主。建元二年春，青姊子夫得入宫幸上。皇后，大长公主女也，①无子，妒。大长公主闻卫子夫幸，有身，妒之，乃使人捕青。青时给事建章，②未知名。大长公主执囚青，欲杀之。其友骑郎公孙敖与壮士往篡之，③故得不死。上闻，乃召青为建章监，侍中。及母昆弟贵，赏赐数日间累千金。君孺为太仆公孙贺妻。少儿故与陈掌通，④上召贵掌。公孙敖由此益显。子夫为夫人。青为太中大夫。

①文颖曰："陈皇后，武帝姑女也。"

②师古曰："建章宫中。"

③师古曰："逆取曰篡。"

④师古曰："掌即陈平曾孙也。"

元光六年，拜为车骑将军，击匈奴，出上谷；公孙贺为轻车将军，出云中；太中大夫公孙敖为骑将军，出代郡；卫尉李广为骁骑将军，出雁门：军各万骑。青至笼城，①斩首虏数百。骑将军敖亡七千骑，卫尉广为虏所得，得脱归，皆当斩，赎为庶人。贺亦无功。唯青赐爵关内侯。是后匈奴仍侵犯边，②语在匈奴传。

①师古曰："笼读与龙同。"

②师古曰："仍，频也。"

元朔元年春，卫夫人有男，立为皇后。其秋，青复将三万骑出雁门，李息出代郡。青斩首房数千。明年，青复出云中，西至高阙，①遂至于陇西，捕首房数千，畜百馀万，走白羊、楼烦王。遂取河南地为朔方郡。②以三千八百户封青为长平侯。青校尉苏建为平陵侯，张次公为岸头侯。③使建筑朔方城。④上曰："匈奴逆天理，乱人伦，暴长虐老，⑤以盗窃为务，行诈诸蛮夷，造谋籍兵，数为边害。⑥故兴师遣将，以征厥罪。诗不云乎？'薄伐猃狁，至于太原'；⑦'出车彭彭，城彼朔方'⑧今车骑将军青度西河至高阙，获首二千三百级，车辎畜产毕收为卤，已封为列侯，遂西定河南地，案榆谿旧塞，⑨绝梓领，梁北河，讨蒲泥，破符离，⑩斩轻锐之卒，捕伏听者⑪三千一十七级。⑫执讯获丑，⑬驱马牛羊百有余万，全甲兵而还，益封青三千八百户。"其后匈奴比岁入代郡、雁门、定襄、上郡、朔方，⑭所杀略甚众。语在匈奴传。

①师古曰："高阙，山名也，一曰塞名也，在朔方之北。"

②师古曰："当北地郡之北，黄河之南也。"

③晋灼曰："河东皮氏亭也。"

④师古曰："苏建筑之也。"

⑤师古曰："谓其俗贵少壮而贱长老也。"

⑥张晏曰："从蛮夷借兵钞边。"

⑦师古曰："小雅六月之诗，美宣王北（代）〔伐〕也。[1]薄伐者，言逐出之也。猃狁，北狄名，即匈奴也。猃音险。"

⑧师古曰："小雅出车之诗也。彭彭，众车声也。朔方，北方也。此诗人美出车而征，因筑城以攘猃狁也。"

⑨如淳曰：“案，寻也。榆谿，旧塞名也。”师古曰：“上郡之北有诸次山，诸次水出焉，东经榆林塞为榆谿。言军寻此塞而行也。”

⑩如淳曰：“绝，度也。为北河作桥梁也。”晋灼曰：“蒲泥、符离，二王号也。”师古曰：“符离，塞名也。”

⑪张晏曰：“伏于隐处，听军虚实。”

⑫师古曰：“本以斩敌一首拜爵一级，故谓一首为一级，因复名生获一人为一级也。”

⑬师古曰：“执讯者，谓生执其人而讯问之也。获丑者，得其众也。一曰丑，恶也。讯音信。”

⑭师古曰：“比，频也。”

元朔五年春，令青将三万骑出高阙，卫尉苏建为游击将军，左内史李沮为强弩将军，①太仆公孙贺为骑将军，代相李蔡为轻车将军，皆领属车骑将军，俱出朔方。大行李息、岸头侯张次公为将军，俱出右北平。匈奴右贤王当青等兵，以为汉兵不能至此，饮醉，汉兵夜至，围右贤王。右贤王惊，夜逃，独与其爱妾一人骑数百驰，溃围北去。汉轻骑校尉郭成等追数百里，弗得，得右贤裨王十馀人，②众男女万五千馀人，畜数十百万，③于是引兵而还。至塞，天子使使者持大将军印，即军中拜青为大将军，④诸将皆以兵属，立号而归。上曰：“大将军青躬率戎士，师大捷，获匈奴王十有馀人，益封青八千七百户。”而封青子伉为宜春侯，⑤子不疑为阴安侯，子登为发干侯。青固谢曰：⑥“臣幸得待罪行间，赖陛下神灵，军大捷，皆诸校力战之功也。陛下幸已益封臣青，臣青子在襁褓中，未有勤劳，上幸裂地封为三侯，非臣待罪行间所以劝士力战之意也。伉等三人何敢受封！”上曰：“我非忘诸校功也，今固且图之。”乃诏御史曰：“护军都尉公孙敖三从大将军击匈奴，常护军傅校获王，⑦封敖为合骑侯。⑧都尉韩说从大军出寘浑，⑨至匈奴右贤王庭，为戏下⑩搏战获王，⑪封说为龙额侯。⑫骑将军贺从大将军获王，封贺为南窌侯。⑬轻车将军李蔡再从大将军获王，封蔡为乐安侯。校尉李朔、赵不虞、公孙戎奴各三从大将军获王，封朔为陟轵侯，不虞为随成侯，戎奴为从平侯。将军李沮、李息及校尉豆如意、中郎将绾皆有功，赐爵关内侯。沮、息、如意食邑各三百户。"其秋，匈奴入代，杀都尉。

①文颖曰："沮音俎。"

②师古曰："禆王，小王也，若言禆将也。禆音频移反。"

③师古曰："数十万以至百万。"

④师古曰："即，就也。"

⑤师古曰："伉音抗，又音工郎反。"

⑥师古曰："固谓再三也。"

⑦师古曰："傅读曰附。言敖总护诸军，每附部校，以致克捷而获王也。校者，营垒之称，故谓军之一部为一校。或曰幡旗之名，非也。每军一校，则别为幡耳，不名校也。"

⑧晋灼曰："犹冠军从票之名也。"

⑨服虔曰："塞名也。"师古曰："说读曰悦。寘音田。浑音魂。"

⑩师古曰："戏读曰麾，又音许宜反。言在大将军麾旗之下，不别统众也。"

⑪师古曰："搏战，击战。"

⑫师古曰："额字或作额。"

⑬臣瓒曰："茂陵中书云南奊侯，此本字也。"师古曰："窌音普教反。奊亦同字。"

明年春，大将军青出定襄，合骑侯敖为中将军，太仆贺为左将军，翕侯赵信为前将军，卫尉苏建为右将军，郎中令李广为后将军，左内史李沮为强弩将军，咸属大将军，斩首数千级而还。月馀，悉复出定襄，斩首虏万馀人。苏建、赵信并军三千馀骑，独逢单于兵，与战一日馀，汉兵且尽。信故胡人，降为翕侯，见急，匈奴诱之，遂将其馀骑可八百犇降单于。①苏建尽亡其军，独以身得亡去，自归青。青问其罪正闳、长史安、议郎周霸等：②"建当云何？"③霸曰："自大将军出，未尝斩裨将，今建弃军，可斩，以明将军之威。"闳、安曰："不然。兵法'小敌之坚，大敌之禽也。'④今建以数千当单于数万，力战一日馀，士皆不敢有二心。自归而斩之，是示后无反意也。不当斩。"青曰："青幸得以肺附待罪行间，⑤不患无威，而霸说我以明威，甚失臣意。且使臣职虽当斩将，以臣之尊宠而不敢自擅专诛于境外，其归天子，天子自裁之，于以风为人臣不敢专权，不亦可乎？"⑥军吏皆曰"善"。遂囚建行在所。

①师古曰："犇，古奔字也。"
②张晏曰："正，军正也。闳，名也。"如淳曰："律，都军官长史一人。"
③师古曰："谓处断其罪法何至也？"
④师古曰："言众寡不敌，以其坚战无有退心，故士卒丧尽也。一说，若建耻败而不自归，则亦被匈奴禽之而去。"
⑤师古曰："肺附，谓亲戚也。解在田蚡传也。"
⑥师古曰："风读曰讽。"

是岁也，霍去病始侯。

霍去病，大将军青姊少儿子也。其父霍仲孺先与少儿通，生去病。及卫皇后尊，少儿更为詹事陈掌妻。去病以皇后姊子，年十八为侍中。善骑射，再从大将军。大将军受诏，予壮士，为票姚校尉，①与轻勇骑八百直弃大（将）军数百里赴利，[2]斩捕首虏过当。②于是上曰："票姚校尉去病斩首捕虏二千二十八级，得相国、当户，斩单于大父行藉若侯产，③捕季父罗姑比，再冠军，④[3]以二千五百户封去病为冠军侯。上谷太守郝贤四从大将军，捕首虏千三百级，封贤为终利侯。骑士孟已有功，赐爵关内侯，邑二百户。"

①服虔曰："音飘摇。"师古曰："票音频妙反。姚音羊召反。票姚，劲疾之貌也。荀悦汉纪作票鹞字。去病后为票骑将军，尚取票姚之字耳。今读者音飘遥，则不当其义也。"

②师古曰："言计其所将人数，则捕首虏为多，过于所当也。一曰汉军失亡者少，而杀获匈奴数多，故曰过当也。其下并同。"

③张晏曰："藉若，胡侯也。产，名也。"师古曰："此人单于祖父之行也。行音胡浪反。"

④师古曰："亦单于之季父也，罗姑，其名也。比，频也。"

是岁失两将军，亡翕侯，功不多，故青不益封。苏建至，上弗诛，赎为庶人。青赐千金。是时王夫人方幸于上，宁乘说青曰：①"将军所以功未甚多，身食万户，三子皆为侯者，以皇后故也。今王夫人幸而宗族未富贵，愿将军奉所赐千金为王夫人亲寿。"②青以五百金为王夫人亲寿。上闻，问青，青以实对。上乃拜宁乘为东海都尉。

①师古曰："史记云甯乘齐人。"

②师古曰："亲，母也。"

校尉张骞从大将军，以尝使大夏，留匈奴中久，道军，知善水草处，①军得以无饥渴，因前使绝国功，封骞为博望侯。

①师古曰："道读曰导。"

去病侯三岁，元狩（三）〔二〕年春[4]为票骑将军，将万骑出陇西，有功。上曰："票骑将军率戎士隃乌盭，①讨遬濮，②涉狐奴，③历五王国，辎重人众摄詟者弗取，④几获单于子。⑤转战六日，过焉支山千有馀里，合短兵，鏖皋兰下，⑥杀折兰王，斩卢侯王，⑦锐悍者诛，全甲获醜，执浑邪王子⑧及相国、都尉，捷首虏八千九百六十级，收休屠祭天金人，⑨师率减什七，⑩益封去病二千二百户。"

①师古曰："隃与逾同。盭，古庆字也。乌盭，山名也。"

②师古曰："遬，古速字也。遬濮，匈奴部落名也。"

③晋灼曰："水名也。"

④师古曰："摄詟，谓振动失志气。言距战者诛，服者则赦也。詟音之涉反。"

⑤师古曰："几音距衣反。"

⑥应劭曰："陇西白石县塞外河名也。"苏林曰："匈奴中山关名也。"李奇曰："鏖音熬，津名也。"晋灼曰："世俗谓尽死杀人为鏖糟。"文颖曰："鏖音意曹反。"师古曰："鏖字本从金麀声，转写讹耳。鏖谓苦击而多杀也。皋兰，山名也。言苦战于皋兰山下而多杀虏也。晋说文音皆得之。今俗犹谓打击之甚者曰鏖。麀，牡鹿也，音于求反。"

⑦张晏曰："折兰、卢侯，胡国名也。杀者，杀之而已。斩者，获其首

也。"师古曰:"折兰,匈奴中姓也。今鲜卑有是兰姓者,即其种也。折音上列反。"

⑧师古曰:"全甲,谓军中之甲不丧失也。浑音下昆反。"

⑨如淳曰:"祭天以金人为主也。"张晏曰:"佛徒祠金人也。"师古曰:"今之佛像是也。休音许虬反。屠音储。"

⑩师古曰:"言其破敌,故匈奴之师十减其七也。一曰,汉兵失亡之数。下皆类此也。"

其夏,去病与合骑侯敖俱出北地,异道。博望侯张骞、郎中令李广俱出右北平,异道。广将四千骑先至,骞将万骑后。匈奴左贤王将数万骑围广,广与战二日,死者过半,所杀亦过当。骞至,匈奴引兵去。骞坐行留,当斩,赎为庶人。①而去病出北地,遂深入,合骑侯失道,不相得。去病至祁连山,②捕首虏甚多。上曰:"票骑将军涉钧耆,济居延,③遂臻小月氏,④攻祁连山,扬武乎鳏得,⑤得单于单桓、酋涂王,⑥及相国、都尉以众降下者二千五百人,可谓能舍服知成而止矣。⑦捷首虏三万二百,获五王,王母、单于阏氏、王子五十九人,相国、将军、当户、都尉六十三人,师大率减什三,益封去病五千四百户。赐校尉从至小月氏者爵左庶长。⑧鹰击司马破奴⑨再从票骑将军斩遬濮王,捕稽且王,⑩右千骑将〔得〕王、王母各一人,[5]王子以下四十一人,捕虏三千三百三十人,前行捕虏千四百人,⑪封破奴为从票侯。⑫校尉高不识从票骑将军捕呼于耆王王子以下十一人,捕虏千七百六十八人,封不识为宜冠侯。校尉仆多有功,封为煇渠侯。"⑬合骑侯敖坐行留不与票骑将军会,当斩,赎为庶人。诸宿将所将士马兵亦不如去病。⑭去病所将常选,⑮然亦敢深入,常与壮骑先其大军,军亦有天幸,未尝困绝也。然而诸宿将常留落不耦。⑯由此去病日以亲贵，比大将军。

① 师古曰："军行而辄稽留，故坐法。"

② 师古曰："祁连山即天山也，匈奴呼天为祁连。祁音上夷反。"

③ 张晏曰："钧耆、居延，皆水名也。浅曰涉。深曰济。"师古曰："涉谓人马涉度也。济谓以舟船。"

④ 师古曰："臻，至也。氐音支。"

⑤ 郑氏曰："鯀音鹿，张掖县也。"师古曰："郑说非也。此鯀得，匈奴中地名，而张掖县转取其名耳。"

⑥ 张晏曰："单桓、酋涂，皆胡王也。"师古曰："酋音才由反。涂音塗。"

⑦ 师古曰："服而舍之，功成则止也。"

⑧ 师古曰："第十爵。"

⑨ 师古曰："赵破奴。"

⑩ 师古曰："且音子闾反。"

⑪ 师古曰："前行，谓在军之前而行。"

⑫ 张晏曰："从票骑将军有功，因以为号。"

⑬ 师古曰："功臣侯表作仆朋，今此作多，转写者误也。煇音晖也。"

⑭ 师古曰："宿，旧也。兵，兵器也。"

⑮ 师古曰："选取骁锐。"

⑯ 师古曰："留谓迟留，落谓坠落，故不谐耦而无功也。"

　　其后，单于怒浑邪王居西方数为汉所破，亡数万人，以票骑之兵也，欲召诛浑邪王。浑邪王与休屠王等谋欲降汉，使人先要道边。①是时大行李息将城河上，得浑邪王使，即驰传以闻。②上恐其以诈降而袭边，乃令去病将兵往迎之。去病既度河，与浑邪众相望。浑邪裨王将见汉军而多欲不降者，③颇遁去。去病乃驰入，得与浑邪王相见，斩其欲亡者八千人，遂独遣浑邪王乘传先诣行在所，尽将其众度河，降者数万人，号称十万。既至长安，天子所以赏赐数十钜万。封浑邪王万户，为漯阴侯。④封其裨王呼毒尼为下摩侯，⑤雁疕为煇渠侯，⑥禽黎为河綦侯，⑦大当户调虽为常乐侯。⑧于是上嘉去病之功，曰："票骑将军去病率师征匈奴，西域王浑邪王及厥众萌咸犇于率，⑨以军粮接食，并将控弦万有馀人，⑩诛猲悍，⑪捷首虏八千馀级，降异国之王三十二。战士不离伤，⑫十万之众毕怀集服。仍兴之劳，爰及河塞，庶几亡患。⑬以千七百户益封票骑将军。减陇西、北地、上郡戍卒之半，以宽天下繇役。"乃分处降者于边五郡故塞外，而皆在河南，因其故俗为属国。⑭其明年，匈奴入右北平、定襄，杀略汉千馀人。

①师古曰："道犹言也。先为要约来言之于边界。"

②师古曰："传音张恋反。次下亦同。"

③师古曰："恐被掩覆也。"

④如淳曰："漯阴，平原县也。"师古曰："漯音吐合反。"

⑤文颖曰："呼毒尼，胡王名也。"

⑥文颖曰："雁音鹰。疕音庇荫之庇。"师古曰："疕音匹履反，其字从广，非庇荫之庇。广音女革反。"

⑦师古曰："功臣侯表作乌黎，今此作禽黎，转写误耳。"

⑧师古曰："功臣侯表作稠睢，今此传作调虽，表传不同，当有误者。"

⑨师古曰："萌字与甿同。犇，古奔字也。"

⑩师古曰："言能引弓皆堪战阵。"

⑪师古曰："猲，健行轻貌也，字或作趬。悍，勇也。猲音丘昭反，又音丘召反。"

⑫师古曰："离，遭也。"

⑬师古曰："重兴军旅之劳，及北河沙塞之表，可得宁息无忧患也。"

⑭师古曰："不改其本国之俗而属于汉，故号属国。"

其明年，上与诸将议曰："翕侯赵信为单于画计，常以为汉兵不能度幕轻留，①今大发卒，其势必得所欲。"是岁元狩四年也。春，上令大将军青、票骑将军去病各五万骑，步兵转者踵军数十万，②而敢力战深入之士皆属去病。去病始为出定襄，当单于。捕虏，虏言单于东，乃更令去病出代郡，令青出定襄。郎中令李广为前将军，太仆公孙贺为左将军，主爵赵食其为右将军，③平阳侯襄为后将军，④皆属大将军。赵信为单于谋曰："汉兵即度幕，人马罢，⑤匈奴可坐收虏耳。"⑥乃悉远北其辎重，⑦皆以精兵待幕北。而适直青军出塞千馀里，⑧见单于兵陈而待，⑨于是青令武刚车自环为营，⑩而纵五千骑往当匈奴，匈奴亦（从）〔纵〕万骑。[6]会日且入，⑪而大风起，沙砾击面，⑫两军不相见，汉益纵左右翼绕单于。⑬单于视汉兵多，而士马尚强，战而匈奴不利，薄莫，单于遂乘六羸，壮骑可数百，直冒汉围西北驰去。⑭昏，汉匈奴相纷挐，⑮杀伤大当。⑯汉军左校捕虏，言单于未昏而去，汉军因发轻骑夜追之，青因随其后。匈奴兵亦散走。会明，行二百馀里，不得单于，颇捕斩首虏万馀级，遂至窴颜山赵信城，⑰得匈奴积粟食军。⑱军留一日而还，悉烧其城馀粟以归。

2162
①师古曰："言轻易汉军，故留而不去也。一曰，谓汉兵不能轻入而久留也。"

②师古曰："转者谓运辎重也。踵，接也。"

③师古曰："食音异。其音基。"

④师古曰："曹襄。"

⑤师古曰："罢读曰疲。"

⑥师古曰："言收虏取汉军人马，可不费力，故言坐。"

⑦师古曰："送辎重远去，令处北也。"

⑧师古曰："直读曰值。"

⑨师古曰："为行陈而待。"

⑩张晏曰："兵车也。"师古曰："环，绕也。"

⑪师古曰："言日欲没也。"

⑫师古曰："砾，小石也，音历。"

⑬师古曰："翼谓左右舒引其兵，如鸟之翅翼。"

⑭师古曰："羸者，驴种马子，坚忍。单于自乘善走羸，而壮骑随之也。冒，犯也。羸音来戈反。冒音莫克反。"

⑮师古曰："纷挐，乱相持搏也。挐音女居反。"

⑯师古曰："各大相杀伤。"

⑰如淳曰："赵信前降匈奴，匈奴筑城居之。"

⑱师古曰："食读曰飤。"

青之与单于会也，而前将军广、右将军食其军别从东道，或失道。①大将军引还，过幕南，乃相逢。青欲使使归报，令长史簿责广，②广自杀。食其赎为庶人。青军入塞，凡斩首虏万九千级。

①师古曰："或，迷也。"

②师古曰："簿音步户反。"

是时匈奴众失单于十馀日，右谷蠡王自立为单于。①单于后得其众，右王乃去单于之号。②

①师古曰："谷音鹿。蠡音卢奚反。"

②师古曰："去，除也，音丘吕反。"

去病骑兵车重与大将军军等，①而亡裨将。悉以李敢等为大

校，当裨将，出代、右北平二千馀里，直左方兵，②所斩捕功已
多于青。

①师古曰："重音直用反。"
②师古曰："直，当也。"

　　既皆还，上曰："票骑将军去病率师躬将所获荤允之士，①约
轻赍，绝大幕，②涉获单于章渠，③以诛北车耆，④转击左大将双，
获旗鼓，历度难侯，⑤济弓卢，⑥获屯头王、韩王等三人，⑦将军、
相国、当户、都尉八十三人，封狼居胥山，禅于姑衍，登临翰
海，⑧执讯获丑七万有四百四十三级，师率减什二，取食于敌，
卓行殊远而粮不绝。⑨以五千八百户益封票骑将军。右北平太守
路博德属票骑将军，会兴城，不失期，从至檮余山，⑩斩首捕虏
二千八百级，封博德为邳离侯。北地都尉卫山从票骑将军获王，
封山为义阳侯。故归义侯因淳王复陆支、⑪楼剸王伊即靬⑫皆从
票骑将军有功，封复陆支为杜侯，伊即靬为众利侯。从票侯破
奴、昌武侯安稽从票骑有功，益封各三百户。渔阳太守解、校尉
敢皆获鼓旗，赐爵关内侯，解食邑三百户，敢二百户。校尉自为
爵左庶长。"军吏卒为官，赏赐甚多。而青不得益封，吏卒无封
者。唯西河太守常惠、云中太守遂成受赏，遂成秩诸侯相，赐食
邑二百户，黄金百斤，惠爵关内侯。

①服虔曰："荤音熏。荤允，熏鬻也。尧时曰熏鬻，周曰猃允，秦曰匈
　　奴。"师古曰："荤字与薰同。鬻音弋六反。"
②师古曰："轻赍者，不以辎重自随，而所赍粮食少也。一曰赍字与资
　　同，谓资装也。"
③师古曰："涉谓涉水也。章渠，单于之近臣也，涉水而破获之。"

④晋灼曰："王号也。"

⑤师古曰："山名也。"

⑥晋灼曰："水名也。"

⑦李奇曰："皆匈奴王号。"

⑧张晏曰："登海边山以望海也。有大功，故增山而广地也。"如淳曰：

"翰海，北海名也。"师古曰："积土增山曰封，为墠祭地曰禅也。"

⑨师古曰："卓亦远意。"

⑩师古曰："橋音筹，其字从木。"

⑪师古曰："复音芳福反。"

⑫师古曰："剸音之兖反。靬音居言反。"

两军之出塞，塞阅官及私马凡十四万匹，而后入塞者不满三万匹。乃置大司马位，大将军、票骑将军皆为大司马。①定令，令票骑将军秩禄与大将军等。自是后，青日衰而去病日益贵。青故人门下多去事去病，辄得官爵，唯独任安不肯去。②

①晋灼曰："悉加大司马者，欲令票骑将军去病与大将军青等耳。"

②师古曰："安，荥阳人，后为益州刺史，即遗司马迁书者。"

去病为人少言不泄，有气敢往。上尝欲教之吴孙兵法，①对曰："顾方略何如耳，不至学古兵法。"②上为治第，令视之，对曰："匈奴不灭，无以家为也。"由此上益重爱之。然少而侍中，贵不省士。③其从军，上为遣太官赍数十乘，④既还，重车馀弃粱肉，⑤而士有饥者。其在塞外，卒乏粮，或不能自振，⑥而去病尚穿域蹋鞠也。⑦事多此类。青仁，喜士退让，⑧以和柔自媚于上，然于天下未有称也。

①师古曰："吴，吴起也。孙，孙武也。"

2165

②师古曰："顾，念也。"

③师古曰："省，视也。不恤视也。"

④师古曰："贳与资同。解已在前也。"

⑤师古曰："粱，粟类也，米之善者。重音直用反。"

⑥师古曰："振，举也。"

⑦服虔曰："穿地作鞠室也。"师古曰："鞠，以皮为之，实以毛，蹴蹋而戏也。蹋音徒腊反。鞠音钜六反。"

⑧师古曰："喜音许吏反。"

去病自四年军后三岁，元狩六年薨。上悼之，发属国玄甲，军陈自长安至茂陵，①为冢象祁连山。②谥之并武与广地曰景桓侯。③子嬗嗣。④嬗字子侯，上爱之，幸其壮而将之。为奉车都尉，从封泰山而薨。无子，国除。

①师古曰："送其葬，所以宠卫之也。属国，即上所云分处降者于边五郡者也。玄甲，谓甲之黑色也。"

②师古曰："在茂陵旁，冢上有（坚）〔竖〕石，[7]冢前有石人马者是也。"

③苏林曰："景，武谥也。桓，广地谥也。义见谥法。"张晏曰："谥法'布义行刚曰景，辟土服远曰桓'也。"

④师古曰："嬗音上战反。"

自去病死后，青长子宜春侯伉坐法失侯。后五岁，伉弟二人，阴安侯不疑、发干侯登，皆坐酎（优）〔金〕失侯。[8]后二岁，冠军侯国绝。后四年，元封五年，青薨，谥曰烈侯。子伉嗣，六年坐法免。

自青围单于后十四岁而卒，竟不复击匈奴者，以汉马少，又方南诛两越，东伐朝鲜，击羌、西南夷，以故久不伐胡。

初，青既尊贵，而平阳侯曹寿有恶疾就国，长公主问："列侯谁贤者?"左右皆言大将军。主笑曰："此出吾家，常骑从我，奈何?"左右曰："于今尊贵无比。"于是长公主风白皇后，①皇后言之，上乃诏青尚平阳主，②与主合葬，起冢象庐山云。③

①师古曰："风读曰讽。"

②如淳曰："本阳信长公主也，为平阳侯所尚，故称平阳主。"

③师古曰："在茂陵东，次去病冢之西，相并者是也。"

最①大将军青凡七出击匈奴，斩捕首虏五馀万级。一与单于战，收河南地，置朔方郡。再益封，凡万六千三百户；封三子为侯，侯千三百户，并之二万二百户。其裨将及校尉侯者九人，为特将者十五人，②李广、张骞、公孙贺、李蔡、曹襄、韩说、苏建皆自有传。③

①师古曰："最亦凡也。"

②师古曰："特将，谓独别为将而出征也。"

③师古曰："七人自有传，八人今列于此下，凡十五人也。说读曰悦。"

李息，郁郅人也，①事景帝。至武帝立八岁，为材官将军，军马邑；后六岁，为将军，出代；后三岁，为将军，从大将军出朔方：皆无功。凡三为将军，其后常为大行。

①师古曰："北地之县也。郅音之日反。"

公孙敖，义渠人，以郎事景帝。至武帝立十二岁，为骑将军，出代，亡卒七千人，当斩，赎为庶人。后五岁，以校尉从大将军，封合骑侯。后一岁，以中将军从大将军再出定襄，无功。后二岁，以将军出北地，后票骑，失期当斩，赎为庶人。后二岁，以校尉从大将军，无功。后十四岁，以因 (杆) 〔杅〕将军筑受降城。[9]七岁，复以因杅将军再出击匈奴，至余吾，[1]亡士多，下吏，当斩，诈死，亡居民间五六岁。后觉，复系。坐妻为巫蛊，族。凡四为将军。

①师古曰："水名也，在朔方北。"

李沮，云中人，[1]事景帝。武帝立十七岁，以左内史为强弩将军。后一岁，复为强弩将军。

①〔师古曰〕："沮音俎。"[10]

张次公，河东人，以校尉从大将军，封岸头侯。其后太后崩，为将军，军北军。后一岁，复从大将军。凡再为将军，后坐法失侯。

赵信，以匈奴相国降，为侯。武帝立十八年，为前将军，与匈奴战，败，降匈奴。

赵食其，斄祤人。[1]武帝立十八年，以主爵都尉从大将军，斩首六百六十级。元狩三年，赐爵关内侯，黄金百斤。明年，为右将军，从大将军出定襄，迷失道，当斩，赎为庶人。

①师古曰："冯翊之县也。斄音丁活反，又音丁外反。祤音许羽反。"

郭昌，云中人，以校尉从大将军。元封四年，以太中大夫为拔胡将军，屯朔方。还击昆明，无功，夺印。

荀彘，太原广武人，以御见，侍中，[1]用校尉数从大将军。元封三年，为左将军击朝鲜，无功，坐捕楼船将军诛。

①师古曰："以善御得见，因为侍中也。御谓御车也。"

最票骑将军去病凡六出击匈奴，其四出以将军，[1]斩首虏十一万馀级。浑邪王以众降数万，开河西酒泉之地，西方益少胡寇。四益封，凡万七千七百户。其校尉吏有功侯者六人，为将军者二人。

①师古曰："再出为票姚校尉也。"

路博德，西河平州人，以右北平太守从票骑将军，封邳离侯。票骑死后，博德以卫尉为伏波将军，伐破南越，益封。其后坐法失侯。为强弩都尉，屯居延，卒。

赵破奴，太原人。尝亡入匈奴，已而归汉，为票骑将军司马。出北地，封从票侯，坐酎金失侯。后一岁，为匈河将军，攻胡至匈河水，无功。后一岁，击虏楼兰王，后为浞野侯。后六岁，以浚稽将军将二万骑击匈奴左王。左王与战，兵八万骑围破奴，破奴为虏所得，遂没其军。居匈奴中十岁，复与其太子安国亡入汉。后坐巫蛊，族。

自卫氏兴，大将军青首封，其后支属五人为侯。凡二十四岁而五侯皆夺国。征和中，戾太子败，卫氏遂灭。而霍去病弟光贵盛，自有传。

赞曰：苏建尝说责"大将军至尊重，而天下之贤士大夫无称焉，①愿将军观古名将所招选者，勉之哉！"②青谢曰："自魏其、武安之厚宾客，天子常切齿。彼亲待士大夫，招贤黜不肖者，人主之柄也。人臣奉法遵职而已，何与招士！"③票骑亦方此意，为将如此。④

①师古曰："言不为贤士大夫所称誉。"

②师古曰："劝令招贤荐士也。"

③师古曰："与读曰豫。"

④师古曰："方，比类也。"

【校勘记】

〔1〕美宣王北（代）〔伐〕也。　景祐、殿、局本都作"伐"，此误。

〔2〕与轻勇骑八百直弃大（将）军数百里赴利，　刘敞说"大将军"衍"将"字。

〔3〕捕季父罗姑比，再冠军，　史记索隐说颜氏云"罗姑比，单于季父名也"。小颜云"比，频也"。案下文既云"再冠军"，无容更言频也。王先谦说索隐说是。

〔4〕元狩（三）〔二〕年春　宋祁说，"三"越本作"二"。王念孙说越本是，景祐本及史记并作"元狩二年"。

〔5〕右千骑将〔得〕王、王母各一人，　史记有"得"字，索隐说此千骑将是汉之将。王先谦说，此文自是右千骑将得王、王母各一人，本书脱"得"字。

〔6〕匈奴亦（从）〔纵〕万骑。　王先谦说"从"当作"纵"，史记作"匈奴亦纵可万骑。"

〔7〕冢上有（坚）〔竖〕石，　景祐、殿本都作"竖"，此误。

〔8〕皆坐酎（优）〔金〕失侯。　王先谦说"优"字误。按景祐、殿、局本都作"金"。

〔9〕以因（杆）〔杅〕将军筑受降城。　景祐、殿、局本都作"杅"。王先谦说作"杅"是。

〔10〕〔师古曰〕："沮音俎。"　王先谦说，脱"师古曰"三字。按各本都脱。

汉 书 卷 五 十 六

董仲舒传第二十六

董仲舒，广川人也。少治春秋，孝景时为博士。下帷讲诵，弟子传以久次相授业，或莫见其面。① 盖三年不窥园，其精如此。② 进退容止，非礼不行，学士皆师尊之。

①师古曰："言新学者但就其旧弟子受业，不必亲见仲舒。"

②师古曰："虽有园圃，不窥视之，言专学也。"

武帝即位，举贤良文学之士前后百数，① 而仲舒以贤良对策焉。

①师古曰："数音所具反。"

2171

制曰：朕获承至尊休德，① 传之亡穷，而施之罔极，② 任大而守重，是以夙夜不皇康宁，③ 永惟万事之统，犹惧有阙。④ 故广延四方之豪俊，郡国诸侯公选贤良修絜博习之士，⑤欲闻大道之要，至论之极。⑥今子大夫褒然为举首，⑦朕甚嘉之。子大夫其精心致思，朕垂听而问焉。

①师古曰："休，美也。言承先帝极尊之位至美之德也。"

②师古曰："罔亦无也。极，尽也。"

③师古曰："皇，暇也。康，乐也。"

④师古曰："永，深也。惟，思也。统，绪也。"

⑤师古曰："郡，郡守也。国，王国也。诸侯，列侯也。郡国及诸侯，总谓四方在外者。公选，谓以公正之道选士，无偏私也。"

⑥师古曰："极，中也。"

⑦服虔曰："子，男子之美号也。"张晏曰："褒，进也，为举贤良之首也。"师古曰："褒然，盛服貌也。诗邶风旄丘之篇曰'褒如充耳'。褒音弋授反。"

　　盖闻五帝三王之道，改制作乐而天下洽和，百王同之。当虞氏之乐莫盛于韶，①于周莫盛于勺。②圣王已没，钟鼓筦弦之声未衰，③而大道微缺，陵夷至乎桀纣之行，④王道大坏矣。夫五百年之间，守文之君，当涂之士，欲则先王之法以戴翼其世者甚众，⑤然犹不能反，日以仆灭，⑥至后王而后止，岂其所持操或诖缪而失其统与？⑦固天降命不可复反，必推之于大衰而后息与？⑧乌虖！⑨凡所为屑屑，夙兴夜寐，务法上古者，又将无补与？⑩三代受命，其符安在？灾异之变，何缘而起？性命之情，或夭或寿，或仁或鄙，⑪习闻其号，未烛厥理。⑫伊欲风流而令行，刑轻而奸改，⑬百姓和乐，政事宣昭，何脩何饬而膏露降，百谷登，⑭德润四海，泽臻屮木，⑮三光全，寒暑平，受天之祜，⑯享鬼神之灵，⑰德泽洋溢，施虖方外，延及群生？⑱

①师古曰：“韶，舜乐。”

②张晏曰：“勺，周颂篇也，言能成先祖之功以养天下也。”师古曰：“勺读与酌同。”

③师古曰：“筦与管字同。”

④师古曰：“陵夷，言渐穨替也。解在成纪。”

⑤师古曰：“翼，助也。”

⑥师古曰：“反，还也。还于正道也。仆，毙也，音赴。”

⑦师古曰：“操，执也。谆，乖也。统，绪也。操音千高反。与读曰欤。后皆类此。”

⑧师古曰：“息，止也。”

⑨师古曰：“庨读曰呼。呜呼，叹辞也。”

⑩师古曰：“肖肖，动作之貌。补，益也。”

⑪师古曰：“天寿，命也。仁鄙，性也。鄙谓不通也。”

⑫师古曰：“烛，照也。”

⑬师古曰：“伊，惟也。”

⑭师古曰：“登，成也。”

⑮师古曰：“臻，至也。屮，古草字也。”

⑯师古曰：“祜，福也，音怙。”

⑰师古曰：“为鬼神所歆飨。”

⑱师古曰：“施亦延也。洋音羊。施音弋豉反。”

子大夫明先圣之业，习俗化之变，终始之序，讲闻高谊之日久矣，其明以谕朕。①科别其条，勿猥勿并，②取之于术，慎其所出。乃其不正不直，不忠不极，枉于执事，书之不泄，兴于朕躬，毋悼后害。③子大夫其尽心，靡有所隐，朕将亲览焉。

①师古曰：“谕谓晓告也。”

②师古曰："猥，积也。并，合也。欲其一二疏理而言之。"

③师古曰："极，中也。公卿执事有不忠直而阿枉者，皆令言之。朕自发书，不有漏泄，勿惧有后害而不言也。"

仲舒对曰：

陛下发德音，下明诏，求天命与情性，皆非愚臣之所能及也。臣谨案春秋之中，视前世已行之事，以观天人相与之际，甚可畏也。国家将有失道之败，而天乃先出灾害以谴告之；①不知自省，又出怪异以警惧之；②尚不知变，而伤败乃至。以此见天心之仁爱人君而欲止其乱也。自非大亡道之世者，天尽欲扶持而全安之，事在强勉而已矣。③强勉学问，则闻见博而知益明；强勉行道，则德日起而大有功：此皆可使还至而（立）有效者也。④〔1〕诗曰"夙夜匪解"，⑤书云"茂哉茂哉！"⑥皆强勉之谓也。

①师古曰："谴，责也。"

②师古曰："省，视也。"

③师古曰："强音其两反。此下并同。"

④师古曰："还读曰旋。旋，速也。"

⑤师古曰："大雅烝人之诗也。夙，早也。解读曰懈。懈，怠也。其下亦同。"

⑥师古曰："虞书咎繇谟之辞也。茂，勉也。"

道者，所繇适于治之路也，①仁义礼乐皆其具也。故圣王已没，而子孙长久安宁数百岁，此皆礼乐教化之功也。王者未作乐之时，乃用先王之乐宜于世者，而以深入教化于民。教化之情不得，雅颂之乐不成，故王者功成作乐，乐其德也。乐者，所以变民风，化民俗也；其变民也易，其化人也著。②故声发于和而本于情，接于肌肤，臧于骨髓。故王道虽微缺，而筦弦之声未衰也。夫虞氏之不为政久矣，然而乐颂遗风犹有存者，是以孔子在齐而闻韶也。夫人君莫不欲安存而恶危亡，然而政乱国危者甚众，所任者非其人，而所繇者非其道，③是以政日以仆灭也。夫周道衰于幽厉，非道亡也，幽厉不繇也。至于宣王，思昔先王之德，兴滞补弊，明文武之功业，周道粲然复兴，诗人美之而作，上天祐之，为生贤佐，后世称诵，至今不绝。此夙夜不解行善之所致也。孔子曰"人能弘道，非道弘人"也。④故治乱废兴在于己，非天降命不可得反，其所操持誖谬失其统也。

①师古曰："繇读与由同。由，从也。适，往也。"

②师古曰："著，明也。易音弋豉反。著音竹筯反。"

③师古曰："繇读与由同。下亦类此。"

④师古曰："论语载孔子之言也。言明智之人则能行道。内无其质，非道所化。"

　　臣闻天之所大奉使之王者，必有非人力所能致而自至者，此受命之符也。天下之人同心归之，若归父母，故天瑞应诚而至。书曰"白鱼入于王舟，有火复于王屋，流为乌"，①此盖受命之符也。周公曰"复哉复哉"，②孔子曰"德不孤，必有邻"，③皆积善絫德之效也。④及至后世，淫佚衰微，⑤不能统理群生，诸侯背畔，残贼良民以争壤土，废德教而任刑罚。刑罚不中，则生邪气；⑥邪气积于下，怨恶畜于上。⑦上下不和，则阴阳缪盭而妖孽生矣。⑧此灾异所缘而起也。

①师古曰："今文尚书泰誓之辞也。谓伐纣之时有此瑞也。复，归也，音扶目反。"

②师古曰："周公视火乌之瑞，乃曰：'复哉复哉！'复，报也，言周有盛德，故天报以此瑞也。亦见今文泰誓也。"

③师古曰："论语载孔子之言也。邻，近也。言修德者不独空为之而已，必有近助也。"

④师古曰："系，古累字。"

⑤师古曰："佚与逸同。"

⑥师古曰："中音竹仲反。"

⑦师古曰："畜读曰蓄。蓄，聚也。"

⑧师古曰："蠚，古庶字。孽，灾也。"

臣闻命者天之令也，性者生之质也，情者人之欲也。或夭或寿，或仁或鄙，陶冶而成之，不能粹美，①有治乱之所生，故不齐也。孔子曰："君子之德风（也），小人之德屮（也），[2]中上之风必偃。"②故尧舜行德则民仁寿，桀纣行暴则民鄙夭。夫上之化下，下之从上，犹泥之在钧，唯甄者之所为；③犹金之在镕，唯冶者之所铸。④"绥之斯俫，动之斯和"，此之谓也。⑤

①师古曰："陶以喻造瓦，冶以喻铸金也。言天之生人有似于此也。粹，纯也。"

②师古曰："论语载孔子之言也。言人之从化，若屮遇风则偃仆也。"

③师古曰："甄，作瓦之人也。钧，造瓦之法其中旋转者。甄音吉延反。"

④师古曰："镕谓铸器之模范也。镕音容。"

⑤师古曰："论语载子贡对陈子禽之言也。绥，安也。言治国家者，安

之则竞来，动之则和悦耳。"

　　臣谨案春秋之文，求王道之端，得之于正。^①正次王，王次春。^②春者，天之所为也；正者，王之所为也。其意曰，上承天之所为，而下以正其所为，正王道之端云尔。然则王者欲有所为，宜求其端于天。天道之大者在阴阳。阳为德，阴为刑；刑主杀而德主生。是故阳常居大夏，而以生育养长为事；阴常居大冬，而积于空虚不用之处。以此见天之任德不任刑也。天使阳出布施于上而主岁功，使阴入伏于下而时出佐阳；阳不得阴之助，亦不能独成岁。终阳以成岁为名，^③此天意也。王者承天意以从事，故任德教而不任刑。刑者不可任以治世，犹阴之不可任以成岁也。为政而任刑，不顺于天，故先王莫之肯为也。今废先王德教之官，而独任执法之吏治民，毋乃任刑之意与！^④孔子曰："不教而诛谓之虐。"^⑤虐政用于下，而欲德教之被四海，故难成也。

①师古曰："谓正月也，音之成反。"

②师古曰："解春秋书'春王正月'之一句也。"

③苏林曰："卒以阳名岁，尚德不尚刑也。"师古曰："谓年首称春也。即上文所云'王次春'者是也。"

④师古曰："与读曰欤。"

⑤师古曰："论语载孔子之言。"

　　臣谨案春秋谓一元之意，^①一者万物之所从始也，元者辞之所谓大也。^②谓一为元者，视大始而欲正本也。^③春秋深探其本，而反自贵者始。故为人君者，正心以正朝廷，正朝廷以正百官，正百官以正万民，正万民以正四方。四方正，远近莫敢不壹于正，而亡有邪气奸其间者。④是以阴阳调而风雨时，群生和而万民殖，五谷孰而屮木茂，天地之间被润泽而大丰美，四海之内闻盛德而皆徕臣，诸福之物，可致之祥，莫不毕至，而王道终矣。

①师古曰："释公始即位何不称一年而言元年也。"

②师古曰："易称'元者善之长也'，故曰辞之所谓大也。"

③师古曰："视读曰示。"

④师古曰："奸，犯也，音干。"

　　孔子曰："凤鸟不至，河不出图，吾已矣夫！"①自悲可致此物，而身卑贱不得致也。②今陛下贵为天子，富有四海，居得致之位，操可致之势，③又有能致之资，④行高而恩厚，知明而意美，爱民而好士，可谓谊主矣。然而天地未应而美祥莫至者，何也？凡以教化不立而万民不正也。夫万民之从利也，如水之走下，⑤不以教化堤防之，不能止也。是故教化立而奸邪皆止者，其堤防完也；教化废而奸邪并出，刑罚不能胜者，其堤防坏也。古之王者明于此，是故南面而治天下，莫不以教化为大务。立大学以教于国，设庠序以化于邑，⑥渐民以仁，摩民以谊，⑦节民以礼，故其刑罚甚轻而禁不犯者，教化行而习俗美也。

①师古曰："论语载孔子之言。"

②师古曰："凤鸟河图，皆王者之瑞。仲尼自叹有德无位，故不至也。"

③师古曰："操，执持也，音千高反。"

④师古曰："资，材质也。"

⑤师古曰："走音奏。"

⑥师古曰："庠序，教学之处也，所以养老而行礼焉。礼学记曰'古之教者，家有塾，党有庠，术有序，国有学'也。"

⑦师古曰："渐谓浸润之，摩谓砥砺之也。"

圣王之继乱世也，埽除其迹而悉去之，①复修教化而崇起之。教化已明，习俗已成，子孙循之，②行五六百岁尚未败也。至周之末世，大为亡道，以失天下。秦继其后，独不能改，又益甚之，重禁文学，不得挟书，弃捐礼谊而恶闻之，其心欲尽灭先王之道，而颛为自恣苟简之治，③故立为天子十四岁而国破亡矣。自古以来，未尝有以乱济乱，大败天下之民如秦者也。④其遗毒馀烈，至今未灭，使习俗薄恶，人民嚚顽，抵冒殊扞，⑤孰烂如此之甚者也。孔子曰："腐朽之木不可雕也，粪土之墙不可圬也。"⑥今汉继秦之后，如朽木粪墙矣，虽欲善治之，亡可奈何。法出而奸生，令下而诈起，⑦如以汤止沸，抱薪救火，愈甚亡益也。窃譬之琴瑟不调，甚者必解而更张之，乃可鼓也；为政而不行，甚者必变而更化之，乃可理也。当更张而不更张，虽有良工不能善调也；当更化而不更化，虽有大贤不能善治也。故汉得天下以来，常欲善治而至今不可善治者，失之于当更化而不更化也。古人有言曰："临渊羡鱼，不如（蛛）〔退〕而结网。"⑧〔3〕今临政而愿治七十馀岁矣，不如退而更化；更化则可善治，善治则灾害日去，福禄日来。诗云："宜民宜人，受禄于天。"⑨为政而宜于民者，固当受禄于天。夫仁谊礼知信五常之道，王者所当脩饬也；五者脩饬，故受天之祐，而享鬼神之灵，德施于方外，延及群生也。

①师古曰："去亦除也，音丘吕反。"

②师古曰："循，顺也，顺而行之。"

③苏林曰："苟为简易之治也。"师古曰："此说非也。苟谓苟于权利也，简谓简于仁义也。简易乾坤之德，岂秦所行乎？颐与专同。"

④师古曰："济，益也。"

⑤文颖曰："扞，突也。"师古曰："口不道忠信之言为嚚。心不则德义之经为顽。抵，触也。冒，犯也。殊，绝也。扞，距也。冒读如字，又音莫克反。"

⑥师古曰："论语载孔子之言也。圬，镘也，所以泥饰墙也。言内质败坏不（能）〔可〕修治也。[4]圬音一胡反。镘音莫干反。"

⑦师古曰："下音胡亚反。"

⑧师古曰："言当自求之。"

⑨师古曰："大雅假乐之诗也。"

天子览其对而异焉，乃复册之曰：

　　制曰：盖闻虞舜之时，游于岩郎之上，①垂拱无为，而天下太平。周文王至于日昃不暇食，②而宇内亦治。夫帝王之道，岂不同条共贯与？③何逸劳之殊也？

①文颖曰："岩郎，殿下小屋也。"晋灼曰："堂边庑岩郎，谓严峻之郎也。"师古曰："晋说是也。"

②师古曰："昃亦（昊）〔昊〕字。"[5]

③师古曰："与读曰欤。"

　　盖俭者不造玄黄旌旗之饰。及至周室，设两观，乘大路，朱干玉戚，八佾陈于庭，①而颂声兴。夫帝王之道岂异指哉？②或曰良玉不瑑，③又曰非文无以辅德，二端异焉。

①师古曰："两观，谓阙也。大路，玉路之车也。干，盾也。戚，钺

也。朱丹其盾，玉为戚柲也。佾，列也，舞者之行列也。一列八人，天子八列，六十四人也。"

②师古曰："言意趣不同。"

③师古曰："琭谓雕刻为文也，音篆。下皆类此。"

殷人执五刑以督奸，伤肌肤以惩恶。①成康不式，四十馀年②天下不犯，囹圄空虚。秦国用之，死者甚众，刑者相望，耗矣哀哉！③

①师古曰："督，视责也。惩，止也。"

②师古曰："式，用也。成康之时刑措不用。"

③师古曰："耗，虚也。言用刑酷烈，诛杀甚众，天下空虚也。耗音呼到反。或曰耗，不明也，言刑罚闇乱，音莫报反。"

乌虖！①朕夙寤晨兴，②惟前帝王之宪，③永思所以奉至尊，章洪业，④皆在力本任贤。⑤今朕亲耕藉田以为农先，劝孝弟，崇有德，使者冠盖相望，问勤劳，恤孤独，尽思极神，功烈休德未始云获也。今阴阳错缪，氛气充塞，⑥群生寡遂，黎民未济，⑦廉耻贸乱，贤不肖浑（淆）〔殽〕[6]，⑧未得其真，故详延特起之士，（意）庶几乎！⑨[7]今子大夫待诏百有馀人，或道世务而未济，稽诸上古之不同，考之于今而难行，毋乃牵于文系而不得骋（钬）〔与〕？⑩[8]将所繇异术，所闻殊方与？⑪各悉对，著于篇，⑫毋讳有司。⑬明其指略，切磋究之，以称朕意。⑭

①师古曰："虖读曰呼。"

②师古曰："夙，早也。寤，寐之觉也。兴，起也。觉音工孝反。"

③师古曰："宪，法也。"

④师古曰："永，深也。章，明也。洪，大也。"

⑤师古曰："力本，谓勤力行于本业也。本谓农也。"

⑥师古曰："氛，恶气也。充，满也。"

⑦师古曰："遂，成也。"

⑧师古曰："贸，易也。浑殽，杂也。贸音武又反。浑音胡本反。"

⑨师古曰："详，尽也，一曰审也。"

⑩师古曰："牵于文系，谓惧于文吏之法。与读曰欤。其下类此。"

⑪师古曰："繇读与由同。方谓道也。"

⑫师古曰："悉谓尽意而对也。"

⑬师古曰："言不当忌畏有司而不极言。"

⑭师古曰："究，极也。礚音千何反。"

仲舒对曰：

臣闻尧受命，以天下为忧，而未以位为乐也，故诛逐乱臣，务求贤圣，是以得舜、禹、稷、卨、咎繇。众圣辅德，贤能佐职，教化大行，天下和洽，万民皆安仁乐谊，各得其宜，动作应礼，从容中道。①故孔子曰"如有王者，必世而后仁"，此之谓也。②尧在位七十载，乃逊于位以禅虞舜。尧崩，天下不归尧子丹朱而归舜。舜知不可辟，③乃即天子之位，以禹为相，因尧之辅佐，继其统业，是以垂拱无为而天下治。孔子曰"韶尽美矣，又尽善（也）〔矣〕"，④〔9〕此之谓也。至于殷纣，逆天暴物，杀戮贤知，残贼百姓。伯夷、太公皆当世贤者，隐处而不为臣。守职之人皆奔走逃亡，入于河海。⑤天下耗乱，万民不安，⑥故天下去殷而从周。文王顺天理物，师用贤圣，是以闳夭、大颠、散宜生等亦聚于朝廷。⑦爱施兆民，天下归之，故太公起海滨而即三公也。⑧当此之时，紂尚在上，尊卑昏乱，百姓散亡，故文王悼痛而欲安之，是以日昃而不暇食也。孔子作春秋，先正王而系万事，见素王之文焉。⑨繇此观之，⑩帝王之条贯同，然而劳逸异者，所遇之时异也。孔子曰"武尽美矣，未尽善也"，⑪此之谓也。

①师古曰："从音千容反。中音竹仲反。"

②师古曰："论语载孔子之言也。言如有受命王者，必三十年，仁政乃成。"

③师古曰："辟读曰避。"

④师古曰："论语载孔子之言。韶，舜乐也。孔子嘉舜之德，故听其乐，而云尽善尽美矣。"

⑤师古曰："谓若鼓方叔、播鼗武、少师阳之属也。事在礼乐志。"

⑥师古曰："秏，不明也，音莫报反。"

⑦臣瓒曰："皆文王贤臣。"

⑧师古曰："滨，涯也。即，就也。滨音宾，又音频。"

⑨师古曰："见，显示也。"

⑩师古曰："繇读与由同。"

⑪师古曰："亦论语载孔子之言也。武，周武王乐也。以其用兵伐紂，故有慙德，未尽善也。"

臣闻制度文采玄黄之饰，所以明尊卑，异贵贱，而劝有德也。故春秋受命所先制者，改正朔，易服色，所以应天也。然则宫室旌旗之制，有法而然者也。故孔子曰："奢则不逊，俭则固。"①俭非圣人之中制也。臣闻良玉不瑑，资质润美，不待刻瑑，此亡异于达巷党人不学而自知也。②然则常玉不瑑，不成文章；君子不学，不成其德。

①师古曰："论语载孔子之言。逊，顺也。固，陋也。"

②孟康曰："人，项橐也。"

臣闻圣王之治天下也，少则习之学，长则材诸位，①爵禄以养其德，刑罚以威其恶，故民晓于礼谊而耻犯其上。<u>武王</u>行大谊，平残贼，<u>周公</u>作礼乐以文之，至于<u>成康</u>之隆，囹圄空虚四十馀年。此亦教化之渐而仁谊之流，非独伤肌肤之效也。至<u>秦</u>则不然。师<u>申商</u>之法，行<u>韩非</u>之说，②憎帝王之道，以贪狼为俗，③非有文德以教训于（天）下也。[10]诛名而不察实，④为善者不必免，而犯恶者未必刑也。是以百官皆饰（空言）虚辞而不顾实，[11]外有事君之礼，内有背上之心，造伪饰诈，趣利无耻；又好用憯酷之吏，⑤赋敛亡度，竭民财力，百姓散亡，不得从耕织之业，群盗并起。是以刑者甚众，死者相望，而奸不息，俗化使然也。故孔子曰"导之以政，齐之以刑，民免而无耻"，⑥此之谓也。

①<u>服虔</u>曰："在位当知材知日有益于政也。"<u>应劭</u>曰："随其材之优劣而授之位也。"<u>师古</u>曰："<u>应</u>说近之。谓授之位以试其材也。"

②师古曰："<u>申</u>，<u>申不害</u>也。<u>商</u>，<u>商鞅</u>也。"

③师古曰："狼性皆贪，故谓贪为贪狼也。"

④师古曰："诛，责也。"

⑤师古曰："憯，痛也，音千感反。"

⑥师古曰："论语载孔子之言也。言以政法教导之，以刑戮整齐之，则人苟免而已，无耻愧也。"

今陛下并有天下，海内莫不率服，广览兼听，极群下之知，尽天下之美，至德昭然，施于方外。<u>夜郎</u>、<u>康居</u>，殊方万里，说德归谊，①此太平之致也。然而功不加于百姓者，殆王心未加焉。曾子曰："尊其所闻，则高明矣；行其所知，则光大矣。高明光大，不在于它，在乎加之意而已。"②愿陛下因用所闻，设诚于内而致行之，则三王何异哉！

①师古曰："夜郎，西南夷也。康居，西域国也。说读曰悦。"
②师古曰："曾子之书也。曾子，曾参。"

陛下亲耕藉田以为农先，夙寤晨兴，忧劳万民，思惟往古，而务以求贤，此亦尧舜之用心也，然而未云获者，士素不厉。①夫不素养士而欲求贤，譬犹不（瑑）〔琢〕玉而求文采也。[12]故养士之大者，莫大（虐）〔虖〕太学；[13]太学者，贤士之所关也，②教化之本原也。今以一郡一国之众，对亡应书者，③是王道往往而绝也。臣愿陛下兴太学，置明师，以养天下之士，数考问以尽其材，则英俊宜可得矣。今之郡守、县令，民之师帅，所使承流而宣化也；故师帅不贤，则主德不宣，恩泽不流。今吏既亡教训于下，或不承用主上之法，暴虐百姓，与奸为市，④贫穷孤弱，冤苦失职，甚不称陛下之意。是以阴阳错缪，氛气充塞，群生寡遂，黎民未济，皆长吏不明，使至于此也。

①师古曰："厉谓劝勉之也。一曰砥砺其行也。"
②师古曰："关，由也。"
③师古曰："书谓举贤良文学之诏书也。"
④师古曰："言小吏有为奸欺者，守令不举，乃反与之交易求利也。"

夫长吏多出于郎中、中郎，吏二千石子弟选郎吏，又以富訾，未必贤也。①且古所谓功者，以任官称职为差，②非

（所）谓积日絫久也。^[14]故小材虽絫日，不离于小官；贤材虽未久，不害为辅佐。③是以有司竭力尽知，务治其业而以赴功。今则不然。（累）〔絫〕日以取贵，^[15]积久以致官，是以廉耻贸乱，贤不肖浑殽，未得其真。臣愚以为使诸列侯、郡守、二千石各择其吏民之贤者，岁贡各二人以给宿卫，且以观大臣之能；所贡贤者有赏，所贡不肖者有罚。夫如是，诸侯、吏二千石皆尽心于求贤，天下之士可得而官使也。④遍得天下之贤人，则三王之盛易为，而尧舜之名可及也。毋以日月为功，实试贤能为上，量材而授官，录德而定位，⑤则廉耻殊路，贤不肖异处矣。陛下加惠，宽臣之罪，令勿牵制于文，使得切磋究之，臣敢不尽愚！

①师古曰："訾与资同。"
②师古曰："差，次也。"
③师古曰："害犹妨也。"
④师古曰："授之以官，以使其材也。"
⑤师古曰："录谓存视也。"

于是天子复册之。

　　制曰：盖闻"善言天者必有征于人，①善言古者必有验于今"。故朕垂问乎天人之应，上嘉唐虞，下悼桀纣，寖微寖灭寖明寖昌之道，②虚心以改。今子大夫明于阴阳所以造化，习于先圣之道业，然而文采未极，岂惑虖当世之务哉？条贯靡竟，统纪未终，意朕之不明与？听若眩与？③夫三王之教所祖不同，而皆有失，④或谓久而不易者道也，意岂异哉？今子大夫既已著大道之极，陈治乱之端矣，其悉之究之，孰之复之。⑤诗不云虖："嗟尔君子，毋常安息，神之听之，介尔景福。"⑥朕将亲览焉，子大夫其茂明之。⑦

①师古曰："征，证也。"

②师古曰："寖，古浸字。寖，渐也。"

③师古曰："眩，惑也，音郡县之县。与读皆曰软。"

④师古曰："祖，始也。"

⑤师古曰："悉，尽也。究，竟也。复，反复重言之也。复音扶目反。"

⑥师古曰："小雅小明之诗也。安息，安处也。介，助也。景，大也。言人君不当苟自安处而已，若能靖恭其位，直道而行，则神听而知之，助以大福也。"

⑦师古曰："茂，勉也。"

仲舒复对曰：

臣闻论语曰："有始有卒者，其唯圣人虖！"①今陛下幸加惠，留听于承学之臣，②复下明册，以切其意，而究尽圣德，非愚臣之所能具也。前所上对，条贯靡竟，统纪不终，辞不别白，指不分明，此臣浅陋之罪也。

①师古曰："论语载孔子之言。卒，终也，言终始如一者，唯圣人能之。"

②师古曰："言转承师说而学之，盖谦辞也。"

册曰："善言天者必有征于人，善言古者必有验于今。"臣闻天者群物之祖也，故遍覆包函而无所殊，①建日月风雨以和之，经阴阳寒暑以成之。故圣人法天而立道，亦溥爱而亡私，②布德施仁以厚之，设谊立礼以导之。春者天之所以生也，仁者君之所以爱也；夏者天之所以长也，德者君之所以养也；霜者天之所以杀也，刑者君之所以罚也。繇此言之,③天人之征，古今之道也。孔子作春秋，上揆之天道，下质诸人情，参之于古，考之于今。故春秋之所讥，灾害之所加也；春秋之所恶，怪异之所施也。书邦家之过，兼灾异之变，以此见人之所为，其美恶之极，乃与天地流通而往来相应，此亦言天之一端也。古者修教训之官，务以德善化民，民已大化之后，天下常亡一人之狱矣。今世废而不脩，亡以化民，民以故弃行谊而死财利，是以犯法而罪多，一岁之狱以万千数。以此见古之不可不用也，④故春秋变古则讥之。天令之谓命，命非圣人不行；质朴之谓性，性非教化不成；人欲之谓情，情非度制不节。是故王者上谨于承天意，以顺命也；下务明教化民，以成性也；正法度之宜，别上下之序，以防欲也：脩此三者，而大本举矣。人受命于天，固超然异于群生，入有父子兄弟之亲，出有君臣上下之谊，会聚相遇，则有耆老长幼之施；⑤粲然有文以相接，⑥驩然有恩以相爱，此人之所以贵也。生五谷以食之，桑麻以衣之，⑦六畜以养之，服牛乘马，圈豹槛虎，是其得天之灵，贵于物也。故孔子曰："天地之性人为贵。"⑧明于天性，知自贵于物；知自贵于物，然后知仁谊；知仁谊，然后重礼节；重礼节，然后安处善；⑨安处善，然后乐循理；⑩乐循理，然后谓之君子。故孔子曰"不知命，亡以为君子"，⑪此之谓也。

①师古曰："函与含同。殊，异也。"

②师古曰："溥，遍也，音普。"

③师古曰："繇读与由同。下皆类此。"

④师古曰："古谓古法也。"

⑤师古曰："施，设也，陈设其序。"

⑥师古曰:"粲,明貌。"

⑦师古曰:"食读曰飤。衣音于既反。"

⑧师古曰:"孝经载孔子之言也。性,生也。"

⑨师古曰:"处于善道以为安。"

⑩师古曰:"循,顺也。"

⑪师古曰:"论语载孔子之言也。"

册曰:"上嘉唐虞,下悼桀纣,寖微寖灭寖明寖昌之道,虚心以改。"臣闻众少成多,积小致钜,①故圣人莫不以晻致明,以微致显。②是以尧发于诸侯,③舜兴虖深山,④非一日而显也,盖有渐以致之矣。言出于己,不可塞也;行发于身,不可掩也。言行,治之大者,君子之所以动天地也。故尽小者大,慎微者著。⑤诗云:"惟此文王,小心翼翼。"⑥故尧兢兢日行其道,而舜业业日致其孝,⑦善积而名显,德章而身尊,此其寖明寖昌之道也。积善在身,犹长日加益,而人不知也;⑧积恶在身,犹火之销膏,而人不见也。非明虖情性察乎流俗者,孰能知之?此唐虞之所以得令名,而桀纣之可为悼惧者也。夫善恶之相从,如景乡之应形声也。⑨故桀纣暴谩,⑩谗贼并进,贤知隐伏,恶日显,国日乱,晏然自以如日在天,⑪终陵夷而大坏。夫暴逆不仁者,非一日而亡也,亦以渐至,故桀、纣虽亡道,然犹享国十馀年,此其寖微寖灭之道也。

2189

①师古曰:"钜,大也。"

②师古曰:"晻与暗同。"

③师古曰:"谓从唐侯升天子之位。"

④孟康曰:"舜耕于历山。"

⑤师古曰："能尽众小，则致高大；能慎至微，则著明也。"

⑥师古曰："大雅大明之诗也。翼翼，恭肃貌。"

⑦师古曰："兢兢，戒慎也。业业，危惧也。"

⑧师古曰："长言身形之脩短，自幼及壮也。"

⑨师古曰："乡读曰响。"

⑩师古曰："谩与慢同。"

⑪师古曰："晏然，自安意也。如日在天，言终不坠亡也。"

册曰："三王之教所祖不同，而皆有失，或谓久而不易者道也，意岂异哉？"臣闻夫乐而不乱复而不厌者谓之道；①道者万世亡弊，弊者道之失也。②先王之道必有偏而不起之处，故政有眊而不行，③举其偏者以补其弊而已矣。三王之道所祖不同，非其相反，将以捄溢扶衰，所遭之变然也。④故孔子曰："亡为而治者，其舜虖！"⑤改正朔，易服色，以顺天命而已；其馀尽循尧道，何更为哉！故王者有改制之名，亡变道之实。然夏上忠，殷上敬，周上文者，所继之捄，当用此也。⑥孔子曰："殷因于夏礼，所损益可知也；周因于殷礼，所损益可知也；其或继周者，虽百世可知也。"⑦此言百王之用，以此三者矣。夏因于虞，而独不言所损益者，其道如一而所上同也。道之大原出于天，天不变，道亦不变，是以禹继舜，舜继尧，三圣相受而守一道，亡救弊之政也，⑧故不言其所损益也。繇是观之，继治世者其道同，继乱世者其道变。今汉继大乱之后，若宜少损周之文致，⑨用夏之忠者。

①师古曰："复谓反复行之也，音扶目反。"

②师古曰："言有弊非道，由失道故有弊。"

③师古曰："眊，不明也，音莫报反。"

④师古曰："捄，古救字。"

⑤师古曰："论语载孔子之言。"

⑥师古曰："继谓所受先代之次也。救谓救其弊也。"

⑦师古曰："论语载孔子之言。谓忠敬与文因循为教，立政垂则，不远此也。"

⑧师古曰："言政和平，不须救弊也。"

⑨师古曰："致，至极也。"

陛下有明德嘉道，愍世俗之靡薄，悼王道之不昭，①故举贤良方正之士，论（谊）〔议〕考问，[16]将欲兴仁谊之休德，明帝王之法制，②建太平之道也。臣愚不肖，述所闻，诵所学，道师之言，廑能勿失耳。③若乃论政事之得失，察天下之息耗，④此大臣辅佐之职，三公九卿之任，非臣仲舒所能及也。然而臣窃有怪者。夫古之天下亦今之天下，今之天下亦古之天下，共是天下，古（亦）〔以〕大治，[17]上下和睦，习俗美盛，不令而行，不禁而止，吏亡奸邪，民亡盗贼，囹圄空虚，德润草木，泽被四海，凤皇来集，麒麟来游，以古准今，壹何不相逮之远也！安所缪盭而陵夷若是？⑤意者有所失于古之道与？有所诡于天之理与？⑥试迹之〔于〕古，[18]返之于天，党可得见乎？⑦

①师古曰："靡，散也。薄，轻也。昭，明也。"

②师古曰："休，美也。"

③师古曰："廑与仅同。仅，少也。"

④师古曰："息，生也。耗，虚也。耗音呼到反。"

⑤师古曰："安，焉也。"

⑥师古曰："与读皆曰欤。诡，违也。"

⑦师古曰:"(反)〔返〕谓还归之也[19]。党音他朗反。"

　　夫天亦有所分予,予之齿者去其角,①傅其翼者两其足,②是所受大者不得取小也。古之所予禄者,不食于力,不动于末,③是亦受大者不得取小,与天同意者也。夫已受大,又取小,天不能足,而况人乎! 此民之所以嚣嚣苦不足也。④身宠而载高位,家温而食厚禄,⑤因乘富贵之资力,以与民争利于下,民安能如之哉! 是故众其奴婢,多其牛羊,广其田宅,博其产业,畜其积委,⑥务此而亡已,以迫蹴民,⑦民日削月朘,⑧寝以大穷。富者奢侈羡溢,贫者穷急愁苦;⑨穷急愁苦而上不救,则民不乐生;民不乐生,尚不避死,安能避罪! 此刑罚之所以蕃而奸邪不可胜者也。⑩故受禄之家,食禄而已,不与民争业,然后利可均布,而民可家足。此上天之理,而亦太古之道,天子之所宜法以为制,大夫之所当循以为行也。故公仪子相鲁,⑪之其家见织帛,怒而出其妻,食于舍而茹葵,愠而拔其葵,⑫曰:"吾已食禄,又夺园夫红女利虖!"⑬古之贤人君子在列位者皆如是,是故下高其行而从其教,民化其廉而不贪鄙。及至周室之衰,其卿大夫缓于谊而急于利,亡推让之风而有争田之讼。故诗人疾而刺之,曰:"节彼南山,惟石岩岩,赫赫师尹,民具尔瞻。"⑭尔好谊,则民乡仁而俗善;⑮尔好利,则民好邪而俗败。由是观之,天子大夫者,下民之所视效,远方之所四面而内望也。近者视而放之,远者望而效之,⑯岂可以居贤人之位而为庶人行哉! 夫皇皇求财利常恐乏匮者,庶人之意也;⑰皇皇求仁义常恐不能化民者,大夫之意也。易曰:"负且乘，致寇至。"⑱乘车者君子之位也，负担者小人之事也，此言居君子之位而为庶人之行者，其患祸必至也。若居君子之位，当君子之行，则舍公仪休之相鲁，亡可为者矣。⑲

① 师古曰："谓牛无上齿则有角，其馀无角者则有上齿。"

② 师古曰："傅读曰附。附，箸也。言鸟不四足。"

③ 师古曰："末谓工商之业也。"

④ 师古曰："嚣读与嗷同，音敖。嗷嗷，众怨愁声也。"

⑤ 师古曰："载亦乘也。"

⑥ 师古曰："畜读曰蓄。"

⑦ 师古曰："蹴音子育反。"

⑧ 孟康曰："朘音揎，谓转裹踧也。"苏林曰："朘音镌石。俗语谓缩朒为朘缩。"师古曰："孟说是也。揎音宣。踧音子六反。"

⑨ 师古曰："羡，饶也，读与衍同，音弋战反。"

⑩ 师古曰："蕃，多也，音扶元反。"

⑪ 师古曰："公仪休。"

⑫ 师古曰："食菜曰茹，音（洳）〔汝〕。"〔20〕

⑬ 师古曰："红读曰工。"

⑭ 师古曰："小雅节南山之诗也。节，高峻貌，岩岩，积石貌。赫赫，显盛也。师尹，周太师尹氏也。言三公之位，人所瞻仰，若山之高也。节音才结反。"

⑮ 师古曰："尔，汝也。乡读曰向。"

⑯ 师古曰："放，依也，音甫往反。"

⑰ 师古曰："皇皇，急速之貌也。"

⑱ 师古曰："此易解卦六（二）〔三〕爻辞也。"〔21〕

⑲ 师古曰："舍，废也。言为君子之行者，当如公仪休。若废其所行，则无可为也。"

春秋大一统者，天地之常经，古今之通谊也。①今师异道，人异论，百家殊方，指意不同，是以上亡以持一统；法制数变，下不知所守。臣愚以为诸不在六艺之科孔子之术者，皆绝其道，勿使并进。邪辟之说灭息，②然后统纪可一而法度可明，民知所从矣。

> ①师古曰："一统者，万物之统皆归于一也。春秋公羊传：'隐公元年，春王正月。何言廖王正月？大一统也。'此言诸侯皆系统天子，不得自专也。"
>
> ②师古曰："辟读曰僻。"

对既毕，天子以仲舒为江都相，事易王。易王，帝兄，素骄，好勇。仲舒以礼谊匡正，王敬重焉。久之，王问仲舒曰："粤王句践与大夫泄庸、种、蠡谋伐吴，①遂灭之。孔子称殷有三仁，寡人亦以为粤有三仁。②桓公决疑于管仲，寡人决疑于君。"仲舒对曰："臣愚不足以奉大对。③闻昔者鲁君问柳下惠：④'吾欲伐齐，何如？'柳下惠曰：'不可。'归而有忧色，曰：'吾闻伐国不问仁人，此言何为至于我哉！'徒见问耳，且犹羞之，⑤况设诈以伐吴虖？繇此言之，粤本无一仁。夫仁人者，正其谊不谋其利，明其道不计其功，是以仲尼之门，五尺之童羞称五伯，⑥为其先诈力而后仁谊也。苟为诈而已，故不足称于大君子之门也。⑦五伯比于他诸侯为贤，其比三王，犹武夫之与美玉也。"⑧王曰："善。"

> ①师古曰："种，大夫种也。蠡，范蠡也。种音之勇反。蠡音礼。"
>
> ②师古曰："泄庸一也，大夫种二也，范蠡三也。"
>
> ③师古曰："大对，谓对大问也。"

④师古曰："鲁大夫展禽也。柳下，所食（茉）〔采〕邑之名。[22]惠，
谥也。"

⑤师古曰："徒，但也。"

⑥师古曰："伯读曰霸。次下亦同。"

⑦张晏曰："仲尼之门，故称大也。"

⑧应劭曰："武夫，石而似玉者也。"

仲舒治国，以春秋灾异之变推阴阳所以错行，故求雨，闭诸阳，
纵诸阴，其止雨反是；①行之一国，未尝不得所欲。中废为中大夫。
先是辽东高庙、长陵高园殿灾，仲舒居家推说其意，屮稿未上，②主
父偃候仲舒，私见，嫉之，窃其书而奏焉。上召视诸儒，③仲舒弟子
吕步舒不知其师书，以为大愚。于是下仲舒吏，当死，诏赦之。仲
舒遂不敢复言灾异。

①师古曰："谓若闭南门，禁举火，及开北门，水洒人之类是也。"

②师古曰："所作起草为稿也。"

③师古曰："视读曰示。"

仲舒为人廉直。是时方外攘四夷，①公孙弘治春秋不如仲舒，
而弘希世用事，②位至公卿。仲舒以弘为从谀，弘嫉之。胶西王
亦上兄也，尤纵恣，数害吏二千石。弘乃言于上曰："独董仲舒
可使相胶西王。"胶西王闻仲舒③大儒，善待之，[23]仲舒恐久获
罪，病免。凡相两国，辄事骄王，正身以率下，数上疏谏争，教
令国中，所居而治。及去位归居，终不问家产业，以脩学著书
为事。

①师古曰："攘，却也。"

②师古曰："希，观相也。"

③师古曰："素闻其贤也。"

　　仲舒在家，朝廷如有大议，使使者及廷尉张汤就其家而问之，其对皆有明法。自武帝初立，魏其、武安侯为相而隆儒矣。及仲舒对册，推明孔氏，抑黜百家。立学校之官，①州郡举茂材孝廉，皆自仲舒发之。年老，以寿终于家。家徙茂陵，子及孙皆以学至大官。

　　①师古曰："校音下教反。"

　　仲舒所著，皆明经术之意，及上疏条教，凡百二十三篇。而说春秋事得失，闻举、玉杯、蕃露、清明、竹林之属，①复数十篇，十馀万言，皆传于后世。掇其切当世施朝廷者著于篇。②

　　①师古曰："皆其所著书名也。杯音布回反。蕃音扶元反。"
　　②师古曰："掇，采拾也，音丁活反。"

　　赞曰：刘向称"董仲舒有王佐之材，虽伊吕亡以加，①筦晏之属，伯者之佐，殆不及也。"②至向子歆以为"伊吕乃圣人之耦，③王者不得则不兴。故颜渊死，孔子曰'噫！天丧余。'④唯此一人为能当之，自宰我、子赣、子游、子夏不与焉。⑤仲舒遭汉承秦灭学之后，六经离析，下帷发愤，潜心大业，令后学者有所统壹，为群儒首。然考其师友渊源所渐，犹未及虖游夏，⑥而曰筦晏弗及，伊吕不加，过矣。"至向曾孙龚，笃论君子也，以歆之言为然。

　　①师古曰："伊，伊尹。吕，吕望也。"
　　②师古曰："筦，筦仲也。晏，晏婴也。伯者，齐桓、晋文之属也。伯

读曰霸。”

③师古曰：“耦，对也。”

④师古曰：“事见论语。噫，叹声也。言失其辅佐也。噫音于其反。”

⑤师古曰：“与读曰豫。”

⑥师古曰：“渐，浸润也。游，子游。夏，子夏也。”

【校勘记】

〔1〕 此皆可使还至而（立）有效者也。　宋祁说越本无“立”字。按景祐本亦无。

〔2〕 君子之德风（也），小人之德艸（也），　宋祁说越本无两“也”字。按景祐本亦无。

〔3〕 不如（蛛）〔退〕而结网。　景祐、殿本都作“退”。

〔4〕 言内质败坏不（能）〔可〕脩治也。　景祐、殿本都作“可”。王先谦说，依正文则作“可”是。

〔5〕 昃亦（昊）〔吴〕字。　景祐、殿、局本都作“吴”，此误。

〔6〕 贤不肖浑（淆）〔殽〕，　景祐、殿、局本都作〔殽〕。王先谦说“淆”字后人妄改。

〔7〕 故详延特起之士，（意）庶几虖！　宋祁说，古浙本有“意”字，他本无。按景祐本无。

〔8〕 毋乃牵于文系而不得骋（驮）〔与〕？　殿本作“与”。据注作“与”是。景祐本亦误。

〔9〕 韶尽美矣，又尽善（也）〔矣〕，　景祐本作“矣”。王念孙说，据颜注，则正文本是“矣”字。

〔10〕 非有文德以教训于（天）下也。　宋祁说景德本无“天”字。按景祐本亦无。

〔11〕 是以百官皆饰（空言）虚辞而不顾实，　景祐本无“空言”

二字。

〔12〕譬犹不（琢）〔琢〕玉而求文采也。　景祐本作"琢"。宋祁说当从此本。按通鉴亦作"琢"。

〔13〕故养士之大者，莫大（虗）〔廖〕太学；　景祐、汲古、殿、局本都作"廖"，此误。

〔14〕且古所谓功者，以任官称职为差，非（所）谓积日累久也。　景祐本无下"所"字。王念孙说下"所"字涉上"所"字而衍。

〔15〕（累）〔纍〕日以取贵，　景祐本亦作"累"。殿本作"纍"，则与上文一致。

〔16〕论（谊）〔议〕考问，　王先谦说此"谊"字不可通，盖涉下"谊"字而误。治要引作"论议考问"，当从之。

〔17〕共是天下，古（亦）〔以〕大治，　钱大昭说"亦"闽本作"以"。王先谦说闽本是，治要正作"古以大治"。

〔18〕试迹之〔于〕古，　宋祁说姚本"古"上有"于"字。

〔19〕（反）〔返〕谓还归之也。　殿本作"返"。王先谦说作"返"是。

〔20〕食菜曰茹，音（洳）〔汝〕。　景祐、殿本都作"汝"。

〔21〕此易解卦六（二）〔三〕爻辞也。　景祐、殿本都作"三"，此误

〔22〕柳下，所食（菜）〔采〕邑之名。　殿本作"采"，此误，景祐本亦误。

〔23〕胶西王闻仲舒〔三〕大儒，善待之。　景祐、殿本都无"儒"字。宋祁说古本"大"字下有"儒"字，但不当于"仲舒"下作注，盖颜注时已失之矣。

汉 书 卷 五 十 七 上

司马相如传第二十七上

师古曰："近代之读相如赋者多矣，皆改易文字，竞为音说，致失本真，徐广、邹诞生、诸诠之、陈武之属是也。今依班书旧文为正，于彼数家，并无取焉。自喻巴蜀之后分为下卷。"

司马相如字长卿，蜀郡成都人也。少时好读书，学击剑，①名犬子。②相如既学，慕蔺相如之为人也，更名相如。③以赀为郎，事孝景帝，为武骑常侍，非其好也。④会景帝不好辞赋，是时梁孝王来朝，从游说之士齐人邹阳、淮阴枚乘、吴严忌夫子之徒，⑤相如见而说之，⑥因病免，客游梁，得与诸侯游士居，数岁，乃著子虚之赋。

2199

①师古曰："击剑者，以剑遥击而中之，非斩刺也。"

②师古曰："父母爱之，不欲称斥，故为此名也。"

③师古曰："蔺相如，六国时赵人也，义而有勇，故追慕之。"

④师古曰："赀读与訾同。訾，财也。以家财多得拜为郎也。武骑常侍秩六百石。"

⑤师古曰："严忌本姓庄，当时尊尚，号曰夫子。史家避汉明帝讳，故遂为严耳。"

⑥师古曰："说读曰悦。"

　　会梁孝王薨，相如归，而家贫无以自业。素与临邛令王吉相善，吉曰："长卿久宦游，不遂而困，①来过我。"于是相如往舍都亭。②临邛令缪为恭敬，③日往朝相如。相如初尚见之，后称病，使从者谢吉，吉愈益谨肃。

①师古曰："遂，达也。"

②师古曰："临邛所治都之亭。"

③师古曰："缪，诈也。"

　　临邛多富人，卓王孙僮客八百人，①程郑亦数百人，②乃相谓曰："令有贵客，为具召之。③并召令。"令既至，卓氏客以百数，至日中请司马长卿，长卿谢病不能临。临邛令不敢尝食，身自迎相如，相如为不得已而强往，④一坐尽倾。⑤酒酣，临邛令前奏琴曰："窃闻长卿好之，愿以自娱。"⑥相如辞谢，为鼓一再行。⑦是时，卓王孙有女文君新寡，好音，故相如缪与令相重而以琴心挑之。⑧相如时从车骑，雍容闲雅，⑨甚都。⑩及饮卓氏弄琴，文君窃从户窥，心说而好之，⑪恐不得当也。⑫既罢，相如乃令侍人重赐文君侍者通殷勤。文君夜亡奔相如，相如与驰归成都。家徒四壁立。⑬卓王孙大怒曰："女不材，我不忍杀，一钱不分也！"人或谓王孙，王孙终不听。文君久之不乐，谓长卿曰："弟俱如临邛，⑭从昆弟假贷，犹足以为生，⑮何至自苦如此！"相如与俱之临邛，尽卖车骑，买酒舍，乃令文君当卢。⑯相如身自著犊鼻褌，⑰与庸保杂作，⑱涤器于市中。⑲卓王孙耻之，为杜门不出。⑳昆弟诸公更谓王孙曰：㉑"有一男两女，所不足者非财也。㉒今文君既失身于司马长卿，长卿故倦游，㉓虽贫，其人材足依也。且又令客，奈何相辱如此！"㉔卓王孙不得已，㉕分与文君僮百人，钱百万，及其嫁时衣被财物。文君乃与相如归成都，买田宅，为富人。

①师古曰："僮谓奴。"

②师古曰："程郑，亦人姓名。言其家富亚王孙也。"

③师古曰："具谓酒食之具。召，请也。"

④师古曰："示众人以此意也。"

⑤师古曰："皆倾慕其风采也。"

⑥师古曰："奏，进也。"

⑦师古曰："行谓曲引也。古乐府长歌行短歌行，此其义也。"

⑧师古曰："寄心于琴声以挑动之也。挑音徒了反。"

⑨师古曰："閒读曰闲。"

⑩张揖曰："甚得都士之节也。"韦昭曰："都邑之容也。"师古曰："都，閒美之称也。张说近之。诗郑风有女同车之篇曰'洵美且都'，山有扶苏之篇又云'不见子都'，则知都者，美也。韦言都邑，失之远矣。"

⑪师古曰："说读曰悦。悦其人而好其音也。"

⑫师古曰："当谓对偶之。"

⑬师古曰："徒，空也。但有四壁，更无资产。"

⑭文颖曰："弟，且也。"张揖曰："如，往也。"师古曰："弟，但也，发声之急耳。郦食其曰'弟言之'，此类甚多，义非且也。"

⑮师古曰："苬音吐得反。"

⑯郭璞曰:"卢,酒卢。"师古曰:"卖酒之处累土为卢以居酒瓮,四边隆起,其一面高,形如锻卢,故名卢耳。而俗之学者,皆谓当卢为对温酒火卢,失其义矣。"

⑰师古曰:"即今之㭪也,形似挟鼻,故以名云。㭪音之容反。"

⑱师古曰:"庸即谓赁作者。保谓庸之可信任者也。"

⑲师古曰:"涤,洒也。器,食器也。食已则洒之,贱人之役也。洒音先礼反。"

⑳师古曰:"杜,塞也。"

㉑师古曰:"更,互也,音工衡反。"

㉒师古曰:"言不患少财也。"

㉓文颖曰:"倦,疲也。言疲厌游学,博物多能也。"

㉔师古曰:"言县令之客,不可以辱也。"

㉕师古曰:"已,止也。"

居久之,蜀人杨得意为狗监,①侍上。上读子虚赋而善之,曰:"朕独不得与此人同时哉!"得意曰:"臣邑人司马相如自言为此赋。"上惊,乃召问相如。相如曰:"有是。然此乃诸侯之事,未足观,请为天子游猎之赋。"上令尚书给笔札,②相如以"子虚",虚言也,为楚称;③"乌有先生"者,乌有此事也,④为齐难;⑤"亡是公"者,亡是人也,⑥欲明天子之义。故虚藉此三人为辞,⑦以推天子诸侯之苑囿。其卒章归之于节俭,⑧因以风谏。⑨奏之天子,天子大说。⑩其辞曰:

①师古曰:"主天子田猎犬也。"

②师古曰:"札,木简之薄小者也。时未多用纸,故给札以书。札音壮黠反。"

③师古曰:"称说楚之美也。"

④师古曰："乌，於何也。"

⑤师古曰："难诘楚事也。"

⑥师古曰："亡读曰无。下皆类此。"

⑦师古曰："藉，假也。"

⑧师古曰："卒，终也。谓终篇之言，若隤墙填堑之比者。"

⑨师古曰："风读曰讽。"

⑩师古曰："说读曰悦。"

楚使子虚使于齐，齐王悉发车骑与使者出田。①田罢，子虚过姹乌有先生，②亡是公存焉。坐定，乌有先生问曰："今日田乐虖？"子虚曰："乐。""获多虖？"曰："少。""然则何乐？"对曰："仆乐王之欲夸仆以车骑之众，而仆对以云梦之事也。"③曰："可得闻乎？"

①师古曰："田，猎也。"

②师古曰："姹，夸诳之也，音丑亚反，字本作诧也。"

③张揖曰："楚薮也。在南郡华容县。"师古曰："梦读如本字，又音莫风反，字或作瞢，其音同耳。"

子虚曰："可。王驾车千乘，选徒万骑，田于海滨，①列卒满泽，罘罔弥山。②掩菟辚鹿，射麋格麟，③骛于盐浦，割鲜染轮。④射中获多，矜而自功，⑤顾谓仆曰：'楚亦有平原广泽游猎之地饶乐若此者虖？楚王之猎孰与寡人？'⑥仆下车对曰：'臣，楚国之鄙人也，幸得宿卫十有馀年，时从出游，游于后园，览于有无，然犹未能遍睹也。又乌足以言其外泽乎？'齐王曰：'虽然，略以子之所闻见言之。'

①师古曰："滨，涯也，音宾，又音频。"

②师古曰：“罙，覆车也，即今幡车罔也。王国兔爰之诗曰‘雉离于罦’罦亦罙字耳。弥，竟也。罙音浮。”

③师古曰：“鳞谓车践轹之也，音丢。格字或作脚，言持引其脚也。”

④张揖曰：“海水之涯多出盐也。”李奇曰：“鲜，生也。染，擩也。切生肉，擩车轮，盐而食之也。”师古曰：“骛谓乱驰也。擩，揾也。骛音务。擩音如阅反。揾音一顿反。”

⑤师古曰：“自矜其能以为功也。”

⑥师古曰：“与犹如也。”

“仆对曰：‘唯唯。①臣闻楚有七泽，尝见其一，未睹其馀也。臣之所见，盖特其小小者耳，名曰云梦。云梦者，方九百里，其中有山焉。其山则盘纡𡋋郁，隆崇律崒；②岑崟参差，日月蔽亏；③交错纠纷，上干青云；④罢池陂陁，下属江河。⑤其土则丹青赭垩，雌黄白坿，锡碧金银，⑥众色炫燿，照烂龙鳞。⑦其石则赤玉玫瑰，琳珉昆吾，⑧瑊玏玄厉，⑨礝石武夫。⑩其东则有蕙圃，衡兰芷若，⑪穹穷昌蒲，江离蘪芜，⑫诸柘巴且。⑬其南则有平原广泽，登降阤靡，⑭案衍坛曼，⑮缘以大江，限以巫山。⑯其高燥则生葳析苞荔，⑰薜莎青薠。⑱其埤湿则生藏莨兼葭，⑲东蘠雕胡，⑳莲藕觚卢，㉑奄闾轩于。㉒众物居之，不可胜图。㉓其西则有涌泉清池，激水推移，㉔外发夫容蔆华，内隐钜石白沙。㉕其中则有神龟蛟鼍，毒冒鳖鼋。㉖其北则有阴林巨树。楩柟豫章，㉗桂椒木兰，檗离朱杨，㉘楂梨梬栗，橘柚芬芳。㉙其上则有宛雏孔鸾，腾远射干。㉚其下则有白虎玄豹，蟃蜒䝙犴。㉛

①师古曰：“唯唯，恭应之辞也，音弋癸反。”

②郭璞曰：“诘屈竦起也。𡋋音佛。”

③张揖曰："高山壅蔽，日月亏缺半见。"师古曰："岑音仕林反。崟音吟。"

④郭璞曰："言相摎结而峻绝。"

⑤郭璞曰："言旁颓也。属，连也。罢音疲。陂音婆。陁音驰。"文颖曰："南方无河也。冀州凡水大小皆谓之河，诗赋驰方言耳。"晋灼曰："文意假借协陁之韵也。"师古曰："文、晋之说皆非也。下属江河者，总言山之广大，所连者远耳，于文无妨。陂音普河反。属音之欲反。"

⑥张揖曰："丹，丹沙也。青，青䨼也。赭，赤赭也。垩，白垩也。"苏林曰："白坿，白石英也。"师古曰："丹沙，今之朱沙也。青䨼，今之空青也。赭，今之赤土也。垩，今之白土也。锡，青金也。碧谓玉之青白色者也。垩音恶。柎音坿，䨼音一郭反。"

⑦师古曰："言采色相耀，若龙鳞之间杂也。炫音州县之县。"

⑧张揖曰："琳，玉也。瑉，石之次玉者也。昆吾，山名也，出善金。尸子曰'昆吾之金'。"晋灼曰："玫瑰，火齐珠也。"师古曰："火齐珠，今南方之出火珠也。玫音枚。瑰音回，又音瓌。琳音林。瑉音旻。"

⑨张揖曰："瑊玏，石之次玉者。玄厉，黑石可用磨也。"如淳曰："瑊音缄。玏音勒。"

⑩张揖曰："皆石之次玉者。礝石，白者如冰，半有赤色。武夫，赤地白采，葱茏白黑不分。"郭璞曰："礝音而兖反。"

⑪张揖曰："蕙圃，蕙草之圃也。衡，杜衡也，其状若葵，其臭如蘪芜。芷，白芷。若，杜若也。"师古曰："兰即今泽兰也。今流俗书本'芷若'下有'射干'字，妄增之也。"

⑫张揖曰："江离，香草也。蘪芜，薪芷也，似蛇床而香。"师古曰："蘪芜即穹穷苗也。"郭璞曰："江离似水荠，而药对曰蘪芜一名江离。张勃又云江离出临海县海水中，正青，似乱发。郭义恭云江离

赤叶。诸说不同，未知孰是。今无识之者，然非藘芜也，<u>药</u>对误耳。"

⑬<u>张揖</u>曰："诸柘，甘柘也。蓴苴，蘘荷也。"<u>文颖</u>曰："巴且草一名巴蕉。"<u>师古</u>曰："<u>文</u>说巴且是也。且音子余反。蓴音普各反。蓴苴自蘘荷耳，非巴且也。"

⑭<u>师古</u>曰："登，上也。降，下也。陁靡，旁衺也。陁音弋尔反。"

⑮<u>师古</u>曰："宽广之貌也。衍音弋战反。坛音徒但反。曼音莫干反。"

⑯<u>张揖</u>曰："<u>巫山在南郡巫县也</u>。"

⑰<u>张揖</u>曰："葳，马蓝也。析似燕麦。苞，藨也。荔，马荔。"<u>苏林</u>曰："析音斯。"<u>师古</u>曰："藨即今所用作席者也。马荔，之马蔺也。葳音之林反。苞音包。荔音隶。藨音皮表反。"

⑱<u>张揖</u>曰："薛，赖蒿也。莎，镐侯也。青蘋似莎而大，生江湖，雁所食。"<u>师古</u>曰："莎即今青莎草。蘋音烦。"

⑲<u>郭璞</u>曰："藏葭草中牛马刍。蒹，荻也，似萑而细小。葭，芦也。"<u>师古</u>曰："埤音婢，谓下地也。葭音郎。蒹葭音兼瑕。荻音敌。"

⑳<u>张揖</u>曰："东蔷，实可食。雕胡，菰米也。"<u>师古</u>曰："东蔷似蓬，其实如葵子也。"

㉑<u>张揖</u>曰："莲，荷之实也，其根藕。"<u>张晏</u>曰："菰卢，扈鲁也。"<u>郭璞</u>曰："菰，蒋也。芦，苇也。"<u>师古</u>曰："书不为菰芦字，<u>郭</u>说非也，但不知菰芦于今是何草耳。"

㉒<u>张揖</u>曰："奄闾，蒿也，子可治疾。轩于，菰草也，生水中，<u>扬州</u>有之。"<u>师古</u>曰："奄音淹。菰音犹。"

㉓<u>师古</u>曰："胜，举也。不可尽举而图写之，言其多也。"

㉔<u>郭璞</u>曰："波抑扬也。"

㉕<u>应劭</u>曰："夫容，莲华也。蔆，芰也。"<u>师古</u>曰："钜，大也。"

㉖<u>张揖</u>曰："蛟状鱼身而蛇尾，皮有珠。鼍似蜥蜴而大，身有甲，皮可作鼓。毒冒似䖟螭，甲有文。鼋似鳖而大。"<u>师古</u>曰："<u>张</u>说蛟者，

乃是鲛鱼，非蛟龙之蛟也。蛟解在武纪。鼍音徒何反，又音大河反。毒音代。冒音妹。他皆仿此。"

㉗服虔曰："阴林，山北之林也。豫章，大木也，生七年乃可知。"师古曰："阴林，言其树木众而且大，常多阴也。楩音便，又音步田反，即今黄楩木也。柟音南，今所谓楠木。"

㉘师古曰："桂即药之所用其皮者也。椒即所食椒树也。木兰皮似椒而香，可作面膏药。檗，黄檗也。离，山梨也。朱杨，赤茎柳也，生水边。"

㉙张揖曰："樝似梨而甘。棃，椑枣也。"师古曰："樝即今所谓楂子也。椑枣即今之椑枣也。柚即橙也，似橘而大，味酢皮厚。樝音侧加反。棃音弋整反。柚音弋救反。橙音丈茎反。芬芳，言橘柚之气也。"

㉚张揖曰："宛雏似凤。孔，孔雀；鸾，鸾鸟也。射干似狐，能缘木。"服虔曰："腾远，兽名也。"师古曰："鸾鸟形如翟而五采文，见山海经。宛音于元反。射音弋舍反。"

㉛郭璞曰："蛩蛩，大兽似狸，长百寻。貙似狸而大。豻，胡地野犬也，似狐而小。蛩音万。蛩音延。豻音岸。"师古曰："蛩又音弋战反。貙音丑于反。豻合韵音五安反。"

　　"'于是虖乃使剿诸之伦，手格此兽。①楚王乃驾驯骇之驷，②乘雕玉之舆，③靡鱼须之桡旃，④曳明月之珠旗，⑤建干将之雄戟，⑥左乌号之雕弓，⑦右夏服之劲箭；⑧阳子骖乘，纤阿为御；⑨案节未舒，即陵狡兽，⑩蹴蛩蛩，辚距虚，⑪轶野马，轊騊駼；⑫乘遗风，射游骐，⑬倏眒倩浰，⑭雷动焱至，⑮星流电击，弓不虚发，中必决眦，⑯洞胸达掖，绝乎心繫，⑰获若雨兽，揜艸蔽地。⑱于是楚王乃弭节徘徊，翱翔容与，⑲览乎阴林，观壮士之暴怒，与猛兽之恐惧，徼𧮫受诎，⑳殚

睹众物之变态。㉑

① 师古曰："剸诸，吴人，刺吴王僚者也。方言勇士，故举以为类。剸与专同。"

② 张揖曰："驯，扰也。駮如马，白身黑尾，一角锯牙，食虎豹，扰而驾之，以当驷马也。"师古曰："驯音旬。"

③ 师古曰："以玉饰舆而雕镂之。"

④ 张揖曰："以鱼须为旃柄，驱驰逐兽，正梢靡也。"郭璞曰："通帛为旃。"师古曰："大鱼之须出东海，见尚书大传。梢旗即曲旗也。梢音女教反。"

⑤ 张揖曰："以明月珠缀饰旗也。"

⑥ 张揖曰："干将，韩王剑师也。雄戟，胡中有鉬者，干将所造。"

⑦ 应劭曰："楚有柘桑，乌栖其上，支下著地，不得飞，欲堕号呼，故曰乌号。"张揖曰："黄帝乘龙上天，小臣不得上，挽持龙颟，颟拔，堕黄帝弓，臣下抱弓而号，故名弓乌号。"郭璞曰："雕，画也。"师古曰："乌号，应、张二说皆有据也。"

⑧ 伏俨曰："服，盛箭器也。夏后氏之良弓名烦弱，其矢亦良，即烦弱箭服也，故曰夏服。"师古曰："箭服，即今之步叉也。"

⑨ 张揖曰："阳子，伯乐也，秦缪公臣，姓孙，名阳。"郭璞曰："孅阿，古之善御者。孅音纤。"

⑩ 师古曰："案节犹弭节也。未舒，言未尽意驱驰，已凌狡兽，狡捷之兽也。"

⑪ 张揖曰："蛩蛩，青兽，状如马。距虚似骡而小。"郭璞曰："距虚即蛩蛩，变文互言耳。"师古曰："据尔雅文，郭说是也。蹱音子六反。"

⑫ 张揖曰："轶，过也。野马似马而小。北海内有兽，状如马，名騊駼。"郭璞曰："辖，车轴头也。"师古曰："辖谓轴头冲而杀之也。"

轶音逸。轊音卫。駒音逃。駼音涂。"

⑬张揖曰："遗风，千里马也。尔雅曰䮦如马一角，不角者曰騏。"师
　古曰："䮦音携。騏音其。"

⑭张揖曰："皆疾貌也。"师古曰："倏音式六反。胂音式刃反。倩音千
　见反。洌音练。"

⑮师古曰："焱，疾风也。若雷之动，如焱之至，言其威且疾也。焱音
　必遥反。"

⑯师古曰："〔决〕眦即决兽之目眦，[1]言射审也。眦即眥字。"

⑰张揖曰："自左射之，贯胸通右髃，中心绝系也。"师古曰："髃谓
　肩前骨也，音五口反。繫读曰系也。"

⑱师古曰："言获杀之多，如天雨兽也。雨音于具反。屮，古草字也。"

⑲郭璞曰："弭犹低也。节，所杖信节也。翱翔容与，言自得也。"师
　古曰："弭节者，示安徐也。"

⑳苏林曰："剋音倦剋之剋。诎音鞠强之鞠。"郭璞曰："诎，诎折也。
　剋，疲极。诎音屈。"师古曰："苏音是也。剋音与剧同。诎音其勿
　反。徼，工尧反。徼，要也。诎，尽也。言兽有倦极者要而取之，
　力尽者受而有之。"

㉑郭璞曰："殚，尽也。变态，姿则也。"师古曰："殚音单。"

"'于是郑女曼姬，①被阿锡，揄纻缟，②杂纤罗，垂雾縠，③
襞积褰绉，郁桡谿谷，④衯衯裶裶，扬袘戌削，⑤蜚襳垂髾；⑥
扶舆猗靡，⑦翕呷萃蔡，⑧下摩兰蕙，上拂羽盖；⑨错翡翠之葳
蕤，⑩缪绕玉绥；⑪眇眇忽忽，若神之仿佛。⑫

①文颖曰："郑国出好女。曼者，言其色理曼泽也。"如淳曰："郑女，
　夏姬也。曼姬，楚武王夫人邓曼也。"师古曰："文说是也。"

②张揖曰："阿，细缯也。锡，细布也。揄，引也。"师古曰："纻，纤
　纻也。缟，鲜支也，今之所谓素者也。揄音逾，又音投也。"

③张揖曰："縠绉如雾，垂以为裳也。"师古曰："纤，细也。雾縠者，言其轻靡如雾，非谓绉文。"

④张揖曰："襞积犹简齰也。襄，缩也。绉，裁也。其绉中文理荐郁，有似于谿谷也。"师古曰："张说非也。襞积即今之裙襵，古所谓皮弁素积者，即谓此积也。言襞积文理，随身所著，或襄绉委屈如溪谷也。襞音璧。绉音侧救反。"

⑤张揖曰："裣音芬。袘，衣袖也。戌，鲜也。削，衣刻除貌也。"师古曰："扬，举也。袘，曳也。或举或曳，则戌削然见其降杀之美也。裣音霏。袘音弋示反。戌读如本字。"

⑥张揖曰："襳，离袿也。髾，髻后垂也。"师古曰："张说非也。襳，袿衣之长带也。髾谓燕尾之属。皆衣上假饰，非髻垂也。蜚，古飞字也。襳音纤。髾音所交反。"

⑦张揖曰："扶持楚王车舆相随也。"师古曰："张说非也。此自言郑女曼姬为侍从者所扶舆而猗靡耳，非谓扶持楚王车舆也。猗音於绮反。今人犹呼相抚掩容养为猗靡。"

⑧张揖曰："翕呷，衣张起也。萃蔡，衣声也。"师古曰："呷音火甲反。萃音翠，又音千赂反。"

⑨师古曰："下摩兰蕙，谓垂髾也。上拂羽盖，谓飞襳也。"

⑩师古曰："错，杂也。葳蕤，羽饰貌。"

⑪张揖曰："楚王车之绥以玉饰之也。"郭璞曰："绥，登车所执也。"师古曰："二说皆非也。以玉饰绥，亦谓郑女曼姬之容服也。绥即今之所谓采缘垂镊者也。缪绕，相缠结也。缪音蓼。缦音限。"

⑫郭璞曰："言其容饰奇艳，非世所见。战国策曰：'郑之美女粉白黛黑而立于衢，不知者谓之神也。'"

"'于是乃群相与獠于蕙圃，①婹姍勃窣，上金堤，②揙翡翠，射鵔鸃，③微矰出，纤缴施，④弋白鹄，连驾鹅，⑤双鸧下，玄鹤加。⑥怠而后游于清池，⑦浮文鹢，⑧扬旌枻，⑨张翠帷，建羽盖。⑩罔毒冒，钓紫贝，⑪拟金鼓，⑫吹鸣籁，⑬榜人歌，⑭声流喝，⑮水虫骇，波鸿沸，⑯涌泉起，奔扬会，⑰礧石相击，琅琅礚礚，⑱若雷霆之声，闻虖数百里外。

①文颖曰："宵猎为獠。"师古曰："獠音力笑反。"

②师古曰："婆娑勃窣，谓行于丛薄之间也。金堤，言水之堤塘坚如金也。婆音盘。娑音先安反。窣音先忽反。堤音丁兮反。"

③师古曰："鸟赤羽者曰翡，青羽者曰翠。骏鸃，鸟也，似山鸡而小冠，背毛黄，腹下赤，项绿色，其尾毛红赤，光采鲜明，今俗呼为山鸡，其实非也。骏音峻。鸃音仪。"

④师古曰："矰，短矢也。缴，生丝缕也。以缴系矰仰射高鸟，谓之弋射。矰音增。缴音灼。"

⑤师古曰："鸹，水鸟也，其鸣声鸹鸹云。驾鹅，野鹅也。连谓重累获之也。鸹音胡沃反。驾音加。"

⑥师古曰："鸨鸹也。今关西呼为鸨鹿，山东通谓之鸹，鄙俗名为错落。错者，亦言鸹声之急耳。又谓鸹捋。捋音来夺反。鸨鹿、鸹捋，皆象其鸣声也。玄鹤，黑鹤也。相鹤经云鹤寿满二百六十岁则色纯黑。言弋射之妙，既中白鹤而连驾鹅，又下双鸹而加玄鹤也。鸹音仓。"

⑦郭璞曰："怠，倦也。"

⑧张揖曰："鹢，水鸟也，画其象于船首。淮南子曰'龙舟鹢首，天子之乘也'。"师古曰："鹢音五历反。"

⑨张揖曰："扬，举也。析羽为旌，建于船上。枻，枻也。"师古曰："枻音曳。枻音大可反。"

⑩郭璞曰："施之船上也。"师古曰："翠帷，帷翠色也。羽盖，以杂羽饰盖。"

⑪郭璞曰:"紫贝,紫质黑文也。"师古曰:"贝,水中介虫,古以为货也。"

⑫师古曰:"拟,撞也。金鼓谓钲也。拟音窗。"

⑬张揖曰:"籁,箫也。"

⑭张揖曰:"榜,船也。月令云'命榜人',榜人,船长也,主倡声而歌者也。"师古曰:"榜音谤,又方孟反。"

⑮郭璞曰:"言悲嘶也。"师古曰:"喝音一介反。嘶音苏奚反。"

⑯郭璞曰:"鱼鳖跃,涛浪作也。"师古曰:"沸音普盖反。"

⑰郭璞曰:"暴溢激相鼓薄也。"师古曰:"濖音普顿反。"

⑱师古曰:"礏石,转石也。礏音卢对反。磕音口盖反。"

"'将息獠者,击灵鼓,起烽燧,①车案行,骑就队,②缛虖淫淫,般虖裔裔。③于是楚王乃登阳云之台,④泊乎无为,澹乎自持,⑤勺药之和具而后御之。⑥不若大王终日驰骋,曾不下舆,胊割轮焠,自以为娱。⑦臣窃观之,齐殆不如。'⑧于是王无以应仆也。"

①师古曰:"灵鼓,六面击之,所以警众也。"

②师古曰:"案,依也。行,列也。队,部也。行音胡郎反。队音大内反。"

③郭璞曰:"皆群行貌。"师古曰:"缛音屉。般音盘。"

④孟康曰:"云梦中高唐之台,宋玉所赋者,言其高出云之阳也。"

⑤师古曰:"泊、澹,皆安静意也。泊音步各反。澹音徒滥反。"

⑥伏俨曰:"勺药以兰桂调食。"文颖曰:"五味之和也。"晋灼曰:"南都赋曰'归雁鸣鵙,香稻鲜鱼,以为勺药,酸甜滋味,百种千名。'文说是也。"师古曰:"诸家之说皆未当也。勺药,药草名,其根主和五藏,又辟毒气,故合之于兰桂五味以助诸食,因呼五味之和为勺药耳。读赋之士不得其意,妄为音训,以误后学。今人食

马肝马肠者，犹合勺药而煮之，岂非古之遗法乎？鸱音竹滑反"

⑦师古曰："胾字与膴同。焠音千内反。焠亦揾染之义耳。言膴割其肉，揾车轮盐而食之。此盖以讥上割鲜染轮之言也。"

⑧师古曰："殆，近也。"

　　乌有先生曰："是何言之过也！足下不远千里，来况齐国，①王悉境内之士，备车骑之众，②与使者出田，乃欲戮力致获，以娱左右也，③何名为夸哉！问楚地之有无者，愿闻大国之风烈，先生之馀论也。④今足下不称楚王之德厚，而盛推云梦以为骄，奢言淫乐而显侈靡，窃为足下不取也。必若所言，固非楚国之美也。有而言之，是章君之恶也；无而言之，是害足下之信也。章君恶，伤私义，⑤二者无一可，而先生行之，必且轻于齐而累于楚矣。⑥且齐东陼钜海，南有琅邪，⑦观乎成山，⑧射乎之罘，⑨浮勃澥，⑩游孟诸，⑪邪与肃慎为邻，⑫右以汤谷为界。⑬秋田乎青丘，⑭仿偟乎海外，⑮吞若云梦者八九，其于胸中曾不蒂芥。⑯若乃俶傥瑰玮，异方殊类，⑰珍怪鸟兽，万端鳞崪，⑱充仞其中者，不可胜记，禹不能名，卨不能计。⑲然在诸侯之位，不敢言游戏之乐，苑囿之大；先生又见客，⑳是以王辞不复，㉑何为无以应哉！"

①师古曰："言有惠赐而来也。"

②师古曰："悉，尽也。"

③师古曰："谦不斥言使者，故指云其左右也。"

④张晏曰："愿闻先贤之遗谈美论也。"师古曰："此说非也。先生即谓子虚耳。下又言先生行之，岂先贤也？"

⑤师古曰："非楚国之美，是章君恶；害足下之信，是伤私义也。"

⑥师古曰："言楚使者失辞，自为累重，而于齐无所负儋，故云轻也。

累音力瑞反。"

⑦苏林曰："小州曰陼。"张揖曰："琅邪，台名也，在勃海间。"师古曰："东陼钜海，东有大海之陼。字与诸同也。"

⑧张揖曰："观，阙也。成山在东莱不夜县，于其上筑宫阙。"师古曰："观音工唤反。"

⑨晋灼曰："之罘山在东莱腄县，射猎其上也。"师古曰："腄音直瑞反，又音谁。"

⑩师古曰："勃澥，海别枝也。澥音蟹。"

⑪文颖曰："宋之大泽也，故属齐。"

⑫郭璞曰："肃慎，国名，在海外也。"师古曰："邪读为左，谓东北接也。"

⑬师古曰："汤谷，日所出也。许慎云热如汤也。"

⑭服虔曰："青丘国在海东三百里。"

⑮师古曰："仿音旁。"

⑯张揖曰："蒂芥，刺鲠也。"师古曰："蒂音丑介反。"

⑰师古曰："傲幌犹非常电。傲音吐历反。"

⑱师古曰："崪与萃同。萃，集也。如鳞之集，言其多也。"

⑲张揖曰："禹为尧司空，辨九州名山，别草木。禼为尧司徒，敷五教，率万事。"师古曰："言其所有众多，虽禹、禼之贤圣，不能名而数之也。"

⑳师古曰："见犹至也。言至此国为客也。若今人自称云见顾见至耳。"

㉑师古曰："复，反也，谓不反报也。"

亡是公听然而笑曰：①"楚则失矣，而齐亦未为得也。夫使诸侯纳贡者，非为财币，所以述职也；②封疆画界者，非为守御，所以禁淫也。③今齐列为东蕃，而外私肃慎，④捐国逾限，越海而田，⑤其于义固未可也。且二君之论，不务明君臣之义，正诸侯之礼，徒事争于游戏之乐，苑囿之大，欲以奢侈相胜，荒淫相越，此不可以扬名发誉，而适足以卑君自损也。⑥

①师古曰："听，笑貌也。音龂，又音牛隐反。"

②郭璞曰："诸侯朝于天子曰述职。"师古曰："述，循也，谓顺行也。"

③郭璞曰："天下有道，守在四夷。立境界者，欲以禁绝淫放耳。"师古曰："彊读曰疆。"

④郭璞曰："私与通也。"

⑤师古曰："捐，弃也，谓田于青丘也。"

⑥师古曰："卑，古贬字。"

"且夫齐楚之事又乌足道乎！①君未睹夫巨丽也，②独不闻天子之上林乎？左苍梧，右西极，③丹水更其南，④紫渊径其北。⑤终始霸产，出入泾渭，⑥酆镐潦潏，纡馀委蛇，经营其内。⑦荡荡乎八川分流，相背异态，⑧东西南北，驰骛往来，⑨出乎椒丘之阙，⑩行乎州淤之浦，⑪径乎桂林之中，⑫过乎泱莽之壄，⑬汩乎混流，顺阿而下，⑭赴隘陕之口，⑮触穹石，激堆埼，⑯沸乎暴怒，⑰汹涌彭湃，⑱滭弗宓汩，⑲偪侧泌㳻，⑳横流逆折，转腾潎洌，㉑滂濞沆溉，㉒穿隆云桡，㉓宛潬胶盭，㉔逾波趋浥，泌泌下濑，㉕批岩冲拥，奔扬滞沛，㉖临坻注壑，瀺灂霣队，㉗沈沈隐隐，砰磅訇礚，㉘潏潏淈淈，湁潗鼎沸，㉙驰波跳沫，汩㶀漂疾，㉚悠远长怀，寂漻无声，㉛肆乎永归。然后灏溔潢漾，㉜安翔徐佪，㉝翯乎滈滈，㉞东注大湖，㉟衍溢陂池。㊱于是蛟龙赤螭，㊲鲔鳣渐离，㊳鰅鳙鳍魠，㊴禺禺鱋魶，㊵揵鳍掉尾，振鳞奋翼，㊶潜处乎深岩。㊷鱼鳖讙声，万物众夥。㊸明月珠子，的皪江靡，㊹蜀石黄碝，水玉磊砢，㊺磷磷烂烂，采色澔汗，㊻丛积乎其中。鸿鹔鹄鸨，驾鹅属玉，㊼交精旋目，㊽烦鹜庸渠，㊾箴疵䴔卢，㊿群浮乎其上。汎淫氾滥，随风澹淡，(51)与波摇荡，奄薄水陼，(52)唼喋菁藻，咀嚼菱藕。(53)

①师古曰："乌，於何也。道，言也。"

②师古曰："巨，大也。丽，美也。"

③文颖曰："苍梧郡属交州，在长安东南，故言左。尔雅曰西至于豳国为西极，在长安西，故言右也。"

④应劭曰："丹水出上洛冢领山，东南至析县入钧水。"师古曰："更，历也，音工衡反。"

⑤文颖曰："西河（有）毅罗县有紫泽，[2]在县西北，于长安为在北也。"

⑥师古曰："霸水出蓝田谷，西北而入渭。产水亦出蓝田谷，北至霸陵入霸。二水终始尽于苑中，不复出也。泾水出安定泾阳开头山，东至阳陵入渭。渭水出陇西首阳县鸟鼠同穴山，东北至华阴入河。从苑外来，又出苑去也。开音牵，又音口见反。"

⑦应劭曰："潦，流也。潏，涌出声也。"张揖曰："丰水出鄠南山（澧）〔丰〕谷，[3]北入渭。镐在昆明池北。潦，行潦也。又有潏水，出南山。"晋灼曰："下言八川，计从丹水以下至潏，除潦为行潦，凡九川。从霸产以下，为数凡七川。潏音决。潏，水涌出声也。除潦潏下为水，馀適八，下言经营其内，于数则计其外者矣。"师古曰："应、晋二说皆非也。张言潦为行潦，又失之。潦音牢，亦水名也，出鄠县西南山潦谷，而北流入于渭。上言左苍梧，右西极，丹水更其南，紫泉径其北。皆谓苑外耳。丹水、紫泉非八川数也。霸、产、泾、渭、丰、镐、潦、潏，是为八川。言经营其内，信则然矣。

滴，晋音是也。地里志鄠县有滴水，北过上林苑入渭，而今之鄠县
则无此水。许慎云'滴水在京兆杜陵'，此即今所谓沈水，从皇子陂
西北流经昆明池入渭者也。盖为字或作水旁穴，与沈字相似，俗人
因名沈水乎？将鄠县滴水今则改名，人不识也？但八川之义，实在
于斯耳。"

⑧郭璞曰："变态不同也。"

⑨郭璞曰："言更相错涉也。"师古曰："来音卢代反。"

⑩服虔曰："丘名也，两山俱起，象双阙者。"

⑪师古曰："水中可居者曰州。淤，漫也。浦，水涯也。淤音於庶反。"

⑫如淳曰："桂树之林也。"

⑬张揖曰："山海经所谓'大荒之野'也。"师古曰："凡言此者，著
水流之长远也。泱音乌朗反。"

⑭师古曰："汩，疾貌也。混流，丰流也。曲陵曰阿。汩音于笔反。混
音下本反。"

⑮师古曰："两岸间相迫近者也。隘音於懈反。陿音狭。"

⑯张揖曰："穹石，大石也。埼，曲岸头也。"师古曰："堆，高阜也，
音丁回反。埼音巨依反。"

⑰郭璞曰："沸，水声也，音拂。"

⑱师古曰："汹涌，跳起也。彭湃，相戾也。汹音许勇反。湃音普
拜反。"

⑲苏林曰："滭音毕，宓音密。"师古曰："滭弗，盛貌也。宓汩，去
疾也。汩音于笔反。"

⑳郭璞曰："泌沕音笔柿。"师古曰："偪侧，相逼也。泌沕相楔也。偪
字与逼同。楔音先结反。"

㉑孟康曰："转腾，相过也。潎洌，相撇也。"师古曰："潎音匹列反。
洌音列。撇又音普结反。"

㉒郭璞曰："滂音旁。濞音匹秘反。溉音胡慨反。皆水流声貌。"师古

日："沆音胡朗反。"

㉓师古曰："桡，曲也。言水急旋回，如云之屈曲也。桡音女教反。"

㉔郭璞曰："愤薄相摎也。"师古曰："宛音婉，潬音善。盩，古戾字。"

㉕郭璞曰："逾，跃也。洍，窊陷也。泹泹，声也。"师古曰："洍音於侠反。泹音利。濑，疾流也。"

㉖师古曰："批，反击也。捬，曲隈也。言水触批岩崖而衔隈曲，则奔扬而滞沛然也。批音步结反。滞音丑制反。沛音普盖反。"

㉗师古曰："坻谓水中隆高处也。秦风终南之诗曰'宛在水中坻'。坻音迟，濿音士咸反。潏音才弱反，又音仕角反。霣即陨字。队音直类反。"

㉘师古曰："砰音普冰反。磅音普萌反。訇音呼宏反。磕音口盖反。皆水流鼓怒之声也。"

㉙郭璞曰："皆水微转细涌貌也。混音骨。潏音勒立反。"师古曰："漓音决。潗音子入反。言水之流如爨鼎沸也。"

㉚晋灼曰："滭音华给反。"郭璞曰："滭音许立反。"师古曰："言水波急驰而白沫跳起，（泪）〔泪〕滭然也。[4]泪音于笔反。滭，晋、郭二音皆通。漂音匹姚反。"

㉛郭璞曰："怀亦归，变文耳。潎音聊。"师古曰："言长流安静。"

㉜郭璞曰："皆水无涯际貌。"师古曰："灏音浩。溔音弋少反。潢音胡广反。漾音弋丈反。肆，放也。言水放流而长归也。"

㉝郭璞曰："言运转也。"

㉞郭璞曰："水白光貌也。"师古曰："翯音胡角反。滴音镐。"

㉟郭璞曰："大湖在吴县，尚书所谓震泽也。"

㊱郭璞曰："言溢溢而出也。陂池，江旁小水。"

㊲文颖曰："龙子为蝼。"张揖曰："赤蝼，雌龙也。"如淳曰："蝼，山神也，兽形。"师古曰："许慎云'离，山神也'，字则单作，蝼形若龙，字乃从虫。此作蝼，别是一物，既非山神，又非雌龙、龙

子，三家之说皆失之。虫音许尾反。”

㊳李奇曰：“周洛曰鲔，蜀曰鮥鳣，出巩山穴中，三月溯河上，能度龙门之限，则得为龙矣。渐离，未闻。”师古曰：“鮥音工邓反。鳣音莫邓反。”

㊴如淳曰：“鳎音颐，鲅音乾。魾音托。”郭璞曰：“鳙音常容反。鳎鱼有文采。鳙似鲢而黑。鲅似鲋。魾，鳠也，一名黄颊。”师古曰：“鳎，如音是也。鳙、鲅、魾，郭说是也。鲋音善。鳠音感也。”

㊵如淳曰：“鮆音去鱼反。”晋灼曰：“鳎音奴搦反。”郭璞曰：“禺禺鱼皮有毛，黄地黑文。鮆，比目鱼也，状似牛脾，细鳞紫色，两相合乃得行。鳎，鲵鱼也，似鲇，有四足，声如婴儿。”师古曰：“禺音隅，又音颐。鲵音五奚反。鲇音乃兼反。”

㊶师古曰：“揵，举也。鳍，鱼背上鬣也。掉，摇也。揵音钜言反。掉音徒钓反。”

㊷郭璞曰：“隐岸底也。”

㊸师古曰：“谨，哗也。夥，多也。喧音许元反。夥音下果反。”

㊹应劭曰：“明月珠子生于江中，其光耀乃照于江边也。”师古曰：“皪音历。的皪，光貌也。江靡，江边靡迤之处也。迤音弋尔反。”

㊺张揖曰：“蜀石，石次玉者也。”郭璞曰：“碝石黄色。水玉，水精也。”师古曰：“碝音如兖反。磊音洛贿反。砢音洛可反，又音可。”

㊻郭璞曰：“皆玉石符采映曜也。”师古曰：“磷音吝。澔音浩。”

㊼张揖曰：“鸿，大鸟也。”郭璞曰：“鹔，鹔鷞也。鸨似雁而无后指。属玉似鸭而大，长颈赤目，紫绀色。鹔音肃。鸨音保。”师古曰：“鸿，古鸿字。鸨即今俗呼为独豹者也。豹者，鸨声之讹耳。驾音加。属音之欲反。鹅音霜。”

㊽郭璞曰：“交精似凫而脚高，有毛冠，辟火灾。旋目，未闻也。”师古曰：“今荆郢间有水鸟，大于鹭而短尾，其色红白，深目，目旁毛皆长而旋，此其旋目乎？”

(49)郭璞曰："烦鹜，鸭属也。庸渠似凫，灰色而鸡脚，一名章渠。鹜音木。"师古曰："庸渠，即今之水鸡也。"

(50)张揖曰："箴疵似鱼虎而苍黑色。䴔，䴖头鸟也。卢，白雉也。"郭璞曰："卢，卢鹚也。箴音针。"师古曰："卢，郭说是也。白雉不浮水上。疵音赀。䴔音火交反。䴖音鸟了反。鹚音慈也。"

(51)郭璞曰："皆鸟任风波自纵漂貌。"师古曰："汎音冯。氾音敷剑反。澹音大览反。淡音琰。"

(52)张揖曰："奄，覆也。草丛生曰薄。"郭璞曰："薄犹集也。"师古曰："薄，郭说是也。言奄集陼上而游戏。"

(53)张揖曰："菱，芰也。"郭璞曰："菁，水草。藻，聚藻也。"师古曰："唼喋，衔食也。唼音所甲反。喋音丈甲反。咀音才汝反。嚼音才削反。"

"于是乎崇山矗矗，巃嵷崔巍，①深林巨木，崭岩参差。②九嵕巀嶭，南山峨峨，③岩陁甗锜，嶊崣崛崎，④振溪通谷，蹇产沟渎，⑤谽呀豁閜，阜陵别隝，⑥崴磈嵔廆，丘虚堀礨，⑦隐辚郁㠑，登降施靡，⑧陂池貏豸。⑨允溶淫鬻，⑩散涣夷陆，⑪亭皋千里，靡不被筑。⑫掩以绿蕙，⑬被以江离，糅以蘼芜，杂以留夷。⑭布结缕，⑮攒戾莎，⑯揭车衡兰，⑰稿本射干，⑱茈姜蘘荷，⑲葴持若荪，⑳鲜支黄砾，㉑蒋芧青薠，㉒布濩闳泽，延曼太原，㉓离靡广衍，㉔应风披靡，吐芳扬烈，㉕郁郁菲菲，众香发越，㉖肸蚃布写，晻薆咇茀。㉗

①郭璞曰："皆高峻貌也。巃音笼。嵷音才总反。崔音摧。巍音五回反。"师古曰："嵷音总。"

②师古曰："崭岩，尖锐貌。参差，不齐也。崭音士衔反。参音楚林反。差音楚宜反。"

③师古曰："九嵕山今在醴泉县界。嶻薛山即今所谓嵯峨山也，在三原县西也。南山，终南山也。峨峨，高貌。嵕音子公反，又音总。嶻音截。薛音齰。嶻薛又音在割、五割反。峨音娥。"

④张揖曰："崔巍，高貌。崛崎，斗绝也。"苏林曰："崔音颓水反。巍音卒鄙反。"郭璞曰："阤，岸际也，音豸。巀嵲，隆屈宛折貌。巀音鱼晚反。嵲音屼。崛音掘。崎音倚。崔音作罪反。巍字作委。"师古曰："苏、郭两说并通。郭音作罪反，又音将水反。"

⑤张揖曰："振，拔也。水注川曰溪，注溪曰谷。寒产，屈折也。"郭璞曰："自溪及渎，皆水相通注也。"

⑥郭璞曰："谽呀豁闿，洞谷之形容也。隝，水中山也。谽音呼含反。呀音呼加反。闿音呼下反。隝音捣。"师古曰："大阜曰陵，言阜陵居在水中，各别为隝也。豁音呼活反。"

⑦郭璞曰："皆其形势也。嶻音於鬼反。魂音鱼鬼反。崴音恶罪反。𡾋音瘣。虚音墟。堀音窟。礨音磊。"师古曰："魂又音於虺反。𡾋音胡贿反。"

⑧郭璞曰："隐辚郁垒，堆垒不平貌。辚音洛尽反。"师古曰："垒音律。施音弋尔反。施靡，犹连延也。"

⑨郭璞曰："陂池，旁颓貌也。陂音皮。䩅音衣被之被。"师古曰："陂又音彼奇反。䩅又音彼。"

⑩张揖曰："水流溪谷之间也。"师古曰："溶音容。㶍音育。"

⑪师古曰："散涣，分散而涣然也。易曰'风行水上，涣'。夷，平也。广平曰陆。"

⑫师古曰："为亭候于皋隰之中，千里相接，皆筑令平也。被音皮义反。"

⑬张揖曰："掩，覆也。绿，王刍也。蕙，薰草也。"师古曰："绿蕙，言蕙草色绿耳，非王刍也。"

⑭张揖曰："留夷，新夷也。"师古曰："留夷，香草也，非新夷。新夷

乃树耳。”

⑮师古曰：“结缕蔓生，著地之处皆生细根，如线相结，故名结缕，今俗呼鼓筝草。两幼童对衔之，手鼓中央，则声如筝也，因以名云。”

⑯师古曰：“攒，聚也。庚莎，言莎草相交庚也。攒音材官反。”

⑰应劭曰：“揭车一名艺舆，香草也。”师古曰：“揭音巨列反。艺音乞。”

⑱师古曰：“稿本，草类白芷，根似芎䓖。射干，即乌扇耳。射音弋舍反。”

⑲如淳曰：“茈姜，姜上齐也。”师古曰：“姜之息生者，连其株本，则紫色也。蘘荷，蓴苴也，根旁生笋，可以为菹，又治蛊毒。茈音紫。蘘音人羊反。”

⑳如淳曰：“葴音针。”张揖曰：“葴持阙。若，杜若也。荪，香草也。”师古曰：“葴，寒浆也。持当为符，字之误耳。符，鬼目也。杜若苗颇类姜，而为椵叶之状。今流俗书本持字或作橙，非也。后人妄改耳。其下乃言黄甘橙榛，此无橙也。葴音之林反。荪音孙。”

㉑师古曰：“鲜支，即今支子树也。黄砾，今用染者黄屑之木也。二者虽非草类，既云延曼太原，或者赋杂言之耳。”

㉒张揖曰：“蒋，菰也。芧，三棱也。”郭璞曰：“芧音杼。”师古曰：“蒋音将。芧音丈与反。”

㉓郭璞曰：“布濩犹布露也。”师古曰：“闳亦大也。濩音护。延音弋战反。”

㉔师古曰：“离靡，谓相连不绝也。衍，布也。离音力尔反。”

㉕师古曰：“烈，酷烈之气也。披音丕蚁反。”

㉖郭璞曰：“香气射散也。菲音妃。”

㉗师古曰：“胅虿，盛作也。写，吐也。晻薆呹莫，皆芳香意也。胅音许乙反。虿音响。晻音奄，又音乌感反。薆音爱。呹音步必反。莫音勃。薆字或作隐也。”

"于是乎周览泛观，①缤纷轧芴，②芒芒恍忽，③视之无端，察之无涯。④日出东沼，入虖西陂。⑤其南则隆冬生长，涌水跃波；⑥其兽则庸旄貘犛，沈牛麈麋，⑦赤首圜题，穷奇象犀。⑧其北则盛夏含冻裂地，涉冰揭河；⑨其兽则麒麟角端，骑骒橐驼，⑩蛩蛩驒騱，駃騠驴骡。⑪

①师古曰："泛，普也，音敷剑反。"

②孟康曰："缤纷，众盛也。轧芴，致密也。"师古曰："缤音丑人反。轧音於黠反。芴音勿。"

③郭璞曰："言眼乱也。"师古曰："芒音莫郎反。"

④师古曰："涯，畔也，音仪。"

⑤张揖曰："朝出苑之东池，莫入于苑西陂中也。"

⑥师古曰："言其土地气温，经冬草木不死，水不冻。"

⑦张揖曰："旄，旄牛，其状如牛而四节毛。犛牛黑色，出西南徼外。沈牛，水牛也，能沈没水中。麈似鹿而大。"郭璞曰："庸牛，领有肉堆。貘似熊，庳脚锐鬐，骨无髓，食铜铁。貘音貊。犛音狸。"师古曰："庸牛即今之犎牛也。旄牛即今所谓偏牛者也。犛牛即今之猫牛者也。犛字又音茅。麈音主。"

⑧张揖曰："题，额也。穷奇状如牛而蜵毛，其音如嗥狗，食人。"师古曰："象，大兽也，长鼻，牙长一丈。犀头似猪，一角在鼻，一角在额前。"

⑨师古曰："言其土地气寒，当暑凝冻，地为之裂，故涉冰而渡河也。揭，褰衣也。诗邶风匏有苦叶之篇曰'深则厉，浅则揭'，揭音丘例反。"

⑩张揖曰："雄曰麒，雌曰麟，其状麇身牛尾，狼题一角，角端似牛，其角可以为弓。"郭璞曰："麒似麟而无角，角端似猪，角在鼻上，中作弓。"师古曰："麒麟角端，郭说是也。橐驼者，言其可负橐囊

2223

而驼物，故以名云。”

⑪郭璞曰：“驒騱，駏驉类也。駃騠生三日而超其母。驒音颠，騱音
奚。駃音决。騠音提。”

　　“于是乎离宫别馆，弥山跨谷，①高廊四注，重坐曲
阁，②华榱璧珰，辇道缅属，③步栌周流，长途中宿。④夷嵕筑
堂，絫台增成，⑤岩突洞房。⑥頫杳眇而无见，仰䙁橑而扪
天，⑦奔星更于闺闼，宛虹拖于楯轩。⑧青龙蚴蟉于东箱，象
舆婉僤于西清，⑨灵圄燕于闲馆，⑩偓佺之伦暴于南荣，⑪醴泉
涌于清室，通川过于中庭。⑫磐石裖崖，⑬嵚岩倚倾，⑭嵯峨磼
嶫，刻削峥嵘，⑮玫瑰碧琳，珊瑚丛生，⑯珉玉旁唐，玢豳文
磷，⑰赤瑕驳荦，杂臿其间，⑱晁采琬琰，和氏出焉。⑲

①师古曰：“弥，满也。跨犹骑也。”

②师古曰：“廊，堂下四周屋也。重坐，谓增室也。曲阁，阁之屈曲相
　连者也。”

③师古曰：“榱，橑也。华谓雕画之也。璧珰，以玉为椽头，当即所谓
　璇题玉题者也。一曰以玉饰瓦之当也。辇道，谓阁道可以乘辇而行
　者也。缅属，缅迤相连属也。缅音力尔反。属音之欲反。”

④师古曰：“步栌，言其下可行步，即今之步廊也。谓其途长远，虽经
　日行之，尚不能达，故中道而宿也。”

⑤师古曰：“夷，平也。山之高聚者曰嵕。絫，古累字。言平山而筑堂
　于其上为累台也。增，重也，一重为一成也。嵕音子公反。”

⑥师古曰：“于岩穴底为室，若灶突然，潜通台上。”

⑦师古曰：“頫，古俯字也。杳眇，视远貌。䙁，古攀字也。橑，椽
　也。扪，摸也。言台榭之高，有升上者，俯视则不见地，仰攀其
　橑可以摸天也。橑音老。扪音门。”

⑧师古曰："奔星，流星也。更，历也。闺闼，宫中小门也。宛虹，曲屈之虹也。拖谓申加于上也。楣轩，轩之兰板也。并言室宇之高，故星虹得经加之也。更音工衡反。虹音红。拖音吐贺反，又（言）〔音〕徒可反。"〔5〕

⑨师古曰："象舆，瑞应车也。西清者，西箱清静之处也。蛐蟉、婉僤，皆行动之貌。蛐音一纠反。蟉音力纠反。僤音善。"

⑩张揖曰："灵圉，众仙号也。"师古曰："圉读曰闲。"

⑪郭璞曰："偓佺，仙人也，食松子而眼方。暴谓偃卧日中也。荣，屋南檐也。偓音握。佺音铨。"

⑫师古曰："醴泉，瑞水，味甘如醴，言于室中涌出，而通流为川，从中庭而过也。"

⑬孟康曰："碾，砥致也。崖，廉也。以石致川之廉也。"师古曰："碾砥并音之忍反。致音直二反。谓重密而累积。"

⑭郭璞曰："嶔岩，欹貌。"师古曰："嶔音口衔反。倚音於绮反。"

⑮苏林曰："削音峭峻之峭。峥音侪争反。嵘音户抨反。"郭璞曰："言自然若雕刻也。嵯音昨盍反。嶪音五盍反。"师古曰："直言刻削耳，非云峭峻。郭说是也。嵯音捷。嶪音业。"

⑯郭璞曰："珊瑚生水底石边，大者（可）〔树〕高三尺馀，〔6〕枝格交错，无有叶。"

⑰苏林曰："玢音分。"郭璞曰："旁唐言盘礴。玢豳，文理貌。"师古曰："旁唐，文石也。唐字本作砀，言珉玉及石并玢豳也。玢音彼旻反。豳又音彼闲反。"

⑱张揖曰："赤瑕，赤玉也。"郭璞曰："言杂厕崖石中。驳荦，采点也。荦音洛角反。"

⑲晋灼曰："罍采阙。"师古曰："罍，古朝字也。朝采者，美玉每旦有白虹之气，光采上出，故名朝采，犹言夜光之璧矣。琬琰，美玉名。

和氏之璧，卞和所得，亦美玉也。言今皆出于上林。”

　　“于是乎卢橘夏孰，①黄甘橙楱，②枇杷橪柿，亭奈厚朴，③樗枣杨梅，④樱桃蒲陶，⑤隐夫薁棣，⑥荅遝离支，⑦罗乎后宫，列乎北园，貤丘陵，下平原，⑧扬翠叶，扤紫茎，⑨发红华，垂朱荣，煌煌扈扈，照曜钜野。⑩沙棠栎槠，⑪华枫枰栌，⑫留落胥邪，仁频并闾，⑬欃檀木兰，⑭豫章女贞，⑮长千仞，大连抱，⑯夸条直畅，实叶葰楙，⑰攒立丛倚，连卷欐佹，⑱崔错癹骫，⑲坑衡闶砢，⑳垂条扶疏，落英幡纚，㉑纷溶萷蔘，猗柅从风，㉒藰莅芔歙，㉓盖象金石之声，筦籥之音。㉔柴池茈虒，旋还乎后宫，㉕杂袭絫辑，㉖被山缘谷，循阪下隰，㉗视之无端，究之亡穷。

①应劭曰：“伊尹书曰‘箕山之东，青马之所，有卢橘夏孰’。”晋灼曰：“此虽赋上林，博引异方珍奇，不系于一也。”师古曰：“卢，黑色也。”

②郭璞曰：“黄甘，橘属而味精。楱亦橘之类也，音凑。”张揖曰：“楱，小橘也，出武陵。”师古曰：“橙即柚也，音丈耕反。”

③张揖曰：“枇杷似斛树，长叶，子若杏。橪，橪支，香草也。亭，山梨也。厚朴，药名也。”郭璞曰：“橪支木也。”师古曰：“此二句总论树木，不得杂以香草也。橪，郭说得之。朴，木皮也。此药以皮为用，而皮厚，故呼厚朴云。橪音烟。朴音匹角反。”

④张揖曰：“杨梅，其实似榖子而有核，其味酢，出江南也。”

⑤师古曰：“樱桃，即今之朱樱也。礼记谓含桃，尔雅谓之荆桃。樱音於耕反。”

⑥师古曰：“隐夫未详。薁即今之郁李也。棣，今之山樱桃。薁音於六反。棣音（徙）〔徒〕计反。”[7]

⑦张揖曰：“荅遝似李，出蜀。”晋灼曰：“离支大如鸡子，皮麤，剥去皮，肌如鸡子中黄，味甘多酢少。”师古曰：“遝音沓。离音力智反。”

⑧师古曰：“貤犹延也，一曰次第而重也。貤音弋豉反。”

⑨师古曰：“扤，摇也，音兀。”

⑩师古曰：“言其光采之盛也。钜野，大野。煌音皇。”

⑪张揖曰：“沙棠，状如棠，黄华赤实，其味似李，无核。吕氏春秋曰‘果之美者，沙棠之实’。栎，果名也。楮似栎，叶冬不落。”应劭曰：“栎，采木也。”郭璞曰：“楮似采柔。”师古曰：“栎非果名，又非采木之栎，盖木蓼也，叶辛，初生可食。栎音历。楮音诸。栎音零。采音菜。柔音食诸反。”

⑫师古曰：“华即今之皮贴弓者也。枫树脂可为香，今之枫胶香也。尔雅云一名摄摄。枰即平仲木也。栌，今黄栌木也。华音胡化反。枫音风。枰音平。栌音卢。”

⑬张揖曰：“并闾，棕也。”郭璞曰：“落，檴也，中作器素。胥邪似并闾，皮可作索。”师古曰：“仁频即宾桹也。频字或作宾。胥音先余反。邪音弋奢反。檴音镬。”

⑭孟康曰：“欀檀，檀别名。”郭璞曰：“欀音谏。”

⑮师古曰：“女贞树冬夏常青，未尝凋落，若有节操，故以名焉。”

⑯师古曰：“八尺曰仞。连抱者，言非一人所抱。”

⑰郭璞曰：“夸，张布也。”张揖曰：“薁，甬也。”师古曰：“畅，通也，通谓上下相称也。薁音峻。樧，古茂字也。甬音踊。”

⑱师古曰：“攒立，聚立也。丛倚，相倚也。连卷，屈曲也。枥佹，支柱也。倚音於绮反。卷音丘专反，又音巨专反。枥音力尔反。佹音诡。”

⑲师古曰：“崔错，交杂也。登委，蟠戾也。崔音千贿反。登音步葛反。戾，古委字。”

2227

⑳师古曰：“坑衡，径直貌也。问砢，相扶持也。坑音口庚反。问音乌可反。砢音来可反。坑字或作抗，言树之支干相抗争衡也。其义两通。”

㉑师古曰：“扶疏，四布也。英谓华也。幡缅，飞扬貌也。缅音山尔反。”

㉒郭璞曰：“纷溶萷蓔，支竦擢也。猗柅犹阿邺也。萷音萧。蓔音森。猗音於氏反。柅音诺氏反。”师古曰：“溶音容。萷亦音山交反。”

㉓师古曰：“林木鼓动之声也。苅音刘。莅音利。𦮼，古卉字也，音讳。歙音翕。”

㉔师古曰：“金石，谓钟磬也。筦长一尺，围一寸，六孔无底，籥三孔，并以竹为之。”

㉕如淳曰：“茈音此。虒音豸。”张揖曰：“柴池，参差也。茈虒，不齐也。”郭璞曰：“柴音差。还，还绕也，音宦。”

㉖师古曰：“杂袭，相因也。絫辑，重积也。絫，古累字。辑与集同。”

㉗师古曰：“循，顺也。下湿曰隰。”

　　“于是乎玄猿素雌，蜼玃飞蟲，①蛭蜩玃蝚，②獑胡縠蛫，③栖息乎其间。长啸哀鸣，翩幡互经，④夭蛴枝格，偃蹇杪颠，⑤隃绝梁，腾殊榛，⑥捷垂条，掉希间，⑦牢落陆离，烂漫远迁。⑧

①张揖曰：“蜼如母猴，卬鼻而长尾。玃似弥猴而大。飞蟲，飞鼠也，其状如兔而鼠首，以其頦飞。”郭璞曰：“蟲，鼯鼠也，毛紫赤色，飞且生，一名飞生。蜼音赠遗之遗。蟲音诔。”师古曰：“玄猿素雌，言猿之雄者玄黑而雌者白素也。尔雅曰‘玃父善顾’也。玃音钁。鼯音吾。”

②如淳曰：“蛭音质。”张揖曰：“蛭，虮也。蜩，蝉也。玃蝚，弥猴也。”师古曰：“方言兽属，而引蛭虮水虫，又及蜩蝉，乖于事类，

如说非也，但未详是何兽耳。蛫音乃高反，又音柔，即今所谓戎皮
为鞍韂者也。戎音柔，声之转耳，非弥猴也。"

③张揖曰："狖胡似弥猴，头上有髦，要以后黑。貜，白狐子也。"郭
璞曰："貜似貙而大，要以后黄，一名黄要，食弥猴。蚏未闻也。狖
音诱。貜音呼貜反。蚏音诡。"师古曰："貜，郭说是也。"

④郭璞曰："互经，互相经过也。"

⑤郭璞曰："皆猿猴在树共戏姿态也。夭蟜，频申也。"师古曰："杪
颠，枝上端也。蟜音矫。杪音眇。"

⑥师古曰："绝梁，谓正绝水无桥梁也。殊榛，特立株杌也。言超度无
梁之水，而跳上株杌之上也。隃字与逾同。榛音仕人反。杌音五
曷反。"

⑦张揖曰："捷持县垂之条，掉往著稀疏无支之间也。"师古曰："掉音
徒钓反。"

⑧师古曰："言其聚散不恒，杂乱移徙也。"

"若此者数百千处，娱游往来，宫宿馆舍，①庖厨不徙，
后宫不移，百官备具。②

①师古曰："娱，戏也。戏音许其反。"
②师古曰："言所在之处供具皆足也。"

"于是乎背秋涉冬，天子校猎。①乘镂象，六玉虬，②拖
霓旌，③靡云旗，④前皮轩，后道游；⑤孙叔奉辔，卫公参
乘，⑥扈从横行，出乎四校之中。⑦鼓严簿，纵猎者，⑧江河为
阹，泰山为橹，⑨车骑雷起，殷天动地，⑩先后陆离，离散别
追，⑪淫淫裔裔，缘陵流泽，云布雨施。⑫生貔豹，搏豺狼，⑬
手熊罴，足野羊。⑭蒙鹖苏，⑮绔白虎，⑯被斑文，⑰跨野
马，⑱陵三峻之危，⑲下碛历之坻，⑳径峻赴险，越壑厉水。㉑推蜚

廉，弄解廌，㉒格虾蛤，铤猛氏，㉓罊要褭，射封豕。㉔箭不苟害，解脰陷脑；弓不虚发，应声而倒。㉕

① 李奇曰："以五校兵出猎也。"师古曰："李说非也。校猎者，以木相贯穿，总为阑校，遮止禽兽而猎取之。说者或以为周官校人掌田猎之马，因云校猎，亦失其义。养马称校人者，谓以为阑校以养马耳，故呼为闲也。事具周礼，非以猎马故称校人。"

② 张揖曰："镂象，象路也，以象牙疏镂其车辂。六玉虬，谓驾六马，以玉饰其镳勒，有似玉虬。龙子有角曰虬。"

③ 张揖曰："析羽毛，染以五采，缀以缕为旌，有似虹霓之气也。"师古曰："旌音土贺反，又音徒可反。"

④ 张揖曰："画熊虎于旒为旗，似云气。"

⑤ 文颖曰："皮轩，以虎皮饰车。天子出，道车五乘，游车九乘，在乘舆车前，赋颂为偶辞耳。"师古曰："文说非也。言皮轩最居前，而道游次皮轩之后耳，非谓在乘舆之后也。皮轩之上以赤皮为重盖，今此制尚存，又非猛兽之皮用饰车也。道读曰导。"

⑥ 郑氏曰："孙叔者，太仆公孙贺也，字子叔。卫公者，大将军卫青也。大驾，太仆御，大将军参乘。"师古曰："参乘，在车之右也。解具在文纪也。"

⑦ 文颖曰："凡五校，今言四者，一校中随天子乘舆也。"师古曰："此说又非也。四校者，阑校之四面也。言其跋扈纵恣而行，出于校之四外也。"

⑧ 孟康曰："鼓严，严鼓也。簿，卤簿也。"师古曰："纵，放也。簿音步户反。"

⑨ 苏林曰："阹，猎者围陈遮禽兽也。"张揖曰："橹，大盾，以为翳也。"郭璞曰："橹，望楼也。因山谷遮禽兽为阹。"师古曰："因江河以遮禽，登泰山而望获，言田猎之广远耳。郭说是也。阹

音(怯)〔祛〕。"[8]

⑩郭璞曰："殷犹震也。"师古曰："霣，古雷字也。殷音隐。"

⑪师古曰："陆离，分散也。言各有所追逐也。追合韵，音竹遂反。"

⑫郭璞曰："言遍山野也。"

⑬郭璞曰："貙，执夷，虎属也，音毗。"师古曰："貙豹二物，皆猛兽也。生谓生取之也。搏，击也。"

⑭张揖曰："熊，犬身人足，黑色。黑如熊，黄白色。墨羊，麢羊也，似羊而青。"师古曰："墨羊，今之所谓山羊也，非麢羊矣。手，言手击杀之。足谓蹴蹋而获之。"

⑮孟康曰："鹖，鹖尾也。苏，析羽也。"张揖曰："鹖似雉，斗死不却。"郭璞曰："蒙其尾为帽也。鹖音曷。"

⑯张揖曰："著白虎文绔也。"师古曰："绔，古袴字。"

⑰师古曰："被谓衣著之也。斑文，亦貙豹之皮也。被音皮义反。"

⑱师古曰："骑之也。"

⑲师古曰："陵，上也。三嵏，三聚之山也。"

⑳师古曰："碛历，沙石之貌也。坻，水中高处也。碛音千狄反。坻音迟。"

㉑师古曰："厉，以衣度也。"

㉒郭璞曰："飞廉，龙雀也，鸟身鹿头。"张揖曰："解廌似鹿而一角，人君刑罚得中则生于朝廷，主触不直者，可得而弄也。"师古曰："揳亦谓弄之也，其字从手。今流俗读作椎击之椎，失其义矣。解音蟹。廌音丈介反。"

㉓孟康曰："虾蛤、猛氏，皆兽名也。"郭璞曰："今蜀中有兽，状似熊而小，毛浅有光泽，名猛氏。"师古曰："蜒，铁把短矛也。虾音遐。蛤音閤。蜒音蝉。"

㉔张揖曰："要裹，马金（啄）〔喙〕赤色，[9]一日行万里者。"郭璞曰："封豕，大猪也。要裹音窈嫋。"师古曰："羂谓罗系之也，音

工犬反。”

㉕张揖曰：“脰，项也。”师古曰：“言射必命中，非诡遇也。脰音豆。”

“于是乘舆弭节徘徊，翱翔往来，①睨部曲之进退，览将帅之变态。②然后侵淫促节，③倏夐远去，④流离轻禽，蹴履狡兽，⑤轊白鹿，捷狡菟。⑥轶赤电，遗光耀，⑦追怪物，出宇宙，⑧弯蕃弱，满白羽，⑨射游枭，栎蜚遽。⑩择肉而后发，先中而命处，⑪弦矢分，蓺殪仆。⑫

①郭璞曰：“言周旋也。”

②师古曰：“睨，衺视也。部曲，解在李广传。睨音五计反。”

③郭璞曰：“言短驱也。”

④师古曰：“倏然夐然，疾远貌。”

⑤师古曰：“流离，困苦之也。”

⑥郭璞曰：“狡菟健跳，故捷取之也。”

⑦张揖曰：“轶，过也。”郭璞曰：“皆妖气为变怪者，游光之属。”

⑧张揖曰：“怪物，奇禽也。天地四方曰宇，古往今来曰宙。”师古曰：“张说宙，非也。许氏说文解字云‘宙，舟舆所极覆也’。”

⑨文颖曰：“弯，牵也。蕃弱，夏后氏之良（工）〔弓〕名。[10]引弓尽箭镝为满。以白羽羽箭，故言白羽也。”师古曰：“弯音乌还反。蕃音扶元反。”

⑩张揖曰：“枭，恶鸟，故射之也。栎，梢也。飞遽，天上神兽也，鹿头而龙身。”郭璞曰：“枭，枭羊也，似人长唇，被发食人。”师古曰：“枭，郭说近是矣，非谓恶鸟之枭也。栎音洛。遽音钜。”

⑪郭璞曰：“言必如所志者也。”

⑫文颖曰：“所射准的为蓺，一发（矢）〔死〕为殪。”[11]郭璞曰：“仆，毙也。殪音翳。仆音赴。”师古曰：“言弦矢适分，则殪死而赴，如射蓺也。蓺谓射的，即今之垛上橜也。蓺读与艺同，字亦作臬，音

鱼列反。"

　　"然后扬节而上浮，①陵惊风，历骇焱，②乘虚亡，与神俱，③蔺玄鹤，乱昆鸡，④遒孔鸾，促鵔鸃，⑤拂翳鸟，⑥捎凤凰，⑦捷鸳鸹，掩焦明。⑧

①郭璞曰："言腾游也。"

②师古曰："焱谓疾风从下而上也，音必遥反。"

③张揖曰："虚无廖廓，与元通灵，言其所乘气之高，故能出飞鸟之上而与神俱也。"

④张揖曰："昆鸡似鹤，黄白色。"郭璞曰："乱者，言乱其行伍也。"

⑤郭璞曰："遒、促，皆迫捕之也。"师古曰："遒音材由反。"

⑥张揖曰："山海经曰九疑之山有五采之鸟，名曰翳鸟也。"

⑦师古曰："捎音山交反。"

⑧张揖曰："焦明似凤，西方之鸟也。"

　　"道尽涂殚，回车而还。消摇乎襄羊，降集乎北纮，①率乎直指，②掩乎反乡，③蹶石关，历封峦，过鳷鹊，望露寒，④下堂梨，息宜春，⑤西驰宣曲，⑥濯鹢牛首，⑦登龙台，⑧掩细柳，⑨观士大夫之勤略，⑩钩猎者之所得获。⑪徒车之所阗轹，⑫骑之所蹂若，人之所蹈藉，⑬与其穷极倦㓉，惊惮詟伏，⑭不被创刃而死者，它它藉藉，⑮填坑满谷，掩平弥泽。⑯

①张揖曰："淮南子云九州之外曰八泽，八泽之外乃有八纮，北方之纮曰委羽。"郭璞曰："襄羊犹彷徉也。"师古曰："纮音宏。"

②师古曰："率然直去意。"

③师古曰："掩然疾归貌。"

④张揖曰："此四观武帝建元中作,在云阳甘泉宫外。"师古曰:"蹶,
蹋;历,经也。蹶音钜月反。峦音鸾。嶕音支。"

⑤张揖曰："堂梨,宫名,在云阳东南三十里。"师古曰:"宜春,宫
名,在杜县东,即今曲江池是其处也。"

⑥张揖曰："宣曲,宫名也,在昆明池西。"

⑦张揖曰："牛首,池名也,在上林苑西头。"师古曰:"濯者,所以
刺船也。鹢即鹢首之舟也。濯音直孝反。"

⑧张揖曰："观名也,在丰水西北,近渭。"

⑨郭璞曰："观名也,以昆明池南也。"

⑩师古曰："略,智略也。观士之勤,大夫之略也。"

⑪郭璞曰："平其多少也。"

⑫郭璞曰："徒,步也。阗,践也。轹,辗也,音来各反。"师古曰:
"辗音女展反。"

⑬师古曰："躁若,谓践躙也。躁音人九反。"

⑭郭璞曰："穷极倦乱,疲惫也。惊惮詟伏,詟怖不动貌。"师古曰:
"乱音剧。惮音丁曷反。詟音之涉反。"

⑮郭璞曰："言交横也。"师古曰:"它音徒何反。"

⑯师古曰："平,平原也。弥亦满也。"

"于是乎游戏懈怠,置酒乎颢天之台,①张乐乎胶葛之
宇,②撞千石之钟,③立万石之虡,④建翠华之旗,树灵鼍之
鼓,⑤奏陶唐氏之舞,⑥听葛天氏之歌,⑦千人倡,万人和⑧山
陵为之震动,川谷为之荡波。⑨巴俞宋蔡,淮南干遮,⑩文成
颠歌,⑪族居递奏,金鼓迭起,⑫铿鎗闛鞈,洞心骇耳。⑬荆吴
郑卫之声,⑭韶濩武象之乐,⑮阴淫案衍之音,⑯鄢郢缤纷,激
楚结风,⑰俳优侏儒,狄鞮之倡,⑱所以娱耳目乐心意者,丽
靡烂漫于前,⑲靡曼美色于后。⑳

①张揖曰："台高上干皓天也。"师古曰："颢音胡考反。"

②郭璞曰："言旷远深貌也。"

③张揖曰："千石，十二万斤也。"

④师古曰："虡，兽名也。立一百二十万斤之虡以县钟也。"

⑤师古曰："翠华之旗，以翠羽为旗上葆也。灵鼍之鼓，以鼍皮为鼓。鼍音徒河反，又音徒丹反。"

⑥郭璞曰："陶唐，尧有天下号也。"如淳曰："舞咸池。"师古曰："二家之说皆非也。陶唐当为阴康，传写字误耳。古今人表有葛天氏，阴康氏。吕氏春秋曰：'昔阴康氏之始，阴多滞伏湛积，阳道壅塞，不行其序，民气郁阏，筋骨缩栗不达，故作为舞以宣导之。'高诱亦误解云'陶唐，尧有天下之号也'。案吕氏说阴康之後，方一一历言黄帝、颛顼、帝喾，乃及尧、舜作乐之本，皆有次第，岂再陈尧而错乱其序乎？盖诱不视古今人表，妄改易吕氏本文。"

⑦张揖曰："葛天氏，三皇时君号也。其乐三人持牛尾投足以歌八曲：一曰载民，二曰玄鸟，三曰育草木，四曰奋五谷，五曰敬天常，六曰彻帝功，七曰依地德，八曰总禽兽之极。"师古曰："张说八曲是也。其事亦见吕氏春秋。张云三皇时君，失之矣。"

⑧师古曰："倡读曰唱。"

⑨郭璞曰："波浪起也。"

⑩师古曰："巴俞之人刚勇好舞，初高祖用之，克平三秦，美其功力，后使乐府习之，因名巴俞舞也。宋蔡，二国名。淮南，地名，干遮，曲名也。"

⑪文颖曰："文成，辽西县名也。其县人善歌。颠，益州颠县，其民能作西南夷歌也。"师古曰："颠即滇字也，其音则同耳。"

⑫师古曰："族，聚也。聚居而递奏也。金，钟也。钟之与鼓，亦互起也。迭音徒结反。"

⑬师古曰："铿锽，金声也。阊鞈，鼓音也。洞，彻也。骇，惊也。铿

音口耕反。鎗音切衡反。閣音托郎反。鞈音榻。"

⑭郭璞曰:"皆淫哇之声。"

⑮文颖曰:"韶,舜乐也。濩,汤乐也。武,武王乐也。"张揖曰:"象,周公乐也。南人服象,为虐于夷,成王命周公以兵追之,至于海南,乃为三象乐也。"

⑯郭璞曰:"流涵曲也。"师古曰:"衍音弋战反。"

⑰李奇曰:"鄢,今宜城县也。郢,楚都也。缤纷,舞貌也。"郭璞曰:"激楚,歌曲也。"师古曰:"结风,亦曲名也。缤音匹人反。"

⑱张揖曰:"狄鞮,西方译名。"郭璞曰:"西戎乐名也。"师古曰:"俳优侏儒,倡乐可狎玩者也。狄鞮,郭说是也。鞮音丁奚反。"

⑲郭璞曰:"言恣所观也。"

⑳张揖曰:"靡,细也。曼,泽也。"

"若夫青琴虙妃之徒,①绝殊离俗,②妖冶闲都,靓庄刻饰,便嬛绰约,③柔桡嬛嬛,妩媚纤弱,④曳独茧之褕袘,眇阎易以恤削,⑤便姗嫳屑,与世殊服,⑥芬芳沤郁,酷烈淑郁,⑦皓齿粲烂,宜笑的皪,⑧长眉连娟,微睇绵藐,⑨色授魂予,心愉于侧。⑩

①伏俨曰:"青琴,古神女也。"文颖曰:"虙妃,洛水之神女也。"师古曰:"虙读与伏字同,字本作虙也。"

②郭璞曰:"世无双也。"

③郭璞曰:"靓庄,粉白黛黑也。刻,刻画鬓鬓也。便嬛,轻丽也。绰约,婉约也。嬛音翾。靓音净。"师古曰:"妖冶,美好也。闲都,雅丽也。绰音绰。"

④师古曰:"桡,动曲也。嬛嬛,柔屈貌也。纤,细也。细弱总谓骨体也。桡音女教反。嬛音於圆反。妩音武。纤即纤字耳。"

⑤张揖曰:"褕,襜褕也。袘,袂也。"郭璞曰:"独茧,一茧丝也。阎

易，衣长貌也。恤削，言如刻画作之也。"师古曰："褕音逾。袣音曳。易，弋示反。"

⑥师古曰："言其行步安详，容服绝异也。便音步千反。姗音先。嫳音步结反。"

⑦郭璞曰："香气盛也。"师古曰："沤音一候反。"

⑧郭璞曰："鲜明貌也。"师古曰："皪音砾。"

⑨郭璞曰："连娟言曲细。绵藐，视远貌。藐音邈。"师古曰："微睇，小视也。娟音一全反。睇音大计反。"

⑩张揖曰："彼色来授，魂往与接也。"师古曰："愉，乐也。音踰。"

　　"于是酒中乐酣，①天子芒然而思，②似若有亡，③曰：'嗟乎，此大奢侈！朕以览听馀闲，无事弃日，④顺天道以杀伐，⑤时休息（以）于此，⑥[12]恐後世靡丽，遂往而不返，非所以为继嗣创业垂统也。'⑦于是乎乃解酒罢猎，而命有司曰：'地可垦辟，悉为农郊，以赡氓隶，⑧隤墙填堑，⑨使山泽之民得至焉。⑩实陂池而勿禁，虚宫馆而勿仞。⑪发仓廪以救贫穷，补不足，恤鳏寡，存孤独。出德号，省刑罚，⑬改制度，易服色，革正朔，与天下为始。'

①师古曰："酒中，饮酒中半也。乐酣，奏乐洽也。中音竹仲反。"

②师古曰："芒然犹罔然也。芒音莫郎反。"

③师古曰："如有失也。"

④师古曰："言听政馀暇，不能弃日也。闲读曰闲。"

⑤郭璞曰："因秋气也。"

⑥郭璞曰："谓苑囿中也。"

⑦郭璞曰："言不可以示将来也。"师古曰："为音于伪反。"

⑧师古曰："辟读曰闢。闢，开也。邑外谓之郊，郊野之田故曰农郊

也。卫风硕人之诗曰'税于农郊'也。"

⑨师古曰："陨，坠也，音徒回反。"

⑩师古曰："恣其刍牧樵采者也。"

⑪师古曰："实谓人满其中，言恣其有所取也。仞亦满也。勿仞，言（发）〔废〕罢之也。"〔13〕

⑫师古曰："德号，德音之号令也。易夬卦曰'孚号有厉'是也。"

"于是历吉日以斋戒，①袭朝服，乘法驾，建华旗，鸣玉鸾，②游于六艺之囿，驰骛乎仁义之涂，③览观春秋之林，④射狸首，兼驺虞，⑤弋玄鹤，舞干戚，⑥戴云䍐，掩群雅，⑦悲伐檀，⑧乐乐胥，⑨修容乎礼园，翱翔乎书圃，⑩述易道，⑪放怪兽，⑫登明堂，坐清庙，恣群臣，奏得失，四海之内，靡不受获。⑬于斯之时，天下大说，乡风而听，随流而化，⑭芔然兴道而迁义，⑮刑错而不用，德隆于三皇，功羡于五帝。⑯若此，故猎乃可喜也。

①张揖曰："历犹算也。"

②郭璞曰："鸾，铃也，在轭曰鸾，在轼曰和。"

③郭璞曰："六艺，礼、乐、射、御、书、数也。涂，道也。"师古曰："郭说非也。此六艺谓六经者也。"

④如淳曰："春秋义理繁茂，故比之于林薮也。"

⑤郭璞曰："狸首，逸诗篇名，诸侯以为射节。驺虞，召南之卒章，天子以为射节也。"

⑥郭璞曰："干，盾；戚，斧也。"

⑦张揖曰："䍐，毕也，前有九流云䍐之车。诗小雅之材七十四人，大雅之材三十一人，故曰群雅也。"

⑧师古曰："伐檀，魏国之诗，刺在位贪鄙也。"

⑨郑氏曰："诗云'于胥乐兮'。"师古曰："此说非也。谓取小雅桑扈之篇云'君子乐胥，万邦之屏'耳。胥，有材知之人也。王者乐得有材知之人使在位也。胥音先吕反。"

⑩师古曰："此以上皆取经典之嘉辞，以代游猎之娱乐。"

⑪郭璞曰："修絜静精微之术。"

⑫张揖曰："苑中奇怪之兽，不复猎也。"

⑬师古曰："言天下之人，皆受恩惠，岂直如田猎得兽而已。"

⑭师古曰："说读曰悦。乡读曰向。"

⑮师古曰："芔然犹欻然也。迁，徙也，徙就于义也。芔音许贵反。"

⑯师古曰："错，置也。美，饶也。五帝谓黄帝、颛顼、帝喾、尧、舜也，一曰少昊、颛顼、高辛、尧、舜也。错音千故反。美音弋战反。"

"若夫终日驰骋，劳神苦形，罢车马之用，抏士卒之精，①费府库之财，而无德厚之恩，务在独乐，不顾众庶，忘国家之政，贪雉菟之获，则仁者不繇也。②从此观之，齐楚之事，岂不哀哉！地方不过千里，而囿居九百，是草木不得垦辟，而民无所食也。③夫以诸侯之细，而乐万乘之所侈，仆恐百姓被其尤也。"④

①师古曰："罢读曰疲。抏，挫也，音五官反。"

②师古曰："繇读与由同。由，用也。"

③师古曰："辟读曰闢。"

④师古曰："尤，过也；被音皮义反。"

于是二子愀然改容，超若自失；①逡巡避席，曰："鄙人固陋，不知忌讳，乃今日见教，谨受命矣。"

①师古曰："愀，变色貌，音材小反，又音秋诱反。"

赋奏，天子以为郎。<u>亡是公</u>言<u>上林</u>广大，山谷水泉万物，及<u>子虚</u>言<u>云梦</u>所有甚众，侈靡多过其实，且非义理所止，故删取其要，归正道而论之。①

①师古曰："言不尚其侈靡之论，但取终篇归于正道耳，非谓削除其辞也，而说者便谓此赋已经史家刊剟，失其意矣。"

【校勘记】

〔1〕〔决〕眦即决兽之目眦，　王先谦说，"目"下当有"决"字。

〔2〕<u>西河</u>（有）<u>縠罗县</u>有<u>紫泽</u>，　景祐、殿本都无上"有"字。

〔3〕<u>丰水</u>出<u>鄠南山</u>（澧）〔丰〕谷，　景祐本作"丰"。

〔4〕（泪）〔汩〕縠然也。　景祐、殿、局本都作"汩"，此误。

〔5〕又（言）〔音〕徒可反。　殿、局本都作"音"，此误。景祐本无"音"字。

〔6〕大者（可）〔树〕高三尺馀，　景祐、殿本都作"树"。

〔7〕棣音（徙）〔徒〕计反。　景祐、殿本都作"徒"，此误。

〔8〕阤音（怯）〔祛〕。　景祐、殿本都作"祛"。王先谦说作"祛"是。

〔9〕马金（啄）〔喙〕赤色，　殿、局本都作"喙"。王先谦说作"喙"是。

〔10〕蕃弱，夏后氏之良（工）〔弓〕名。　景祐、殿、局本都作"弓"，此误。

〔11〕一发（矢）〔死〕为殪。　景祐、殿、局本都作"死"，此误。

〔12〕时休息（以）于此。　王先谦说史记、文选并无"以"字，则无"以"字者是。

〔13〕言（发）〔废〕罢之也。　景祐、殿本都作"废"。王先谦说作"废"是。

汉 书 卷 五 十 七 下

司马相如传第二十七下

相如为郎数岁，会唐蒙使略通夜郎、僰中，①发巴蜀吏卒千人，郡又多为发转漕万馀人，用军兴法诛其渠率。②巴蜀民大惊恐。上闻之，乃遣相如责唐蒙等，因谕告巴蜀民以非上意。檄曰：

①师古曰："行取曰略。夜郎、僰中，皆西南夷也。僰音蒲北反。"
②师古曰："渠，大也。"

告巴蜀太守：蛮夷自擅，不讨之日久矣，时侵犯边境，劳士大夫。陛下即位，存抚天下，集安中国，然后兴师出兵，北征匈奴，单于怖骇，交臂受事，屈膝请和。康居西域，重译纳贡，稽首来享。①移师东指，闽越相诛；右吊番禺，太子入朝。②南夷之君，西僰之长，常效贡职，不敢惰怠，延颈举踵，喁喁然，③皆乡风慕义，欲为臣妾，④道里辽

2241

远，山川阻深，不能自致。⑤夫不顺者已诛，而为善者未赏，故遣中郎将往宾之，发巴蜀之士各五百人以奉币，卫使者不然，⑥靡有兵革之事，战斗之患。今闻其乃发军兴制，⑦惊惧子弟，忧患长老，郡又擅为转粟运输，皆非陛下之意也。当行者或亡逃自贼杀，⑧亦非人臣之节也。

① 师古曰："来入朝觐，豫享祀也。一曰享，献也，献其国珍也。"

② 文颖曰："吊，至也。番禺，南海郡治也。东伐越，后至番禺，故言右也。"师古曰："南越为东越所伐，汉发兵救之，南越蒙天子德惠，故遣太子入朝，所以云吊耳，非训至也。"

③ 师古曰："喁喁，众口向上也，音鱼龙反。"

④ 师古曰："乡读曰向。"

⑤ 师古曰："致，至也。"

⑥ 张揖曰："不然之变也。"

⑦ 师古曰："以发军之法为兴众之制也。"

⑧ 师古曰："贼犹害也。"

夫边郡之士，闻獒举燧燔，①皆摄弓而驰，荷兵而走，②流汗相属，惟恐居后，③触白刃，冒流矢，④议不反顾，计不旋踵，人怀怒心，如报私雠。彼岂乐死恶生，非编列之民，而与巴蜀异主哉？⑤计深虑远，急国家之难，而乐尽人臣之道也。故有剖符之封，析圭而爵，位为通侯，⑥居列东第。⑦终则遗显号于后世，传土地于子孙，事行甚忠敬，居位甚安佚，⑧名声施于无穷，功（业）〔烈〕著而不灭。〔1〕是以贤人君子，肝脑涂中原，膏液润埜屮而不辞也。⑨今奉币使至南夷，即自贼杀，或亡逃抵诛，⑩身死无名，⑪谥为至愚，⑫耻及父母，为天下笑。人之度量相越，岂不远哉！然此非独行者之罪也，父兄之教不先，子弟之率不谨，⑬寡廉鲜耻，而俗不长厚也。⑭其被刑戮，不亦宜乎！

①孟康曰："燧如覆米䉤，县著契皋头，有寇则举之。燧，积薪，有寇则燔然之也。"

②师古曰："摄谓张弓注矢而持之也。摄音女涉反。"

③师古曰："属，逮也，音之欲反。"

④师古曰："冒，犯也。"

⑤师古曰："编列，谓编户也。编音布先反。"

⑥如淳曰："析，中分也。白藏天子，青在诸侯也。"

⑦师古曰："东第，甲宅也。居帝城之东，故曰东第也。"

⑧师古曰："佚，乐也，读与逸同。"

⑨师古曰："埜与壄同，古野字也。屮，古草字也。"

⑩师古曰："抵，至也，亡逃而至于诛也。"

⑪师古曰："无善名也。"

⑫师古曰："谥者，行之迹也。终以愚死，后叶传称，故谓之谥。"

⑬师古曰："不先者，谓往日不素教之也。"

⑭师古曰："寡、鲜，皆少也。鲜音息浅反。"

陛下患使者有司之若彼，悼不肖愚民之如此，故遣信使，①晓谕百姓以发卒之事，②因数之以不忠死亡之罪，③让三老孝弟以不教诲之过。④方今田时，重烦百姓，⑤已亲见近县，⑥恐远所溪谷山泽之民不遍闻，檄到，⑦亟下县道，⑦咸喻陛下意，毋忽！⑧

①师古曰："诚信之人以为使也。"

②师古曰："谕，告也。"

③师古曰："数，责也，音所具反。"

④师古曰："让，责也，责其教诲不备也。"

⑤师古曰："重，难也，不欲召聚之也。"

⑥师古曰："近县之人，使者以自见而口谕之矣，故为檄文驰以示远所也。"

⑦师古曰："亟，急也。县有蛮夷曰道。"

⑧师古曰："忽，急忽也。"

相如还报。①唐蒙已略通夜郎，因通西南夷道，发巴蜀广汉卒，作者数万人。治道二岁，道不成，士卒多物故，②费以忆万计。蜀民及汉用事者多言其不便。是时邛、莋之君长③闻南夷与汉通，得赏赐多，多欲愿为内臣妾，请吏，比南夷。上问相如，相如曰："邛、莋、冉、駹者近蜀，道易通，④异时尝通为郡县矣，⑤至汉兴而罢。今诚复通，为置县，愈于南夷。"⑥上以为然，乃拜相如为中郎将，建节往使。副使者王然于、壶充国、吕越人，驰四乘之传，⑦因巴蜀吏币物以赂西南夷。至蜀，太守以下郊迎，⑧县令负弩矢先驱，⑨蜀人以为宠。于是卓王孙、临邛诸公皆因门下献牛酒以交驩。卓王孙喟然而叹，自以得使女尚司马长卿晚，⑩乃厚分与其女财，与男等。相如使略定西南夷，邛、莋、冉、駹、斯榆之君皆请为臣妾，除边关，〔边关〕益斥，⑪〔2〕西至沫、若水，⑫南至牂牁为徼，⑬通灵山道，桥孙水，⑭以通邛、莋。还报，天子大说。⑮

①师古曰："使讫还报天子也。"

②师古曰："物故，死也。解在苏武传。"

③文颖曰："邛者，今为邛都县。莋者，今为定莋县。"师古曰："莋，才各反。"

④师古曰："今夔州、开州等首领姓冉者，皆旧冉种也。駹音尨。"

⑤师古曰："异时犹言往时也。"

⑥晋灼曰："南夷谓犍为、牂柯也。西夷谓越巂、益州也。"师古曰："愈，胜也。"

⑦师古曰："传音张恋反。"

⑧师古曰："迎于郊界之上也。"

⑨师古曰："导路也。"

⑩师古曰："尚犹配也，义与尚公主同。今流俗书本此尚字作当。盖后人见前云文君恐不得当，故改此文以就之耳。"

⑪师古曰："斥，开广也。"

⑫张揖曰："沫水出蜀广平徼外。若水出旄牛徼外。"师古曰："沫音妹。"

⑬张揖曰："徼谓以木石水为界者也。"如淳曰："斯榆之君等求去边关，欲与牂柯作徼塞也。"师古曰："徼音工钓反。"

⑭张揖曰："凿开灵山道，置灵道县。孙水出台登县，南至会无入若水。"师古曰："于孙水上作桥也。"

⑮师古曰："说读曰悦。"

相如使时，蜀长老多言通西南夷之不为用，大臣亦以为然。相如欲谏，业已建之，不敢，①乃著书，藉蜀父老为辞，而己诘难之，以风天子，②且因宣其使（诣）〔指〕，[3]令百姓皆知天子意。其辞曰：

①师古曰："本由相如立此事，故不敢更谏也。"

②师古曰："藉，假也。风读曰讽。"

汉兴七十有八载，德茂存乎六世，威武纷云，湛恩汪濊，①群生霑濡，洋溢乎方外。②于是乃命使西征，随流而攘，③风之所被，罔不披靡。④因朝冉从駹，定笮存邛，略斯榆，举苞蒲，结轨还辕，东乡将报，⑤至于蜀都。

①师古曰："纷云，盛貌。汪涉，深广也。湛读曰沈。汪音乌皇反。涉音於喙反。"

②师古曰："洋音羊。"

③师古曰："攘，却退也，音人羊反。"

④师古曰："被音丕靡反。"

⑤师古曰："结，屈也。轨，车迹也。乡读曰向。报，报天子也。"

　　耆老大夫搢绅先生之徒二十有七人，俨然造焉。①辞毕，进曰：②"盖闻天子之于夷狄也，其义羁縻勿绝而已。③今罢三郡之士，通夜郎之涂，④三年于兹，而功不竟，士卒劳倦，万民不赡；今又接之以西夷，百姓力屈，恐不能卒业，⑤此亦使者之累也，⑥窃为左右患之。且夫邛、筰、西僰之与中国并也，历年兹多，不可记已。⑦仁者不以德来，强者不以力并，意者殆不可乎！⑧今割齐民以附夷狄，弊所恃以事无用，⑨鄙人固陋，不识所谓。"

①师古曰："造，至也，音千到反。"

②师古曰："辞谓初谒见之辞。"

③师古曰："羁，马络头也。縻，牛纼也。言牵制之，故取谕也。"

④师古曰："罢读曰疲。"

⑤师古曰："屈，尽也。卒，终也。业，事也。屈音其勿反。"

⑥师古曰："累音力瑞反。"

⑦师古曰："已，（诏）〔语〕终之辞也。"[4]

⑧师古曰："言古往帝王虽有仁德，不能招来之，虽有强力，不能并吞之，以其险远，理不可也。"

⑨师古曰："所恃即中国之人也，无用谓西南夷也。"

使者曰："乌谓此乎?①必若所云，则是蜀不变服而巴不化俗也，仆尚恶闻若说。②然斯事体大，固非观者之所觊也。③余之行急，其详不可得闻已。④请为大夫粗陈其略:⑤

①师古曰："乌，於何也。"

②师古曰："尚，犹也。若，如也。言仆犹恶闻如此之说，况乎远识之人也。恶音一故反。"

③师古曰："觊，见也，音构。"

④师古曰："言行程急速，不暇为汝详言之。"

⑤师古曰："粗犹麁也，音千户反。"

盖世必有非常之人，然后有非常之事;有非常之事，然后有非常之功。非常者，固常人之所异也。①故曰非常之元，黎民惧焉;②及臻厥成，天下晏如也。③

①师古曰："常人见之以为异也。"

②师古曰："元，始也。非常之事，其始难知，众人惧之。"

③师古曰："臻，至也。晏，安也。"

昔者，洪水沸出，氾滥衍溢，民人升降移徙，崎岖而不安。夏后氏戚之，乃堙洪原，①决江疏河，洒沈澹灾，东归之于海，②而天下永宁。当斯之勤，岂惟民哉? 心烦于虑，而身亲其劳，躬傶骿胝无胈，肤不生毛，③故休烈显乎无穷，声称浃乎于兹。④

①师古曰："堙，塞也。水本曰原。堙音因。"

②师古曰："疏，通也。洒，分也。沈，深也。澹，安也。言分散其深水，以安定其灾也。洒音所宜反。澹音徒滥反。"

③张揖曰："躬，体也。傶，凑理也。"孟康曰："胈，毛;肤，皮也。

言禹勤，骿胝无有胾毛也。"师古曰："（胈音步曷反）[5]骿音步千反。胝音竹尸反。〔胈音步曷反〕。"

④师古曰："休，美也。烈，业也。浃，彻也。于兹犹言今兹也。浃音子牒反。"

　　且夫贤君之践位也，岂特委琐握踚，拘文牵俗，①循诵习传，当世取说云尔哉！②必将崇论闳议，③创业垂统，为万世规。故驰骛乎兼容并包，而勤思乎参天贰地。④且诗不云乎？'普天之下，莫非王土；率土之滨，莫非王臣。'⑤是以六合之内，八方之外，⑥浸淫衍溢，⑦怀生之物有不浸润于泽者，贤君耻之。今封疆之内，冠带之伦，⑧咸获嘉祉，靡有阙遗矣。而夷狄殊俗之国，辽绝异党之域，舟车不通，人迹罕至，政教未加，流风犹微，内之则犯义侵礼于边境，外之则邪行横作，放杀其上，⑨君臣易位，尊卑失序，父兄不辜，幼孤为奴虏，系絫号泣。⑩内乡而怨，⑪曰：'盖闻中国有至仁焉，德洋恩普，物靡不得其所，⑫今独曷为遗己！'⑬举踵思慕，若枯旱之望雨，鸷夫为之垂涕，⑭况乎上圣，又乌能已？⑮故北出师以讨强胡，南驰使以诮劲越。⑯四面风德，⑰二方之君鳞集仰流，⑱愿得受号者以亿计。⑲故乃关沬、若，⑳徼牂牁，镂灵山，梁孙原，㉑创道德之涂，垂仁义之统，将博恩广施，远抚长驾，㉒使疏逖不闭，㉓咠爽暗昧得耀乎光明，㉔以偃甲兵于此，而息讨伐于彼。遐迩一体，中外褆福，不亦康乎？㉕夫拯民于沈溺，㉖奉至尊之休德，㉗反衰世之陵夷，继周氏之绝业，㉘天子之急务也。百姓虽劳，又恶可以已哉？㉙

①师古曰："握踚，局隘也。不拘微细之文，不牵流俗之议也。踚音初

角反。”

②师古曰：“说读曰悦。言非直因循自诵，习所传闻，取美悦於当时而已。”

③师古曰：“硡，深也，音宏。”

④师古曰：“比德于地，是贰地也。地与己并天为三，是参天也。”

⑤师古曰：“小雅北山之诗也。普，大也。滨，涯也。”

⑥师古曰：“天地四方谓之六合，四方四维谓之八方也。”

⑦师古曰：“浸淫犹渐渍也。衍溢言有馀也。”

⑧师古曰：“伦，类也。”

⑨师古曰：“内之，谓通其朝献也。外之，谓弃而绝之也。横音胡孟反。杀读曰（试）〔弑〕。”[6]

⑩师古曰：“为人所获而絫系之，故号泣也。絫，（音）力追（切）〔反〕。”[7]

⑪师古曰：“乡读曰向。向中国而怨慕也。”

⑫师古曰：“洋，多也。”

⑬师古曰：“曷，何也。己，谓怨者之身也。”

⑭张揖曰：“很戾之夫也。”师古曰：“盭，古戾字。”

⑮师古曰：“乌犹焉也。已，止也。”

⑯师古曰：“诮，责也，音材笑反。”

⑰师古曰：“风，化也。”

⑱师古曰：“二方谓西夷及南夷也。若鱼鳞之相次而仰向承流也。”

⑲师古曰：“号谓爵号也，一曰受天子之号令也。”

⑳张揖曰：“以沫、若水为关也。”

㉑师古曰：“镂谓疏通之以开道也。梁，桥也。孙原，孙水之原也。”

㉒张揖曰：“驾，行也，使恩远安长行之也。”

㉓师古曰：“逖，远也，言疏远者不被闭绝也。”

㉔师古曰："曶爽，未明也。曶音忽。"

㉕师古曰："禔，安也。康，乐也。禔音土支反。"

㉖师古曰："（沈）〔拯〕，升也，[8]言人在沈溺之中，升而举之也。"

㉗师古曰："休，美也。"

㉘师古曰："陵夷谓弛替也。"

㉙师古曰："恶读与乌同。已，止也。"

　　且夫王者固未有不始于忧勤，而终于佚乐者也。①然则受命之符合在于此。②方将增太山之封，加梁父之事，鸣和鸾，扬乐颂，上咸五，下登三。③观者未睹指，听者未闻音，犹焦朋已翔乎寥廓，④而罗者犹视乎薮泽，⑤悲夫！"

①师古曰："言始能忧勤则终获逸乐也。佚字与逸同。"

②张揖曰："合在于忧勤逸乐之中也。"

③李奇曰："五帝之德比汉为减，三王之德汉出其上。"师古曰："此说非也。咸，皆也，言汉德与五帝皆盛，而登于三王之上也。相如不当言汉减于五帝也。"

④师古曰："寥廓，天上宽广之处。寥音聊。"

⑤师古曰："泽无水曰薮。"

　　于是诸大夫茫然①丧其所怀来，失厥所以进，②喟然并称曰："允哉汉德，③此鄙人之所愿闻也。百姓虽劳，请以身先之。"敞罔靡徙，迁延而辞避。④

①师古曰："茫音莫郎反。"

②师古曰："初有所怀而来，欲进而陈之，今并丧失其来意也。"

③师古曰："允，信也。小雅车攻之诗曰'允矣君子'。"

④师古曰："敞罔，失志貌。靡徙，自抑退也。"

其後人有上书言相如使时受金，失官。居岁馀，复召为郎。

相如口吃而善著书。常有消渴病。与卓氏婚，饶于财。故其(事)〔仕〕宦，未尝肯与公卿国家之事，①[9]常称疾闲居，不慕官爵。②尝从上至长杨猎。③是时天子方好自击熊豕，驰逐壄兽，相如因上疏谏。其辞曰：

①师古曰："与读曰豫。"

②师古曰："閒读曰闲也。"

③师古曰："长杨宫也，在盩厔。"

臣闻物有同类而殊能者，故力称乌获，捷言庆忌，①勇期贲育。②臣之愚，窃以为人诚有之，兽亦宜然。今陛下好陵阻险，射猛兽，卒然遇逸材之兽，骇不存之地，③犯属车之清尘，④與不及还辕，人不暇施巧，虽有乌获、逢蒙之技不能用，⑤枯木朽株尽为难矣。是胡越起于毂下，而羌夷接轸也，岂不殆哉！⑥虽万全而无患，然本非天子之所宜近也。

①师古曰："乌获，秦武王力士也。庆忌，吴王僚子也，射能捷矢也。"

②师古曰："孟贲，古之勇士也，水行不避蛟龙，陆行不避豺狼，发怒吐气，声响动天。夏育，亦猛士也。"

③师古曰："卒读曰猝，音千忽反，谓暴疾也。不存，不可得安存也。"

④应劭曰："古者诸侯贰车九乘，秦灭九国，兼其车服，汉依秦制，故大驾属车八十一乘。"师古曰："属者，言相连续不绝也。尘谓行而起尘也。言清者，尊贵之意也。而说者乃以为清道洒尘谓之清尘，非也。属音之欲反。"

⑤师古曰："逢蒙，古之善射者也。孟子曰'逢蒙学射于羿也'。"

⑥师古曰："轸，车后横木。殆，危也。"

且夫清道而后行，中路而驰，犹时有衔橛之变。①况乎
涉丰草，骋丘虚，②前有利兽之乐，而内无存变之意，其为
害也不〔亦〕难矣！〔10〕夫轻万乘之重不以为安，乐出万有一
危之涂以为娱，臣窃为陛下不取。

①张揖曰："衔，马勒衔也。橛，骑马口长衔也。"师古曰："橛谓车之
　钩心也。衔橛之变，言马衔或断，钩心或出，则致倾败以伤人也。
　橛音巨月反。"
②师古曰："丰草，茂草也。虚读曰墟。"

盖明者远见于未萌，而知者避危于无形，①祸固多藏于
隐微而发于人之所忽者也。故鄙谚曰："家累千金，坐不垂
堂。"②此言虽小，可以谕大。臣愿陛下留意幸察。

①师古曰："萌谓事始，若草木初生者也。"
②张揖曰："畏檐瓦堕中人也。"师古曰："垂堂者，近堂边外，自恐坠
　堕耳，非畏檐瓦也。言富人之子则自爱深也。"

上善之。还过宜春宫，相如奏赋以哀二世行失。①其辞曰：
①师古曰："宜春本秦之离宫，胡亥于此为阎乐所杀，故感其处而
　哀之。"

登陂陁之长阪兮，坌入曾宫之嵯峨。①临曲江之隑州兮，
望南山之参差。②岩岩深山之谾谾兮，通谷豃乎谷谷。③汩淢
靸以永逝兮，注平皋之广衍。④观众树之蓊蓊兮，览竹林之
榛榛。⑤东驰土山兮，北揭石濑。⑥弭节容与兮，历吊二世。
持身不谨兮，亡国失势；信谗不寤兮，宗庙灭绝。⑦乌乎！
操行之不得，⑧墓芜秽而不修兮，魂亡归而不食。

①苏林曰："坌音马坌叱之坌。"张揖曰："坌，并也。"师古曰："曾，

重也。嵯峨，高貌也。陂音普何反。陁音徒何反。坌音普顿反，又
音步顿反。"

②张揖曰："陷，长也。苑中有曲江之象，中有长洲也。"师古曰："曲
岸头曰陷。陷即碕字耳。言临曲岸之洲，今犹谓其处曰曲江。陷音
钜依反。"

③晋灼曰："硿音笼，古硿字也。"师古曰："硿硿，深通貌。磏音呼活
反。訡，大开貌。訡音呼含反。訏音呼加反。"

④师古曰："汩淢，疾貌也。靸然，轻举意也。皋，水边地也。汩音于
笔反。淢音域。靸音先合反。"

⑤师古曰："蓊薆，荫蔽貌。榛榛，盛貌。蓊音乌孔反。薆音爱。榛音
侧巾反。"

⑥师古曰："揭，褰衣而渡也。石而浅水曰濑，音赖。揭音丘例反。"

⑦师古曰："信谗，谓杀李斯也。"

⑧师古曰："操音千到反。"

相如拜为孝文园令。上既美子虚之事，相如见上好仙，因
曰："上林之事未足美也，尚有靡者。①臣尝为大人赋，未就，②
请具而奏之。"相如以为列仙之儒居山泽间，③形容甚臞，④此非
帝王之仙意也，乃遂奏大人赋。其辞曰：

①师古曰："靡，丽也。"

②师古曰："就，成也。"

③师古曰："儒，柔也，术士之称也，凡有道术皆为儒。今流俗书本作
传字，非也，后人所改耳。"

④师古曰："臞，瘠也，音钜句反，又音衢。"

世有大人兮，在乎中州。①宅弥万里兮，曾不足以少

留。②悲世俗之迫隘兮，揭轻举而远游。③乘绛幡之素霓兮，载云气而上浮。④建格泽之修竿兮，⑤总光耀之采旄。⑥垂旬始以为幓兮，⑦曳彗星而为髾。⑧掉指桥以偃蹇兮，⑨又猗抳以招摇。⑩揽挼抢以为旌兮，靡屈虹而为绸。⑪红杳眇以玄湣兮，猋风涌而云浮。⑫驾应龙象舆之蠖略逶丽兮，骖赤螭青虬之蚴蟉宛蜒。⑬低卬夭蟜裾以骄骜兮，诎折隆穷蹟以连卷。⑭沛艾赳螑仡以佁儗兮，⑮放散畔岸骧以孱颜。⑯踥蹀辐辒容以骳丽兮，⑰蛡蟉偃蹇怵奂以梁倚。⑱纠蓼叫奡踏以艐路兮，⑲蔑蒙踊跃腾而狂趡。⑳苌飒卹歙焱至电过兮，焕然雾除，霍然云消。㉑

① 师古曰："大人，以谕天子也。中州，中国也。"

② 师古曰："弥，满也。"

③ 师古曰："揭，去意也，音丘例反。"

④ 张揖曰："乘，用也。赤气为幡，缀以白气也。"师古曰："上音时掌反。"

⑤ 张揖曰："格泽之气如炎火状，黄白色，起地上至天，下大上锐。修，长也。建此气为长竿也。"师古曰："格音胡各反。泽音大各反。"

⑥ 张揖曰："旄，葆也。总，系也。系光耀之气于长竿以为葆也。"师古曰："总音惣。葆即今所谓蠹头也。"

⑦ 李奇曰："旬始，气如雄鸡，见北斗旁。"张揖曰："幓，旒也。县旬始於葆下，以为十二旒也。"师古曰："幓音所衔反。"

⑧ 张揖曰："髾，燕尾也。枻彗星缀著旒以为燕尾也。"

⑨ 张揖曰："指桥，随风指靡也。偃蹇，委曲貌。"师古曰："掉音徒钓反。蹇音居偃反。"

⑩晋灼曰：“猗音依倚反。柅音年绵反。”张揖曰：“猗柅，下垂貌。招摇，跳踃也。”师古曰：“招音韶。踃音萧。”

⑪张揖曰：“彗星为搀抢。注髦首曰旌，今以彗星代之也。靡，顺也。绸，韬也。以断虹为旌杠之韬也。”师古曰：“韬谓（裹）〔裹〕冒旌旗之竿也。[11]搀音初咸反。抢音初衡反。屈音其勿反。绸音直流反。”

⑫苏林曰：“玄音炫。湣音面。”晋灼曰：“红，赤色貌。杳眇，深远也。玄湣，混合也。言自绛幡以下，众气色盛，光采相耀，幽蔼炫乱也。”师古曰：“如猋风之涌，如云之浮，言轻举也。猋音必遥反。”

⑬文颖曰：“有翼曰应龙，最其神妙者也。”师古曰：“蠼略委丽、蚴蟉宛蜒，皆其行步进止之貌也。蠼音於缚反。丽音力尔反。蚴音一纠反。蟉音力纠反。宛音於元反。蜒音延。”

⑭张揖曰：“裾，直项也。骄骜，纵恣也。诎折，曲委也。隆穷，举鬐也。躩，跳也。连卷，句蹄也。”师古曰：“裾音倨。骄音居召反。骜音五到反。躩音钜缚反。卷音钜圆反。”

⑮张揖曰：“沛艾，駊騀也。赳螑，申颈低卬也。仡，举头也。怡儗，不前也。”师古曰：“沛音普盖反。赳音古幼反。螑音火幼反。仡音鱼乞反。怡音丑吏反。儗音鱼吏反。怡儗又音态碍。”

⑯师古曰：“畔岸，自纵之貌也。骧，举也。潺颜，不齐也。潺音士颜反。”

⑰张揖曰：“跋蹼，互前却也。辒蟒，摇目吐舌也。容，龙体貌也。散丽，左右相随也。”师古曰：“跋音丑日反。蹼音丑略反。辒音遏。蟒音曷。散，古委字也。丽音力尔反。”

⑱张揖曰：“蜩蟉，掉头也。怵奥，奔走也。深倚，相著也。”师古曰：“蜩音徒钓反。蟉音卢钓反。怵音黜。奥音丑若反。倚音於绮反。”

⑲张揖曰：“纠蓼，相引也。叫奡，相呼也。踏，下也。腹，著也。皆

下著道也。"师古曰："叫謈，高举之貌。蓼音力纠反。謈音五到反。
踏音沓。膇音届。"

⑳张揖曰："覆蒙，飞扬也。踊跃，跳也。腾，驰也。趠，奔走也。"
师古曰："蒙音莫孔反。趠音醮。"

㉑张揖曰："莅飒，飞相及也。诉歘，走相追也。"师古曰："莅音利。
飒音立。诉音讳。歘音翕。"

　　邪绝少阳而登太阴兮，与真人乎相求。①互折窈窕以右
转兮，横厉飞泉以正东。②悉征灵圉而选之兮，部署众神于
摇光。③使五帝先导兮，反大壹而从陵阳。④左玄冥而右黔雷
兮，⑤前长离而后矞皇。⑥厮征伯侨而役羡门兮，诏岐伯使尚
方。⑦祝融警而跸御兮，清气氛而后行。⑧屯余车而万乘兮，
綷云盖而树华旗。⑨使句芒其将行兮，吾欲往乎南娭。⑩

①张揖曰："少阳，东极。太阴，北极。邪度东极而升北极也。真人，
　谓若士也，游於太阴之中。"师古曰："真人，至真之人也，非指谓
　若士也。"

②张揖曰："飞泉，飞谷也，在昆仑山西南。"师古曰："厉，渡也。"

③张揖曰："摇光，北斗杓头第一星。"

④应劭曰："五帝，五時，太皞之属也。"如淳曰："天极，大星，一明
　者，太一常居也。"张揖曰："陵阳，仙人陵阳子明也。"师古曰：
　"令太一反其所居，而使陵阳侍从于己。"

⑤张揖曰："玄冥，北方黑帝佐也。黔雷，黔嬴也，天上造化神名也。
　楚辞曰'召黔嬴而见之'。或曰水神也。"

⑥服虔曰："皆神名也。"师古曰："长离，灵鸟也，解在礼乐志。矞音
　以出反。"

⑦应劭曰："厮，役也。"张揖曰："伯侨，仙人王子侨也。羡门，碣石

山上仙人羡门高也。尚，主也。岐伯者，黄帝太医，属使主方药
也。"师古曰："征伯侨者，仙人，姓征，名伯侨，非王子侨也。郊
祀志征字作正，其音同耳。或说云征谓役使之，非也。"

⑧张揖曰："祝融，南方炎帝之佐也，兽身人面，乘两龙。"师古曰：
"跸，止行人也。御，禦也。氛，恶气也。"

⑨师古曰："绰，合也，合五采云以为盖也。绰音子内反。"

⑩张揖曰："句芒，东方青帝之佐也，鸟身人面，乘两龙。"师古曰：
"将行，将领从行也。娭音许其反。"

历唐尧于崇山兮，过虞舜于九疑。①纷湛湛其差错兮，
杂遝胶辐以方驰。②骚扰冲苁其（相）纷挐兮，[12] 滂濞泱轧丽
以林离。③攒罗列聚丛以茏茸兮，衍曼流烂瘅以陆离。④径入
雷室之砰磷郁律兮，洞出鬼谷之堀礨崴魁。⑤遍览八纮而观
四海兮，朅度九江越五河。⑥经营炎火而浮弱水兮，杭绝浮
渚涉流沙。⑦奄息葱极泛滥水娭兮，⑧使灵娲鼓琴而舞冯夷。⑨
时若暧暧将混浊兮，召屏翳诛风伯，刑雨师。⑩西望昆仑之
轧沕荒忽兮，⑪直径驰乎三危。⑫排阊阖而入帝宫兮，载玉女
而与之归。⑬登阆风而遥集兮，亢鸟腾而壹止。⑭低徊阴山翔
以纡曲兮，吾乃今日睹西王母。皬然白首戴胜而穴处兮，亦
幸有三足乌为之使。⑮必长生若此而不死兮，虽济万世不足
以喜。⑯

①张揖曰："崇山，狄山也。海外经曰狄山，帝尧葬於其阳。九疑山在
零陵营道县，舜所葬也。"师古曰："疑，似也。山有九峰，其形相
似，故曰九疑。"

②师古曰："湛湛，积厚之貌。差错，交互也。杂遝，重累也。胶辐犹
交加也。湛音徒感反。遝音大合反。辐音葛。"

③张揖曰："冲苁，相入貌。滂濞，众盛貌。决轧，不前也。丽，靡也。林离，椮樆也。"师古曰："冲音尺勇反。苁音相勇反。挐音女居反。滂音普郎反。濞音普备反。决音乌朗反。轧音於黠反。椮音所林反。樆音所宜反。"

④张揖曰："疼，众貌，一曰罢极也。陆离，参差也。"师古曰："茏苣，聚貌。流烂，布散也。疼，自放纵也。茏音来孔反。苣音而孔反。衍音弋扇反。疼音式尔反，张云罢极，义则非矣。"

⑤张揖曰："雷室，雷渊也。洞，通也。鬼谷在昆仑北直北辰下，众鬼之所聚也。堀礨嵬魁，不平也。"师古曰："砰磷郁律，深峻貌。砰音普萌反。磷音力耕反。堀音口骨反。礨音洛贿反。嵬音一回反。"

⑥张揖曰："九江在庐江寻阳县南，皆东合为大江者。"服虔曰："河有九，今越其五也。"晋灼曰："五河，五湖，取河之声合其音耳。"师古曰："服、晋说五河皆非也。五河，五色之河也。仙经说有紫碧绛青黄之河，非谓九河之内，亦非五（河）〔湖〕也。"[13]

⑦应劭曰："楚辞曰'越炎火之万里'。弱水出张掖删丹，西至酒泉合黎馀波入于流沙。"张揖曰："杭，船也。绝，度也。浮渚，流沙中渚也。流沙，沙与水流行也。"师古曰："弱水谓西域绝远之水，乘毛车以度者耳，非张掖弱水也。又流沙但有沙流，本无水也。言绝度浮渚，乃涉流沙也。杭音下郎反。"

⑧张揖曰："奄然休息也。葱极，葱领山也，在西域中。"

⑨服虔曰："灵娲，女娲也。伏羲作琴，使女祸鼓之。冯夷，河伯字也，淮南子曰'冯夷得道以潜大川'。"师古曰："娲音瓜，又工蛙反。"

⑩应劭曰："屏翳，天神使也。"张揖曰："风伯字飞廉。"师古曰："屏音步丁反。"

⑪张揖曰："昆仑去中国五万里，天帝之下都也。其山广袤百里，高八

万仞，增城九重，面有九井，以玉为槛，旁有五门，开明兽守之。轧沕荒忽，不分明之貌。”师古曰：“沕音勿。荒音呼广反。”

⑫张揖曰：“三危山在鸟鼠山之西，与崏山相近，黑水出其南陂，书曰‘导黑水至于三危’也。”

⑬张揖曰：“玉女，青要、乘弋等也。”

⑭张揖曰：“阆风山在昆仑阊阖之中。遥，远也。”应劭曰：“亢然高飞，如鸟之腾也。”师古曰：“阆音浪，亢音抗。”

⑮张揖曰：“阴山在昆仑西二千七百里。西王母其状如人，豹尾虎首，蓬发蜷然白首，石城金室，穴居其中。三足乌，三足青鸟也，主为西王母取食，在昆仑墟之北。”如淳曰：“山海经曰‘西王母梯几而戴胜’。”师古曰：“低卬犹徘徊也。胜，妇人首饰也，汉代谓之（革）〔华〕胜。[14]蜷音工老反，字或作蠚，音学。”

⑯师古曰：“昔之谈者咸以西王母为仙灵之最，故相如言大人之仙，娱游之盛，顾视王母，鄙而狭之，不足美慕也。”

回车揭来兮，绝道不周，①会食幽都。呼吸沆瀣兮餐朝霞，②咀噍芝英兮叽琼华。③僸祲寻而高纵兮，纷鸿溶而上厉。④贯列缺之倒景兮，⑤涉丰隆之滂濞。⑥骋游道而脩降兮，骛遗雾而远逝。⑦迫区中之隘陕兮，舒节出乎北垠。⑧遗屯骑于玄阙兮，⑨轶先驱于寒门。⑩下峥嵘而无地兮，⑪上嵺廓而无天。⑫视眩泯而亡见兮，听敞恍而亡闻。⑬乘虚亡而上遐兮，超无友而独存。⑭

①张揖曰：“不周山在昆仑东南二千三百里也。”

②张揖曰：“幽都在北方。”如淳曰：“淮南云八极西北曰幽都之门。”

应劭曰：“列仙传陵阳子言春（朝）〔食〕朝霞，[15]朝霞者，日始欲出赤黄气也。夏食沆瀣，沆瀣，北方夜半气也。并天地玄黄之气为六气。"师古曰："沆音胡朗反。瀣音薤。"

③张揖曰："芝，草荕也。荣而不实谓之英。呧，食也。琼树生昆仑西流沙滨，大三百围，高万仞。华，蘂也，食之长生。"师古曰："芝英，芝菌之英也。咀音才汝反。嚼音才笑反，又音才弱反。呧音机，又音祈。"

④张揖曰："傑，卬也。鸿溶，竦踊也。"师古曰："傑音角甚反。禄音子禁反。鸿音胡孔反。溶音弋孔反。"

⑤服虔曰："列缺，天闪也。人在天上，下向视日月，故景倒在下也。"张揖曰："贯，穿也。陵阳子明经曰列缺气去地二千四百里，倒景气去地四千里，其景皆倒在下也。"

⑥应劭曰："丰隆，云师也。楚辞曰'吾令丰隆乘云兮'。淮南子曰'季春三月，丰隆乃出以将雨'。"师古曰："丰隆将雨，故言涉也。滂濞，雨水多也。滂音普郎反。濞音匹备反。"

⑦张揖曰："驰疾而遗雾在后也。"师古曰："游，游车也。道，道车也。脩，长也。降，下也。言周览天上，然后骋车也，循长路而下驰，弃遗雾而远逝也。道读曰导。"

⑧师古曰："舒，缓也。垠，崖也，音银。"

⑨张揖曰："玄阙，北极之山也。"

⑩应劭曰："寒门，北极之门也。"师古曰："轶，过也，音逸。"

⑪师古曰："峥嵘，深远貌。峥音仕耕反。嵘音宏。"

⑫师古曰："嵺廓，广远也。嵺音辽。"

⑬师古曰："眩泯，目不安也。敝怳，耳不谛也。眩音州县之县。泯音眄。"

⑭师古曰："上音时掌反。"

相如既奏大人赋，天子大说，①飘飘有陵云气游天地之间意。

①师古曰："说读曰悦。"

相如既病免，家居茂陵。天子曰："司马相如病甚，可往从悉取其书，若后之矣。"①使所忠往，②而相如已死，家无遗书。问其妻，对曰："长卿未尝有书也。时时著书，人又取去。长卿未死时，为一卷书，曰有使来求书，奏之。"其遗札书言封禅事，③所忠奏焉，天子异之。其辞曰：

①师古曰："若，汝也。言汝今去已在他人后也。"

②师古曰："使者姓名也，解在食货志。"

③师古曰："书於札而留之，故云遗札。"

伊上古之初肇，自颢穹生民。①历选列辟，以迄乎秦。②率迩者踵武，听逖者风声。③纷轮威蕤，埋灭而不称者，不可胜数也。④继昭夏，崇号谥，略可道者七十有二君。⑤罔若淑而不昌，畴逆失而能存？⑥

①师古曰："肇，始也。颢、穹，皆谓天也。颢言气颢汗也，穹言形穹隆也。谓自初始有天地以来也。颢音胡老反。"

②师古曰："选，数也。辟，君也。迄，至也。辟音璧。"

③文颖曰："率，循也。迩，近也。踵，蹑也。武，迹也。逖，远也。言循履近者之遗迹，听远者之风声。风谓著於雅颂者也。"师古曰："风声，总谓遗风嘉声耳，无系于雅颂也。"

④张揖曰："纷轮威蕤，乱貌。"

⑤文颖曰："昭，明也。夏，大也。德明大，相继封禅于泰山者，七十有二人也。"

⑥应劭曰："罔，无也。若，顺也。淑，善也。畴，谁也。"师古曰："言行顺善者无不昌大，为逆失者谁能久存也。"

轩辕之前，遐哉邈乎，其详不可得闻已。①五三六经载

2261

籍之传，维见可观也。②书曰："元首明哉！股肱良哉！"③因斯以谈，君莫盛于尧，臣莫贤于后稷。后稷创业于唐，公刘发迹于西戎，文王改制，爰周郅隆，大行越成，④而后陵夷衰微，千载亡声，岂不善始善终哉！⑤然无异端，慎所由于前，谨遗教于后耳。⑥故轨迹夷易，易遵也；⑦湛恩厐洪，易丰也；⑧宪度著明，易则也；垂统理顺，易继也。⑨是以业隆于襁保而崇冠乎二后。⑩揆厥所元，终都攸卒，⑪未有殊尤绝迹可考于今者也。⑫然犹蹑梁甫，登大山，建显号，施尊名。大汉之德，逢涌原泉，沕潏曼羡，⑬旁魄四塞，云布雾散，⑭上畅九垓，下泝八埏。⑮怀生之类，沾濡浸润，协气横流，武节焱逝，⑯尔狭游原，迵阔泳末，⑰首恶郁没，暗昧昭晰，⑱昆虫闿怿，回首面内。⑲然后囿驺虞之珍群，徼麋鹿之怪兽，⑳导一茎六穗于庖，㉑牺双觡共抵之兽，㉒获周馀放龟于岐，㉓招翠黄乘龙于沼。㉔鬼神接灵圉，宾于闲馆。㉕奇物谲诡，俶傥穷变。㉖钦哉，符瑞臻兹，犹以为薄，不敢道封禅。盖周跃鱼陨杭，休之以燎，㉗微夫斯之为符也，以登介丘，不亦恶乎！㉘进攘之道，何其爽与？㉙

①师古曰："遐、邈，皆远也。已，语终之辞。"

②师古曰："五，五帝也。三，三（皇）〔王〕也。"[16]

③师古曰："此虞书益稷之辞也。元首，君也。股肱，大臣也。"

④文颖曰："郅，至也。行，道也。文王始开王业，改正朔服色，太平之道于是成也。"应劭曰："大行，道德大行也。"师古曰："郅音质。"

⑤郑氏曰："无声，无有恶声也。"师古曰："虽后嗣衰微，政教颓替，犹经千载而无恶声。"

⑥师古曰："言既创业定制，又垂裕后昆也。"

⑦师古曰："夷、易，皆平也。易音弋豉反。"

⑧师古曰："湛读曰沈。沈，深也。厖、洪，皆大也。厖音尨。"

⑨张揖曰："垂，县也。统，绪也。理，道也。文王重易六爻，穷理尽
性，县于后世，其道和顺，易续而明，孔子得错其象而象其辞也。"
师古曰："统业直言所垂之业，其理至顺，故令后嗣易继之耳，非谓
演易也。"

⑩孟康曰："襁保谓成王也。二后谓文武也。周公负成王以致太平，功
德冠于文武者，遵成法易故也。"

⑪师古曰："元，始也。都，於也。攸，所也。卒亦终也。言度其所
始，究其所终也。"

⑫师古曰："尤，异也。考，校也。言不得与汉校其德也。"

⑬师古曰："逢读曰漨。言如漨火之升，原泉之流也。沕潏曼美，盛大
之意也。沕音勿。潏音聿。美音（戈）〔弋〕扇反。"[17]

⑭师古曰："旁魄，广被也。魄音步各反。"

⑮服虔曰："畅，达也。垓，重也。天有九重。"如淳曰："淮南云若士
谓卢敖：'吾与汗漫期乎九垓之上。'"孟康曰："沂，流也。埏，地
之八际也。言德上达于九重之天，下流于地之八际。"师古曰："埏，
本音延，合韵音弋战反。淮南子作八簤也。"

⑯师古曰："言和气横被四表，威武如焱之盛。。"

⑰孟康曰："尔，近也。原，本也。迥，远也。阔，广也。泳，浮也。
恩德比之于水，近者游其原，远者浮其末也。"

⑱师古曰："始为恶者皆即湮灭，素暗昧者皆得光明也。晰音之舌反。"

⑲文颖曰："阆、怿，皆乐也。"师古曰："阆读曰凯。言四方幽遐，皆
怀和乐，回首革面，而内向也。"

⑳师古曰："言驺虞自扰而充苑囿，怪兽自来若入徼塞。言符瑞之盛

也。徵音工钓反。"

㉑郑氏曰:"导,择也。一茎六穗,谓嘉禾之米,於庖厨以供祭祀也。"

㉒服虔曰:"牺,牲也。胳,角也。抵,本也。武帝获白麟,两角共一本,因以为牲也。"

㉓文颖曰:"周放畜馀龟于池沼之中,至汉得之于岐山之旁。龟能吐故纳新,千岁不死也。"

㉔张揖曰:"乘龙,四龙也。"孟康曰:"翠黄,乘黄也,龙翼马身,黄帝乘之而仙。言见乘黄而招呼之。礼乐志曰'訾黄其何不来下'。余吾渥(津)〔涯〕水中出神马,[18]故曰乘龙于沼也。"师古曰:"此说非也。言招致翠黄及乘龙于池沼耳。乘音食证反。春秋传曰'帝赐之乘龙'。"

㉕文颖曰:"是时上求神仙之人,得上郡之巫长陵女子,能与鬼神交接,治病辄愈,置于上林苑中,号曰神君。有似于古之灵围,礼待之于閒馆舍中也。"师古曰:"閒读曰闲。"

㉖师古曰:"傚音吐历反。"

㉗应劭曰:"杭,舟也。休,美也。"师古曰:"燎,祭天也。谓武王伐纣,白鱼入于王舟,俯取以燎。"

㉘服虔曰:"介,大也。丘,山也。言周以白鱼为瑞,登太山封禅,不亦惭乎?"

㉙张揖曰:"进,周也。攘,汉也。爽,差也。言周未可封禅而封,为进;汉可封禅而不为,为攘也。"师古曰:"攘,古让字也。"

于是大司马进曰:①"陛下仁育群生,义征不谮,②诸夏乐贡,百蛮执贽,③德牟往初,功无与二,④休烈液洽,符瑞众变,期应绍至,不特创见。⑤意者太山、梁父设坛场望幸,盖号以况荣,⑥上帝垂恩储祉,将以庆成,⑦陛下嗛让而弗发也。⑧挈三神之驩,缺王道之仪,⑨群臣恧焉。⑩或谓且天为质暗，示珍符固不可辞；⑪若然辞之，是泰山靡记而梁父罔几也。⑫亦各并时而荣，咸济厥世而屈，说者尚何称于后，而云七十二君哉？⑬夫修德以锡符，奉符以行事，不为进越也。⑭故圣王弗替，而修礼（以）〔地〕祇，〔19〕谒款天神，⑮勒功中岳，以章至尊，⑯舒盛德，发号荣，受厚福，以浸黎民。皇皇哉斯事，天下之壮观，王者之卒业，不可贬也。⑰愿陛下全之。⑱而后因杂缙绅先生之略术，使获曜日月之末光绝炎，以展采错事。⑲犹兼正列其义，祓饰厥文，作春秋一艺。⑳将袭旧六为七，摅之无穷，㉑俾万世得激清流，扬微波，蜚英声，腾茂实。㉒前圣之所以永保鸿名而常为称首者用此。㉓宜命掌故悉奏其仪而览焉。"㉔

①文颖曰："大司马，上公，故先进议也。"

②文颖曰："遒，顺也。"

③师古曰："夏，大也。诸夏谓中国之人，比蛮夷为大也。"

④师古曰："牟，等也。"

⑤师古曰："言符瑞众多，应期相续而至，不独初创而见也。"

⑥孟康曰："意者，言太山、梁父设坛场，望圣帝往封禅记号以表荣名也。"师古曰："幸，临幸也。盖，发语辞也。"

⑦师古曰："上帝，天也。言垂恩于下，豫积祉福，用庆告成之礼。"

⑧张揖曰："不肯发意往也。"师古曰："嗛，古谦字。"

⑨应劭曰："挈，绝也。缺，阙也。"如淳曰："三神，地祇、天神、山岳也。"师古曰："挈音口计反。"

⑩师古曰："恧，愧也，音女六反。"

⑪师古曰："言天道质昧，以符瑞见意，不可辞让也。"

⑫张揖曰："泰山之上无所表记，梁父坛场无所庶几也。"

⑬应劭曰："屈，绝也。言古帝王若但各一时之荣，毕世而绝者，则说者无从显称于后也。"师古曰："屈音其勿反。"

⑭文颖曰："越，逾也。不为苟进逾礼也。"

⑮文颖曰："谒，告也。款，诚也。"师古曰："替，废也。不废封禅之事也。"

⑯张揖曰："盖先礼中岳而幸太山也。"师古曰："章，明也。"

⑰师古曰："皇皇，盛貌也。卒，终也，字或作本，或作丕，丕，大也。"

⑱张揖曰："愿以封禅全其终也。"

⑲文颖曰："采，官也。使诸儒记功著业，得观日月末光殊绝之明，以展其官职，设错其事业也。"李奇曰："炎音火之光炎。"师古曰："炎音弋赡反。错音千故反。"

⑳孟康曰："犹作春秋者，正天时，列人事也。言诸儒既得展事业，因兼正天时，列人事，叙述大义为一经也。"师古曰："祓，除也。祓饰者，言除去旧事，更饰新文也。祓音敷勿反。"

㉑文颖曰："六经加一为七也。"师古曰："摅，布也，音丑居反。"

㉒师古曰："蜚，古飞字。"

㉓师古曰："称音尺孕反。"

㉔师古曰："掌故，太常官属，主故事者。"

　　于是天子沛然改容，曰："俞乎，朕其试哉！"①乃迁思回虑，总公卿之议，询封禅之事，诗大泽之博，广符瑞之富。②遂作颂曰：

①师古曰："沛然，感动之意也。俞者，然也，然其所请也。沛音普大反。俞音逾。"

②孟康曰："诗所以咏功德，谓下四章之颂也。大泽之博，谓'自我天覆，云之油油'也。广符瑞之富，谓'斑斑之兽'以下三章，言符

应广大富饶也。"

　　自我天覆，云之油油。②甘露时雨，厥壤可游。②滋液渗
漉，何生不育！③嘉穀六穗，我穑曷蓄？④

①苏林曰："油音油麻之油。"李奇曰："油油，云行貌。孟子曰'油
　　然作云，沛然下雨'。"

②师古曰："言雨雾滂沛，其泽可以游泳也。"

③师古曰："渗漉，谓润泽下究，故无生而不育也。渗音山禁反。漉
　　音鹿。"

④李奇曰："我之稼穑，何等不蓄积？"

　　匪唯雨之，又润泽之；匪唯偏我，氾布护之；①万物熙
熙，怀而慕之。名山显位，望君之来。君兮君兮，侯不
迈哉！②

①师古曰："氾，普也。布护，言遍布也。氾音敷剑反。"

②师古曰："侯，何也。迈，行也。言君何不行封禅。"

　　股股之兽，乐我君圃；白质黑章，其仪可喜；①旼旼穆
穆，君子之态。②盖闻其声，今视其来。③厥涂靡从，天瑞之
征。④兹尔于舜，虞氏以兴。⑤

①师古曰："谓驺虞也。股字与斑同耳，从丹青之丹。喜音许记反。"

②孟康曰："旼旼，和也。穆穆，敬也。言容态和且敬，有似君子也。"
　　张揖曰："旼音旻。"

③师古曰："言往昔但闻其声，今亲见其来也。来合韵音郎代反。"

④文颖曰："其来之道何从乎？此乃天瑞之应也。"

⑤文颖曰："百兽舞，则驺虞在其中也。"

　　濯濯之麟，游彼灵畤。孟冬十月，君徂郊祀。①驰我君

2267

輿，帝用享祉。②三代之前，盖未尝有。

①文颖曰："濯濯，肥也。武帝冬幸雍，祠五畤，获白麟也。"师古曰："濯音直角反。大雅灵台之诗云'麀鹿濯濯'。"

②文颖曰："驰我君车之前也。"师古曰："帝，天帝也。以此祭天，天既享之，答以祉福也。"

宛宛黄龙，兴德而升；①采色玄耀，炳炳煇煌。②正阳显见，觉寤黎烝。③于传载之，云受命所乘。④

①文颖曰："起至德而见也。"

②师古曰："玄读曰炫。煇煌，光貌。煇音下本反。"

③文颖曰："阳，明也。"师古曰："黎烝，众庶也。"

④师古曰："谓易云'时乘六龙以御天也'。"

厥之有章，不必谆谆。①依类托寓，谕以封峦。②

①文颖曰："天之所命，表以符瑞，章明其德，不必谆谆然有语言也。"

师古曰："谆谆，告喻之熟也，音之纯反。"

②文颖曰："寓，寄也。峦，山也。言依事类托寄，以喻封禅。"

披艺观之，天人之际已交，上下相发允答。圣王之事，兢兢翼翼。①故曰於兴必虑衰，安必思危。是以汤武至尊严，不失肃祗，②舜在假典，顾省厥遗：③此之谓也。

①师古曰："兢兢，戒也。翼翼，敬也。"

②师古曰："言居天子之位，犹不忘恭敬也。"

③师古曰："在，察也。假，(天)〔大〕也。[20]典，则也。言舜察璇玑玉衡，恐己政化有所遗失，不合天心。今汉亦当顺天意而封禅也。"

相如既卒五岁，上始祭后土。八年而遂礼中岳，封于太山，

2268

至梁甫，禅肃然。

相如它所著，若遗平陵侯书、与五公子相难、艸木书篇，不采，采其尤著公卿者云。

赞曰：司马迁称"春秋推见至隐，^①易本隐以之显，^②大雅言王公大人，而德逮黎庶，^③小雅讥小己之得失，其流及上。^④所言虽殊，其合德一也。相如虽多虚辞滥说，然要其归引之于节俭，此亦诗之风谏何异？"^⑤扬雄以为靡丽之赋，劝百而风一，^⑥犹骋郑卫之声，曲终而奏雅，不已戏乎！^⑦

① 李奇曰："隐犹微也。言其义显而文隐，若隐公见弑死，而经不书，隐讳之也。"

② 张揖曰："作八卦以通神明之德，是本隐也。有天道焉，有地道焉，有人道焉，以类万物之情，是之显也。"师古曰："之，往也。"

③ 张揖曰："谓文王、公刘在位，大人之德下及众民者也。"

④ 张揖曰："己，诗人自谓也。己小有得失，不得其所，作诗流言，以讽其上也。"师古曰："小己者，谓卑少之人，以对上言大人耳。"

⑤ 师古曰："风读曰讽，次下亦同。"

⑥ 师古曰："奢靡之辞多，而节俭之言少也。"

⑦ 张揖曰："不亦轻戏乎哉。"

2269

【校勘记】

〔1〕 功（业）〔烈〕著而不灭。 景祐、殿本都作"烈"。

〔2〕 除边关。〔边关〕益斥， 景祐、殿本都重"边关"字。

〔3〕 且因宣其使（诣）〔指〕， 钱大昭说"诣"当作"指"。按景祐、殿本都作"指"。

〔4〕 已,(诏)〔语〕终之辞也。 景祐、殿、局本都作"语",此误。

〔5〕 (胑音步曷反) 殿本此五字在注末。王先谦说在注末是,此误。按景祐本亦误。

〔6〕 杀读曰(试)〔弑〕。 殿本作"弑"。王先谦说作"弑"是。按景祐本亦误。

〔7〕 絫(音)力追(切)〔反〕。 景祐、殿本无"音"字,"切"作"反"。

〔8〕 (沈)〔抍〕,升也。 景祐、殿、局本都作"抍",此误。

〔9〕 故其(事)〔仕〕宦,未尝肯与公卿国家之事。 刘奉世说"事"当作"仕"。王先谦说,"仕""事"音近,又涉下"事"字而讹。史记作"其进仕宦"。

〔10〕 其为害也不〔亦〕难矣! 景祐本有"亦"字。王先谦说史记、文选并有"亦"字。

〔11〕 韬谓(裏)〔裹〕冒旌旗之竿也。 景祐、殿本都作"裏"。王先谦说作"裹"是。

〔12〕 骚扰冲苁其(相)纷挐兮, 景祐、殿本都无"相"字。

〔13〕 亦非五(河)〔湖〕也。 景祐、殿、局本都作"湖"。王先谦说作"湖"是。

〔14〕 汉代谓之(革)〔华〕胜。 景祐、殿本都作"华"。王先谦说作"华"是。

〔15〕 春(朗)〔食〕朝霞, 景祐、殿、局本都作"食",此误。

〔16〕 三,三(皇)〔王〕也。 王先谦说"皇"当作"王"。按史记索隐作"王"。

〔17〕 美音(戈)〔弋〕扇反。 景祐、殿本都作"弋",此误。

〔18〕 余吾渥(津)〔洼〕水中出神马, 景祐、殿本都作"洼",此误。

〔19〕 而修礼(以)〔地〕祇, 景祐、殿本都作"地"。史记、文选

同，此误。

〔20〕 假，(天)〔大〕也。 景祐、殿本都作"大"，此误。

汉书卷五十八

公孙弘卜式兒宽传第二十八

公孙弘，菑川薛人也。少时为狱吏，有罪，免。家贫，牧豕海上。年四十馀，乃学春秋杂说。

武帝初即位，招贤良文学士，是时弘年六十，以贤良征为博士。使匈奴，还报，不合意，①上怒，以为不能，弘乃移病免归。②

①师古曰："奏事不合天子之意。"

②师古曰："移病，谓移书言病也。一曰，以病移居。"

2273

元光五年，复征贤良文学，菑川国复推上弘。弘谢曰："前已尝西，用不能罢，愿更选。"国人固推弘，弘至太常。上策诏诸儒：

制曰：盖闻上古至治，画衣冠，异章服，而民不犯；阴阳和，五谷登，六畜蕃，①甘露降，风雨时，嘉禾兴，朱艸

生，②山不童，泽不涸；③麟凤在郊薮，龟龙游于沼，④河洛出
图书；父不丧子，兄不哭弟；北发渠搜，南抚交阯，⑤舟车
所至，人迹所及，跂行喙息，咸得其宜。⑥朕甚嘉之，今何
道而臻乎此？⑦子大夫修先圣之术，明君臣之义，讲论洽闻，
有声乎当世，〔敢〕问子大夫：〔1〕天人之道，何所本始？吉
凶之效，安所期焉？⑧禹汤水旱，厥咎何由？仁义礼知四者
之宜，当安设施？属统垂业，物鬼变化，⑨天命之符，废兴
何如？天文地理人事之纪，子大夫习焉。其悉意正议，详具
其对，著之于篇，⑩朕将亲览焉，靡有所隐。

① 师古曰："登，成也。蕃，多也，音扶元反。"

② 师古曰："屮，古草字。"

③ 师古曰："童，无草木也。涸，水竭也，音胡各反。"

④ 师古曰："邑外谓之郊。泽无水曰薮。沼，池也。"

⑤ 师古曰："言威德之盛，北则征发于渠搜，南则绥抚于交阯也。渠
搜，远夷之国也。"

⑥ 师古曰："跂行，有足而行者也。喙息，谓有口能息者也。跂音岐。
喙音许秽反。"

⑦ 师古曰："臻，至也。"

⑧ 师古曰："安，焉也。"

⑨ 师古曰："属，系也，音之欲反。其下亦同。"

⑩ 师古曰："悉，尽也。篇，简也。"

弘对曰：

臣闻上古尧舜之时，不贵爵赏而民劝善，不重刑罚而民
不犯，躬率以正而遇民信也；①末世贵爵厚赏而民不劝，深
刑重罚而奸不止，其上不正，遇民不信也。夫厚（当）〔赏〕

重刑未足以劝善而禁非，[2]必信而已矣。是故因能任官，则分职治；②去无用之言，则事情得；不作无用之器，即赋敛省；不夺民时，不妨民力，则百姓富；有德者进，无德者退，则朝廷尊；有功者上，无功者下，则群臣逡；③罚当罪，则奸邪止；赏当贤，则臣下劝：凡此八者，治〔民〕之本也。[3]故民者，业之即不争，理得则不怨，有礼则不暴，爱之则亲上，④此有天下之急者也。故法不远义，则民服而不离；和不远礼，则民亲而不暴。⑤故法之所罚，义之所去也；⑥和之所赏，礼之所取也。礼义者，民之所服也，而赏罚顺之，则民不犯禁矣。故画衣冠，异章服，而民不犯者，此道素行也。

①师古曰："躬谓身亲行之，遇谓处待之而已。"

②师古曰："分音扶问反。"

③（师古）李奇曰[4]："言有次第也。"师古曰："逡音七旬反，其字从辶。"

④师古曰："各得其业则无争心，各申其理则无所怨，使之由理则无暴慢，子而爱之则知亲上也。"

⑤师古曰："远，违也，音于万反。"

⑥师古曰："去，除也，音丘吕反。"

　　臣闻之，气同则从，声比则应。①今人主和德于上，百姓和合于下，②故心和则气和，气和则形和，形和则声和，声和则天地之和应矣。故阴阳和，风雨时，甘露降，五谷登，六畜蕃，嘉禾兴，朱草生，山不童，泽不涸，此和之至也。故形和则无疾，无疾则不夭，故父不丧子，兄不哭弟。德配天地，明并日月，则麟凤至，龟龙在郊，河出图，洛出书，远方之君莫不说义，③奉币而来朝，此和之极也。

①师古曰：“比亦和也，音频寐反。”

②师古曰：“合谓与上合德也。”

③师古曰：“说读曰悦。”

臣闻之，仁者爱也，义者宜也，礼者所履也，①智者术之原也。致利除害，兼爱无私，谓之仁；②明是非，立可否，谓之义；进退有度，尊卑有分，谓之礼；③擅杀生之柄，通〔壅〕塞之涂，④〔5〕权轻重之数，论得失之道，使远近情伪必见于上，谓之术：⑤凡此四者，治之本，道之用也，皆当设施，不可废也。得其要，则天下安乐，法设而不用；⑥不得其术，则主蔽于上，官乱于下。此事之情，属统垂业之本也。

①师古曰：“履而行之。”

②师古曰：“致谓引而至也。”

③师古曰：“分音扶问反。”

④师古曰：“擅，专也。”

⑤师古曰：“见，显也。”

⑥师古曰：“下不犯法，无所加刑也。”

臣闻尧遭鸿水，使禹治之，未闻禹之有水也。若汤之旱，则桀之馀烈也。桀纣行恶，受天之罚；禹汤积德，以王天下。因此观之，天德无私亲，顺之和起，逆之害生。此天文地理人事之纪。臣弘愚戆，不足以奉大对。①

①师古曰：“大对，大问之对也。”

时对者百馀人，太常奏弘第居下。策奏，天子擢弘对为第一。召入见，容貌甚丽，拜为博士，待诏<u>金马门</u>。①

①<u>如淳</u>曰："<u>武帝</u>时，相马者<u>东门京</u>作铜马法献之，立马于<u>鲁</u>（班）〔班〕门外，更名<u>鲁</u>（班）〔班〕门[6]为金马门。"

<u>弘</u>复上疏曰："陛下有先圣之位而无先圣之名，有先圣之名而无先圣之吏，是以势同而治异。先世之吏正，故其民笃；①今世之吏邪，故其民薄。政弊而不行，令倦而不听。夫使邪吏行弊政，用倦令治薄民，民不可得而化，此治之所以异也。臣闻<u>周公旦</u>治天下，期年而变，三年而化，五年而定。唯陛下之所志。"②书奏，天子以册书答曰："问：<u>弘</u>称<u>周公</u>之治，<u>弘</u>之材能自视孰与<u>周公</u>贤？"③<u>弘</u>对曰："愚臣浅薄，安敢比材于<u>周公</u>！虽然，愚心晓然见治道之可以然也。夫虎豹马牛，禽兽之不可制者也，及其教驯服习之，④至可牵持驾服，唯人之从。⑤臣闻揉曲木者不累日，⑥销金石者不累月，夫人之于利害好恶，岂比禽兽木石之类哉？⑦期年而变，臣<u>弘</u>尚窃迟之。"上异其言。

①<u>师古</u>曰："笃，厚也。"

②<u>师古</u>曰："言志所在也。"

③<u>师古</u>曰："与犹如也。"

④<u>师古</u>曰："驯，顺也，音巡。"

⑤<u>师古</u>曰："从人意。"

⑥<u>师古</u>曰："揉谓矫而正之也。累，积也。揉音人九反。"

⑦<u>师古</u>曰："好音呼到反。恶音一故反。"

时方通<u>西南夷</u>，<u>巴蜀</u>苦之，诏使<u>弘</u>视焉。还奏事，盛毁<u>西南夷</u>无所用，上不听。每朝会议，开陈其端，使人主自择，不肯面折庭争。于是上察其行慎厚，辩论有馀，习文法吏事，缘饰以儒术，①上说之，②一岁中至左内史 。

①师古曰："缘饰者，譬之于衣，加纯缘者。"

②师古曰："说读曰悦。"

弘奏事，有所不可，不肯庭辩。①常与主爵都尉汲黯请间，②黯先发之，弘推其后，上常说，③所言皆听，以此日益亲贵。尝与公卿约议，④至上前，皆背其约以顺上指。汲黯庭诘弘曰："齐人多诈而无情，始为与臣等建此议，今皆背之，不忠。"上问弘，弘谢曰："夫知臣者以臣为忠，不知臣者以臣为不忠。"上然弘言。左右幸臣每毁弘，上益厚遇之。

①师古曰："不于朝廷显辩论之。"

②师古曰："求空隙之暇。"

③师古曰："说读曰悦。"

④师古曰："约，要也。"

弘为人谈笑多闻，①常称以为人主病不广大，人臣病不俭节。养后母孝谨，后母卒，服丧三年。

①师古曰："善于谈笑而又多闻也。谈字或作谈，音恢，谓啁也，善啁谑也。"

为内史数年，迁御史大夫。时又东置苍海，北筑朔方之郡。弘数谏，以为罢弊中国以奉无用之地，①愿罢之。于是上乃使朱买臣等难弘置朔方之便。发十策，弘不得一。②弘乃谢曰："山东鄙人，不知其便若是，愿罢西南夷、苍海，专奉朔方。"上乃许之。

①师古曰："罢读曰疲。"

②师古曰："言其利害十条，弘无以应之。"

汲黯曰："弘位在三公，奉禄甚多，^①然为布被，此诈也。"
上问弘，弘谢曰："有之。夫九卿与臣善者无过黯，然今日庭诘
弘，诚中弘之病。夫以三公为布被，诚饰诈欲以钓名。^②且臣闻
管仲相齐，有三归，^③侈拟于君，^④桓公以霸，亦上僭于君。晏婴
相景公，食不重肉，妾不衣丝，齐国亦治，亦下比于民。^⑤今臣
弘位为御史大夫，为布被，自九卿以下至于小吏无差，诚如黯
言。且无黯，陛下安闻此言？"上以为有让，愈益贤之。

①师古曰："奉音扶用反。其下亦同。"
②师古曰："钓，取也。言若钓鱼之谓也。"
③师古曰："三归，取三姓女也。妇人谓嫁曰归。"
④师古曰："拟，疑也，言相似也。"
⑤师古曰："比，方也。一曰，比，近也，音频寐反也。"

元朔中，代薛泽为丞相。先是，汉常以列侯为丞相，唯弘无
爵，上于是下诏曰："朕嘉先圣之道，开广门路，宣招四方之士，
盖古者任贤而序位，量能以授官，劳大者厥禄厚，德盛者获爵
尊，故武功以显重，而文德以行褒。其以高成之平津乡户六百五
十封丞相弘为平津侯。"其后以为故事，至丞相封，自弘始也。

时上方兴功业，娄举贤良。^①弘自见为举首，起徒步，数年
至宰相封侯，于是起客馆，开东阁以延贤人，^②与参谋议。弘身
食一肉，脱粟饭，^③故人宾客仰衣食，^④奉禄皆以给之，家无所
馀。然其性意忌，外宽内深。^⑤诸常与弘有隙，无近远，虽阳与
善，后竟报其过。杀主父偃，徙董仲舒胶西，皆弘力也。

①师古曰："娄，古屡字。"

②师古曰："闒者，小门也，东向开之，避当庭门而引宾客，以别于掾史官属也。"

③师古曰："才脱粟而已，不精（凿）〔糳〕也。[7]脱音他活反。"

④师古曰："故人，平生故交也。仰音牛向反。"

⑤师古曰："意忌，多所忌害也。"

　　后淮南、衡山谋反，治党与方急，弘病甚，自以为无功而封侯，居宰相位，宜佐明主填抚国家，①使人由臣子之道。②今诸侯有畔逆之计，此大臣奉职不称也。③恐病死无以塞责，④乃上书曰："臣闻天下通道五，所以行之者三。君臣、父子、夫妇、长幼、朋友之交，五者天下之通道也；仁、知、勇三者，所以行之也。故曰'好问近乎知，⑤力行近乎仁，⑥知耻近乎勇：⑦知此三者，知所以自治；知所以自治，然后知所以治人。'⑧未有不能自治而能治人者也。陛下躬孝弟，监三王，建周道，兼文武，招俫四方之士，任贤序位，量能授官，将以厉百姓劝贤材也。今臣愚驽，无汗马之劳，⑨陛下（下）过意擢臣弘卒伍之中，⑩[8]封为列侯，致位三公。臣弘行能不足以称，⑪加有负薪之疾，恐先狗马填沟壑，终无以报德塞责。愿归侯，乞骸骨，避贤者路。"上报曰："古者赏有功，襃有德，守成〔上〕文，[9]遭遇右武，⑫未有易此者也。⑬朕夙夜庶几，获承至尊，惧不能宁，惟所与共为治者，君宜知之。⑭盖君子善善及后世，若兹行，常在朕躬。⑮君不幸罹霜露之疾，何恙不已，⑯乃上书归侯，乞骸骨，是章朕之不德也。⑰今事少閒，⑱君其存精神，止念虑，辅助医药以自持。"因赐告牛酒杂帛。居数月，有瘳，视事。

　　①师古曰："填音竹刃反。"

②师古曰："由，从也。"

③师古曰："称，副也。"

④师古曰："塞，当也。"

⑤师古曰："疑则问之，故成其智。"

⑥师古曰："屈己济物，故为仁也。"

⑦师古曰："不求苟得，故为勇也。"

⑧师古曰："自'好问近乎知'以下，皆<u>礼记中庸</u>之辞。"

⑨师古曰："言未尝从军旅。"

⑩师古曰："过犹误也。"

⑪师古曰："不副其任也。"

⑫师古曰："右亦上也，祸乱时则上武耳。"

⑬师古曰："易，改也。"

⑭师古曰："惟，思也。知谓知治道也。"

⑮师古曰："朕常思此，不息于心也。"

⑯师古曰："罹，遭也。恙，忧也。已，止也。言何忧于疾不止也。<u>礼记</u>曰'疾止复初'也。"

⑰师古曰："章，明也。"

⑱师古曰："閒言有空隙也。閒读曰闲。"

凡为丞相御史六岁，年八十，终丞相位。其后<u>李蔡</u>、<u>严青翟</u>、<u>赵周</u>、<u>石庆</u>、<u>公孙贺</u>、<u>刘屈氂</u>继踵为丞相。①自<u>蔡</u>至<u>庆</u>，丞相府客馆丘虚而已，②至<u>贺</u>、<u>屈氂</u>时坏以为马厩车库奴婢室矣。唯<u>庆</u>以惇谨，复终相位，③其馀尽伏诛云。

①师古曰："继踵，言相蹑也。屈音丘勿反，又钜勿反。氂音力之反。"

②师古曰："言不能进贤，故不缮修其室屋也。虚读曰墟。"

③师古曰："惇，厚也，音敦。"

弘子度嗣侯，为山阳太守十馀岁，诏征钜野令史成诣公车，度留不遣，坐论为城旦。

元始中，修功臣后，下诏曰：“汉兴以来，股肱在位，身行俭约，轻财重义，未有若公孙弘者也。位在宰相封侯，而为布被脱粟之饭，奉禄以给故人宾客，无有所馀，可谓减于制度，①而率下笃俗者也，②与内富厚而外为诡服以钓虚誉者殊科。③夫表德章义，所以率世厉俗，圣王之制也。其赐弘后子孙之次见为適者，④爵关内侯，食邑三百户。”

①应劭曰：“礼，贵有常尊，衣服有品。”

②师古曰：“笃，厚也。”

③师古曰：“诡，违也。诡服，谓与心志相违也。一曰，违众之服也。”

④师古曰：“见音胡电反。適读曰嫡。”

卜式，河南人也。以田畜为事。有少弟，弟壮，式脱身出，①独取畜羊百馀，田宅财物尽与弟。式入山牧，十馀年，羊致千馀头，买田宅。而弟尽破其产，式辄复分与弟者数矣。②

①师古曰：“脱身谓引身出也。脱音他活反。”

②师古曰：“数音所角反。”

时汉方事匈奴，式上书，愿输家财半助边。上使使问式：“欲为官乎？”式曰：“自（少）〔小〕牧羊，[10]不习仕宦，不愿也。”使者曰：“家岂有冤，欲言事乎？”式曰：“臣生与人亡所争，邑人贫者贷之，①不善者教之，所居，人皆从式，式何故见冤!"使者曰:"苟,子何欲?"②式曰:"天子诛匈奴,愚以为贤者宜死节,有财者宜输之,如此而匈奴可灭也。"使者以闻。上以语丞相弘。弘曰:"此非人情。不轨之臣③不可以为化而乱法,愿陛下勿许。"上不报,数岁乃罢式。式归,复田牧。

①师古曰:"贷音土戴反。"

②师古曰:"言子苟如此输财,必有所欲。"

③师古曰:"轨亦法也。"

岁馀,会浑邪等降,县官费众,仓府空,①贫民大徙,皆卬给县官,②无以尽赡。式复持钱二十万与河南太守,以给徙民。河南上富人助贫民者,上识式姓名,曰:"是固前欲输其家半财助边。"乃赐式外繇四百人,③式又尽复与官。是时富豪皆争匿财,④唯式尤欲助费。上于是以式终长者,乃召拜式为中郎,赐爵左庶长,⑤田十顷,布告天下,尊显以风百姓。⑥

①师古曰:"仓,粟所积也。府,钱所聚也。"

②师古曰:"卬音牛向反。"

③苏林曰:"外繇谓戍边也。一人出三百钱,谓之过更。式岁得十二万钱也。一说,在繇役之外得复除四百人也。"师古曰:"一说是。"

④师古曰:"匿,藏也。"

⑤师古曰:"第十爵。"

⑥师古曰:"风读曰讽。"

初式不愿为郎,上曰:"吾有羊在上林中,欲令子牧之。"式既为郎,布衣艸蹻而牧羊。①岁余,羊肥息。②上过其羊所,善之。式曰："非独羊也，治民亦犹是矣。以时起居，恶者辄去，③毋令败群。"上奇其言，欲试使治民。拜式缑氏令，缑氏便之；迁成皋令，将漕最。④上以式朴忠，⑤拜为齐王太傅，转为相。

①师古曰："蹻，即今之鞋也，南方谓之蹻。字本作屩，并音居略反。"

②师古曰："息，生也。言羊既肥而又生多也。"

③师古曰："去，除也，音丘巨反。"

④师古曰："为县令而又使（令）领漕，〔11〕其课最上。"

⑤师古曰："朴，质也。"

会吕嘉反，式上书曰："臣闻主愧臣死。群臣宜尽死节，其弩下者宜出财以佐军，如是则强国不犯之道也。①臣愿与子男②及临菑习弩博昌习船者请行，死之以尽臣节。"③上贤之，下诏曰："朕闻报德以德，报怨以直。④今天下不幸有事，郡县诸侯未有奋繇直道者也。⑤齐相雅行躬耕，⑥随牧蓄番，辄分昆弟，更造，⑦不为利惑。⑧日者北边有兴，⑨上书助官。往年西河岁恶，率齐人入粟。⑩今又首奋，⑪虽未战，可谓义形于内矣。⑫其赐式爵关内侯，黄金四（百）〔十〕斤，〔12〕田十顷，布告天下，使明知之。"

①师古曰："国家咸强而不见侵犯。"

②师古曰："子男，自谓其子也。"

③师古曰："从军而致死。"

④师古曰："论语称孔子〔曰〕〔13〕'以直报怨，以德报德'，故诏引之。"

⑤孟康曰："未有奋迅乐出身劳于徭役者也。"臣瓒曰："言未有奋厉于正直之道也。"师古曰："二说皆非也。奋，愤激也。繇读与由同。

由，从也。直道，谓报怨以直，征南越也。言无欲奋厉而从于报怨
之道也。"

⑥臣瓒曰："雅，素也。言卜式躬耕于野，不要名利。"晋灼曰："雅，
正也。"师古曰："晋说是也。言其行雅正，又躬耕也。"

⑦师古曰："言其蓄牧滋多，则与昆弟，而更自营为也。番音扶
元反。"

⑧师古曰："言不惑于利。"

⑨师古曰："日者，往日也。兴谓发军。"

⑩师古曰："凤恶，犹凶岁也。礼记曰'岁凶，年谷不登'。"

⑪师古曰："为首而奋厉，愿从军也。"

⑫师古曰："形，见也。"

元鼎中，征式代石庆为御史大夫。式既在位，言郡国不便盐
铁而船有算，可罢。上由是不说式。①明年当封禅，式又不习文
章，贬秩为太子太傅，以兒宽代之。式以寿终。

①师古曰："说读曰悦。"

兒宽，千乘人也。①治尚书，事欧阳生。以郡国选诣博士，
受业孔安国。贫无资用，尝为弟子都养。②时行赁作，带经而锄，
休息辄读诵，其精如此。以射策为掌故，功次补廷尉文学
卒史。③

①师古曰："千乘郡千乘县也。兒音五奚反。"

②师古曰："都，凡众也。养，主给烹炊者也。贫无资用，故供诸弟子
烹炊也。养音弋向反。"

③苏林曰："秩六百石，旧郡亦有也。"臣瓒曰："汉注卒史秩百石。"
师古曰："瓒说是也。"

宽为人温良，有廉知自将，①善属文，②然懦于武，③口弗能发明也。时张汤为廷尉，廷尉府尽用文史法律之吏，④而宽以儒生在其间，见谓不习事，不署曹，⑤除为从史，⑥之北地视畜数年。⑦还至府，上畜簿，⑧会廷尉时有疑奏，已再见却矣，⑨掾史莫知所为。宽为言其意，掾史因使宽为奏。奏成，读之皆服，以白廷尉汤。汤大惊，召宽与语，乃奇其材，以为掾。上宽所作奏，即时得可。异日，汤见上。问曰："前奏非俗吏所及，谁为之者？"汤言兒宽。上曰："吾固闻之久矣。"汤由是乡学，⑩以宽为奏谳掾，以古法义决疑狱，甚重之。及汤为御史大夫，以宽为掾，举侍御史。见上，语经学。上说之，⑪从问尚书一篇。擢为中大夫，迁左内史。

①师古曰："将，卫也，以智自卫护也。"

②师古曰："属，缀也，音之欲反。"

③师古曰："懦，柔也，音乃唤反，又音儒。"

④师古曰："史谓善史书者。"

⑤张晏曰："不署为列曹也。"师古曰："署，表也，置也。凡言署官，表其秩位，置立为之也。"

⑥师古曰："从史者，但只随官僚，不主文书。"

⑦师古曰："之，往也。畜谓廷尉之畜在北地者，若今诸司公廨牛羊。"

⑧师古曰："簿谓文计也。"

⑨师古曰："却，退也。"

⑩师古曰："乡读曰向。"

⑪师古曰："说读曰悦。"

宽既治民，劝农业，缓刑罚，理狱讼，卑体下士，务在于得人心；①择用仁厚士，推情与下，不求名声，吏民大信爱之。宽表奏开六辅渠，②定水令以广溉田。③收租税，时裁阔狭，与民相假贷，④以故租多不入。后有军发，左内史以负租课殿，当免。民闻当免，皆恐失之，大家牛车，小家担负，输租繈属不绝，⑤课更以最。上由此愈奇宽。

①师古曰："下音胡稼反。"

②韦昭曰："六辅谓京兆、冯翊、扶风、河东、河南、河内也。"刘德曰："于六辅界中为渠也。"师古曰："二说皆非也。沟洫志云'兒宽为左内史，奏请穿六辅渠以益溉郑国旁高卬之田'，此则于郑国渠上流南岸更开六道小渠以辅助溉灌耳。今雍州云阳、三原两县界此渠尚存，乡人名曰六渠，亦号辅渠。故河渠书云'关内则辅渠、灵轵'是也，焉说三河之地哉！"

③师古曰："为用水之次具立法，令皆得其所也。"

④师古曰："谓有贫弱及农要之时不即征收也。贷音土代反。"

⑤师古曰："繈，索也，言输者接连，不绝于道，若绳索之相属也，犹今言续索矣。属音之欲反。"

及议欲放古巡狩封禅之事，①诸儒对者五十餘人，未能有所定。先是，司马相如病死，有遗书，颂功德，言符瑞，足以封泰山。上奇其书，以问宽，宽对曰："陛下躬发圣德，统楫群元，②宗祀天地，荐礼百神，精神所乡，征兆必报，③天地并应，符瑞昭明。其封泰山，禅梁父，昭姓考瑞，帝王之盛节也。然享荐之义，不著于经，④以为封禅告成，合祛于天地神祇，⑤祗戒精专以接神明。总百官之职，各称事宜而为之节文。⑥唯圣主所由，制定其当，⑦非群臣之所能列。今将举大事，优游数年，⑧使群臣得人自尽，终莫能成。⑨唯天子建中和之极，兼总条贯，⑩金声而玉振之，⑪以顺成天庆，垂万世之基。"上然之，乃自制仪，采儒术以文焉。

① 师古曰："放，依也，音甫往反。"

② 张晏曰："统，察；楫，聚也。"如淳曰："历数之元也。"臣瓚曰："统犹总览也。楫当作辑。"师古曰："辑、楫与集，三字并同。虞书曰'楫五瑞'是也，其字从木。瓚曰当为辑，不通。"

③ 师古曰："乡读曰向。征，证也。"

④ 师古曰："封禅之享荐也，以非常礼，故经无其文，著音竹筋反。"

⑤ 李奇曰："祛，开散；合，闭也。开闭于天地也。"

⑥ 师古曰："称，副也。"

⑦ 师古曰："当犹中也。"

⑧ 师古曰："言不决也。"

⑨ 师古曰："所言不同，各有执见也。"

⑩ 师古曰："极，正也。周礼曰'以为人极'也。"

⑪ 师古曰："言振扬德音，如金玉之声也。"

既成，将用事，拜宽为御史大夫，从东封泰山，还登明堂。宽上寿曰："臣闻三代改制，属象相因。①间者圣统废绝，②陛下发愤，合指天地，祖立明堂辟雍，③宗祀泰一④，六律五声，⑤幽赞圣意，⑥神乐四合，各有方象，⑦以丞嘉祀，为万世则，⑧天下幸甚。将建大元本瑞，登告岱宗，发祉闾门，以候景至。癸亥宗祀，日宣重光；上元甲子，肃邕永享。⑨光辉充塞，天文粲然，⑩〔见〕象日昭，[14]报降符应。⑪臣宽奉觞再拜，上千万岁寿。"制曰："敬举君之觞。"

① 李奇曰："政教之法象相因属也。"师古曰："属，连也，音之欲反。"

② 师古曰："圣统，圣人之遗业，谓礼文也。"

③ 师古曰："祖，始也。"

④师古曰："宗，尊也。"

⑤师古曰："六律，谓黄锺、太蔟、姑洗、蕤宾、夷则、无射也。五声，宫、商、角、徵、羽也。"

⑥师古曰："幽，深也。赞，明也。"

⑦如淳曰："四方色及五神祭祀声乐各有等。"

⑧师古曰："则，法也。"

⑨李奇曰："太平之世，日抱重光，谓日有重日也。"苏林曰："将，甫始之辞也。太元，太初历也。本瑞，谓白麟、宝鼎之属也。以候景至，冬至之景也。上元甲子，太初元年甲子朔旦冬至也。"师古曰："宗，尊也。肃，敬也。雍，和也。既敬且和，则长为天所亨也。阎读与开同。"

⑩师古曰："塞，满也。粲然，明貌。"

⑪师古曰："言（大）〔天〕显示景象，[15]日日昭明也。降下符应，以报德化。"

后太史令司马迁等言："历纪坏废，汉兴未改正朔，宜可正。"上乃诏宽与迁等共定汉太初历。语在律历志。

初梁相褚大通五经，为博士，时宽为弟子。及御史大夫缺，征褚大，大自以为得御史大夫。至洛阳，闻兒宽为之，褚大笑。及至，与宽议封禅于上前，大不能及，退而服曰："上诚知人。"宽为御史大夫，以称意任职，故久无有所匡谏于上，官属易之。①居位九岁，以官卒。

①师古曰："易，轻也，音弋（鼓）〔豉〕反。"[16]

赞曰：公孙弘、卜式、兒宽皆以鸿渐之翼困于燕爵，①远迹羊豕之间，②非遇其时，焉能致此位乎？③是时，汉兴六十馀载，海内艾安，④府库充实，而四夷未宾，制度多阙。上方欲用文武，求之如弗及，⑤始以蒲轮迎枚生，见主父而叹息。⑥群士慕向，异人并出。卜式拔于刍牧，弘羊擢于贾竖，卫青奋于奴仆，日磾出于降虏，斯亦曩时版筑饭牛之（明）〔朋〕已。⑦[17]汉之得人，于兹为盛，儒雅则公孙弘、董仲舒、兒宽，笃行则石建、石庆，质直则汲黯、卜式，推贤则韩安国、郑当时，定令则赵禹、张汤，文章则司马迁、相如，滑稽则东方朔、枚皋，⑧应对则严助、朱买臣，历数则唐都、洛下闳，协律则李延年，运筹则桑弘羊，奉使则张骞、苏武，将率则卫青、霍去病，受遗则霍光、金日磾，其馀不可胜纪。⑨是以兴造功业，制度遗文，后世莫及。孝宣承统，纂修洪业，亦讲论六艺，招选茂异，而萧望之、梁丘贺、夏侯胜、韦玄成、严彭祖、尹更始以儒术进，刘向、王褒以文章显，将相则张安世、赵充国、魏相、丙吉、于定国、杜延年，治民则黄霸、王成、龚遂、郑弘、召信臣、⑩韩延寿、尹翁归、赵广汉、严延年、张敞之属，皆有功迹见述于世。参其名臣，亦其次也。⑪

①李奇曰："渐，进也。鸿一举而进千里者，羽翼之材也。弘等皆以大材初为俗所薄，若燕爵不知鸿志也。"师古曰："易渐卦上九爻辞曰：'鸿渐于陆，其羽可以为仪。'鸿，大鸟。渐，进也。高平曰陆。言鸿进于陆，以其羽翼为威仪也。喻弘等皆有鸿之羽仪，未进之时，燕爵所轻也。"

②师古曰："远寗其迹也。"

③师古曰："焉，于（日）〔何〕也。"[18]

④师古曰："艾读曰乂。"

⑤师古曰："恐失之。"

⑥师古曰："谓言'公皆安在？何相见之晚！'。"

⑦师古曰："版筑，傅说也。饭牛，甯戚也。已，语终辞也。饭音抚晚反。"

⑧师古曰："滑稽，转利之称也。滑，乱也。稽，碍也。言其变乱无留碍也。一说，稽，考也。言可滑乱不可考校也。滑音骨，稽音工奚反。"

⑨师古曰："纪，记也。"

⑩师古曰："召读曰邵。"

⑪师古曰："次于武帝时。"

【校勘记】

〔1〕〔敢〕问子大夫： 景祐、殿本都有"敢"字。王先谦说有"敢"字是。

〔2〕夫厚(当)〔赏〕重刑未足以劝善而禁非， 景祐、汲古、殿、局本都作"赏"，此误。

〔3〕凡此八者，治〔民〕之本也。 景祐、殿本都有"民"字。

〔4〕(师古)〔李奇〕曰： 景祐、殿本都作"李奇"，此误。

〔5〕通〔雍〕塞之涂， 钱大昭说"通"下脱"雍"字。按景祐、殿本都有"雍"字。

〔6〕鲁(班)〔班〕门 殿本作"班"。王先谦说作"班"是。

〔7〕不精(凿)〔鑿〕也。 李祯说"凿"当作"鑿"。按景祐、殿本都作"鑿"字。

〔8〕陛下(下)过意擢臣弘卒伍之中， 景祐、殿本都不重"下"字。

〔9〕守成〔上〕文， 景祐、殿本都有"上"字。王先谦说据下颜注当有。

〔10〕自(少)〔小〕牧羊， 景祐、殿本都作"小"。

〔11〕为县令而又使(令)领漕， 景祐、殿本都无下"令"字。

2291

〔12〕 黄金四（百）〔十〕斤， 景祐、殿本都作"十"。王先谦说，以理度之，"十"字是。

〔13〕 论语称孔子〔曰〕 景祐、殿本都有"曰"字，此脱。

〔14〕 （充）〔见〕象日昭， 景祐、殿本都作"见"。

〔15〕 言（大） 〔天〕显示景象， 殿本作"天"。王先谦说作"天"是。

〔16〕 音弋（鼓）〔豉〕反。 景祐、殿本都作"豉"，此误。

〔17〕 斯亦曩时版筑饭牛之（明）〔朋〕已。 殿本作"朋"。王先谦说殿本是。

〔18〕 焉，于（日）〔何〕也。 景祐、殿本都作"何"，此误。

汉 书 卷 五 十 九

张汤传第二十九

张汤,杜陵人也。父为长安丞,出,汤为儿守舍。①还,鼠
盗肉,父怒,笞汤。汤掘熏得鼠及馀肉,劾鼠掠治,传爰书,讯
鞫论报,②并取鼠与肉,具狱磔堂下。③父见之,视文辞如老狱
吏,大惊,遂使书狱。④

①师古曰:"称为儿者,言其尚幼小也。"

②师古曰:"传谓传逮,若今之追逮赴对也。爰,换也,以文书代换其
　口辞也。讯,考问也。鞫,穷也,谓穷核之也。论报,谓上论之而
　获报也。讯音信。"

③师古曰:"具为治狱之文,处正其罪而磔鼠也。"

④如淳曰:"决狱之书,谓律令也。"

父死后,汤为长安吏。周阳侯为诸卿时,①尝系长安,汤倾
身事之。及出为侯,大与汤交,遍见贵人。汤给事内史,为甯成

2293

掾，以汤为无害，言大府，②调茂陵尉，③治方中。④

①师古曰："姓赵。"

②师古曰："大府，丞相府也。无害，言其最胜也，解在萧何传。"

③师古曰："调，选也，选以为此官也。调音徒钓反。"

④孟康曰："方中，陵上土作方也，汤主治之。"苏林曰："天子即位，
豫作陵，讳之，故言方中，或言斥土。"如淳曰："汉注陵方中用地
一顷，深十二丈。"师古曰："苏说非也。古谓掘地为阬曰方，今荆
楚俗土功筑作算程课者，犹以方计之，非谓避讳也。"

武安侯为丞相，①征汤为史，荐补侍御史。治陈皇后巫蛊狱，
深竟党与，上以为能，迁太中大夫。与赵禹共定诸律令，务在深
文，拘守职之吏。②已而禹至少府，汤为廷尉，两人交驩，兄事
禹。③禹志在奉公孤立，而汤舞知以御人。④始为小吏，乾没，与
长安富贾田甲、鱼翁叔之属交私。⑤及列九卿，收接天下名士大
夫，己心内虽不合，然阳浮道与之。⑥

①师古曰："田蚡。"

②苏林曰："拘刻于守职之吏。"

③师古曰："事之如兄。"

④师古曰："舞弄其智，制御它人也。"

⑤服虔曰："乾没，射成败也。"如淳曰："豫居物以待之，得利为乾，
失利为没。"师古曰："乾音干。"

⑥师古曰："阳以道义为交，非其中心，故云浮也。"

是时，上方乡文学，①汤决大狱，欲傅古义，②乃请博士弟子
治尚书、春秋，补廷尉史，平亭疑法。奏谳疑，③必奏先为上分
别其原，上所是，受而著谳法廷尉挈令，④扬主之明。⑤奏事即

谴，汤摧谢，⑥乡上意所便，⑦必引正监掾史贤者，曰："固为臣议，如（此）上责臣，⑧〔1〕臣弗用，愚抵此。"⑨罪常释。⑩间即奏事，上善之，曰："臣非知为此奏，乃监、掾、史某所为。"⑪其欲荐吏，扬人之善解人之过如此。所治即上意所欲罪，予监吏深刻者；即上意所欲释，予监吏轻平者。所治即豪，必舞文巧诋；⑫即下户羸弱，时口言"虽文致法，上裁察"。于是往往释汤所言。⑬汤至于大吏，内行修，交通宾客饮食，于故人子弟为吏及贫昆弟，调护之尤厚。⑭其造请诸公，不避寒暑。⑮是以汤虽文深意忌不专平，然得此声誉。而深刻吏多为爪牙用者，依于文学之士。丞相弘数称其美。

①师古曰："乡读曰向。"

②师古曰："傅读曰附。"

③李奇曰："亭亦平也。"师古曰："亭，均也，调也。言平均疑法及为谳疑奏之。"

④韦昭曰："在板絜也。"师古曰："著谓明书之也。絜，狱讼之要也。书于谳法絜令以为后式也。絜音口计反。"

⑤师古曰："言此自天子之意，非由臣下有司。"

⑥苏林曰："深自挫按也。"师古曰："若上有责，即摧折而谢也。"

⑦师古曰："谓如天子责汤之指而言其端也。乡读曰向。"

⑧师古曰："如上之意。"

⑨苏林曰："坐不用诸掾语，故至于此。"

⑩臣瓒曰："谓常见原也。"

⑪师古曰："间谓非当朝奏者。"

⑫师古曰："诋，诬也，音丁礼反。其下并同。"

⑬李奇曰："先见上口言之，欲与轻平，故皆见原释也。"如淳曰："虽

文书按察致下户之罪，汤以先口解之矣。上以汤言，辄裁察之，轻其罪也。"师古曰："李、如二说皆非也。此言下户羸弱，汤欲佐助，虽具文奏之，而又口奏，言虽律令之文合致此罪，听上裁察，盖为此人希恩宥也。于是上得汤言，往往释其人罪，非未奏之前口豫言也。"

⑭师古曰："调，和适之，令得其所也。护谓保佑也。"

⑮师古曰："造，至诣也。请，谒问也。造音七到反。"

及治淮南、衡山、江都反狱，皆穷根本。严助、伍被，上欲释之，汤争曰："伍被本造反谋，而助亲幸出入禁闼腹心之臣，乃交私诸侯，如此弗诛，后不可治。"上可论之。①其治狱所巧排大臣自以为功，多此类。繇是益尊任，②迁御史大夫。

①师古曰："可汤所奏而论决之。"

②师古曰："繇读与由同。"

会浑邪等降汉，大兴兵伐匈奴，山东水旱，贫民流徙，皆卬给县官，①县官空虚。汤承上指，请造白金及五铢钱，笼天下盐铁，②排富商大贾，出告缗令，锄豪强并兼之家，舞文巧诋以辅法。③汤每朝奏事，语国家用，日旰，④天子忘食。丞相取充位，⑤天下事皆决汤。百姓不安其生，骚动，县官所兴未获其利，奸吏并侵渔，⑥于是痛绳以罪。自公卿以下至于庶人咸指汤。汤尝病，上自至舍视，其隆贵如此。

①师古曰："卬音牛向反。"

②师古曰："笼罗其事，皆令利入官。"

③师古曰："辅，助也。以巧诋助法，言不公平也。"

④师古曰："旰，晚也。论事既多，至于日晚。旰音幹。"

⑤师古曰："但充其位而已，无所造设也。"

⑥师古曰："并，且也。"

匈奴求和亲，群臣议前，①博士狄山曰："和亲便。"上问其便，山曰："兵，凶器，未易数动。②高帝欲伐匈奴，大困平城，乃遂结和亲。孝惠、高后时，天下安乐，及文帝欲事匈奴，北边萧然苦兵。③孝景时，吴楚七国反，景帝往来东宫间，④天下寒心数月。⑤吴楚已破，竟景帝不言兵，⑥天下富实。今自陛下兴兵击匈奴，中国以空虚，边大困贫。由是观之，不如和亲。"上问汤，汤曰："此愚儒无知。"狄山曰："臣固愚忠，若御史大夫汤，乃诈忠。汤之治淮南、江都，以深文痛诋诸侯，别疏骨肉，使藩臣不自安，臣固知汤之（为）诈忠。"[2]于是上作色曰："吾使生居一郡，能无使虏入盗乎？"⑦山曰："不能。"曰："居一县？"曰："不能。"复曰："居一鄣间？"⑧山自度辩穷且下吏，⑨曰："能。"乃遣山乘鄣。⑩至月馀，匈奴斩山头而去，是后群臣震詟。⑪

①师古曰："于上前议事。"

②师古曰："言难可屡动。"

③师古曰："萧然犹骚然，扰动之貌也。"

④师古曰："谓咨谋于太后也。"

⑤师古曰："惧于兵难也。"

⑥师古曰："讫景帝之身更不议征伐之事。"

⑦师古曰："博士之官，故呼为生也。"

⑧师古曰："鄣谓塞上要险之处，别筑为城，因置吏士而为鄣蔽以扞寇也。鄣音之向反。"

⑨师古曰："度，计也。见诘自辩而辞穷，当下吏也。"

⑩师古曰："乘，登也，登而守之。"

⑪师古曰："震，动也。詟，失（失）气也。[3]詟音之涉反。"

汤客田甲虽贾人，有贤操，①始汤为小吏，与钱通，②及为大吏，而甲所以责汤行义，有烈士之风。

①师古曰："操谓所执持之志行也。音千到反。"

②师古曰："为小吏之时与田甲为钱财之交。"

汤为御史大夫七岁，败。

河东人李文，故尝与汤有隙，已而为御史中丞，荐数从中文事有可以伤汤者，不能为地。①汤有所爱史鲁谒居，知汤弗平，使人上飞变告文奸事。②事下汤，汤治论杀文，而汤心知谒居为之。上问："变事从迹安起？"③汤阳惊曰："此殆文故人怨之。"④谒居病卧闾里主人，汤自往视病，为谒居摩足。赵国以冶铸为业，王数讼铁官事，汤常排赵王。赵王求汤阴事。谒居尝案赵王，赵王怨之，并上书告："汤大臣也，史谒居有病，汤至为摩足，疑与为大奸。"事下廷尉。谒居病死，事连其弟，弟系导官。⑤汤亦治它囚导官，见谒居弟，欲阴为之，而阳不省。⑥谒居弟不知而怨汤，使人上书，告汤与谒居谋，（兵）〔共〕变李文。[4]事下减宣。宣尝与汤有隙，及得此事，穷竟其事，未奏也。会人有盗发孝文园瘗钱，⑦丞相青翟朝，与汤约俱谢，⑧至前，⑨汤念独丞相以四时行园，当谢，汤无与也，不谢。⑩丞相谢，上使御史案其事。汤欲致其文丞相见知，⑪丞相患之。三长史皆害汤，欲陷之。⑫

①服虔曰："荐，藉也。文与汤故有隙，已而为御史中丞，藉己在内台，中文书有可用伤汤者因会致之，不能为汤作道地。"苏林曰：

"荐，仍也。"师古曰："荐、数义同，苏说是也。数数在中，其有
文书事可用伤汤者，不为作道地也。荐音在见反。数音所角反。大
雅云汉之诗曰'饥馑荐臻'，字亦如此。"

②师古曰："飞变犹言急变也。"

③师古曰："从读曰踪。"

④师古曰："殆，近也。"

⑤苏林曰："汉仪注狱二十六所，导官无狱也。"师古曰："苏说非也。
导，择也。以主择米，故曰导官。事见百官表。时或以诸狱皆满，
故权寄在此署系之，非本狱所也。"

⑥师古曰："省，视也。"

⑦如淳曰："瘗，埋也，埋钱于园陵以送死也。"

⑧师古曰："将入朝之时为此要约。"

⑨师古曰："至天子之前。"

⑩师古曰："行音下更反。与读曰豫。无豫谓不干其事也。"

⑪张晏曰："见知故纵，以其罪罪之也。"

⑫师古曰："百官表丞相有两长史，今此云三者，盖以守者，非正
员也。"

始，长史朱买臣素怨汤，语在其传。王朝，齐人，以术
至右内史。边通学短长，①刚暴人也，官至济南相。故皆居汤
右，②已而失官，守长史，诎体于汤。③汤数行丞相事，知此
三长史素贵，常陵折之，故三长史合谋曰："始汤约与君谢，
已有卖君；今欲劾君以宗庙事，此欲代君耳。吾知汤阴事。"
使吏捕案汤左田信等，④曰汤且欲为请奏，信辄先知之，居物
致富，与汤分之。⑤及它奸事。事辞颇闻。⑥上问汤曰："吾所
为，贾人辄知，益居其物，⑦是类有以吾谋告之者。"⑧汤不

谢，又阳惊曰：“固宜有。”减宣亦奏谒居事。上以汤怀诈面欺，⑨使使八辈簿责汤。⑩汤具自道无此，不服。于是上使赵禹责汤。禹至，让汤曰：⑪“君何不知分也！⑫君所治，夷灭者几何人矣！⑬今人言君皆有状，天子重致君狱，⑭欲令君自为计，⑮何多以对为？”⑯汤乃为书谢曰：“汤无尺寸之功，起刀笔吏，陛下幸致位三公，无以塞责。⑰然谋陷汤者，三长史也。”遂自杀。

①(师古)〔应劭〕曰：“〔5〕短长术兴于六国时，长短其语，隐谬用相激怒也。”张晏曰：“苏秦、张仪之谋，趣彼为短，归此为长，战国策名长短术也。”

②师古曰：“言旧在汤上。”

③师古曰：“谓拜伏也。”

④李奇曰：“左，证左也。”师古曰：“谓之左者，言除罪人正身之外，又取其左右者考问也。”

⑤服虔曰：“居谓储也。”

⑥师古曰：“闻于天子也。”

⑦师古曰：“益，多也。”

⑧师古曰：“类，似也。”

⑨师古曰：“对面欺诬也。”

⑩苏林曰：“簿音主簿之簿。簿，悉责也。”师古曰：“以文簿次第一一责之。”

⑪师古曰：“让亦责也。”

⑫师古曰：“分音扶问反。”

⑬师古曰：“几音居起反。”

⑭师古曰：“重犹难也。”

⑮师古曰：“言引决也。”

⑯师古曰："言何用多对。"

⑰师古曰："塞，当也。"

汤死，家产直不过五百金，皆所得奉赐，①无它赢。②昆弟诸子欲厚葬汤，汤母曰："汤为天子大臣，被恶言而死，③何厚葬为!"载以牛车，有棺而无椁。上闻之，曰："非此母不生此子。"乃尽按诛三长史。丞相青翟自杀。出田信。上惜汤，复稍进其子安世。

①师古曰："奉音扶用反。"

②师古曰："赢，馀也。"

③师古曰："被，加也，音皮义反。"

安世字子孺，少以父任为郎。用善书给事尚书，①精力于职，休沐未尝出。上行幸河东，尝亡书三箧，诏问莫能知，唯安世识之，②具作其事。后购求得书，以相校无所遗失。上奇其材，擢为尚书令，迁光禄大夫。

①师古曰："于尚书中给事也。给，供也。"

②师古曰："识，记也，音式志反。"

昭帝即位，大将军霍光秉政，以安世笃行，①光亲重之。会左将军上官桀父子及御史大夫桑弘羊皆与燕王、盖主谋反诛，光以朝无旧臣，白用安世为右将军光禄勋，以自副焉。久之，天子下诏曰："右将军光禄勋安世辅政宿卫，肃敬不怠，十有三年，咸以康宁。夫亲亲任贤，唐虞之道也，其封安世为富平侯。"

①师古曰："笃，厚也。"

明年，昭帝崩，未葬，大将军光白太后，徙安世为车骑将军，与共征立昌邑王。王行淫乱，光复与安世谋废王，尊立宣帝。帝初即位，褒赏大臣，〔下〕诏曰：“〔6〕夫褒有德，赏有功，古今之通义也。车骑将军光禄勋富平侯安世，宿卫忠正，宣德明恩，勤劳国家，守职秉义，以安宗庙，其益封万六百户，功次大将军光。”安世子千秋、延寿、彭祖，皆中郎将侍中。

大将军光薨后数月，御史大夫魏相上封事曰：“圣王褒有德以怀万方，①显有功以劝百寮，是以朝廷尊荣，天下乡风。②国家承祖宗之业，制诸侯之重，新失大将军，宜宣章盛德以示天下，显明功臣以填藩国。③毋空大位，以塞争权，④所以安社稷绝未萌也。⑤车骑将军安世事孝武皇帝三十馀年，忠信谨厚，勤劳政事，夙夜不怠，与大将军定策，天下受其福，国家重臣也，宜尊其位，以为大将军，毋令领光禄勋事，使专精神，忧念天下，思惟得失。安世子延寿重厚，可以为光禄勋，领宿卫臣。”上亦欲用之。安世闻指，惧不敢当，请间求见，免冠顿首曰：“老臣耳妄闻，言之为先事，不言情不达，⑥诚自量不足以居大位，继大将军后，唯天子财哀，以全老臣之命。”⑦上笑曰：“君言泰谦。君而不可，尚谁可者！”⑧安世深辞弗能得。后数日，竟拜为大司马车骑将军，领尚书事。数月，罢车骑将军屯兵，更为卫将军，两宫卫尉，城门、北军兵属焉。

①师古曰：“怀，来也。”
②师古曰：“乡读曰向。”

③师古曰："填音竹刃反。"

④师古曰："大臣位空，则起争夺之权也。"

⑤师古曰："未萌，谓变故未生者也。"

⑥师古曰："事未施行而遽言之，故曰先事也。"

⑦师古曰："财与裁同。"

⑧师古曰："言君尚不可，谁更可也！"

时霍光子禹为右将军，上亦以禹为大司马，罢其右将军屯兵，以虚尊加之，而实夺其众。后岁馀，禹谋反，夷宗族，安世素小心畏忌，已内忧矣。①其女孙敬为霍氏外属妇，②当相坐，安世瘦惧，形于颜色。③上怪而怜之，以问左右，乃赦敬，以慰其意。安世窹恐。④职典枢机，以谨慎周密自著，外内无间。⑤每定大政，已决，辄移病出，⑥闻有诏令，乃惊，使吏之丞相府问焉。自朝廷大臣莫知其与议也。⑦

①师古曰："忌者，戒盈满之祸。"

②师古曰："女孙，即今所谓孙女也。"

③师古曰："形，见也。"

④师古曰："窹，益也。"

⑤师古曰："著，明也。间，隙也。"

⑥师古曰："移病，谓移书言病也。一曰以病而移居。"

⑦师古曰："与读曰豫。"

尝有所荐，其人来谢，安世大恨，以为举贤达能，岂有私谢邪？绝勿复为通。①有郎功高不调，②自言，安世应曰："君之功高，明主所知。人臣执事，何长短而自言乎！"绝不许。已而郎果迁。③莫府长史迁，辞去之官，安世问以过失。④长史曰："将军为明主股肱，而士无所进，论者以为讥。"安世曰："明主在上，贤不肖较然，⑤臣下自修而已，何知士而荐之？"其欲匿名迹远权势如此。⑥

①师古曰："有欲谢者，皆不通也。一曰告此人而绝之，更不与相见也。"

②师古曰："调，选也，音徒钓反。"

③师古曰："安世外阳距之，而实令其迁。"

④师古曰："问己有何失。"

⑤师古曰："较，明貌。"

⑥师古曰："远，离也，音于万反。"

为光禄勋，郎有醉小便殿上，主事白行法，安世曰："何以知其不反水浆邪？①如何以小过成罪！"郎淫官婢，婢兄自言，安世曰："奴以忿怒，诬污衣冠。"（自）〔告〕署適奴。②〔7〕其隐人过失，皆此类也。

①师古曰："反读曰翻。"

②师古曰："適读曰谪。"

安世自见父子尊显，怀不自安，为子延寿求出补吏，上以为北地太守。岁馀，上闵安世年老，复征延寿为左曹太仆。

初，安世兄贺幸于卫太子，太子败，宾客皆诛，安世为贺上书，得下蚕室。①后为掖庭令，而宣帝以皇曾孙收养掖庭。贺内伤太子无辜，而曾孙孤幼，所以视养抚循，恩甚密焉。及曾孙壮大，贺教书，令受诗，为取许妃，以家财聘之。曾孙数有征怪，②语在宣纪。贺闻知，为安世道之，称其材美。安世辄绝止，以为少主在上，不宜称述曾孙。

及宣帝即位，而贺已死。上谓安世曰："掖（廷）〔庭〕令平生称我，[8]将军止之，是也。"上追思贺恩，欲封其冢为恩德侯，置守冢二百家。③贺有一子蚤死，④无子，子安世小男彭祖。⑤彭祖又小与上同席研书，指欲封之，先赐爵关内侯。故安世深辞贺封，又求损守冢户数，稍减至三十户。上曰："吾自为掖（廷）〔庭〕令，非为将军也。"安世乃止，不敢复言。遂下诏曰："其为故掖（廷）〔庭〕令张贺置守冢三十家。"上自处置其里，⑥居冢西斗鸡翁舍南，上少时所尝游处也。明年，复下诏曰："朕微眇时，故掖（廷）〔庭〕令张贺辅道朕躬，⑦修文学经术，恩惠卓异，厥功茂焉。诗云：'无言不雠，无德不报。'⑧其封贺弟子侍中关内侯彭祖为阳都侯，赐贺谥曰阳都哀侯。"时贺有孤孙霸，年七岁，拜为散骑中郎将，赐爵关内侯，食邑三百户。安世以父子封侯，在位大盛，乃辞禄。诏都内别臧张氏无名钱以百万数。⑨

①师古曰："谓腐刑也。凡养蚕者，欲其温而早成，故为密室蓄火以置之。而新腐刑亦有中风之患，须入密室乃得以全，因呼为蚕室耳。"

②师古曰："征，证也。"

③师古曰："身死追封，故云封冢也。"

④师古曰："蚤，古早字。"

⑤师古曰："言养以为子。"

⑥师古曰："处，安也，音昌汝反。"

⑦师古曰："道读曰导。"

⑧师古曰："大雅抑之诗。"

⑨文颖曰："都内，主臧官也。"张晏曰："安世以还官，官不簿也。"

安世尊为公侯，食邑万户，然身衣弋绨，①夫人自纺绩，家童七百人，皆有手技作事，内治产业，累积纤微，是以能殖其货，②富于大将军<u>光</u>。天子甚尊惮大将军，然内亲<u>安世</u>，心密于<u>光</u>焉。

①师古曰："弋，黑色也。绨，厚缯也。"

②师古曰："殖，生也。"

元康四年春，<u>安世</u>病，上疏归侯，乞骸骨。天子报曰："将军年老被病，朕甚闵之。虽不能视事，折冲万里，君先帝大臣，明于治乱，朕所不及，得数问焉，①何感而上书归卫将军<u>富平侯</u>印？②薄朕忘故，③非所望也！愿将军强餐食，近医药，专精神，以辅天年。"<u>安世</u>复强起视事，至秋薨。天子赠印绶，送以轻车介士，④谥曰<u>敬侯</u>。赐茔<u>杜东</u>，⑤将作穿复土，起冢祠堂。子<u>延寿</u>嗣。

①师古曰："言意所不及者，即以问君也。"

②师古曰："感，恨也，音胡闇反。"

③苏林曰："本望君重于此也。"师古曰："<u>苏</u>说非也。薄犹嫌也，君意嫌朕遗忘故旧，而求去也。"

④师古曰："轻车，古之战车。<u>续汉书</u>曰：'雕朱轮舆，不巾不盖，箽矛戟幢（也）麾，瓬弩。'[9]介士谓甲士也。箽，插也。瓬，皮箧盛弩也。箽音侧事反。瓬音服。"

⑤师古曰："茔，冢地也。"

<u>延寿</u>已历位九卿，既嗣侯，国在<u>陈留</u>，别邑在<u>魏郡</u>，租入岁千馀万。<u>延寿</u>自以身无功德，何以能久堪先人大国，数上书让减户邑，又因弟阳都侯<u>彭祖</u>口陈至诚。天子以为有让，乃徙封<u>平原</u>，并一国，户口如故，而租税减半。薨，谥曰<u>爱侯</u>。子<u>勃</u>嗣，

为散骑谏大夫。

元帝初即位，诏列侯举茂材，勃举太官献丞陈汤。①汤有罪，勃坐削户二百，会薨，故赐谥曰缪侯。②后汤立功西域，世以勃为知人。子临嗣。

①苏林曰："献丞，主贡献物也。"

②师古曰："以其所举不得人，故加恶谥。(谬)〔缪〕者，妄也。"〔10〕

临亦谦俭，每登阁殿，常叹曰："桑、霍为我戒，岂不厚哉！"①且死，分施宗族故旧，②薄葬不起坟。临尚敬武公主。③薨，子放嗣。

①师古曰："桑，桑弘羊也。霍，霍禹也。言以骄奢致祸也。"

②师古曰："言将死之时，多以财分施也。"

③文颖曰："成帝姊也。"(陈)〔臣〕瓒曰：〔11〕"敬武公主是元帝姊也。"师古曰："二说皆非也。薛宣传云主怒曰：'嫂何以取妹杀之？'既谓元后为嫂，是则元帝妹也。"

鸿嘉中，上欲遵武帝故事，与近臣游宴，放以公主子开敏得幸。放取皇后弟平恩侯许嘉女，上为放供张，①赐甲第，充以乘舆服饰，号为天子取妇，皇后嫁女。大官私官并供 (具)〔其〕第，②〔12〕两宫使者冠盖不绝，赏赐以千万数。放为侍中中郎将，监平乐屯兵，置莫府，仪比将军。与上卧起，宠爱殊绝，常从为微行出游，北至甘泉，南至长杨、五柞，③斗鸡走马长安中，积数年。

①师古曰："供音居用反。张音竹亮反。"

②服虔曰："私官，皇后之官也。"

③师古曰："柞与柞同。"

是时上诸舅皆害其宠，白太后。太后以上春秋富，动作不节，甚以过放。①时数有灾异。议者归咎放等。于是丞相宣、御史大夫方进②奏："放骄蹇纵恣，奢淫不制。前侍御史修等四人奉使至放家逐名捕贼，③时放见在，奴从者闭门设兵弩射吏，距使者不肯内。知男子李游君欲献女，使乐府音监景武强求不得，④使奴康等之其家，贼伤三人。又以县官事怨乐府游徼莽，⑤而使大奴骏等四十馀人群党盛兵弩，白昼入乐府攻射官寺，缚束长吏子弟，斫破器物，宫中皆犇走伏匿。⑥莽自髡钳，衣赭衣，及守令史调等皆徒跣叩头谢放，放乃止。奴从者支属并乘权势为暴虐，至求吏妻不得，杀其夫，或患一人，妄杀其亲属，辄亡入放（弟）〔第〕，〔13〕不得，幸得勿治。放行轻薄，连犯大恶，有感动阴阳之咎，为臣不忠首，⑦罪名虽显，前蒙恩。骄逸悖理，⑧与背畔无异，臣子之恶，莫大于是，不宜宿卫在位。臣请免放归国，以销众邪之萌，厌海内之心。"⑨

①师古曰："以放为罪过。"

②师古曰："薛宣、翟方进。"

③刘德曰："谓诏捕罪人有名者也。"

④孟康曰："音监，监主乐人也。姓景名武。"

⑤师古曰："乐府之游徼名莽。"

⑥师古曰："犇，古奔字。"

⑦师古曰："不忠之罪放为首。"

⑧师古曰："悖，乖也，音布内反。"

⑨师古曰："萌，始生者也。厌，满也，音一艳反。"

上不得已，①左迁放为北地都尉。数月，复征入侍中。太后以<u>放</u>为言，出<u>放</u>为<u>天水</u>属国都尉。<u>永始</u>、<u>元延</u>间，比年日蚀，②故久不还<u>放</u>。玺书劳问不绝。居岁馀，征<u>放</u>归第视母<u>公主</u>疾。数月，主有瘳，出<u>放</u>为<u>河东</u>都尉。上虽爱<u>放</u>，然上迫<u>太后</u>，下用大臣，故常涕泣而遣之。后复征<u>放</u>为侍中光禄大夫，秩中二千石。岁馀，丞相<u>方进</u>复奏<u>放</u>，上不得已，免<u>放</u>，赐钱五百万，遣就国。数月，<u>成帝</u>崩，<u>放</u>思慕哭泣而死。

①<u>师古</u>曰："已，止也。"
②<u>师古</u>曰："比，频也。"

初，<u>安世</u>长子<u>千秋</u>与<u>霍光</u>子<u>禹</u>俱为中郎将，将兵随<u>度辽将军范明友</u>击<u>乌桓</u>。还，谒大将军<u>光</u>，问<u>千秋</u>战斗方略，山川形势，<u>千秋</u>口对兵事，画地成图，无所忘失。<u>光</u>复问<u>禹</u>，<u>禹</u>不能记，曰："皆有文书。"<u>光</u>由是贤<u>千秋</u>，以<u>禹</u>为不材，叹曰："<u>霍</u>氏世衰，<u>张</u>氏兴矣！"及<u>禹</u>诛灭，而<u>安世</u>子孙相继，自<u>宣</u>、<u>元</u>以来为侍中、中常侍、诸曹散骑、列校尉者凡十馀人。功臣之世，唯有<u>金</u>氏、<u>张</u>氏，亲近宠贵，比于外戚。

<u>放</u>子<u>纯</u>嗣侯，恭俭自修，明习汉家制度故事，有<u>敬侯</u>遗风。<u>王莽</u>时不失爵，<u>建武</u>中历位至大司空，更封<u>富平</u>之别乡为<u>武始侯</u>。

<u>张汤</u>本居<u>杜陵</u>，<u>安世</u><u>武</u>、<u>昭</u>、<u>宣</u>世辄随陵，①凡三徙，复还<u>杜陵</u>。

①<u>服虔</u>曰："随所事帝，徙处其陵也。"

赞曰：<u>冯商</u>称<u>张汤</u>之先与<u>留侯</u>同祖，而<u>司马迁</u>不言。故阙焉。①汉兴以来，侯者百数，保国持宠，未有若<u>富平</u>者也。<u>汤</u>虽酷烈，及身蒙咎，其推贤扬善，固宜有后。安世履道，满而不溢，贺之阴德，亦有助云。

①如淳曰："班固目录冯商，长安人，成帝时以能属书待诏金马门，受诏续太史公书十馀篇。"师古曰："刘歆七略云商阳陵人，治易，事五鹿充宗，能属文，博通强记，与孟柳俱待诏，颇序列传，未卒，会病死。"

〔1〕 固为臣议，如（此）上责臣，⑧　注⑧原在"此"字下。王先谦说"此"是衍文。按史记无"此"字。颜注正解"如上责臣"，当在"臣"字下。

〔2〕 臣固知汤之（为）诈忠。　景祐、殿本都无"为"字。

〔3〕 失（失）气也。　王先谦说"失"字误衍。按殿本无。

〔4〕 告汤与谒居谋，（兵）〔共〕变李文。　景祐、殿本都作"共"，此误。

〔5〕 （师古）〔应劭〕曰："　景祐、殿本都作"应劭"。王先谦说作"应劭"是。

〔6〕 帝初即位，襄赏大臣，　〔下〕诏曰：　景祐、殿本都有"下"字。

〔7〕 （自）〔告〕署适奴。　景祐、殿本都作"告"。郭嵩焘说作"告"是。

〔8〕 掖（廷）〔庭〕令平生称我，　殿本作"庭"，下同。王先谦说"廷"字误。按景祐本亦误。

〔9〕 畜矛载幢（也）麾，瑯弩。　宋祁说别本、浙本无"也"字。王先谦说无"也"字是。

〔10〕 （谬）〔缪〕者，妄也。　景祐、殿本都作"缪"。

〔11〕 （陈）〔臣〕瓒曰： 景祐、殿、局本都作“臣”，此误。

〔12〕 大官私官并供（具）〔其〕第， 景祐、殿、局本都作“其”，
此误。

〔13〕 辄亡入放（弟）〔第〕， 王先谦说殿本作“第”是。

汉 书 卷 六 十

杜周传第三十

杜周，南阳杜衍人也。义纵为南阳太守，以周为爪牙，荐之张汤，为廷尉史。使案边失亡，①所论杀甚多。奏事中意，任用，②与减宣更为中丞者十馀岁。③

①文颖曰："边卒多亡也。或曰，郡县主守有所亡失也。"师古曰："此说皆非也。谓因虏入为寇，而失人畜甲兵仓廪者也。"

②师古曰："以奏事当天子之意旨，故被任用也。中音竹仲反。"

③师古曰："更，互也，音工衡反。"

2313

周少言重迟，①而内深次骨。②宣为左内史，周为廷尉，其治大抵放张汤，③而善候司。④上所欲挤者，因而陷之；⑤上所欲释，久系待问而微见其冤状。⑥客有谓周曰："君为天下决平，不循三尺法，⑦专以人主意指为狱，狱者固如是乎？"⑧周曰："三尺安出哉？⑨前主所是著为律，后主所是疏为令；⑩当时为是，何古之法乎？"⑪

①师古曰："迟谓性非敏速也。"

②李奇曰："其用法深刻至骨。"

③师古曰："大抵，大归也。放，依也，音甫往反。"

④师古曰："观望天子意。"

⑤孟康曰："挤音跻。"师古曰："挤，坠也。"

⑥师古曰："见，显也。"

⑦孟康曰："以三尺竹简书法律也。"师古曰："循，因也，顺也。"

⑧师古曰："言不当然也。"

⑨师古曰："安犹焉也。"

⑩师古曰："著谓明表也。疏谓分条也。"

⑪师古曰："各当其时而为是也。"

至周为廷尉，诏狱亦益多矣。二千石系者新故相因，不减百
馀人。郡吏大府举之廷尉，①一岁至千馀章。章大者连逮证案数
百，小者数十人；远者数千里，近者数百里。会狱，②吏因责如
章告劾，③不服，以掠笞定之。④于是闻有逮证，皆亡匿。狱久者
至更数赦十馀岁而相告言，⑤大氐尽诋以不道，⑥以上[1]廷尉及中
都官，诏狱逮至六七万人，⑦吏所增加十有馀万。⑧

①如淳曰："郡吏，太守也。"文颖曰："大府，公府也。"孟康曰："举
之廷尉，以章劾付廷尉治之也。"师古曰："孟说非也。举，皆也。
言郡吏大府狱事皆归廷尉也。大府，丞相、御史之府也。"

②师古曰："往赴对也。"

③师古曰："皆令服罪如所告劾之本章。"

④师古曰："定其辞，令服也。"

⑤师古曰："更，历也。其罪或非赦例，故不得除，而久逃亡不出至于

十餘岁，犹相告言，由周用法深刻故也。更音工衡反。"

⑥师古曰："氐读与抵同。抵，归也。诋，诬也。并音丁礼反。"

⑦师古曰："中都官，凡京师诸官府也。狱辞所及，追考问者六七万人也。"

⑧师古曰："吏又于此外以文致之，更增加也。"

周中废，后为执金吾，逐捕桑弘羊、卫皇后昆弟子刻深，上以为尽力无私，迁为御史大夫。

始周为廷史，有一马，①及久任事，列三公，而两子夹河为郡守，家訾累巨万矣。②治皆酷暴，唯少子延年行宽厚云。

①师古曰："廷史，即廷尉史也。"

②师古曰："訾与赀同。"

延年字幼公，亦明法律。昭帝初立，大将军霍光秉政，以延年三公子，吏材有馀，补军司空。①始元四年，益州蛮夷反，延年以校尉将南阳士击益州，还，为谏大夫。左将军上官桀父子与盖主、燕王谋为逆乱，假稻田使者燕仓知其谋，以告大司农杨敞，敞惶惧，移病，②以语延年。延年以闻，桀等伏辜。延年封为建平侯。

①苏林曰："主狱官也。"如淳曰："律，营军司空、军中司空各二人。"

②师古曰："移病，谓移书言病也。一曰，以病而移居。"

延年本大将军霍光吏，首发大奸，①有忠节，由是擢为太仆右曹给事中。光持刑罚严，延年辅之以宽。治燕王狱时，御史大夫桑弘羊子迁亡，过父故吏侯史吴。②后迁捕得，伏法。会赦，侯史吴自出系狱，廷尉王平与少府徐仁杂治反事，③皆以为桑迁坐父谋反而侯史吴臧之，非匿反者，乃匿为随者也。④即以赦令除吴罪。后侍御史治实，⑤以桑迁通经术，知父谋反而不谏争，与反者身无异；侯史吴故三百石吏，首匿迁，⑥不与庶人匿随从者等，吴不得赦。奏请覆治，劾廷尉、少府纵反者。⑦少府徐仁即丞相车千秋女婿也，故千秋数为侯史吴言。恐光不听，千秋即召中二千石、博士会公车门，议问吴法。⑧议者知大将军指，皆执吴为不道。明日，千秋封上众议，光于是以千秋擅召中二千石以下，外内异言，⑨遂下廷尉平、少府仁狱。朝廷皆恐丞相坐之。延年乃奏记光争，以为"吏纵罪人，有常法，今更诋吴为不道，恐于法深。⑩又丞相素无所守持，而为好言于下，尽其素行也。⑪至擅召中二千石，甚无状。⑫延年愚，以为丞相久故，及先帝用事，⑬非有大故，不可弃也。间者民颇言狱深，吏为峻诋，⑭今丞相所议，又狱事也，如是以及丞相，恐不合众心。群下谨讙，庶人私议，流言四布，延年窃重将军失此名于天下也！"⑮光以廷尉、少府弄法轻重，皆论弃市，而不以及丞相，终与相竟。⑯延年论议持平，合和朝廷，皆此类也。

①师古曰："首谓初首先发之。"

②师古曰："姓侯史，名吴。"

③师古曰："交杂同共治之也。"

④孟康曰："言桑迁但随坐耳，非自反也。"

2316

⑤师古曰："重核其事也。"

⑥师古曰："首匿者，言身为谋首而藏匿人也。他皆类此。"

⑦师古曰："纵，放也。"

⑧师古曰："（言）〔于〕法律之中吴当得何罪。"〔2〕

⑨张晏曰："外则去疾欲尽，内则为其婿也。"师古曰："此说非也。外内，谓外朝及内朝也。"

⑩师古曰："诋，诬也。次下亦同。"

⑪师古曰："言非故有所执持，但其素行好与在下人言议耳。"

⑫师古曰："无善状。"

⑬师古曰："言在位已久，是为故旧，又尝及仕先帝而任事也。"

⑭师古曰："峻谓峭刻也。"

⑮师古曰："重犹难也。以此为重事也。"

⑯师古曰："谓终丞相之身无贬黜也。"

见国家承武帝奢侈师旅之后，数为大将军光言："年岁比不登，流民未尽还，①宜修孝文时政，示以俭约宽和，顺天心，说民意，年岁宜应。"②光纳其言，举贤良，议罢酒榷盐铁，皆自延年发之。吏民上书言便宜，有异，辄下延年平处复奏。③言可官试者，至为县令，[3]或丞相、御史除用，满岁以状闻，或抵其罪法，④常与两府及廷尉分章。⑤

①师古曰："比，频也。"

②师古曰："言俭约宽和，则丰年当应也。说读曰悦。"

③师古曰："先平处其可否，然后奏言。处音昌汝反。"

④师古曰："抵，至也。言事之人有奸妄者，则（特）致之于罪法。"[4]

⑤如淳曰："两府，丞相、御史府也。诸章有所疑，使延年决之。"师古曰："此说非也。上书言事者，其章或下丞相、御史，或付延年，故云分章耳，非令决疑也。"

昭帝末，寝疾，征天下名医，延年典领方药。帝崩，昌邑王即位，废，大将军光、车骑将军张安世与大臣议所立。时宣帝养于掖廷，号皇曾孙，与延年中子佗相爱善，延年知曾孙德美，劝光、安世立焉。宣帝即位，褒赏大臣，延年以定策安宗庙，益户二千三百，与始封所食邑凡四千三百户。诏有司论定策功，大司马大将军光功德过太尉绛侯周勃，车骑将军安世、丞相杨敞功比丞相陈平，前将军韩增、御史大夫蔡谊功比颍阴侯灌婴，太仆杜延年功比朱虚侯刘章，后将军赵充国、大司农田延年、少府史乐成功比典客刘揭，①皆封侯益土。

①师古曰："据如此传，乐成姓史，而霍光传云使乐成小家子，则又似姓使，功臣侯表乃云便乐成，三者不同。寻史、使一也，故当姓史，或作使字，而表遂误为便耳。"

延年为人安和，备于诸事，①久典朝政，上任信之，出即奉驾，入给事中，居九卿位十馀年，赏赐赂遗，訾数千万。

①师古曰："言皆明习也。"

霍光薨后，子禹与宗族谋反，诛。上以延年霍氏旧人，欲退之，而丞相魏相奏延年素贵用事，官职多奸。遣吏考案，但得苑马多死，官奴婢乏衣食，①延年坐免官，削户二千。后数月，复召拜为北地太守。延年以故九卿外为边吏，治郡不进，②上以玺书让延年。③延年乃选用良吏，捕（繁）〔击〕豪强，[5]郡中清静。居岁馀，上使谒者赐延年玺书，黄金二十斤，徙为西河太守，治甚有名。五凤中，征入为御史大夫。延年居父官府，不敢当旧位，坐卧皆易其处。是时四夷和，海内平，延年视事三岁，以老病乞骸骨，天子优之，使光禄大夫持节赐延年黄金百斤、（牛）酒，加致医药。延年遂称（疾）〔病〕笃。[6]赐安车驷马，罢就第。④后数月薨，谥曰敬侯，子缓嗣。

①师古曰："传言延年身不犯法，但丞相致之于罪耳。"
②师古曰："比于诸郡，不为最也。"
③师古曰："让，责也。"

④师古曰:"安车,坐乘之车也。后汉舆服志云'公列侯安车,朱斑
    轮,倚鹿较,伏熊轼,皂盖'。倚鹿较者,画立鹿于车之前两藩外
    也。伏熊轼者,车前横轼为伏熊之形也。"

缓少为郎,本始中以校尉从蒲类将军击匈奴,①还为谏大夫,
迁上谷都尉,雁门太守。父延年薨,征视丧事,拜为太常,治诸
陵县,每冬月封具狱日,常去酒省食,②官属称其有恩。元帝初
即位,谷贵民流,永光中西羌反,缓辄上书入钱谷以助用,前后
数百万。

①文颖曰:"赵充国也。"臣瓒曰:"征蒲类海,故以为名。"
②师古曰:"狱案已具,当论决之,故封上。"

缓六弟,五人至大官,少弟熊历五郡二千石,三州牧刺史,
有能名,唯中弟钦官不至而最知名。

钦字子夏,少好经书,家富而目偏盲,①故不好为吏。茂陵
杜邺与钦同姓字,②俱以材能称京师,故衣冠谓钦为"盲杜子夏"
以相别。③钦恶以疾见诋,④乃为小冠,高广财二寸,⑤由是京师更
谓钦为"小冠杜子夏",而邺为"大冠杜子夏"云。

①师古曰:"盲,目无见也。偏盲者,患一目也。今俗乃以两目无见者
    始为盲,语移转也。"
②师古曰:"并字子夏。"
③师古曰:"衣冠谓士大夫也。"
④师古曰:"诋,毁也,音丁礼反。"
⑤师古曰:"财与纔同,古通用字。"

时帝舅大将军王凤以外戚辅政,求贤知自助。凤父顷侯禁与
钦兄缓相善,故凤深知钦能,奏请钦为大将军军武库令。职閒无

事，钦所好也。①

①师古曰："閒读曰闲。"

钦为人深博有谋。自上为太子时，以好色闻，及即位，皇太后诏采良家女。钦因是说大将军凤曰："礼壹娶九女，所以极阳数，广嗣重祖也；①必乡举救窈窕，不问华色，②所以助德理内也；娣侄虽缺不复补，所以养寿塞争也。③故后妃有贞淑之行，则胤嗣有贤圣之君；制度有威仪之节，则人君有寿考之福。废而不由，则女德不厌；④女德不厌，则寿命不究于高年。⑤书云'或四三年'，⑥言失欲之生害也。⑦男子五十，好色未衰；妇人四十，容貌改前。以改前之容侍于未衰之年，而不以礼为制，则其原不可救而后徕异态；后徕异态，则正后自疑而支庶有间適之心。⑧是以晋献被纳谗之谤，申生蒙无罪之辜。⑨今圣主富于春秋，未有適嗣，方乡术入学，⑩未亲后妃之议。将军辅政，宜因始初之隆，建九女之制，详择有行义之家，求淑女之质，毋必有（声色）〔色声〕音技能，[7]为万世大法。⑪夫少，戒之在色，⑫小卞之作，可为寒心。⑬唯将军常以为忧。"

①张晏曰："阳数一三五七九，九，数之极也。"臣瓒曰："天子一娶九女，夏殷之制也，钦故举前代之约以刺今之奢也。"

②师古曰："乡举者，博问乡里而举之也。窈窕，幽闲也。窈音一了反。窕音徒了反。"

③师古曰："媵女之内，兄弟之女则谓之侄，己之女弟则谓之娣。塞，绝也。"

④师古曰："由，用也，从也。女德不厌，言好色之甚也。"

⑤师古曰："究，竟也。"

⑥师古曰："周书亡逸篇曰'惟湛乐之从，罔或克寿，或十年，或七八年，或五六年，或四三年'，谓逸欲过度则损寿也。"

⑦师古曰："失读曰佚，佚与逸同。"

⑧师古曰："间，代也，音居苋反。適读曰嫡。次下亦同。"

⑨师古曰："蒙亦被也。"

⑩师古曰："乡读曰向。"

⑪师古曰："惟求淑质，无论美色及音声技能，如此，则可为万代法也。"

⑫师古曰："论语孔子曰：'君子有三戒，少之时血气未定，戒之在色。'言好色无节则致损败，故戒之也。"

⑬张晏曰："刺幽王废申后而立褒姒，黜太子宜咎而立伯服也。"臣瓒曰："小卞之诗，太子之傅作也，哀太子之放逐，愍周室之大坏也。"师古曰："诗小雅也。二说皆是。卞音盘。"

凤白之太后，太后以为故事无有。钦复重言：①"诗云'殷监不远，在夏后氏之世'。②刺戒者至迫近，而省听者常怠忽，③可不慎哉！前言九女，略陈其祸福，其可悼惧，窃恐将军不深留意。后妃之制，夭寿治乱存亡之端也。迹三代之季世，览宗、宣之飨国，察近属之符验，④祸败曷常不由女德？是以佩玉晏鸣，关雎叹之，⑤知好色之伐性短年，离制度之生无厌，天下将蒙化，陵夷而成俗也。⑥故咏淑女，幾以配上，⑦忠孝之笃，仁厚之作也。⑧夫君亲寿尊，国家治安，诚臣子之至愿，所当勉之也。易曰：'正其本，万物理。'⑨凡事论有疑未可立行者，求之往古则典刑无，考之来今则吉凶同，卒摇易之则民心惑，⑩若是者诚难施也。今九女之制，合于往古，无害于今，不逆于民心，至易行也，行之至有福也，将军辅政而不蚤定，⑪非天下之所望也。唯将军信臣子之愿，念关雎之思，⑫逮委政之隆，及始初清明，⑬为汉家建无穷之基，诚难以忽，不可以遴。"⑭凤不能自立法度，循故事而已。会皇太后女弟司马君力⑮与钦兄子私通，事上闻，钦惭惧，乞骸骨去。

① 师古曰："重音直用反。"

② 师古曰："大雅荡之诗也。言殷之所监见，其事不远，近在夏后氏之时。"

③ 师古曰："忽，忘也。"

④ 韦昭曰："宗，殷高宗也。宣，周宣王也。皆飨国长久。"师古曰："宗、宣之义，韦说是也。近属者，谓汉家之事耳。属犹言甫尔也，音之欲反。"

⑤ 李奇曰："后夫人鸡鸣佩玉去君所，周康王后不然，故诗人叹而伤之。"臣瓒曰："此鲁诗也。"

⑥ 师古曰："蒙，被也。"

⑦ 师古曰："关雎之诗云'窈窕淑女，君子好仇'，故云然也。淑，善也。幾读曰冀。"

⑧ 师古曰："作谓作诗也。"

⑨ 师古曰："今易无此文。"

⑩ 郑（玄）〔氏〕曰：[8]"卒，急也。"师古曰："卒音（于）〔千〕忽反。"[9]

⑪ 师古曰："蚤，古早字。"

⑫ 师古曰："信读曰申。"

⑬ 师古曰："委政之隆，言天子委凤政事，权宠隆盛也。始初清明，天子新即位，宜立法制。"

⑭ 李奇曰："遴，难也。"师古曰："遴与吝同。"

⑮ 苏林曰："字君力，为司马氏妇。"

后有日蚀地震之变，诏举贤良方正能直言士，<u>合阳侯梁放</u>举<u>钦</u>。<u>钦</u>上对曰：“陛下畏天命，悼变异，延见公卿，举直言之士，将以求天心，迹得失也。①臣<u>钦</u>愚戆，经术浅薄，不足以奉大对。②臣闻日蚀地震，阳微阴盛也。臣者，君之阴也；子者，父之阴也；妻者，夫之阴也；夷狄者，中国之阴也。<u>春秋</u>日蚀三十六，地震五，③或夷狄侵中国，或政权在臣下，或妇乘夫，④或臣子背君父，事虽不同，其类一也。臣窃观人事以考变异，则本朝大臣无不自安之人，外戚亲属无乖刺之心，⑤<u>关东</u>诸侯无强大之国，三垂蛮夷无逆理之节；⑥殆为后宫。⑦何以言之？日以戊申蚀，时加未。戊（夫）〔未〕，土也。[10]土者，中宫之部也。其夜地震<u>未央宫</u>殿中，此必適妾将有争宠相害而为患者，⑧唯陛下深戒之。变感以类相应，人事失于下，变象见于上。能应之以德，则异咎消亡；不能应之以善，则祸败至。<u>高宗</u>遭雊雉之戒，饬己正事，享百年之寿，<u>殷</u>道复兴，⑨要在所以应之。应之非诚不立，非信不行。<u>宋景公</u>小国之诸侯耳，有不忍移祸之诚，出人君之言三，<u>荧惑</u>为之退舍。⑩以陛下圣明，内推至诚，深思天变，何应而不感？何摇而不动？<u>孔子</u>曰：‘仁远乎哉！’⑪唯陛下正后妾，抑女宠，防奢泰，去佚游，躬节俭，亲万事，数御安车，由辇道，⑫亲二宫之饔膳，⑬致晨昏之定省。如此，即<u>尧舜</u>不足与比隆，咎异何足消灭！如不留听于庶事，不论材而授位，殚天下之财以奉淫侈，匮万姓之力以从耳目，⑭近谄谀之人而远公方，⑮信谗贼之臣以诛忠良，贤俊失在岩穴，大臣怨于不以，⑯虽无变异，社稷之忧也。天下至大，万事至众，祖业至重，诚不可以佚豫为，不可以奢泰持也。⑰唯陛下忍无益之欲，以全众庶之命。臣钦愚戆，言不足采。"

①师古曰："观得失之踪迹也。"

②师古曰："大对谓对大问也。"

③师古曰："解在刘向传。"

④师古曰："乘，陵也。"

⑤师古曰："剌，戾也，音来曷反。"

⑥师古曰："三垂谓东南西也。"

⑦师古曰："殆，近也。"

⑧师古曰："適读曰嫡。嫡谓正后也。"

⑨师古曰："解在五行志。"

⑩张晏曰："宋景公荧惑守心，太史子韦请移之于大臣及国人与岁，公皆不听。天感其诚，荧惑为之退舍，景公享延期之祚也。"

⑪师古曰："论语载孔子之言也。言仁道不远，求之而至也。"

⑫师古曰："由，从也。"

⑬韦昭曰："二宫即成太后与成帝母也。"师古曰："熟食曰饔，具食曰膳。膳之言善也。"

⑭师古曰："殚、匮皆尽也。从读曰纵。"

⑮师古曰："方，正也。"

⑯师古曰："失在岩穴，谓隐处岩穴，朝廷失之也。论语称周公谓鲁公'不使大臣怨乎不以'。以，用也。不见用而怨也。"

⑰师古曰："为，治也。"

其夏，上尽召直言之士诣白虎殿对策，①策曰："天地之道何贵？王者之法何如？六经之义何上？人之行何先？取人之术何以？②当世之治何务？各以经对。"③

①师古曰："此殿在未央宫也。"

②师古曰:"以,用也。"

③师古曰:"据经义以对。"

钦对曰:"臣闻天道贵信,地道贵贞;①不信不贞,万物不生。生,天地之所贵也。王者承天地之所生,理而成之,昆虫草木靡不得其所。王者法天地,非仁无以广施,非义无以正身;克己就义,恕以及人,②六经之所上也。不孝,则事君不忠,莅官不敬,③战陈无勇,朋友不信。孔子曰:'孝无终始,而患不及者,未之有也。'④孝,人行之所先也。观本行于乡党,考功能于官职,达观其所举,富观其所予,穷观其所不为,乏观其所不取,近观其所为〔主〕,^[11]远观其所主。⑤孔子曰:'视其所以,观其所由,察其所安,人焉庾哉?'⑥取人之术也。殷因于夏尚质,周因于殷尚文,今汉家承周秦之敝,宜抑文尚质,废奢长俭,表实去伪。⑦孔子曰'恶紫之夺朱',⑧当世治之所务也。臣窃有所忧,言之则拂心逆指,⑨不言则渐日长,为祸不细,然小臣不敢废道而求从,违忠而耦意。⑩臣闻玩色无厌,必生好憎之心;好憎之心生,则爱宠偏于一人;爱宠偏于一人,则继嗣之路不广,而嫉妒之心兴矣。如此,则匹妇之说,不可胜也。⑪唯陛下纯德普施,无欲是从,⑫此则众庶咸说,⑬继嗣日广,而海内长安。万事之是非何足备言!"⑭

①师古曰:"贞,正也。"

②师古曰:"恕,仁也。言以仁爱为心,内省己志施之于人也。"

③师古曰:"莅,临也。"

④师古曰:"孝经载孔子之言也。言人能终始行孝,而患不及于道者,

未之有也。一说行孝终始不备，而患祸不及者，无此事也。"

⑤师古曰："所为主，谓托人以为援而自进也。其所主，为人之援而进也。"

⑥师古曰："论语载孔子之言也。度，匿也。此言视人之所用，观人之所从，察人之所乐，则可知其善恶，无所匿其情也。"

⑦师古曰："长谓崇贵之也。表，明也。"

⑧师古曰："论语载孔子之言也。朱，正色也。紫，间色之好者也。恶其邪好而夺正色，以喻利口之人，多言少实，倾惑者也。"

⑨师古曰："拂谓违戾也，音佛。"

⑩师古曰："从，顺也。耦，合也。"

⑪师古曰："匹妇，一妇人也。"

⑫师古曰："从读曰纵。不纵心于所欲也。"

⑬师古曰："说读曰悦。"

⑭师古曰："如此，则细故万端不足忧也。"

钦以前事病，赐帛罢，后为议郎，复以病免。

征诣大将军莫府，国家政谋，凤常与钦虑之。①数称达名士王骏、韦安世、王延世等，②救解冯野王、王尊、胡常之罪过，及继功臣绝世，填抚四夷，③当世善政，多出于钦者。见凤专政泰重，戒之曰："昔周公身有至圣之德，属有叔父之亲，而成王有独见之明，无信谗之听，然管蔡流言而周公惧。穰侯，昭王之舅也，④权重于秦，威震邻敌，有旦莫偪伏之爱，⑤心不介然有间，然范雎起徒步，由异国，无雅信，⑥开一朝之说，而穰侯就封。⑦及近者武安侯之见退，⑧三事之迹，相去各数百岁，若合符节，甚不可不察。愿将军由周公之谦惧，⑨损穰侯之威，放武安之欲，毋使范雎之徒得间其说。"⑩

①师古曰:"虑,计也。"

②师古曰:"王骏,王阳子也。韦安世,韦贤之孙,方山之子也。王延世即成帝时塞河堤者也。"

③师古曰:"填音竹刃反。"

④文颖曰:"穰侯,魏冉也。"

⑤师古曰:"言昭王幼少,旦夕偃伏戏弄于舅之旁侧也。"

⑥师古曰:"雅信,谓素相任信。"

⑦(师古)〔文颖〕曰:[12]"范雎为丞相,穰侯就国。"

⑧师古曰:"武安侯谓田蚡也。退谓请考工地益宅,上怒乃退之也。"

⑨师古曰:"由,从也,用也。"

⑩师古曰:"间音居觅反。"

顷之,复日蚀,京兆尹王章上封事求见,果言凤专权蔽主之过,宜废勿用,以应天变。于是天子感悟,召见章,与议,欲退凤。凤甚忧惧,钦令凤上疏谢罪,乞骸骨,文指甚哀。太后涕泣为不食。上少而亲倚凤,亦不忍废,①复起凤就位。凤心惭,称病笃,欲遂退。钦复说之曰:"将军深悼辅政十年,变异不已,故乞骸骨,归咎于身,刻己自责,至诚动众,愚知莫不感伤。虽然,是无属之臣,执进退之分,絜其去就之节者耳,②非主上所以待将军,非将军所以报主上也。昔周公虽老,犹在京师,明不离成周,示不忘王室也。仲山父异姓之臣,无亲于宣,就封于齐,③犹叹息永怀,宿夜徘徊,不忍远去,况将军之于主上,主上之与将军哉!夫欲天下治安变异之意,莫有将军,④主上照然知之,故攀援不遣,⑤书称'公毋困我!'⑥唯将军不为四国流言自疑于成王,以固至忠。"凤复起视事。上令尚书劾奏京兆尹章,章死诏狱。语在元后传。

①师古曰："倚音於绮反。"

②师古曰："无属，无亲属于上也。分音扶问反，字或作介。介，隔
也，其义两通。"

③邓展曰："诗言仲山甫徂齐者，言衔命往治齐城郭也，而韩诗以为封
于齐，此误耳。"晋灼曰："韩诗误而钦引之，阿附权贵求容媚也。"
师古曰："韩诗既有明文，而钦引以为喻，则是其义非缪，而与今说
诗者不同。邓、晋诸人虽曰涉学，未得专非杜氏，追咎韩诗也。"

④师古曰："言众人之意皆不如也。"

⑤师古曰："援，引也，音爰。"

⑥师古曰："此周书洛诰成王告周公词也。言公必须留此，毋得遂去，
而令我困。盖成帝与凤诏书引此言之。"

章既死，众庶冤之，以讥朝廷。钦欲救其过，复说凤曰：
"京兆尹章所坐事密，吏民见章素好言事，以为不坐官职，疑其
以日蚀见对有所言也。假令章内有所犯，虽陷正法，事不暴扬，
自京师不晓，况于远方。恐天下不知章实有罪，而以为坐言事
也。如是，塞争引之原，损宽明之德。①钦愚以为宜因章事举直
言极谏，并见郎从官展尽其意，加于往前，以明示四方，使天下
咸知主上圣明，不以言罪下也。若此，则流言消释，疑惑著明。"
凤白行其策。钦之补过将美，皆此类也。②

①师古曰："争引谓引事类以谏争也。一曰，下有谏争之言，上引而纳
之也。"

②师古曰："将，助也。"

优游不仕，以寿终。钦子及昆弟支属至二千石者且十人。钦

兄缓前免太常，以列侯奉朝请，成帝时乃薨，子业嗣。

业有材能，以列侯选，复为太常。数言得失，不事权贵，与丞相翟方进、卫尉定陵侯淳于长不平。后业坐法免官，复为函谷关都尉。会定陵侯长有罪，当就国，长舅红阳侯立与业书曰："诚哀老姊垂白，随无状子出关，①愿勿复用前事相侵。"定陵侯既出关，伏罪复发，②下雒阳狱。丞相史搜得红阳侯书，奏业听请，不敬，③坐免就国。

①师古曰："垂白者，言白发下垂也。无状犹言不肖。"
②苏林曰："长与许后书也。语在外戚传。"
③服虔曰："受立属请为不敬。"

其春，丞相方进薨，业上书言："方进本与长深结厚，更相称荐，①长陷大恶，独得不坐，苟欲障塞前过，不为陛下广持平例，②又无恐惧之心，反因时信其邪辟，③报睚眦怨。④故事，大逆朋友坐免官，无归故郡者，今（在）〔坐〕长者归故郡，[13]已深一等；红阳侯立坐子受长货赂故就国耳，非大逆也，而方进复奏立党友后将军朱博、钜鹿太守孙宏、故少府陈咸，皆免官，归咸故郡。刑罚无平，在方进之笔端，众庶莫不疑惑，皆言孙宏不与红阳侯相爱。宏前为中丞时，方进为御史大夫，举掾隆可侍御史，⑤宏奏隆前奉使欺谩，⑥不宜执法近侍，方进以此怨宏。又方进为京兆尹时，陈咸为少府，在九卿高弟，陛下所自知也。方进素与司直师丹相善，临御史大夫缺，使丹奏咸为奸利，请案验，卒不能有所得，而方进果自得御史大夫。为丞相，即时诋欺，奏免咸，⑦復因红阳侯事归咸故郡。众人皆言国家假方进权太甚。案师丹行能无异，及光禄勋许商被病残人，⑧皆但以附从方进，尝获尊官。丹前亲（属）〔荐〕邑子丞相史能使巫下神，[14]为国求福，幾获大利。⑨幸赖陛下至明，遣使者毛莫如先考验，卒得其奸，皆坐死。假令丹知而白之，此诬罔罪也；不知而白之，是背经术惑左道也：⑩二者皆在大辟，重于朱博、孙宏、陈咸所坐。方进终不举白，专作威福，阿党所厚，排挤英俊，⑪托公报私，横厉无所畏忌，⑫欲以熏轑天下。⑬天下莫不望风而靡，⑭自尚书近臣皆结舌杜口，⑮骨肉亲属莫不股栗。⑯威权泰盛而不忠信，非所以安国家也。今闻方进卒病死，⑰不以尉示天下，反复赏赐厚葬，唯陛下深思往事，以戒来今。"

① 师古曰："更音工衡反。"

② 师古曰："俱与长厚善，而方进独不坐，是不平也。"

③ 师古曰："信读曰伸。辟读曰僻。"

④ 师古曰："睚音厓。睚，举眼也。眦即眥字，谓目匡也。言举目相忤者，即报之也。一说睚音五懈反。眦音仕懈反。睚眦，瞋目貌也。两义并通。他皆类此。"

⑤ 师古曰："御史大夫之掾也，名隆。"

⑥ 师古曰："谩，诳也，音慢，又音莫连反。"

⑦ 师古曰："诋，诬也。"

⑧ 服虔曰："残，瘢也。"

⑨ 师古曰："幾读曰冀。"

⑩ 师古曰："左道，不正之道也。"

⑪ 师古曰："挤，坠也，音子诣反。"

⑫ 师古曰："纵横陵厉也。"

⑬ 师古曰："熏言熏灼之。轑读曰燎。假借用字。"

⑭师古曰："靡犹弭。"

⑮师古曰："杜，塞也。"

⑯师古曰："言惧之甚，故股战栗也。"

⑰师古曰："卒读曰猝。"

　　会成帝崩，哀帝即位，业复上书言："王氏世权日久，朝无骨鲠之臣，①宗室诸侯微弱，与系囚无异，自佐史以上至于大吏皆权臣之党。曲阳侯根前为三公辅政，知赵昭仪杀皇子，不辄白奏，反与赵氏比周，恣意妄行，②潜怨故许后，被加以非罪，③诛破诸许族，败元帝外家。内嫉妒同产兄姊红阳侯立及淳于氏，④皆老被放弃。新喋血京师，威权可畏。高阳侯薛宣有不养母之名，安昌侯张禹奸人之雄，惑乱朝廷，使先帝负谤于海内，尤不可不慎。陛下初即位，谦让未皇，⑤孤独特立，莫可据杖，权臣易世，意若探汤。⑥宜蚤以义割恩，安百姓心。窃见朱博忠信勇猛，材略不世出，⑦诚国家雄俊之宝臣也，宜征博置左右，以填天下。⑧此人在朝，则陛下可高枕而卧矣。昔诸吕欲危刘氏，赖有高祖遗臣周勃、陈平尚存，不者，几为奸臣笑。"⑨

①师古曰："鲠亦鲠字。"

②师古曰："比音频寐反。"

③师古曰："被音皮义反。"

④师古曰："兄，红阳侯立也。姊，淳于长母也。"

⑤师古曰："皇，暇也。"

⑥师古曰："言重难之，若以手探热汤也。"

⑦师古曰："言其希有也。"

⑧师古曰："填音竹刃反。"

⑨师古曰："几音钜依反。"

业又言宜为恭王立庙京师，以章孝道。时高昌侯董宏亦言宜尊帝母定陶王丁后为帝太后。大司空师丹等劾宏误朝不道，坐免为庶人，业复上书讼宏。前后所言皆合指施行，朱博果见拔用。业由是征，复为太常。岁馀，左迁上党都尉。会司隶奏业为太常选举不实，业坐免官，复就国。

哀帝崩，王莽秉政，诸前议立庙尊号者皆免，徙合浦。业以前罢黜，故见阔略，[1]忧恐，发病死。业成帝初尚帝妹颍邑公主，主无子，薨，业家上书求还京师与主合葬，不许，而赐谥曰荒侯，传子至孙绝。初，杜周武帝时徙茂陵，至延年徙杜陵云。

①师古曰："阔略，谓宽纵不问也。"

赞曰：张汤、杜周并起文墨小吏，致位三公，列于酷吏。而俱有良子，德器自过，[1]爵位尊显，继世立朝，相与提衡，[2]至于建武，杜氏爵乃独绝。[3]迹其福祚，元功儒林之后莫能及也。[4]自谓唐杜苗裔，岂其然乎?[5]及钦浮沈当世，好谋而成，以建始之初深陈女戒，终如其言，庶几乎关雎之见微，[6]非夫浮华博习之徒所能规也。业因势而抵陷，[7]称朱博，毁师丹，爱憎之议可不畏哉！

①师古曰："言其子德器各过二人之身。"

②如淳曰："提衡犹言相提携也。"臣瓒曰："衡，平也，言二人齐也。"

师古曰："瓒说是也。"

③师古曰："建武之后，张氏尚有张纯为侯，故言杜氏独绝也。"

④师古曰："元功，萧、曹、张、陈之属也。儒林，贡、薛、韦、匡之辈。"

⑤师古曰:"谓在周为唐杜氏也。"

⑥师古曰:"关雎,国风之始,言夫妇之际政化所由,故云见微。微谓微妙也。"

⑦服虔曰:"抵音纸。陒音义。谓罪败而复抨弹之,苏秦书有此法。"师古曰:"抵,击也。陒,毁也。言因事形势而击毁之也。陒音诡。一说陒读与戏同,音许宜反。戏亦险也,言击其危险之处,鬼谷有抵戏篇也。"

【校勘记】

〔1〕 大氐尽诋以不道,⑥以上　注⑥原在"以上"下。王先谦说索隐"以上"属下读,似当从之。

〔2〕 (言)〔于〕法律之中,吴当得何罪。　景祐、殿本都作"于"。

〔3〕 辄下延年平处复奏。③言可官试者,至为县令,　注③原在"言"字下。王先谦说"言"字当下属。

〔4〕 言事之人有奸妄者,则(特)致之于罪法。　殿本"特"作"持"。景祐本无"特"字。

〔5〕 延年乃选用良吏,捕(繋)〔擊〕豪强。　刘奉世说"繋"当作"擊",字之误也。按景祐本作"擊"。

〔6〕 赐延年黄金百斤,(牛)酒,加致医药。延年遂称(疾)〔病〕笃。　宋祁说浙本"酒"字上有"牛"字。按景祐、殿本都无"牛"字。钱大昭说"疾"南监本、闽本作"病"。按景祐、殿本都作"病"。

〔7〕 毋必有(声色)〔色声〕音技能,　王先谦说,据颜注,明后人传写误倒"色声"作"声色"。

〔8〕 郑(玄)〔氏〕曰:　景祐、殿本都作"郑氏","玄"字误。

〔9〕 辛音(于)〔千〕忽反。　景祐、殿本都作"千",此误。

〔10〕戊（夫）〔未〕，土也。　钱大昭说"夫"当作"未"。按景祐、殿、局本都作"未"。

〔11〕近观其所为〔主〕，　宋祁说"为"字下南本、浙本并有"主"字。王先谦、杨树达都说当有。

〔12〕（师古）〔文颖〕曰：　景祐、殿本都作"文颖"。

〔13〕今（在）〔坐〕长者归故郡，　钱大昭说"在"当作"坐"。按景祐、殿、局本都作"坐"。

〔14〕丹前亲（属）〔荐〕邑子丞相史能使巫下神，　景祐、殿本都作"荐"。王先谦说作"荐"是。

汉 书 卷 六 十 一

张骞李广利传第三十一

张骞，汉中人也，①建元中为郎。时匈奴降者言匈奴破月氏王，②以其头为饮器，③月氏遁而怨匈奴，无与共击之。④汉方欲事灭胡，闻此言，欲通使，道必更匈奴中，⑤乃募能使者。骞以郎应募，使月氏，与堂邑氏奴甘父⑥俱出陇西。径匈奴，⑦匈奴得之，传诣单于。单于曰："月氏在吾北，汉何以得往使？吾欲使越，汉肯听我乎？"留骞十馀岁，予妻，有子，然骞持汉节不失。

①师古曰："陈寿益部耆旧传云骞汉中成固人也。"

②师古曰："月氏，西域胡国也。氏音支。"

③韦昭曰："饮器，椑榼也。"晋灼曰："饮器，虎子属也，或曰饮酒之器也。"师古曰："匈奴传云'以所破月氏王头共饮血盟'，然则饮酒之器是也。韦云椑榼，晋云兽子，皆非也。椑榼，即今之偏榼，所以盛酒耳，非用饮者也。兽子亵器，所以溲便者也。椑音鼙。"

2335

④师古曰："无人援助也。"

⑤师古曰："更，过也，音工衡反。"

⑥服虔曰："堂邑，姓也，汉人，其奴名甘父。"师古曰："堂邑氏之奴，本胡人，名甘父。下云堂邑父者，盖取主之姓以为氏，而单称其名曰父。"

⑦师古曰："道由匈奴过。"

居匈奴西，骞因与其属亡乡月氏，①西走数十日②至大宛。大宛闻汉之饶财，欲通不得，见骞，喜，问欲何之。骞曰："为汉使月氏而为匈奴所闭道，今亡，唯王使人道送我。③诚得至，反汉，汉之赂遗王财物不可胜言。"大宛以为然，遣骞，为发译道，抵康居。④康居传致大月氏。大月氏王已为胡所杀，立其夫人为王。既臣大夏而君之，⑤地肥饶，少寇，志安乐，又自以远远汉，殊无报胡之心。⑥骞从月氏至大夏，竟不能得月氏要领。⑦

①师古曰："属谓同使之官属。乡读曰向。"

②师古曰："走，趋也。不指知其道里多少，故以日数言之。走音奏。一曰走谓奔走也，读如本字。"

③师古曰："道读曰导。"

④师古曰："抵，至也。道读曰导。"

⑤师古曰："以大夏为臣，为之作君也。"

⑥师古曰："下远音（千）〔于〕万反。"[1]

⑦李奇曰："要领，要契也。"师古曰："李说非也。要，衣要也。领，衣领也。凡持衣者则执要与领。言骞不能得月氏意趣，无以持归于汉，故以要领为喻。要音一遥反。"

留岁馀，还，并南山，欲从羌中归，①复为匈奴所得。留岁馀，单于死，国内乱，骞与胡妻及堂邑父俱亡归汉。拜骞太中大夫，<u>堂邑父</u>为奉使君。

<u>骞</u>为人强力，宽大信人，^①蛮夷爱之。<u>堂邑父</u>胡人，善射，穷急射禽兽给食。^②初，<u>骞</u>行时百馀人，去十三岁，唯二人得还。

<u>骞</u>身所至者，<u>大宛</u>、<u>大月氏</u>、<u>大夏</u>、<u>康居</u>，而传闻其旁大国五六，具为天子言其地形，所有。^①语皆在<u>西域传</u>。

<u>骞</u>曰："臣在<u>大夏</u>时，见<u>邛</u>竹杖、<u>蜀</u>布，^①问安得此，<u>大夏国</u>人曰：'吾贾人往市之<u>身毒国</u>。^②<u>身毒国</u>在<u>大夏</u>东南可数千里。其俗土著，^③与<u>大夏</u>同，而卑湿暑热。其民乘象以战。^④其国临大水焉。'以<u>骞</u>度之，^⑤<u>大夏</u>去<u>汉</u>万二千里，居西南。今<u>身毒</u>又居<u>大夏</u>东南数千里，有<u>蜀</u>物，此其去<u>蜀</u>不远矣。今使<u>大夏</u>，从<u>羌</u>中，险，<u>羌</u>人恶之；少北，则为<u>匈奴</u>所得；从<u>蜀</u>，宜径，又无寇。"^⑥天子既闻<u>大宛</u>及<u>大夏</u>、<u>安息</u>之属皆大国，多奇物，土著，颇与<u>中国</u>同俗，而兵弱，贵<u>汉</u>财物；其北则<u>大月氏</u>、<u>康居</u>之属，兵强，可以赂遗设利朝也。^⑦诚得而以义属之，^⑧则广地万里，重九译，致殊俗，威德遍于四海。天子欣欣以<u>骞</u>言为然。乃令因<u>蜀</u>犍为发间使，四道并出：^⑨出<u>駹</u>，出<u>冉</u>，出<u>徙</u>、<u>邛</u>，出<u>僰</u>，^⑩皆各行一二千里。其北方闭<u>氐</u>、<u>莋</u>，^⑪南方闭<u>嶲</u>、<u>昆明</u>。^⑫<u>昆明</u>之属无君长，善寇盗，辄杀略<u>汉</u>使，终莫得通。然闻其西可千馀里，有乘象国，名<u>滇越</u>，^⑬而<u>蜀</u>贾间出物者或至焉，^⑭于是<u>汉</u>以求<u>大夏</u>道始通

滇国。初，汉欲通西南夷，费多，罢之。及骞言可以通大夏，乃复事西南夷。⑮

①臣瓒曰："邛，山名。生此竹，高节，可作杖。"服虔曰："布，细布也。"师古曰："邛竹杖，人皆识之，无假多释。而苏林乃言节间合而体离，误后学矣。"

②邓展曰："毒音笃。"李奇："一名天笃，则浮屠胡是也。"师古曰："即敬佛道者。"

③师古曰："土著者，谓有城郭常居，不随畜牧移徙也。著音直略反。其下亦同。"

④师古曰："象，大兽，垂鼻长牙。"

⑤师古曰："度，计也。"

⑥师古曰："径，直也。宜犹当也。从蜀向大夏，其道当直。"

⑦师古曰："设，施也。施之以利，诱令入朝。"

⑧师古曰："谓不以兵革。"

⑨师古曰："间使者，求间隙而行。"

⑩师古曰："皆夷种名。骁音虎。莋音材各反。徙音斯。僰音蒲（此）〔北〕反。"〔2〕

⑪服虔曰："汉使见闭于夷也。"师古曰："氐与莋二种也。"

⑫师古曰："巂、昆明，亦皆夷种名也。巂音先榮反。"

⑬服虔曰："滇音颠。滇（乌）〔马〕出其国。"〔3〕

⑭师古曰："间出物，谓私往市者。"

⑮师古曰："事谓经略通之，专以为事也。"

骞以校尉从大将军击匈奴，知水草处，军得以不乏，乃封骞为博望侯。①是岁元朔六年也。后二年，骞为卫尉，与李广俱出右北平击匈奴。匈奴围李将军，军失亡多，而骞后期当斩，赎为庶人。是岁骠骑将军破匈奴西边，杀数万人，至祁连山。其秋，浑邪王率众降汉，而金城、河西（西）并南山至盐泽，[4]空无匈奴。②匈奴时有候者到，而希矣。后二年，汉击走单于于幕北。

①师古曰："取其能广博瞻望。"

②师古曰："并音步浪反。"

天子数问骞大夏之属。骞既失侯，因曰："臣居匈奴中，闻乌孙王号昆莫。昆莫父难兜靡本与大月氏俱在祁连、焞煌间，小国也。①大月氏攻杀难兜靡，夺其地，人民亡走匈奴。子昆莫新生，傅父布就翎侯抱亡置草中，②为求食，还，见狼乳之，③又乌衔肉翔其旁，以为神，遂持归匈奴，单于爱养之。及壮，以其父民众与昆莫，使将兵，数有功。时，月氏已为匈奴所破，西击塞王。④塞王南走远徙，月氏居其地。昆莫既健，自请单于报父怨，遂西攻破大月氏。大月氏复西走，徙大夏地。昆莫略其众，因留居，兵稍强，会单于死，不肯复朝事匈奴。匈奴遣兵击之，不胜，益以为神而远之。⑤今单于新困于汉，而昆莫地空。蛮夷恋故地，又贪汉物，诚以此时厚赂乌孙，招以东居故地，汉遣公主为夫人，结昆弟，其势宜听，⑥则是断匈奴右臂也。既连乌孙，自其西大夏之属皆可招来而为外臣。"天子以为然，拜骞为中郎将，将三百人，马各二匹，牛羊以万数，赍金币帛直数千钜万，多持节副使，⑦道可便遣之旁国。骞既至乌孙，致赐谕指，⑧未能得其决。语在西域传。骞即分遣副使使大宛、康居、月氏、大夏。乌孙发译道送骞，⑨与乌孙使数十人，马数十匹，报谢，⑩因令窥汉，知其广大。

①师古曰："祁连山以东，焞煌以西。"

②服虔曰："傅父，如傅母也。"李奇曰："布就，字也。翎侯，乌孙官名也。为昆莫作傅父也。"师古曰："翎侯，乌孙大臣官号，其数非一，亦犹汉之将军耳。而布就者，又翎侯之中别号，犹右将军、左将军耳，非其人之字。翎与翁同。"

③师古曰："以乳饮之。"

④师古曰："塞音先得反，西域国名，即佛经所谓释种者。塞、释声相近，本一姓耳。"

⑤师古曰："远，离也，音于万反。"

⑥师古曰："言事事听从于汉。"

⑦师古曰："为骞之副，而各令持节。"

⑧师古曰："以天子意指晓告之。"

⑨师古曰："道读曰导。"

⑩师古曰："与骞相随而来，报谢天子。"

骞还，拜为大行。岁馀，骞卒。后岁馀，其所遣副使通大夏之属者皆颇与其人俱来，①于是西北国始通于汉矣。然骞凿空，②诸后使往者皆称博望侯，以为质于外国，③外国由是信之。其后，乌孙竟与汉结婚。

①晋灼曰："其国人。"

②苏林曰："凿，开也。空，通也。骞始开通西域道也。"师古曰："空，孔也。犹言始凿其孔穴也。故此下言'当空道'，而西域传谓'孔道'也。"

③李奇曰："质，信也。"

初，天子发书易，①曰"神马当从西北来"。得乌孙马好，名曰"天马"。及得宛汗血马，益壮，更名乌孙马曰"西极马"，宛马曰"天马"云。而汉始筑令居以西，②初置酒泉郡，以通西北国。因益发使抵安息、奄蔡、犛轩、条支、身毒国。③而天子好宛马，使者相望于道，一辈大者数百，少者百馀人，所赍操，大放博望侯时。④其后益习而衰少焉。⑤汉率一岁中使者多者十馀，少者五六辈，远者八九岁，近者数岁而反。⑥

①邓展曰："发易书以卜。"

②臣瓒曰："令居，县名也，属金城。筑塞西至酒泉也。"师古曰："令音零。"

③李奇曰："轩音虔。"服虔曰："犛轩，张掖县名也。"师古曰："抵，至也。自安息以下五国皆西域胡也。犛轩即大秦国也。张掖骊靬县盖取此国为名耳。骊犛声相近。靬读与轩同。李奇音是也，服说非也。"

④师古曰："操，持也。所赍持，谓节及币也。放，依也，音甫往反。"

⑤师古曰："以其串习，故不多发人。"

⑥师古曰："道远则还迟，近则来疾。"

是时，汉既灭越，蜀所通西南夷皆震，请吏。置牂柯、越嶲、益州、沈黎、文山郡，欲地接以前通大夏。①乃遣使岁十馀辈，出此初郡，②皆复闭昆明，③为所杀，夺币物。于是汉发兵击昆明，斩首数万。后复遣使，竟不得通。语在西南夷传。

①李奇曰："欲地界相接至大夏也。"

②师古曰："文山以上初置者。"

③如淳曰："为昆明所闭。"

自骞开外国道以尊贵，其吏士争上书言外国奇怪利害，求使。天子为其绝远，非人所乐，听其言，①予节，募吏民无问所从来，②为具备人众遣之，以广其道。来还不能无侵盗币物，及使失指,③天子为其习之,辄覆按致重罪,④以激怒令赎,⑤复求使。使端无穷,而轻犯法。其吏卒亦辄复盛推外国所有,言大者予节,言小者为副,故妄言无行之徒皆争相效。其使皆私县官赍物,⑥欲贱市以私其利。⑦外国亦厌汉使人人有言轻重,⑧度汉兵远,不能至,⑨而禁其食物,以苦汉使。⑩汉使乏绝,责怨,至相攻击。楼兰、姑师小国,当空道,⑪攻劫汉使王恢等尤甚。而匈奴奇兵又时时遮击之。使者争言外国利害,⑫皆有城邑,兵弱易击。于是天子遣从票侯破奴⑬将属国骑及郡兵数万以击胡,胡皆去。明年,击破姑师,虏楼兰王。酒泉列亭鄣至玉门矣。⑭

①师古曰:"凡人皆不乐去,故有自请为使者,即听而遣之。"

②师古曰:"不为限禁远近,虽家人私隶并许应募。"

③师古曰:"乖天子指意。"

④师古曰:"言其串习,不以为难,必当更求充使也。"

⑤师古曰:"令立功以赎罪。"

⑥师古曰:"言所赍官物,窃自用之,同于私有。"

⑦师古曰:"所市之物,得利多者,不尽入官也。"

⑧服虔曰:"汉使言于外国,人人轻重不实。"

⑨师古曰:"度,计也。"

⑩师古曰:"令其困苦也。"

⑪师古曰:"空即孔也。"

⑫师古曰:"言服之则利,不讨则为害。"

⑬师古曰:"赵破奴。"

·⑭韦昭曰:"玉门关在龙勒界。"

而大宛诸国发使随汉使来,观汉广大,以大鸟卵及犛轩眩人献于汉,①天子大说。②而汉使穷河源,其山多玉石,采来,③天子案古图书，名河所出山曰昆仑云。

①应劭曰："卵大如一二石罂也。眩，相诈惑也。邓太后时，西夷掸国来朝贺，诏令为之。而谏大夫陈禅以为夷狄伪道不可施行。后数日，尚书陈忠案汉旧书，乃知世宗时犛靬献见幻人，天子大悦，与俱巡狩，乃知古有此事。"师古曰："鸟卵如汲水之罂耳，无一二石也。应说失之。眩读与幻同。即今吞刀吐火，植瓜种树，屠人截马之术皆是也。本从西域来。罂音婴。"

②师古曰："说读曰悦。"

③臣瓒曰："汉使采取持来至汉。"

　　是时，上方数巡狩海上，乃悉从外国客，大都多人则过之，散财帛赏赐，厚具饶给之，以览视汉富厚焉。①大角氐，②出奇戏诸怪物，多聚观者，③行赏赐，酒池肉林，令外国客遍观各仓库府臧之积，欲以见汉广大，倾骇之。④及加其眩者之工，而角氐奇戏岁增变，其益兴，自此始。而外国使更来更去。⑤大宛以西皆自恃远，尚骄恣，未可诎以礼羁縻而使也。

①师古曰："视读曰示。言示之令其观览。"

②师古曰："氐音丁礼反。解在武纪。"

③师古曰："聚都邑人，令观看，以夸示之。观音工唤反。"

④师古曰："见，显示。"

⑤师古曰："递互来去，前后不绝。更音工衡反。"

　　汉使往既多，其少从率进孰于天子，①言大宛有善马在贰师城，匿不肯示汉使。天子既好宛马，闻之甘心，②使壮士车令等持千金及金马以请宛王贰师城善马。宛国饶汉物，③相与谋曰："汉去我远，而盐水中数有败，④出其北有胡寇，出其南乏水草，又且往往而绝邑，⑤乏食者多。汉使数百人为辈来，常乏食，死者过半，是安能致大军乎？且贰师马，宛宝马也。”遂不肯予汉使。汉使怒，妄言，椎金马而去。⑥宛中贵人怒曰：⑦“汉使至轻我！”遣汉使去，令其东边郁成王遮攻，杀汉使，取其财物。天子大怒。诸尝使宛姚定汉等言。“宛兵弱，诚以汉兵不过三千人，强弩射之，即破宛矣。”天子以尝使浞野侯攻楼兰，以七百骑先至，虏其王，，以定汉等言为然，而欲侯宠姬李氏，⑧乃以李广利为将军，伐宛。

①孟康曰：“少从，不如计也。或曰，少者，少年从行之微者也。进孰，美语如成孰也。”晋灼曰：“多进虚美之言必成之计于天子，而率不果也。”师古曰：“汉时谓随使而出外国者为少从，总言其少年而从使也。从音材用反。事见班固与弟仲升书。进孰者，但空进成孰之言。”

②师古曰：“志怀美悦，专事求之。”

③师古曰：“素有汉地财物，故不贪金马之币。”

④服虔曰：“水名，道从水中行。”师古曰：“沙碛之中不生草木，水又咸苦，即今敦煌西北恶碛者也。数有败，言每自死亡也。”

⑤师古曰：“言近道之处无城郭之居也。”

⑥如淳曰：“骂詈也。”师古曰：“椎破金马也。椎音直追反，其字从木。”

⑦师古曰：“中贵人，中臣之贵者。”

⑧师古曰：“欲封其兄弟。”

骞孙猛，字子游，有俊才，元帝时为光禄大夫，使匈奴，给事中，为石显所谮，自杀。

李广利，女弟李夫人有宠于上，产昌邑哀王。太初元年，以广利为贰师将军，发属国六千骑及郡国恶少年数万人以往，①期至贰师城取善马，故号"贰师将军"。故浩侯王恢使道军。既西过盐水，当道小国各坚城守，不肯给食，攻之不能下。下者得食，不下者数日则去。比至郁成，士财有数千，②皆饥罢。③攻郁成城，郁成距之，所杀伤甚众。贰师将军与左右计："至郁成尚不能举，况至其王都乎？"引而还。往来二岁，至敦煌，士不过什一二。④使使上书言："道远，多乏食，且士卒不患战而患饥。人少，不足以拔宛。愿且罢兵，益发而复往。"⑤天子闻之，大怒，使使遮玉门关，曰："军有敢入，斩之。"贰师恐，因留屯敦煌。

① 师古曰："恶少年谓无行义者。"

② 师古曰："比音必寐反。财与才同。"

③ 师古曰："罢读曰疲。"

④ 师古曰："十人之中，一二人得还。"

⑤ 师古曰："益，多也。"

其夏，汉亡浞野之兵二万馀于匈奴，①公卿议者皆愿罢宛军，专力攻胡。天子业出兵诛宛，宛小国而不能下，则大夏之属渐轻汉，而宛善马绝不来，乌孙、轮台易苦汉使，②为外国笑。乃案言伐宛尤不便者邓光等。③赦囚徒扜寇盗，④发恶少年及边骑，岁馀而出敦煌六万人，⑤负私从者不与。⑥牛十万，马三万匹，驴橐驼以万数赍粮，兵弩甚设。⑦天下骚动，转相奉伐宛，五十馀校尉。宛城中无井，汲城外流水，于是遣水工徙其城下水空以穴其城。⑧益发戍甲卒十八万酒泉、张掖北，置居延、休屠以卫酒泉。⑨而发天下七科適，⑩及载糒给贰师，⑪转车人徒相连属至敦煌。⑫而拜习马者二人为执驱马校尉，⑬备破宛择取其善马云。

①师古曰："赵破奴后封浞野侯。浞音士角反。"

②晋灼曰："易，轻也。"师古曰："轮台亦国名。"

③师古曰："案其罪而行罚。"

④如淳曰："放囚（徙）〔徒〕使其扞御寇盗。"[5]师古曰："使从军为斥候。"

⑤师古曰："兴发部署，岁馀乃得行。"

⑥师古曰："负私粮食及私从者，不在六万人数中也。与读曰豫。"

⑦师古曰："施张甚具也。"

⑧师古曰："空，孔也。徙其城下水者，令从他道流，不迫其城也。空以穴其城者，围而攻之，令作孔使穿穴也。下云'决其水原移之'，又云'围其城攻之'，皆再叙其事也。一曰，既徙其水，不令于城下流，而因其旧引水入城之孔，攻而穴之。"

⑨如淳曰："立二县以卫边也。或曰置二部都尉。"

⑩师古曰："適读曰谪。七科，解在武纪。"

⑪师古曰："糒，干饭，音备。"

⑫师古曰："属音之欲反。"

⑬师古曰："习犹便也。一人为执马校尉，一人为驱马校尉。"

于是贰师后复行，兵多，所至小国莫不迎，出食给军。至轮台，轮台不下，攻数日，屠之。自此而西，平行至宛城，①兵到者三万。宛兵迎击汉兵，汉兵射败之，宛兵走入保其城。贰师欲攻郁成城，恐留行而令宛益生诈，②乃先至宛，决其水原，移之，则宛固已忧困。围其城，攻之四十馀日。宛贵人谋曰："王毋寡

匿善马，杀汉使。③今杀王而出善马，汉兵宜解；即不，乃力战
而死，未晚也。"宛贵人皆以为然，共杀王。其外城坏，虏宛贵
人勇将煎靡。④宛大恐，走入中城，相与谋曰："汉所为攻宛，以
王毋寡。"持其头，遣人使贰师，约曰："汉无攻我，我尽出善
马，恣所取，而给汉军食。即不听我，我尽杀善马，康居之救又
且至。至，我居内，康居居外，与汉军战。孰计之，何从？"⑤是
时，康居候视汉兵尚盛，不敢进。贰师闻宛城中新得汉人知穿
井，而其内食尚多。计以为来诛首恶者毋寡，毋寡头已至，如此
不许，则坚守，而康居候汉兵罢来救宛，破汉军必矣。⑥军吏皆
以为然，许宛之约。宛乃出其马，令汉自择之，而多出食食汉
军。⑦汉军取其善马数十匹，中马以下牝牡三千馀匹，而立宛贵
人之故时遇汉善者名昧蔡为宛王，⑧与盟而罢兵。终不得入中城，
罢而引归。

　　①师古曰："平行，言无寇难。"
　　②师古曰："留行谓留止军废其行。"
　　③师古曰："毋寡，宛王名。"
　　④师古曰："宛之贵人为将而勇者名煎靡也。煎音子延反。"
　　⑤师古曰："令贰师孰计之，而欲攻战乎？欲不攻而取马乎？"
　　⑥师古曰："罢读曰疲。"
　　⑦师古曰："下食读曰饲。"
　　⑧服虔曰："蔡音楚言蔡。"师古曰："昧音本末之末。蔡音千曷反。"

　　初，贰师起敦煌西，为人多，道上国不能食，①分为数军，
从南北道。校尉王申生、故鸿胪壶充国等千馀人别至郁成，城守
不肯给食。申生去大军二百里，负而轻之，②攻郁成急。郁成窥
知申生军少，晨用三千人攻杀申生等，数人脱亡，走贰师。③贰

师令搜粟都尉上官桀往攻破郁成，郁成降。其王亡走康居，桀追至康居。康居闻汉已破宛，出郁成王与桀。桀令四骑士缚守诣大将军。④四人相谓："郁成，汉所毒，⑤今生将，卒失大事。"⑥欲杀，莫適先击。⑦上邽骑士赵弟拔剑击斩郁成王。桀等遂追及大将军。

①师古曰："起，发也。道上国，近道诸国也。食读曰饣。"

②师古曰："负，恃也，恃大军之威而轻敌人。"

③师古曰："走音奏。"

④如淳曰："时多别将，故谓贰师为大将军。"

⑤师古曰："言毒恨。"

⑥师古曰："卒读曰猝。"

⑦师古曰："適，主也。无有主意先击者也。音丁历反。"

初，贰师后行，天子使使告乌孙大发兵击宛。乌孙发二千骑往，持两端，不肯前。贰师将军之东，①诸所过小国闻宛破，皆使其子弟从入贡献，见天子，因为质焉。军还，入玉门者万馀人，马千馀匹。后行，非乏食，战死不甚多，而将吏贪，不爱卒，侵牟之，以此物故者众。②天子为万里而伐，不录其过，乃下诏曰："匈奴为害久矣，今虽徙幕北，与旁国谋共要绝大月氏使，遮杀中郎将江、故雁门守攘。危须以西及大宛皆合约杀期门车令、③中郎将朝及身毒国使，隔东西道。贰师将军广利征讨厥罪，伐胜大宛。赖天之灵，从溯河山，涉流沙，通西海，山雪不积，④士大夫径度，⑤获王首虏，珍怪之物毕陈于阙。其封广利为海西侯，食邑八千户。"又封斩郁成王者赵弟为新畤侯；军正赵始成功最多，为光禄大夫；上官桀敢深入，为少府；李哆有计谋，为上党太守。⑥军官吏为九卿者三人，诸侯相、郡守、二千石百馀人，千石以下千馀人。奋行者官过其望，⑦以適过行者皆黜其劳。⑧士卒赐直四万钱。⑨伐宛再反，⑩凡四岁而得罢焉。

①师古曰："东，旋军东出。"

②师古曰："侵年，言如年贼之食苗也。物故，谓死也。解具在景纪及苏武传。"

③服虔曰："危须，国名也。"文颖曰："汉使期门郎也，车令，姓名也。"

④张晏曰："是岁雪少，故得往还，喜得天人之应也。"师古曰："从，由也。溯，逆流而上也。言路由山险，又溯河也。溯音素。"

⑤师古曰："言无屯难也。"

⑥师古曰："哆音昌野反。"

⑦孟康曰："奋，迅也。自乐而行者。"

⑧师古曰："適读曰谪。言以罪谪而行者，免其所犯，不叙功劳。"

⑨师古曰："或以他财物充之，故云直。"

⑩师古曰："再反犹今言两回。"

后十一岁，征和三年，贰师复将七万骑出五原，击匈奴，度郅居水。①兵败，降匈奴，为单于所杀。语在匈奴传。

①师古曰："郅音质。"

赞曰："禹本纪言河出昆仑，昆仑高二千五百里馀，日月所相避隐为光明也。自张骞使大夏之后，穷河原，恶睹所谓昆仑者乎？①故言九州山川，尚书近之矣。至禹本纪、山经所有，放哉！②

①邓展曰：“汉以穷河原，于何见昆仑乎？尚书曰‘道河积石’，是谓河原出于积石。积石在金城河关，不言出昆仑也。”师古曰：“恶音乌。”

②如淳曰：“放荡迂阔，不可信也。”师古曰：“如说是也。荀悦误以放为效字，因解为不效，盖失之矣。”

【校勘记】

〔1〕 下远音（千）〔于〕万反。　景祐、殿、局本都作“于”，此误。

〔2〕 乂音蒲（此）〔北〕反。　景祐、殿、局本都作“北”，此误。

〔3〕 滇（乌）〔马〕出其国。　景祐、殿本都作“马”。王先谦说作“马”是。

〔4〕 而金城、河西（西）并南山至盐泽，　景祐、殿本都无下“西”字，史记大宛传有。

〔5〕 放囚（徙）〔徒〕使其扞御寇盗。　景祐、殿本都作“徒”，此误。

汉 书 卷 六 十 二

司马迁传第三十二

昔在颛顼，命南正重司天，火正黎司地。①唐虞之际，绍重黎之后，使复典之，至于夏商，故重黎氏世序天地。其在周，程伯休甫其后也。②当宣王时，官失其守而为司马氏。③司马氏世典周史。惠襄之间，司马氏适晋。④晋中军随会犇魏，⑤而司马氏入少梁。⑥

①张晏曰："南方，阳也。火，水配也。水为阴，故命南正重主天，火正黎兼地职也。"臣瓒曰："重、黎，司天地之官也。唐虞谓之义和，则司地者宜曰北正。古文作北正。"师古曰："瓒说非也。据班氏幽通赋云'黎淳燿于高辛'，则此为火正是也。"

②应劭曰："封为程国伯。休甫，字也。"

③师古曰："失其〔所〕守之职也。"〔1〕

④张晏曰："周惠王、襄王有子颓、叔带之难，故司马氏奔晋也。"

2351

⑤如淳曰："左氏传晋伪使魏寿馀诱士会于秦噪而还时也。"师古曰："犇，古奔字也。据春秋，随会奔秦，其后自秦入魏而还晋。今此言随会奔魏，司马氏因入少梁，则似谓自晋出奔魏耳。但魏国在献公时已灭为邑，封毕万矣。既非别国，不得言奔。未详迁之所说。"

⑥师古曰："少梁，本梁国也，为秦所灭，号为少梁。"

自司马氏去周适晋，分散，或在卫，或在赵，或在秦。其在卫者，相中山。①在赵者，以传剑论显，②蒯聩其后也。③在秦者错，与张仪争论，④于是惠王使错将兵伐蜀，遂拔，因而守之。⑤错孙靳，⑥事武安君白起。而少梁更名夏阳。靳与武安君坑赵长平军，⑦还而与之俱赐死杜邮，⑧葬于华池。⑨靳孙昌，为秦主铁官。当始皇之时，蒯聩玄孙卬为武信君将而徇朝歌。⑩诸侯之相王，王卬于殷。⑪汉之伐楚，卬归汉，以其地为河内郡。昌生毋怿，⑫毋怿为汉市长。毋怿生喜，喜为五大夫，卒，皆葬高门。⑬喜生谈，谈为太史公。⑭

①张晏曰："司马喜为中山相。"

②服虔曰："世善剑也。"师古曰："剑论，剑术之论也。论，来顿反。"

③如淳曰："刺客传之蒯聩也。"师古曰："蒯，苦怪反。聩，五怪反。"

④应劭曰："秦惠王欲伐蜀，张仪曰不如伐韩，司马错以当先伐蜀。惠王从之，起兵伐蜀取之。"师古曰："错音千（古）〔各〕反。"[2]

⑤苏林曰："为郡守。"

⑥师古曰："音祈。"

⑦文颖曰："赵孝成王时，赵括为将。"

⑧李奇曰："地名，在咸阳西十里。"师古曰："邮音尤。"

⑨晋灼曰："池名也，在鄠县。"师古曰："晋说非也。华池在左冯翊界，近夏阳，非鄠县。"

⑩师古曰:"武信君即武臣也,未为赵王之前号武信君。项籍传曰'赵将司马卬',是知为武臣之将也。"

⑪师古曰:"项羽封卬为殷王。"

⑫师古曰:"怿,弋赤反。"

⑬苏林曰:"长安北门也。"师古曰:"苏说非也。高门,地名,在夏阳西北,而东去华池三里。"

⑭如淳曰:"汉仪注太史公,武帝置,位在丞相上。天下计书先上太史公,副上丞相,序事如古春秋。迁死后,宣帝以其官为令,行太史公文书而已。"晋灼曰:"百官表无太史公在丞相上。又卫宏所说多不实,未可以为正。"师古曰:"谈为太史令耳,迁尊其父,故谓之为公。如说非也。"

太史公学天官于唐都,①受易于杨何,②习道论于黄子。③太史公仕于建元、元封之间,愍学者不达其意而师誖,④乃论六家之要指曰:

①师古曰:"即律历志所云方士唐都者。"

②师古曰:"何字叔元,菑川人,见儒林传。"

③师古曰:"景帝时人也,儒林传谓之黄生,与辕固争论于上前,谓汤武非受命,乃杀也。"

④师古曰:"誖,惑也。各习师法,惑于所见。誖音布内反。"

易大传曰:"天下一致而百虑,同归而殊涂。"①夫阴阳、儒、墨、名、法、道德,此务为治者也,直所从言之异路,有省不省耳。②尝窃观阴阳之术,大详而众忌讳,使人拘而多畏,③然其序四时之大顺,不可失也。儒者博而寡要,劳而少功,是以其事难尽从,然其叙君臣父子之礼,列夫妇长幼之别,不可易也。④墨者俭而难遵,是以其事不可遍循,⑤

然其强本节用，不可废也。法家严而少恩，然其正君臣上下之分，不可改也。名家使人俭而善失真，⑥然其正名实，不可不察也。道家使人精神专一，动合无形，澹足万物，⑦其为术也，因阴阳之大顺，采儒墨之善，撮名法之要，⑧与时迁徙，应物变化，立俗施事，无所不宜，指约而易操，事少而功多。⑨儒者则不然，以为人主天下之仪表也，君唱臣和，主先臣随。如此，则主劳而臣佚。⑩至于大道之要，去健羡，⑪黜聪明，⑫释此而任术。夫神大用则竭，形大劳则敝；神形蚤衰，⑬欲与天地长久，非所闻也。

①张晏曰："大传谓易系辞。"

②师古曰："言发迹虽殊，同归于治，但学者不能省察，昧其端绪耳。直犹但也。"

③李奇曰："阴阳之术，月令星官，是其枝叶也。"师古曰："拘，曲碍也。"

④师古曰："易，变也。"

⑤师古曰："言难尽用。"

⑥师古曰："刘向别录云名家者流出于礼官。古者名位不同，礼亦异数。孔子曰'必也正名乎'。"

⑦师古曰："澹，古赡字。"

⑧师古曰："撮，总取也，音千活反。"

⑨师古曰："操，执持也，音千高反。"

⑩师古曰："佚，乐也，字与逸同。"

⑪服虔曰："门户健壮也。"如淳曰："知雄守雌，是去健也。不见可欲，使心不乱，是去羡也。"晋灼曰："老子曰'善闭者无关楗'。严君平曰'拆关破楗，使奸者自止'。服说是也。"师古曰："二义

并通，楗，其偃反，然今书本字皆作健字也。"

⑫如淳曰："不尚贤，绝圣弃知也。"晋灼曰："严君平曰'黜聪弃明，倚依太素，反本归真，则理得而海内钧也。'"师古曰："黜，废也。"

⑬师古曰："蚤，古早字。"

夫阴阳，四时、八位、十二度、二十四节各有教令，①曰顺之者昌，逆之者亡，未必然也，故曰"使人拘而多畏"。夫春生夏长，秋收冬藏，此天道之大经也，②弗顺则无以为天下纪纲，故曰"四时之大顺，不可失也。"

①张晏曰："八位，八卦位也。十二度，十二次也。二十四节，就中气也。各有禁，谓月令也。"

②师古曰："经，常法。"

夫儒者，以六艺为法，六艺经传以千万数，累世不能通其学，当年不能究其礼，①故曰"博而寡要，劳而少功"。若夫列君臣父子之礼，序夫妇长幼之别，虽百家弗能易也。

①师古曰："究，尽也。"

墨者亦上尧舜，言其德行曰："堂高三尺，土阶三等，茅茨不剪，採椽不斫；①饭土簋，歠土刑，②粝粱之食，③藜藿之羹；④夏日葛衣，冬日鹿裘。"其送死，桐棺三寸，举音不尽其哀。教丧礼，必以此为万民率。故天下共若此，则尊卑无别也。夫世异时移，事业不必同，故曰"俭而难遵"也。要曰强本节用，则人给家足之道也。⑤此墨子之所长，虽百家不能废也。

①师古曰："屋盖曰茨。茅茨，以茅覆屋也。採，柞木也。茨音疾兹反。採音采，又音菜。"

②师古曰:"簋所以盛饭也,刑以盛羹也。土谓烧土为之,即瓦器也。饭,扶晚反。簋音轨。歠,尺悦反。"

③服虔曰:"粝,粗米也。"张晏曰:"一斛粟七斗米为粝,音赖。"师古曰:"食,饭也。"

④师古曰:"藜,草似蓬也。藿,豆叶也。"

⑤师古曰:"给亦足也。人人家家皆得足也。"

法家不别亲疏,不殊贵贱,壹断于法,则亲亲尊尊之恩绝矣,可以行一时之计,而不可长用也,故曰"严而少恩"。若尊主卑臣,明分职不得相逾越,虽百家不能改也。①

①师古曰:"分,扶问反。"

名家苛察缴绕,①使人不得反其意,刓决于名,时失人情,②故曰"使人俭而善失真"。若夫控名责实,参伍不失,③此不可不察也。

①如淳曰:"缴绕犹缠绕也。"师古曰:"缴,公鸟反。"

②师古曰:"刓读与专同,又音章免反。"

③晋灼曰:"引名责实,参错交互,明知事情也。"

道家无为,又曰无不为,①其实易行,其辞难知。②其术以虚无为本,以因循为用。③无成势,无常形,故能究万物之情。不为物先后,故能为万物主。有法无法,因时为业;有度无度,因物兴舍。④故曰"圣人不巧,时变是守"。⑤虚者道之常也,因者君之纲也。⑥群臣并至,使各自明也。其实中其声者谓之端,实不中其声者谓之款。⑦款言不听,奸乃不生,贤不肖自分,白黑乃形。⑧在所欲用耳,何事不成!乃合大道,混混冥冥。⑨光耀天下,复反无名。⑩凡人所生者神也，所托者形也。神大用则竭，形大劳则敝，形神离则死。死者不可复生，离者不可复合，故圣人重之。由此观之，神者生之本，形者生之具。不先定其神形，而曰"我有以治天下"，何由哉？⑪

①师古曰："无为者，守静一也。无不为者，功利大也。"

②师古曰："言指趣幽远。"

③师古曰："任自然也。"

④师古曰："兴，起也。舍，废也。"

⑤师古曰："无机巧之心，但顺时也。"

⑥师古曰："言因百姓之心以为教，但执其纲而已。"

⑦服虔曰："款，空也。"李奇曰："声则名也。"师古曰："中，当也，充也，音竹仲反。"

⑧师古曰："形，见也。"

⑨师古曰："元气之貌也。混音胡本反。"

⑩师古曰："反，还也。"

⑪师古曰："凡此皆言道家之教为长也。"

太史公既掌天官，不治民。有子曰迁。

迁生龙门，①耕牧河山之阳。②年十岁则诵古文。二十而南游江淮，上会稽，探禹穴，窥九疑，③浮沅湘。④北涉汶泗，⑤讲业齐鲁之都，观夫子遗风，乡射邹峄；⑥阸困蕃、薛、彭城，⑦过梁楚以归。于是迁仕为郎中，奉使西征巴蜀以南，略邛、笮、昆明，⑧还报命。

①苏林曰："禹所凿龙门也。"师古曰："龙门山，其东则在今秦州龙门县北，其西则在今同州韩城县北，而河从其中下流。"

②师古曰："河之北，山之南也。"

③张晏曰："禹巡狩至会稽而崩，因葬焉。上有孔穴，民间云禹入此穴。九疑，舜墓在焉。"师古曰："会稽，山名，本茅山也，禹于此会诸侯之计，因名曰会稽。九疑山有九峰，解在司马相如传。"

④师古曰："沅水出牂柯，湘水出零陵，二水皆入江。"

⑤师古曰："汶、泗两水名在地理志。汶音问。"

⑥师古曰："邹，县名也。峄，山名也，近曲阜地也。于此行乡射之礼，峄音怿。"

⑦师古曰："蕃，县名也，音皮。"

⑧师古曰："筰，才各反。"

是岁，天子始建汉家之封，而太史公留滞周南，①不得与从事，②发愤且卒。而子迁适反，见父于河雒之间。太史公执迁手而泣曰："予先，周室之太史也。自上世尝显功名虞夏，典天官事。后世中衰，绝于予乎，汝复为太史，则续吾祖矣。今天子接千岁之统，封泰山，而予不得从行，是命也夫！命也夫！予死，尔必为太史；为太史，毋忘吾所欲论著矣。且夫孝，始于事亲，中于事君，终于立身；扬名于后世，以显父母，此孝之大也。③夫天下称周公，言其能论歌文武之德，宣周召之风，④达大王王季思虑，爰及公刘，以尊后稷也。⑤幽厉之后，王道缺，礼乐衰，孔子脩旧起废，论诗书，作春秋，则学者至今则之。自获麟以来四百有馀岁，而诸侯相兼，史记放绝。今汉兴，海内壹统，明主贤君，忠臣义士，予为太史而不论载，废天下之文，予甚惧焉，尔其念哉！"迁俯首流涕曰："小子不敏，请悉论先人所次旧闻，不敢阙。"卒三岁，而迁为太史令，绅史记石室金鐀之书。⑥五年而当太初元年，⑦十一月甲子朔旦冬至，天历始改，建于明堂，诸神受记。⑧

①如淳曰：“周南，洛阳也。”张晏曰：“洛阳而谓周南者，自陕以东皆
　周南之地也。”

②师古曰：“与读曰豫。”

③师古曰：“此孔子说孝经之辞也。”

④师古曰：“召读曰邵。”

⑤师古曰：“爰，曰也，发语辞也。一曰，爰，于也。”

⑥如淳曰：“紬彻旧书故事而次述之。”师古曰：“此说非也。紬谓缀集
　之，音胄。鐀与匮同。”

⑦李奇曰：“迁为太史后五年適当武帝太初元年，时述史记也。”

⑧张晏曰：“以元新改，立明堂，朝诸侯及郡守受正朔，各有山川之
　祀，故曰诸神受记。”孟康曰：“明堂班十二月之政，历纪四时，故
　改建于明堂。诸神受记，若勾芒祝融之属皆受瑞记。迁因此而作。”
　师古曰：“张说是矣。”

太史公曰：“先人有言：‘自周公卒五百岁而有孔子，孔子
至于今五百岁，有能绍而明之，正易传，继春秋，本诗书礼乐之
际。’意在斯乎！意在斯乎！小子何敢攘焉！”①

①师古曰：“攘，古让字。言当述成先人之业，何敢自谦，当五百岁而
　让之也。”

上大夫壶遂曰：“昔孔子为何作春秋哉？”太史公曰：“余闻
之董生：①‘周道废，孔子为鲁司寇，诸侯害之，大夫壅之。孔
子知时之不用，道之不行也，是非二百四十二年之中，②以为天
下仪表，贬诸侯，讨大夫，以达王事而已矣。’③子曰：‘我欲载
之空言，不如见之于行事之深切著明也。’春秋上明三王之道，
下辨人事之经纪，别嫌疑，明是非，定犹与，④善善恶恶，贤贤
贱不肖，存亡国，继绝世，补弊起废，王道之大者也。易著天地

阴阳四时五行，故长于变；⑤礼纲纪人伦，故长于行；书记先王之事，故长于政；诗记山川谿谷禽兽草木牝牡雌雄，故长于风；乐乐所以立，故长于和；春秋辩是非，故长于治人。是故礼以节人，乐以发和，书以道事，诗以达意，易以道化，春秋以道义。⑥拨乱世反之正，莫近于春秋。春秋文成数万，其指数千。⑦万物之散聚皆在春秋。春秋之中，弑君三十六，亡国五十二，诸侯奔走不得保社稷者不可胜数。⑧察其所以，皆失其本已。⑨故易曰'差以豪氂，谬以千里'。⑩故'臣弑君，子弑父，非一朝一夕之故，其渐久矣'。⑪有国者不可以不知春秋，前有谗而不见，后有贼而不知。为人臣者不可以不知春秋，守经事而不知其宜，遭变事而不知其权。⑫为人君父者而不通于春秋之义者，必蒙首恶之名。⑬为人臣子不通于春秋之义者，必陷篡弑诛死之罪。其实皆以善为之，而不知其义，⑭被之空言不敢辞。⑮夫不通礼义之指，至于君不君，臣不臣，父不父，子不子。夫君不君则犯，⑯臣不臣则诛，父不父则无道，子不子则不孝。此四行者，天下之大过也。以天下大过予之，受而不敢辞。故春秋者，礼义之大宗也。夫礼禁未然之前，法施已然之后；法之所为用者易见，而礼之所为禁者难知。"

①服虔曰："仲舒也。"

②师古曰："是非谓本其得失。"

③师古曰："时诸侯僭侈，大夫擅权，故贬讨之也。贬，退也，讨，治也。"

④师古曰："与读曰豫。"

⑤师古曰："以变化之道为长也。长读如本字。一曰长谓崇长之也，音竹两反。下皆类此。"

⑥师古曰:"道,言也。"

⑦张晏曰:"春秋万八千字,当言减,而云成,字误也。"师古曰:"张说非也。一万之外即以万言之,故云数万,何乃忽言减乎?学者又为曲解,云公羊经传凡四万四千馀字,尤疏谬矣。史迁岂谓公羊之传为春秋乎?"

⑧师古曰:"解并在刘向传。"

⑨师古曰:"已,语终之辞。"

⑩师古曰:"今之易经及象象系辞,并无此语。所称易纬者,则有之焉。斯盖易家之别说者也。"

⑪师古曰:"易坤卦文言之辞。"

⑫师古曰:"经,常也。"

⑬师古曰:"蒙犹被也。"

⑭师古曰:"其心虽善,以不知义理之故,则陷于恶也。"

⑮苏林曰:"赵盾不知讨贼,而不敢辞弑君之罪。"

⑯师古曰:"为臣下所干犯也。〔一〕曰违犯礼义也。"〔3〕

壶遂曰:"孔子之时,上无明君,下不得任用,故作春秋,垂空文以断礼义,①当一王之法。今夫子上遇明天子,下得守职,万事既具,咸各序其宜,夫子所论,欲以何明?"太史公曰:"唯唯,否否,②不然。余闻之先人曰:'虙戏至纯厚,作易八卦。③尧舜之盛,尚书载之,礼乐作焉。汤武之隆,诗人歌之。春秋采善贬恶,推三代之德,襃周室,非独刺讥而已也。'汉兴已来,至明天子,获符瑞,封禅,改正朔,易服色,受命於穆清,④泽流罔极,⑤海外殊俗重译款塞,⑥请来献见者,不可胜道。⑦臣下百官力诵圣德,犹不能宣尽其意。⑧且士贤能矣,而不用,有国者耻也;主上明圣,德不布闻,有司之过也。且余掌其官，废明圣盛德不载，灭功臣贤大夫之业不述，堕先人所言，⑨罪莫大焉。余所谓述故事，整齐其世传，非所谓作也，而君比之春秋，谬矣。"

①师古曰："断，决也，决之于礼义也。"

②晋灼曰："唯唯，谦应也。否否，不通也。"师古曰："唯，弋癸反。"

③师古曰："虙读与伏同。"

④师古曰："於，叹辞也。穆，美也。言天子有美德而政化清也。於读曰乌。"

⑤师古曰："罔，无也。极，止也。"

⑥师古曰："欸，叹也。"

⑦师古曰："道，言也。"

⑧师古曰："力，勤也。"

⑨师古曰："堕，毁也，谓不修之也。音火规反。"

于是论次其文。十年而遭李陵之祸，幽于累绁。①乃喟然而叹曰："是余之罪夫！②身亏不用矣。"[4]退而深惟曰：③"夫诗书隐约者，欲遂其志之思也。"④卒述陶唐以来，至于麟止，⑤自黄帝始。⑥五帝本纪第一，夏本纪第二，殷本纪第三。周本纪第四，秦本纪第五，始皇本纪第六，项羽本纪第七，高祖本纪第八，吕后本纪第九，孝文本纪第十，孝景本纪第十一，今上本纪第十二。三代世表第一，十二诸侯年表第二，六国年表第三，秦楚之际月表第四，汉诸侯年表第五，高祖功臣年表第六，惠景间功臣年表第七，建元以来侯者年表第八，王子侯者年表第九，汉兴以来将相名臣年表第十。礼书第一，乐书第二，律书第三，历书第四，天官书第五，封禅书第六，河渠书第七，平准书第八。吴太伯世家第一，齐太公世家第二，鲁周公世家第三，燕召公世家第四，⑦管蔡世家第五，陈杞世家第六，卫康叔世家第七，宋微子世家第八，晋世家第九，楚世家第十，越世家第十一，郑世家第十二，赵世家第十三，魏世家第十四，韩世家第十五，田完世家第十六，孔子世家第十七，陈涉世家第十八，外戚世家第十九，楚元王世家第二十，荆燕王世家第二十一，齐悼惠王世家第二十二，萧相国世家第二十三，曹相国世家第二十四，留侯世家第二十五，陈丞相世家第二十六，绛侯世家第二十七，梁孝王世家第二十八，五宗世家第二十九，⑧三王世家第三十。伯夷列传第一，管晏列传第二，老子韩非列传第三，司马穰苴列传第四，⑨孙子吴起列传第五，伍子胥列传第六，仲尼弟子列传第七，商君列传第八，苏秦列传第九，张仪列传第十，樗里甘茂列传第十一，穰侯列传第十二，白起王翦列传第十三，孟子荀卿列传第十四，平原虞卿列传第十五，孟尝君列传第十六，魏公子列传第十七，春申君列传第十八，范睢蔡泽列传第十九，乐毅列传第二十，廉颇蔺相如列传第二十一，田单列传第二十二，鲁仲连列传第二十三，屈原贾生列传第二十四，吕不韦列传第二十五，刺客列传第二十六，李斯列传第二十七，蒙恬列传第二十八，张耳陈馀列传第二十九，魏豹彭越列传第三十，黥布列传第三十一，淮阴侯韩信列传第三十二，韩王信卢绾列传第三十三，田儋列传第三十四，樊郦滕灌列传第三十五，张丞相仓列传第三十六，郦生陆贾列传第三十七，傅靳蒯成侯列传第三十八，⑩刘敬叔孙通列传第三十九，季布栾布列传第四十，爰盎朝错列传第四十一，张释之冯唐列传第四十二，万石张叔列传第四十三，田叔列传第四十四，扁鹊仓公列传第四十五，吴王濞列传第四十六，魏其武安列

2363

传第四十七，韩长孺列传第四十八，李将军列传第四十九，卫将军骠骑列传第五十，平津主父列传第五十一，匈奴列传第五十二，南越列传第五十三，闽越列传第五十四，朝鲜列传第五十五，西南夷列传第五十六，司马相如列传第五十七，淮南衡山列传第五十八，循吏列传第五十九，汲郑列传第六十，儒林列传第六十一，酷吏列传第六十二，大宛列传第六十三，游侠列传第六十四，佞幸列传第六十五，滑稽列传第六十六，日者列传第六十七，龟策列传第六十八，货殖列传第六十九。

①师古曰："纍，系也。绁，长绳也。纍音力追反。绁音先列反。"

②师古曰："喟然，叹息貌也。音邱位反。"

③师古曰："惟，思也。"

④师古曰："隐，忧也。约，屈也。"

⑤服虔曰："武帝得白麟，而铸金作麟足形。作史记止于此也。"张晏曰："武帝获麟，迁以为述事之端，上记黄帝，下至麟止，犹春秋止于获麟也。"师古曰："迁序事尽太初，故言至麟而止。张说是也。"

⑥师古曰："迁之书序众篇各别有辞，班氏以其文多，故略而不载，但取最后一首，故此单目尽于六十九。至'惟汉继五帝末流'之后，乃言第七十。读者不详其意，或于目中加云'叙传第七十'，此大妄矣。"

⑦师古曰："召读曰邵。"

⑧师古曰："景帝子凡十三人为王，而母五人所生，迁谓同母者为一宗，故云五宗也。"

⑨师古曰："苴音子闾反。"

⑩师古曰："鄘成侯，周緤也。鄘音普肯反，又音陪。"

惟汉继五帝末流，接三代绝业。周道既废，秦拨去古文，焚灭诗书，故明堂石室金鐀玉版图籍散乱。①汉兴，萧何次律令，韩信申军法，张苍为章程，叔孙通定礼仪，则文学彬彬稍进，诗书往往间出。②自曹参荐盖公言黄老，而贾谊、朝错明申韩，公孙弘以儒显，百年之间，天下遗文古事靡不毕集。太史公仍父子相继籑其职，③曰："於戏!④余维先人尝掌斯事，显于唐虞。至于周，复典之。故司马氏世主天官，至于余乎，钦念哉!"⑤罔罗天下放失旧闻，王迹所兴，原始察终，见盛观衰，论考之行事，略三代，录秦汉，上记轩辕，下至于兹，著十二本纪，既科条之矣。并时异世，年差不明，作十表。⑥礼乐损益，律历改易，兵权山川鬼神，天人之际，承敝通变，作八书。二十八宿环北辰，三十辐共一毂，运行无穷，⑦辅弼股肱之臣配焉，忠信行道以奉主上，作三十世家。扶义俶傥，不令己失时，⑧立功名于天下，作七十列传。凡百三十篇，五十二万六千五百字，为太史公书。序略，以拾遗补艺，成一家言，⑨协六经异传，齐百家杂语，臧之名山，副在京师，⑩以竢后圣君子。第七十，⑪迁之自叙云尔。⑫而十篇缺，有录无书。⑬

①如淳曰："玉版，刻玉版画为文字也。"

②师古曰："彬彬，文章貌。彬音邠。间音居苋反。"

③师古曰："籑读与撰同。"

④师古曰："於戏，叹声也。於读曰乌，戏读曰呼。古字或作乌虖，今字或作乌呼，音义皆同耳。而俗之读者，随字而别，又曲为解释云有吉凶美恶之殊，是不通其大指也。义例具在诗及尚书，不可一二遍举之。"

⑤师古曰："钦，敬也。"

⑥师古曰："并时则年历差殊，异代则难以明辨，故作表也。"

⑦孟康曰："象黄帝以下三十家也。老子言车三十辐运行无穷，以象王者如此也。"师古曰："此说非也。言众星共绕北辰，诸辐咸归车毂，若文武之臣尊辅天子也。"

⑧师古曰："傲俍，大节也。傲，吐历反。"

⑨孟康曰："蓺音禓。谓裳下坏禓。"李奇曰："蓺，六蓺也。"师古曰："李说是也。蓺，古艺字。"

⑩师古曰："臧于山者。备亡失也。其副贰本乃留京师也。"

⑪师古曰："唉，古俟字。"

⑫师古曰："自此以前，皆其自叙之辞也。自此以后，乃班氏作传语耳。"

⑬张晏曰："迁没之后，亡景纪、武纪、礼书、乐书、兵书、汉兴以来将相年表、日者列传、三王世家、龟策列传、傅靳列传。元、成之间诸先生补缺，作武帝纪，三王世家，龟策、日者传，言辞鄙陋，非迁本意也。"师古曰："序目本无兵书，张云亡失，此说非也。"

迁既被刑之后，为中书令，尊宠任职。故人益州刺史任安①予迁书，责以古贤臣之义。迁报之曰：

①师古曰："故人者，言其旧交也。"

少卿足下：①曩者辱赐书，教以慎于接物，推贤进士为务，意气勤勤恳恳，②若望仆不相师用，③而流俗人之言。④仆非敢如是也。虽罢驽，亦尝侧闻长者遗风矣。⑤顾自以为身残处秽，动而见尤，⑥欲益反损，是以抑郁而无谁语。⑦谚曰："谁为为之？孰令听之？"⑧盖锺子期死，伯牙终身不复鼓琴。⑨何则？士为知己用，女为说己容。⑩若仆大质已亏缺，虽材怀随和，行若由夷，⑪终不可以为荣，适足以发笑而自点耳。⑫

①如淳曰："少卿，任安字。"

②师古曰："恳恳，至诚也。音垦。"

③师古曰："望，怨也。"

④师古曰："谓随俗人之言，而流移其志。"

⑤师古曰："罢读曰疲。"

⑥师古曰："顾，思念也。尤，过也。"

⑦师古曰："无谁语者，言无相知心之人，谁可告语？"

⑧师古曰："言无知己者，设欲修名节，立言行，谁可为作之，又令谁听之？上为音于伪反。"

⑨师古曰："伯牙、锺子期皆楚人也。伯牙鼓琴，子期听之。方鼓琴而志在泰山，子期曰：'巍巍乎若泰山。'既而志在流水，子期又曰：'汤汤乎若流水。'及子期死，伯牙破琴绝弦，终身不复鼓琴，以时人无足复为鼓琴耳。"

⑩师古曰："说读曰悦。"

⑪应劭曰："由、夷，许由、伯夷也。"师古曰："随，随侯珠也。和，和氏璧。"

⑫师古曰："点，污也。"

书辞宜答，①会东从上来，②又迫贱事③相见日浅，卒卒无须臾之间得竭指意。④今少卿抱不测之罪，⑤涉旬月，迫季冬，仆又薄从上上雍，⑥恐卒然不可讳。⑦是仆终已不得舒愤懑以晓左右，⑧则长逝者魂魄私恨无穷。⑨请略陈固陋。阙然不报，幸勿过。⑩

①师古曰："宜早答。"

②服虔曰："从武帝还也。"

③孟康曰："卑贱之事，苦烦务也。"晋灼曰："贱事，家之私事贱小者也。"师古曰："谓所供职事也。孟说是也。"

④文颖曰："卒言仓卒。"师古曰："卒卒，促遽之意也。间，隙也。卒音千忽反。"

⑤如淳曰："平居时，迁不肯报其书。今有罪在狱，故报往日书，欲使其恕以度己也。"师古曰："不测谓深也。"

⑥李奇曰："薄，迫也。迫当从行也。"如淳曰："迁时从上在卤簿中也。"师古曰："李说是也。"

⑦师古曰："卒读曰猝。不可讳谓安死也。"

⑧师古曰："懑，烦闷也。晓，告喻也。懑音满。"

⑨师古曰："谓任安恨不见报。"

⑩师古曰："谓中间久不报也。"

仆闻之，修身者智之府也，①爱施者仁之端也，取予者义之符也，②耻辱者勇之决也，立名者行之极也。士有此五者，然后可以托于世，列于君子之林矣。故祸莫憯于欲利，③悲莫痛于伤心，行莫丑于辱先，而诟莫大于宫刑。④刑馀之人，无所比数，非一世也，所从来远矣。昔卫灵公与雍渠载，孔子适陈；⑤商鞅因景监见，赵良寒心；⑥同子参乘，爰丝变色：⑦自古而耻之。夫中材之人，事关于宦竖，莫不伤气，况慷慨之士乎！⑧如今朝虽乏人，奈何令刀锯之馀荐天下豪隽哉！仆赖先人绪业，得待罪辇毂下，二十馀年矣。⑨所以自惟：⑩上之，不能纳忠效信，⑪有奇策材力之誉，自结明主；次之，又不能拾遗补阙，招贤进能，显岩穴之士；外之，不能备行伍，攻城（战野）〔野战〕，[5]有斩将搴旗之功；⑫下之，不能累日积劳，取尊官厚禄，以为宗族交游光宠。四者无一遂，苟合取容，无所短长之效，可见于此矣。乡者，仆亦尝厕下大夫之列，⑬陪外廷末议。不以此时引维纲，尽思虑，今已亏形为埽除之隶，在阘茸之中，⑭乃欲印首信眉，论列是非，⑮不亦轻朝廷，羞当世之士邪！⑯嗟乎！嗟乎！如仆，尚何言哉！尚何言哉！

①师古曰："府者，所聚之处也。"

②师古曰："符，信也。"

③师古曰："憯亦痛也。音千敢反。"

④师古曰："诟，耻也，音垢。"

⑤应劭曰："雍渠，奄人也，灵公近之。"

⑥应劭曰："景监，秦嬖人也。"服虔曰："赵良，贤者。"

⑦苏林曰："赵谈也。与迁父同讳，故曰同子。"

⑧师古曰："慷音口朗反。"

⑨师古曰："言侍从天子之车舆。"

⑩师古曰："惟，思也。"

⑪师古曰："效，致也。"

⑫师古曰："搴，拔也，拔取敌人之旗也。搴音蹇。"

⑬韦昭曰："周官太史位下大夫也。"臣瓒曰："汉太史令千石，故比下大夫。"师古曰："乡读曰向。向，曩昔时也。"

⑭师古曰："阘茸，猥贱也。阘，下也。茸，细毛也。言非豪桀也。阘，吐合反。茸，人勇反。"

⑮师古曰："印读曰仰。信读曰伸。列，陈也。"

⑯师古曰："羞，辱也。"

且事本末未易明也。仆少负不羁之才，长无乡曲之誉，①主上幸以先人之故，使得奉薄技，出入周卫之中。②仆以为戴盆何以望天，③故绝宾客之知，忘室家之业，日夜思竭其不肖之材力，务壹心营职，以求亲媚于主上。而事乃有大谬不然者。夫仆与李陵俱居门下，素非相善也，趣舍异路，④未尝衔杯酒接殷勤之欢。然仆观其为人自奇士，事亲孝，与士信，临财廉，取予义，分别有让，恭俭下人，⑤常思奋不顾身以徇国家之急。⑥其素所畜积也，⑦仆以为有国士之风。夫人臣出万死不顾一生之计，赴公家之难，斯已奇矣。今举事壹不当，而全躯保妻子之臣随而媒蘖其短，⑧仆诚私心痛之。且李陵提步卒不满五千，深践戎马之地，足历王庭，垂饵虎口，横挑强胡，⑨卬亿万之师，⑩与单于连战十馀日，所杀过当。⑪虏救死扶伤不给，⑫旃裘之君长咸震怖，乃悉征左右贤王，举引弓之民，⑬一国共攻而围之。转斗千里，矢尽道穷，救兵不至，士卒死伤如积。然李陵一呼劳军，⑭士无不起，躬流涕，沫血饮泣，张空弮，冒白刃，北首争死敌。⑮陵未没时，使有来报，汉公卿王侯皆奉觞上寿。后数日，陵败书闻，主上为之食不甘味，听朝不怡。大臣忧惧，不知所出。仆窃不自料其卑贱，⑯见主上惨凄怛悼，诚欲效其款款之愚。以为李陵素与士大夫绝甘分少，⑰能得人之死力，虽古名将不过也。身虽陷败，彼观其意，且欲得其当而报汉。⑱事已无可奈何，其所摧败，功亦足以暴于天下。⑲仆怀欲陈之，而未有路。适会召问，即以此指推言陵功，⑳欲以广主上之意，塞睚眦之辞。未能尽明，㉑明主不深晓，以为仆沮贰师，而为李陵游说，㉒遂下于理。拳拳之忠，终不能自列，㉓因为诬上，卒从吏议。㉔家贫，财赂不足以自赎，交游莫救，左右亲近不为壹言。身非木石，独与法吏为伍，深幽囹圄之中，谁可告诉者！此正少卿所亲见，仆行事岂不然邪？李陵既生降，隤其家声，㉕而仆又茸以蚕室，㉖重为天下观笑。㉗悲夫！悲夫！

①师古曰："不羁，言其材质高远，不可羁系也。负者，亦言无此事也。"

②服虔曰："薄技，薄材也。"师古曰："周卫，言宿卫周密也。"

③如淳曰："头戴盆则不得望天、望天则不得戴盆，事不可兼施。言己方有所造，不暇修人事也。"师古曰："言营职务耳，未论造书也。如说失之。"

④师古曰："趣，所向也。舍所废也。"

⑤师古曰："下音胡亚反。"

⑥师古曰："徇，从也，营也。"

⑦师古曰："畜读曰蓄。"

⑧臣瓒曰："媒谓遘合会之，孽谓为生其罪豐也。"师古曰："媒如媒娉之媒，孽如麴蘖之蘖。一曰齐人谓麹饼为媒也。"

⑨李奇曰："挑音（铫）〔誂〕。"〔6〕师古曰："音徒了反。"

⑩师古曰："卬读曰仰。汉军北向，匈奴南下，北方地高，故云然。"

⑪师古曰："率计战士，杀敌数多，故云过当也。"

⑫师古曰："给犹供也。"

⑬师古曰："能引弓者皆发之。"

⑭师古曰："呼音火故反。"

⑮孟康曰："沬音颒。"李奇曰："弮，弩弓也。"师古曰："沬，古颒字。颒，洒面也。言流血在面如盥颒。冒，犯也。首，向也。沬音呼内反，字从午未之未。弮音丘权反。又音眷。冒音莫克反。首音式救反。读者乃以拳挐之拳，大谬矣。拳则屈指，不当言张。陵时矢尽，故张弩之空弓，非是手拳也。"

⑯师古曰："科，量也，音聊。"

2371

⑰师古曰："自绝旨甘，而与众人分之，共同其少多也。"

⑱师古曰："欲于匈奴立功而归，以（其当）〔当其〕破败之罪。"〔7〕

⑲师古曰："谓摧破匈奴之兵也。"

⑳师古曰："指，意也。"

㉑师古曰："睢眦，举目眥也，犹言顾瞻之顷也。睢音厓。眦音才赐反。"

㉒师古曰："沮，毁坏也。音才汝反。"

㉓师古曰："拳拳，忠谨之貌。刘向传作倦倦字，音义同耳。列，陈也。"

㉔师古曰："卒，终也。"

㉕孟康曰："家世为将有名声，陵降而陨之也。"师古曰："陨，坠也，音颍。"

㉖苏林曰："茸，次也，若人相俾次。"师古曰："此说非也。茸音人勇反，推也。蚕室，初腐刑所居温密之室也。谓推致蚕室之中也。"

㉗师古曰："观视之而笑也。"

事未易一二为俗人言也。仆之先人非有剖符丹书之功，文史星历近乎卜祝之间，固主上所戏弄，倡优畜之，流俗之所轻也。假令仆伏法受诛，若九牛亡一毛，与蝼蚁何异？①而世又不与能死节者比，②特以为智穷罪极，不能自免，卒就死耳。何也？素所自树立使然。人固有一死，死有重于泰山，或轻于鸿毛，用之所趋异也。③太上不辱先，其次不辱身，其次不辱理色，其次不辱辞令，其次诎体受辱，其次易服受辱，其次关木索被箠楚受辱，④其次鬄毛发婴金铁受辱，⑤其次毁肌肤断支体受辱，最下腐刑，极矣。⑥传曰"刑不上大夫"，此言士节不可不厉也。猛虎处深山，百兽震恐，及其在穿槛之中，摇尾而求食，⑦积威约之渐也。故士有画地为牢势不入，削木为吏议不对，定计于鲜也。⑧今交手足，受木索，暴肌肤，受榜棰，⑨幽于圜墙之中，⑩当此之时，见狱吏则头枪地，⑪视徒隶则心惕息。⑫何者？积威约之势也。及已至此，言不辱者，所谓强颜耳，曷足贵乎！⑬且西伯，伯也，拘牖里；李斯，相也，具五刑；⑭淮阴，王也，受械于陈；⑮彭越、张敖南乡称孤，系狱具罪；⑯绛侯诛诸吕，权倾五伯，囚于请室；⑰魏其，大将也，衣赭关三木；⑱季布为朱家钳奴；灌夫受辱居室。此人皆身至王侯将相，声闻邻国，及罪至罔加，不能引决自财。⑲在尘埃之中，古今一体，安在其不辱也！由此言之，勇怯，势也；强弱，形也。审矣，曷足怪乎！且人不能蚤自财绳墨之外，已稍陵夷至于鞭棰之间，乃欲引节，斯不亦远乎！古人所以重施刑于大夫者，殆为此也。⑳夫人情莫不贪生恶死，念亲戚，顾妻子，至激于义理者不然，㉑乃有不得已也。今仆不幸，蚤失二亲，无兄弟之亲，独身孤立，少卿视仆于妻子何如哉？且勇者不必死节，怯夫慕义，何处不勉焉！㉒仆虽怯耎欲苟活，㉓亦颇识去就之分矣，何至自湛溺累绁之辱哉！㉔且夫臧获婢妾犹能引决，㉕况若仆之不得已乎！所以隐忍苟活，函粪土之中而不辞者，恨私心有所不尽，鄙没世而文采不表于后也。

2373

①师古曰："蝼，蝼蛄也。蚁，蚍蜉也。皆虫之微小者。蝼音楼。"

②师古曰："与，许也。不许其能死节。"

③师古曰："趋读曰趣。趣，向也。"

④师古曰："棰，杖也。音止棬反。"

⑤师古曰："婴，绕也。鬐音吐计反。"

⑥师古曰:"腐刑,解在景纪。"

⑦师古曰:"穽,掘地以陷兽也,音才性反。"

⑧文颖曰:"未遇刑自杀,为鲜明也。"

⑨师古曰:"榜音彭。"

⑩师古曰:"圜墙,狱也,周礼谓之圜土。"

⑪师古曰:"枪,千羊反。"

⑫师古曰:"惕,惧也。息,喘息也。"

⑬师古曰:"强音其两反。"

⑭师古曰:"说在刑法志。"

⑮师古曰:"高祖伪游云梦,而信至陈上谒,(助)〔即〕见囚执。[8]械谓桎梏之。"

⑯师古曰:"或系于狱,或至大罪也。乡读曰向。"

⑰师古曰:"伯读曰霸。"

⑱师古曰:"三木,在颈及手足。"

⑲师古曰:"财与裁同,古通用字。"

⑳师古曰:"重,难也。"

㉑师古曰:"言激于义理者,则不顾念亲戚妻子。"

㉒师古曰:"勇敢之人暗于分理,未必能死名节。怯懦之夫心知慕义,则处处皆能勉励也。"

㉓师古曰:"耍,柔弱也,音人阮反。"

㉔师古曰:"湛读曰沈。累音力追反。"

㉕应劭曰:"扬雄方言云:'海岱之间,骂奴曰臧,骂婢曰获。燕之北郊,民而羿婢谓之臧,女而妇奴谓之获。'"晋灼曰:"臧获,败敌所被虏获为奴隶者。"师古曰:"应说是也。"

　　古者富贵而名摩灭,不可胜记,唯俶傥非常之人称焉。盖西伯拘而演周易;仲尼厄而作春秋;屈原放逐,乃赋离骚；左丘失明，厥有国语；孙子髌脚，兵法修列；①不韦迁蜀，世传吕览；②韩非囚秦，说难、孤愤。③诗三百篇，大氐贤圣发愤之所为作也。④此人皆意有所郁结，不得通其道，故述往事，思来者。⑤及如左丘明无目，孙子断足，终不可用，退论书策以舒其愤，思垂空文以自见。⑥仆窃不逊，近自托于无能之辞，网罗天下放失旧闻，考之行事，稽其成败⑦兴坏之理，凡百三十篇，亦欲以究天人之际，通古今之变，成一家之言。草创未就，适会此祸，惜其不成，是以就极刑而无愠色。仆诚已著此书，藏之名山，传之其人通邑大都，⑧则仆偿前辱之责，虽万被戮，岂有悔哉！然此可为智者道，难为俗人言也。

①文颖曰："孙子与庞涓学，而为庞涓所断足。"师古曰："髌音频忍反。"

②苏林曰："吕氏春秋篇名八览、六论。"

③师古曰："说难、孤愤，韩子之篇名。"

④师古曰："氐，归也，音丁礼反。"

⑤师古曰："令将来之人，见己志也。"

⑥师古曰："见，胡电反。"

⑦师古曰："稽，计也。"

⑧师古曰："其人谓能行其书者。"

且负下未易居，下流多谤议。仆以口语遇遭此祸，重为乡党戮笑，污辱先人，亦何面目复上父母之丘墓乎？虽累百世，垢弥甚耳！是以肠一日而九回，居则忽忽若有所亡，出则不知所如往。①每念斯耻，汗未尝不发背沾衣也。身直为闺阁之臣，宁得自引深藏于岩穴邪！故且从俗浮湛，与时俯仰,②以通其狂惑。今少卿乃教以推贤进士,无乃与仆之私指谬乎。③今虽欲自雕琢,④曼辞以自解,⑤无益,于俗不信,祇取辱耳。⑥要之死日,然后是非乃定。书不能尽意,故略陈固陋。

①师古曰:"如亦往也。"

②师古曰:"湛读曰沉。"

③师古曰:"指,意也。"

④师古曰:"琢,刻也,音篆。"

⑤如淳曰:"曼,美也。"师古曰:"曼音万。"

⑥师古曰:"祇,适也。"

迁既死后,其书稍出。宣帝时,迁外孙平通侯杨恽祖述其书,遂宣布焉。至王莽时,求封迁后,为史通子。①

①应劭曰:"以迁世为史(宜)〔官〕,[9]通于古今也。"李奇曰:"史通国子爵也。"

赞曰:自古书契之作而有史官,其载籍博矣。至孔氏籑之,①上(继)〔断〕唐尧,下讫秦缪。[10]唐虞以前虽有遗文,其语不经,②故言黄帝、颛顼之事未可明也。及孔子因鲁史记而作春秋,而左丘明论辑其本事以为之传,③又籑异同为国语。又有世本,录黄帝以来至春秋时帝王公侯卿大夫祖世所出。春秋之后,七国并争,④秦兼诸侯,有战国策。汉兴伐秦定天下,有楚汉春秋。故司马迁据左氏、国语,采世本、战国策,述楚汉春秋,接其后事,讫于(大)〔天〕汉。[11]其言秦汉,详矣。至于采经摭传,⑤分散数家之事,甚多疏略,或有抵梧。⑥亦其涉猎者广

博，贯穿经传，驰骋古今，上下数千载间，斯以勤矣。又其是非
颇缪于圣人，⑦论大道则先黄老而后六经，序游侠则退处士而进
奸雄，述货殖则崇势利而羞贱贫，此其所蔽也。然自刘向、扬雄
博极群书，皆称迁有良史之材，服其善序事理，辨而不华，质而
不俚，⑧其文直，其事核，⑨不虚美，不隐恶，故谓之实录。⑩乌
呼！以迁之博物洽闻，而不能以知自全，既陷极刑，幽而发愤，
书亦信矣。⑪迹其所以自伤悼，小雅巷伯之伦。⑫夫唯大雅"既明
且哲，能保其身"，难矣哉！⑬

①师古曰："篹与撰同。"

②师古曰："非经典所说。"

③师古曰："辑与集同。"

④服虔曰："关东六国，与秦七国。"

⑤师古曰："撅，拾也，音之亦反。"

⑥如淳曰："梧读曰迕，相触迕也。"师古曰："抵，触也。梧，相支
柱不安也。梧音悟。"

⑦师古曰："颇，普我反。"

⑧刘德曰："俚，鄙也。"如淳曰："言虽质，犹不如同里之鄙言也。"
师古曰："刘说是也。俚音里。"

⑨师古曰："核，坚实也。"

⑩应劭曰："言其录事实。"

⑪师古曰："言其报任安书，自陈己志，信不谬。"

⑫师古曰："巷伯，奄官也，遇谗而作诗，列在小雅。其诗曰'萋兮菲
兮，成是贝锦'是也。"

⑬师古曰："尹吉甫作烝民之诗，美宣王而论仲山甫之德，曰'既明且
哲，以保其身'。其诗列于大雅，故赞云然。"

【校勘记】

〔1〕 失其〔所〕守之职也。 景祐、殿本都有"所"字。

〔2〕 错音千（古）〔各〕反。景祐、殿本都作"各"。王先谦说作"各"是。

〔3〕 〔一〕曰违犯礼义也。 景祐、殿本都有"一"字。王先谦说此夺。

〔4〕 是余之罪夫！②身亏不用矣。 注②原在"罪"字下，王先谦说殿本在"夫"字下，是。

〔5〕 攻城（战野）〔野战〕， 景祐、殿本都作"野战"。

〔6〕 挑音（铫）〔誂〕。 景祐、殿本都作"誂"。

〔7〕 以（其当）〔当其〕破败之罪。 殿本作"当其"。王先谦说殿本是。

〔8〕 （助）〔即〕见囚执。 景祐、殿本都作"即"。王先谦说作"即"是。

〔9〕 以迁世为史（宜）〔官〕， 景祐、殿本都作"官"，此误。

〔10〕 上（继）〔断〕唐尧，下讫秦缪。 吴承仕说，"继"字无义，字当为"断"。艺文志"断自尧典"，儒林传"上断唐虞"，并其证。按艺文志作"上断于尧"。

〔11〕 接其后事，讫于（大）〔天〕汉。 杨树达说，"大汉"无义，当作"天汉"。天汉，武帝年号。

汉书卷六十三

武五子传第三十三

师古曰："诸帝子传皆言王，而此独云子者，以戾太子在其中也。"

孝武皇帝六男。卫皇后生戾太子，赵婕妤生孝昭帝，王夫人生齐怀王闳，①李姬生燕刺王旦、广陵厉王胥，②李夫人生昌邑哀王髆。③

①师古曰："闳音宏。"

②师古曰："不知官秩，故云李姬。谥法'暴戾无亲曰刺'。刺音来葛反。"

③师古曰："髆音博。"

2379

戾太子据，元狩元年立为皇太子，年七岁矣。初，上年二十九乃得太子，甚喜，为立禖，①使东方朔、枚皋作禖祝。②少壮，诏受公羊春秋，③又从瑕丘江公受穀梁。及冠就宫，上为立博望苑，④使通宾客，从其所好，故多以异端进者。元鼎四年，纳史良娣，⑤产子男进，号曰史皇孙。⑥

①师古曰："禖，求子之神也，解在枚皋传。"

②师古曰："祝，禖之祝辞。"

③师古曰："少壮者，言渐长大也。少读如本字。"

④师古曰："取其广博观望也。"

⑤韦昭曰："良娣，太子之内官也。太子有妃，有良娣，有孺子，凡三
等。"师古曰："娣音弟。"

⑥张晏曰："皆以舅氏姓为氏，以相别也。"师古曰："进者，皇孙名。"

武帝末，卫后宠衰，江充用事。充与太子及卫氏有隙，①恐
上晏驾后为太子所诛，会巫蛊事起，充因此为奸。是时，上春秋
高，意多所恶，以为左右皆为蛊道祝诅，穷治其事。丞相公孙贺
父子，阳石、诸邑公主，②及皇后弟子长平侯卫伉皆坐诛。③语在
公孙贺、江充传。

①师古曰："充为直指使者，劾太子家车行驰道上，没入车马，太子求
充，充不听也。"

②师古曰："两公主。"

③师古曰："伉音抗，又音刚。"

充典治巫蛊，既知上意，白言宫中有蛊气，入宫至省中，坏
御座掘地。上使按道侯韩说、御史章赣、黄门苏文等助充。①充
遂至太子宫掘蛊，得桐木人。时上疾，辟暑甘泉宫，②独皇后、
太子在。③太子召问少傅石德，④德惧为师傅并诛，因谓太子曰：
"前丞相父子、两公主及卫氏皆坐此，今巫与使者掘地得征验，
不知巫置之邪，将实有也，无以自明，可矫以节收捕充等系
狱，⑤穷治其奸诈。且上疾在甘泉，皇后及家吏请问皆不报，⑥上

存亡未可知，而奸臣如此，太子将不念秦扶苏事耶？"⑦太子急，
然德言。

①师古曰："说读曰悦。赣音贡。"

②师古曰："辟读曰避。"

③师古曰："在京师。"

④师古曰："石庆子。"

⑤师古曰："矫，托也，托诏命也。"

⑥苏林曰："家吏，皇后吏也。"臣瓒曰："太子称家，家吏是太子吏
也。"师古曰："既言皇后及家吏，此为皇后吏及太子吏耳。瓒说
是也。"

⑦韦昭曰："始皇死，赵高诈杀扶苏而立胡亥也。"

征和二年七月壬午，乃使客为使者收捕充等。按道侯说疑使
者有（诏）〔诈〕，不肯受诏，[1]客格杀说。御史章赣被创突亡，
自归甘泉。太子使舍人无且①持节夜入未央宫殿长秋门，因长御
倚华②具白皇后，发中厩车载射士，③出武库兵，发长乐宫卫，
告令百官曰江充反。乃斩充以徇，炙胡巫上林中。④遂部宾客为
将率，与丞相刘屈氂等战。长安中扰乱，言太子反，以故众不肯
附。太子兵败，亡，不得。⑤

①师古曰："且音子闾反。"

②郑氏曰："长音长者。"如淳曰："汉仪注女长御比侍中，皇后见娃娥
以下，长御称谢。倚华，字也。"师古曰："倚音於绮反。"

③师古曰："中厩，皇后车马所在也。"

④服虔曰："作巫蛊之胡人也。炙，烧也。"师古曰："胡巫受充意指，
妄作蛊状，太子特怨，且欲得其情实，故以火炙之，令毒痛耳。"

⑤师古曰："太子出亡，而吏追捕不得也。"

上怒甚，群下忧惧，不知所出。①壶关三老茂上书曰：②"臣闻父者犹天，母者犹地，子犹万物也。故天平地安，阴阳和调，物乃茂成；父慈母爱，室家之中，子乃孝顺。阴阳不和则万物夭伤，父子不和则室家（散）〔丧〕亡。[2]故父不父则子不子，君不君则臣不臣，虽有粟，吾岂得而食诸！③昔者虞舜，孝之至也，而不中于瞽叟；④孝己被谤，伯奇放流，⑤骨肉至亲，父子相疑。何者？积毁之所生也。由是观之，子无不孝，而父有不察。（令）〔今〕皇太子为汉適嗣，⑥[3]承万世之业，体祖宗之重，亲则皇帝之宗子也。江充，布衣之人，闾阎之隶臣耳，⑦陛下显而用之，衔至尊之命以迫蹴皇太子，⑧造饰奸诈，群邪错谬，是以亲戚之路隔塞而不通。⑨太子进则不得上见，退则困于乱臣，独冤结而亡告，不忍忿忿之心，起而杀充，恐惧逋逃，⑩子盗父兵以救难自免耳，臣窃以为无邪心。诗云：'营营青蝇，止于藩；恺悌君子，无信谗言；谗言罔极，交乱四国。'⑪往者江充谗杀赵太子，天下莫不闻，其罪固宜。⑫陛下不省察，深过太子，⑬发盛怒，举大兵而求之，三公自将，智者不敢言，辩士不敢说，臣窃痛之。臣闻子胥尽忠而忘其号，⑭比干尽仁而遗其身，⑮忠臣竭诚不顾铁钺之诛⑯以陈其愚，志在匡君安社稷也。⑰诗云：'取彼谮人，投畀豺虎。'⑱唯陛下宽心慰意，少察所亲，⑲毋患太子之非，亟罢甲兵，无令太子久亡。⑳臣不胜惓惓，㉑出一旦之命，待罪建章阙下。"书奏，天子感寤。

①师古曰："计无所出。"

②师古曰："壶关，上党之县也。荀悦汉纪云令狐茂，班史不载其姓，

不知于何得也。"

③师古曰："论语云齐景公问政于孔子，孔子对曰：'君君，臣臣，父父，子子。'公曰：'善哉！信如君不君，臣不臣，父不父，子不子，虽有粟，吾岂得而食诸！'言父子君臣之道不立，则国必危亡，仓廪虽多，吾不得食也。"

④师古曰："中，当也。瞽叟，舜父也。言不当其意也。中音竹仲反。"

⑤师古曰："孝己、伯奇并已解于上。"

⑥师古曰："適读曰嫡。"

⑦师古曰："隶，贱也。"

⑧师古曰："蹴音千六反。"

⑨师古曰："鬲与隔同。"

⑩师古曰："逋，亡也。"

⑪师古曰："小雅青蝇之诗也。营营，往来之貌也。藩，篱也。恺，乐；悌，易也。言青蝇来往，止于藩篱，变白作黑，谗人搆毁，间亲令疏，乐易之君子不当信用。若谗言无极，则四国亦以交乱，宜深察也。"

⑫师古曰："充宜得罪也。"

⑬师古曰："以太子为罪过而深责之。"

⑭师古曰："忘，亡也。吴王杀之，被以恶名，失其善称号。"

⑮师古曰："比干，殷之贤臣，以道谏纣，纣怒杀之，而剖其心也。"

⑯师古曰："铁，所以斫人，如令莝刃也，音肤。"

⑰师古曰："匡，正也。正其失也。"

⑱师古曰："小雅巷伯之诗。言谮诉之人，诚可疾恶，愿投与猛兽食之。畀音必寐反。"

⑲师古曰："父子之道，天性之亲也。"

⑳师古曰："亟，急也，音居力反。"

㉑师古曰："惓读曰拳，解在刘向传。"

　　太子之亡也，东至湖，①臧匿泉鸠里。②主人家贫，常卖屦以给太子。太子有故人在湖，闻其富赡，使人呼之③而发觉。吏围捕太子，太子自度不得脱，④即入室距户自经。山阳男子张富昌为卒，足蹴开户，新安令史李寿趋抱解太子，主人公遂格斗死，皇孙二人皆并遇害。上既伤太子，乃下诏曰："盖行疑赏，所以申信也。其封李寿为邘侯，⑤张富昌为题侯。"⑥

①师古曰："湖，县名，今虢州阌乡、湖城二县皆其地也。"
②师古曰："泉鸠水今在阌乡县东南十五里，见有戾太子冢，冢在涧东也。"
③师古曰："赡，足也。"
④师古曰："度音大各反。"
⑤韦昭曰："邘在河内。"师古曰："为其解救太子也。邘音于。"
⑥孟康曰："县名也。"晋灼曰："地理志无也。功臣表食邑钜鹿。"师古曰："晋说是也。"

　　久之，巫蛊事多不信。上知太子惶恐无他意，而车千秋复讼太子冤，上遂擢千秋为丞相，而族灭江充家，焚苏文于横桥上，①及泉鸠里加兵刃于太子者，初为北地太守，后族。上怜太子无辜，乃作思子宫，为归来望思之台于湖。②天下闻而悲之。

①（师古）〔孟康〕曰：[4]"横音光。"师古曰："即横门渭桥也。"
②师古曰："言己望而思之，庶太子之魂来归也。其台在今湖城县之西，阌乡之东，基趾犹存。"

　　初，太子有三男一女，女者平舆侯嗣子尚焉。及太子败，皆同时遇害。<u>卫 (侯)〔后〕</u>、<u>史良娣</u>葬<u>长安</u>城南。^[5]<u>史皇孙</u>、皇孙妃<u>王夫人</u>及皇女孙葬<u>广明</u>。① 皇孙二人随太子者，与太子并葬<u>湖</u>。②

①<u>苏林</u>曰："苑名也。"

②<u>师古</u>曰："今太子冢北有二冢相次，则二皇孙也。"

太子有遗孙一人，<u>史皇孙</u>子，<u>王夫人</u>男，年十八即尊位，是为<u>孝宣帝</u>。帝初即位，(帝)〔下〕诏曰：^[6]"故皇太子在<u>湖</u>，未有号谥，岁时祠，其议谥，置园邑。"有司奏请："礼'为人后者，为之子也'，故降其父母不得祭，①尊祖之义也。陛下为<u>孝昭帝</u>后，承祖宗之祀，制礼不逾闲。②谨行视<u>孝昭帝</u>所为故皇太子起位在<u>湖</u>，③<u>史良娣</u>冢在<u>博望苑</u>北，亲<u>史皇孙</u>位在<u>广明</u>郭北。④谥法曰'谥者，行之迹也'，愚以为亲谥宜曰悼 (皇)，母曰悼后，^[7]比诸侯王园，置奉邑三百家。故皇太子谥曰戾，置奉邑二百家。<u>史良娣</u>曰戾夫人，置守冢三十家。园置长丞，周卫奉守如法。"以<u>湖阌乡邪里聚</u>为戾园，⑤<u>长安白亭</u>东为戾后园，<u>广明成乡</u>为悼园。皆改葬焉。

①<u>师古</u>曰："谓本生之父母也。"

②<u>师古</u>曰："闲犹限也。"

③<u>文颖</u>曰："位，冢位也。"<u>师古</u>曰："行音下更反。"

④<u>如淳</u>曰："亲谓父也。"

⑤(师古)<u>孟康</u>曰：^[8]"阌，古阌字，从门中昙。<u>建安</u>中正作 (阌)〔阌〕。"<u>师古</u>曰："昙，举目使人也。昙音许密反。阌字本从昙，其后转讹误，遂作门中受耳。而<u>郭璞</u>乃音汝授反，盖失理远耳。"

后八岁，有司复言："礼'父为士，子为天子，祭以天子'。

悼园宜称尊号曰皇考，立庙，因园为寝，以时荐享焉。益奉园民满千六百家，以为**奉明县**。尊戾夫人曰戾后，置园奉邑，及益戾园各满三百家。"

齐怀王<u>闳</u>与<u>燕王旦</u>、<u>广陵王胥</u>同日立，皆赐策，各以国土风俗申戒焉，曰："惟<u>元狩</u>六年四月乙巳，皇帝使御史大夫<u>汤</u>①庙立子<u>闳</u>为<u>齐王</u>，②曰：乌呼！小子<u>闳</u>，受兹青社。③朕承天序，惟稽古，建尔国家，④封于东土，世为汉藩辅。乌呼！念哉，共朕之诏。⑤惟命不于常，⑥人之好德，克明显光；义之不图，俾君子怠。⑦悉尔心，允执其中，天禄永终；⑧厥有愆不臧，乃凶于乃国，而害于尔躬。⑨呜呼！保国乂民，可不敬与！王其戒之！"⑩<u>闳</u>母<u>王夫人</u>有宠，<u>闳</u>尤爱幸，立八年，薨，无子，国除。

①师古曰："张汤。"

②师古曰："于庙授策也。"

③张晏曰："王者以五色土为太社，封四方诸侯，各以其方色土与之，苴以白茅，归以立社。"

④师古曰："言考于古道而立子为王。"

⑤师古曰："共读曰恭。言敬听我诏。"

⑥师古曰："言皇天无亲，惟德是辅，善则得之，恶则失之。"

⑦师古曰："言人若好德，则能明显有光辉；若不图于义，则君子懈怠，无归附之者。图，谋也。俾，使也。"

⑧师古曰："能尽尔心，信执中和之（得）〔德〕，[9]则能终天禄者也。"

⑨师古曰："臧，善也。乃，汝也。"

⑩师古曰："保，安也。乂，治也。与读曰欤。"

<u>燕刺王旦</u>赐策曰："呜呼！小子<u>旦</u>，受兹玄社，建尔国家，

封于北土，世为汉藩辅。呜呼！薰鬻氏虐老兽心，以奸巧边
甿。①朕命将率，徂征厥罪。②万夫长，千夫长，三十有二帅，③降
旗奔师。④薰鬻徙域，⑤北州以妥。⑥悉尔心，毋作怨，毋作棐
德，⑦毋乃废备。⑧非教士不得从征。⑨王其戒之！"

> ①服虔曰："薰鬻，尧时匈奴号也。"孟康曰："甿音萌。"师古曰：
> "虐老，谓贵少壮而食甘肥，贱者老而与粗恶也。兽心，言贪暴而无
> 仁义也。甿，庶人。薰音勋。鬻音育。"
>
> ②师古曰："徂，往也。"
>
> ③张晏曰："时所获三十二帅也。"
>
> ④如淳曰："昆邪王偃其旗鼓而来降也。"
>
> ⑤张晏曰："匈奴徙东。"
>
> ⑥孟康曰："古绥字也。"臣瓒曰："妥，安也。"师古曰："瓒说是也。
> 妥音他果反。"
>
> ⑦服虔曰："棐，薄也。"师古曰："棐，古匪字也。匪，非也。"
>
> ⑧师古曰："御边之备不可废。"
>
> ⑨张晏曰："士不素习不得应召。"

旦壮大就国，为人辩略，博学经书杂说，好星历数术倡
优射猎之事，招致游士。及卫太子败，齐怀王又薨，旦自以
次第当立，上书求入宿卫。上怒，下其使狱。后坐臧匿亡命，
削良乡、安次、文安三县。武帝由是恶旦，后遂立少子为
太子。

帝崩，太子立，是为孝昭帝，赐诸侯王玺书。旦得书，不
肯哭，曰："玺书封小。①京师疑有变。"遣幸臣寿西长、孙纵
之、王孺等之长安，②以问礼仪为名。王孺见执金吾广（义）
〔意〕，③〔10〕问帝崩所病，④立者谁子，年几岁。广意言待诏五柞

宫，⑤宫中讳言帝崩，诸将军共立太子为帝，年八九岁，葬时不出临。⑥归以报王。王曰："上弃群臣，无语言，盖主又不得见，甚可怪也。"复遣中大夫至京师上书言："窃见孝武皇帝躬圣道，孝宗庙，慈爱骨肉，和集兆民，德配天地，明并日月，威武洋溢，⑦远方执宝而朝，增郡数十，斥地且倍，⑧封泰山，禅梁父，巡狩天下，远方珍物陈于太庙，德甚休盛，⑨请立庙郡国。"奏报闻。时大将军霍光秉政，褒赐燕王钱三千万，益封万三千户。旦怒曰："我当为帝，何赐也！"遂与宗室中山哀王子刘长、齐孝王孙刘泽等结谋，诈言以武帝时受诏，得职吏事，修武备，备非常。⑩

①张晏曰："文少则封小。"

②师古曰："之，往也。"

③师古曰："郭广（义）〔意〕。"

④师古曰："因何病而崩。"

⑤师古曰："莋读与柞同。"

⑥师古曰："临音力禁反。"

⑦师古曰："洋溢，言盛多也。洋音羊。"

⑧师古曰："斥，开也。"

⑨师古曰："休，美也。"

⑩如淳曰："诸侯不得治民与职事，是以为诈言受诏，得知职事，发兵为备也。"

长于是为旦命令群臣曰："寡人赖先帝休德，①获奉北藩，亲受明诏，职吏事，领库兵，饬武备，②任重职大，夙夜兢兢，子大夫将何以规佐寡人？且燕国虽小，成周之建国也，③上自召公，下及昭、襄，④于今千载，岂可谓无贤哉？寡人束带听朝三十馀年，曾无闻焉。其者寡人之不及与？⑤意亦子大夫之思有所不至乎？其咎安在？方今寡人欲挢邪防非，章闻扬和，⑥抚慰百姓，移风易俗，厥路何由？子大夫其各悉心以对，寡人将察焉。"

①师古曰："休，美也。"

②师古曰："饬读与勒同。饬，整也。"

③师古曰："自周以来即为燕国，言以久远。"

④师古曰："召公，谓召公奭也。昭、襄，六国时燕之二王也。召读曰邵。"

⑤师古曰："与读曰欤。"

⑥师古曰："挢，正也。章，表也。挢与矫同，其字从手也。"

群臣皆免冠谢。郎中成轸谓旦曰："大王失职，独可起而索；不可坐而得也。①大王壹起，国中虽女子皆奋臂随大王。"旦曰："前高后时，伪立子弘为皇帝，诸侯交手事之八年。②吕太后崩，大臣诛诸吕，迎立文帝，天下乃知非孝惠子也。我亲武帝长子，反不得立，上书请立庙，又不听。立者疑非刘氏。"

①师古曰："失职，谓当为汉嗣而不被用也。索，求也。"

②师古曰："交手，谓拱手也。"

即与刘泽谋为奸书，言少帝非武帝子，大臣所共立，天下宜共伐之。使人传行郡国，以摇动百姓。泽谋归发兵临淄，与燕王俱起。旦遂招来郡国奸人，赋敛铜铁作甲兵，数阅其车骑材官卒，建旌旗鼓车，旄头先驱，①郎中侍从者著貂羽，黄金附蝉，②皆号侍中。旦从相、中尉以下，勒车骑，发民会围，大猎文安县，以讲士马，须期日。③郎中韩义等数谏旦，旦杀义等凡十五人。会缾侯刘成知泽等谋，④告之青州刺史隽不疑，不疑收捕泽以闻。天子遣大鸿胪丞治，连引燕王。有诏弗治，而刘泽等皆伏诛。益封缾侯。

① 师古曰："殴与驱同。"

② 晋灼曰："以翠羽饰冠也。"师古曰："貂羽，以貂尾为冠之羽也。附蝉，（谓）〔为〕金蝉以附冠前也。[11]凡此旄头先驱，皆天子之制。而貂羽附蝉，又天子侍中之饰，王僭为之。"

③ 师古曰："讲，习也。须，待也。"

④ 师古曰："缾侯，菑川靖王子也。缾音步丁反。"

久之，旦姊鄂邑盖长公主、①左将军上官桀父子与霍光争权有隙，皆知旦怨光，即私与燕交通。旦遣孙纵之等前后十馀辈，多赍金宝走马，②赂遗盖主。上官桀及御史大夫桑弘羊等皆与交通，数记疏光过失与旦，令上书告之。桀欲从中下其章。③旦闻之，喜，上疏曰："昔秦据南面之位，制一世之命，威服四夷，轻弱骨肉，显重异族，废道任刑，无恩宗室。其后尉佗入南夷，陈涉呼楚泽，④近狎作乱，内外俱发，⑤赵氏无炊火焉。⑥高皇帝览踪迹，观得失，见秦建本非是，故改其路，规土连城，布王子孙，⑦是以支叶扶疏，异姓不得间也。⑧今陛下承明继成，⑨委任公卿，群臣连与成朋，非毁宗室，⑩肤受之诉，日骋于廷，恶吏废法立威，主恩不及下究。⑪臣闻武帝使中郎将苏武使匈奴，见留二十年不降，还亶为典属国。⑫今大将军长史敞无劳，为搜粟都尉。⑬又将军都郎羽林，⑭道上移跸，⑮太官先置。⑯臣旦愿归符玺，入宿卫，察奸臣之变。"

2390

①张晏曰："食邑鄂，盖侯王信妻也。"师古曰："为盖侯妻是也，非王信。信者，武帝之舅耳，不取鄂邑主为妻，当是信子顷侯充耳。"

②师古曰："走马，马之善走者。"

③师古曰："下音胡稼反。"

④师古曰："呼音火故反。"

⑤师古曰："狎，习也。近习之人，谓赵高也。"

⑥韦昭曰："赵，秦之别氏。"师古曰："无炊火，言绝祀也。"

⑦师古曰："规，画也。"

⑧师古曰："间音工苋反。"

⑨师古曰："承圣明之后，继已成之业。"

⑩师古曰："与谓党与也。"

⑪师古曰："究，竟也。言不终竟于下。"

⑫师古曰："亶音但。"

⑬师古曰："杨敞也。"

⑭张晏曰："都试郎、羽林也。"师古曰："都，大也，谓大会试之。汉光禄挈令'诸当试者，不会都所，免之'。"

⑮如淳曰："移犹传也。"

⑯师古曰："昭纪云'诈令人为燕王旦上书'，又云上曰'朕知此书诈也。将军都郎属耳，燕王何以得知之？'而此传乃云旦自上疏，此下又云帝觉有诈，遂亲信光，参错不同，疑此传为误。"

是时昭帝年十四，觉其有诈，遂亲信霍光，而疏上官桀等。桀等因谋共杀光，废帝，迎立燕王为天子。旦置驿书，往来相报，许立桀为王，外连郡国豪桀以千数。旦以语相平，平曰："大王前与刘泽结谋，事未成而发觉者，以刘泽素夸，好侵陵也。平闻左将军素轻易，车骑将军少而骄，臣恐其如刘泽时不能成，又恐既成，反大王也。"旦曰：
"前日一男子诣阙，自谓故太子，长安中民趣乡之，①正讙
不可止，②大将军恐，出兵陈之，以自备耳。我帝长子，天
下所信，何忧见反？"后谓群臣："盖主报言，独患大将军
与右将军王莽。③今右将军物故，④丞相病，幸事必成，征不
久。"令群臣皆装。

①师古曰："乡读曰向。"

②师古曰："人众既多，故讙讙也。"

③张晏曰："天水人也，字稚叔。"

④师古曰："谓死也。"

是时天雨，虹下属宫中①饮井水，（水泉）〔井水〕竭。[12]厕
中豕群出，坏大官灶。②乌鹊斗死。鼠舞殿端门中。③殿上户自
闭，不可开。天火烧城门。大风坏宫城楼，折拔树木。流星下
堕。后姬以下皆恐。王惊病，使人祠葭水、台水。④王客吕广等
知星，为王言"当有兵围城，期在九月十月，汉当有大臣戮死
者。"语具在五行志。

①师古曰："属犹注也，音之欲反。"

②师古曰："厕，养豕圂也。圂音胡困反。"

③师古曰："端门，正门也。"

④晋灼曰："地理志葭水在广平南和，台水在雁门。"师古曰："葭音
家。台音怡。"

王愈忧恐，谓广等曰："谋事不成，妖祥数见，兵气且至，
奈何？"会盖主舍人父燕仓知其谋，告之，由是发觉。丞相赐玺
书，部中二千石逐捕孙纵之及左将军桀等，皆伏诛。旦闻之，召

相<u>平</u>曰："事败，遂发兵乎？"平曰："左将军已死，百姓皆知之，不可发也。"王忧懑，①置酒万载宫，会宾客群臣妃妾坐饮。王自歌曰："归空城兮，狗不吠，鸡不鸣，横术何广广兮，固知国中之无人！"②<u>华容夫人</u>起舞曰："发纷纷兮寶渠，③骨籍籍兮亡居。④母求死子兮，妻求死夫。裴回两渠间兮，君子独安居！"⑤坐者皆泣。

> ①师古曰："懑音满，又音闷，解在<u>司马迁</u>传。"
>
> ②苏林曰："广音旷。"臣瓒曰；"术，道路也。"师古曰："广读如本字。此歌意，言身死之后，国当空也。"
>
> ③孟康曰："寶音纍。发历纍挂岸也。"臣瓒曰："寶塞沟渠。"师古曰："瓒说是也。寶音徒（一）〔千〕反。"〔13〕
>
> ④师古曰："籍籍，从横貌也。居，处也。"
>
> ⑤师古曰："置酒之宫，池沼所在，其间有渠，故即其所见以为歌辞也。"

有赦令到，王读之，曰："嗟乎！独赦吏民，不赦我。"因迎后姬诸夫人之<u>明光殿</u>，王曰："老<u>房</u><u>曹</u>为事当族！"①欲自杀。左右曰："党得削国，②幸不死。"后（妃）〔姬〕夫人共啼泣止王。〔14〕会天子使使者赐<u>燕王</u>玺书曰："昔<u>高皇帝</u>王天下，建立子弟以藩屏社稷。先日诸<u>吕</u>阴谋大逆，<u>刘氏</u>不绝若发，赖<u>绛侯</u>等诛讨贼乱，尊立<u>孝文</u>，以安宗庙，非以中外有人，表里相应故邪？<u>樊</u>、<u>郦</u>、<u>曹</u>、<u>灌</u>，携剑推锋，③从<u>高</u>〔<u>皇</u>〕帝垦葘除害，〔15〕耘钼海内，④〔当此之时，头如蓬葆〕，⑤〔16〕勤苦至矣，然其赏不过（诸）〔封〕侯。〔17〕今宗室子孙曾无暴衣露冠之劳，裂地而王之，分财而赐之，父死子继，兄终弟及。今王骨肉至亲，敌吾一体，⑥乃与他姓异族谋害社稷，亲其所疏，疏其所亲，有逆悖之心，无忠爱之义。如使古人有知，当何面目复（举）〔奉〕齐酎见高祖之庙乎！"⑦〔18〕

①师古曰："曹，辈也。"

②师古曰："党音他朗反。"

③师古曰："樊哙、郦商、曹参、灌婴等。"

④师古曰："菑，古灾字。"

⑤服虔曰：〔19〕〔"头久不理，如蓬草羽葆也。"师古曰："草丛生曰葆，音保。"〕

⑥师古曰："言若四肢之一也。"

⑦师古曰："古人谓先人。"

旦得书，以符玺属医工长，①谢相二千石："奉事不谨，死矣。"即以绶自绞。后夫人随旦自杀者二十馀人。天子加恩，赦王太子建为庶人，赐旦谥曰刺王。旦立三十八年而诛，国除。

①师古曰："属，委也。医工长，王官之〔主〕医者也。〔20〕属音之欲反。"

后六年，宣帝即位，封旦两子，庆为新昌侯，贤为（定安）〔安定〕侯，〔21〕又立故太子建，是为广阳顷王，二十九年薨。子穆王舜嗣，二十一年薨。子思王璜嗣，二十年薨。子嘉嗣。王莽时，皆废汉藩王为家人，嘉独以献符命封扶美侯，赐姓王氏。

广陵厉王胥赐策曰："呜呼！小子胥，受兹赤社，建尔国家，封于南土，世世为汉藩辅。古人有言曰：'大江之南，五

2394

湖之间，其人轻心。扬州保强，①三代要服，不及以正。'②鸣呼！悉尔心，祇祇兢兢，乃惠乃顺，③毋桐好逸，毋迩宵人，④惟法惟则！⑤书云'臣不作福，不作威'，⑥靡有后羞。王其戒之！"⑦

①李奇曰："保，恃也。"

②师古曰："要服，次荒服之内者也。正，政也。要音一遥反。"

③师古曰："祇祇，敬也。兢兢，慎也。言当慈惠于下，忠顺于上也。"

④应劭曰："无好逸游之事，迩近小人也。"张晏曰："桐音同。"师古曰："桐音通。桐，轻脱之貌也。"

⑤师古曰："言当依法则。"

⑥师古曰："周书洪范云'臣无有作威作福也'。"

⑦师古曰："言宜戒慎，勿令后有羞辱之事也。"

胥壮大，好倡乐逸游，力扛鼎，①空手搏熊彘猛兽。动作无法度，故终不得为汉嗣。

①师古曰："扛，举也，音江。"

昭帝初立，益封胥万三千户，元凤中入朝，复益万户，赐钱二千万，黄金二千斤，安车驷马宝剑。及宣帝即位，封胥四子圣、曾、宝、昌皆为列侯，又立胥小子弘为高密王。所以褒赏甚厚。

始，昭帝时，胥见上年少无子，有觊欲心，①而楚地巫鬼，②胥迎女巫李女须，使下神祝诅。③女须泣曰："孝武帝下我。"左右皆（服）〔伏〕。④[22]言"吾必令胥为天子。"胥多赐女须钱，使祷巫山。⑤会昭帝崩，胥曰："女须良巫也！"杀牛塞祷。⑥及昌邑王征，复使巫祝诅之。后王废，胥寖信女须等，⑦数赐予钱物。

宣帝即位，胥曰："太子孙何以反得立？"复令女须祝诅如前。又胥女为楚王延寿后弟妇，数相馈遗，通私书。⑧后延寿坐谋反诛，辞连及胥。有诏勿治，赐胥黄金前后五千斤，它器物甚众。胥又闻汉立太子，谓姬南等曰："我终不得立矣。"乃止不诅。后胥子南利侯宝坐杀人夺爵，还归广陵，与胥姬左修奸。事发觉，系狱，弃市。相胜之奏夺王射陂草田以赋贫民，⑨奏可。胥复使巫祝诅如前。

①师古曰："觊音冀。"

②师古曰："言其土俗尊尚巫鬼之事。"

③师古曰："女须者，巫之名也。"

④师古曰："见女须云武帝神下，故伏而听之。"

⑤师古曰："即楚地之巫山也。"

⑥师古曰："以为因祷祝诅而崩也。塞音先代反。"

⑦师古曰："寖，古浸字也。寖，渐也，益也。"

⑧师古曰："馈亦馈字。"

⑨张晏曰："射水之陂，在射阳县。"

胥宫园中枣树生十馀茎，茎正赤，叶白如素。池水变赤，鱼死。有鼠昼立舞王后廷中。胥谓姬南等曰："枣水鱼鼠之怪甚可恶也。"居数月，祝诅事发觉，有司按验，胥惶恐，药杀巫及宫人二十馀人以绝口。公卿请诛胥，天子遣廷尉、大鸿胪即讯。①胥谢曰："罪死有馀，诚皆有之。②事久远，请归思念具对。"胥既见使者还，置酒显阳殿，召太子霸及子女董訾、胡生等夜饮，③使所幸八子郭昭君、家人子赵左君等鼓瑟歌舞。④王自歌曰："欲久生兮无终，长不乐兮安穷！⑤奉天期兮不得须臾，⑥千里马兮驻待路。⑦黄泉下兮幽深，人生要死，何为苦心！⑧何用为乐心所喜，出入无惊为乐亟。⑨蒿里召兮郭门阅，⑩死不得取代庸，身自逝。"⑪左右悉更涕泣奏酒，⑫至鸡鸣时罢。胥谓太子霸曰："上遇我厚，今负之甚。我死，骸骨当暴。幸而得葬，薄之，无厚也。"即以绶自绞死。及八子郭昭君等二人皆自杀。天子加恩，赦王诸子皆为庶人，赐谥曰厉王。立六十四年而诛，国除。

①师古曰："就问也。"

②师古曰："诚，实也。"

③师古曰："董訾、胡生，皆女名。"

④师古曰："八子，姬妾之秩号也。家人子，无官秩者也。"

⑤师古曰："人所以欲久生者，贵其安豫无有终极，而我在生，长不欢乐，焉用穷尽年寿也。"

⑥张晏曰："奉天子期，当死，不得复延年。"

⑦张晏曰："二卿亭驿待以答诏命。"

⑧师古曰："言人生必当有死，无假劳心怀悲戚。"

⑨韦昭曰："惊亦乐也，音裁宗反。亟，数，亦疾也，谓不久也。言人生以何为乐，但以心志所喜好耳。今我出入皆无欢怡，不得久长也。喜音许吏反。亟音邱吏反。"

⑩师古曰："蒿里，死人里。"

⑪师古曰："言死当自去，不如他徭役得顾庸自代也。逝，合韵音上列反。"

⑫师古曰："更，互也。奏，进也。更音工衡反。"

后七年，元帝复立胥太子霸，是为孝王，十三年薨。子共王意嗣，①三年薨。子哀王护嗣：十六年薨，无子，绝。后六年，成帝复立孝王子守，是为靖王，立二十年薨。子宏嗣，王莽时绝。

①师古曰:"共读曰恭。"

初,<u>高密哀王弘</u>本始元年以<u>广陵王胥</u>少子立,九年薨。子<u>顷王章</u>嗣,三十三年薨。子<u>怀王宽</u>嗣,十一年薨。子<u>慎</u>嗣,<u>王莽</u>时绝。

<u>昌邑哀王髆</u>天汉四年立,十一年薨,子<u>贺</u>嗣。立十三年,<u>昭帝</u>崩,无嗣,大将军<u>霍光</u>征王<u>贺</u>典丧。①玺书曰:"制诏<u>昌邑王</u>:②使行大鸿胪事少府<u>乐成</u>、③宗正<u>德</u>、光禄大夫<u>吉</u>、④中郎将<u>利汉</u>⑤征王,乘七乘传诣<u>长安</u>邸。"夜漏未尽一刻,以火发书。其日中,<u>贺</u>发,晡时至<u>定陶</u>,行百三十五里,侍从者马死相望于道。郎中令<u>龚遂</u>谏王,令还郎谒者五十馀人。<u>贺</u>到<u>济阳</u>,求长鸣鸡,⑥道买积竹杖。⑦过<u>弘农</u>,使大奴<u>善</u>以衣车载女子。⑧至<u>湖</u>,⑨使者以让相<u>安乐</u>。⑩<u>安乐</u>告<u>遂</u>,<u>遂</u>入问<u>贺</u>,<u>贺</u>曰:"无有。"<u>遂</u>曰:"即无有,何爱一<u>善</u>以毁行义!请收属吏,⑪以湔洒大王。"⑫即捽<u>善</u>,属卫士长行法。⑬

①师古曰:"(今)〔令〕为丧主。"〔23〕

②师古曰:"太后玺书。"

③师古曰:"史乐成。"

④师古曰:"丙吉也。"

⑤师古曰:"不知姓。"

⑥师古曰:"鸣声长者也。"

⑦文颖曰:"合竹作杖也。"

⑧师古曰:"凡言大奴者,谓奴之尤长大者也。"

⑨师古曰:"即湖县。"

⑩张晏曰："使者，长安使人也。"师古曰："让，责也。"

⑪师古曰："以善付吏也。属音之欲反。其下亦同。"

⑫师古曰："湔，浣也。洒，濯也。湔音子颠反。洒音先礼反。"

⑬师古曰："捽，持头也。卫士长，主卫之官。捽音材兀反。"

　　贺到霸上，大鸿胪郊迎，驸奉乘舆车。王使仆寿成御，郎中令遂参乘。且至广明东都门，遂曰："礼，奔丧望见国都哭。此长安东郭门也。"贺曰："我嗌痛，不能哭。"①至城门，遂复言，贺曰："城门与郭门等耳。"且至未央宫东阙，遂曰："昌邑帐在是阙外驰道北，②未至帐所，有南北行道，马足未至数步，大王宜下车，乡阙西面伏，哭尽哀止。"③王曰："诺。"到，哭如仪。

①师古曰："嗌，喉咽也，音益。"

②文颖曰："吊哭帐也。"师古曰："是谓此。"

③师古曰："乡读曰向。"

　　王受皇帝玺绶，袭尊号。即位二十七日，行淫乱。大将军光与群臣议，白孝昭皇后，废贺归故国，赐汤沐邑二千户，故王家财物皆与贺。及哀王女四人各赐汤沐邑千户。语在霍光传。国除，为山阳郡。

　　初贺在国时，数有怪。尝见白犬，高三尺，无头，其颈以下似人，而冠方山冠。后见熊，左右皆莫见。又大鸟飞集宫中。王知，恶之，辄以问郎中令遂。遂为言其故，语在五行志。王印天叹曰："不祥何为数来！"①遂叩头曰："臣不敢隐忠，数言危亡之戒，大王不说。②夫国之存亡，岂在臣言哉？愿王内自揆度。③大王诵诗三百五篇，人事浃，王道备，④王之所行中诗一篇何等也？⑤大王位为诸侯王，行污于庶人，⑥以存难，以亡易，宜深察之。”后又血污王坐席，王问遂，遂叫然号曰：“宫空不久，祅祥数至。血者，阴忧象也。宜畏慎自省。”贺终不改节。居无何，征。既即位，后王梦青蝇之矢积西阶东，可五六石，以屋版瓦覆，⑦发视之，青蝇矢也。以问遂，遂曰：“陛下之诗不云乎？⑧‘营营青蝇，至于藩；恺悌君子，毋信谗言。’⑨陛下左侧谗人众多，如是青蝇恶矣。⑩宜进先帝大臣子孙亲近以为左右。如不忍昌邑故人，⑪信用谗谀，必有凶咎。愿诡祸为福，皆放逐之。⑫臣当先逐矣。”贺不用其言，卒至于废。

①师古曰：“卬读曰仰。”

②师古曰：“说读曰悦。”

③师古曰：“度音徒各反。”

④师古曰：“浃，彻也，音子牒反。”

⑤师古曰：“言王所行，皆不合法度。王自谓当于何诗之文也。中音竹仲反。”

⑥师古曰：“污，浊秽。”

⑦师古曰：“版瓦，大瓦也。”

⑧苏林曰：“犹言陛下所读之诗也。”

⑨师古曰：“已解于上。”

⑩师古曰：“恶即矢也。越王句践为吴王尝恶，亦其义也。”

⑪师古曰：“如，若也。不忍谓不能疏远也。”

⑫师古曰：“诡犹反。”

大将军光更尊立武帝曾孙，是为孝宣帝。即位，心内忌贺，元康二年遣使者赐山阳太守张敞玺书曰：“制诏山阳太守：其谨备盗贼，察往来过客。毋下所赐书！"①敞于是条奏贺居处，著其废亡之效，②曰："臣敞地节三年五月视事，故昌邑王居故宫，奴婢在中者百八十三人，闭大门，开小门，廉吏一人为领钱物市买，朝内食物，③它不得出入。④督盗一人别主徼循，察往来者。以王家钱取卒，迥宫清中备盗贼。⑤臣敞数遣丞吏行察。⑥四年九月中，臣敞入视居处状，故王年二十六七，为人青黑色，小目，鼻末锐卑，少须眉，身体长大，疾痿，行步不便。⑦衣短衣大绔，冠惠文冠，⑧佩玉环，簪笔持牍趋谒。⑨臣敞与坐语中庭，阅妻子奴婢。臣敞欲动观其意，即以恶鸟感之，曰：'昌邑多枭。'故王应曰：'然。前贺西至长安，殊无枭。复来，东至济阳，乃复闻枭声。'臣敞阅至子女持辔，⑩故王跪曰：'持辔母，严长孙女也。'臣敞故知执金吾严延年字长孙，女罗紨，⑪前为故王妻。察故王衣服言语跪起，清狂不惠。⑫妻十六人，子二十二人，其十一人男，十一人女。昧死奏名籍及奴婢财物簿。臣敞前书言：'昌邑哀王歌舞者张修等十人，无子，又非姬，但良人，无官名，王薨当罢归。太傅豹等擅留，以为哀王园中人，所不当得为，⑬请罢归。'故王闻之曰：'中人守园，疾者当勿治，相杀伤者当勿法，欲令亟死，太守奈何而欲罢之？'⑭其天资喜由乱亡，终不见仁义如此。⑮后丞相御史以臣敞书闻，奏可。皆以遣。"上由此知贺不足忌。

①师古曰："密令警察，不欲宣露也。"

②师古曰："著，明也。"

③师古曰："每旦一内之。"

④师古曰：“食物之外皆不得妄有出入。”

⑤李奇曰：“迥，遮也。”邓展曰：“令其宫中清靖，不得妄有异人也。”

师古曰：“以王家钱顾人为卒也。”

⑥师古曰：“行音下更反。”

⑦师古曰：“痿，风痹疾也，音人佳反。”

⑧苏林曰：“治狱法冠也。”孟康曰：“今侍中所著也。”服虔曰：“武冠也，或曰赵惠文王所服，故曰惠文。”晋灼曰：“柱后惠文，法冠也。但言惠文，侍中冠。孟说是也。”

⑨师古曰：“簪笔，插笔于首也。牍，木简也。”

⑩师古曰：“贺之子女名持辔。”

⑪师古曰：“罗绀，其名也。绀音数。”

⑫苏林曰：“凡狂者，阴阳脉尽浊。今此人不狂似狂者，故言清狂也。或曰，色理清徐而心不慧曰清狂。清狂，如今白痴也。”

⑬师古曰：“于法不当然。”

⑭师古曰：“亟，急也，音居力反。”

⑮师古曰：“喜，好也。由，从也。喜音许吏反。”

其明年春，乃下诏曰：“盖闻象有罪，舜封之，骨肉之亲，析而不殊。①其封故昌邑王贺为海昏侯，食邑四千户。”②侍中卫尉金安上上书言：“贺天之所弃，陛下至仁，复封为列侯。贺嚚顽放废之人，不宜得奉宗庙朝聘之礼。”奏可。贺就国豫章。

①师古曰：“析，分也。殊，绝也。”

②师古曰：“海昏，豫章之县。”

数年，扬州刺史柯奏贺①与故太守卒史孙万世交通，万世问贺：“前见废时，何不坚守毋出宫，斩大将军，而听人夺玺绶乎?"贺曰:"然。失之。"万世又以贺且王豫章,不久为列侯。贺曰:"且然,②非所宜言。"有司案验,请逮捕。制曰:"削户三千。"后薨。

①师古曰:"柯者,刺史之名也。"

②师古曰:"谓亦将如此。"

豫章太守廖奏言:"舜封象于有鼻,①死不为置后,以为暴乱之人不宜为太祖。②海昏侯贺死,上当为后者子充国;③充国死,复上弟奉亲;奉亲复死,是天绝之也。陛下圣仁,于贺甚厚,虽舜于象无以加也。宜以礼绝贺,以奉天意。愿下有司议。"议皆以为不宜为立嗣,国除。

①师古曰:"廖,太守名也。有鼻在零陵,今鼻亭是也。廖音聊。"

②师古曰:"谓一国之始祖。"

③师古曰:"上谓由上其名于有司。"

元帝即位,复封贺子代宗为海昏侯,传子至孙,今见为〔侯〕。[24]

赞曰:巫蛊之祸,岂不哀哉!此不唯一江充之辜,亦有天时,非人力所致焉。建元六年,蚩尤之旗见,其长竟天。后遂命将出征,略取河南,建置朔方。其春,戾太子生。自是之后,师行三十年,兵所诛屠夷灭死者不可胜数。及巫蛊事起,京师流血,僵尸数万,①太子子父皆败。故太子生长于兵,与之终始,何独一檗臣哉!秦始皇即位三十九年,内平六国,外攘四夷,死人如乱麻,暴骨长城之下,头卢相属于道,②不一日而无兵。由是山东之难兴,四方溃而逆秦。秦将吏外畔，贼臣内发，乱作萧墙，祸成二世。③故曰‘兵犹火也，弗戢必自焚”，④信矣。是以仓颉作书，“止”“戈”为“武”。⑤圣人以武禁暴整乱，止息干戈，非以为残而兴纵之也。易曰：“天之所助者顺也，人之所助者信也；君子履信思顺，自天祐之，吉无不利也。”⑥故车千秋指明蛊情，章太子之冤。千秋材知未必能过人也，以其销恶运，遏乱原，⑦因衰激极，道迎善气，⑧传得天人之祐助云。⑨

①师古曰：“僵，偃也，音居羊反。”

②师古曰：“卢，额骨也。属，连也，音之欲反。”

③师古曰：“萧墙谓屏墙也，解在五行志。”

④师古曰：“左传隐四年卫有州吁之乱，公问于众仲曰：‘州吁其成乎？’对曰：‘兵犹火也，不戢将自焚也。’言兵不可妄动，久而不戢，则自焚烧。戢，敛也。”

⑤师古曰：“武字从止，从戈，所谓会意。”

⑥师古曰：“易上系辞也。”

⑦师古曰：“遏，止也，音一曷反。”

⑧师古曰：“激去至极之灾，引致福善之气也。道读曰导。”

⑨师古曰：“传，引也。”

【校勘记】

〔1〕按道侯说疑使者有（诏）〔诈〕，不肯受诏，　钱大昭说“诏”当作“诈”。按景祐、殿本都作“诈”。

〔2〕父子不和则室家（散）〔丧〕亡，　景祐、殿本都作“丧”。

〔3〕（令）〔今〕皇太子为汉適嗣，　钱大昭说“令”当作“今”。按景祐、殿、局本都作“今”。

〔4〕（师古）〔孟康〕曰：　景祐、殿本都作“孟康”，此误。

〔5〕 卫（侯）〔后〕、史良娣葬长安城南。 钱大昭说“侯”当作“后”。按景祐、殿、局本都作“后”。

〔6〕 帝初即位，（帝）〔下〕诏曰： 景祐、殿本都作“下”。王先谦说作“下”是。

〔7〕 愚以为亲谥宜曰悼（皇），母曰悼后。 王念孙说景祐本无“皇”字是。

〔8〕 （师古）〔孟康〕曰：“阁，古闒字，从门中昬。建安中正作（闻）阁。”景祐、殿本“师古”作“孟康”，“闻”作“阁”，此误。

〔9〕 信执中和之（得）〔德〕，景祐、殿本都作“德”，此误。

〔10〕 王孺见执金吾广（义）意， 景祐、殿本都作“广意”，注同。按下文作“广意”。

〔11〕 （谓）〔为〕金蝉以附冠前也。 景祐、殿本都作“为”。

〔12〕 饮井水，（水泉）〔井水〕竭。 景祐本作“井水”。王念孙说景祐本是。

〔13〕 窴音徒（一）〔千〕反。 景祐、殿本都作“千”。王先谦说作“千”是。

〔14〕 后（妃）〔姬〕夫人共啼泣止王。 景祐、汲古、殿、局本都作“姬”，此误。

〔15〕 从高〔皇〕帝垦菑除害， 景祐、殿本都有“皇”字。

〔16〕 〔当此之时，头如蓬葆〕， 景祐、殿本有此八字，此脱。

〔17〕 然其赏不过（诸）〔封〕侯。 景祐、殿本都作“封”。王先谦说作“封”是。

〔18〕 当何面目复（举）〔奉〕齐酎见高祖之庙乎！ 景祐、殿本都作“奉”。王先谦说作“奉”是。

〔19〕 〔服虔曰〕： 宋祁说，浙本注文“头”字上有此三字。又此注二十字，景祐、殿本有，此脱。

〔20〕 王官之〔主〕医者也。 景祐、殿本都有“主”字。王先谦说

有"主"字是。

〔21〕　贤为 (定安)〔安定〕侯，　景祐、殿本都作"安定"。王先谦
　　　　说作"安定"是。

〔22〕　左右皆 (服)〔伏〕。　景祐、殿本都作"伏"。

〔23〕　(今)〔令〕为丧主。　景祐、殿本都作"令"，此误。

〔24〕　今见为〔侯〕。　景祐、殿本都有"侯"字。

汉 书 卷 六 十 四 上

严朱吾丘主父徐严终王贾传第三十四上

师古曰:"分严安以后为下卷。"

严助,会稽吴人,严夫子子也,①或言族家子也。②郡举贤良,对策百馀人,武帝善助对,繇是独擢助为中大夫。后得朱买臣、吾丘寿王、司马相如、主父偃、徐乐、严安、东方朔、枚皋、胶仓、终军、严葱奇等,并在左右。是时征伐四夷,开置边郡,军旅数发,内改制度,朝廷多事,娄举贤良文学之士。③公孙弘起徒步,数年至丞相,开东阁,延贤人与谋议,朝觐奏事,因言国家便宜。上令助等与大臣辩论,中外相应以义理之文,④大臣数诎。⑤其尤亲幸者,东方朔、枚皋、严助、吾丘寿王、司马相如。相如常称疾避事。朔、皋不根持论,上颇俳优畜之。⑥唯助与寿王见任用,而助最先进。

①张晏曰:"夫子,严忌也。"

②师古曰："亦云夫子之族子也。"

③师古曰："娄，古屡字。"

④师古曰："中谓天子之宾客，若严助之辈也。外谓公卿大夫也。"

⑤师古曰："谓计议不如助等，每诎服也，音丘勿反。"

⑥师古曰："论议委随，不能持正，如树木之无根柢也。"

建元三年，闽越举兵围东瓯，东瓯告急于汉。时武帝年未二十，以问太尉田蚡。蚡以为越人相攻击，其常事，又数反覆，不足烦中国往救也，自秦时弃不属。①于是助诘蚡曰："特患力不能救，德不能覆，诚能，何故弃之？且秦举咸阳而弃之，何但越也！②今小国以穷困来告急，天子不振，尚安所诉，③又何以子万国乎？"④上曰："太尉不足与计。吾新即位，不欲出虎符发兵郡国。"乃遣助以节发兵会稽。会稽守欲距法，不为发。⑤助乃斩一司马，谕意指，⑥遂发兵浮海救东瓯。未至，闽越引兵罢。

①师古曰："言不臣属于中华。"

②师古曰："举，总也。言总天下乃至京师皆弃也。"

③师古曰："振，举也，起也。安，焉也。"

④师古曰："子谓畜为臣子也。"

⑤师古曰："以法距之，为无符验也。"

⑥师古曰："以天子意指晓告之。"

后三岁，闽越复兴兵击南越。南越守天子约，不敢擅发兵，而上书以闻。上多其义，①大为发兴，遣两将军将兵诛闽越。淮南王安上书谏曰：

①师古曰："多犹重也。"

陛下临天下，布德施惠，缓刑罚，薄赋敛，哀鳏寡，恤孤独，养耆老，振匮乏，盛德上隆，和泽下洽，近者亲附，远者怀德，天下摄然，①人安其生，自以〔没〕身不见兵革。[1]今闻有司举兵将以诛越，臣安窃为陛下重之。②越，方外之地，劗发文身之民也。③不可以冠带之国法度理也。自三代之盛，胡越不与受正朔，④非强弗能服，威弗能制也，以为不居之地，不牧之民，不足以烦中国也。⑤故古者封内甸服，⑥封外侯服，⑦侯卫宾服，⑧蛮夷要服，⑨戎狄荒服，⑩远近势异也。自汉初定已来七十二年，吴越人相攻击者不可胜数，然天子未尝举兵而入其地也。

①孟康曰："摄，安也，音奴协反。"

②师古曰："重，难也。"

③晋灼曰："淮南云'越人劗发'，张揖以为古翦字也。"师古曰："劗与翦同，（晋）〔张〕说是也。"[2]

④师古曰："与读曰豫。"

⑤师古曰："地不可居，而民不可牧养也。"

⑥师古曰："封内谓封圻千里之内也。甸服，主治王田以供祭祀也。"

⑦师古曰："封外，千里之外也。侯，候也，为王者斥候。"

⑧服虔曰："侯服之外，又有卫服。宾，宾见于王也。侯卫二服同为宾也。"

⑨师古曰："又在侯卫之外而居九州之（地）〔内〕也。[3]要，言以文德要来之耳，音一遥反。"

⑩师古曰："此在九州之外者也。荒，言其荒忽绝远，来去无常也。"

　　臣闻越非有城郭邑里也，处谿谷之间，篁竹之中，①习于水斗，便于用舟，地深昧而多水险，②中国之人不知其势阻而入其地，虽百不当其一。得其地，不可郡县也；攻之，不可暴取也。以地图察其山川要塞，相去不过寸数，而间独数百千里，③阻险林丛弗能尽著。④视之若易，行之甚难。天下赖宗庙之灵，方内大宁，戴白之老不见兵革，⑤民得夫妇相守，父子相保，陛下之德也。越人名为藩臣，贡酎之奉，不输大内，⑥一卒之用不给上事。⑦自相攻击而陛下发兵救之，是反以中国而劳蛮夷也。⑧且越人愚戆轻薄，负约反覆，其不（可）用天子之法度，[4]非一日之积也。⑨壹不奉诏，举兵诛之，臣恐后兵革无时得息也。

①服虔曰："竹丛也。音皇。"师古曰："竹田曰篁。"

②师古曰："昧，暗也。言多草木。"

③师古曰："间，中间也。或八九百里，或千里也。"

④师古曰："不可尽载于图也。著音竹助反。"

⑤师古曰："戴白，言白发在首。"

⑥应劭曰："越国僻远，珍奇之贡，宗庙之祭皆不与也。大内，都内也，国家宝藏也。"师古曰："百官公卿表云治粟属官有都内令丞也。"

⑦师古曰："给，供也。"

⑧师古曰："疲劳中国之人于蛮夷之地。"

⑨师古曰："积，久也。"

间者，数年岁比不登，民待卖爵赘子以接衣食，①赖陛下德泽振救之，得毋转死沟壑。四年不登，五年复蝗，民生未复。②今发兵行数千里，资衣粮，入越地，③舆轿而隃领，④拕舟而入水，⑤行数百千里，夹以深林丛竹，水道上下击石，⑥林中多蝮蛇猛兽，⑦夏月暑时，欧泄霍乱之病相随属也，⑧曾未施兵接刃，死伤者必众矣。前时南海王反，陛下先臣使将军间忌将兵击之，⑨以其军降，处之上淦。⑩后复反，会天暑多雨，楼船卒水居击棹，⑪未战而疾死者过半。亲老涕泣，孤子嗁号，⑫破家散业，迎尸千里之外，裹骸骨而归。悲哀之气数年不息，长老至今以为记。曾未入其地而祸已至此矣。

①如淳曰："淮南俗卖子与人作奴婢，名为赘子，三年不能赎，遂为奴婢。"师古曰："赘，质也。一说，云赘子者，谓令子出就妇家为赘婿耳。赘婿解在贾谊传。"

②师古曰："生谓生业。复音（拱）〔扶〕目反。"[5]

③师古曰："资犹赍。"

④服虔曰："轿音桥梁，谓隘道舆车也。"臣瓒曰："今竹舆车也，江表作竹舆以行是也。"项昭曰："陵绝水曰轿，音旗庙反。领，山领也。不通船车，运转皆担舆也。"师古曰："服音、瓒说是也。项氏谬矣。此直言以轿过领耳，何云陵绝水乎！又旗庙之音无所依据。隃与逾同。"

⑤师古曰："挓，曳也，音它。"

⑥师古曰："谓船触石，难以行也。"

⑦师古曰："蝮，恶蛇也，音敷福反，解在田儋传。"

⑧师古曰："泄，吐也，音弋制反。属音之欲反。"

⑨文颖曰："先臣，淮南厉王长也。间忌，人姓名。"师古曰："淮南王传作简忌，此本作间，转写字误省耳。"

⑩苏林曰："淦音耿弇之弇。"师古曰："音工含反。"

⑪师古曰："言常居身中水上，而又有击棹行身之役，故多死也。棹音直孝反。"

⑫师古曰："嗁，古啼字。"

臣闻军旅之后，必有凶年，言民之各以其愁若之气，薄阴阳之和，感天地之精，①而灾气为之生也。陛下德配天地，明象日月，恩至禽兽，泽及草木，一人有饥寒不终其天年而死者，为之凄怆于心。今方内无狗吠之警，②而使陛下甲卒死亡，暴露中原，沾渍山谷，边境之民为之早闭晏开，③晨不及夕，④臣安窃为陛下重之。⑤

①师古曰："薄，迫也。"

②师古曰："方内，中国四方之内也。"

③师古曰："晏，晚也。言有兵难，故边城早闭而晚开也。"

④师古曰："晨，古朝字也。言忧危亡不自保也。"

⑤师古曰："重，难也。"

不习南方地形者，多以越为人众兵强，能难边城。①淮南全国之时，多为边吏，②臣窃闻之，与中国异。③限以高山，人迹所绝，车道不通，天地所以隔外内也。其入中国必下领水，领水之山峭峻，漂石破舟，④不可以大船载食粮下也。越人欲为变，必先田馀干界中，⑤积食粮，乃入伐材治船。边城守候诚谨，越人有入伐材者，辄收捕，焚其积聚，虽百越，奈边城何！且越人绵力薄材，⑥不能陆战，又无车骑弓弩之用，然而不可入者，以保地险，而中国之人不能其水土也。⑦臣闻越甲卒不下数十万，所以入之，五倍乃足，⑧輓车奉饟者，不在其中。⑨南方暑湿，近夏瘅热，⑩暴露水居，蝮蛇蛊生，⑪疾疠多作，兵未血刃而病死者什二三，虽举越国而虏之，不足以偿所亡。⑫

①服虔曰："为边城作难也。"

②师古曰："全国谓未分为三之时也。淮南人于边为吏，与越接境，故知其地形也。"

③师古曰："言其风土不同。"

④师古曰："言水流湍急，石为之漂转，触破舟船也。漂音匹遥反。"

⑤韦昭曰："越邑，今鄱阳县也。"

⑥孟康曰："绵音灭，薄力也。"师古曰："绵，弱也，言其柔弱如绵，读如本字。孟说非也。"

⑦师古曰："能，堪也。"

⑧师古曰："不下，言不减也。汉军多之五倍，然后可入其地也。"

⑨师古曰："輓，引也，音晚。儴亦饷字。"

⑩师古曰："瘅，黄病，音丁干反。"

⑪师古曰："蠚，毒也，音壑。"

⑫师古曰："举谓总取也。"

臣闻道路言，闽越王弟甲弑而杀之，①甲以诛死，其民未有所属。陛下若欲来内，处之中国，使重臣临存，②施德垂赏以招致之，此必携幼扶老以归圣德。若陛下无所用之，则继其绝世，存其亡国，建其王侯，以为畜越，③此必委质为藩臣，世共贡职。④陛下以方寸之印，丈二之组，填抚方外，⑤不劳一卒，不顿一戟，⑥而威德并行。今以兵入其地，此必震恐，以有司为欲屠灭之也，必雉兔逃入山林险阻。⑦背而去之，则复相群聚；留而守之，历岁经年，则士卒罢勌，食粮乏绝，⑧男子不得耕稼（种树）〔树种〕，[6]妇人不得纺绩织纴，⑨丁壮从军，老弱转饷，⑩居者无食，行者无粮。民苦兵事，亡逃者必众，随而诛之，不可胜尽，盗贼必起。

2413

①师古曰："甲者，闽王弟之名。"

②师古曰："存谓省问之。"

③李奇曰："如人畜养六畜也。"师古曰："直谓畜养之耳，非六畜也。"

④师古曰："共读曰供。"

⑤师古曰："组者，印之绶。"

⑥师古曰："顿，坏也。一曰顿读曰钝。"

⑦师古曰："如雉兔之逃窜而入山林险阻之中。"

⑧师古曰："罢读曰疲。勌亦倦字。"

⑨师古曰："树，植也。机缕曰纴。纴音人禁反。"

⑩师古曰："饷亦馈字。"

　　臣闻长老言，秦之时尝使尉屠睢击越，①又使监禄凿渠通道。②越人逃入深山林丛，不可得攻。留军屯守空地，旷日（持）〔引〕久，士卒劳倦，越（乃）出击之。[7]秦兵大破，乃发适戍以备之。③当此之时，外内骚动，百姓靡敝，④行者不还，往者（莫）〔莫〕反，[8]皆不聊生，亡逃相从，群为盗贼，于是山东之难始兴。此老子所谓"师之所处，荆棘生之"者也。⑤兵者凶事，一方有急，四面皆从。臣恐变故之生，奸邪之作，由此始也。周易曰："高宗伐鬼方，三年而克之。"⑥鬼方，小蛮夷；高宗，殷之盛天子也。以盛天子伐小蛮夷，三年而后克，言用兵之不可不重也。

2414

①张晏曰："郡都尉，姓屠名睢也。"

②张晏曰："监郡御史也，名禄。"

③师古曰："适读曰谪。"

④师古曰："靡，散也，音糜。"

⑤师古曰："老子道经之言也。师旅行，必杀伤士众，侵暴田亩，故致荒残而生荆棘也。"

⑥师古曰："既济九三爻辞。"

    臣闻天子之兵有征而无战，言莫敢（校）〔校〕也。①〔9〕如使越人蒙（死）徼幸以逆执事之颜行，②〔10〕厮舆之卒有一不备而归者，③虽得越王之首，臣犹窃为大汉羞之。陛下以四海为境，九州为家，八（蔬）〔薮〕为囿，江（海）〔汉〕为池，④〔11〕生民之属皆为臣妾。人徒之众足以奉千官之共，⑤租税之收足以给乘舆之御。玩心神明，秉执圣道，负黼依，⑥冯玉几，⑦南面而听断，号令天下，四海之内莫不向应。⑧陛下垂德惠以覆露之，⑨使元元之民安生乐业，则泽被万世，传之子孙，施之无穷。天下之安犹泰山而四维之也，⑩夷狄之地何足以为一日之闲，⑪而烦汗马之劳乎！诗云"王犹允塞，徐方既来"，⑫言王道甚大，而远方怀之也。臣闻之，农夫劳而君子养焉，⑬愚者言而智者择焉。臣安幸得为陛下守藩，以身为鄣蔽，人臣之任也。边境有警，爱身之死而不毕其愚，非忠臣也。⑭臣安窃恐将吏之以十万之师为一使之任也！⑮

①师古曰："（校）〔校〕，计也。不敢与计强弱曲直。"

②文颖曰："颜行犹雁行，在前行，故曰颜也。"师古曰："蒙，犯也。行音胡郎反。"

③张晏曰："厮，微；舆，众也。"师古曰："厮，析薪者。舆，主驾车者。此皆言贱役之人。"

④师古曰："八薮，谓鲁有大野，晋有大陆，秦有杨汗，宋有孟诸，楚有云梦，吴越之间有具区，齐有海隅，郑有圃田。"

⑤师古曰："千官犹百官也，多言之耳。共读曰供。"

⑥师古曰："负，背也。白与黑画为斧文，谓之黼也。依读曰扆。扆形

如屏风而曲之，画以黼文，张于户牖之间。"

⑦师古曰："冯读曰凭。"

⑧师古曰："向读曰响。"

⑨师古曰："露谓使之沾润泽也。或露或覆，言养育也。"

⑩师古曰："维谓联系之。"

⑪如淳曰："得其地物，不足为一日闲暇之虞也。"

⑫师古曰："大雅常武之诗。犹，道也。允，信也。塞，满也。既，尽也。言王道信充满于天下，则徐方淮夷尽来服也。"

⑬师古曰："言农夫勤力于耕稼，所得五谷以养君子也。"

⑭师古曰："毕，尽也，尽言其意也。"

⑮师古曰："言汉发一使镇抚之，则越人宾服，不烦兵往。"

是时，汉兵遂出，〔未〕逾领，[12]适会闽越王弟馀善杀王以降。汉兵罢。上嘉淮南之意，美将卒之功，乃令严助谕意风指于南越。①南越王顿首曰："天子乃幸兴兵诛闽越，死无以报！"即遣太子随助入侍。

①师古曰："风读曰讽，以天子之意指讽告也。"

助还，又谕淮南曰："皇帝问淮南王：使中大夫玉上书言事，闻之。朕奉先帝之休德，夙兴夜（昧）〔寐〕，[13]明不能烛，①重以不德，②是以比年凶菑害众。③夫以眇眇之身，托于王侯之上，内有饥寒之民，南夷相攘，④使边骚然不安，朕甚惧焉。今王深惟重虑，⑤明太平以弼朕失，称三代至盛，际天接地，人迹所及，咸尽宾服，藐然甚惭⑥嘉王之意，靡有所终，⑦使中大夫助谕朕意，告王越事。"

①师古曰："烛，照也。"

②师古曰："重音直用反。"

③师古曰："蓄，古灾字。"

④师古曰："攘谓相侵夺也，音人羊反。"

⑤师古曰："惟，思也。虑，计也。"

⑥如淳曰："王之所言藐然，闻之甚惭也。"师古曰："藐，远也。言不可及也。藐音武卓反。"

⑦师古曰："靡，无也。终，极也。"

助谕意曰："今者大王以发屯临越事上书，陛下故遣臣助告王其事。王居远，事薄遽，不与王同其计。①朝有阙政，遗王之忧，②陛下甚恨之。夫兵固凶器，明主之所重出也，③然自五帝三王禁暴止乱，非兵，未之闻也。汉为天下宗，操杀生之柄，④以制海内之命，危者望安，乱者印治。⑤今闽越王狼戾不仁，⑥杀其骨肉，离其亲戚，所为甚多不义，又数举兵侵陵百越，并兼邻国，以为暴强，阴计奇策，入燔寻阳楼船，⑦欲招会稽之地，以践句践之迹。⑧今者，边又言闽王率两国击南越。陛下为万民安危久远之计，使人谕告之曰：'天下安宁，各继世抚民，禁毋敢相并。'有司疑其以虎狼之心，贪据百越之利，或于逆顺，不奉明诏，则会稽、豫章必有长患。且天子诛而不伐，焉有劳百姓苦士卒乎？⑨故遣两将屯于境上，震威武，扬声乡。⑩屯曾未会，⑪天诱其衷，闽王陨命，辄遣使者罢屯，毋后农时。⑫南越王甚嘉被惠泽，蒙休德，愿革心易行，身从使者入谢。⑬有狗马之病，不能胜服，⑭故遣太子婴齐入侍；病有瘳，愿伏北阙，望大廷，以报盛德。闽王以八月举兵于冶南，⑮士卒罢倦，⑯三王之众相与攻之，因其弱弟徐善以成其（谋）〔诛〕。[14]至今国空虚，遣使者上符节，请所立，不敢自立，以待天子之明诏。此一举，不挫一兵之锋，不用一卒之死，而闽王伏辜，南越被泽，威震暴王，义存危国，此则陛下深计远虑之所出也。事效见前，⑰故使臣助来谕王意。"

①如淳曰："薄，迫也。言事迫，不暇得先与王共议之。或曰薄，语助也。"师古曰："薄，迫，是也。遽，速也，音其据反。"

②师古曰："言朝政有阙，乃使王有忧也。遗犹与也。"

③师古曰："重，难也。"

④师古曰："操，执持也，音千高反。"

⑤师古曰："卬读曰仰，谓仰而望之。"

⑥师古曰："狼性贪戾，凡言狼戾者，谓贪而戾。"

⑦师古曰："汉有楼船贮在寻阳也。"

⑧师古曰："先是越王勾践称霸中国，今越王欲慕之。句音工侯反。"

⑨师古曰："王者之兵，但行诛耳，无有战斗，故云不伐也。"

⑩师古曰："乡读曰向。"

⑪师古曰："言兵未尽集。"

⑫师古曰："令及农时，不待后也。"

⑬师古曰："革，改也。"

⑭师古曰："服谓朝服也。"

⑮苏林曰："山名也，今名东冶，属会稽。"

⑯师古曰："罢读曰疲。"

⑰师古曰："见，显也。前谓目前。"

于是王谢曰："虽汤伐桀，文王伐崇，诚不过此。臣安以愚意狂言，陛下不忍加诛，使使者临诏臣安以所不闻，①臣不胜厚幸！"助由是与淮南王相结而还。上大说。②

①师古曰："先未闻者今得闻也。"

助侍燕从容,①上问助居乡里时,助对曰:"家贫,为友婿富人所辱。"②上问所欲,对愿为会稽太守。于是拜为会稽太守。数年,不闻问。③赐书曰:"制诏会稽太守:君厌承明之庐,④劳侍从之事,怀故土,⑤出为郡吏。会稽东接于海,南近诸越,⑥北枕大江。⑦间者,阔焉久不闻问,具以春秋对,毋以苏秦从横。"⑧助恐,上书谢称:"春秋天王出居于郑,不能事母,故绝之。⑨臣事君,犹子事父母也,臣助当伏诛。陛下不忍加诛,愿奉三年计最。"⑩诏许,因留侍中。有奇异,辄使为文,⑪及作赋颂数十篇。

①师古曰:"从容,闲语也。从音千容反。"

②师古曰:"友婿,同门之婿。"

③师古曰:"无善声。"

④张晏曰:"承明庐在石渠阁外。直宿所止曰庐。"

⑤师古曰:"怀,思也。"

⑥师古曰:"越种非一,故言诸。"

⑦师古曰:"枕,临也。"

⑧师古曰:"从音子容反。"

⑨师古曰:"周惠王之子襄王也。弟叔带有宠于惠后,欲立之,故襄王避难而出奔也。僖二十四年经书:'天王出居于郑。'公羊传曰:'王者无外,此其言出何?不能乎母也。'"

⑩如淳曰:"旧法,当使丞奉岁计,(令)〔今〕躬自欲入奉也。"〔15〕晋灼曰:"最,凡要也。"

⑪师古曰:"谓非常之文。"

后淮南王来朝,厚赂遗助,交私论议。及淮南王反,事与助相连,上薄其罪,欲勿诛。①廷尉张汤争,以为助出入禁门,腹心之臣，而外与诸侯交私如此，不诛，后不可治。<u>助</u>竟弃市。

①师古曰："以其过为轻小。"

　　<u>朱买臣</u>字<u>翁子</u>，<u>吴</u>人也。家贫，好读书，不治产业，常艾薪樵，卖以给食，①担束薪，行且诵书。其妻亦负戴相随，数止<u>买臣</u>毋歌呕道中。②<u>买臣</u>愈益疾歌，妻羞之，求去。<u>买臣</u>笑曰："我年五十当富贵，今已四十餘矣。女苦日久，待我富贵报女功。"③妻恚怒曰："如公等，终饿死沟中耳，何能富贵？"<u>买臣</u>不能留，即听去。其后，<u>买臣</u>独行歌道中，负薪墓间。故妻与夫家俱上冢，见<u>买臣</u>饥寒，呼饭饮之。④

①师古曰："艾读曰刈。给，供也。"
②师古曰："呕读曰讴，音一侯反。"
③师古曰："女皆读曰汝。"
④师古曰："饭谓飤之，音扶晚反。饮音於禁反。"

　　后数岁，<u>买臣</u>随上计吏为卒，将重车至<u>长安</u>，①诣阙上书，书久不报。待诏公车，粮用乏，上计吏卒更乞匄之。②会邑子<u>严助</u>贵幸，荐<u>买臣</u>。召见，说<u>春秋</u>，言<u>楚</u>词，帝甚说之，③拜<u>买臣</u>为中大夫，与<u>严助</u>俱侍中。是时方筑<u>朔方</u>，<u>公孙弘</u>谏，以为罢敝<u>中国</u>。④上使<u>买臣</u>难诎<u>弘</u>，语在<u>弘</u>传。后<u>买臣</u>坐事免，久之，召待诏。

①师古曰："买臣身自充卒，而与计吏将重车也。载衣食具曰重车。重音直用反。"
②师古曰："更音工衡反。乞音气。匄音工大反。"
③师古曰："说读曰悦。"

④师古曰："罢读曰疲。"

是时，东越数反覆，买臣因言："故东越王居保泉山，①一人守险，千人不得上。今闻东越王更徙处南行，去泉山五百里，居大泽中。今发兵浮海，直指泉山，陈舟列兵，席卷南行，可破灭也。"上拜买臣会稽太守。上谓买臣曰："富贵不归故乡，如衣绣夜行，今子何如？"买臣顿首辞谢。诏买臣到郡，治楼船，备粮食、水战具，须诏书到，军与俱进。②

①师古曰："泉山即今泉州之山也，临海，去海十馀里。保者，保守之以自固也。说者乃云保是地名，失之矣。"

②师古曰："须，待也。"

初，买臣免，待诏，常从会稽守邸者寄居饭食。①拜为太守，买臣衣故衣，怀其印绶，步归郡邸。直上计时，会稽吏方相与群饮，②不视买臣。买臣入室中，守邸与共食，食且饱，少见其绶。③守邸怪之，前引其绶，视其印，会稽太守章也。守邸惊，出语上计掾吏。皆醉，大呼曰："妄诞耳！"④守邸曰："试来视之。"其故人素轻买臣者入〔内〕视之，[16]还走，疾呼曰："实然！"坐中惊骇，白守丞，⑤相推排陈列中庭拜谒。买臣徐出户。有顷，长安厩吏乘驷马车来迎，⑥买臣遂乘传去。⑦会稽闻太守且至，发民除道，县吏并送迎，车百馀乘。入吴界，见其故妻、妻夫治道。买臣驻车，呼令后车载其夫妻，到太守舍，置园中，给食之。⑧居一月，妻自经死，买臣乞其夫钱，令葬。⑨悉召见故人与饮食诸尝有恩者，皆报复焉。⑩

①师古曰："饭音扶晚反。"

②师古曰："直读曰值。"

③师古曰："见，显示也。"

④师古曰："诞，大言也。呼音火故反。次下亦同。"

⑤服虔曰："守邸丞也。"张晏曰："汉旧郡国丞长吏与计吏俱送计也。"师古曰："张说是也。谓之守丞者，系太守而言也。守音式授反。"

⑥张晏曰："故事，大夫乘官车驾驷，如今州牧刺史矣。"

⑦师古曰："传音张恋反。"

⑧师古曰："食读曰饲。"

⑨师古曰："乞音气。"

⑩师古曰："复音扶目反。"

居岁馀，买臣受诏将兵，与横海将军韩说等俱击破东越，①有功。征入为主爵都尉，列于九卿。

①师古曰："说读曰悦。"

数年，坐法免官，复为丞相长史。张汤为御史大夫。始买臣与严助俱侍中，贵用事，汤尚为小吏，趋走买臣等前。后汤以廷尉治淮南狱，排陷严助，买臣怨汤。及买臣为长史，汤数行丞相事，知买臣素贵，故陵折之。买臣见汤，坐床上弗为礼。①买臣深怨，常欲死之。②后遂告汤阴事，汤自杀，上亦诛买臣。买臣子山拊③官至郡守，右扶风。

①师古曰："言不动容以礼之也。为音于伪反。"

②师古曰："致死以害之。"

③如淳曰："拊音夫。"

吾丘寿王字子赣，赵人也。年少，以善格五召待诏。①诏使从中大夫董仲舒受春秋，高材通明。迁侍中中郎，坐法免。上书谢罪，愿养马黄门，上不许。②后愿守塞扞寇难，复不许。久之，上疏愿击匈奴，诏问状，寿王对良善，复召为郎。

①苏林曰："博之类，不用箭，但行枭散。"孟康曰："格音各。行伍相各，故言各。"刘德曰："格五，棋行。簺法曰簺白乘五，至五格不得行，故云格五。"师古曰："即今戏之簺也。音先代反。"

②师古曰："请于黄门供养马之事。"

稍迁，会东郡盗贼起，拜为东郡都尉。上以寿王为都尉，不复置太守。是时，军旅数发，年岁不熟，多盗贼。诏赐寿王玺书曰："子在朕前之时，知略辐凑，①以为天下少双，海内寡二。及至连十馀城之守，任四千石之重，②职事并废，盗贼从横，③甚不称在前时，何也？"寿王谢罪，因言其状。

①师古曰："言其无方而至，若车轮之归于毂。"

②师古曰："郡守、都尉皆二千石，以寿王为都尉，不置太守，兼总二任，故云四千石也。"

③师古曰："从音子庸反。"

后征入为光禄大夫侍中。丞相公孙弘奏言："民不得挟弓弩。十贼彍弩，百吏不敢前，①盗贼不辄伏辜，免脱者众，害寡而利多，此盗贼所以蕃也。②禁民不得挟弓弩，则盗贼执短兵，短兵接则众者胜。以众吏捕寡贼，其势必得。盗贼有害无利，则莫犯法，刑错之道也。臣愚以为禁民毋得挟弓弩便。"上下其议。寿王对曰：

①张晏曰："彍音郭。"师古曰："引满曰彍。"

②师古曰："蕃亦多也，音扶元反。"

臣闻古者作五兵，非以相害，以禁暴讨邪也。①安居则以制猛兽而备非常，有事则以设守卫而施行阵。及至周室衰微，上无明王，诸侯力政，强侵弱，众暴寡，海内抗敝，②（是以）巧诈并生。〔是以〕知者陷愚，〔17〕勇者威怯，苟以得胜为务，不顾义理。故机变械饰，所以相贼害之具不可胜数。于是秦兼天下，废王道，立私议，灭诗书而首法令，③去仁恩而任刑戮，④堕名城。杀豪桀，⑤销甲兵，折锋刃。其后，民以耰锄棰梃相挞击，⑥犯法滋众，盗贼不胜，⑦至于赭衣塞路，群盗满山，卒以乱亡。故圣王务教化而省禁防，知其不足恃也。

①师古曰："五兵谓矛、戟、弓、剑、戈。"

②师古曰："抗，讹尽也，音五官反。"

③师古曰："以法令为首。"

④师古曰："去，除也。"

⑤师古曰："堕，毁也，音火规反。"

⑥师古曰："耰，摩田之器也。棰，马杖也。梃，大杖也。耰音忧。棰音之累反。梃音大鼎反。"

⑦师古曰："滋，益也。不胜，言不可胜也。"

今陛下昭明德，建太平，举俊材，兴学官，三公有司或由穷巷，起白屋，裂地而封，①宇内日化，方外乡风，②然而盗贼犹有者，郡国二千石之罪，非挟弓弩之过也。礼曰男子生，桑弧蓬矢以举之，明示有事也。③孔子曰："吾何执？执射乎？"④大射之礼，自天子降及庶人，三代之道也。诗云"大侯既抗，弓矢斯张，射夫既同，献尔发功"，⑤言贵中也。⑥愚闻圣王合射以明教矣，未闻弓矢之为禁也。且所为禁者，为盗贼之以攻夺也。攻夺之罪死，然而不止者，大奸之于重诛固不避也。臣恐邪人挟之而吏不能止，良民以自备而抵法禁，⑦是擅贼威而夺民救也。⑧窃以为无益于禁奸，而废先王之典，使学者不得习行其礼，大不便。

①师古曰："白屋，以白茅覆屋也。寿王言此者，并以讥公孙弘。"

②师古曰："乡读曰向。"

③师古曰："有四方扞御之事。"

④师古曰："论语载孔子之言。"

⑤师古曰："小雅宾之初筵之诗也。侯，所以居的，以皮为之。天子射豹侯，诸侯射熊侯，卿大夫射麋侯，士射鹿豕侯。抗，举也。射夫，众射者也。同，同耦也。言既举大侯，又张弓矢，分耦而射，则献其发矢中的之功也。"

⑥师古曰："中音竹仲反。"

⑦师古曰："抵，触也。"

⑧师古曰："擅，专也。"

书奏，上以难丞相弘。弘诎服焉。

及汾阴得宝鼎，武帝嘉之，荐见宗庙，臧于甘泉宫。群臣皆上寿贺曰："陛下得周鼎。"寿王独曰非周鼎。上闻之，召而问之，曰："今朕得周鼎，群臣皆以为然，寿王独以为非，何也？有说则可，无说则死。"寿王对曰："臣安敢无说！臣闻周德始乎后稷，长于公刘，大于大王，①成于文武，显于周公，德泽上昭，天下漏泉，②无所不通。上天报应，鼎为周出，故名曰周鼎。今汉自高祖继周，亦昭德显行，布恩施惠，六合和同。至于陛下，恢廓祖业，功德愈盛，天瑞并至，珍祥毕见。昔秦始皇亲出鼎于彭城而不能得，天祚有德而宝鼎自出，此天之所以与汉，乃汉宝,非周宝〔也〕。"〔18〕上曰:"善。"群臣皆称万岁。是日,赐寿王黄金十斤。后坐事诛。

①师古曰:"公刘,后稷曾孙也。大王,文王之祖,则古公亶父也。"

②师古曰:"昭,明也。漏,言润泽下霑如屋之漏。"

主父偃,齐国临菑人也。学长短从横术,①晚乃学易、春秋、百家之言。游齐诸子间,②诸儒生相与排傧,不(客)〔容〕于齐。〔19〕家贫,假贷无所得,③北游燕、赵、中山,皆莫能厚,客甚困。以诸侯莫足游者,元光元年,乃西入关见卫将军。④卫将军数言上,上不省。资用乏,留久,诸侯宾客多厌之,乃上书阙下。朝奏,暮召入见。所言九事,其八事为律令,一事谏伐匈奴,曰:

①服虔曰:"苏秦法百家书说也。"师古曰:"长短解在张汤传。从横说在艺文志。"

②师古曰:"诸子,诸侯王子。"

③师古曰:"贷音土得反。"

④师古曰:"卫青。"

臣闻明主不恶切谏以博观,忠臣不避重诛以直谏,是故事无遗策而功流万世。今臣不敢隐忠避死,以效愚计,愿陛下幸赦而少察之。

司马法曰:"国虽大,好战必亡;天下虽平,忘战必危。"①天下既平,天子大恺,②春蒐秋狝,诸侯春振旅,秋治兵,所以不忘战也。③且怒者逆德也,兵者凶器也,争者末节也。古之人君一怒必伏尸流血,故圣王重行之。④夫务战胜，穷武事，未有不悔者也。

①师古曰："司马穰苴善用兵，著书言兵法，谓之司马法。一说司马，古主兵之官，有军陈用兵之法。"

②应劭曰："大恺，周礼还师振旅之乐也。"

③师古曰："春为阳中，其行木也；秋为阴中，其行金也。金、木，兵器所资，故于此时蒐狝治兵也。蒐，蒐索也，取不孕者。狝，应杀气也。振，整；旅，众也。狝音先浅反。"

④师古曰："重，难也。"

昔秦皇帝任战胜之威，蚕食天下，并吞战国，海内为一，功齐三代。务胜不休，欲攻匈奴，李斯谏曰："不可。夫匈奴无城郭之居，委积之守，迁徙鸟举，难得而制。轻兵深入，粮食必绝；运粮以行，重不及事。得其地，不足以为利；得其民，不可调而守也。①胜必弃之，非民父母。靡敝中国，甘心匈奴，②非完计也。"秦皇帝不听，遂使蒙恬将兵而攻胡，却地千里，以河为境。地固泽卤，不生五谷，③然后发天下丁男以守北河。暴兵露师十有馀年，死者不可胜数，终不能逾河而北。是岂人众之不足，兵革之不备哉？其势不可也。又使天下飞刍輓粟，④起于黄、腄、琅邪负海之郡，转输北河，⑤率三十锺而致一石。⑥男子疾耕不足于粮饷，⑦女子纺绩不足于帷幕。百姓靡敝，孤寡老弱不能相养，道死者相望，⑧盖天下始叛也。

①李奇曰："不可和调也。"

②师古曰："靡，散也，音縻。其下类此。"

③师古曰："地多沮泽而咸卤。"

④师古曰："运载刍槁，令其疾至，故曰飞刍也。輓谓引车船也，音晚。"

⑤师古曰："黄、腄，二县名也，並在东莱。言自东莱及琅邪缘海诸郡，皆令转输至北河也。腄音直瑞反，又音谁。"

⑥师古曰："六斛四斗为锺。计其道路所费，凡用百九十二斛，乃得一石至。"

⑦师古曰："饷亦馈字。"

⑧师古曰："道死谓死于路也。"

及至高皇帝定天下，略地于边，闻匈奴聚代谷之外而欲击之。御史成谏曰："不可。夫匈奴，兽聚而鸟散，从之如搏景，①今以陛下盛德攻匈奴，臣窃危之。"高帝不听，遂至代谷，果有平城之围。高帝悔之，乃使刘敬往结和亲，然后天下亡干戈之事。

①师古曰："搏，击也。搏人之阴景，言不可得也。"

故兵法曰："兴师十万，日费千金。"秦常积众数十万人，虽有覆军杀将，系虏单于，①适足以结怨深仇，不足以偿天下之费。夫匈奴行盗侵敺，所以为业，天性固然。②上自虞夏殷周，固不程督，③禽兽畜之，不比为人。夫不上观虞夏殷周之统，而下循近世之失，此臣之所以大恐，百姓所疾苦也。且夫兵久则变生，事苦则虑易。④使边境之民靡敝愁苦，将吏相疑而外市，⑤故尉佗、章邯得成其私，⑥而秦政不行，权分二子，此得失之效也。故周书曰："安危在出令，存亡在所用。"⑦愿陛下孰计之而加察焉。

①师古曰："覆音芳目反。"

②师古曰："来侵边境而敺略人畜也。敺与驱同，其字从攴，音普木反。"

③师古曰："程，课也。督，视责也。"

④师古曰："言思虑变易，失其常也。"

⑤张晏曰："与外国交市己利，若章邯之比也。"

⑥师古曰："佗音徒何反。"

⑦师古曰："此周书者，本尚书之馀。"

是时，徐乐、严安亦俱上书言世务。书奏，上召见三人，谓曰："公皆安在？何相见之晚也！"①乃拜偃、乐、安皆为郎中。偃数上疏言事，迁谒者，中郎，中大夫。岁中四迁。

①师古曰："言皆者，各在何处。"

偃说上曰："古者诸侯地不过百里，强弱之形易制。今诸侯或连城数十，地方千里，缓则骄奢易为淫乱，急则阻其强而合从①以逆京师。今以法割削，则逆节萌起，②前日朝错是也。今诸侯子弟或十数，而適嗣代立，③馀虽骨肉，无尺地之封，则仁孝之道不宣。愿陛下令诸侯得推恩分子弟，以地侯之。彼人人喜得所愿，上以德施，实分其国，必稍自销弱矣。"于是上从其计。又说上曰："茂陵初立，天下豪桀兼并之家，乱众民，皆可徙茂陵，内实京师，外销奸猾，此所谓不诛而害除。"上又从之。

①师古曰："从音子容反。"

②师古曰："萌谓事之始生，如草木之萌芽也。"

③师古曰："適读曰嫡。"

尊立卫皇后及发燕王定国阴事，偃有功焉。大臣皆畏其口，赂遗累千金。或说偃曰："大横！"①偃曰："臣结发游学四十馀年，身不得遂，^②亲不以为子，昆弟不收，宾客弃我，我陷日久矣。丈夫生不五鼎食，死则五鼎亨耳!^③吾日暮，故倒行逆施之。"^④

①师古曰："横音胡孟反。"

②师古曰："遂犹达也。"

③张晏曰："五鼎食，牛、羊、豕、鱼、麋也。诸侯五，卿大夫三。"

　师古曰："五鼎亨之，谓被镬亨之诛。"

④师古曰："暮言年齿老也。倒行逆施，谓不遵常理。此语本出<u>五子胥</u>，<u>偃</u>述而称之。"

<u>偃</u>盛言朔方地肥饶，外阻<u>河</u>，<u>蒙恬</u>筑城以逐匈奴，内省转输戍漕，广中国，灭<u>胡</u>之本也。上览其说，下公卿议，皆言不便。<u>公孙弘</u>曰："<u>秦</u>时尝发三十万众筑北河，终不可就，^①已而弃之。"<u>朱买臣</u>难诎<u>弘</u>，遂置<u>朔方</u>，本<u>偃</u>计也。

①师古曰："就，成也。"

<u>元朔</u>中，<u>偃</u>言<u>齐王</u>内有淫失之行，^①上拜<u>偃</u>为<u>齐</u>相。至<u>齐</u>，遍召昆弟宾客，散五百金予之，数曰：^②"始吾贫时，昆弟不我衣食，宾客不我内门，^③今吾相<u>齐</u>，诸君迎我或千里。吾与诸君绝矣，毋复入<u>偃</u>之门!"乃使人以王与姊奸事动王。王以为终不得脱，恐效<u>燕王</u>论死，乃自杀。

①师古曰："失读曰佚，音尹一反。"

②师古曰："数，责也。数音所具反。"

③师古曰："衣音于既反。食读曰饲。内门，谓内之于门中也。"

<u>偃</u>始为布衣时，尝游<u>燕</u>、<u>赵</u>，及其贵，发<u>燕</u>事。<u>赵王</u>恐其为国患，欲上书言其阴事，为居中，不敢发。及其为<u>齐</u>相，出关，

即使人上书，告偃受诸侯金，以故诸侯子多以得封者。及齐王以自杀闻，上大怒，以为偃劫其王令自杀，乃征下吏治。偃服受诸侯之金，实不劫齐王令自杀。上欲勿诛，公孙弘争曰："齐王自杀无后，国除为郡，入汉，偃本首恶，非诛偃无以谢天下。"乃遂族偃。

偃方贵幸时，客以千数，及族死，无一人视，独孔车收葬焉。上闻之，以车为长者。

徐乐，燕（郡）无终人也。[20]上书曰：

臣闻天下之患，在于土崩，不在瓦解，古今一也。

何谓土崩？秦之末世是也。陈涉无千乘之尊，尺土之地，身非王公大人名族之后，〔无〕乡曲之誉，[21]非有孔、曾、墨子之贤，陶朱、猗顿之富也。然起穷巷，奋棘矜，①偏袒大呼，天下从风，②此其故何也？由民困而主不恤，下怨而上不知，俗已乱而政不修，此三者陈涉之所以为资也。此之谓土崩。故曰天下之患在乎土崩。

①师古曰："棘，戟也。矜者，戟之把也。时秦销兵器，故但有戟之把耳。矜音巨巾反。此下亦同。"

②师古曰："呼音火故反。"

何谓瓦解？吴、楚、齐、赵之兵是也。七国谋为大逆，号皆称万乘之君，带甲数十万，威足以严其境内，财足以劝其士民，然不能西攘尺寸之地，①而身为禽于中原者，此其故何也？非权轻于匹夫而兵弱于陈涉也，当是之时先帝之德未衰，而安土乐俗之民众，故诸侯无竟外之助。②此之谓瓦解。故曰天下之患不在瓦解。

①师古曰："攘谓侵取汉地。"
②师古曰："竟读曰境。其下同。"

由此观之，天下诚有土崩之势，虽布衣穷处之士或首难而危海内，①陈涉是也，况三晋之君或存乎？②天下虽未治也，诚能无土崩之势，虽有强国劲兵，不得还踵而身为禽，③吴楚是也，况群臣百姓，能为乱乎？此二体者，安危之明要，贤主之所留意而深察也。

①师古曰："首难谓首唱而作难也。"
②师古曰："韩、赵、魏三国本共分晋，故称三晋。"
③师古曰："还读曰旋。"

间者，关东五谷数不登，年岁未复，①民多穷困，重之以边境之事，②推数循理而观之，民宜有不安其处者矣。不安故易动，易动者，土崩之势也。故贤主独观万化之原，明于安危之机，修之庙堂之上，而销未形之患也。其要期使天下无土崩之势而已矣。故虽有强国劲兵，陛下逐走兽，射飞鸟，弘游燕之围，淫从恣之观，极驰骋之乐自若。③金石丝竹之声不绝于耳，帷幄之私俳优朱儒之笑不乏于前，而天下无宿忧。④名何必夏、子，俗何必成、康！⑤虽然，臣窃以为陛下天然之质，宽仁之资，而诚以天下为务，则禹、汤之名不难侔，而成、康之俗未必不复兴也。⑥此二体者立，然后处尊安之实，扬广誉于当世，亲天下而服四夷，馀恩遗德为数世隆，南面背依摄袂而揖王公，⑦此陛下之所服也。⑧臣闻图王不成，其敝足以安。⑨安则陛下何求而不得，何威而不成，奚征而不服哉？⑩

①师古曰："复音扶目反。"

②师古曰："重音直用反。"

③师古曰："自若者，言如其常，无所废损也。从读曰纵。"

④师古曰："宿，久也。"

⑤服虔曰："夏，禹也。子，汤也。汤，子姓。"

⑥师古曰："侔，等也。"

⑦师古曰："依读曰宸。已解于上。"

⑧师古曰："服，事也。"

⑨师古曰："言其敝末之法，犹足自安也。"

⑩〔师古曰："奚，何也。"〕[22]

【校勘记】

〔1〕 自以〔没〕身不见兵革。 钱大昭说，"自以"下脱"没"字。按景祐、殿本都有"没"字。

〔2〕 (晋)〔张〕说是也。 景祐、殿本都作"张"。王先谦说作"张"是。

〔3〕 而居九州之(地)〔内〕地。景祐、殿本都作"内"。王先谦说作"内"是。

〔4〕 其不(可)用天子之法度， 景祐、殿本都无"可"字。

〔5〕 复音(拱)〔扶〕目反。 景祐、殿本都作"扶"，此误。

〔6〕 男子不得耕稼(种树)〔树种〕，景祐、殿本都作"树种"。

〔7〕 旷日(持)〔引〕久，士卒劳倦，越(乃)出击之。景祐本"持"作"引"，"越"下无"乃"字。

〔8〕 行者不还，往者(冀)〔莫〕反，景祐、汲古、殿、局本都作

"莫"，此误。

[9] 言莫敢（挍）〔校〕也。　景祐、汲古、殿、局本都作"校"，注同。

[10] 如使越人蒙（死）徼幸以逆执事之颜行，　景祐本无"死"字。

[11] 八（蔬）〔薮〕为囿，江（海）〔汉〕为池，　景祐、殿本"蔬"都作"薮"，"海"都作"汉"。

[12] 〔未〕逾领，　宋祁说，一本"逾"上有"未"字。王念孙说一本是。

[13] 夙兴夜（昧）〔寐〕，　景祐、殿本都作"寐"。王先谦说作"寐"是。

[14] 因其弱弟馀善以成其（谋）〔诛〕。　殿本作"诛"。王先谦说殿本是。

[15] （令）〔今〕躬自欲入奉也。　景祐本作"今"。殿本"躬"作"助"。

[16] 其故人素轻买臣者入〔内〕视之，　王念孙说景祐本有"内"字是。

[17] （是以）巧诈并生，〔是以〕知者陷愚，　景祐、殿本"是以"二字都在"巧诈并生"下。

[18] 乃汉宝，非周宝〔也〕。　景祐、殿本都有"也"字。

[19] 不（客）〔容〕于齐。　钱大昭说"客"疑当作"容"。按景祐、殿本都作"容"，史记同。

[20] 徐乐，燕（郡）无终人也。　景祐本无"郡"字。王念孙、王先谦都说燕是国名，"郡"字不当有。

[21] 〔无〕乡曲之誉，　王念孙说史记有"无"字，此脱，则文义不明。

[22] 〔师古曰："奚，何也。"〕　景祐、殿本都有此注。

汉书卷六十四下

严朱吾丘主父徐严终王贾传第三十四下

师古曰："此卷首尚载严、朱、吾丘、主父、徐者，存其本书题目，以示不变易也。"

严安者，临菑人也。以故丞相史上书，曰：

臣闻邹（衍）〔子〕曰：①〔1〕"政教文质者，所以云救也，②当时则用，过则舍之，③有易则易（也）〔之〕，④〔2〕故守一而不变者，未睹治之至也。"今天下人民用财侈靡，车马衣裘宫室皆竞修饰，调五声使有节族，⑤杂五色使有文章，重五味方丈于前，以观欲天下。⑥彼民之情，见美则愿之，是教民以侈也。侈而无节，则不可赡，⑦民离本而徼末矣。⑧末不可徒得，⑨故搢绅者不惮为诈，带剑者夸杀人以矫夺，⑩而世不知愧，故奸轨浸长。⑪夫佳丽珍怪固顺于耳目，故养失而泰，乐失而淫，礼失而采，⑫教

失而伪。伪、采、淫、泰，非所以范民之道也。⑬是以天
下人民逐利无已，犯法者众。臣愿为民制度以防其淫，
使贫富不相耀以和其心。心既和平，其性恬安。恬安不
营，则盗贼销；盗贼销，则刑罚少；刑罚少，则阴阳和，
四时正，风雨时，草木畅茂，五谷蕃孰，六畜遂字，⑭民
不夭厉，和之至也。⑮

①师古曰："邹衍之书也。"

②师古曰："以救敝。"

③师古曰："非其时则废置也。"

④师古曰："可变易者则易也。"

⑤苏林曰："族音奏。"师古曰："节，止也。奏，进也。"

⑥孟康曰："观犹显也。"师古曰："显示之，使其慕欲也。"

⑦师古曰："赡，足也。"

⑧师古曰："徼，要求也，音工尧反。"

⑨师古曰："徒，空也。"

⑩师古曰："夸，大也，竞也。矫，伪也。"

⑪师古曰："浸，渐也。"

⑫如淳曰："采，饰也。"师古曰："采者，文过其实也。"

⑬师古曰："范谓为之立法也。"

⑭师古曰："蕃，多也。遂，成也。字，生也。蕃音扶元反。"

⑮师古曰："厉，病也。"

　　臣闻周有天下，其治三百馀岁，成康其隆也，刑错
四十馀年而不用。及其衰，亦三百馀年，故五伯更起。①
伯者，常佐天子兴利除害，诛暴禁邪，匡正海内，以尊
天子。五伯既没，贤圣莫续，天子孤弱，号令不行。诸

侯恣行，强陵弱，众暴寡。田常篡齐，六卿分晋，并为战国，此民之始苦也。于是强国务攻，弱国修守，合从连衡，驰车毂击，②介胄生虮虱，民无所告诉。

①师古曰："伯读曰霸。（晋）〔更〕音工衡反。[3]以下并同。"
②师古曰："车毂相击，言其众多也。从音子容反。"

及至秦王，蚕食天下，并吞战国，称号皇帝，一海内之政，坏诸侯之城。销其兵，铸以为钟虡①示不复用。元元黎民得免于战国，逢明天子，人人自以为更生。②乡使秦缓刑罚，薄赋敛，③省繇役，贵仁义，贱权利，上笃厚，下佞巧，变风易俗，化于海内，则世世必安矣。秦不行是风，循其故俗，为知巧权利者进，笃厚忠正者退，法严令苛，谄谀者众，④（曰）〔日〕闻其美，（章）〔意〕广心逸。[4]欲威海外，使蒙恬将兵以北攻强胡，辟地进境，⑤戍于北河，飞刍挽粟以随其后。又使尉屠睢将楼船之士攻越，使监禄凿渠运粮，深入越地，越人遁逃。旷日持久，粮食乏绝，越人击之，秦兵大败。秦乃使尉佗将卒以戍越。当是时，秦祸北构于胡，南挂于越，⑥宿兵于无用之地，⑦进而不得退。行十馀年，丁男被甲，丁女转输，苦不聊生，自经于道树，死者相望。及秦皇帝崩，天下大畔。陈胜、吴广举陈，⑧武臣、张耳举赵，项梁举吴，田儋举齐，景驹举郢，周市举魏，韩广举燕，穷山通谷，豪士并起，不可胜载也。然本皆非公侯之后，非长官之吏，⑨无尺寸之势，起闾巷，杖棘矜，应时而动，不谋而俱起，不约而同会，壤长地进，至乎伯王，⑩时教使然也。秦贵为天子，富有天下，灭世绝祀，穷兵之祸也。故周失之弱，秦失之强，不变之患也。

① 师古曰："虡，悬钟者也。解在贾山、司马相如传。"

② 师古曰："言天下既免战国之苦，若逢明圣之主则可以更生，而秦皇反为虐政以残害也。"

③ 师古曰："乡读曰向。"

④ 师古曰："讕，古谄字。"

⑤ 师古曰："辟读曰闢。"

⑥ 师古曰："挂，悬也。"

⑦ 师古曰："宿，留也。"

⑧ 师古曰："举谓起兵也。"

⑨ 师古曰："长官谓一官之长也。"

⑩ 张晏曰："长，进益也。"师古曰："言其稍稍攻伐，进益土境，以至强大也。长音竹两反。伯读曰霸。"

今徇南夷，朝夜郎，降羌僰，略薉州，建城邑，①深入匈奴，燔其龙城，②议者美之。此人臣之利，非天下之长策也。今中国无狗吠之警，而外累于远方之备，靡敝国家，③非所以子民也。④行无穷之欲，甘心快意，结怨于匈奴，非所以安边也。祸挐而不解，兵休而复起，⑤近者愁苦，远者惊骇，非所以持久也。今天下锻甲摩剑，矫箭控弦，⑥转输军粮，未见休时，此天下所共忧也。夫兵久而变起，事烦而虑生。今外郡之地或几千里，⑦列城数十，形束壤制，⑧带胁诸侯，⑨非宗室之利也。上观齐晋所以亡，公室卑削，六卿大盛；下览秦之所以灭，刑严文刻，欲大无穷也。今郡守之权非特六卿之重也，地几千里非特闾巷之资也，甲兵器械非特棘矜之用也，以逢万世之变，则不可胜讳也。⑩

①张晏曰："芟，貉也。"师古曰："芟与秽同。"

②师古曰："燔，烧也。龙城，匈奴祭天处。燔音扶元反。"

③师古曰："累音力瑞反。"

④师古曰："子谓养之如子也。"

⑤师古曰："挐，相连引也，音女居反。"

⑥师古曰："矫，正曲使直也。控，引也。"

⑦师古曰："几音钜依反。次下亦同。"

⑧孟康曰："言其土地形势，足以束制其民。"

⑨师古曰："带者，言诸侯之于郡守，譬若佩带，谓轻小也。胁谓其威
　　力足以胁之也。一曰带在胁旁，附著之义也。"

⑩师古曰："言不可尽讳者，言必灭亡也。"

后以安为骑马令。①

①师古曰："主天子之骑马也。骑音其寄反。"

终军字子云，济南人也。少好学，以辩博能属文闻于郡
中。①年十八，选为博士弟子。至府受遣，②太守闻其有异材，召
见军，甚奇之，与交结。军揖太守而去，至长安上书言事。武帝
异其文，拜军为谒者给事中。

①师古曰："属音之欲反。"

②师古曰："博士弟子属太常。受遣者，由郡遣诣京师。"

从上幸雍祠五畤，获白麟，一角而五蹄。①时又得奇木，
其枝旁出，辄复合于木上。上异此二物，博谋群臣。②军上
对曰：

①师古曰："每一足有五蹄也。"

②师古曰："访其微应也。"

　　臣闻诗颂君德，乐舞后功，异经而同指，明盛德之所隆
也。南越窜屏葭苇，与鸟鱼群，①正朔不及其俗。有司临境，
而东瓯内附，闽王伏辜，南越赖救。北胡随畜薦居，②禽兽
行，虎狼心，上古未能摄。大将军秉钺，单于犇幕；③票骑
抗旌，昆邪右衽。④是泽南洽而威北畅也。⑤若罚不阿近，举
不遗远，设官竢贤，县赏待功，⑥能者进以保禄，罢者退而
劳力，⑦刑于宇内矣。⑧履众美而不足，怀圣明而不专，⑨建三
宫之文质，章厥职之所宜，⑩封禅之君无闻焉。⑪

①师古曰："葭，芦也，成长则曰苇。葭音加。"

②苏林曰："薦，草也。"师古曰："苏说非也。薦读曰荐。荐，屡也。
　言随畜牧屡易故居，不安住也。左传'戎狄荐居'者也。"

③师古曰："犇，古奔字。"

④师古曰："抗，举也。右衽，从中国化也。昆音下门反。"

⑤师古曰："洽，溥也。畅，达也。"

⑥师古曰："竢，古俟字。次下亦同。"

⑦师古曰："罢读曰疲，谓不堪职任者也。劳力，归农亩也。"

⑧师古曰："刑，法也，言成法于宇内也。一曰，刑，见也。"

⑨师古曰："言自谦也。"

⑩服虔曰："三宫，明堂、辟雍、灵台也。"郑氏曰："于三宫班政教，
　有文质者也。"

⑪张晏曰："前世封禅之君不闻若斯之美也。"

　　夫（人）〔天〕命初定，万事草创，①〔5〕及臻六合同
风，九州共贯，必待明圣润色，祖业传于无穷。②故周至

成王，然后制定，而休徵之应见。③陛下盛日月之光，垂圣思于勒成，专神明之敬，奉燔瘗于郊宫，④献享之精交神，积和之气塞明，⑤而异兽来获，宜矣。昔武王中流未济，白鱼入于王舟，俯取以燎，群公咸曰"休哉!"⑥今郊祀未见于神祇，而获兽以馈，⑦此天之所以示飨，而上通之符合也。宜因昭时令日，改定告元，⑧苴（以）白茅于江淮，[6]发嘉号于营丘，以应缉熙，⑨使著事者有纪焉。⑩

①师古曰："谓始受命之君也。"

②师古曰："润色谓光饰之。"

③师古曰："休，美也。徵，证也。"

④师古曰："燔，祭天也。瘗，祭地也。祭天则烧之，祭地则薶之。郊宫，谓泰畤及后土也。"

⑤师古曰："塞，苔也。明者，明灵，亦谓神也。"

⑥师古曰："谓伐纣时。解在董仲舒传。"

⑦师古曰："以馈谓充祭俎也。"

⑧张晏曰："改元年以告神祇也。"师古曰："昭，明也。令，善也。"

⑨服虔曰："苴，作席也。"张晏曰："江淮职贡三脊茅为藉也。"孟康曰："嘉号，封禅也。泰山在齐分野，故曰营丘也。或曰登封泰山以明姓号也。"师古曰："苴音祖，又音子豫反。非苞苴之苴也。"

⑩师古曰："谓史官也。纪，记也。"

盖六鹢退飞，逆也;①白鱼登舟，顺也。②夫明闇之徵，上乱飞鸟，下动渊鱼，③各以类推。今野兽并角，明同本也;④众支内附，示无外也。若此之应，殆将有解编发，削左衽，袭冠带，要衣裳，而蒙化者焉。⑤斯拱而俟之耳!⑥

①张晏曰：“六鹢退飞，象诸侯畔逆，宋襄公伯道退也。”

②张晏曰：“周，木德也。舟，木也。殷，水德。鱼，水物。鱼跃登舟，象诸侯顺周，以纣畀武王也。”臣瓒曰：“时论者未以周为木殷为水也。谓武王伐殷而鱼入王舟，象征而必获，故曰顺也。”师古曰：“瓒说是也。”

③师古曰：“乱，变也。”

④师古曰：“并，合也。兽皆两角，今此独一，故云并也。”

⑤师古曰：“要衣裳谓著中国之衣裳也。编读曰辫。要音一遥反。”

⑥师古曰：“拱手而待之，言其即至。”

对奏，上甚异之，由是改元为元狩。后数月，越地及匈奴名王有率众来降者，时皆以军言为中。①

①师古曰：“中音竹仲反。”

元鼎中，博士徐偃使行风俗。①偃矫制，②使胶东、鲁国鼓铸盐铁。③还，奏事，徙为太常丞。御史大夫张汤劾偃矫制大害，法至死。偃以为春秋之义，大夫出疆，有可以安社稷，存万民，颛之可也。④汤以致其法，不能诎其义。有诏下军问状，军诘偃曰：“古者诸侯国异俗分，百里不通，时有聘会之事，安危之势，呼吸成变，故有不受辞造命颛己之宜；今天下为一，万里同风，故春秋‘王者无外’。偃巡封域之中，称以出疆何也？且盐铁，郡有馀臧，⑤正二国废，国家不足以为利害，而以安社稷存万民为辞，何也？”又诘偃：“胶东南近琅邪，北接北海，鲁国西枕泰山，东有东海，受其盐铁。偃度四郡口数田地，⑥率其用器食盐，不足以并给二郡邪？将势宜有馀，而吏不能也？何以言之？偃矫制而鼓铸者，欲及春耕种赡民器也。⑦今鲁国之鼓，当先具其备,⑧至秋乃能举火。此言与实反者非?⑨偃已前三奏,无诏,⑩不惟所为不许,⑪而直矫作威福,以从民望,干名采誉,⑫此明圣所必加诛也。'枉尺直寻',孟子称其不可;⑬今所犯罪重,所就者小,⑭偃自予必死而为之邪?⑮将幸诛不加,欲以采名也?"⑯偃穷诎,服罪当死。军奏"偃矫制颛行,非奉使体,请下御史征偃即罪。"⑰奏可。上善其诘,有诏示御史大夫。

①师古曰:"行音下更反。"

②师古曰:"矫,托也。托言受诏也。"

③如淳曰:"铸铜铁,扇炽火,谓之鼓。"

④师古曰:"颛与专同。下亦类此。"

⑤师古曰:"先有畜积。"

⑥师古曰:"度,计也,音大各反。"

⑦师古曰:"赡,足也。"

⑧师古曰:"备者犹今言调度。"

⑨师古曰:"重问之。"

⑩师古曰:"不报听也。"

⑪师古曰:"惟,思也。"

⑫师古曰:"干,求也。采,取也。"

⑬师古曰:"孟子,孟轲也。八尺曰寻。孟子之书曰陈代问于孟子曰:'枉尺直寻,若可为也。'孟子曰:'子过矣。枉己者未有能直人者也。'寻长而尺短。故陈代言所直者多,而所曲者少,则可为之。孟子以为苟有小曲,则害于大直,故不可也。"

⑭师古曰:"就,成也。"

⑮师古曰:"予,许也。"

⑯师古曰:"幸,冀也。"

⑰师古曰:"征,召也。即,就也。"

初，<u>军</u>从<u>济南</u>当诣博士，步入关，关吏予<u>军</u>繻。①<u>军</u>问："以此何为？"吏曰："为复传，②还当以合符。"<u>军</u>曰："大丈夫西游，终不复传还。"弃繻而去。<u>军</u>为谒者，使行郡国，③建节东出关，关吏识之，曰："此使者乃前弃繻生也。"<u>军</u>行郡国，所见便宜以闻。还奏事，上甚说。④

①张晏曰："繻音须。繻，符也。书帛裂而分之，若券契矣。"苏林曰："繻，帛边也。旧关出入皆以传。传（须）〔烦〕，因裂繻头合以为符信也。"[7]师古曰："苏说是也。"

②师古曰："复，返也。谓返出关更以为传。复音扶福反。传音张恋反。次下亦同。"

③师古曰："行音下更反。其后亦同。"

④师古曰："说读曰悦。"

当发使（使）<u>匈奴</u>，①[8]<u>军</u>自请曰："<u>军</u>无横草之功，②得列宿卫，食禄五年。边境时有风尘之警，臣宜被坚执锐，当矢石，启前行。③驽下不习金革之事，今闻将遣<u>匈奴</u>使者，臣愿尽精厉气，奉佐明使，画吉凶于单于之前。臣年少材下，孤于外官，④不足以亢一方之任，⑤窃不胜愤懑。"诏问画吉凶之状，上奇<u>军</u>对，擢为谏大夫。

①师古曰："<u>汉</u>朝欲遣人为使于<u>匈奴</u>也。"

②师古曰："言行草中，使草偃卧，故云横草也。"

③师古曰："行音下郎反。"

④师古曰："孤，远也。外官谓非侍卫之臣也。"

⑤师古曰："亢，当也，音抗。"

<u>南越</u>与<u>汉</u>和亲，乃遣<u>军</u>使<u>南越</u>，说其王，欲令入朝，比内诸

侯。军自请："愿受长缨，必羁南越王而致之阙下。"①军遂往说越王，越王听许，请举国内属。天子大说，②赐南越大臣印绶，壹用汉法，以新改其俗，令使者留填抚之。③越相吕嘉不欲内属，发兵攻杀其王，及汉使者皆死。语在南越传。军死时年二十馀，故世谓之"终童"。

①师古曰："言如马羁也。"

②师古曰："说读曰悦。"

③师古曰："填音竹刃反。"

王襃字子渊，蜀人也。宣帝时修武帝故事，讲论六艺群书，博尽奇异之好，征能为楚辞九江被公，①召见诵读，益召高材刘向、张子侨、华龙、柳襃等待诏金马门。②神爵、五凤之间，天下殷（当）〔富〕，[9]数有嘉应。上颇作歌诗，欲兴协律之事，丞相魏相奏言知音善鼓雅琴者渤海赵定、梁国龚德，皆召见待诏。于是益州刺史王襄欲宣风化于众庶，闻王襃有俊材，请与相见，使襃作中和、乐职、宣布诗，③选好事者令依鹿鸣之声习而歌之。时氾乡侯何武为僮子，选在歌中。④久之，武等学长安，歌太学下，转而上闻。宣帝召见武等观之，皆赐帛，谓曰："此盛德之事，吾何足以当之！"

①师古曰："被，姓也，音皮义反。"

②师古曰："华音户化反。"

③师古曰："中和者，言政治和平也。乐职者，言百官各得其职也。宣布者，风化普洽，无所不被。"

④师古曰："氾音凡。"

褒既为刺史作颂，^①又作其传，^②<u>益州</u>刺史因奏<u>褒</u>有轶材。^③上乃征<u>褒</u>。既至，诏<u>褒</u>为圣主得贤臣颂其意。<u>褒</u>对曰：

①师古曰："即上中和、乐职、宣布诗也。以美盛德，故谓之颂也。"

②师古曰："解释颂歌之义及作者之意。"

③师古曰："轶与逸同。"

夫荷旃被毳者，难与道纯绵之丽密；^①羹（黎）〔藜〕唅糗者，^{〔10〕}不足与论太牢之滋味。^②今臣辟在<u>西蜀</u>，^③生于穷巷之中，长于蓬茨之下，^④无有游观广览之知，顾有至愚极陋之累，^⑤不足以塞厚望，应明指。^⑥虽然，敢不略陈愚而抒情素！^⑦

①师古曰："纯，丝也。谓织为缯帛之丽，丝纩之密也。一说，纯绵，不杂绵也。"

②服虔曰："唅音含。"师古曰："糗即今之熬米麦所为者，音丘九反，又音昌少反。"

③师古曰："辟读曰僻。"

④师古曰："蓬茨，以蓬盖屋也。茨音才私反。"

⑤师古曰："顾犹反也。累音力瑞反。"

⑥师古曰："塞，当也。"

⑦师古曰："抒犹泄也，音食汝反。"

记曰：共惟<u>春秋</u>法五始之要，^①在乎审己正统而已。夫贤者，国家之器用也。所任贤，则趋舍省而功施普；^②器用利，则用力少而就效众。故工人之用钝器也，劳筋苦骨，终日矻矻。^③及至巧冶铸干将之朴，清水淬其锋，^④<u>越</u>砥敛其咢，^⑤水断蛟龙，陆剸犀革，^⑥忽若彗氾画涂。^⑦如此，则使离娄督绳，公输削墨，⑧虽崇台五增，延袤百丈，而不溷者，工用相得也。⑨庸人之御驽马，亦伤吻敝策而不进于行，⑩匈喘肤汗，人极马倦。及至驾啮嶅，骖乘旦，⑪王良执靶，⑫韩哀附舆，⑬纵驰骋骛，忽如景靡，⑭过都越国，蹙如历块；⑮追奔电，逐遗风，⑯周流八极，万里壹息。何其辽哉？人马相得也。⑰故服缔绤之凉者，不苦盛暑之郁燠；⑱袭貂狐之燠者，不忧至寒之悽怆。⑲何则？有其具者易其备。贤人君子，亦圣（主）〔王〕之所以易海内也。[11]是以呕喻受之，⑳开宽裕之路，以延天下英俊也。㉑夫竭知附贤者，必建仁策；索人求士者，必树伯迹。㉒昔周公躬吐捉之劳，故有圉空之隆；㉓齐桓设庭燎之礼，故有匡合之功。㉔由此观之，君人者勤于求贤而逸于得人。㉕

①服虔曰：“共，敬之。”张晏曰：“要，春秋称‘元年春王正月’，此五始也。”师古曰：“元者气之始，春者四时之始，王者受命之始，正月者政教之始，公即位者一国之始，是为五始。共读曰恭。”

②师古曰：“趍读曰趣。普，博也。”

③应劭曰：“砣砣，劳极貌。”如淳曰：“健作貌也。”师古曰：“如说是也。砣音口骨反。”

④师古曰：“焠谓（尧）〔烧〕而内水中以坚之也。[12]锋，刃芒端也。焠音千内反。”

⑤晋灼曰：“砥（百）〔石〕出南昌，[13]故曰越也。”师古曰：“鄂，刃旁也，音五各反。”

⑥师古曰：“刬，截也，音之宛反，又音徒官反。”

⑦师古曰：“彗，帚也。氾，氾洒地也。涂，泥也。如以帚埽氾洒之地，以刀画泥中，言其易。”

⑧张晏曰：“离娄，黄帝时明目者也。”应劭曰：“公输，鲁般，性巧者也。”师古曰：“督，察视也。”

⑨师古曰：“澜，乱也，音胡顿反。”

⑩师古曰：“吻，口角也。策，所以击马也。”

⑪孟康曰：“良马低头，口至郗，故曰啮郗。”张晏曰：“驾则旦至，故曰乘旦。”师古曰：“乘音食证反。”

⑫张晏曰：“王良，邮无恤，字伯乐。”晋灼曰：“靶音霸，谓辔也。”师古曰：“参验左氏传及国语、孟子，邮无恤、邮良、刘无止、王良，总一人也。楚辞云‘骥踌躇于敝辇，遇孙阳而得代’。王逸云孙阳，伯乐姓名也。列子云伯乐，秦穆公时人。考其年代不相当，张说云良字伯乐，斯失之矣。”

⑬应劭曰：“世本‘韩哀作御’。”师古曰：“宋衷云韩哀，韩文侯也。时已有御，此复言作者，加其精巧也。然则善御者耳，非始作也。”

⑭师古曰：“乱驰曰鹜。景靡者，如光景之徙靡也。”

⑮师古曰：“如经历一块，言其（起）〔速〕疾之甚。[14]块音口内反。”

⑯师古曰：“吕氏春秋云‘遗风之乘’，言马行尤疾，每在风前，故遗风于后。今此言逐遗风，则是风之遗逸在后者，马能逐及也。”

⑰师古曰：“辽谓所行远。”

⑱师古曰：“郁，热气也。燠，温也，音於六反。”

⑲师古曰：“悽怆，寒冷也。煖音乃短反。”

⑳应劭曰：“呕喻，和悦貌。”师古曰：“呕音於付反。”

㉑师古曰：“裕，饶也。”

㉒师古曰：“伯读曰霸。”

㉓师古曰：“一饭三吐飧，一沐三捉发，以宾贤士，故能成太平之化，刑措不用，囹圄空虚也。”

㉔应劭曰："有以九九求见桓公，桓公不纳。其人曰：'九九小术，而君不纳之，况大于九九者乎！'于是桓公设庭燎之礼而见之。居无几，隰朋自远而至，齐桓（逐）〔遂〕以霸。"[15]师古曰："九九，计数之书，若今算经也。匡谓一匡天下也。合谓九合诸侯。"

㉕师古曰："逸，闲也。"

　　人臣亦然。昔贤者之未遭遇也，图事揆策则君不用其谋，陈见悃诚则上不然其信，①进仕不得施效，斥逐又非其愆。是故伊尹勤于鼎俎，太公困于鼓刀，②百里自鬻，宁子饭牛，③离此患也。④及其遇明君遭圣主也，运筹合上意，谏诤即见听，进退得关其忠，任职得行其术，去卑辱奥渫而升本朝，⑤离疏释蹻而享膏粱，⑥剖符锡壤而光祖考，传之子孙，以资说士。⑦故世必有圣知之君，而后有贤明之臣。故虎啸而（洌风）〔风洌〕，⑧[16]龙兴而致云，蟋蟀俟秋唫，蜉蝣出以阴。⑨易曰："飞龙在天，利见大人。"⑩诗曰："思皇多士，生此王国。"⑪故世平主圣，俊艾将自至，⑫若尧、舜、禹、汤、文、武之君，获稷、契、皋陶、伊尹、吕望，⑬明明在朝，穆穆列布，⑭聚精会神，相得益章。⑮虽伯牙操递锺，⑯逢门子弯乌号，⑰犹未足以喻其意也。

①师古曰："悃，至也，音口本反。"

②师古曰："勤于鼎俎，谓负鼎俎以干汤也。鼓刀，谓屠牛于朝歌也。"

③师古曰："鬻，卖也。吕氏春秋云百里奚之未遇时也，虞亡而虏缚，鬻以五羊之皮。公孙枝得而悦之，献诸穆公。饭牛，解在邹阳传。鬻音弋六反。"

④师古曰："离，遭也。"

⑤张晏曰："奥，幽也。渫，狎也，污也。言敝奥渫污，不章显也。"
师古曰："渫音先列反。"

⑥应劭曰："离此疏食，释此木蹻也。"臣瓒曰："以绳为蹻也。"师古
曰："蹻（自）〔即〕今之鞋耳。[17]瓒说是也。蹻音居略反。"

⑦师古曰："谈说（也）〔之〕士传以为资也。"[18]

⑧师古曰："冽冽，风貌也，音列。"

⑨孟康曰："蜉蝣，渠略也。"师古曰："蟋蟀，今之促织也。蜉蝣，甲
（患）〔虫〕也，[19]好丛聚而生也，朝生而夕死。蝣音由，字亦作蝤，
其音同也。"

⑩师古曰："乾卦九五爻辞也。言王者居正阳之位，贤才见之，则利
用也。"

⑪师古曰："大雅文王之诗也。思，语辞也。皇，美也。言美哉，此众
多贤士，生此周王之国也。"

⑫师古曰："艾读曰乂。"

⑬师古曰："契读与离同，字本作偰，后从省耳。"

⑭师古曰："明明，察也。穆穆，美也。"

⑮师古曰："章，明也。"

⑯晋灼曰："递音递迭之递。二十四锺各有节奏，击之不常，故曰
递。"臣瓒曰："楚辞云'奏伯牙之号锺'。号锺，琴名也。马融
笛赋曰'号锺高调'。伯牙以善鼓琴，不闻说能击锺也。"师古
曰："琴名是也，字既作递，则与楚辞不同，不得即读为号，当
依晋音耳。"

⑰师古曰："逢门，善射者，即逢蒙也。乌号，弓名也。并解在
前也。"

故圣主必待贤臣而弘功业，俊士亦俟明主以显其德。上
下俱欲，骊然交欣，千载壹合，论说无疑，翼乎如鸿毛过顺

风，沛乎如巨鱼纵大壑。①其得意若此，则胡禁不止，曷令不行？②化溢四表，横被无穷，遐夷贡献，万祥毕溱。③是以圣王不遍窥望而视已明，不单顷耳而听已聪；④恩从祥风翱，德与和气游，⑤太平之责塞，优游之望得；⑥遵游自然之势，恬淡无为之场，休徵自至，寿考无疆，雍容垂拱，永永万年，何必偃卬谄信若彭祖，呴嘘呼吸如侨、松，⑦眇然绝俗离世哉！⑧诗云"济济多士，文王以宁"，⑨盖信乎其以宁也！

① 师古曰："巨亦大也。沛音普大反。"

② 师古曰："胡、曷皆何也。"

③ 师古曰："溱字与臻同。"

④ 师古曰："单，尽极也。顷读曰倾。"

⑤ 师古曰："翱，翔也。"

⑥ 师古曰："塞，满也。"

⑦ 如淳曰："五帝纪彭祖，尧舜时人。列仙传彭祖，殷大夫也，历夏至商末，寿年七百。"师古曰："信读曰伸。呴嘘，皆开口出气也。侨，王侨，松，赤松子，皆仙人也。呴音许于反。嘘音虚。"

⑧ 师古曰："眇然，高远之意也。"

⑨ 师古曰："亦文王之诗也。济济，盛貌也。言文王能多用贤人，故邦国得以安宁也。"

是时，上颇好神仙，故褒对及之。

上令褒与张子侨等并待诏，数从褒等放猎，①所幸宫馆，辄为歌颂，第其高下，以差赐帛。议者多以为淫靡不急，上曰："'不有博弈者乎，为之犹贤乎已！'②辞赋大者与古诗同义，小者辩丽可喜。③譬如女工有绮縠，音乐有郑卫，④今世俗犹皆以此虞说耳目，⑤辞赋比之，尚有仁义风谕，⑥鸟兽草木多闻之观，贤于倡优博弈远矣。"顷之，擢襃为谏大夫。

①师古曰："放，士众大猎也，一曰游放及田猎。"

②师古曰："此论语载孔子之辞也。言博弈虽非道艺，无事为之，犹贤也。弈，今之围（其）〔棋〕也。"〔20〕

③师古曰："喜，好也，音许吏反。"

④师古曰："辟读曰譬。"

⑤师古曰："虞与娱同。说读曰悦。"

⑥师古曰："风读曰讽。"

其后太子体不安，苦忽忽善忘，不乐。诏使襃等皆之太子宫虞侍太子，①朝夕诵读奇文及所自造作。疾平复，乃归。②太子喜襃所为甘泉及洞箫颂，③令后宫贵人左右皆诵读之。

①师古曰："之，往也。"

②师古曰："复音扶目反。"

③师古曰："喜音许吏反。"

后方士言益州有金马碧鸡之宝，可祭祀致也，宣帝使襃往祀焉。襃于道病死，上闵惜之。

贾捐之字君房，贾谊之曾孙也。元帝初即位，上疏言得失，召待诏金马门。

初，武帝征南越，元封元年立儋耳、珠厓郡，皆在南方海中洲居，①广袤可千里，②合十六县，户二万三千餘。其民暴恶，自以阻绝，数犯吏禁，吏亦酷之，率数年壹反，杀吏，汉辄发兵击定之。自初为郡至昭帝始元元年，二十餘年间，凡六反叛。至其五年，罢儋耳郡并属珠厓。至宣帝神爵三年，珠厓三县复反。反后七年，甘露元年，九县反，辄发兵击定之。元帝初元元年，珠崖又反，发兵击之。诸县更叛，连年不定。③上与有司议大发军，捐之建议，以为不当击。上使侍中驸马都尉乐昌侯王商诘问捐之曰："珠崖内属为郡久矣，今背畔逆节，而云不当击，长蛮夷之乱，亏先帝功德，经义何以处之？"④捐之对曰：

①师古曰："居海中之洲也。水中可居者曰洲。"
②师古曰："袤，长也。"
③师古曰："更音工衡反。"
④师古曰："于六经之内，当何者之科条也。"

臣幸得遭明盛之朝，蒙危言之策，无忌讳之患，①敢昧死竭卷卷。②

①师古曰："危言，直言也。言出而身危，故云危言。论语称孔子曰：'邦有道，危言〔行危〕〔危行〕'。"[21]
②师古曰："卷读与拳同。"

臣闻尧舜，圣之盛也，禹入圣域而不优，①故孔子称尧曰"大哉"，韶曰"尽善"，禹曰"无间"。②以三圣之德，地方不过数千里，〔西〕被流沙，[22]东渐于海，朔南暨声教，迄于四海，③欲与声教则治之，不欲与者不强治也。④故君臣歌德，⑤含气之物各（德）〔得〕其宜。[23]武丁、成王，殷、周之大仁也，⑥然地东不过江、黄，西不过氐、羌，南不过蛮荆，北不过朔方。是以颂声并作，视听之类咸乐其生，越裳氏重九译而献，⑦此非兵革之所能致。及其衰也，南征不还，⑧齐桓捄其难，⑨孔子定其文。⑩以至乎秦，兴兵远攻，贪外虚内，务欲广地，不虑其害。然地南不过闽越，北不过太原，而天下溃畔，祸卒在于二世之末，⑪长城之歌至今未绝。

①臣瓒曰："禹之功德，载入圣人区域，但不能优泰耳。"

②师古曰："论语称孔子曰'大哉，尧之为君也'，又曰'韶，尽美矣，又尽善也'，又曰'禹，吾无间然矣'。韶，舜乐名。间音工苋反。"

③师古曰："此引禹贡之辞。渐，入也，一曰浸也。朔，北方也。暨，及也。迄，至也。"

④师古曰："与读曰豫。"

⑤师古曰："言皆有德可歌颂。"

⑥师古曰："武丁，殷之高宗。"

⑦晋灼曰："远国使来，因九译言语乃通也。"张晏曰："越不著衣裳，慕中国化，遣译来著衣裳也，故曰越裳也。"师古曰："张说非也。越裳自是国名，非以袭衣裳始为称号。王充论衡作越尝，此则不作衣裳之字明矣。"

⑧师古曰："谓昭王也。(谓)〔为〕楚所溺也。"〔24〕

⑨师古曰："谓襄王也。初为太子，而惠王欲立王子带，齐桓公为首止之盟，以定太子之位。事在左传僖五年。"

⑩张晏曰："孔子作春秋，夷狄之国虽大，自称王者皆贬为子。"

⑪师古曰："卒，终也。"

赖圣汉初兴，为百姓请命，平定天下。至孝文皇帝，闵中国未安，偃武行文，则断狱数百，民赋四十，丁男三年而一事。①时有献千里马者，诏曰："鸾旗在前，属车在后，②吉行日五十里，师行(二)〔三〕十里，〔25〕朕乘千里之马，独先安之？③于是还马，与道里费，而下诏曰："朕不受献也，其令四方毋求来献。"当此之时，逸游之乐绝，奇丽之赂塞，郑卫之倡微矣。夫后（官）〔宫〕盛色^[26]则贤者隐处，佞人用事则诤臣杜口，而文帝不行，故谥为孝文，庙称太宗。至孝武皇帝元狩六年，太仓之粟红腐而不可食，④都内之钱贯朽而不可（挍）〔校〕。⑤^[27]乃探平城之事，⑥录冒顿以来数为边害，籍兵厉马，因富民以攘服之。⑦西连诸国至于安息，东过碣石以玄菟、乐浪为郡，⑧（比）〔北〕却匈奴万里，更起营塞，^[28]制南海以为八郡，则天下断狱万数，民赋数百，造盐铁酒榷之利以佐用度，犹不能足。当此之时，寇贼并起，军旅数发，父战死于前，子斗伤于后，女子乘亭鄣，孤儿号于道，老母寡妇饮泣巷哭，⑨遥设虚祭，想魂乎万里之外。淮南王盗写虎符，阴聘名士，关东公孙勇等诈为使者，是皆廓地泰大，征伐不休之故也。

① 如淳曰："常赋岁百二十，岁一事。时天下民多，故出赋四十，三岁而一事。"

② 师古曰："鸾旗，编以羽毛，列系橦旁，载于车上，大驾出，则陈于道而先行。属车，相连属而陈于后也。属音之欲反。"

③ 师古曰："安之，言何所适往。"

④ 师古曰："粟久腐坏，则色红赤也。"

⑤ 师古曰："（挍）〔校〕谓数计也。"

⑥ 师古曰："追计其事，故言探。"

⑦ 师古曰："攘，却也。"

⑧ 师古曰："乐音洛。浪音郎。"

⑨ 师古曰："泪流被面以入于口，故言饮泣也。"

今天下独有关东，关东大者独有齐楚，民众久困，连年流离，离其城郭，相枕席于道路。①人情莫亲父母，莫乐夫妇，至嫁妻卖子，法不能禁，义不能止，此社稷之忧也。今陛下不忍悁悁之忿，欲驱士众挤之大海之中，②快心幽冥之地，非所以救助饥馑，保全元元也。诗云'蠢尔蛮荆，大邦为雠'，③言圣人起则后服，中国衰则先畔，动为国家难，自古而患之久矣，何况乃复其南方万里之蛮乎！骆越之人父子同川而浴，相习以鼻饮，与禽兽无异，本不足郡县置也。颛颛独居一海之中，④雾露气湿，多毒草虫蛇水土之害，人未见虏，战士自死。又非独珠厓有珠犀瑇瑁也，⑤弃之不足惜，不击不损威。其民譬犹鱼鳖，何足贪也！

①如淳曰："席音藉。"师古曰："席即藉也，不劳借音。"

②师古曰："挤，坠也，音子诣反，又子奚反。"

③师古曰："诗小雅采芑之诗也。蠢，动貌也。蛮荆，荆州之蛮也。言敢与大国为雠敌也。"

④师古曰："颛与专同。专专犹区区也，一曰圜貌也。"

⑤师古曰："瑇瑁，文甲也。瑇音代。瑁音妹。"

臣窃以往者羌军言之，暴师曾未一年，兵出不逾千里，费四十馀万万，大司农钱尽，乃以少府禁钱续之。①夫一隅为不善，费尚如此，况于劳师远攻，亡士毋功乎！求之往古则不合，施之当今又不便。臣愚以为非冠带之国，禹贡所及，春秋所治，皆可且无以为。②愿遂弃珠厓，专用恤关东为忧。

①师古曰："少府钱主供天子，故曰禁钱。"

②师古曰："为犹用也。"

对奏，上以问丞相御史。御史大夫陈万年以为当击；丞相于定国以为"前日兴兵击之连年，护军都尉、校尉及丞凡十一人，还者二人，卒士及转输死者万人以上，费用三万万馀，尚未能尽降。今关东困乏，民难摇动，捐之议是。"上乃从之。遂下诏曰："珠厓虏杀吏民，背畔为逆，今廷议者或言可击，或言可守，或欲弃之，其指各殊。朕日夜惟思议者之言，羞威不行，则欲诛之；狐疑辟难，则守屯田；①通于时变，则忧万民。夫万民之饥饿，与远蛮之不讨，危孰大焉？且宗庙之祭，凶年不备，况乎辟不嫌之辱哉！今关东大困，仓库空虚，无以相赡，又以动兵，非特劳民，凶年随之。其罢珠厓郡。民有慕义欲内属，便处之；②不欲，勿强。"珠厓由是罢。

①师古曰："辟读曰避。次下亦同。"

②师古曰："欲有来入内郡者，所至之处，即安置之。"

捐之数召见，言多纳用。时中书令石显用事，捐之数短显，①以故不得官，后稀复见。而长安令杨兴新以材能得幸，与捐之相善。捐之欲得召见，谓兴曰："京兆尹缺，使我得见，言君兰，②京兆尹可立得。"兴曰："县官尝言兴瘖薛大夫，③我易助也。君房下笔，言语妙天下，④使君房为尚书令，胜五鹿充宗远甚。"捐之曰："令我得代充宗，君兰为京兆，京兆郡国首，尚书百官本，天下真大治，士则不隔矣。捐之前言平恩侯可为将军，⑤期思侯并可为诸曹，⑥皆如言；又荐谒者满宣，立为冀州刺史；言中谒者不宜受事，宦者不宜入宗庙，立止。相荐之信，不当如是乎！"⑦兴曰："我复见，言君房也。"捐之复短石显。兴曰："显鼎贵，⑧上信用之。今欲进，弟从我计，⑨且与合意，即得入矣。"

①师古曰："谈说其长短。"

②张晏曰："杨兴字。"

③张晏曰："瘉，〔胜〕也。[29]薛广德为御史大夫。"师古曰："瘉与愈同。"

④师古曰："于天下最为精妙耳。"

⑤张晏曰："许嘉也。"

⑥师古曰："期思侯，当是贲赫之后嗣也，而表不载。"

⑦师古曰："冀相荐之效，当如前所言诸事见纳用。"

⑧如淳曰："鼎音钉，言方且欲贵矣。"师古曰："方且，是也。读如（今）〔本〕字。"[30]

⑨师古曰："弟，但也。"

捐之即与兴共为荐显奏，曰："窃见石显本山东名族，有礼义之家也。持正六年，未尝有过，明习于事，敏而疾见，出公门，入私门。①宜赐爵关内侯，引其兄弟以为诸曹。"又共为荐兴奏，曰："窃见长安令兴，幸得以知名数召见。兴事父母有曾氏之孝，②事师有颜闵之材，③荣名闻于四方。明诏举茂材，列侯以为首。为长安令，吏民敬乡，④道路皆称能。观其下笔属文，则董仲舒；进谈动辞，则东方生；置之争臣，则汲直；⑤用之介胄，则冠军侯；施之治民，则赵广汉；抱公绝私，则尹翁归。兴兼此六人而有之，守道坚固，执义不回，⑥临大节而不可夺，国之良臣也，可试守京兆尹。"

①师古曰："言自公庭出，即归其家，不妄交游。"

②师古曰："曾参也。"

③师古曰："颜回，闵子骞。"

④师古曰："乡读曰向。"

⑤张晏曰："汲黯方直，故世谓之汲直。"

⑥师古曰:"回,邪也。"

石显闻知,白之上。乃下兴、捐之狱,令皇后父阳平侯禁与显共杂治,奏"兴、捐之怀诈伪,以上语相风,更相荐誉,①欲得大位,漏泄省中语,(冈)〔罔〕上不道。[31]书曰:'谗说殄行,震惊朕师。'②王制:'顺非而泽,不听而诛。'③请论如法。"

①师古曰:"风读曰讽。更音工衡反。"

②师古曰:"虞书舜典之辞也。言谗巧之说,殄绝君子之行,震惊我众。"

③师古曰:"礼记王制云:'行伪而坚,言伪而辩,学非而博,顺非而泽,以疑众,杀。'谓人有坚为辩言,不以诚质,学于非道,虽博无用,饰非文过,辞语顺泽,不听教命,有如此者,皆诛杀也。"

捐之竟坐弃市。兴减死罪一等,髡钳为城旦。成帝时,至部刺史。

赞曰:诗称'戎狄是膺,荆舒是惩',①久矣其为诸夏患也。汉兴,征伐胡越,于是为盛。究观淮南、捐之、主父、严安之义,深切著明,②故备论其语。世称公孙弘排主父,张汤陷严助,石显谮捐之,察其行迹,主父求欲鼎亨而得族,严、贾出入禁门招权利,死皆其所也,亦何排陷之恨哉!

①师古曰:"鲁颂閟宫之诗也。膺,当也。惩,创刈也。言鲁僖公与齐桓举义兵,北当戎狄,南创荆蛮与群舒以靖难。"

②师古曰:"究,极也。"

〔1〕臣闻邹 (衍)〔子〕曰： 景祐、殿、局本都作"子"。

〔2〕有易则易 (也)〔之〕。 景祐、殿本都作"之"。

〔3〕(晋)〔更〕音工衡反。 景祐、殿、局本都作"更"，此误。

〔4〕(曰)〔日〕闻其美，(章)〔意〕广心逸。 景祐、殿、局本都作"日"作"意"，此误。

〔5〕夫 (人)〔天〕命初定，万事草创， 景祐、殿、局本字都作"天"。王先谦说作"天"是。

〔6〕苴 (以) 白茅于江淮， 王先谦说"以"字衍。按殿本无"以"字。

〔7〕传 (须)〔烦〕，因裂缯头合以为符信也。 景祐、殿本都作"烦"。王先谦说作"烦"是。

〔8〕当发使 (使) 匈奴， 景祐本不重"使"字。王念孙说，按注文则正文似只有一"使"字。

〔9〕天下殷 (当)〔富〕， 景祐、殿、局本都作"富"，此误。

〔10〕羹 (黎)〔藜〕晗糗者， 景祐、殿本都作"藜"。杨树达说作"藜"是。

〔11〕亦圣 (主)〔王〕之所以易海内也。 景祐、殿本都作"王"，文选同。

〔12〕焠谓 (尧)〔烧〕而内水中以坚之也。 景祐、殿、局本都作"烧"，此误。

〔13〕砥 (百)〔石〕出南昌， 景祐、殿本都作"石"，此误。

〔14〕言其 (起)〔速〕疾之甚。 景祐、殿本都作"速"。

〔15〕齐桓 (逐)〔遂〕以霸。 景祐、殿、局本都作"遂"，此误。

〔16〕故虎啸而 (冽风)〔风冽〕， 景祐、殿本都作"风冽"，通鉴同。

〔17〕蹻 (自)〔即〕今之鞋耳。 景祐、殿本都作"即"。

［18］ 谈说（也）〔之〕士传以为资也。 景祐、汲古、殿、局本都作"之"，此误。

［19］ 蜉蝤，甲（患）〔虫〕也， 景祐、殿、局本都作"虫"，此误。

［20］ 奕，今之围（其）〔棋〕也。 景祐、局本作"棋"，殿本作"碁"。此误，汲古本又误作"甚"。

［21］ 邦有道，危言（行危）〔危行〕。 景祐、殿、局本都作"危行"，此误倒。

［22］ 〔西〕被流沙， 景祐、殿本都有"西"字，此脱。

［23］ 含气之物各（德）〔得〕其宜。 景祐、殿、局本都作"得"。

［24］ （谓）〔为〕楚所溺也。 景祐、殿、局本都作"为"。

［25］ 师行（二）·〔三〕十里 景祐、殿本都作"三"，此误。

［26］ 夫后（官）〔宫〕盛色 景祐、殿本都作"宫"，此误。

［27］ 贯朽而不可（挍）〔校〕。 景祐、殿本都作"校"，注同。

［28］ （比）〔北〕却匈奴万里更起营塞， 景祐、殿、局本都作"北"，此误。

［29］ 瘉，〔胜〕也。 景祐、殿本都有"胜"字，此脱。

［30］ 读如（今） 〔本〕字。 殿、局本作"本"。王先谦说作"本"是。

［31］ （冈）〔罔〕上不道。 景祐、殿、局本都作"罔"，此误。

汉书卷六十五

东方朔传第三十五

东方朔字曼倩,①平原厌次人也②武帝初即位,征天下举方正贤良文学材力之士,待以不次之位,③四方士多上书言得失,自衒鬻者以千数,④其不足采者辄报闻罢。⑤朔初来,上书曰:"臣朔少失父母,长养兄嫂。年十三学书,三冬文史足用。⑥十五学击剑。十六学诗书,⑦诵二十二万言。十九学孙吴兵法,战阵之具,钲鼓之教,⑧亦诵二十二万言。凡臣朔固已诵四十四万言。又常服子路之言。⑨臣朔年二十二,长九尺三寸,目若悬珠,齿若编贝,⑩勇若孟贲,⑪捷若庆忌,⑫廉若鲍叔,⑬信若尾生。⑭若此,可以为天子大臣矣。臣朔昧死再拜以闻。"

①师古曰:"倩音千见反。"

②师古曰:"高祖功臣表有厌次侯爰类,是则厌次之名也其来久矣,而说者乃云后汉始为县,于此致疑,斯未通也。厌音一涉反,又音一

琰反。"

③师古曰:"不拘常次,言超擢也。"

④师古曰:"衒,行卖也。鬻亦卖也。衒音州县之县,又音工县反。"

⑤师古曰:"报云天子已闻其所上之书,而罢之令归。"

⑥如淳曰:"贫子冬日乃得学书,言文史之事足可用也。"

⑦师古曰:"学剑,遥击而中之,非斩刺也。"

⑧师古曰:"钲鼓,所以为进退士众之节也。钲音正。"

⑨服虔曰:"无宿诺。"

⑩师古曰:"编,列次也,音鞭。"

⑪师古曰:"孟贲,卫人,古之勇士也。尸子说云:'人谓孟贲生乎?曰勇。贵乎?曰勇。富乎?曰勇。三者人之所难,而皆不足以易勇,故能慑三军,服猛兽也。'"

⑫师古曰:"王子庆忌也。射之,矢满把不能中;驷马追之不能及也。"

⑬师古曰:"齐大夫也,与管仲分财,自取其少。而说者乃妄解云鲍焦,非也。焦自介士耳。"

⑭师古曰:"尾生,古之信士,与女子期于梁下,待之不至,遇水而死。一曰即微生高也。"

朔文辞不逊,高自称誉,上伟之,①令待诏公车,②奉禄薄,未得省见。③

①师古曰:"以为大奇也。"

②师古曰:"公车令属卫尉,上书者所诣也。"

③师古曰:"不被省纳,不得见于天子也。奉音扶用反。其下并同。"

久之,朔绐骀朱儒,①曰:"上以若曹无益于县官,②耕田力作固不及人,临众处官不能治民,从军击虏不任兵事,无益于国用,徒索衣食,③今欲尽杀若曹。"朱儒大恐,啼泣。朔教曰:

"上即过，叩头请罪。"居有顷，闻上过，朱儒皆号泣顿首。上问："何为？"对曰："东方朔言上欲尽诛臣等。"上知朔多端，召问朔："何恐朱儒为？"对曰："臣朔生亦言，死亦言。朱儒长三尺馀，奉一囊粟，钱二百四十。臣朔长九尺馀，亦奉一囊粟，钱二百四十。朱儒饱欲死，臣朔饥欲死。臣言可用，幸异其礼；不可用，罢之，无令但索长安米。"上大笑，因使待诏金马门，稍得亲近。

①文颖曰："朱儒之为驼者也。"师古曰："朱儒，短人也。驼本厩之御驼也，后人以为骑，谓之驼骑。"

②师古曰："若，女也。曹，辈也。"

③如淳曰："索，尽也。"师古曰："音先各反。下云索长安米亦同也。"

上尝使诸数家射覆，①置守宫盂下，射之，皆不能中。②朔自赞曰："臣尝受易，请射之。"③乃别著布卦而对曰：④"臣以为龙又无角，谓之为蛇又有足，跂跂脉脉善缘壁，是非守宫即蜥蜴。"⑤上曰："善。"赐帛十匹。复使射他物，连中，辄赐帛。⑥

①师古曰："数家，术数之家也。于覆器之下而置诸物，令暗射之，故云射覆。数音所具反。覆音芳目反。"

②师古曰："守宫，虫名也。术家云以器养之，食以丹砂，满七斤，捣治万杵，以点女人体，终身不灭，若有房室之事，则灭矣。言可以防闲淫逸，故谓之守宫也。今俗呼为辟宫，辟亦御扞之义耳。盂，食器也，若钵而大，今之所谓钵盂也。钵音拨。"

③师古曰："赞，进也。"

④师古曰："别，分也，音彼列反。"

⑤师古曰："跂跂，行貌也。脉脉，视貌也。尔雅云'蝾螈，蜥蜴；蜥蜴，蝘蜓，守宫'，是则一类耳。扬雄方言云其在泽中者谓之蜥蜴。

故朔曰是非守宫则蜥蜴也。蜥音先历反。蜴音余赤反。蝾音荣。螈音原。蜒音乌典反。蜓音殄。"

⑥师古曰："中音竹仲反。其下并同。"

时有幸倡郭舍人，滑稽不穷，①常侍左右，曰："朔狂，幸中耳，非至数也。②臣愿令朔复射，朔中之，臣榜百，不能中，臣赐帛。"③乃覆树上寄生，令朔射之。朔曰："是窭薮也。"④舍人曰："果知朔不能中也。"朔曰："生肉为脍，乾肉为脯；著树为寄生，盆下为窭数。"上令倡监榜舍人，舍人不胜痛，呼謈。⑤朔笑之曰："咄！口无毛，声謷謷，（尻）〔尻〕益高。"⑥〔1〕舍人恚曰："朔擅诋欺天子从官，当弃市。"⑦上问朔："何故诋之？"对曰："臣非敢诋之，乃与为隐耳。"⑧上曰："隐云何？"朔曰："夫口无毛者，狗窦也；声謷謷者，鸟哺鷇也；⑨尻益高者，鹤俛啄也。"⑩舍人不服，因曰："臣愿复问朔隐语，不知，亦当榜。"即妄为谐语曰：⑪"令壶龃，老柏涂，伊优亚，㹞吽牙。何谓也？"⑫朔曰："令者，命也。壶者，所以盛也。⑬龃者，齿不正也。老者，人所敬也。柏者，鬼之廷也。⑭涂者，渐洳径也。⑮伊优亚者，辞未定也。㹞吽牙者，两犬争也。"舍人所问，朔应声辄对，变诈鏠出，莫能穷者，左右大惊。上以朔为常侍郎，遂得爱幸。

①师古曰："幸倡，倡优之见幸遇者也。滑音骨。滑稽，解在公孙弘传。"

②师古曰："至，实也。"

③师古曰："榜，击也，音步行反。"

④苏林曰："窭音贫窭之窭，薮音数钱之数。窭数，钩灌，四股钩也。"

师古曰："窭数，戴器也，以盆盛物戴于头者，则以窭数荐之，今卖白团饼人所用者是也。寄生者，芝菌之类，淋潦之日，著树而生，形有周圜象窠数者，今关中俗亦呼为寄生。非为茑之寄生寓木宛童有〔林〕〔枝〕叶者也。[2]故朔云'著树为寄生，盆下为窠数'。明其常在盆下。今读书者不晓其意，谓射覆之物覆在盆下，辄改前'覆守宫盂下'为盆字，失之远矣。杨恽传云'鼠不容穴，衔窠数也。'盆下之物有饮食气，故鼠衔之，四股铁钩，非所衔也。"

⑤服虔曰："謈音暴。"邓展曰："呼音骸箭之骸。謈音瓜皰之皰。"师古曰："邓音是也。谓痛切而叫呼也，与田蚡传'呼服'音义皆同。一曰，邓音近之。謈，自冤痛之声也。舍人榜痛，乃呼云謈。今人痛甚，则称阿謈，音步高反。是故朔逐韵而嘲之云'口无毛，声謷謷'也。"

⑥邓展曰："咄音豽裘之豽也。"师古曰："咄，叱咄之声也，音丁骨反。邓说非也。謷音敖。"

⑦师古曰："诋，毁辱也，音丁礼反。"

⑧师古曰："隐谓隐语也。"

⑨项昭曰："凡鸟哺子而活者为鷇，生而自啄曰雏。"师古曰："（雏）〔鷇〕音口豆反。"[3]

⑩师古曰："俛即俯字也。俯，低也。啄，鸟觜也。俛又音免。啄音竹救反。"

⑪师古曰："谐者，和韵之言也。"

⑫张晏曰："龃音榹梨之榹。"应劭曰："狋音银。"师古曰："龃音侧加反，又，壮加反。涂音丈加反。优音一侯反。亚音乌加反。狋音五伊反。吽音五侯反。"

⑬师古曰："盛，受物也，音时政反。"

⑭师古曰："言鬼神尚幽暗，故以松柏之树为廷府。"

⑮师古曰："渐洳，浸湿也。渐音子廉反。洳音人庶反。"

久之，伏日，①诏赐从官肉。大官丞日晏不来，②朔独拔剑割肉，谓其同官曰："伏日当蚤归，③请受赐。"既怀肉去。大官奏之。朔入，上曰："昨赐肉，不待诏，以剑割肉而去之，何也？"朔免冠谢。上曰："先生起自责也。"朔再拜曰："朔来！朔来！受赐不待诏，何无礼也！拔剑割肉，壹何壮也！割之不多，又何廉也！归遗细君，又何仁也！"④上笑曰："使先生自责，乃反自誉！"复赐酒一石，肉百斤，归遗细君。

①师古曰："三伏之日也，解在郊祀志。"
②师古曰："晏，晚也。"
③师古曰："蚤古早字。"
④师古曰："细君，朔妻之名。一说，细，小也，朔自比于诸侯，谓其妻曰小君。"

初，建元三年，微行始出，北至池阳，西至黄山，①南猎长杨，东游宜春。②微行常用饮酎已。③八九月中，与侍中常侍武骑及待诏陇西北地良家子能骑射者期诸殿门，故有"期门"之号自此始。微行以夜漏下十刻乃出，常称平阳侯。④旦明，入山下驰射鹿豕狐兔，手格熊罴，驰骛禾稼稻粳之地。⑤民皆号呼骂詈，⑥相聚会，自言鄠杜令。令往，欲谒平阳侯，诸骑欲击鞭之。令大怒，使吏呵止，猎者数骑见留，乃示以乘舆物，久之乃得去。时夜出夕还，后赏五日粮，会朝长信宫，⑦上大驩乐之。是后，南山下乃知微行数出也，然尚迫于太后，未敢远出。丞相御史知指，⑧乃使右辅都尉徼循长杨以东，⑨右内史发小民共待会所。⑩后乃私置更衣，⑪从宣曲以南十二所，中休更衣，⑫投宿诸宫，⑬长杨、五柞、倍阳、宣曲尤幸。⑭于是上以为道远劳苦，又为百姓所患，乃使太中大夫吾丘寿王与待诏能用算者二人，举籍阿城以南，⑮盩厔以东，宜春以西，提封顷亩，及其贾直，⑯欲除以为上林苑，属之南山。⑰又诏中尉、左右内史表属县草田，欲以偿鄠杜之民。⑱吾丘寿王奏事，上大说称善。⑲时朔在傍，进谏曰：

①晋灼曰："宫名，在槐里。"

②师古曰："宜春宫也，在长安城东南。说者乃以为在鄠，非也。在鄠者，自是宜春观耳，在长安城西，岂得言东游也？"

③师古曰："酎，酒新孰以祭宗庙也。酎音纣。解在景纪。"

④如淳曰："平阳侯曹寿尚帝姊，时见尊宠，故称之。"

⑤师古曰："稻，有芒之谷总称也。粳，其不黏者也，音庚。"

⑥师古曰："呼音火故反。"

⑦师古曰："五日一朝长信宫，故赍五日粮也。长信，太后之宫也。"

⑧师古曰："指谓天子之意也。"

⑨师古曰："徼，遮绕也。循，行视也。戒备非常也。徼音工钓反。"

⑩师古曰："共读曰供。"

⑪师古曰："为休息易衣之处，亦置宫人。"

⑫师古曰："宣曲，宫名，在昆明池西。"

⑬师古曰："昼休更衣，夜则别宿于诸宫。"

⑭师古曰："倍阳，即赟阳也，其音同耳，宫名，在鄠县也。"

⑮师古曰："举计其数而为簿籍也。阿城，本秦阿房宫也，以其墙壁崇广，故俗呼为阿城。"

⑯师古曰："提封，亦谓提举四封之内，总计其数也。贾读曰价。"

⑰师古曰："属，连也，音之欲反。"

⑱师古曰："时未为京兆、冯翊、扶风，故云中尉及左右内史也。草田谓荒田未耕垦也。"

⑲师古曰:"说读曰悦。"

　　臣闻谦逊静悫,天表之应,应之以福;①骄溢靡丽,天表之应,应之以异。今陛下累郎台,恐其不高也;②弋猎之处,恐其不广也。如天不为变,则三辅之地尽可以为苑,何必盩厔、鄠、杜乎!③奢侈越制,天为之变,上林虽小,臣尚以为大也。

①师古曰:"悫,谨也,音口角反。"

②师古曰:"郎,堂下周屋。"

③师古曰:"中尉及左右内史则为三辅矣,非必谓京兆、冯翊、扶风也。学者疑此言为后人所增,斯未达也。"

　　夫南山,天下之阻也,南有江淮,北有河渭,其地从汧陇以东,商雒以西,①厥壤肥饶。汉兴,去三河之地,止霸产以西,都泾渭之南,此所谓天下陆海之地,②秦之所以虏西戎兼山东者也。其山出玉石,金、银、铜、铁,豫章、檀、柘,异类之物,不可胜原,③此百工所取给,万民所卬足也。④又有秔稻梨栗桑麻竹箭之饶,土宜姜芋,水多蛙鱼,⑤贫者得以人给家足,无饥寒之忧。故鄠镐之间号为土膏,其贾亩一金。⑥今规以为苑,绝陂池水泽之利,而取民膏腴之地,上乏国家之用,下夺农桑之业,弃成功,就败事,损耗五谷,⑦是其不可一也。且盛荆棘之林,而长养麋鹿,广狐兔之苑,大虎狼之虚,⑧又坏人冢墓,发人室庐,令幼弱怀土而思,耆老泣涕而悲,是其不可二也。斥而营之,垣而囷之,⑨骑驰东西,车骛南北,⑩又有深沟大渠,夫一日之乐不足以危无堤之舆,⑪是其不可三也。故务苑囿之大，不恤农时，非所以强国富人也。

①服虔曰："商与上雒二县也。"师古曰："汧，汧水也。陇，陇坻也。"

②师古曰："高平曰陆，关中地高故称耳。海者，万物所出，言关中山
川物产饶富，是以谓之陆海也。"

③师古曰："原，本也。言说不能尽其根本。"

④师古曰："卬音牛向反。"

⑤师古曰："芋，草名，其叶似藕荷而长，不圆，其根正白可食。蝇即
蛙字也，似蝦蟆而小，长脚，盖人亦取食之。"

⑥师古曰："贾读曰价。"

⑦师古曰："耗，减也，音呼到反。"

⑧师古曰："虚读曰墟。"

⑨师古曰："斥，却也。"

⑩师古曰："乱驰曰骛。"

⑪苏林曰："堤，限也。舆，乘舆也。无限，若言不訾也。不敢斥天
子，故言舆也。"张晏曰："一日之乐，谓田猎也。无堤之舆，谓天
子富贵无堤限也。"师古曰："张说是也。〔堤〕音丁奚反。"〔4〕

　　夫殷作九市之宫而诸侯畔，①灵王起章华之台而楚民
散，②秦兴阿房之殿而天下乱。粪土愚臣，忘生触死，③逆盛
意，犯隆指，罪当万死，不胜大愿，愿陈泰阶六符，④以观
天变，不可不省。

2471

①应劭曰："纣于宫中设九市。"

②师古曰："楚灵王作章华之台，纳亡人以实之，卒有乾谿之祸也。章
华台在华容城也。"

③师古曰："忽忘其生而触死罪也。"

④孟康曰："泰阶，三台也。每台二星，凡六星。符，六星之符验也。"

应劭曰："黄帝泰阶六符经曰：'泰阶者，天之三阶也。上阶为天子，中阶为诸侯公卿大夫，下阶为士庶人。上阶上星为男主，下星为女主。中阶上星为诸侯三公，下星为卿大夫。下阶上星为元士，下星为庶人。三阶平则阴阳和，风雨时，社稷神祇咸获其宜，天下大安，是为太平。三阶不平，则五神乏祀，日有食之，水润不浸，稼穑不成，冬雷夏霜，百姓不宁，故治道倾。天子行暴令，好兴甲兵，修宫榭，广苑囿，则上阶为之奄奄疏阔也。'以孝武皆有此事，故朔为陈之。"

是日因奏泰阶之事，上乃拜朔为太中大夫、给事中，赐黄金百斤。然遂起上林苑，如寿王所奏云。

久之，隆虑公主子昭平君①尚帝女夷安公主，隆虑主病困，以金千斤钱千万为昭平君豫赎死罪，上许之。隆虑主卒，昭平君日骄，醉杀主傅，狱系内官。②以公主子，廷尉上请请论。③左右人人为言："前又入赎，陛下许之。"上曰："吾弟老有是一子，死以属我。"④于是为之垂涕叹息，良久曰："法令者，先帝所造也，用弟故而诬先帝之法，吾何面目入高庙乎！又下负万民。"乃可其奏，哀不能自止，左右尽悲。朔前上寿，曰："臣闻圣王为政，赏不避仇雠，诛不择骨肉。书曰：'不偏不党，王道荡荡。'⑤此二者，五帝所重，三王所难也。陛下行之，是以四海之内元元之民各得其所，天下幸甚！臣朔奉觞，昧死再拜上万岁

寿。"上乃起，入省中，夕时召让朔，⑥曰："传曰：'时然后言，人不厌其言'。⑦今先生上寿，时乎？"⑧朔免冠顿首曰："臣闻乐太甚则阳溢，哀太甚则阴损，阴阳变则心气动，心气动则精神散，精神散而邪气及。销忧者莫若酒，臣朔所以上寿者，明陛下正而不阿，因以止哀也。愚不知忌讳，当死。"先是，朔尝醉入

殿中，小遗殿上，⑨劾不敬。有诏免为庶人，待诏宦者署，因此（时）〔对〕复为中郎，[5]赐帛百匹。

①师古曰："虑音庐。"

②服虔曰："主傅，主之官也。"如淳曰："礼有傅姆。说者又曰傅者老大夫也，汉使中行说傅翁主也。"师古曰："傅姆是也。服说失之。内官，署名，解在律历志。"

③师古曰："论决其罪也。"

④师古曰："老乃有子，言其晚孕育也。属音之欲反。"

⑤师古曰："周书洪范之辞也。荡荡，平坦之貌。"

⑥师古曰："让，责也。"

⑦师古曰："论语称孔子问公叔文子于公明贾曰：'信乎夫子不言不笑不取乎？'对曰：'夫子时然后言，人不厌其言；乐然后笑，人不厌其笑。义然后取，人不厌其取。'"

⑧师古曰："言所上寿岂谓时乎？"

⑨师古曰："小遗者，小便也。"

初，帝姑馆陶公主号窦太主，①堂邑侯陈午尚之。午死，主寡居，年五十馀矣，近幸董偃。始偃与母以卖珠为事，偃年十三，随母出入主家。左右言其姣好，②主召见，曰："吾为母养之。"因留第中，教书计相马御射，③颇读传记。至年十八而冠，出则执辔，入则侍内。为人温柔爱人，以主故，诸公接之，名称城中，号曰董君。主因推令散财交士，令中府曰：④"董君所发，一日金满百斤，钱满百万，帛满千匹，乃白之。"⑤安陵爰叔者，爰盎兄子也，与偃善，谓偃曰："足下私侍汉主，挟不测之罪，将欲安处乎？"⑥偃惧曰："忧之久矣，不知所以。"⑦爰叔曰："顾城庙远无宿宫，又有萩竹籍田，⑧足下何不白主献长门园？⑨此上所欲也。如是，上知计出于足下也，则安枕而卧，长无惨怛之忧。久之不然，上且请之，于足下何如？"偃顿首曰："敬奉教。"入言之主，主立奏书献之。上大说，⑩更名窦太主园为长门宫。主大喜，使偃以黄金百斤为爰叔寿。

①如淳曰："窦太后之女也，故曰窦太主也。"

②师古曰："姣，美丽也，音狡。"

③师古曰："计谓用算也。"

④师古曰："中府，掌金帛之臧者也。"

⑤师古曰："言不满此数者，皆恣与之。"

⑥师古曰："不测者，言其深也。安处，何以自安处也。一曰，身挟大罪，乃欲自安而居处者乎？"

⑦师古曰："以，用也。不知用何计也。"

⑧如淳曰："其间虽有地，皆有荻竹籍田，无可作宿观也。"师古曰："如说非也。荻即楸字也。言有楸树及竹林可游玩，而籍田所在，上又须躬亲行事，当有宿宫，故宜献此园。"

⑨如淳曰："窦太主园在长门。长门在长安城东南。园可以为宿馆处所，故献之。"

⑩师古曰："说读曰悦。"

叔因是为董君画求见上之策，令主称疾不朝。上往临疾，问所欲，主辞谢曰："妾幸蒙陛下厚恩，先帝遗德，奉朝请之礼，备臣妾之仪，①列为公主，赏赐邑人，②隆天重地，死无以塞责。③一旦卒有不胜洒扫之职，④先狗马填沟壑，窃有所恨，不胜大愿，愿陛下时忘万事，养精游神，从中掖庭回舆，枉路临妾山林，⑤得献觞上寿，娱乐左右。如是而死，何恨之有！"上曰："主何忧？幸得愈。恐群臣从官多，大为主费。"上还。有顷，主疾愈，起谒，上以钱千万从主饮。后数日，上临山林，主自执宰敝膝，⑥道入登阶就坐。坐未定，上曰："愿谒主人翁。"主乃下殿，去簪珥，⑦徒跣顿首谢曰："妾无状，⑧负陛下，身当伏诛。陛下不致之法，顿首死罪。"有诏谢。主簪履起，之东箱自引董君。⑨董君绿帻傅鞲，⑩随主前，伏殿下。主乃赞：⑪"馆陶公主胞人臣偃昧死再拜谒。"⑫因叩头谢，上为之起。有诏赐衣冠上。⑬偃起，走就衣冠。主自奉食进觞。当是时，董君见尊不名，称为"主人翁"，饮大驩乐。主乃请赐将军列侯从官金钱杂缯各有数。于是董君贵宠，天下莫不闻。郡国狗马蹴鞠剑客辐凑⑭董氏。常从游戏北宫，驰逐平乐，观鸡鞠之会，角狗马之足，⑮上大欢乐之。于是上为窦太主置酒宣室，使谒者引内董君。

①师古曰："请音才姓反。"

②师古曰："既别得赏赐，又所食之邑入其租赋也。"

③师古曰："塞，补也。"

④师古曰："卒读曰猝。洒音信，又音山豉反。"

⑤应劭曰："公主园中有山，谦不敢称第，故托山林也。"服虔曰："主所豫作庙陵，故曰山林也。"师古曰："山林，应说是也。不当请帝临其冢墓也。"

⑥师古曰："为贱者之服。"

⑦师古曰："珥，珠玉饰耳者也，音饵。"

⑧师古曰："状，形貌也。无状，犹言无颜面以见人也。一曰，自言所行丑恶无善状。"

⑨师古曰："之，往也。"

⑩应劭曰："宰人服也。"韦昭曰："鞲形如射鞲，以缚左右手，于事便也。"师古曰："绿帻，贱人之服也。傅，著也。鞲即今之臂鞲也。

傅读曰附。耩音工侯反。"

⑪师古曰："赞，进也。进传谒辞。"

⑫师古曰："胞与庖同。"

⑬师古曰："上，上坐。"

⑭师古曰："蹴音千六反。鞠音钜六反。解在<u>艺文志</u>。"

⑮师古曰："角犹校也。"

是时，朔陛戟殿下，①辟戟而前曰：②"<u>董偃</u>有斩罪三，安得入乎？"上曰："何谓也？"朔曰："<u>偃</u>以人臣私侍公主，其罪一也。败男女之化，而乱婚姻之礼，伤王制，其罪二也。陛下富於春秋，方积思於<u>六经</u>，留神於王事，驰骛於<u>唐虞</u>，折节於<u>三代</u>，<u>偃</u>不遵经劝学，反以靡丽为右，奢侈为务，③尽狗马之乐，极耳目之欲，行邪枉之道，径淫辟之路，④是乃国家之大贼，人主之大蜮。⑤<u>偃</u>为淫首，其罪三也。昔<u>伯姬</u>燔而诸侯惮，⑥奈何乎陛下？"上默然不应，良久曰："吾业以设饮，后而自改。"朔曰："不可。夫<u>宣室</u>者，先帝之正处也，非法度之政不得入焉。故淫乱之渐，其变为篡，是以<u>竖貂</u>为淫而<u>易牙</u>作患，⑦<u>庆父</u>死而<u>鲁国</u>全，⑧<u>管蔡</u>诛而<u>周室</u>安。"上曰："善。"有诏止，更置酒<u>北宫</u>，引董君从<u>东司马门</u>。<u>东司马门</u>更名<u>东交门</u>。⑨赐朔黄金三十斤。董君之宠由是日衰，至年三十而终。后数岁，<u>窦太主</u>卒，与董君会葬於<u>霸陵</u>。是后，公主贵人多逾礼制，自<u>董偃</u>始。

①师古曰："持戟列陛侧。"

②师古曰："辟音频亦反。"

③师古曰："右，尊也。"

④师古曰："径，由也。辟读曰僻。"

⑤师古曰："蜮，魅也，音或。说者以为短狐，非也。短狐，射工耳，於此不当其义。今俗犹（河）〔云〕魅蜮也。"[6]

⑥应劭曰："惮，敬也。敬其节直也。"师古曰："伯姬，宋恭姬也。遇火灾，待姆不出而死也。"

⑦师古曰："竖貂、易牙皆齐桓公臣也。管仲有病，桓公往问之曰：'将何以教寡人？'管仲曰：'愿君之远易牙、竖貂。'公曰：'易牙亨其子以快寡人，尚可疑邪？'对曰：'人之情非不爱其子，其子之忍，又将何有於君？'公曰：'竖貂自宫以近寡人，犹可疑邪？'对曰：'人之情非不爱其身也，其身之忍，又将何有於君？'公曰：'诺。'管仲死，尽逐之，而公食不甘，宫不治。居三年，公曰：'仲父不亦过乎？'于是皆复召，即反之。明年，公有病，易牙、竖貂相与作乱，塞宫门，筑高墙，不通人。有一妇人逾垣入，至公所。公曰：'我欲食。'妇人曰：'吾无所得。'又曰：'我欲饮。'妇人曰：'吾无所得。'公曰：'何故？'对曰：'易牙、竖貂相与作乱，塞宫门，筑高墙，不通人，故无所得。'公慨然叹涕出，曰'嗟乎！圣人所见岂不远哉？若死者有知，我将何面目见仲父乎！'蒙衣袂而绝乎寿宫，虫流出於户，盖以杨门之扉，三月不葬。"

⑧师古曰："庆父，鲁桓公子，庄公弟也。庄公薨，庆父杀庄公之子闵公而欲作乱，不克，奔莒。其后僖公立，以赂求之於莒，莒人归之，及密乃缢而死。僖公乃定其位。"

⑨苏林曰："以偃从此门入，交会於内，故以名焉。"

时天下侈靡趋末，①百姓多离农亩。上从容问朔："吾欲化民，岂有道乎？"②朔对曰："尧舜禹汤文武成康上古之事，经历数千载，尚难言也，臣不敢陈。愿近述孝文皇帝之时，当世耆老皆闻见之。贵为天（下）〔子〕，[7]富有四海，身衣弋绨，③

足履革舄,④以韦带剑,⑤莞蒲为席,⑥兵木无刃,⑦衣缊无文,⑧集上书囊以为殿帷;⑨以道德为丽,以仁义为准。⑩於是天下望风成俗,昭然化之。今陛下以城中为小,图起建章,左凤阙,右神明,⑪号称千门万户;木土衣绮绣,狗马被缋罽;⑫宫人簪瑇瑁,垂珠玑;⑬设戏车,教驰逐,饰文采,嶜珍怪;⑭撞万石之钟,击雷霆之鼓,⑮作俳优,舞郑女。上为淫侈如此,而欲使民独不奢侈失农,事之难者也。⑯陛下诚能用臣朔之计,推甲乙之帐燔之於四通之衢,⑰却走马示不复用,⑱则尧舜之隆宜可与比治矣。易曰:'正其本,万事理;失之豪氂,差以千里。'⑲愿陛下留意察之。"

①师古曰:"趋读曰趣。末谓工商之业。"

②师古曰:"从音千容反。"

③师古曰:"弋,黑色也。绨,厚缯,音徒奚反。"

④师古曰:"革,生皮也。不用柔韦,言俭率也。"

⑤师古曰:"但空用韦,不加饰。"

⑥师古曰:"莞,夫离也,今谓之葱蒲。以莞及蒲为席,亦尚质也。莞音完,又音官。"

⑦服虔曰:"兵器如木而无刃,言不大治兵器也。"

⑧师古曰:"缊,乱絮也。言内有乱絮,上无文彩也。缊音於粉反。"

⑨师古曰:"集谓合聚也。"

⑩师古曰:"丽,美也。准,平法也。"

⑪如淳曰:"阙名也。"师古曰:"凤阙,阙名。神明,台名也。"

⑫师古曰:"缋,五彩也。罽,织毛也,即氍毹之属。"

⑬师古曰:"瑇瑁,文甲也。玑,珠之不圜者。瑇音代。瑁音昧。玑音居依反,又音钜依反。"

⑭师古曰："蕺，古菜字。"

⑮师古曰："言其声震大也。"

⑯师古曰："失农谓失农业也。"

⑰应劭曰："帐多故以甲乙第之耳。"孟康曰："西域传赞云'兴造甲乙之帐，络以随珠和璧，天子袭翠被，凭玉几，而处其中'也。"师古曰："谓推而去之。燔，焚烧也。"

⑱师古曰："却，退也。走马，善走之马也。"

⑲师古曰："今易无此文，已解於上也。"

朔虽诙笑，①然时观察颜色，直言切谏，上常用之。自公卿在位，朔皆敖弄，无所为屈。②

①师古曰："诙，嘲戏也。诙笑，谓嘲谑，发言可笑也。诙音恢。其下诙啁、诙谐并同。"

②师古曰："敖读曰傲。为音于伪反。"

上以朔口谐辞给，①好作问之。②尝问朔曰："先生视朕何如主也？"朔对曰："自唐虞之隆，成康之际，未足以谕当世。臣伏观陛下功德，陈五帝之上，在三王之右。③非若此而已，诚得天下贤士，公卿在位咸得其人矣。譬若以周邵为丞相，④孔丘为御史大夫，⑤太公为将军，⑥毕公高拾遗於后，⑦弁严子为卫尉，⑧皋陶为大理，⑨后稷为司农，⑩伊尹为少府，⑪子赣使外国，⑫颜闵为博士，⑬子夏为太常，⑭益为右扶风，⑮季路为执金吾，⑯契为鸿胪，⑰龙逢为宗正，⑱伯夷为京兆，⑲管仲为冯翊，⑳鲁般为将作，㉑仲山甫为光禄，㉒申伯为太仆，㉓延陵季子为水衡，㉔百里奚为典属国，㉕柳下惠为大长秋，㉖史鱼为司直，㉗蘧伯玉为太傅，㉘孔父为詹事，㉙

2479

孙叔敖为诸侯相，子产为郡守，㉚王庆忌为期门，㉛夏育为鼎官，㉜羿为旄头，㉝宋万为式道候。"㉞上乃大笑。

① 师古曰："给，捷也。"

② 师古曰："故动作之而问以言辞也。"

③ 师古曰："右亦高上也。"

④ 师古曰："周公旦、邵公奭二人也。"

⑤ 应劭曰："御史大夫职典制度文章。"

⑥ 师古曰："太公，吕望也。知战陈征伐之事，故云为将军。"

⑦ 师古曰："毕公高，文王之子也，为周太师，故云拾遗也。"

⑧ 师古曰："以其有勇。"

⑨ 师古曰："以其作士，士亦理官。"

⑩ 师古曰："主播种。"

⑪ 应劭曰："伊尹善亨割，大官属少府，故令作之也。"

⑫ 师古曰："以其有辩说。"

⑬ 师古曰："颜回、闵子骞为皆有德行也。"

⑭ 师古曰："以有文学故为太常也。而应劭（曰）以子夏两字总合为夔，[8]解云夔知乐，故可以为太常，此说非也。"

⑮ 应劭曰："益作舜虞，掌山泽之官也。诸苑多在右扶风，故令作之。"

⑯ 师古曰："亦以有勇力。"

⑰ 应劭曰："卨作司徒，敬敷五教。是时诸侯王治民，鸿胪主诸侯王也。"师古曰："契读与卨同，字本作偰，盖后从省耳。"

⑱ 师古曰："关龙逢，桀之臣也，忠谏而死也。以其直，无所阿私。"

⑲ 应劭曰："帝曰'伯夷，汝作秩宗。'秩宗，主郊庙。京兆与太常同典斋祀，故令为之。"

⑳ 应劭曰："管仲定民之居，寄军令於内政，终令匡霸，故令为冯

㉑师古曰："以其巧也。般与班同。"

㉒晋灼曰："光禄，主三大夫谏正之官，取其柔亦不茹，刚亦不吐。"

㉓应劭曰："申伯，周宣王之舅也。太仆主大驾亲御，职又密近，故用亲亲也。"

㉔应劭曰："水衡主池苑。季子，吴人，故使为之。"师古曰："季子即吴公子札。"

㉕应劭曰："奚，秦人。秦近西戎，晓其风俗，故令为之。"

㉖师古曰："惠，鲁大夫展禽也。食采柳下，谥曰惠。以其贞洁，故为大长秋。"

㉗师古曰："史鱼，卫大夫史鳛也。论语称孔子曰'直哉史鱼，邦有道如矢，邦无道如矢'。"

㉘如淳曰："太傅傅人主使无过。伯玉欲寡其过，故令为之。"师古曰："蘧伯玉，卫大夫也，名瑗。蘧音渠。"

㉙应劭曰："孔父正色而立於朝，则莫敢过而致难乎其君，故为詹事。"师古曰："孔父，宋大夫也。父读曰甫。"

㉚师古曰："善治邦邑也。"

㉛应劭曰："以其劲捷，可为期门郎也。"师古曰："王庆忌即王子庆忌也。"

㉜(或) 师古曰："[9] 夏育，卫人，力举千钧。鼎官，今殿前举鼎者也。"

㉝应劭曰："羿善射，故令为旄头。今以羽林为之，发正上向而长衣绣衣，在乘舆车前。"师古曰："羿音诣。"

㉞师古曰："万，宋闵公臣，亦有勇力也。式，表也。表道之候，若今之武候引驾。"

是时朝廷多贤材，上复问朔："方今公孙丞相、兒大夫、①董仲舒、夏侯始昌、司马相如、吾丘寿王、主父偃、朱买臣、严助、汲黯、胶仓、终军、严安、徐乐、司马迁之伦，皆辩知闳达，溢于文辞，②先生自视，何与比哉？"③朔对曰："臣观其舌齿牙，树颊胲，④吐唇吻，擢项颐，⑤结股脚，连脽尻，⑥遗蛇其迹，行步偶旅，⑦臣朔虽不肖，尚兼此数子者。"朔之进对澹辞，皆此类也。⑧

①师古曰："公孙弘及兒宽也。兒音五奚反。"

②师古曰："溢者，言其有馀也。"

③师古曰："何与犹言何如也。"

④师古曰："颊肉曰胲，音改。"

⑤师古曰："颐，颔下也，音怡。"

⑥师古曰："脽，臀也，音谁。"

⑦师古曰："遗蛇犹逶迤也。偶旅，曲躬貌也。蛇音移。偶音禹。"

⑧师古曰："澹，古赡字也。赡，给也。"

武帝既招英俊，程其器能，用之如不及。①时方外事胡越，内兴制度，国家多事，自公孙弘以下至司马迁皆奉使方外，或为郡国守相至公卿，而朔尝至太中大夫，后常为郎，与枚皋、郭舍人俱在左右，诙啁而已。②久之，朔上书陈农战强国之计，因自讼独不得大官，欲求试用。其言专商鞅、韩非之语也，指意放荡，颇复诙谐，辞数万言，终不见用。朔因著论，设客难己，用位卑以自慰谕。其辞曰：

①师古曰："程谓量计之也。如不及者，恐失之也。"

②师古曰："啁与嘲同，音竹交反。"

客难东方朔曰："苏秦、张仪一当万乘之主，而都卿相之位，①泽及后世。今子大夫修先王之术，慕圣人之义，讽诵诗书百家之言，不可胜数，著於竹帛，唇腐齿落，服膺而不释，②好学乐道之效，明白甚矣；自以智能海内无双，则可谓博闻辩智矣。然悉力尽忠以事圣帝，旷日持久，官不过侍郎，位不过执戟，意者尚有遗行邪？③同胞之徒无所容居，其故何也？"④

①如淳曰："都，居也。"

②师古曰："服膺，俯服其胸臆也。释，废置也。"

③师古曰："可遗之行，言不尽（言）〔善〕也。"〔10〕

④苏林曰："胞音胞胎之胞也，言亲兄弟。"

东方先生喟然长息，仰而应之曰："是固非子之所能备也。彼一时也，此一时也，岂可同哉？夫苏秦、张仪之时，周室大坏，诸侯不朝，力政争权，相禽以兵，并为十二国，未有雌雄，①得士者强，失士者亡，故谈说行焉。身处尊位，珍宝充内，外有廪仓，泽及后世，子孙长享。今则不然。圣帝流德，天下震慑，诸侯宾服，②连四海之外以为带，③安於覆盂，④动犹运之掌，⑤贤不肖何以异哉？遵天之道，顺地之理，物无不得其所；故绥之则安，动之则苦；尊之则为将，卑之则为虏；抗之则在青云之上，抑之则在深泉之下；用则为虎，不用则为鼠；虽欲尽节效情，安知前后？夫天地之大，士民之众，竭精谈说，并进辐凑者不可胜数，悉力慕之，困於衣食，或失门户。⑥使苏秦、张仪与仆并生於今之世，曾不得掌故，安敢望常侍郎乎！故曰时异事异。

①师古曰："十二国，谓鲁、卫、齐、楚、宋、郑、魏、燕、赵、中

山、秦、韩也。"

②师古曰:"慑,恐也,音之涉反。"

③师古曰:"言如带之相连也。"

④师古曰:"言不可倾摇。"

⑤师古曰:"言至易。"

⑥师古曰:"言不得所由入也。一曰,谓被诛戮,丧其家室也。"

　　"虽然,安可以不务修身乎哉!诗云:'鼓钟于宫,声闻于外。'① '鹤鸣于九皋,声闻于天。'②苟能修身,何患不荣!太公体行仁义,七十有二(延)〔乃〕设用於文武,[11]得信厥说,③封於齐,七百岁而不绝。此士所以日夜孳孳,敏行而不敢怠也。④辟若鹏鸰,飞且鸣矣。⑤传曰:'天不为人之恶寒而辍其冬,⑥地不为人之恶险而辍其广,君子不为小人之匈匈而易其行。'⑦ '天有常度,地有常形,君子有常行;君子道其常,小人计其功。'⑧诗云:'礼义之不愆,何恤人之言?'⑨故曰:'水至清则无鱼,人至察则无徒,⑩冕而前旒,所以蔽明;黈纩充耳,所以塞聪。'⑪明有所不见,聪有所不闻,举大德,赦小过,无求备於一人之义也。⑫枉而直之,使自得之;优而柔之,使自求之;揆而度之,使自索之。⑬盖圣人教化如此,欲自得之;自得之,则敏且广矣。⑭

①师古曰:"小雅白华之诗也。言苟有于中,必形于外也。"

②师古曰:"小雅鹤鸣之诗也。言处卑而声彻其高远。"

③师古曰:"设,施也。信读曰伸。"

④师古曰:"孳与孜同。敏,勉也。"

⑤师古曰:"鹏鸰,雍渠,小青雀也,飞则鸣,行则摇,言其勤苦也。辟读曰譬。鹏音脊。鸰音零。"

⑥师古曰:"辍,止也。"

⑦师古曰:"訇訇,谨议之声。"

⑧师古曰:"道,由也。"

⑨师古曰:"逸诗也。愆,过也。恤,忧也。"

⑩师古曰:"徒,众也。"

⑪如淳曰:"瑱音工苟反。谓以玉为瑱,用瑱纩县之也。"师古曰:
"如说非也。瑱,黄色也。纩,绵也。以黄绵为丸,用组悬之於冕,
垂两耳旁,示不外听,非玉瑱之县也。"

⑫师古曰:"论语仲弓问政于孔子,孔子曰:'赦小过,举贤才。'周
公谓鲁公曰:'故旧无大故,则不弃也,毋求备于一人。'故朔引此
言也。士有百行,功过相除,不可求备也。"

⑬师古曰:"枉,曲也。索亦求也。度音徒各反。"

⑭师古曰:"敏,疾也。"

"今世之处士,魁然无徒,廓然独居,①上观许由,下察
接舆,计同范蠡,忠合子胥,②天下和平,与义相扶,寡耦
少徒,固其宜也,③子何疑於我哉?若夫燕之用乐毅,秦之
任李斯,郦食其之下齐,说行如流,曲从如环,所欲必得,
功若丘山,海内定,国家安,是遇其时也,子又何怪之邪!
语曰'以筦窥天,以蠡测海,④以莛撞钟',⑤岂能通其条贯,
考其文理,发其音声哉!⑥繇是观之,譬犹鼱鼩之袭狗,⑦孤
豚之咋虎,⑧至则靡耳,何功之有?⑨今以下愚而非处士,虽
欲勿困,固不得已,此适足以明其不知权变而终或於大
道也。"

①师古曰:"魁读曰块。"

②师古曰:"许由,尧让以天下而耻闻之。楚狂接舆阳狂匿迹。范蠡佐

句践，功成而退。子胥忠谏，至死不易。"

③师古曰："耦，合也。徒，众也。"

④服虔曰："筦音管。"张晏曰："蠡，钘瓢也。"师古曰："筦，古管字。蠡音来奚反。瓢音平摇反。"

⑤文颖曰："谓棐楚也。"师古曰："音唐丁反。"

⑥师古曰："考，究也。"

⑦服虔曰："音纵劬。"如淳曰："鼩鼱，小鼠也，音精劬。"

⑧师古曰："孤豚，孤特之豚也。咋，啮也，音仕客反。"

⑨师古曰："靡，碎灭也。耳，语辞。"

又设非有先生之论，其辞曰：

非有先生仕于吴，进不称往古以厉主意，退不能扬君美以显其功，默（默）〔然〕无言者三年矣。[12]吴王怪而问之，曰："寡人获先人之功，寄于众贤之上，夙兴夜寐，未尝敢怠也。今先生率然高举，远集吴地，①将以辅治寡人，诚窃嘉之，体不安席，食不甘味，目不视靡曼之色，耳不听钟鼓之音，虚心定志欲闻流议者三年于兹矣。②今先生进无以辅治，退不扬主誉，窃不为先生取之也。盖怀能而不见，是不忠也；见而不行，主不明也。③意者寡人殆不明乎？"非有先生伏而唯唯。④吴王曰："可以谈矣，寡人将竦意而览焉。"⑤先生曰："於戏！⑥可乎哉？可乎哉？⑦谈何容易！⑧夫谈有悖于目拂于耳谬于心而便于身者，⑨或有说于目顺于耳快于心而毁于行者，⑩非有明王圣主，孰能听之？"吴王曰："何为其然也？'中人已上可以语上也。'⑪先生试言，寡人将听焉。"

①师古曰："率然犹飒然。"

②师古曰："流，末流也，犹言馀论也。"

③师古曰："见，显也。"

④师古曰："唯唯，恭应也，音弋癸反。"

⑤师古曰："竦，企待也。"

⑥师古曰："於读曰乌。戏读曰呼。"

⑦师古曰："言不可。"

⑧师古曰："不见宽容，则事不易，故曰何容易也。易，弋豉反。"

⑨师古曰："悖，逆也。拂，违戾也。悖音布内反。拂音佛。"

⑩师古曰："说读曰悦。"

⑪师古曰："引论语载孔子之言。中品之人则可以与言上道也。"

先生对曰："昔者关龙逢深谏于桀，而王子比干直言于纣，此二臣者，皆极虑尽忠，闵王泽不下流，而万民骚动，①故直言其失，切谏其邪者，将以为君之荣，除主之祸也。今则不然，反以为诽谤君之行，无人臣之礼，②果纷然伤于身，蒙不辜之名，③戮及先人，为天下笑，故曰谈何容易！是以辅弼之臣瓦解，而邪谄之人并进，〔遂〕及蜚廉、恶来（辈）〔革〕等。④[13] 二人皆诈伪，巧言利口以进其身，阴奉琱瑑刻镂之好以纳其心。⑤务快耳目之欲，以苟容为度。遂往不戒，身没被戮，宗庙崩阤，国家为虚，⑥放戮圣贤，亲近谗夫。诗不云乎？'谗人罔极，交乱四国'，⑦此之谓也。故卑身贱体，说色微辞，⑧愉愉呴呴，终无益于主上之治，⑨则志士仁人不忍为也。将俨然作矜严之色，深言直谏，上以拂主之邪，下以损百姓之害，⑩则忤于邪主之心，历于衰世之法。⑪故养寿命之士莫肯进也，遂居（家）〔深〕山之间，[14]积土为室，编蓬为户，弹琴其中，以咏先王之风，亦可以乐而忘死矣。是以伯夷叔齐避周，饿于首阳之下，后世称其仁。如是，邪主之行固足畏也，故曰谈何容易！"

①师古曰："闵，病也。"

②师古曰："不省其忠而被以此罪也。"

③师古曰："蒙，被也。"

④苏林曰："二人皆纣时邪佞人也。"孟康曰："蜚廉善走。"师古曰："蜚，古飞字。"

⑤师古曰："琱与雕同，画也。瑑谓刻为文也，音篆。"

⑥师古曰："阤，积也。音直氏反。虚读曰墟。"

⑦师古曰："小雅青蝇之诗也。解在戾太子传。"

⑧师古曰："说读曰悦。"

⑨师古曰："愉愉，颜色和也。呴呴，言语顺也。呴音许于反。"

⑩师古曰："拂与弼同。损，减也。"

⑪师古曰："忤，逆也。历犹经也，离也。"

于是吴王惧然易容，①捐荐去几，危坐而听。②先生曰："接舆避世，箕子被发阳狂，③此二人者，皆避浊世以全其身者也。使遇明王圣主，得清燕之闲，宽和之色，④发愤毕诚，⑤图画安危，揆度得失，⑥上以安主体，下以便万民，则五帝三王之道可几而见也。⑦故伊尹蒙耻辱负鼎俎和五味以干汤，⑧太公钓于渭之阳以见文王。心合意同，谋无不成，计无不从，诚得其君也。深念远虑，引义以正其身，推恩以广其下，本仁祖义，⑨褒有德，禄贤能，诛恶乱，总远方，一统类，美风俗，此帝王所由昌也。上不变天性，下不夺人伦，则天地和洽，远方怀之，故号圣王。臣子之职既加矣，于是裂地定封，爵为公侯，传国子孙，名显后世，民到于今称之，以遇汤与文王也。太公、伊尹以如此，龙逢、比干独如彼，岂不哀哉！故曰谈何容易！"

①师古曰："惧然，失守之貌也。惧音居具反。"

②师古曰："捐荐席而去冯几，自贬损也。"

③师古曰："解并在邹阳传。"

④师古曰："閒读曰闲。闲，暇也。"

⑤师古曰："毕，尽也。"

⑥师古曰："图，谋；画，计也。"

⑦师古曰："几，庶几。"

⑧师古曰："蒙，冒也，犯也。"

⑨师古曰："以仁为本，以义为始。"

于是吴王穆然，①俛而深惟，仰而泣下交颐，曰："嗟乎！余国之不亡也，绵绵连连，殆哉，世〔之〕不绝也！"②〔15〕于是正明堂之朝，齐君〔臣〕之位，〔16〕举贤材，布德惠，施仁义，赏有功；躬节俭，减后宫之费，损车马之用；放郑声，远佞人，③省庖厨，去侈靡；卑宫馆，坏苑囿，填池堑，以予贫民无产业者；开内藏，振贫穷，存耆老，恤孤独；薄赋敛，省刑辟。行此三年，海内晏然，天下大洽，阴阳和调，万物咸得其宜；国无灾害之变，民无饥寒之色，家给人足，畜积有馀，囹圄空虚；④凤凰来集，麒麟在郊，甘露既降，朱草萌牙；远方异俗之人鄉风慕义，⑤各奉其职而来朝贺。故治乱之道，存亡之端，若此易见，而君人者莫肯为也，臣愚窃以为过。故诗云："王国克生，惟周之桢，济济多士，文王以宁。"⑥此之谓也。

①张晏曰："穆音默。"师古曰："穆然，静思貌。"

②师古曰："殆，危也。"

③师古曰："远，离也，音于万反。"

④师古曰："畜读曰蓄。"

⑤师古曰："乡读曰向。"

⑥师古曰："大雅文王之诗也。言文王之国生此多士为周室桢干之臣，所以安宁也。"

朔之文辞，此二篇最善。其馀有封泰山，责和氏璧及皇太子生禖，屏风，殿上柏柱，平乐观赋猎，八言、七言上下，①从公孙弘借车，凡〔刘〕向所录朔书具是矣。②[17] 世所传他事皆非也。③

①晋灼曰："八言、七言诗，各有上下篇。"

②师古曰："刘向别录所载。"

③师古曰："谓如东方朔别传及俗用五行时日之书，皆非实事也。"

赞曰："刘向言少时数问长老贤人通於事及朔时者，①皆曰朔口谐倡辩，不能持论，喜为庸人诵说，②故令后世多传闻者。而扬雄亦以为朔言不纯师，行不纯德，其流风遗书蔑如也。③然朔名过实者，以其诙达多端，不名一行，应谐似优，不穷似智，正谏似直，秽德似隐。非夷齐而是柳下惠，戒其子以上容：④"首阳为拙，⑤柱下为工；⑥饱食安步，以仕易农；依隐玩世，诡时不逢。"⑦其滑稽之雄乎！⑧朔之诙谐，逢占射覆，⑨其事浮浅，行于众庶，童儿牧竖莫不眩耀。而后世好事者因取奇言怪语附著之朔，故详录焉。⑩

①师古曰："与朔同时也。"

②师古曰："喜音许吏反。为音于伪反。"

③师古曰："言辞义浅薄，不足称也。"

④师古曰："容身避害也。"

⑤应劭曰："伯夷、叔齐不食周粟，饿死首阳山，为拙。"

⑥应劭曰："老子为周柱下史，朝隐，故终身无患，是为工也。"

⑦如淳曰："依违朝隐，乐玩其身于一世也。反时直言正谏，则与富贵
不相逢矣。"臣瓒曰："行与时诡而不逢祸害也。"师古曰："瓒说是
也。诡，违也。"

⑧师古曰："雄谓为之长帅也。"

⑨如淳曰："逢占，逢人所问而占之也。"师古曰："此说非也。逢占，
逆占事，犹云逆剌也。"

⑩师古曰："言此传所以详录朔之辞语者，为俗人多以奇异妄附於朔故
耳。欲明传所不记，皆非其实也。而今之为汉书学者，犹更取他书
杂说，假合东方朔之事以博异闻，良可叹矣。他皆类此。著音直
略反。"

【校勘记】

〔1〕（尻）〔尻〕益高。　王先慎说"尻"当作"尻"，从"九"。按
各本皆误。

〔2〕非为茑之寄生寓木宛童有（林）〔枝〕叶者也。　景祐、殿、局
本都作"枝"，此误。

〔3〕（觳）〔觳〕音口豆反。　景祐、殿、局本都作"觳"，此误。

〔4〕〔隄〕音丁奚反。　殿本有"隄"字。

〔5〕因此（时）〔对〕复为中郎，　殿、局本都作"对"。王先谦说作
"对"是。

〔6〕今俗犹（河）〔云〕魅蜮也。　景祐、殿本都作"云"，局
本作"呵"。

〔7〕 贵为天（下）〔子〕， 景祐、殿、局本都作"子"，此误。

〔8〕 而应劭（日）以子夏两字总合为夔， 景祐、殿本无"日"字。

〔9〕 （或）〔师古〕曰： 王先谦说"或"字误，当作"师古"。按各本皆误。

〔10〕 言不尽（言）〔善〕也。 景祐、殿本都作"善"。王先谦说作"善"是。

〔11〕 七十有二（延）〔乃〕设用于文武， 景祐、殿、局本都作"乃"，此误。

〔12〕 默（嘿）〔然〕无言者三年矣。 景祐、殿本都作"然"。

〔13〕 〔遹〕及蜚廉、恶来（辈）〔革〕等。 景祐、殿本都有"遹"字，"辈"作"革"。

〔14〕 遂居（家）〔深〕山之间， 景祐、殿本都作"深"。

〔15〕 殆哉，世〔之〕不绝也！ 景祐、殿本都有"之"字。

〔16〕 齐君〔臣〕之位， 景祐、殿、局本都有"臣"字。

〔17〕 凡〔刘〕向所录朔书具是矣。 景祐、殿本都有"刘"字。

汉 书 卷 六 十 六

公孙刘田王杨蔡陈郑传第三十六

公孙贺字子叔，北地义渠人也。贺祖父昆邪，①景帝时为陇西守，以将军击吴楚有功，封平曲侯，著书十馀篇。②

①师古曰："昆音户门反。"

②师古曰："艺文志阴阳家有公孙浑邪十五篇是也。"

贺少为骑士，从军数有功。自武帝为太子时，贺为舍人，及武帝即位，迁至太仆。贺夫人君孺，卫皇后姊也，贺由是有宠。元光中为轻车将军，军马邑。后四岁，出云中。后五岁，以车骑将军从大将军青出，有功，封南窌侯。①后再以左将军出定襄，无功，坐酎金，失侯。复以浮沮将军出五原二千馀里，无功。②后八岁，遂代石庆为丞相，封葛绎侯。时朝廷多事，督责大臣。③自公孙弘后，丞相李蔡、严青翟、赵周三人比坐事死。④石庆虽以谨得终，然数被谴。初贺引拜为丞相，不受印绶，顿首涕

泣，曰："臣本边鄙，以鞍马骑射为官，材诚不任宰相。"上与
左右见贺悲哀，感动下泣，曰："扶起丞相。"贺不肯起，上乃
起去，贺不得已拜。出，左右问其故，贺曰："主上贤明，臣不
足以称，恐负重责，从是殆矣。"⑤

①臣瓒曰："茂陵中书云封南奅侯，表亦作奅。"师古曰："窬、奅二
　字同耳，音普教反。"

②师古曰："沮音子间反。"

③师古曰："督谓察视也。"

④师古曰："比，频也。"

⑤师古曰："殆，危也。"

　　贺子敬声，代贺为太仆，父子并居公卿位。敬声以皇后姊
子，骄奢不奉法，征和中擅用北军钱千九百万，发觉，下狱。是
时诏捕阳陵朱安世不能得，上求之急，贺自请逐捕安世以赎敬声
罪。上许之。后果得安世。安世者，京师大侠也，闻贺欲以赎
子，笑曰："丞相祸及宗矣。南山之竹不足受我辞，斜谷之木不
足为我械。"①安世遂从狱中上书，告敬声与阳石公主私通，②及
使人巫祭祠诅上，且上甘泉当驰道埋偶人，③祝诅有恶言。下有
司案验贺，穷治所犯，遂父子死狱中，家族。

①师古曰："斜，谷名也，其中多木。械谓桎梏也。言我方欲告丞相
　事，狱辞且多，械系方久，故云然也。斜音弋奢反。"

②师古曰："武帝女。"

③师古曰："甘泉宫在北山，故欲往皆言上也。刻木为人，象人之形，
　谓之偶人。偶，并也，对也。"

　　巫蛊之祸起自朱安世，成于江充，遂及公主、皇后、太子，

皆败。语在江充、戾园传。①

①师古曰："武五子传叙戾太子谥戾，而置园邑，故云戾园也。"

刘屈氂，武帝庶兄中山靖王子也，①不知其始所以进。

①师古曰："屈音丘勿反，又音其勿反。"

征和二年春，制诏御史："故丞相贺倚旧故乘高势而为邪，①兴美田以利子弟宾客，不顾元元，无益边谷，②货赂上流，③朕忍之久矣。终不自革，④乃以边为援，⑤使内郡自省作车，⑥又令耕者自转，⑦以困农烦扰畜者，重马伤秏，武备衰减；⑧下吏妄赋，百姓流亡；又诈为诏书，以奸传朱安世。⑨狱已正于理。其以涿郡太守屈氂为左丞相，分丞相长史为两府，以待天下远方之选。⑩夫亲亲任贤，周唐之道也。以澎户二千二百封左丞相为澎侯。"⑪

①师古曰："帝为太子，贺已为舍人，故云旧故。"

②如淳曰："戍边卒粮乏，不能为方计以益之也。"

③师古曰："丞相贪冒，受赂于下，故使众庶货贿上流执事者也。"

④师古曰："革，改也。"

⑤如淳曰："使内郡自作车，耕者自转，所以饶边，饶边所以行恩施，为已名援也。或曰以胡为援也。"

⑥服虔曰："诈令内郡自省作车转输也。边屯无事之时，宜自治作车，以给军用。"师古曰："令郡自省减诸馀功用而作车也。省音所领反。"

⑦文颖曰："自输谷于边。"

⑧师古曰："重谓怀孕者也。言转运之劳，畜产疲困，故（反）使怀孕者为之伤秏，[1]以减武备也。秏音呼到反。"

⑨师古曰：“传，逮捕也。”

⑩师古曰：“待得贤人当拜为右丞相。”

⑪服虔曰：“澎音彭。”晋灼曰：“东海县。”

其秋，戾太子为江充所谮，杀充，发兵入丞相府，屈氂挺身逃，亡其印绶。①是时上避暑在甘泉宫，丞相长史乘疾置以闻。②上问“丞相何为？”对曰：“丞相秘之，未敢发兵。”上怒曰：“事籍籍如此，何谓秘也？③丞相无周公之风矣。周公不诛管蔡乎？”乃赐丞相玺书曰：“捕斩反者，自有赏罚。以牛车为橹，④毋接短兵，多杀伤士众。⑤坚闭城门，毋令反者得出。”

①师古曰：“挺，引也。独引身而逃难，故失印绶也。”

②师古曰：“置谓所置驿也。”

③师古曰：“籍籍犹纷纷也。”

④师古曰：“橹，楯也。远与敌战，故以车为橹，用自蔽也。一说橹，
　望敌之楼也。”

⑤师古曰：“用短兵则士众多死伤。”

太子既诛充发兵，宣言帝在甘泉病困，疑有变，奸臣欲作乱。上于是从甘泉来，幸城西建章宫，诏发三辅近县兵，部中二千石以下，丞相兼将。太子亦遣使者挢制①赦长安中都官囚徒，②发武库兵，命少傅石德及宾客张光等分将，使长安囚如侯持节发长水及宣曲胡骑，③皆以装会。侍郎莽通使长安，因追捕如侯，告胡人曰：“节有诈，勿听也。”遂斩如侯，引骑入长安，又发辑濯士，以予大鸿胪商丘成。④初，汉节纯赤，以太子持赤节，故更为黄旄加上以相别。太子召监北军使者任安发北军兵，安受节已，闭军门不肯应太子。太子引兵去，欧四市人⑤凡数万

众，至长乐西阙下，逢丞相军，合战五日，死者数万人，血流入沟中。⑥丞相附兵浸多，⑦太子军败，南奔覆盎城门，得出。⑧会夜司直田仁部闭城门，坐令太子得出，丞相欲斩仁。御史大夫暴胜之谓丞相曰："司直，吏二千石，当先请，奈何擅斩之?"丞相释仁。⑨上闻而大怒，下吏责问御史大夫曰："司直纵反者，丞相斩之，法也，大夫何以擅止之?"胜之皇恐，自杀。及北军使者任安，坐受太子节，怀二心，司直田仁纵太子，皆要斩。上曰："侍郎莽通获反将如侯，长安男子景建从通获少傅石德，可谓元功矣。大鸿胪商丘成力战获反将张光。其封通为重合侯，建为德侯，成为秺侯"。⑩诸太子宾客，尝出入宫门，皆坐诛。其随太子发兵，以反法族。吏士劫略者，皆徙敦煌郡。⑪以太子在外，始置屯兵长安诸城门。后二十餘日，太子得于湖。语在太子传。⑫

①师古曰："挢与矫同，其字从手。矫制，托称诏命也。"

②师古曰："京师诸官府。"

③师古曰："长水，校名，宣曲，宫也，并胡骑所屯。今鄠县东长水乡即旧营校之地。"

④师古曰："楫濯士，主用楫及濯行船者也。短曰楫，长曰濯。楫音集，字本从木，其音同耳。濯字本亦作擢，并音直孝反。"

⑤师古曰："敺与驱同。"

⑥师古曰："沟，街衢之旁通水者也。"

⑦师古曰："浸，渐也。"

⑧师古曰："长安城南出东头第一门曰覆盎城门，一号杜门。"

⑨师古曰："释，放也。"

⑩孟康曰："秺音妒，在济阴成武，今有亭。"

⑪师古曰："非其本心，然被太子劫略，故徙之也。"

⑫师古曰："湖，县名。"

　　其明年，贰师将军李广利将兵出击匈奴，丞相为祖道，送至渭桥①与广利辞决。广利曰："愿君侯早请昌邑王为太子。②如立为帝，君侯长何忧乎?"③屈氂许诺。昌邑王者，贰师将军女弟李夫人子也。贰师女为屈氂子妻，故共欲立焉。是时治巫蛊狱急，内者令郭穰告丞相夫人以丞相数有谴，使巫祠社，祝诅主上，有恶言，及与贰师共祷祠，欲令昌邑王为帝。有司奏请案验，罪至大逆不道。有诏载屈氂厨车以徇，④要斩东市，妻子枭首华阳街。贰师将军妻子亦收。贰师闻之，降匈奴，宗族遂灭。

　　①师古曰："祖者，送行之祭，因设宴饮焉。"
　　②如淳曰："汉仪注列侯为丞相，称君侯。"师古曰："杨恽传丘常谓恽为君侯，是则通呼列侯之尊称耳，非必在于丞相也。如氏之说，不为通矣。"
　　③师古曰："如，若也。"
　　④师古曰："厨车，载食之车也。徇，行示也。"

　　车千秋，本姓田氏，其先齐诸田徙长陵。①千秋为高寝郎。②会卫太子为江充所谮败，久之，千秋上急变讼太子冤，③曰："子弄父兵，罪当笞；天子之子过误杀人，当何罪哉！臣尝梦见一白头翁教臣言。"是时，上颇知太子惶恐无他意，乃大感寤，召见千秋。至前，千秋长八尺馀，体貌甚丽，武帝见而说之，④谓曰："父子之间，人所难言也，公独明其不然。此高庙神灵使公教我，公当遂为吾辅佐。"立拜千秋为大鸿胪。⑤数月，遂代刘屈氂为丞相，封富民侯。千秋无他材能术学，又无伐阅功劳，⑥特以一言寤意，旬月取宰相封侯，世未尝有也。后汉使者至匈奴，单于问曰："闻汉新拜丞相，何用得之？"⑦使者曰："以上书言事故。"单于曰："苟如是，汉置丞相，非用贤也，妄一男子上书即得之矣。"使者还，道单于语。武帝以为辱命，欲下之吏。良久，乃贳之。⑧

①师古曰："刘敬所言徙关东大族者。"

②师古曰："高庙卫寝之郎。"

③师古曰："所告非常，故云急变也。"

④师古曰："说读曰悦。"

⑤师古曰："当其立见而即拜之，言不移时也。"

⑥师古曰："伐，积功也。阅，经历也。"

⑦师古曰："言此人何以得为相也。"

⑧师古曰："贳，宽纵也，谓释放之也。其下亦同。"

然千秋为人敦厚有智，居位自称，逾于前后数公。①初，千秋始视事，见上连年治太子狱，诛罚尤多，群下恐惧，思欲宽广上意，尉安众庶。②乃与御史、中二千石共上寿颂德美，劝上施恩惠，缓刑罚，玩听音乐，养志和神，为天下自虞乐。③上报曰："朕之不德，自左丞相与贰师阴谋逆乱，巫蛊之祸流及士大夫。④朕日一食者累月，乃何乐之听？痛士大夫常在心，既事不咎。⑤虽然，巫蛊始发，诏丞相、御史督二千石求捕，⑥廷尉治，未闻九卿廷尉有所鞠也。⑦曩者，江充先治甘泉宫人，转至未央椒房，⑧以及敬声之畴、李禹之属谋入匈奴，有司无所发，今丞相亲掘兰台蛊验，所明知也。至今馀巫颇脱不止，⑨阴贼侵身，远近为蛊，朕愧之甚，何寿之有？敬不举君之觞！谨谢丞相、二千石各就馆。⑩书曰：'毋偏毋党，王道荡荡。'⑪毋有复言。"⑫

①师古曰："言称其职也。"

②师古曰："尉安之字，本无心也，是以汉书往往存古体字焉。"

③师古曰："虞与娱同。"

④师古曰："谓与太子战死者也。"

⑤师古曰："言既往之事，不可追咎。"

⑥师古曰："督，察视也。"

⑦师古曰："鞠，问也。"

⑧师古曰："椒房，殿名，皇后所居也。以椒和泥涂壁，取其温而芳也。"

⑨师古曰："言往往尚为蛊也。"

⑩师古曰："谢，告也。馆，（宫）〔官〕舍也。"[2]

⑪师古曰："周书洪范之辞也。"

⑫师古曰："不许其更请。"

后岁馀，武帝疾，立皇子钩弋夫人男为太子，①拜大将军霍光、车骑将军金日䃅、御史大夫桑弘羊及丞相千秋，并受遗诏，辅道少主。②武帝崩，昭帝初即位，未任听政，③政事壹决大将军光。千秋居丞相位，谨厚有重德。每公卿朝会，光谓千秋曰："始与君侯俱受先帝遗诏，今光治内，君侯治外，宜有以教督，使光毋负天下。"④千秋曰："唯将军留意，即天下幸甚。"终不肯有所言。光以此重之。每有吉祥嘉应，数褒赏丞相。讫昭帝世，国家少事，百姓稍益充实。始元六年，诏郡国举贤良文学士，问以民所疾苦，于是盐铁之议起焉。⑤

①师古曰："钩弋，宫名也，昭帝母赵婕妤居之，故号钩弋夫人也。"

②师古曰："道读曰导。"

③师古曰："年幼，故未堪听政。"

④师古曰："督，视也。"

⑤师古曰："议罢盐铁之官，令百姓皆得煮盐铸铁，因总论政治得失也。"

千秋为相十二年，薨，谥曰定侯。初，千秋年老，上优之，朝见，得乘小车入宫殿中，故因号曰"车丞相"。子顺嗣侯，官至云中太守，宣帝时以虎牙将军击匈奴，坐盗增卤获自杀，国除。

桑弘羊为御史大夫八年，自以为国家兴榷筦之利，①伐其功，②欲为子弟得官，怨望霍光，与上官桀等谋反，遂诛灭。

①师古曰："榷谓专其利使入官也。筦即管字也，义与幹同，皆谓主也。榷解在昭纪。"

②师古曰："自矜其功也。"

王䜣，济南人也。①以郡县吏积功，稍迁为被阳令。②武帝末，军旅数发，郡国盗贼群起，绣衣御史暴胜之使持斧逐捕盗贼，以军兴从事，诛二千石以下。胜之过被阳，欲斩䜣，䜣已解衣伏质，③仰言曰："使君颛杀生之柄，威震郡国，④今复斩一䜣，不足以增威，不如时有所宽，以明恩贷，⑤令尽死力。"胜之壮其言，贳不诛，因与䜣相结厚。

①师古曰："䜣字与欣同。"

②孟康曰："故千乘县也。被音罢。"师古曰："音皮彼反。"

③师古曰："质，锧也，欲斩人皆伏于锧上也。锧音竹林反。"

④师古曰："为使者，故谓之使君。使音所吏反。颛与专同。"

⑤师古曰："贷犹假也，言饶假之。贷音土戴反。"

胜之使还，荐䜣，征为右辅都尉，守右扶风。上数出幸安定、北地，过扶风，宫馆驰道脩治，供张办。^①武帝嘉之，驻车，拜䜣为真，视事十馀年。昭帝时为御史大夫，代车千秋为丞相，封宜春侯。明年薨，谥曰敬侯。

①师古曰："供音居用反。张音竹亮反。"

子谭嗣，以列侯与谋废昌邑王立宣帝，^①益封三百户。薨，子咸嗣。王莽妻即咸女，莽篡位，宜春氏以外戚宠。^②自䜣传国至玄孙，莽败，乃绝。

①师古曰："与读曰豫。"

②张晏曰："莽讳取同姓，故氏侯邑也。"师古曰："此说非也。若云王氏则与莽族相涉，故以侯号称之耳。莽本以与谭得姓不同，祖系各别，故为婚娶，既非私窃，不须避讳，讳亦不可掩也。"

杨敞，华阴人也。给事大将军莫府，为军司马，霍光爱厚之，稍迁至大司农。元凤中，稻田使者燕苍知上官桀等反谋，以告敞。敞素谨畏事，不敢言，乃移病卧。^①以告谏大夫杜延年，延年以闻。苍、延年皆封，敞以九卿不辄言，故不得侯。^②后迁御史大夫，代王䜣为丞相，封安平侯。

①师古曰："移病，（请以）〔谓移〕书言病。^[3]一曰以病而移居也。"

②师古曰："闻之不即告言也。"

明年，昭帝崩。昌邑王征即位，淫乱，大将军光与车骑将军张安世谋欲废王更立。议既定，使大司农田延年报敞。敞惊惧，不知所言，汗出洽背，徒唯唯而已。^①延年起至更衣，^②敞夫人遽从东箱^③谓敞曰："此国大事，今大将军议已定，使九卿来报君侯。君侯不疾应，与大将军同心，犹与无决，④先事诛矣。"延年从更衣还，敞、夫人与延年参语许诺，⑤请奉大将军教令，遂共废昌邑王，立宣帝。宣帝即位月馀，敞薨，谥曰敬侯。子忠嗣，以敞居位定策安宗庙，益封三千五百户。

①师古曰："唯唯，恭应之辞也，音弋癸反。"
②师古曰："古者延宾必有更衣之处也。"
③师古曰："遽，速也。"
④师古曰："与读曰豫。"
⑤师古曰："三人共言，故云参语。"

忠弟恽，字子幼，①以忠任为郎，补常侍骑。②恽母，司马迁女也。恽始读外祖太史公记，颇为春秋。以材能称。好交英俊诸儒，名显朝廷，擢为左曹。霍氏谋反，恽先闻知，因侍中金安上以闻，召见言状。霍氏伏诛，恽等五人皆封，恽为平通侯，迁中郎将。

①师古曰："恽音於粉反。"
②师古曰："为骑郎而常侍，故谓之常侍骑也。"

郎官故事，令郎出钱市财用，给文书，乃得出，名曰"山郎"。①移病尽一日，辄偿一沐，②或至岁馀不得沐。其豪富郎，日出游戏，或行钱得善部。③货赂流行，传相放效。④恽为中郎将，罢山郎，移长度大司农，以给财用。⑤其疾病休谒洗沐，皆以法令从事。郎、谒者有罪过，辄奏免，荐举其高弟有行能者，至郡守九卿。郎官化之，莫不自厉，绝请谒货赂之端，令行禁止，宫殿之内翕然同声。由是擢为诸吏光禄勋，亲近用事。

①张晏曰："山，财用之所出，故取名焉。"

②晋灼曰："五日一洗沐也。"师古曰："言出财用者，虽非休沐，常得在外也。贫者实病，皆以沐假偿之也。"

③师古曰："郎官之职，各有主部，故行钱财而择其善，以招权也。"

④师古曰："放音斧往反。"

⑤应劭曰："长，久也。一岁之调度也。"苏林曰："簿书给繇之长也。"

　师古曰："应说是也。言总计一岁所须财用，及文书之调度，而移大司农，以官钱供给之，更不取于郎也。"

初，恽受父财五百万，及身封侯，皆以分宗族。后母无子，财亦数百万，死皆予恽，恽尽复分后母昆弟。再受赇千馀万，皆以分施。其轻财好义如此。

恽居殿中，廉絜无私，郎官称公平。然恽伐其行治，①又性刻害，好发人阴伏，同位有忤己者，必欲害之，以其能高人。由是多怨于朝廷，与太仆戴长乐相失，卒以是败。②

①师古曰："自矜其节行及政治之能也。"

②师古曰："卒，终也。"

长乐者，宣帝在民间时与相知，及即位，拔擢亲近。长乐尝使行事（隶）〔肆〕宗庙，①〔4〕还谓掾史曰："我亲面见受诏，副帝（隶）〔肆〕，秅侯御。"②人有上书告长乐非所宜言，事下廷尉。长乐疑恽教人告之，亦上书告恽罪："高昌侯车犇入北掖门，③恽语富平侯张延寿曰：'闻前曾有犇车抵殿门，④门关折，马死，而昭帝崩。今复如此，天时，非人力也。'左冯翊韩延寿有罪下狱，恽上书讼延寿。郎中丘常谓恽曰：'闻君侯讼韩冯翊，当得活乎？'恽曰：'事何容易！胫胫者未必全也。⑤我不能自保，⑥真人所谓鼠不容穴衔窭数者也。'⑦又中书谒者令宣持单于使者语，视诸将军、中朝二千石。⑧恽曰：'冒顿单于得汉美食好物，谓之殠恶，单于不来明甚。'⑨恽上观西阁上画人，指桀纣画谓乐昌侯王武曰：'天子过此，一二问其过，可以得师矣。'⑩画人有尧舜禹汤不称，而举桀纣。恽闻匈奴降者道单于见杀，恽曰：'得不肖君，大臣为画善计不用，自令身无处所。⑪若秦时但任小臣，诛杀忠良，竟以灭亡；令亲任大臣，即至今耳。⑫古与今如一丘之貉。'⑬恽妄引亡国以诽谤当世，无人臣礼。又语长乐曰：'正月以来，天阴不雨，此春秋所记，夏侯君所言。⑭行必不至河东矣。'⑮以主上为戏语，尤悖逆绝理。"

①服虔曰："兼行天子事，先（隶）〔肆〕习威仪也。"师古曰："肆音弋二反。"

②师古曰："我副帝（隶）〔肆〕而秅侯乃为御耳。御谓御车也。秅音丁故反。"

③师古曰："犇，古奔字也。"

④师古曰："抵，触也，音丁礼反。"

⑤师古曰："胵胵，直貌也。"

⑥师古曰："言我尚不能自保，讼人何以得活。"

⑦李奇曰："真人，正人也。"如淳曰："所以不容穴，坐衔窭数自妨，故不得入穴。"师古曰："窭数，戴器也。窭音其羽反。数音山羽反。解在东方朔传。恽自云今之讼人，亦于己有妨。"

⑧师古曰："谓译者所录也。视读曰示。"

⑨师古曰："时使者云单于欲来朝，故恽云不来。"

⑩师古曰："过此谓经过此也。问其过，谓桀纣之过恶。"

⑪师古曰：“无处所谓死灭也。”

⑫师古曰：“言国祚长远，可以至今犹不亡也。”

⑬师古曰：“言其同类也。貉，兽名，似狐而善睡，音胡各反。”

⑭张晏曰：“夏侯胜谏昌邑王曰：‘天久阴不雨，臣下必有谋上者。’春秋无久阴不雨之异也。汉史记胜所言，故曰‘春秋所记’，谓说春秋灾异者耳。”师古曰：“春秋有不雨事，说者因论久阴，附著之也。张谓汉史为春秋，失之矣。”

⑮张晏曰：“后土祠在河东，天子岁祠之。”

事下廷尉。廷尉定国考问，左验明白，①奏“恽不服罪，而召户将尊，②欲令戒饬富平侯延寿，③曰‘太仆定有死罪数事，朝暮人也。④恽幸与富平侯婚姻，今独三人坐语，侯言“时不闻恽语”，自与太仆相触也’。⑤尊曰：‘不可。’恽怒，持大刀，曰：‘蒙富平侯力，得族罪！⑥毋泄恽语，令太仆闻之乱馀事。’⑦恽幸得列九卿诸吏，宿卫近臣，上所信任，与闻政事，⑧不竭忠爱，尽臣子义，而妄怨望，称引为訞恶言，⑨大逆不道，请逮捕治。”上不忍加诛，有诏皆免恽、长乐为庶人。

①师古曰：“定国，于定国也。左，证左也，言当时在其左右见此事者也。”

②苏林曰：“直主门户者也。”师古曰：“户将，官名，主户卫，属光禄也。”

③师古曰：“饬与敕同。富平侯张延寿也。”

④师古曰：“言不久活也。”

⑤师古曰：“令延寿证云恽无此语，长乐诬之也。”

⑥师古曰：“恽言富平侯依太仆言而证之，则我得罪至于族灭，深怨之辞也。”

⑦文颖曰："勿使太仆闻恽此语。"师古曰："乱长乐事者，恐长乐心忿，更加增其馀罪状也。"

⑧师古曰："与读曰豫。"

⑨师古曰："袄与妖同。"

恽既失爵位，家居治产业，起室宅，以财自娱。岁馀，其友人安定太守西河孙会宗，知略士也，与恽书谏戒之，为言大臣废退，当阖门惶惧，为可怜之意，①不当治产业，通宾客，有称(举)〔誉〕。[5]恽宰相子，少显朝廷，一朝〔以〕晻昧语言见废，②[6]内怀不服，报会宗书曰：

①师古曰："阖，闭也。"
②师古曰："晻与暗同。"

恽材朽行秽，文质无所厎，①幸赖先人馀业得备宿卫，遭遇时变以获爵位，终非其任，卒与祸会。②足下哀其愚，蒙赐书，教督以所不及，③殷勤甚厚。然窃恨足下不深惟其终始，④而猥随俗之毁誉也。⑤言鄙陋之愚心，若逆指而文过，⑥默而息乎，恐违孔氏"各言尔志"之义，⑦故敢略陈其愚，唯君子察焉！

①师古曰："厎，致也，音之履反。"
②师古曰："卒亦终也。"
③师古曰："蒙，蔽；督，视〔也〕。"[7]
④师古曰："惟，思也。"
⑤师古曰："猥，曲也。"
⑥师古曰："逆足下之意指，而自文饰其过。"
⑦师古曰："论语云颜回季路侍，子曰'盍各言尔志'，故恽引之。"

恽家方隆盛时，乘朱轮者十人，位在列卿，爵为通侯，总领从官，与闻政事，①曾不能以此时有所建明，以宣德化，又不能与群僚同心并力，陪辅朝廷之遗忘，已负窃位素餐之责久矣。②怀禄贪势，不能自退，遭遇变故，横被口语，③身幽北阙，妻子满狱。当此之时，自以夷灭不足以塞责，④岂意得全首领，复奉先人之丘墓乎？伏惟圣主之恩，不可胜量。君子游道，乐以忘忧；小人全躯，说以忘罪。⑤窃自思念，过已大矣，行已亏矣，长为农夫以没世矣。是故身率妻子，戮力耕桑，灌园治产，以给公上，⑥不意当复用此为讥议也。

①师古曰："与读曰豫。"

②师古曰："素，空也。不称其职，空食禄也。"

③师古曰："横音胡孟反。"

④师古曰："塞，补也。"

⑤师古曰："说读曰悦。"

⑥师古曰："充县官之赋敛也。"

夫人情所不能止者，圣人弗禁，故君父至尊亲，①送其终也，有时而既。②臣之得罪，已三年矣。田家作苦，岁时伏腊，亨羊炰羔，斗酒自劳。③家本秦也，能为秦声。妇，赵女也，雅善鼓瑟。奴婢歌者数人，酒后耳热，仰天拊缶④而呼乌乌。⑤其诗曰："田彼南山，芜秽不治，种一顷豆，落而为萁。人生行乐耳，须富贵何时！"⑥是日也，拂衣而喜，奋袖低卬，⑦顿足起舞，诚淫荒无度，不知其不可也。⑧恽幸有馀禄，方籴贱贩贵，逐什一之利，此贾竖之事，污辱之处，恽亲行之。下流之人，众毁所归，不寒而栗。⑨虽雅知恽者，犹随风而靡，⑩尚何称誉之有！董生不云乎？"明明求仁义，常恐不能化民者，卿大夫意也；明明求财利，常恐困乏者，庶人之事也。"⑪故"道不同，不相为谋"。⑫今子尚安得以卿大夫之制而责仆哉！

①师古曰："父至亲，君至尊。"

②张晏曰："丧不过三年，臣见放逐，降居三月，复初。"师古曰："既，已也。"

③师古曰："炰，毛炙肉也，即今所谓燂也。炰音步交反。燂音一高反。劳音来到反。"

④应劭曰："缶，瓦器也，秦人击之以节歌。"师古曰："缶即今之盆类也。"

⑤师古曰："李斯上书云：'击瓮叩缶，弹筝搏髀，而呼乌乌快耳者，真秦声也。'是关中旧有此曲也。"

⑥张晏曰："山高而在阳，人君之象也。芜秽不治，言朝廷之荒乱也。一顷百亩，以喻百官也。言豆者，贞实之物，当在囷仓，零落在野，喻己见放弃也。其曲而不直，言朝臣皆谄谀也。"师古曰："其，豆茎也，音基。须，待也。"

⑦师古曰："褎，古衣袖字。"

⑧师古曰："自谓为可也。"

⑨师古曰："栗，竦缩也。"

⑩师古曰："言逐众议，皆相毁也。"

⑪师古曰："引董仲舒之辞也。仲舒传作皇皇也。"

⑫师古曰："论语载孔子之辞，恽又引之。为音于伪反。"

2509

夫西河魏土，文侯所兴，有段干木、田子方之遗风，①漂然皆有节概，知去就之分。②顷者，足下离旧土，临安定，安定山谷之间，昆戎旧壤，③子弟贪鄙，岂习俗之移人哉？于今乃睹子之志矣。④方当盛汉之隆，愿勉旃，毋多谈。⑤

①应劭曰："段干木、田子方，魏贤人也。"

②师古曰："漂然，高远意。概，度量也。漂音匹遥反。概音工代反。分音扶问反。"

③文颖曰："昆夷之地也。"

④师古曰："言岂随安定贪鄙之俗而易其操乎？平生谓子为达道，今乃见子之志与我不同〔者〕也。"〔8〕

⑤师古曰："旃，之也。言子当自勉励以立功名，不须多与我言也。"

又恽兄子安平侯谭为典属国，谓恽曰："西河太守建平杜侯①前以罪过出，今征为御史大夫。侯罪薄，又有功，且复用。"恽曰："有功何益？县官不足为尽力。"恽素与盖宽饶、韩延寿善，谭即曰："县官实然，盖司隶、韩冯翊皆尽力吏也，俱坐事诛。"会有日食变，驺马猥佐成上书告恽②"骄奢不悔过，日食之咎，此人所致"。章下廷尉案验，得所予会宗书，宣帝见而恶之。廷尉当恽大逆无道，③要斩。妻子徙酒泉郡。谭坐不谏正恽，与相应，有怨望语，免为庶人。召拜成为郎，诸在位与恽厚善者，未央卫尉韦玄成、京兆尹张敞及孙会宗等，皆免官。

①师古曰："杜延年。"

②如淳曰："驺马，以给驺使乘之。佐，主猥马吏也。有吏有佐名

成者。"

③师古曰："当谓处断其罪。"

蔡义，河内温人也。以明经给事大将军莫府。家贫，常步行，资礼不逮众门下，好事者相合①为义买犊车，令乘之。数岁，迁补覆盎城门候。②

①师古曰："言众敛钱物。"

②师古曰："门候，主候时而开闭也。"

久之，诏求能为韩诗者，征义待诏，久不进见。义上疏曰："臣山东草莱之人，行能亡所比，容貌不及众，然而不弃人伦者，窃以闻道于先师，自托于经术也。愿赐清闲之燕，①得尽精思于前。"上召见义，说诗，甚说之，②擢为光禄大夫、给事中，进授昭帝。数岁，拜为少府，迁御史大夫，代杨敞为丞相，封阳平侯。又以定策安宗庙益封，加赐黄金二百斤。

①师古曰："燕，安息也。閒读曰闲。"

②师古曰："下说读曰悦。"

义为丞相时年八十馀，短小无须眉，貌似老妪，行步俛偻，①常两吏扶夹乃能行。时大将军光秉政，议者或言光置宰相不选贤，苟用可颛制者。②光闻之，谓侍中左右及官属曰："以为人主师当为宰相，何谓云云？③此语不可使天下闻也。"

①师古曰："俛即俯字也。偻，曲背也。偻音力主反。"

②师古曰："颛与专同。其后类此。"

③师古曰："云云，众语，谓有不选贤之言也。"

义为相四岁，薨，谥曰节侯。无子，国除。

陈万年字幼公，沛郡相人也。为郡吏，察举，至县令，迁广陵太守，①以高弟入为右扶风，迁太仆。

①师古曰："屡被察廉及举荐，故得迁之也。"

万年廉平，内行修，然善事人，赂遗外戚许、史，倾家自尽，尤事乐陵侯史高。丞相丙吉病，中二千石上谒问疾。①遣家丞出谢，谢已皆去，万年独留，昏夜乃归。及吉病甚，上自临，问以大臣行能。吉荐于定国、杜延年及万年。万年竟代定国为御史大夫，八岁病卒。

①师古曰："上谒，若今通名也。"

子咸字子康，年十八，以万年任为郎。有异材，抗直，数言事，刺讥近臣，书数十上，迁为左曹。万年尝病，召咸教戒于床下，语至夜半，咸睡，头触屏风。万年大怒，欲杖之，曰："乃公教戒汝，汝反睡，不听吾言，何也？"咸叩头谢曰："具晓所言，大要教咸谄也。"①万年乃不复言。

①师古曰："大要，大归也。谄，古谄字也。"

万年死后，元帝擢咸为御史中丞，总领州郡奏事，课第诸刺史，内执法殿中，公卿以下皆敬惮之。是时中书令石显用事颛权，咸颇言显短，显等恨之。时槐里令朱云残酷杀不辜，有司举奏，未下。①咸素善云，云从刺候，教令上书自讼。②于是石显微伺知之，白奏咸漏泄省中语，下狱掠治，③减死，髡为城旦，因废。

①师古曰："天子未下其章也。"

②晋灼曰："云从咸刺探伺候事之轻重，咸因教令上书。"

③师古曰："掠，笞击也，音力向反。"

成帝初即位，大将军王凤以咸前指言石显，有忠直节，奏请咸补长史。迁冀州刺史，奉使称意，征为谏大夫。复出为楚内史，北海、东郡太守。坐为京兆尹王章所荐，章诛，咸免官。起家复为南阳太守。所居以杀伐立威，豪猾吏及大姓犯法，辄论输府，①以律程作司空，②为地曰木杵，春不中程，或私解脱钳钛，衣服不如法，③辄加罪笞。督作剧，不胜痛，④自绞死，岁数百千人，久者虫出腐烂，家不得收。其治放严延年，其廉不如。所居调发属县所出食物以自奉养，⑤奢侈玉食。⑥然操持掾史，⑦郡中长吏皆令闭门自敛，不得逾法。公移敕书曰：⑧"即各欲求索自快，是一郡百太守也，何得然哉！"下吏畏之，豪强执服，⑨令行禁止，然亦以此见废。咸，三公子，少显名于朝廷，而薛宣、朱博、翟方进、孔光等仕宦绝在咸后，皆以廉俭先至公卿，而咸滞于郡守。

①师古曰："府谓郡之府。"

②师古曰："司空，主行役之官。"

③师古曰："钳在颈，钛在足，皆以铁为之。钳音其炎反。钛音弟。"

④师古曰："作程剧苦，又被督察，笞罚既多，故不胜痛也。"

⑤师古曰："调，徒钓反。"

⑥师古曰："玉食，美食如玉也。"

⑦师古曰："操，执也，音（于向）〔千高〕反。"[9]

⑧师古曰："公然移书以约敕也。"

⑨师古曰："执读曰慹，音之涉反。"

时车骑将军王音辅政，信用陈汤。咸数赂遗汤，予书曰："即蒙子公力，得入帝城，死不恨。"①后竟征入为少府。少府多宝物，属官咸皆钩校，发其奸臧，②没入辜榷财物。③官属及诸中宫黄门、钩盾、掖庭官吏，举奏按论，畏咸，皆失气。为少府三岁，与翟方进有隙。方进为丞相，奏"咸前为郡守，所在残酷，毒螫加于吏民。主守盗，受所监。④而官媚邪臣陈汤以求荐举。苟得无耻，不宜处位。"咸坐免。顷之，红阳侯立举咸方正，为光禄大夫给事中，方进复奏免之。后数年，立有罪就国，方进奏归咸故郡，以忧死。

①师古曰："子公，汤之字。"

②师古曰："钩音工侯反。"

③师古曰："辜，〔罪也。〕[10]榷，专固也。"

④如淳曰："律，主守而盗直十金，弃市。"师古曰："受所监法，解在景纪。"

郑弘字稚卿，泰山刚人也。①兄昌字次卿，亦好学，皆明经，通法律政事。次卿为太原、涿郡太守，弘为南阳太守，皆著治迹，条教法度，为后所述。次卿用刑罚深，不如弘平。迁淮阳相，以高弟入为右扶风，京师称之。代韦玄成为御史大夫。六岁，坐与京房论议免，语在房传。

①师古曰："稚，古稚字。"

赞曰：所谓盐铁议者，起始元中，征文学贤良问以治乱，皆对愿罢郡国盐铁酒榷均输，①务本抑末，毋与天下争利，然后〔教〕化可兴。[11]御史大夫弘羊以为此乃所以安边竟，制四夷，②国家大业，不可废也。当时相诘难，颇有其议文。至宣帝时，汝南（相）〔桓〕宽次公③治公羊春秋，[12]举为郎，至庐江太守丞，博通善属文，推衍盐铁之议，增广条目，极其论难，著数万言，④亦欲以究治乱，成一家之法焉。其辞曰：⑤"观公卿贤良文学之议，'异乎吾所闻'。⑥闻汝南朱生言，当此之时，英俊并进，贤良茂陵唐生、文学鲁国万生之徒六十有馀人咸聚阙庭，舒六艺之风，陈治平之原，知者赞其虑，仁者明其施，勇者见其断，⑦辩者骋其辞，断断焉，行行焉，⑧虽未详备，斯可略观矣。中山刘子推言王道，挢当世，反诸正，⑨彬彬然弘博君子也。⑩九江祝生奋史鱼之节，发愤懑，讥公卿，⑪介然直而不挠，⑫可谓不畏强圉矣。桑大夫据当世，合时变，上权利之略，虽非正法，钜儒宿学不能自解，⑬博物通达之士也。然摄公卿之柄，不师古始，放于末利，⑭处非其位，行非其道，果陨其性，以及厥宗。⑮车丞相履伊吕之列，当轴处中，括囊不言，容身而去，⑯彼哉！彼哉！⑰若夫丞相、御史两府之士，不能正议以辅宰相，成同类，长同行，阿意苟合，以说其上，⑱'斗筲之徒，何足选也！'"⑲

①师古曰："酒榷均输解在武纪及食货志。"

②师古曰："竟读曰境。"

③师古曰："次公者，宽之字。"

④师古曰："即今之所行盐铁论十卷是也。"

⑤师古曰："谓（相）〔桓〕宽总评议其善恶。"

⑥师古曰："论语载子张之言，言不与己志同也，故宽引〔之〕。"[13]

⑦师古曰:"断音丁唤反。"

⑧师古曰:"龂龂,辩争之貌;行行,刚强之貌也。龂音牛斤反。行音胡浪反。"

⑨师古曰:"正曲曰挢。诸,之也。挢读〔曰〕〔与〕矫同,[14] 其字从手。"

⑩师古曰:"彬彬,文章貌也,音彼旻反。"

⑪师古曰:"㵉音满,又莫本反。"

⑫师古曰:"挠,曲也,音女教反。"

⑬师古曰:"解,释也,言理不出于弘羊也。"

⑭师古曰:"放,纵也,谓纵心于利也。一说放,依也,音方往反。论语称孔子曰'放于利而行,多怨'也。"

⑮师古曰:"性,生也,谓与上官桀谋反诛也。"

⑯师古曰:"括,结也。易坤卦六四爻辞曰'括囊,无咎无誉',言自闭慎如囊之括结也。"

⑰师古曰:"论语云或问子西,孔子曰:'彼哉!彼哉!'言彼人者,无足称也。"

⑱师古曰:"说读曰悦。"

⑲师古曰:"筲,竹器也,容一斗。选,数也。论语云子贡问曰:'今之从政者何如?'孔子曰:'噫,斗筲之人,何足选也!'言其材器小劣,不足数也。筲音所交反。选音先阮反。噫,叹声也。噫音於其反。"

【校勘记】

〔1〕 故 (反) 使怀孕者为之伤耗,　殿本无"反"字。

〔2〕 馆,(宫)〔官〕舍也。　景祐、汲古、殿、局本都作"官",此误。

〔3〕 (请以)〔谓移〕书言病。　景祐、殿本都作"谓移"。

〔4〕 长乐尝使行事（隶）〔肆〕宗庙， 景祐、殿、局本都作"肆"。注及下文同。

〔5〕 不当治产业，通宾客，有称（举）〔誉〕。 景祐、殿本都作"誉"。杨树达说作"誉"是。

〔6〕 一朝〔以〕晻昧语言见废， 殿本有"以"字。王先谦说有"以"字是。

〔7〕 蒙，蔽；督，视〔也〕。 景祐、殿、局本都有"也"字。

〔8〕 今乃见子之志与我不同〔者〕也。 景祐、殿本都有"者"字。

〔9〕 音（于向）〔千高〕反。 景祐、殿本都作"千高"，此误。

〔10〕 辜，〔罪也〕。 景祐、殿本都有"罪也"二字。

〔11〕 然后〔教〕化可兴， 钱大昭说南监本、闽本都有"教"字。按殿本有，景祐本无。

〔12〕 汝南（相）〔桓〕宽次公治公羊春秋， 景祐、殿、局本都作"桓"。

〔13〕 故宽引〔之〕。 景祐本有"之"字，他本都脱。

〔14〕 挢读（日）〔与〕矫同， 景祐、殿、局本都作"与"。

汉书卷六十七

杨胡朱梅云传第三十七

杨王孙者，孝武时人也。学黄老之术，家业千金，厚自奉养生，亡所不致。①及病且终，先令其子，②曰："吾欲裸葬，以反吾真，③必亡易吾意。④死则为布囊盛尸，入地七尺，既下，从足引脱其囊，以身亲土。"其子欲默而不从，重废父命，⑤欲从（其）〔之〕，心又不忍，[1]乃往见王孙友人祁侯。⑥

①师古曰："致，至也。"

②师古曰："先令，为遗令。"

③师古曰："裸者，不为衣衾棺椁者也。反，归也。真者，自然之道也。裸音郎果反。"

④师古曰："易，改也。"

⑤师古曰："重，难也。"

⑥师古曰："祁侯缯贺之孙承嗣者，名它。"

2519

祁侯与王孙书曰："王孙苦疾，仆迫从上祠雍，未得诣前。①愿存精神，省思虑，进医药，厚自持。窃（闻）〔闻〕王孙先令裸葬，〔2〕令死者亡知则已，若其有知，是戮尸地下，将裸见先人，窃为王孙不取也。且孝经曰'为之棺椁衣衾'，是亦圣人之遗制，何必区区独守所闻？②愿王孙察焉。"

①师古曰："诣，至也。至前，言（求）〔来〕见也。"〔3〕

②师古曰："区区，小意也。"

王孙报曰："盖闻古之圣王，缘人情不忍其亲，故为制礼，今则越之，①吾是以裸葬，将以矫世也。②夫厚葬诚亡益于死者，而俗人竞以相高，靡财单币，腐之地下。③或乃今日入而明日发，④此真与暴骸于中野何异！且夫死者，终生之化，而物之归者也。归者得至，化者得变，是物各反其真也。反真冥冥，亡形亡声，乃合道情。夫饰外以华众，厚葬以鬲真，⑤使归者不得至，化者不得变，是使物各失其所也。且吾闻之，精神者天之有也，形骸者地之有也。⑥精神离形，各归其真，故谓之鬼，鬼之为言归也。其尸块然独处，岂有知哉？⑦裹以币帛，鬲以棺椁，支体络束，口含玉石，欲化不得，郁为枯腊，千载之后，棺椁朽腐，乃得归土，就其真宅。繇是言之，焉用久客！⑧昔帝尧之葬也，窾木为匮，葛藟为缄，⑨其穿下不乱泉，上不泄殠。⑩故圣王生易2520尚，死易葬也。⑪不加功于亡用，不损财于亡谓。⑫今费财厚葬，留归鬲至，死者不知，生者不得，是谓重惑。於戏！吾不为也。"⑬

①师古曰："言逾礼而厚葬也。"

②师古曰："正曲曰矫。"

③师古曰："靡，散也。单，尽也。"

④师古曰："言见发掘也。"

⑤师古曰："鬲与隔同。其后并类此。"

⑥师古曰："文子称天气为魂。延陵季子云'骨肉下归于土'，是以云然。"

⑦师古曰："块音口对反。"

⑧师古曰："言不用久为客也。鯀读与由同。"

⑨服虔曰："窾音款。款，空也，空木为医。"师古曰："医即椟字也。椟，小棺也。蘦，蔂蔓也。一曰，蘦亦草名，蔂之类也。缄，束也。蘦音力水反。缄音工咸反。"

⑩师古曰："乱，绝也。"

⑪师古曰："尚，崇也。言生死皆俭约也。"

⑫师古曰："谓者，名称也，亦指趣也。"

⑬师古曰："於读曰乌。戏读曰呼。"

祁侯曰："善。"遂裸葬。

胡建字子孟，河东人也。孝武天汉中，守军正丞，①贫亡车马，常步与走卒起居，所以尉荐走卒，甚得其心。②时监军御史为奸，穿北军垒垣以为贾区，③建欲诛之，乃约其走卒④曰："我欲与公有所诛，吾言取之则取，斩之则斩。"于是当选士马日，监御史与护军诸校列坐堂皇上，⑤建从走卒趋至堂皇下拜谒，因上堂〔皇〕，[4]走卒皆上。建指监御史曰："取彼。"走卒前曳下堂皇。建曰："斩之。"遂斩御史。护军诸校皆愕惊，不知所以。建亦已有成奏在其怀中，遂上奏曰："臣闻军法，立武以威众，诛恶以禁邪。今监御史公穿军垣以求贾利，⑥私买卖以与士市，不立刚毅之心，勇猛之节，亡以帅先士大夫，尤失理不公。用文吏议，不至重法。黄帝李法曰：⑦'壁垒已定，穿窬不繇路，是谓奸人，奸人者杀。'⑧臣谨按军法曰：'正亡属将军，将军有罪以闻，⑨二千石以下行法焉。'⑩丞于用法疑，⑪执事不诿上，⑫臣谨以斩，昧死以闻。"制曰："司马法曰'国容不入军，军容不入国'，何文吏也？⑬三王或誓于军中，欲民先成其虑也；或誓于军门之外，欲民先意以待事也；⑭或将交刃而誓，致民志也。⑮建又何疑焉？"建繇是显名。

①师古曰："南北军各有正，正又置丞，而建未得真官，兼守之。"

②师古曰："尉者，自上安之也。荐者，举籍也。"

③师古曰："坐卖曰贾，为卖物之区也。区者，小室之名，若今小庵屋之类耳。故卫士之屋谓之区庐，宿卫（官）〔宫〕外士称为区士也。〔5〕贾音古。其下亦同。"

④师古曰："约，束也。"

⑤师古曰："校者，军之诸部校也。室无四壁曰皇。"

⑥师古曰："公谓显然为之。"

⑦苏林曰："狱官名也。天文志'左角李，右角将'。"孟康曰："兵书之法也。"师古曰："李者，法官之号也，总主征伐刑戮之事也，故称其书曰李法。苏说近之。"

⑧师古曰："窬，小窦也，音逾。繇读与由同。下皆类此。"

⑨师古曰："言军正不属将军。将军有罪过，得表奏之。"

⑩孟康曰："二千石谓军中校尉、都尉之属。"

⑪孟康曰："丞属军正，斩御史于法有疑。"

⑫师古曰："诿，累也。言执事者，当见法即行，不可以事累于上也。诿音女瑞反。累音力瑞反。"

⑬师古曰："司马法亦兵书之名也，解在主父偃传。诏言在于军中，何

用文吏议也。"

⑭师古曰:"虑谓计念也。先意谓先为之意也。"

⑮师古曰:"欲致民勇志,使不奔北。"

后为渭城令,治甚有声。值昭帝幼,皇后父上官将军安与帝姊盖主私夫丁外人相善。外人(矫)〔骄〕恣,[6]怨故京兆尹樊福,使客射杀之。客臧公主庐,吏不敢捕。渭城令建将吏卒围捕。盖主闻之,与外人、上官将军多从奴客往,犇射追吏,①吏散走。主使仆射劾渭城令游徼伤主家奴。建报亡它坐。②盖主怒,使人上书告建侵辱长公主,射甲舍门。③知吏贼伤奴,辟报故不穷审。④大将军霍光寝其奏。后光病,上官氏代听事,下吏捕建,建自杀。吏民称冤,至今渭城立其祠。

①师古曰:"犇,古奔字也。奔走赴之而射也。"

②服虔曰:"言游徼奉公,无它坐也。"

③师古曰:"甲舍即甲第,公主之宅。"

④苏林曰:"辟,回也。报,论也。断狱(也)为报。故言有故也。不穷审,〔不〕穷尽其事也。"[7]师古曰:"苏说非也。言为游徼避罪而妄报文书,故不穷治也。辟读曰避。"

朱云字游,鲁人也,徙平陵。少时通轻侠,借客报仇。①长八尺馀,容貌甚壮,以勇力闻。年四十,乃变节从博士白子友受易,又事前将军萧望之受论语,皆能传其业。好倜傥大节,②当世以是高之。

①师古曰:"借,助也,音子夜反。"

②师古曰:"倜音吐历反。"

元帝时，琅邪贡禹为御史大夫，而华阴守丞嘉上封事，①言"治道在于得贤，御史之官，宰相之副，九卿之右，②不可不选。平陵朱云，兼资文武，忠正有智略，可使以六百石秩试守御史大夫，以尽其能。"上乃下其事问公卿。太子少傅匡衡对，以为"大臣者，国家之股肱，万姓所瞻仰，明王所慎择也。传曰下轻其上爵，贱人图柄臣，则国家摇动而民不静矣。③今嘉从守丞而图大臣之位，欲以匹夫徒（走）〔步〕之人而超九卿之右，[8]非所以重国家而尊社稷也。自尧之用舜，文王于太公，犹试然后爵之，又况朱云者乎？云素好勇，数犯法亡命，受易颇有师道，其行义未有以异。今御史大夫禹絜白廉正，经术通明，有伯夷、史鱼之风，海内莫不闻知，而嘉（很）〔猥〕称云，④[9]欲令为御史大夫，妄相称举，疑有奸心，渐不可长，宜下有司案验以明好恶。"嘉竟坐之。

①师古曰："守华阴县丞者，其人名嘉。"

②师古曰："右言在上也。"

③师古曰："上爵，大官也。图，谋也。柄臣，执权之（官）〔臣〕。"[10]

④师古曰："（很）〔猥〕，曲也。"

是时，少府五鹿充宗贵幸，为梁丘易。自宣帝时善梁丘氏说，元帝好之，欲考其异同，令充宗与诸易家论。充宗乘贵辩口，①诸儒莫能与抗，皆称疾不敢会。有荐云者，召入，摄齋登堂，②抗首而请，③音动左右。既论难，连拄五鹿君，④故诸儒为之语曰："五鹿岳岳，朱云折其角。"⑤繇是为博士。

①师古曰："乘，因也。言因藉尊贵之权也。"

②师古曰："齋，衣下之裳音子私反。"

③师古曰："抗，举也。"

④师古曰："拄，刺也，距也，音竹庚反。"

⑤师古曰："岳岳，长角之貌。"

迁杜陵令，坐故纵亡命，会赦，举方正，为槐里令。时中书令石显用事，与充宗为党，百僚畏之。唯御史中丞陈咸年少抗节，不附显等，而与云相结。云数上疏，言丞相韦玄成容身保位，亡能往来，①而咸数毁石显。久之，有司考云，疑风吏杀人。②群臣朝见，上问丞相以云治行。丞相玄成言云暴虐亡状。③时陈咸在前，闻之，以语云。云上书自讼，咸为定奏草，求下御史中丞。事下丞相，丞相部吏考立其杀人罪。④云亡入长安，复与咸计议。丞相具发其事，奏"咸宿卫执法之臣，幸得进见，漏泄所闻，以私语云，为定奏草，欲令自下治，⑤后知云亡命罪人，而与交通，云以故不得。"⑥上于是下咸、云狱，减死为城旦。咸、云遂废锢，终元帝世。

①李奇曰："不能有所前却也。"师古曰："周书君奭之篇称周公曰：'惟文王尚克修和有夏，有若虢叔、闳夭、散宜生、泰颠、南宫括。'又曰'亡能往来'。故云引此以为言也。"

②师古曰："风读曰讽。"

③师古曰："无善状也。"

④师古曰："立，成也。"

⑤师古曰："咸为御史中丞，而奏请下中丞，故云自下治。"

⑥师古曰："吏捕之不得。"

至成帝时，丞相故安昌侯张禹以帝师位特进，其尊重。云上书求见，公卿在前。云曰："今朝廷大臣上不能匡主，下亡以益民，皆尸位素餐，①孔子所谓'鄙夫不可与事君'，'苟患失之，亡所不至'者也。②臣愿赐尚方斩马剑，断佞臣一人以厉其馀。"③上问："谁也？"对曰："安昌侯张禹。"上大怒，曰："小臣居下讪上，廷辱师傅，④罪死不赦！"御史将云下，云攀殿槛，槛折。⑤云呼曰：⑥"臣得下从龙逢、比干游于地下，足矣！⑦未知圣朝何如耳？"⑧御史遂将云去。于是左将军辛庆忌免冠解印绶，叩头殿下曰："此臣素著狂直于世。⑨使其言是，不可诛；其言非，固当容之。臣敢以死争。"庆忌叩头流血。上意解，然后得已。及后当治槛，上曰："勿易！因而辑之，以旌直臣。"⑩

> ①师古曰："尸，主也。素，空也。尸位者，不举其事，但主其位而已。素餐者，德不称官，空当食禄。"
>
> ②师古曰："皆论语所载孔子之言也。苟患失其宠禄，则言行僻邪，无所不至也。"
>
> ③师古曰："尚方，少府之属官也，作供御器物，故有斩马剑，剑利可以斩马也。"
>
> ④师古曰："讪，谤也，音所谏反，又音删。"
>
> ⑤师古曰："槛，轩前栏也。"
>
> ⑥师古曰："呼，叫也，音火故反。"
>
> ⑦师古曰："关龙逢，桀臣，王子比干，纣之诸父，皆以谏而死，故云然。"
>
> ⑧师古曰："言杀直臣其声恶。"
>
> ⑨师古曰："著，表也。言此名久彰表。"
>
> ⑩师古曰："辑与集同，谓补合之也。旌，表也。"

云自是之后不复仕，常居鄠田，时出乘牛车从诸生，所过皆敬事焉。薛宣为丞相，云往见之。宣备宾主礼，因留云宿，从容谓云曰：①“在田野亡事，`且留我东阁，可以观四方奇士。”云曰：“小生乃欲相吏邪？”②宣不敢复言。

①师古曰：“从音七庸反。”

②师古曰：“小生谓其新学后进。言欲以我为吏乎？”

其教授，择诸生，然后为弟子。九江严望及望兄子元，字仲，能传云学，皆为博士。望至泰山太守。

云年七十馀，终于家。病不呼医饮药。遗言以身服敛，棺周于身，土周于椁，①为丈五坟，葬平陵东郭外。

①师古曰：“棺周于身，小棺裁容身也。土周于椁，冢圹裁容椁也。”

梅福字子真，九江寿春人也。少学长安，明尚书、穀梁春秋，为郡文学，补南昌尉。①后去官归寿春，数因县道上言变事，②求假轺传，③诣行在所条对急政，④辄报罢。

①师古曰：“豫章之县。”

②师古曰：“附县道之使而封奏也。变谓非常之事。”

③师古曰：“小车之传也。轺音遥。传音张恋反。”

④师古曰：“条对者，一一条录而对之。”

是时成帝委任大将军王凤，凤专势擅朝，而京兆尹王章素忠直，讥刺凤，为凤所诛。王氏浸盛，①灾异数见，群下莫敢正言。福复上书曰：

①师古曰：“浸，渐也。”

臣闻箕子佯狂于殷，而为周陈洪范；叔孙通遁秦归汉，制作仪品。①夫叔孙先非不忠也，②箕子非疏其家而畔亲也，③

不可为言也。昔高祖纳善若不及，从谏若转圜，④听言不求其能，举功不考其素。⑤陈平起于亡命而为谋主，韩信拔于行陈而建上将。⑥故天下之士云合归汉，⑦争进奇异，知者竭其策，愚者尽其虑，勇士极其节，怯夫勉其死。合天下之知，并天下之威，是以举秦如鸿毛，取楚若拾遗，⑧此高祖所以亡敌于天下也。⑨孝文皇帝起于代谷，⑩非有周召之师，伊吕之佐也，⑪循高祖之法，加以恭俭。当此之时，天下几平。⑫繇是言之，循高祖之法则治，不循则乱。何者？秦为亡道，削仲尼之迹，灭周公之轨，⑬坏井田，除五等，礼废乐崩，王道不通，故欲行王道者莫能致其功也。孝（文）〔武〕皇帝好忠谏，[11]说至言，⑭出爵不待廉茂，庆赐不须显功，⑮是以天下布衣各厉志竭精以赴阙廷自衒鬻者不可胜数。汉家得贤，于此为盛。使孝武皇帝听用其计，升平可致。⑯于是积尸暴骨，快心胡越，故淮南（安王）〔王安〕缘间而起。[12]所以计虑不成而谋议泄者，以众贤聚于本朝，⑰故其大臣势陵不敢和从也。⑱方今布衣乃窥国家之隙，见间而起者，蜀郡是也。⑲及山阳亡徒苏令之群，蹈藉名都大郡，求党与，索随和，⑳而亡逃匿之意。此皆轻量大臣，亡所畏忌，国家之权轻，故匹夫欲与上争衡也。

2528

①师古曰："遁，逃也。"

②师古曰："先犹言先生也。一曰，先谓在秦时。"

③师古曰："箕子，纣之诸父，故言疏家畔亲也。"

④师古曰："不及，恐失之也。转圜，言其顺也。"

⑤师古曰："直取其功，不论其旧行及所从来也。"

⑥师古曰："立以为大将军。"

⑦师古曰："言四面而至。"

⑧师古曰："鸿毛喻轻。拾遗，言其易也。"

⑨师古曰："亡读曰无。"

⑩师古曰："从代而来即帝位。"

⑪师古曰："召读曰邵。"

⑫师古曰："几音距依反。"

⑬师古曰："轨，法也。"

⑭师古曰："说读曰悦。"

⑮师古曰："谓谏争合意即得官爵，不由荐举及军功也。廉，廉吏也。茂，茂材也。"

⑯张晏曰："民有三年之储曰升平。"

⑰师古曰："本朝，汉朝也。"

⑱服虔曰："臣势陵君也。"师古曰："谓淮南大臣相内史之属也。"

⑲孟康曰："成帝鸿嘉中广汉男子郑躬等反是也。"

⑳李奇曰："求索与己和及随己者。"

士者，国之重器；得士则重，失士则轻。诗云："济济多士，文王以宁。"①庙堂之议，非草茅所当言也。臣诚恐身涂野草，尸并卒伍，故数上书求见，辄报罢。臣闻齐桓之时有以九九见者，桓公不逆，欲以致大也。②今臣所言非特九九也，陛下距臣者三矣，此天下士所以不至也。昔秦武王好力，任鄙叩关自鬻；③缪公行伯，繇余归德。④今欲致天下之士，民有上书求见者，辄使诣尚书问其所言，言可采取者，秩以升斗之禄，赐以一束之帛。若此，则天下之士发愤懑，吐忠言，⑤嘉谋日闻于上，天下条贯，国家表里，烂然可睹矣。⑥夫以四海之广，士民之数，能言之类至众多也。然其儁桀指世陈政，言成文章，质之先圣而不缪，施之当世合时务，⑦若此者，亦亡几人。⑧故爵禄束帛者，天下之厎石，高祖所以厉世摩钝也。⑨孔子曰："工欲善其事，必先利其器。"⑩至秦则不然，张诽谤之罔，以为汉驱除，倒持泰阿，授楚其柄。⑪故诚能勿失其柄，天下虽有不顺，莫敢触其锋，此孝武皇帝所以辟地建功为汉世宗也。⑫今不循伯者之道，⑬乃欲以三代选举之法取当时之士，犹察伯乐之图，求骐骥于市，而不可得，亦已明矣。故高祖弃陈平之过而获其谋，⑭晋文召天王，齐桓用其雠，⑮（亡）〔有〕益于时，不顾逆顺，此所谓伯道者也。〔13〕一色成体谓之醇，白黑杂合谓之驳。欲以承平之法治暴秦之绪，⑯犹以乡饮酒之礼理军市也。

①师古曰："大雅文王之诗也。已解于上。"

②师古曰："九九，算术，若今九章、五曹之辈。"

③师古曰："秦武王即孝公之孙，惠文王之子也。任鄙，力士也。"

④师古曰："即秦穆公。伯读曰霸。繇读曰由。"

⑤师古曰："漦音满。"

⑥师古曰："烂然，分明之貌也。"

⑦师古曰："质，正也。"

⑧师古曰："无几，言不多也。几音居岂反。"

⑨师古曰："厎，细石也，音之履反，又音祇。"

⑩师古曰："论语载孔子之言也。工以喻国政，利器喻贤材。"

⑪师古曰："泰阿，剑名，欧冶所铸也。言秦无道，令陈涉、项羽乘间而发，譬倒持剑而以把授与人也。"

⑫师古曰："辟读曰闢。"

⑬师古曰："伯读曰霸。次下亦同。"

⑭师古曰："盗嫂受金之事。"

⑮师古曰："召天王，谓狩于河阳也。用其仇，谓以管仲为相。并解于上。"

⑯师古曰："绪谓馀业也。"

今陛下既不纳天下之言，又加戮焉。夫鷾鹊遭害，则仁鸟增逝；①愚者蒙戮，则知士深退。②间者愚民上疏，多触不急之法，或下廷尉，而死者众。③自阳朔以来，天下以言为讳，朝廷尤甚，④群臣皆承顺上指，莫有执正。何以明其然也？取民所上书，陛下之所善，试下之廷尉，廷尉必曰"非所宜言，大不敬。"以此卜之，一矣。故京兆尹王章资质忠直，敢面引廷争，孝元皇帝擢之，以厉具臣而矫曲朝。⑤及至陛下，戮及妻子。且恶恶止其身，王章非有反畔之辜，而殃及家。折直士之节，结谏臣之舌，群臣皆知其非，然不敢争，天下以言为戒，最国家之大患也。愿陛下循高祖之轨，杜亡秦之路，⑥数御十月之歌，⑦留意亡逸之戒，⑧除不急之法，下亡讳之诏，博览兼听，谋及疏贱，令深者不隐，远者不塞，所谓"辟四门，明四目"也。⑨且不急之法，诽谤之微者也。"往者不可及，来者犹可追。"方今君命犯而主威夺，⑩外戚之权日以益隆，陛下不见其形，愿察其景。建始以来，日食地震，以率言之，三倍春秋，水灾亡与比数。⑪阴盛阳微，金铁为飞，此何景也！⑫汉兴以来，社稷三危。吕、霍、上官皆母后之家也，亲亲之道，全之为右，⑬当与之贤师良傅，教以忠孝之道。今乃尊宠其位，授以魁柄，⑭使之骄逆，至于夷灭，⑮此失亲亲之大者也。自霍光之贤，不能为子孙虑，故权臣易世则危。书曰："毋若火，始庸庸。"⑯势陵于君，权隆于主，然后防之，亦亡及已。⑰

①师古曰："载，鸥也。仁鸟，鸾凤也。载音缘。"

②师古曰："蒙，被也。"

③师古曰："以其所言为不急而罪之也。"

④师古曰："妨人之口，法禁严切。"

⑤师古曰："具臣，具位之臣无益者也。矫，正也。"

⑥师古曰："杜，塞也。"

⑦孟康曰："福讥切王氏。十月之诗，刺后族太盛也。"师古曰："诗小雅十月之交篇也。"

⑧师古曰："周书篇名也，周公作之以戒成王。"

⑨师古曰："虞书舜典曰'辟四门，明四目'，言开四门以致众贤，则明视于四方也。"

⑩师古曰："君命犯者，谓大臣犯君之命。"

⑪师古曰："言其极多，不可比较而数也。"

⑫张晏曰："河平二年，沛郡铁官铸铁如星飞上去，权臣用事之异也。"苏林曰："'言之不从，是谓不艾，则金不从革。'景，象也。何象，言将危亡也。"

⑬师古曰："务全安之，此为上。"

⑭师古曰："以斗为喻也，斗身为魁。"

⑮师古曰："夷，平也，谓平除之。"

⑯师古曰："周书洛诰之辞也。庸庸，微小貌也。言火始微小，不早扑灭则至炽盛。大臣贵擅，亦当早图黜其权也。"

⑰师古曰："已，语终辞。"

上遂不纳。

成帝久亡继嗣，福以为宜建三统，封孔子之世以为殷后，复上书曰：

　　臣闻"不在其位，不谋其政"。政者职也，位卑而言高者罪也。越职触罪，危言世患，虽伏质横分，臣之愿也。① 守职不言，没齿身全，死之日，尸未腐而名灭，虽有景公之位，伏历千驷，臣不贪也。② 故愿壹登文石之陛，涉赤墀之涂，③ 当户牖之法坐，④ 尽平生之愚虑。亡益于时，有遗于世，⑤ 此臣寝所以不安，食所以忘味也。愿陛下深省臣言。⑥

① 师古曰："伏质，斩刑也。横分，谓身首分离也。"

② 师古曰："景公，齐景公也。论语云：'齐景公有马千驷，死之日，民无得而称焉。'故引之也。"

③ 应劭曰："以丹淹泥涂殿上也。"

④ 师古曰："户牖之间谓之扆，言负扆也。法坐，正坐也。听朝之处，犹言法官、法驾也。坐音才卧反。"

⑤ 师古曰："遗，留也。"

⑥ 师古曰："省，察也。"

　　臣闻存人所以自立也，壅人所以自塞也。善恶之报，各如其事。昔者秦灭二周，夷六国，① 隐士不显，伏民不举，② 绝三统，灭天道，是以身危子杀，厥孙不嗣，③ 所谓壅人以自塞者也。故武王克殷，未下车，存五帝之后，封殷于宋，绍夏于杞，④ 明著三统，示不独有也。是以姬姓半天下，迁庙之主，流出于户，⑤ 所谓存人以自立者也。今成汤不祀，殷人亡后，陛下继嗣久微，殆为此也。春秋经曰："宋杀其大夫。"穀梁传曰： "其不称名姓，以其在祖位，尊之也。"⑥ 此言孔子故殷后也，虽不正统，封其子孙以为殷后，礼亦宜之。何者？诸侯夺宗，圣庶夺適。⑦ 传曰"贤者子孙宜有土"，而况圣人，又殷之后哉！昔成王以诸侯礼葬周公，而皇天动威，雷风著灾。⑧今仲尼之庙不出阙里，⑨孔氏子孙不免编户，⑩以圣人而歆匹夫之祀，非皇天之意也。今陛下诚能据仲尼之素功，以封其子孙，⑪则国家必获其福，又陛下之名与天亡极。何者？追圣人素功，封其子孙，未有法也，后圣必以为则。不灭之名，可不勉哉！

①师古曰："二周，东周、西周君也。六国，齐、楚、韩、魏、赵、燕。"

②师古曰："佚与逸同。"

③张晏曰："身为燕丹、张良所谋，子二世见杀。孙谓子婴。"

④师古曰："谓封黄帝之后于蓟，帝尧之后于祝，帝舜之后于陈，并杞、宋，是为五帝。"

⑤李奇曰："言其多。"

⑥师古曰："事在僖二十五年。穀梁所云'在祖位'者，谓孔子本宋孔父之后，防叔奔鲁，遂为鲁人。今宋所杀者亦孔父之后留在宋者，于孔子为（祀）〔祖〕列，[14]故尊而不名也。"

⑦如淳曰："夺宗，始封之君尊为诸侯，则夺其旧为宗子之事也。夺适，文王舍伯邑考而立武王是也。孔子虽庶，可为殷后。"师古曰："适读曰嫡。"

⑧师古曰："尚书大传云：'周公疾，曰："吾死必葬于成周，示天下臣于成王也。"周公死，天乃雷雨以风，禾尽偃，大木斯拔。国恐，王与大夫开金縢之书，执书以泣曰："周公勤劳王家，予幼人弗及知。"乃不葬于成周而葬之于毕，示天〔下〕不敢臣。'"[15]

⑨师古曰："阙里，孔子旧里也。言除此之外，更无祭祀孔子者也。"

⑩师古曰："列为庶人也。"

⑪师古曰："素功，素王之功也。穀梁传曰'孔子素王'。"

福孤远，又讥切王氏，故终不见纳。

〔初〕，武帝时，[16]始封周后姬嘉为周子南君，至元帝时，尊周子南君为周承休侯，位次诸侯王。使诸大夫博士求殷后，分散为十馀姓，郡国往往得其大家，推求子孙，绝不能纪。①时匡衡议，以为“王者存二王后，所以尊其先王而通三统也。其犯诛绝之罪者绝，而更封他亲为始封君，上承其王者之始祖。春秋之义，诸侯不能守其社稷者绝。今宋国已不守其统而失国矣，则宜更立殷后为始封君，而上承汤统，非当继宋之绝侯也，宜明得殷后而已。今之故宋，推求其嫡，久远不可得；虽得其嫡，嫡之先已绝，不当得立。礼记孔子曰：‘丘，殷人也。’先师所共传，宜以孔子世为汤后。”上以其语不经，②遂见寝。至成帝时，梅福复言宜封孔子后以奉汤祀。绥和元年，立二王后，推迹古文，以左氏、穀梁、世本、礼记相明，遂下诏封孔子世为殷绍嘉公。语在成纪。是时，福居家，常以读书养性为事。

①师古曰："不自知其昭穆之数也。"
②师古曰："不合于经也。"

至元始中，王莽颛政，①福一朝弃妻子，去九江，至今传以为仙。其后，人有见福于会稽者，变名姓，为吴市门卒云。②

①师古曰："颛读与专同。"
②师古曰："其后谓弃妻子去之后。"

云敞字幼（儒）〔孺〕，[17]平陵人也。师事同县吴章，章治尚书经为博士。平帝以中山王即帝位，年幼，莽秉政，自号安汉公。以平帝为成帝后，不得顾私亲，帝母及外家卫氏皆留中山，不得至京师。莽长子宇，非莽鬲绝卫氏，①恐帝长大后见怨。宇与吴章谋，夜以血涂莽门，若鬼神之戒，冀以惧莽。章欲因对其咎。事发觉，莽杀宇，诛灭卫氏，谋所联及，死者百馀人。章坐要斩，磔尸东市门。初，章为当世名儒，教授尤盛，弟子千馀人，莽以为恶人党，皆当禁（固）〔锢〕，〔18〕不得仕宦。门人尽更名他师。②敞时为大司徒掾，自劾吴章弟子，收抱章尸归，棺敛葬之，③京师称焉。车骑将军王舜高其志节，比之栾布，表奏以为掾，荐为中郎谏大夫。莽篡位，王舜为太师，复荐敞可辅职。④以病免。唐林言敞可典郡，擢为鲁郡大尹。更始时，安车征敞为御史大夫，复病免去，卒于家。

①师古曰："鬲读与隔同。"

②师古曰："更以他人为师，讳不言是章弟子。"

③师古曰："棺音工唤反。敛音力赡反。"

④师古曰："为辅弼之任。"

　　赞曰：昔仲尼称不得中行，则思狂狷。①观杨王孙之志，贤于秦始皇远矣。世称朱云多过其实，〔故曰〕〔19〕"盖有不知而作之者，我亡是也。"②胡建临敌敢断，武昭于外。③斩伐奸隙，军旅不队。梅福之辞，合于大雅，虽无老成，尚有典刑；殷监不远，夏后所闻。④遂从所好，全性市门。云敞之义，著于吴章，为仁由己，再入大府，⑤清则濯缨，何远之有？⑥

①师古曰："论语载孔子曰：'不得中行而与之，必也狂狷乎！狂者进取，狷者有所不为。'中行，中庸也。狷，介也。言不必得中庸之人与之论道，则思狂狷，犹愈于顽嚚无识者也。狷音子掾反。"

②师古曰：“论语称孔子之言也。疾时人妄有述作，非有实也。”

③师古曰：“昭，明也。”

④师古曰：“大雅荡之诗曰‘虽无老成人，尚有典刑’，言今虽无其人，尚有故法可案用也。又曰‘殷监不远，在夏后之时’，言殷视夏桀之亡，可为戒也。赞引此者，谓梅福请封孔子后，是案武王克商之法而行之。又视秦灭二周，夷六国，不为立后，自取丧亡，可为戒也。”

⑤师古曰：“论语称孔子曰：‘为仁由己，而由人乎哉！’此赞引之。再入大府，谓初为大司徒掾，后为车骑将军掾也。”

⑥师古曰：“楚辞渔父之歌曰：‘沧浪之水清，可以濯我缨；沧浪之水浊，可以濯我足。’遇治则仕，遇乱则隐，云敞谢病去职，近于此义也。”

【校勘记】

〔1〕 欲从（其）〔之〕，心又不忍。　钱大昭说闽本“其”作“之”。按景祐、殿本都作“之”。

〔2〕 窃（聞）〔闻〕王孙先命裸葬，　景祐、汲古、殿、局本都作“闻”，此误。

〔3〕 言（求）〔来〕见也。　景祐、殿本都作“来”。王先谦说作“来”是。

〔4〕 因上堂〔皇〕，　钱大昭说“堂”下脱“皇”字。按殿本有。

〔5〕 宿卫（官）〔宫〕外士称为区士也。　景祐、殿本都作“宫”。王先谦说作“宫”是。

〔6〕 外人（矫）〔骄〕恣，　景祐、殿本都作“骄”。

〔7〕 报，论也。断狱（也）为报。故言有故也。不穷审，〔不〕穷尽其事也。　景祐、殿、局本都无“也”字。殿、局本都有“不”

字。王先谦说无"也"字有"不"字是。

〔8〕 欲以匹夫徒（走）〔步〕之人而超九卿之右， 景祐、殿本都作"步"。

〔9〕 而嘉（偎）〔猥〕称云， 景祐、殿、局本都作"猥"。注同。

〔10〕 柄臣，执权之（官）〔臣〕。 景祐、殿本都作"臣"。

〔11〕 孝（文）〔武〕皇帝好忠谏， 景祐、殿、局本都作"武"。王先谦说作"武"是。

〔12〕 故淮南（安王）〔王安〕缘间而起， 景祐、殿、局本都作"王安"。

〔13〕 （亡）〔有〕益于时，不顾逆顺，此所谓伯道者也。 王念孙说，"亡"当为"有"，盖涉后文"亡益于时，有遗于世"而误。

〔14〕 于孔子为（祀）〔祖〕列， 景祐、殿本都作"祖"。王先谦说作"祖"是。

〔15〕 示天〔下〕不敢臣。 景祐、殿、本都有"下"字。王先谦说有"下"字是。

〔16〕 〔初〕，武帝时， 钱大昭说，"武帝"上闽本有"初"字。按殿本有，景祐本无。

〔17〕 云敞字幼（儒）〔孺〕， 景祐、殿本都作"孺"。王先谦说作"孺"是。

〔18〕 皆当禁（固）〔锢〕， 景祐、殿本都作"锢"。

〔19〕 〔故曰〕 二字据景祐、殿本补。

汉 书 卷 六 十 八

霍光金日磾传第三十八

霍光字子孟，票骑将军去病弟也。父中孺，河东平阳人也，①以县吏给事平阳侯家，②与侍者卫少儿私通而生去病。中孺吏毕归家，娶妇生光，因绝不相闻。久之，少儿女弟子夫得幸于武帝，立为皇后，去病以皇后姊子贵幸。既壮大，乃自知父为霍中孺，未及求问。会为票骑将军击匈奴，道出河东，河东太守郊迎，负弩矢先驱，③至平阳传舍，遣吏迎霍中孺。中孺趋入拜谒，将军迎拜，因跪曰："去病不早自知为大人遗体也。"中孺扶服叩头，④曰："老臣得托命将军，此天力也。"去病大为中孺买田宅奴婢而去。还，复过焉，乃将光西至长安，时年十馀岁，任光为郎，稍迁诸曹侍中。去病死后，光为奉（常）〔车〕都尉[1]光禄大夫，出则奉车，入侍左右，出入禁闼二十馀年，⑤小心谨慎，未尝有过，甚见亲信。

2539

①师古曰："中读曰仲。"

②师古曰："县遣吏于侯家供事也。"

③师古曰："郊迎，迎于郊界之上也。先驱者，导其路也。"

④师古曰："服音蒲北反。"

⑤师古曰："宫中小门谓之闺。"

征和二年，卫太子为江充所败，而燕王旦、广陵王胥皆多过失。是时上年老，宠姬钩弋赵倢伃有男，①上心欲以为嗣，命大臣辅之。察群臣唯光任大重，可属社稷。②上乃使黄门画者画周公负成王朝诸侯以赐光。③后元二年春，上游五柞宫，病笃，光涕泣问曰："如有不讳，谁当嗣者？"④上曰："君未谕前画意邪？⑤立少子，君行周公之事。"光顿首让曰："臣不如金日磾。"日磾亦曰："臣外国人，不如光。"上以光为大司马大将军，日磾为车骑将军，及太仆上官桀为左将军，搜粟都尉桑弘羊为御史大夫，皆拜卧内床下，⑥受遗诏辅少主。明日，武帝崩，太子袭尊号，是为孝昭皇帝。帝年八岁，政事壹决于光。

①师古曰："倢伃居钩弋宫，故称之。"

②师古曰："任，堪也。属，委也。任音壬。属音之欲反。"

③师古曰："黄门之署，职任亲近，以供天子，百物在焉，故亦有画工。"

④师古曰："不讳，言不可讳也。"

⑤师古曰："谕，晓也。"

⑥师古曰："于天子所卧床前拜职。"

先是，后元年，侍中仆射莽何罗与弟重合侯通谋为逆，①时光与金日磾、上官桀等共诛之，功未录。武帝病，封玺书曰："帝崩发书以从事。"遗诏封金日磾为秺侯，上官桀为安阳侯，光为博陆侯，②皆以前捕反者功封。时卫尉王莽子男忽侍中，③扬语曰：④"帝（病）〔崩〕，[2]忽常在左右，安得遗诏封三子事！⑤群儿自相贵耳。"光闻之，切让王莽，⑥莽鸩杀忽。

①师古曰："莽音莫户反。"

②文颖曰："博，大。陆，平。取其嘉名，无此县也，食邑北海、河〔间〕、东（城）〔郡〕。"[3]师古曰："盖亦取乡聚之名以为国号，非必县也，公孙弘平津乡则是矣。"

③师古曰："即右将军王莽也，其子名忽。"

④师古曰："扬谓宣唱之。"

⑤师古曰："安犹焉。"

⑥师古曰："切，深也。让，责也。"

光为人沈静详审，长财七尺三寸，①白晳，疏眉目，美须颔。②每出入下殿门，止进有常处，郎仆射窃识视之，不失尺寸，③其资性端正如此。初辅幼主，政自己出，④天下想闻其风采。⑤殿中尝有怪，一夜群臣相惊，光召尚符玺郎，⑥郎不肯授光。光欲夺之，郎按剑曰："臣头可得，玺不可得也！"光甚谊之。明日，诏增此郎秩二等。众庶莫不多光。⑦

①师古曰："财与才同。"

②师古曰："晳，洁白也。颔，颊毛也。晳音先历反。颔音人占反。"

③师古曰："识，记也，音式志反。"

④师古曰："自，从也。"

⑤师古曰："采，文采。"

⑥师古曰："恐有变难，故欲收（其）〔取〕玺。"[4]

⑦师古曰："多犹重也。以此事为多足重也。"

光与左将军桀结婚相亲，光长女为桀子安妻。有女年与帝相配，①桀因帝姊鄂邑盖主内安女后宫为倢伃，②数月立为皇后。父安为票骑将军，封桑乐侯。光时休沐出，桀辄入代光决事。桀父子既尊盛，而德长公主。③公主内行不修，近幸河间丁外人。桀、安欲为外人求封，幸依国家故事以列侯尚公主者，光不许。又为外人求光禄大夫，欲令得召见，又不许。长主大以是怨光。而桀、安数为外人求官爵弗能得，亦惭。自先帝时，桀已为九卿，位在光右。④及父子并为将军，有椒房中宫之重，⑤皇后亲安女，光乃其外祖，而顾专制朝事，⑥繇是与光争权。⑦

①晋灼曰："汉语光嫡妻东闾氏生安夫人，昭后之母也。"

②师古曰："鄂邑，所食邑，为盖侯所尚，故云盖主也。"

③师古曰："怀其恩德也。"

④师古曰："右，上也。"

⑤师古曰："椒房殿，皇后所居。"

⑥师古曰："顾犹反也。"

⑦师古曰："繇读与由同。"

燕王旦自以昭帝兄，常怀怨望。及御史大夫桑弘羊建造酒榷盐铁，为国兴利，伐其功，①欲为子弟得官，亦怨恨光。于是盖主、上官桀、安及弘羊皆与燕王旦通谋，诈令人为燕王上书，言"光出都肄郎羽林，道上称跸，②太官先置。③又引苏武前使匈奴，拘留二十年不降，还乃为典属国，而大将军长史敞亡功为搜粟都尉。④又擅调益莫府校尉。⑤光专权自恣，疑有非常。臣旦愿归符玺，入宿卫，察奸臣变。"候司光出沐日奏之。桀欲从中下其事，⑥桑弘羊当与诸大臣共执退光。书奏，帝不肯下。

①师古曰："伐，矜也。"

②孟康曰："都，试也。肄，习也。"师古曰："谓总阅试习武备也。"

③师古曰："供饮食之具。"

④师古曰："杨敞也。"

⑤师古曰："调，选也。莫府，大将军府也。调音徒钓反。"

⑥师古曰："下谓下有司也，音胡稼反。"

明旦，光闻之，止画室中不入。①上问"大将军安在？"左将军桀对曰："以燕王告其罪，故不敢入。"有诏召大将军。光入，免冠顿首谢，上曰："将军冠。②朕知是书诈也，将军亡罪。"光曰："陛下何以知之？"上曰："将军之广明，都郎属耳。③调校尉以来未能十日，燕王何以得知之？且将军为非，不须校尉。"④是时帝年十四，尚书左右皆惊，而上书者果亡，捕之甚急。桀等惧，白上小事不足遂，⑤上不听。

①如淳曰："近臣所止计画之室也，或曰雕画之室。"师古曰："雕画是也。"

②师古曰："令复著冠也。"

③师古曰："之，往也。广明，亭名也。属耳，近耳也。属音之欲反。"

④文颖曰："帝云将军欲反，不由一校尉。"

⑤师古曰："遂犹竟也。不须穷竟也。"

后桀党与有谮光者，上辄怒曰："大将军忠臣，先帝所属以辅朕身，①敢有毁者坐之。"自是桀等不敢复言，乃谋令长公主置酒请光，伏兵格杀之，因废帝，迎立燕王为天子。事发觉，光尽诛桀、安、弘羊、外人宗族。燕王、盖主皆自杀。光威震海内。昭帝既冠，遂委任光，讫十三年，百姓充实，四夷宾服。

①师古曰："属，委也，音之欲反。其下亦同。"

元平元年，昭帝崩，亡嗣。武帝六男独有广陵王胥在，群臣议所立，咸持广陵王。王本以行失道，先帝所不用。光内不自安。郎有上书言"周太王废太伯立王季，文王舍伯邑考立武王，唯在所宜，①虽废长立少可也。广陵王不可以承宗庙。"言合光意。光以其书视丞相敞等，②擢郎为九江太守，即日承皇太后诏，遣行大鸿胪事少府乐成、宗正德、光禄大夫吉、中郎将利汉迎昌邑王贺。

①师古曰："太伯者，王季之兄。伯邑考，文王长子也。"
②师古曰："视读曰示。敞即杨敞也。"

贺者，武帝孙，昌邑哀王子也。既至，即位，行淫乱。光忧懑，①独以问所亲故吏大司农田延年。延年曰："将军为国柱石，②审此人不可，何不建白太后，③更选贤而立之？"光曰："今欲如是，于古尝有此否？"④延年曰："伊尹相殷，废太甲以安宗庙，后世称其忠。⑤将军若能行此，亦汉之伊尹也。"光乃引延年给事中，阴与车骑将军张安世图计，⑥遂召丞相、御史、将军、列侯、中二千石、大夫、博士会议未央宫。光曰："昌邑王行昏乱，恐危社稷，如何？"群臣皆惊鄂失色，⑦莫敢发言，但唯唯而已。田延年前，离席按剑，曰："先帝属将军以幼孤，寄将军以天下，以将军忠贤能安刘氏也。今群下鼎沸，社稷将倾，且汉之传谥常为孝者，以长有天下，令宗庙血食也。如令汉家绝祀，⑧将军虽死，何面目见先帝于地下乎？今日之议，不得旋踵。⑨群臣后应者，臣请剑斩之。"光谢曰："九卿责光是也。天下匈匈不安，光当受难。"⑩于是议者皆叩头，曰："万姓之命在于将军，唯大将军令。"⑪

① 师古曰:"懑音满,又音闷。"

② 师古曰:"柱者,梁下之柱;石者,承柱之础也。言大臣负国重任,如屋之柱及其石也。"

③ 师古曰:"立议而白之。"

④ 师古曰:"光不涉学,故有此问也。"

⑤ 师古曰:"商书太甲篇曰'太甲既立,弗明,伊尹放诸桐'是也。"

⑥ 师古曰:"图,谋也。"

⑦ 师古曰:"凡言鄂者,皆谓阻碍不依顺也,后字作愕,其义亦同。"

⑧ 师古曰:"如,若也。"

⑨ 师古曰:"宜速决。"

⑩ 师古曰:"受其忧责也。"

⑪ 师古曰:"言一听之也。"

光即与群臣俱见白太后,具陈昌邑王不可以承宗庙状。皇太后乃车驾幸未央承明殿,诏诸禁门毋内昌邑群臣。王入朝太后还,乘辇欲归温室,中黄门宦者各持门扇,王入,门闭,昌邑群臣不得入。王曰:"何为?"大将军跪曰:"有皇太后诏,毋内昌邑群臣。"王曰:"徐之,何乃惊人如是!"光使尽驱出昌邑群臣,置金马门外。车骑将军安世将羽林骑收缚二百馀人,皆送廷尉诏狱。令故昭帝侍中中臣侍守王。光敕左右:"谨宿卫,卒有物故自裁,令我负天下,有杀主名。"①王尚未自知当废,谓左右:"我故群臣从官安得罪,而大将军尽系之乎。"②顷之,有太后诏召王。王闻召,意恐,乃曰:"我安得罪而召我哉!"太后被珠襦,③盛服坐武帐中,侍御数百人皆持兵,期门武士陛戟,陈列殿下。④群臣以次上殿,召昌邑王伏前听诏。光与群臣连名奏王，尚书令读奏曰：

①师古曰："卒读曰猝。物故，死也。自裁，自杀也。"

②师古曰："安，焉也。"

③如淳曰："以珠饰襦也。"晋灼曰："贯珠以为襦，形若今革襦矣。"

师古曰："晋说是也。"

④师古曰："陛戟谓执戟以卫陛下也。"

丞相臣敞、①大司马大将军臣光、车骑将军臣安世、②度辽将军臣明友、③前将军臣增、④后将军臣充国、⑤御史大夫臣谊、⑥宜春侯臣谭、⑦当塗侯臣圣、⑧随桃侯臣昌乐、⑨杜侯臣屠耆堂、⑩太仆臣延年、⑪太常臣昌、⑫大司农臣延年、⑬宗正臣德、⑭少府臣乐成、⑮廷尉臣光、⑯执金吾臣延寿、⑰大鸿胪臣贤、⑱左冯翊臣广明、⑲右扶风臣德、⑳长信少府臣嘉、㉑典属国臣武、㉒京辅都尉臣广汉、㉓司隶校尉臣辟兵、㉔诸吏文学光禄大夫臣迁、㉕臣畸、㉖臣吉、㉗臣赐、臣管、臣胜、臣梁、臣长幸、㉘臣夏侯胜、㉙太中大夫臣德、㉚臣卬㉛昧死言皇太后陛下：臣敞等顿首死罪。(大)〔天〕子所以永保宗庙总壹海内者，〔5〕以慈孝礼谊赏罚为本。孝昭皇帝早弃天下，亡嗣，臣敞等议，礼曰"为人后者为之子也"，昌邑王宜嗣后，遣宗正、大鸿胪、光禄大夫奉节使征昌邑王典丧。服斩缞，㉜亡悲哀之心，〔6〕废礼谊，居道上不素食，㉝使从官略女子载衣车，内所居传舍。始至谒见，立为皇太子，常私买鸡豚以食。受皇帝信玺、行玺大行前，㉞就次发玺不封。㉟从官更持节，㊱引内昌邑从官驺宰官奴二百馀人，常与居禁闼内敖戏。自之符玺取节十六，㊲朝暮临，㊳令从官更持节从。㊴为书曰

“皇帝问侍中君卿：⁴⁰使中御府令高昌奉黄金千斤，赐君卿取十妻。”大行在前殿，发乐府乐器，引内昌邑乐人，击鼓歌吹作俳倡。⁴¹会下还，上前殿，⁴²击钟磬，召内泰壹宗庙乐人辇道牟首，⁴³鼓吹歌舞，悉奏众乐。发长安厨三太牢具祠阁室中，⁴⁴祀已，与从官饮啖。⁴⁵驾法驾，皮轩鸾旗，驱驰北宫、桂宫，弄彘斗虎。⁴⁶召皇太后御小马车，⁴⁷使官奴骑乘，游戏掖庭中。与孝昭皇帝宫人蒙等淫乱，诏掖庭令敢泄言要斩。

①师古曰："杨敞也。"

②师古曰："张子孺。"

③师古曰："范明友。"

④师古曰："韩增。"

⑤师古曰："赵充国。"

⑥师古曰："蔡谊。"

⑦师古曰："王䜣子。"

⑧师古曰："姓魏也。"

⑨师古曰："姓赵，故苍梧王赵光子。"

⑩师古曰："故胡人。"

⑪师古曰："杜延年。"

⑫师古曰："蒲侯苏昌。"

⑬师古曰："田延年。"

⑭师古曰："刘向父。"

⑮师古曰："姓史也。"

⑯师古曰："李光。"

⑰师古曰："李延寿。"

⑱师古曰："韦贤。"

⑲师古曰："田广明。"

⑳师古曰："周德。"

㉑师古曰："不知姓。"

㉒师古曰："苏武。"

㉓师古曰："赵广汉。"

㉔师古曰："不知姓。"

㉕师古曰："王迁。"

㉖师古曰："宋畸。"

㉗师古曰："景吉。"

㉘师古曰："并不知姓也。"

㉙李奇曰："同官同名，故以姓别也。"

㉚师古曰："不知姓。"

㉛师古曰："赵充国子也。"

㉜师古曰："典丧服，言为丧主也。斩缞，谓缞裳下不缉，直斩（斩）割之而已。[7]缞音步千反。"

㉝师古曰："素食，菜食无肉也。言王在道常肉食，非居丧之制也。而郑康成解丧服素食云"平常之食"，失之远矣。素食，义亦见王莽传。"

㉞孟康曰："汉初有三玺，天子之玺自佩，行玺、信玺在符节台。大行前，昭帝枢前也。"韦昭曰："大行，不反之辞也。"

㉟师古曰："玺既国器，常当缄封，而王于大行前受之，退还所次，遂尔发漏，更不封之，得令凡人皆见，言不重慎也。"

㊱师古曰："更音工衡反。次下亦同。"

㊲师古曰："之，往也。自往至署取节也。"

㊳师古曰："临，哭临也，音力禁反。"

㊴师古曰："更互执节，从至哭临之所。"

⑩师古曰:"昌邑之侍中名君卿也。"

㉛师古曰:"俳优,谐戏也。倡,乐人也。俳音排。"

㉜如淳曰:"下谓枢之入冢。葬还不居丧位,便处前殿也。"师古曰:"下音胡稼反。"

㊸郑氏曰:"祭泰壹神乐人也。"孟康曰:"牟首,地名也,上有观。"如淳曰:"辇道,阁道也。牟首,屏面也。以屏面自隔,无哀戚也。"臣瓒曰:"牟首,池名也,在上林苑中。方在衰绖而辇游于池,言无哀戚也。"师古曰:"召泰壹乐人,内之于辇道牟首而鼓吹歌舞也。牟首,瓒说是也。屏面之言,失之远矣。又左思吴都赋云'长涂牟首',刘逵以为牟首阁道有室屋也,此说更无所出。或者思及逵据此'辇道牟首'便误用之乎?"

㊹如淳曰:"黄图北出中门有长安厨,故谓之厨城门。阁室,阁道之有室者。不知祷何淫祀也。"

㊺师古曰:"啖,食也,音徒敢反。"

㊻师古曰:"皮轩鸾旗皆法驾所陈也。北宫、桂宫并在未央宫北。"

㊼张晏曰:"皇太后所驾游宫中辇车也。汉厩有果下马,高三尺,以驾辇。"师古曰:"小马可于果树下乘之,故号果下马。"

太后曰:"止!①为人臣子当悖乱如是邪!"②王离席伏。尚书令复读曰:

①师古曰:"令且止读奏。"

②师古曰:"责王也。悖,乖也,音布内反。"

取诸侯王、列侯、二千石绶及墨绶、黄绶以并佩昌邑郎官者免奴。①变易节上黄旄以赤。②发御府金钱刀剑玉器采缯,赏赐所与游戏者。与从官官奴夜饮,湛沔于酒。③诏太官上乘舆食如故。食监奏未释服未可御故食,④复诏太官趣具，无关食监。⑤太官不敢具，即使从官出买鸡豚，诏殿门内，以为常。⑥独夜设九宾温室，⑦延见姊夫昌邑关内侯。祖宗庙祠未举，为玺书使使者持节，以三太牢祠昌邑哀王园庙，称嗣子皇帝。⑧受玺以来二十七日，使者旁午，⑨持节诏诸官署征发，凡千一百二十七事。文学光禄大夫夏侯胜等及侍中傅嘉数进谏以过失，使人簿责胜，⑩缚嘉系狱。荒淫迷惑，失帝王礼谊，乱汉制度。臣敞等数进谏，不变更，⑪日以益甚，恐危社稷，天下不安。

①师古曰："免奴谓免放为良人者。"

②师古曰："以刘屈牦与戾太子战，加节上黄旄，遂以为常。贺今辄改之。"

③师古曰："湛读曰沈，又读曰耽。沈沔，荒迷也。"

④师古曰："释谓解脱也。"

⑤师古曰："趣读曰促。关，由也。"

⑥师古曰："内，入也。令每日常入鸡豚也。"

⑦师古曰："于温室中设九宾之礼也。九宾，解在叔孙通传。"

⑧师古曰："时在丧服，故未祠宗庙而私祭昌邑哀王也。"

⑨如淳曰："旁午，分布也。"师古曰："一从一横为旁午，犹言交横也。"

⑩师古曰："簿音步户反。簿责，以文簿具责之。"

⑪师古曰："更，改也。"

臣敞等谨与博士臣霸、臣隽舍、①臣德、臣虞舍、臣射、臣仓议，皆曰："高皇帝建功业为汉太祖，孝文皇帝慈仁节俭为太宗，今陛下嗣孝昭皇帝后，行淫辟不轨。②诗云：'籍曰未知，亦既抱子。'③五辟之属，莫大不孝。④周襄王不能事母，春秋曰'天王出居于郑'，繇不孝出之，绝之于天下也。⑤宗庙重于君，陛下未见命高庙，不可以承天序，奉祖宗庙，子万姓，当废。"臣请有司御史大夫臣谊、宗正臣德、太常臣昌与太祝以一太牢具，告祠高庙。臣敞等昧死以闻。

①晋灼曰："隽姓，舍名也。下有臣虞舍，故以姓别之。"师古曰："隽音辞阮反，又音字阮反。"

②师古曰："轨，法也。辟读曰僻。"

③师古曰："大雅抑之诗。卫武公刺厉王也。籍，假也。此言假令人云王尚幼少，未有所知，亦已长大而抱子矣，实不幼少也。"

④师古曰："五辟即五刑也。辟音频亦反。"

⑤师古曰："襄王，惠王子也。僖二十四年经书'天王出居于郑'。公羊传曰：'王者无外，此其言出何？不能乎母也。'繇读与由同。"

皇太后诏曰："可。"光令王起拜受诏，王曰："闻天子有争臣七人，虽无道不失天下。"①光曰："皇太后诏废，安得天子！"乃即持其手，②解脱其玺组，奉上太后，扶王下殿，出金马门，群臣随送。王西面拜，曰："愚戆不任汉事。"起就乘舆副车。大将军光送至昌邑邸，光谢曰："王行自绝于天，臣等驽怯，不能杀身报德。臣宁负王，不敢负社稷。愿王自爱，臣长不复见左右。"③光涕泣而去。群臣奏言："古者废放之人屏于远方，不及以政，④请徙王贺汉中房陵县。"太后诏归贺昌邑，赐汤沐邑二千户。昌邑群臣坐亡辅导之谊，陷王于恶，光悉诛杀二百馀人。出死，号呼市中⑤曰："当断不断，反受其乱。"⑥

①师古曰："引孝经之言。"

②师古曰："即，就也。"

③师古曰："言不复得侍见于左右。"

④师古曰："言不豫政令。"

⑤师古曰："呼音火故反。"

⑥师古曰："悔不早杀光等也。"

光坐庭中，会丞相以下议定所立。广陵王已前不用，及燕剌王反诛，其子不在议中。近亲唯有卫太子孙号皇曾孙在民间，咸称述焉。光遂复与丞相敞等上奏曰："礼曰'人道亲亲故尊祖，尊祖故敬宗。'(太)〔大〕宗亡嗣，择支子孙贤者为嗣。[8]孝武皇帝曾孙病已，武帝时有诏掖庭养视，至今年十八，师受诗、论语、孝经，躬行节俭，慈仁爱人，可以嗣孝昭皇帝后，奉承祖宗庙，子万姓。臣昧死以闻。"皇太后诏曰："可。"光遣宗正刘德至曾孙家尚冠里，洗沐赐御衣，太仆以轮猎车迎曾孙就斋宗正府，入未央宫见皇太后，封为阳武侯。①已而光奉上皇帝玺绶，谒于高庙，是为孝宣皇帝。明年，下诏曰："夫褒有德，赏元功，古今通谊也。大司马大将军光宿卫忠正，宣德明恩，守节秉谊，以安宗庙。其以河北、东武阳益封光万七千户。"与故所食凡二万户。赏赐前后黄金七千斤，钱六千万，杂缯三万匹，奴婢百七十人，马二千匹，甲第一区。

①师古曰："解并在宣纪。轮音零。"

自昭帝时，光子禹及兄孙云皆中郎将，云弟山奉车都尉侍中，领胡越兵。光两女婿为东西宫卫尉，昆弟诸婿外孙皆奉朝请，为诸曹大夫，骑都尉，给事中。党亲连体，根据于朝廷。光自后元秉持万机，及上即位，乃归政。上谦让不受，诸事皆先关白光，然后奏御天子。光每朝见，上虚己敛容，礼下之已甚。①

①师古曰："下音胡稼反。"

　　光秉政前后二十年，<u>地节</u>二年春病笃，车驾自临问光病，上为之涕泣。光上书谢恩曰："愿分国邑三千户，以封兄孙奉车都尉山为列侯，奉兄票骑将军<u>去病</u>祀。"事下丞相御史，即日拜<u>光</u>子<u>禹</u>为右将军。

　　<u>光薨</u>，上及皇太后亲临<u>光</u>丧。太中大夫<u>任宣</u>与侍御史五人持节护丧事。中二千石治莫府冢上。①赐金钱、缯絮，绣被百领，衣五十箧，璧珠玑玉衣，②梓宫、③便房、黄肠题凑各一具，④枞木外臧椁十五具。⑤东园温明，⑥皆如乘舆制度。载<u>光</u>尸枢以辒辌车，⑦黄屋左纛，⑧发材官轻车北军五校士军陈至<u>茂陵</u>，以送其葬。谥曰<u>宣成侯</u>。发<u>三河</u>卒穿复土，起冢祠堂，置园邑三百家，长丞奉守如旧法。

①如淳曰："典为冢者。"

②师古曰："汉仪注以玉为襦，如铠状连缀之，以黄金为缕，要已下玉为札，长尺，广二寸半为甲，下至足，亦缀以黄金缕。"

③服虔曰："棺也。"师古曰："以梓木为之，亲身之棺也。为天子制，故亦称梓宫。"

④服虔曰："便房，藏中便坐也。"苏林曰："以柏木黄心致累棺外，故曰黄肠。木头皆内向，故曰题凑。"如淳曰："汉仪注天子陵中明中高丈二尺四寸，周二丈，内梓宫，次楩椁，柏黄肠题凑。"师古曰："便房，小曲室也。如氏以为楩木名，非也。"

⑤服虔曰："在正臧外，婢妾臧也。或曰厨厩之属也。"苏林曰："枞木，柏叶松身。"师古曰："尔雅及毛诗传并云枞木松叶柏身，桧木乃柏叶松身耳。苏说非也。枞音七庸反。桧音工阔反，字亦作栝。"

⑥服虔曰："东园处此器，形如方漆桶，开一面，漆画之，以镜置其中，以悬尸上，大敛并盖之。"师古曰："东园，署名也，属少府。其署主作此器也。"

⑦文颖曰："辒辌车，如今丧轜车也。"孟康曰："如衣车有窗牖，闭之则温，开之则凉，故名之辒辌车也。"臣瓒曰："秦始皇道崩，祕其事，载以辒辌车，百官奏事如故，此不得是轜车类也。案杜延年奏，载霍光枢以辌车，驾大厩白虎驷，以辒车驾大厩白鹿驷为倅。"师古曰："辒辌本安车也，可以卧息。后因载丧，饰以柳翣，故遂为丧车耳。辒者密闭，辌者旁开窗牖，各别一乘，随事为名。后人既专以载丧，又去其一，总为藩饰，而合二名呼之耳。倅，副也，音千内反。"

⑧师古曰："解在高纪也。"

既葬，封山为乐平侯，以奉车都尉领尚书事。天子思光功德，下诏曰："故大司马大将军博陆侯宿卫孝武皇帝三十有馀年，辅孝昭皇帝十有馀年，遭大难，躬秉谊，率三公九卿大夫定万世册以安社稷，天下蒸庶咸以康宁。功德茂盛，朕甚嘉之。复其后世，畴其爵邑，①世世无有所与，功如萧相国。②明年夏，封太子外祖父许广汉为平恩侯。复下诏曰："宣成侯光宿卫忠正，勤劳国家。善善及后世，③其封光兄孙中郎将云为冠阳侯。"

①应劭曰："畴，等也。"师古曰："复音方目反。"

②师古曰："与读曰豫。"

③师古曰："善善者，谓襃宠善人也。"

禹既嗣为博陆侯，太夫人显改光时所自造茔制而侈大之。①起三出阙，筑神道，北临昭灵，南出承恩，②盛饰祠室，辇阁通属永巷，而幽良人婢妾守之。③广治第室，作乘舆辇，加画绣绀冯，黄金涂，④韦絮荐轮，⑤侍婢以五采丝輓显，游戏第中。⑥初，光爱幸监奴冯子都，常与计事，及显寡居，与子都乱。⑦而禹、山亦并缮治第宅，走马驰逐平乐馆。云当朝请，数称病私出，⑧多从宾客，张围猎黄山苑中，使苍头奴上朝谒，⑨莫敢遣者。而显及诸女，昼夜出入长信宫殿中，亡期度。⑩

①师古曰："茔，墓域也，音营。"

②服虔曰："昭灵、承恩，皆馆名也。"李奇曰："昭灵，高祖母冢园也。"文颖曰："承恩，宣平侯冢园也。"师古曰："服说是也，文、李并失之。"

③晋灼曰："阁道乃通属至永巷中也。"师古曰："此亦其冢上作辇阁之道及永巷也，非谓掖庭之永巷也。"

④如淳曰："绀亦茵。冯（所谓）〔谓所〕冯者也，[9]以黄金涂饰之。"师古曰："茵，蓐也，以绣为茵冯而黄金涂舆辇也。"

⑤晋灼曰："御辇以韦缘轮，著之以絮。"师古曰："取其行安，不摇动也。著音张吕反。"

⑥师古曰："輓谓牵引车辇也，音晚。"

⑦晋灼曰："汉语东闾氏亡，显以婢代立，素与冯殷奸也。"师古曰："监奴，谓奴之监知家务者也，殷者，子都之名。"

⑧师古曰："请音才姓反。"

⑨文颖曰："朝当用谒，不自行而令奴上谒者也。"师古曰："上谒，若今参见尊贵而通名也。"

⑩师古曰："长信宫，上官太后所居。"

宣帝自在民间闻知霍氏尊盛日久，内不能善。光薨，上始躬亲朝政，御史大夫**魏相**给事中。**显**谓**禹**、**云**、**山**："女曹不务奉大将军馀业，①今大夫给事中，他人壹间，女能复自救邪?"②后两家奴争道，③**霍氏**奴入御史府，欲蹴大夫门，御史为叩头谢，乃去。人以谓**霍氏**，④**显**等始知忧。会**魏大夫**为丞相，数燕见言事。**平恩侯**与侍中**金安上**等径出入省中。时**霍山**自若领尚书，⑤上令吏民得奏封事，不关尚书，群臣进见独往来，⑥于是**霍氏**甚恶之。

① 师古曰："女音汝。曹，辈也。"

② 师古曰："间音居苋反。"

③ 师古曰："谓霍氏及御史家。"

④ 师古曰："告语也。"

⑤ 师古曰："自若犹言如故也。"

⑥ 师古曰："谓各各得尽言于上也。"

宣帝始立，立微时**许妃**为皇后。**显**爱小女**成君**，欲贵之，私使乳医**淳于衍**行毒药杀**许后**，①因劝**光**内**成君**，代立为后。语在**外戚传**。始**许后**暴崩，吏捕诸医，劾**衍**侍疾亡状不道，下狱。吏簿问急，②**显**恐事败，即具以实语**光**。**光**大惊，欲自发举，不忍，犹与。③会奏上，因署**衍**勿论。④**光**薨后，语稍泄。于是上始闻之而未察，⑤乃徙**光**女婿度辽将军未央卫尉**平陵侯范明友**为光禄勋，次婿诸吏中郎将羽林监**任胜**出为**安定**太守。数月，复出**光**姊婿给事中光禄大夫**张朔**为**蜀郡**太守，群孙婿中郎将**王汉**为**武威**太守。顷之，复徙**光**长女婿**长乐**卫尉**邓广汉**为少府。更以**禹**为大司马，冠小冠，亡印绶，罢其右将军屯兵官属，特使**禹**官名与**光**俱大司马者。⑥又收**范明友**

度辽将军印绶，但为光禄勋。及光中女婿赵平为散骑骑都尉光禄大夫将屯兵，又收平骑都尉印绶。诸领胡越骑、羽林及两宫卫将屯兵，悉易以所亲信许、史子弟代之。

①师古曰："乳医，视产乳之疾者。乳音而树反。"

②师古曰："薄音步户反。"

③师古曰："犹与，不决也。与读曰豫。"

④师古曰："署者，题其奏后也。"

⑤师古曰："未知其虚实。"

⑥苏林曰："特，但也。"

禹为大司马，称病。禹故长史任宣候问，禹曰："我何病？县官非我家将军不得至是，①今将军坟墓未干，尽外我家，②反任许、史，夺我印绶，令人不省死。"③宣见禹恨望深，④乃谓曰："大将军时何可复行！⑤持国权柄，杀生在手中。廷尉李种、王平、⑥左冯翊贾胜胡及车丞相女婿少府徐仁皆坐逆将军（竟）〔意〕下狱死。[10]使乐成小家子得幸将军，至九卿封侯。⑦百官以下但事冯子都、王子方等，⑧视丞相亡如也。⑨各自有时，今许、史自天子骨肉，贵正宜耳。大司马欲用是怨恨，愚以为不可。"禹默然。数日，起视事。

①如淳曰："县官谓天子。"

②师古曰："外谓疏斥之。"

③师古曰："不自省有过也。"

④师古曰："望，怨也。"

⑤师古曰："言今何得复如此也。"

⑥师古曰："种音冲。"

⑦师古曰："即上所云少府乐成者也。使者，其姓也，字或作史。"

⑧服虔曰："皆光奴。"

⑨师古曰："亡如犹言无所象似也。"

显及禹、山、云自见日侵削，数相对啼泣，自怨。山曰："今丞相用事，县官信之，尽变易大将军时法令，以公田赋与贫民，发扬大将军过失。又诸儒生多窭人子，①远客饥寒，喜妄说狂言，②不避忌讳，大将军常雠之，③今陛下好与诸儒生语，人人自使书对事，多言我家者。尝有上书言大将军时主弱臣强，专制擅权，今其子孙用事，昆弟益骄恣，恐危宗庙，灾异数见，尽为是也。其言绝痛，山屏不奏其书。后上书者益黠，尽奏封事，辄（使）〔下〕中书令出取之，〔11〕不关尚书，益不信人。"显曰："丞相数言我家，独无罪乎？"山曰："丞相廉正，安得罪？我家昆弟诸婿多不谨。又闻民间讙言霍氏毒杀许皇后，④宁有是邪？"显恐急，即具以实告山、云、禹。山、云、禹惊曰："如是，何不早告禹等！县官离散斥逐诸婿，用是故也。此大事，诛罚不小，奈何？"于是始有邪谋矣。

①师古曰："窭，贫而无礼，音其羽反。"

②师古曰："喜音许吏反。"

③师古曰："言嫉之如仇雠也。"

④师古曰："讙，众声也，音（计）〔许〕爰反。"〔12〕

初，赵平客石夏善为天官，①语平曰："荧惑守御星，御星，太仆奉车都尉也，不黜则死。"平内忧山等。云舅李竟所善张赦见云家卒卒，②谓竟曰："今丞相与平恩侯用事，可令太夫人言太后，先诛此两人。移徙陛下，在太后耳。"长安男子张章告之，事下廷尉。执金吾捕张赦、石夏等，后有诏止勿捕。山等愈恐，相谓曰："此县官重太后，故不竟也。③然恶端已见，又有弑许后事，陛下虽宽仁，恐左右不听，久之犹发，发即族矣，不如先也。"④遂令诸女各归报其夫，皆曰："安所相避？"⑤

①师古曰："晓星文者。"

②师古曰："卒读曰猝，匆遽之貌也。"

③师古曰："重，难也。竟，穷竟其事也。"

④师古曰："言先反。"

⑤师古曰："言无处相避，当受祸也。"

会李竟坐与诸侯王交通，辞语及霍氏，有诏云、山不宜宿卫，免就第。光诸女遇太后无礼，①冯子都数犯法，上并以为让，②山、禹等甚恐。显梦第中井水溢流庭下，灶居树上，又梦大将军谓显曰："知捕儿不？③亟下捕之。"④第中鼠暴多，与人相触，以尾画地。鸮数鸣殿前树上。⑤第门自坏。云尚冠里宅中门亦坏。巷端人共见有人居云屋上，彻瓦投地，就视，亡有，大怪之。禹梦车骑声正讙来捕禹，举家忧愁。山曰："丞相擅减宗庙羔、菟、蛙，⑥可以此罪也。"谋令太后为博平君置酒，⑦召丞相、平恩侯以下，使范明友、邓广汉承太后制引斩之，因废天子而立禹。约定未发，云拜为玄菟太守，太中大夫任宣为代郡太守。山又坐写祕书，显为上书献城西第，入马千匹，以赎山罪。书报闻。⑧会事发觉，云、山、明友自杀，显、禹、广汉等捕得。禹要斩，显及诸女昆弟皆弃市。唯独霍后废处昭台宫。与霍氏相连坐诛灭者数千家。

①服虔曰："光诸女自以（为）〔于〕上官太后为姨母，〔13〕遇之无礼。"

②师古曰："总以此事责之也。"

③师古曰："知儿见捕否？"

④苏林曰："且疾下捕之。"师古曰："亟音居力反。"

⑤师古曰："鹠，恶声之鸟也。古者室屋高大，则通呼为殿耳，非止天子宫中。其语亦见黄霸传。鹠音羽骄反。"

⑥如淳曰："高后时定令，敢有擅议宗庙者，弃市。"师古曰："羔、菟、蛙所以供祭也。"

⑦文颖曰："宣帝外祖母也。"

⑧师古曰："不许之。"

上乃下诏曰："乃者东织室令史张赦使魏郡豪李竟报冠阳侯云谋为大逆，①朕以大将军故，抑而不扬，冀其自新。今大司马博陆侯禹与母宣成侯夫人显及从昆弟子冠阳侯云、乐平侯山诸姊妹婿谋为大逆，欲诖误百姓。赖（祖宗）〔宗庙〕神灵，[14]先发得，咸伏其辜，②朕甚悼之。诸为霍氏所诖误，事在丙申前，未发觉在吏者，皆赦除之。男子张章先发觉，以语期门董忠，忠告左曹杨恽，恽告侍中金安上。恽召见对状，后章上书以闻。侍中史高与金安上建发其事，③言无入霍氏禁闼，卒不得遂其谋，④皆雠有功。⑤封章为博成侯，忠高昌侯，恽平通侯，安上都成侯，高乐陵侯。"

①师古曰："解在宣纪也。"

②师古曰："事发而捕得。"

③师古曰："言共立意发之也。"

④师古曰："遂，成也。"

⑤晋灼曰："雠，等也。"师古曰："言其功相等类也。"

初，霍氏奢侈，茂陵徐生曰："霍氏必亡。夫奢则不逊，不逊必侮上。侮上者，逆道也。在人之右，众必害之。①霍氏秉权日久，害之者多矣。天下害之，而又行以逆道，不亡何待！”乃上疏言“霍氏泰盛，陛下即爱厚之，宜以时抑制，无使至亡”。书三上，辄报闻。其后霍氏诛灭，而告霍氏者皆封。人为徐生上书曰：“臣闻客有过主人者，见其灶直突，傍有积薪，客谓主人，更为曲突，远徙其薪，不者且有火患。主人嘿然不应。俄而家果失火，邻里共救之，幸而得息。于是杀牛置酒，谢其邻人，灼烂者在于上行，②馀各以功次坐，而不录言曲突者。人谓主人曰：‘乡使听客之言，不费牛酒，终亡火患。③今论功而请宾，曲突徙薪亡恩泽，燋头烂额为上客耶？’主人乃寤而请之。今茂陵徐福数上书言霍氏且有变，宜防绝之。乡使福说得行，则国亡裂土出爵之费，臣亡逆乱诛灭之败。往事既已，而福独不蒙其功，唯陛下察之，贵徙薪曲突之策，使居焦发灼烂之右。”④上乃赐福帛十疋，后以为郎。

①师古曰："右，上也。"

②师古曰："灼谓被烧炙者也。行音胡（浪）〔郎〕反。"[15]

③师古曰："乡读曰向。次下亦同也。"

④师古曰："右，上也。"

宣帝始立，谒见高庙，大将军光从骖乘，上内严惮之，若有芒刺在背。后车骑将军张安世代光骖乘，天子从容肆体，甚安近焉。①及光身死而宗族竟诛，故俗传之曰："威震主者不畜，霍氏之祸萌于骖乘。"②

①师古曰："肆，放也，展也。近音钜靳反。"

②师古曰："萌谓始生也。"

至成帝时，为光置守冢百家，吏卒奉祠焉。元始二年，封光从父昆弟曾孙阳为博陆侯，千户。

金日磾字翁叔，①本匈奴休屠王太子也。②武帝元狩中，票骑将军霍去病将兵击匈奴右地，多斩首，虏获休屠王祭天金人。其夏，票骑复西过居延，攻祁连山，大克获。于是单于怨昆邪、休屠居西方多为汉所破，③召其王欲诛之。昆邪、休屠恐，谋降汉。休屠王后悔，昆邪王杀之，并将其众降汉。封昆邪王为列侯。日磾以父不降见杀，与母阏氏、弟伦俱没入官，输黄门养马，时年十四矣。

①师古曰："磾音丁奚反。"

②师古曰："休音许虬反。屠音储。"

③师古曰："昆音下门反。"

久之，武帝游宴见马，①后宫满侧。日磾等数十人牵马过殿下，莫不窃视，②至日磾独不敢。日磾长八尺二寸，容貌甚严，马又肥好，上异而问之，具以本状对。上奇焉，即日赐汤沐衣冠，拜为马监，迁侍中驸马都尉光禄大夫。日磾既亲近，未尝有过失，上甚信爱之，赏赐累千金，出则骖乘，入侍左右。贵戚多窃怨，曰："陛下妄得一胡儿，反贵重之！"上闻，愈厚焉。

①师古曰："方于宴游之时，而召阅诸马。"

②师古曰："视宫人。"

日磾母教诲两子，甚有法度，上闻而嘉之。病死，诏图画于甘泉宫，署曰"休屠王阏氏。"①日磾每见画常拜，乡之涕泣，然后乃去。②日䃅子二人皆爱，为帝弄儿，常在旁侧。弄儿或自后拥上项，③日䃅在前，见而目之。④弄儿走且啼曰："翁怒。"上谓日䃅"何怒吾儿为?"其后弄儿壮大，不谨，自殿下与宫人戏，日䃅适见之，恶其淫乱，遂杀弄儿。弄儿即日䃅长子也。上闻之大怒，日䃅顿首谢，具言所以杀弄儿状。上甚哀，为之泣，已而心敬日䃅。

①师古曰："题其画。"

②师古曰："乡读曰向。"

③师古曰："拥，抱也。"

④师古曰："目，视怒也。"

初，莽何罗与江充相善，及充败卫太子，何罗弟通用诛太子时力战得封。后上知太子冤，乃夷灭充宗族党与。何罗兄弟惧及，①遂谋为逆。日䃅视其志意有非常，心疑之，阴独察其动静，与俱上下。②何罗亦觉日䃅意，以故久不得发。是时上行幸林光宫，③日䃅小疾卧庐。④何罗与通及小弟安成矫制夜出，共杀使者，发兵。明旦，上未起，何罗亡何从外入。⑤日䃅奏厕心动，⑥立入坐内户下。须臾，何罗褭白刃从东箱上，⑦见日䃅，色变，走趋卧内欲入，⑧行触宝瑟，僵。日䃅得抱何罗，因传曰："莽何罗反!"⑨上惊起，左右拔刃欲格之，上恐并中日䃅，⑩止勿格。日䃅捽胡投何罗殿下，⑪得禽缚之，穷治皆伏辜。繇是著忠孝节。⑫

①师古曰："及谓及于祸也。"

②师古曰："上下于殿也。"

③服虔曰："甘泉一名林光。"师古曰："秦之林光宫，胡亥所造，汉

又于其旁起甘泉宫。"

④师古曰："殿中所止曰庐。"

⑤师古曰："无何犹言无故也。"

⑥师古曰："奏，向也。曰磾方向厕而心动。"

⑦师古曰："置刃于衣褱中也。褱，古袖字。"

⑧师古曰："趍读曰趣，向也。卧内，天子卧处。"

⑨师古曰："传谓传声而唱之。"

⑩师古曰："中音竹仲反。"

⑪孟康曰："胡音互。捽胡，若今相僻卧轮之类也。"晋灼曰："胡，颈也，捽其颈而投殿下也。"师古曰："晋说是也。捽音才乞反。"

⑫师古曰："縣读与由同。"

日磾自在左右，目不忤视者数十年。①赐出宫女，不敢近。上欲内其女后宫，不肯。其笃慎如此，上尤奇异之。②及上病，属霍光以辅少主，③光让日磾。日磾曰："臣外国人，且使匈奴轻汉。"于是遂为光副。光以女妻日磾嗣子赏。初，武帝遗诏以讨莽何罗功封日磾为秺侯，④日磾以帝少不受封。辅政岁馀，病困，大将军光白封日磾，卧授印绶。一日，薨，赐葬具冢地，送以轻车介士，军陈至茂陵，谥曰敬侯。

①师古曰："忤，逆也。"

②师古曰："笃，厚也。"

③师古曰："属音之欲反。"

④师古曰："秺音丁故反。"

日磾两子，赏、建，俱侍中，与昭帝略同年，共卧起。赏为奉车、建驸马都尉。及赏嗣侯，佩两绶，上谓霍将军曰："金氏兄弟两人不可使俱两绶邪？"霍光对曰："赏自嗣父为侯耳。"上笑曰："侯不在我与将军乎?"光曰："先帝之约,有功乃得封侯。"时年俱八九岁。宣帝即位,赏为太仆,霍氏有事萌牙,上书去妻。①上亦自哀之,独得不坐。元帝时为光禄勋,薨,亡子,国除。元始中继绝世,封建孙当为秺侯,奉日磾后。

①师古曰："萌牙者,言始有端绪,若草之始生。"

初,日磾所将俱降弟伦,字少卿,为黄门郎,早卒。日磾两子贵,及孙则衰矣,而伦后嗣遂盛,子安上始贵显封侯。

安上字子侯,少为侍中,惇笃有智,宣帝爱之。颇与发举楚王延寿反谋,①赐爵关内侯,食邑三百户。后霍氏反,安上传禁门闼,无内霍氏亲属,②封为都成侯,至建章卫尉。薨,赐冢茔杜陵,谥曰敬侯。四子,常、敞、岑、(哭)〔明〕。[16]

①师古曰："与读日豫。"
②师古曰："禁,止也。门闼,宫中大小之门也。传声而止诸门闼也。"

(今)〔岑〕、明皆为诸曹中郎将,[17]常光禄大夫。元帝为太子时,敞为中庶子,幸有宠,帝即位,为骑都尉光禄大夫,中郎将侍中。元帝崩,故事,近臣皆随陵为园郎,敞以世名忠孝,太后诏留侍成帝,为奉车水衡都尉,至卫尉。敞为人正直,敢犯颜色,左右惮之,唯上亦难焉。①病甚,上使使者问所欲,以弟岑为託。上召岑,拜为(郎)使主客。②[18]敞子涉本为左曹,上拜涉为侍中,使待幸绿车载送卫尉舍。③须臾卒。敞三子,涉、参、饶。

①师古曰："臣下皆敬惮,唯有天子一人,亦难之。"
②服虔曰："官名,属鸿胪,主胡客也。"
③李奇曰："辇绿车,常设以待幸也。临敞病〔困〕,拜子为侍中,[19]

以此车送，欲敝见其荣宠也。"如淳曰："幸绿车常置左右以待召载
皇孙，今遣涉归，以皇孙车载之，宠之也。"晋灼曰："汉注绿车名
皇孙车，太子有子乘以从。"师古曰："如、晋二说是也。"

涉明经俭节，诸儒称之。成帝时为侍中骑都尉，领三辅胡越
骑。[1]哀帝即位，为奉车都尉，至长信少府。而参使匈奴，匈奴
中郎将，[2]越骑校尉，关〔内〕都尉，[20]安定、东海太守。饶为
越骑校尉。

[1]师古曰："胡越骑之在三辅者，若长水、长杨、宣曲之属是也。"
[2]师古曰："以其出使匈奴，故拜为匈奴中郎将也。"

涉两子，汤、融，皆侍中诸曹将大夫。[1]而涉之从父弟钦举
明经，为太子门大夫，哀帝即位，为太中大夫给事中，钦从父弟
迁为尚书令，兄弟用事。帝祖母傅太后崩，钦使护作，[2]职办，
擢为泰山、弘农太守，著威名。平帝即位，征为大司马司直、京
兆尹。帝年幼，选置师友，大司徒孔光以明经高行为孔氏师，京
兆尹金钦以家世忠孝为金氏友。徙光禄大夫侍中，秩中二千石，
封都成侯。

[1]师古曰："将亦谓中郎将也。"
[2]师古曰："监主葬送之事也。"

时王莽新诛平帝外家卫氏，召明礼少府宗伯凤[1]入说为人后
之谊，白令公卿、将军、侍中、朝臣并听，[2]欲以内厉平帝而外
塞百姓之议。[3]钦与族昆弟稂侯当俱封。初，当曾祖父日磾传子
节侯赏，而钦祖父安上传子夷侯常，皆亡子，国绝，故莽封钦、
当奉其后。当母南即莽母功显君同产弟也。当上南大行为太夫
人。[4]钦因缘谓当："诏书陈日磾功，亡有赏语。当名为以孙继祖

也，自当为父、祖父立庙。⑤赏故国君，使大夫主其祭。"⑥时甄邯在旁，庭叱钦，⑦因劾奏曰："钦幸得以通经术，超擢侍帷幄，重蒙厚恩，封袭爵号，⑧知圣朝以世有为人后之谊。前遭故定陶太后背本逆天，孝哀不获厥福，乃者吕宽、卫宝复造奸谋，至于反逆，咸伏厥辜。太皇太后惩艾悼惧，⑨逆天之咎，非圣诬法，大乱之殃，诚欲奉承天心，遵明圣制，专壹为后之谊，以安天下之命，数临正殿，延见群臣，讲习礼经。孙继祖者，谓亡正统持重者也。赏见嗣日碑，后成为君，持大宗重，则礼所谓'尊祖故敬宗'，大宗不可以绝者也。钦自知与当俱拜同谊，即数扬言殿省中，教当云云。⑩当即如其言，则钦亦欲为父明立庙而不入夷侯常庙矣。进退异言，颇惑众心，乱国大纲，开祸乱原，诬祖不孝，罪莫大焉。尤非大臣所宜，大不敬。秺侯当上母南为太夫人，失礼不敬。"莽白太后，下四辅、公卿、大夫、博士、议郎，皆曰："钦宜以时即罪。"⑪谒者召钦诣诏狱，钦自杀。邯以纲纪国体，亡所阿私，忠孝尤著，益封千户。更封长信少府涉子右曹汤为都成侯。汤受封日，不敢还归家，以明为人后之谊。益封之后，莽复用钦弟遵，封侯，历九卿位。

①如淳曰："宗伯，姓。"

②师古曰："白令皆听之。"

③师古曰："塞，止也。"

④文颖曰："南，名也。大行，官名也。当上名状于大行也。"邓展曰："当上南为太夫人，恃莽姨母故耳。为父立庙，非也。"

⑤晋灼曰："当是赏弟建之孙，此言自当为其父及祖父建立庙也。"

⑥如淳曰："以赏故国君，使大夫掌其祭事。"臣瓒曰："当是支庶上继大宗，不得顾其外亲也。而钦见当母南为太夫人，遂尊其（祖父）

〔父祖〕以续日碑,[21]不复为后赏,而令大夫主赏祭事。"师古曰:
"瓒说是也。"

⑦师古曰:"于朝庭中叱之也。"

⑧师古曰:"重音直用反。"

⑨师古曰:"艾读曰乂。乂,创也。"

⑩师古曰:"云云者,多言也。谓上所陈以孙继祖也。"

⑪师古曰:"即,就也。"

赞曰:霍光以结发内侍,起于阶闼之间,确然秉志,谊形于
主。①受襁褓之托,任汉室之寄,当庙堂,拥幼君,摧燕王,仆
上官,②因权制敌,以成其忠。处废置之际,临大节而不可夺,
遂匡国家,安社稷。拥昭立宣,光为师保,虽周公、阿衡,何以
加此!③然光不学亡术,暗于大理,阴妻邪谋,④立女为后,湛溺
盈溢之欲,以增颠覆之祸,⑤死财三年,宗族诛夷,⑥哀哉!昔霍
叔封于晋,⑦晋即河东,光岂其苗裔乎?金日磾夷狄亡国,羁虏
汉庭,而以笃敬寤主,忠信自著,勒功上将,传国后嗣,世名忠
孝,七世内侍,何其盛也!本以休屠 作金人为祭天主,故国赐
姓金氏云。

①师古曰:"形,见也。"

②师古曰:"仆,顿也,音赴。"

③师古曰:"阿衡,伊尹官号也。阿,倚也。衡,平也。言天子所倚,
群下取平也。"

④晋灼曰:"不扬其过也。"

⑤师古曰:"湛读曰沈。"

⑥师古曰:"财与才同。"

⑦师古曰："霍叔，文王之子，武王之弟也。"

【校勘记】

〔1〕 光为奉（常）〔车〕都尉、 景祐、殿、局本都作"车"。

〔2〕 帝（病）〔崩〕， 景祐、殿本都作"崩"。

〔3〕 食邑北海、河〔间〕、东（城）〔郡〕。 齐召南说"河"下脱"间"字，"城"则"郡"之讹，见恩泽侯表。

〔4〕 故欲收（其）〔取〕玺。 景祐、殿本都作"取"。

〔5〕 （大）〔天〕子所以永保宗庙总壹海内者， 钱大昭说"大"当作"天"。按景祐、殿、局本都作"天"。

〔6〕 遣宗正、大鸿胪、光禄大夫奉节使徵昌邑王典丧。服斩缞，㉜亡悲哀之心。 钱大昭说，典丧，为丧主也，颜以"典丧服"为句，失其指矣。杨树达说钱说是，昌邑王传云"霍光征王贺典丧"，其明证也。

〔7〕 直斩（斩）割之而已。 景祐、殿本都不重"斩"字。

〔8〕 （太）〔大〕宗亡嗣，择支子孙贤者为嗣。 王念孙说"太宗"当为"大宗"，各本皆误。

〔9〕 冯（所谓）〔谓所〕冯者也， 景祐、殿、局本都作"谓所"，此误倒。

〔10〕 皆坐逆将军（竟）〔意〕下狱死。 朱一新说"竟"当为"意"。按景祐、殿、局本都作"意"。

〔11〕 辄（使）〔下〕中书令出取之。 景祐、殿本都作"下"。

〔12〕 嘝，众声也，音（计）〔许〕爰反。 景祐、殿、局本都作"许"，此误。

〔13〕 光诸女自以（为）〔于〕上官太后为姨母， 景祐、殿、局本都作"于"，此误。

〔14〕 赖（祖宗）〔宗庙〕神灵， 景祐、殿本都作"宗庙"。

〔15〕 行音胡（浪）〔郎〕反。 景祐、殿本都作"郎"。

〔16〕 四子，常、敞、岑、（哭）〔明〕。 景祐、殿、局本都作"明"，此误。

〔17〕 （今）〔岑〕、明皆为诸曹中郎将， 景祐、殿、局本都作"岑"，此误。

〔18〕 上召岑，拜为（郎）使主客。 景祐、殿本都无"郎"字。

〔19〕 临敞病〔困〕，拜子为侍中， 景祐、殿本都有"困"字。王先谦说有"困"字是。

〔20〕 关〔内〕都尉， 景祐、殿本都有"内"字。宋祁说当删。

〔21〕 遂尊其（祖父）〔父祖〕以续曰碑， 景祐、殿本都作"父祖"。

汉书卷六十九

赵充国辛庆忌传第三十九

赵充国字翁孙，陇西上邽人也，①后徙金城令居。②始为骑士，以六郡良家子③善骑射补羽林。为人沈勇有大略，少好将帅之节，而学兵法，通知四夷事。④

①师古曰："邽音圭。"

②师古曰："令音零。"

③服虔曰："金城、陇西、天水、安定、北地、上郡是也。"师古曰："陇西、天水、安定、北地、上郡、西河是也。昭帝分陇西、天水置金城。充国武帝时已为假司马，则初以六郡良家子者非金城也。此名数正与地理志同也。"

④师古曰："通知者，谓明晓也。"

武帝时，以假司马从贰师将军击匈奴，大为虏所围。汉军乏食数日，死伤者多，充国乃与壮士百馀人溃围陷陈，贰师引兵随

2571

之，遂得解。身被二十餘创，貳师奏状，诏征充国诣行在所。武帝亲见视其创，嗟叹之，拜为中郎，迁车骑将军长史。

昭帝时，武都氐人反，①充国以大将军护军都尉将兵击定之，迁中郎将，将屯上谷，②还为水衡都尉。击匈奴，获西祁王，③擢为后将军，兼水衡如故。

①师古曰："氐音丁奚反。"
②师古曰："领兵屯于上谷也。将音子亮反。"
③文颖曰："匈奴王也。"

与大将军霍光定册尊立宣帝，封营平侯。本始中，为蒲类将军征匈奴，斩虏数百级，还为后将军、少府。匈奴大发十餘万骑，南旁塞，至符奚庐山，①欲入为寇。亡者题除渠堂降汉言之，遣充国将四万骑屯缘边九郡。②单于闻之，引去。

①师古曰："旁，依也，音步浪反。"
②文颖曰："五原、朔方之属也。"师古曰："九郡者，五原、朔方、云中、代郡、雁门、定襄、北平、上谷、渔阳也。四万骑分屯之，而充国总统领之。"

是时，光禄大夫义渠安国使行诸羌，①先零豪言愿时渡湟水北，②逐民所不田处畜牧。安国以闻。充国劾安国奉使不敬。是后，羌人旁缘前言，抵冒渡湟水，③郡县不能禁。元康三年，先零遂与诸羌种豪二百餘人解仇交质盟诅。④上闻之，以问充国，对曰："羌人所以易制者，以其种自有豪，数相攻击，势不壹也。往三十餘岁，西羌反时，亦先解仇合约攻令居，⑤与汉相距，五六年乃定。至征和五年，先零豪封煎等通使匈奴，⑥匈奴使人至小月氏，⑦传告诸羌曰：'汉贰师将军众十餘万人降匈奴。羌人为汉事苦。⑧张掖、酒泉本我地，地肥美，可共击居之。'以此观匈奴欲与羌合，非一世也。间者匈奴困于西方，闻乌桓来保塞，恐兵复从东方起，数使使尉黎、危须诸国，设以子女貂裘，欲沮解之。⑨其计不合。疑匈奴更遣使至羌中，道从沙阴地，出盐泽，过长坑，入穷水塞，南抵属国，与先零相直。⑩臣恐羌变未止此，且复结联他种，宜及未然为之备。"⑪后月馀，羌侯狼何果遣使至匈奴藉兵，⑫欲击鄯善、敦煌以绝汉道。⑬充国以为"狼何，小月氏种，在阳关西南，势不能独造此计，疑匈奴使已至羌中，先零、罕、开乃解仇作约。⑭到秋马肥，变必起矣。宜遣使者行边兵豫为备，敕视诸羌，毋令解仇，⑮以发觉其谋。"于是两府复白遣义渠安国行视诸羌，分别善恶。安国至，召先零诸豪三十馀人，以尤桀黠，皆斩之。⑯纵兵击其种人，斩首千馀级。于是诸降羌及归义羌侯杨玉等恐怒，亡所信乡，⑰遂劫略小种，背畔犯塞，攻城邑，杀长吏。安国以骑都尉将骑三千屯备羌，至浩亹，⑱为虏所击，失亡车重兵器甚众。⑲安国引还，至令居，以闻。是岁，神爵元年春也。

①师古曰："行音下更反。"

②师古曰："零音怜。"孟康曰："豪，帅长也。"师古曰："湟水出金城临羌塞外，东入河。湟水之北是汉地。湟音皇。"

③师古曰："旁，依也。抵冒，犯突而前。旁音步浪反。冒音莫北反。"

④师古曰："羌人无大君长，而诸种豪递相杀伐，故每有仇雠，往来相报。今解仇交质者，自相亲结，欲入汉为寇也。"

⑤师古曰："合约，共为要契也。"

⑥师古曰："煎读曰翦。"

⑦师古曰："氏音支。"

⑧师古曰："事，使役。"

⑨师古曰："设谓（闻）〔开〕许之也。[1] 沮，坏也。欲坏其计，令解散之。沮音才汝反。"

⑩师古曰："直，当也。"

⑪师古曰："未然者，其计未成。"

⑫师古曰："藉，借也。"

⑬师古曰："鄯音善。"

⑭苏林曰："罕、开在金城南。"师古曰："罕、开，羌之别种也。此下言'遣开豪雕库宣天子至德，罕、开之属皆闻知明诏'，其下又云'河南大开、小开'，则罕羌、开羌姓族殊矣。开音口坚反。而地理志天水有罕开县，盖以此二种羌来降，处之此地，因以名县也。而今之羌姓有罕开者，总是罕开之类，合而言之，因为姓耳。变开为井，字之讹也。"

⑮师古曰："行音下更反。视读曰示。示，语之也。其下并同。"

⑯师古曰："桀，竖也，言不顺从也。黠，恶也，为恶坚也。"

⑰师古曰："恐中国泛怒，不信其心，而纳向之。乡读曰向。"

⑱师古曰："浩音诰。亹音门。水名也，解在地理志。"

⑲师古曰："重音直用反。"

时充国年七十馀，上老之，使御史大夫丙吉问谁可将者，充国对曰："亡逾于老臣者矣。"上遣问焉，曰："将军度羌虏何如，当用几人？"①充国曰："百闻不如一见。兵难隃度，②臣愿驰至金城，图上方略。③然羌戎小夷，逆天背畔，灭亡不久，愿陛下以属老臣，勿以为忧。"④上笑曰："诺。"

①师古曰："度，计也，音大各反。其下亦同。"

②郑氏曰："隃，遥也，三辅言也。"师古曰："隃读曰遥。"

③师古曰："图其地形，并为攻讨方略，俱奏上也。"

④师古曰："属，委也，音之欲反。"

充国至金城，须兵满万骑，①欲渡河，恐为虏所遮，即夜遣三校衔枚先渡，②渡辄营陈，会明，毕，遂以次尽渡。虏数十百骑来，出入军傍。充国曰："吾士马新倦，不可驰逐。此皆骁骑难制，又恐其为诱兵也。击虏以殄灭为期，小利不足贪。"令军勿击。遣骑候四望陿中，亡虏。③夜引兵上至落都，④召诸校司马，谓曰："吾知羌虏不能为兵矣。使虏发数千人守杜四望陿中，兵岂得入哉！"⑤充国常以远斥候为务，行必为战备，止必坚营壁，尤能持重，爱士卒，先计而后战。遂西至西部都尉府，⑥日飨军士，⑦士皆欲为用。虏数挑战，充国坚守。捕得生口，言羌豪相数责曰："语汝亡反，今天子遣赵将军来，年八九十矣，善为兵。今请欲一斗而死，可得邪！"

①师古曰："须，待也。"

②师古曰："衔枚者，欲其无声，使虏不觉。"

③文颖曰："金城有三陿，在南六百里。"师古曰："山峭而夹水曰陿。四望者，陿名也。陿音狭。"

④服虔曰："山名也。"

⑤师古曰："杜，塞也。"

⑥孟康曰："在金城。"

⑦师古曰："日飨饮之。"

充国子右曹中郎将卬，将期门佽飞、羽林孤儿、胡越骑为支兵，至令居。虏并出绝转道，①卬以闻。有诏将八校尉与骁骑都尉、金城太守合疏捕山间虏，②通转道津渡。

①师古曰："并犹俱也。转道，运粮之道也。并读如字，又音步朗反。"

②苏林曰："疏，搜索也。"师古曰："疏字本作迹，言寻迹而捕之也。"

初，罕、开豪靡当儿使弟雕库来告都尉曰先零欲反，后数日果反。雕库种人颇在先零中，都尉即留雕库为质。充国以为亡罪，乃遣归告种豪："大兵诛有罪者，明白自别，毋取并灭。①天子告诸羌人，犯法者能相捕斩，除罪。斩大豪有罪者一人，赐钱四十万，中豪十五万，下豪二万，大男三千，女子及老小千钱，又以其所捕妻子财物尽与之。"充国计欲以威信招降罕开及劫略者，解散虏谋，徼极乃击之。②

①师古曰："言勿相和同，自取灭亡。"

②师古曰："徼，要也；要其倦极者也。徼音工尧反。"

时上已发三辅、太常徒弛刑，①三河、颍川、沛郡、淮阳、汝南材官，金城、陇西、天水、安定、北地、上郡骑士、羌骑，与武威、张掖、酒泉太守各屯其郡者，合六万人矣。酒泉太守辛武贤奏言："郡兵皆屯备南山，北边空虚，势不可久。或曰至秋冬乃进兵，此虏在竟外之册。②今虏朝夕为寇，土地寒苦，汉马不能冬，③屯兵在武威、张掖、酒泉万骑以上，皆多羸瘦。可益马食，以七月上旬赍三十日粮，分兵并出张掖、酒泉合击罕、开在鲜水上者。虏以畜产为命，今皆离散，兵即分出，虽不能尽诛，亶夺其畜产，虏其妻子，④复引兵还，冬复击之，大兵仍出，虏必震坏。"⑤

①师古曰："弛刑谓不加钳釱者也。弛之言解也，音式尔反。"

②师古曰："竟读曰境。"

③师古曰："能读曰耐。"

④师古曰："亶读曰但。"

⑤师古曰:"仍,频也。"

天子下其书充国,令与校尉以下吏士知羌事者博议。充国及长史董通年以为"武贤欲轻引万骑,分为两道出张掖,回远千里。①以一马自佗负三十日食,②为米二斛四斗,麦八斛,又有衣装兵器,难以追逐。勤劳而至,虏必商军进退,稍引去,③逐水屮,入山林。④随而深入,虏即据前险,守后阸,以绝粮道,必有伤危之忧,为夷狄笑,千载不可复。⑤而武贤以为可夺其畜产,虏其妻子,此殆空言,非至计也。⑥又武威县、张掖日勒皆当北塞,有通谷水草。⑦臣恐匈奴与羌有谋,且欲大入,幸能要杜张掖、酒泉以绝西域,⑧其郡兵尤不可发。先零首为畔逆,它种劫略。⑨故臣愚册,欲捐罕、开暗昧之过,隐而勿章,先行先零之诛以震动之,宜悔过反善,因赦其罪,选择良吏知其俗者抚循和辑,⑩此全师保胜安边之册。"天子下其书。公卿议者咸以为先零兵盛,而负罕、开之助,⑪不先破罕、开,则先零未可图也。

①师古曰:"回谓路纡曲也,音胡悔反。"

②师古曰:"佗音徒何反。凡以畜产载负物者皆为佗。"

③师古曰:"商,计度也。"

④师古曰:"屮,古草字。"

⑤师古曰:"复音扶目反。"

⑥师古曰:"殆,仅也。"

⑦师古曰:"日勒。张掖之县。"

⑧师古曰:"要,遮也。杜,塞也。"

⑨师古曰:"言被劫略而反叛,非其本心。"

⑩师古曰:"抚,古抚字。辑与集同。"

⑪师古曰:"负,恃也。"

上乃拜侍中乐成侯许延寿为强弩将军，即拜酒泉太守武贤为破羌将军，①赐玺书嘉纳其册。以书敕让充国曰：②

①师古曰："即，就也，就其郡而拜之。"
②师古曰："让，责也。"

皇帝问后将军，甚苦暴露。将军计欲至正月乃击罕羌，羌人当获麦，已远其妻子，①精兵万人欲为酒泉、敦煌寇。边兵少，民守保不得田作。今张掖以东粟石百馀，刍槀束数十。②转输并起，百姓烦扰。将军将万馀之众，不早及秋共水草之利争其畜食，③欲至冬，虏皆当畜食，④多藏匿山中依险阻，将军士寒，手足皲瘃，⑤宁有利哉？将军不念中国之费，欲以岁数而胜微，⑥将军谁不乐此者！⑦

①师古曰："徙其妻子令远居而身来为寇也。"
②师古曰："皆谓直钱之数，言其贵。"
③师古曰："此畜谓畜产牛羊之属也。食谓谷麦之属也。一曰畜食，畜之所食，即谓草也。"
④师古曰："此畜读曰蓄。蓄，聚积也。"
⑤文颖曰："皲，坼裂也。瘃，寒创也。"师古曰："皲音军。瘃音竹足反。"
⑥师古曰："久历年岁，乃胜小敌也。数音所具反。"
⑦师古曰："言凡为将军者，皆乐此。"

今诏破羌将军武贤将兵六千一百人，敦煌太守快将二千人，长水校尉富昌、酒泉（侯）〔候〕奉世将婼、月氏兵四千人，①[2]亡虑万二千人。②赍三十日食，以七月二十二日击罕羌，入鲜水北句廉上，③去酒泉八百里，去将军可千二百里。将军其引兵便道西并进，虽不相及，使虏闻东方北方兵并来，分散其心意，离其党与，虽不能殄灭，当有瓦解者。已诏中郎将卬将胡越伏飞射士、步兵二校，益将军兵。

①服虔曰："姎音兒，羌名也。"苏林曰："姎音兒遮反。"师古曰："苏音是也。"

②师古曰："亡虑，大计也，解在食货志。"

③服虔曰："句音钩。"师古曰："句廉，谓水岸曲而有廉棱也。"

今五星出东方，中国大利，蛮夷大败。①太白出高，用兵深入敢战者吉，弗敢战者凶。将军急装，因天时，诛不义，万下必全，勿复有疑。

①张晏曰："五星所聚，其下胜。羌人在西，星在东，则为汉。"

充国既得让，以为将任兵在外，便宜有守，以安国家。①乃上书谢罪，因陈兵利害，曰：

①师古曰："言为将之道，受任行兵于外，虽受诏命，若有便宜，则当（国）〔固〕守以取安利也。"[3]

臣窃见骑都尉安国前幸赐书，择羌人可使使罕，谕告以大军当至，汉不诛罕，以解其谋。恩泽甚厚，非臣下所能及。臣独私美陛下盛德至计亡已，故遣开豪雕库宣天子至德，罕、开之属皆闻知明诏。今先零羌杨玉（此羌之首帅名王）[4]将骑四千及煎巩骑五千，阻石山木，候便为寇，①罕羌未有所犯。今置先零，先击罕，释有罪，诛亡辜，②起壹难，就两害，诚非陛下本计也。

①师古曰："谓依阻山之木石以自保固。"

②师古曰："释，置也，放也。"

臣闻兵法"攻不足者守有馀"，又曰"善战者致人，不致于人"。①今<u>罕</u>羌欲为<u>敦煌</u>、<u>酒泉</u>寇，饬兵马，练战士，以须其至，②坐得致敌之术，以逸击劳，取胜之道也。今恐二郡兵少不足以守，而发之行攻，释致虏之术而从为虏所致之道，③臣愚以为不便。<u>先零</u>羌虏欲为背畔，故与<u>罕</u>、<u>开</u>解仇结约，然其私心不能亡恐<u>汉</u>兵至而<u>罕</u>、<u>开</u>背之也。臣愚以为其计常欲先赴<u>罕</u>、<u>开</u>之急，以坚其约，先击<u>罕</u>羌，<u>先零</u>必助之。今虏马肥，粮食方饶，击之恐不能伤害，适使<u>先零</u>得施德于<u>罕</u>羌，坚其约，合其党。④虏交坚党合，精兵二万馀人，迫胁诸小种，附著者稍众，<u>莫须</u>之属不轻得离也。⑤如是，虏兵寖多，⑥诛之用力数倍，臣恐国家忧累繇十年数，不二三岁而已。⑦

①师古曰："皆兵法之辞也。致人，引致而取之也。致于人，为人所引也。"

②师古曰："饬，整也。须，待也。饬与敕同也。"

③师古曰："释，废也。"

④师古曰："施德，自树恩德也。"

⑤服虔曰："<u>莫须</u>，小种羌名也。"

⑥师古曰："寖，渐也。"

⑦师古曰："累音力瑞反。繇与由同。"

臣得蒙天子厚恩，父子俱为显列。臣位至上卿，爵为列侯，犬马之齿七十六，为明诏填沟壑，死骨不朽，亡所顾念。独思惟兵利害至孰悉也，于臣之计，先诛<u>先零</u>已，则先零已诛而䍐、开不服，涉正月击之，得计之理，又其时也。以今进兵，诚不见其利，唯陛下裁察。

六月戊申奏，七月甲寅玺书报从充国计焉。

充国引兵至先零在所。虏久屯聚，解弛，①望见大军，弃车重，欲渡湟水，②道阸狭，充国徐行驱之。或曰逐利行迟，③充国曰："此穷寇不可迫也。缓之则走不顾，急之则还致死。"④诸校皆曰："善。"虏赴水溺死者数百，降及斩首五百馀人，卤马牛羊十万馀头，车四千馀两。兵至䍐地，令军毋燔聚落刍牧田中。⑤䍐羌闻之，喜曰："汉果不击我矣！"豪靡忘使人来言："愿得还复故地。"⑥充国以闻，未报。靡忘来自归，充国赐饮食，遣还谕种人。护军以下皆争之，曰："此反虏，不可擅遣。"充国曰："诸君但欲便文自营，⑦非为公家忠计也。"⑧语未卒，玺书报，令靡忘以赎论。后䍐竟不烦兵而下。

①师古曰："解读曰懈。弛，放也。"
②师古曰："重音直用反。"
③师古曰："逐利宜疾，今行太迟。"
④师古曰："谓更回还尽力而死战。"
⑤师古曰："不得燔烧人居及于田亩之中刈刍放牧也。"
⑥服虔曰："靡忘，羌帅名也。"
⑦师古曰："苟取文墨之便而自营卫。便音频面反。"
⑧师古曰："为音于伪反。"

其秋，充国病，上赐书曰："制诏后将军：闻苦脚胫、寒泄，①将军年老加疾，一朝之变不可讳，②朕甚忧之。今诏破羌将军诣屯所，为将军副，急因天时大利，吏士锐气，以十二月击先

零羌。即疾剧，留屯毋行，独遣破羌、强弩将军。"时羌降者万

馀人矣。充国度其必坏，欲罢骑兵屯田，以待其敝。作奏未上，

会得进兵玺书，中郎将卬惧，使客谏充国曰："诚令兵出，破军

杀将以倾国家，将军守之可也。即利与病，又何足争？一旦不合

上意，遣绣衣来责将军，将军之身不能自保，③何国家之安？"充

国叹曰："是何言之不忠也！本用吾言，羌虏得至是邪？④往者举

可先行羌者，吾举辛武贤，⑤丞相御史复白遣义渠安国，竟沮败

羌。⑥金城、湟中谷斛八钱，吾谓耿中丞，⑦籴二百万斛谷，羌人

不敢动矣。⑧耿中丞请籴百万斛，乃得四十万斛耳。义渠再使，

且费其半。失此二册，羌人故敢为逆。失之毫厘，差（之）〔以〕

千里，[5]是既然矣。今兵久不决，四夷卒有动摇，相因而起，⑨虽

有知者不能善其后，羌独足忧邪！⑩吾固以死守之，明主可为忠

言。"遂上屯田奏曰：

①师古曰："胫，膝以下骨也。寒泄，下利也。言其患足胫又苦下利。
胫音下定反。泄音息列反。"

②师古曰："恐其死。"

③师古曰："绣衣谓御史。"

④师古曰："言豫防之，可无今日之寇也。"

⑤师古曰："行音下更反。"

⑥师古曰："沮，坏也，音才汝反。"

⑦服虔曰："耿寿昌也，为司农中丞。"

⑧师古曰："言豫储粮食，可以制敌。"

⑨师古曰："卒读曰猝。"

⑩师古曰："言傥如此，则所忧不独在羌。"

臣闻兵者，所以明德除害也，故举得于外，则福生于

内，不可不慎。臣所将吏士马牛食，月用粮谷十九万九千六百三十斛，盐千六百九十三斛，茭藁二十五万二百八十六石。①难久不解，繇役不息。又恐它夷卒有不虞之变，②相因并起，为明主忧，诚非素定庙胜之册。③且羌虏易以计破，难用兵碎也，故臣愚以为击之不便。

①师古曰："茭，乾刍也。藁，禾秆也。石，百二十斤。秆音工旱反。"

②师古曰："卒读曰猝。"

③师古曰："庙胜，谓谋于庙堂而胜敌也。"

计度临羌东至浩亹，①羌虏故田及公田，民所未垦，可二千顷以上，其间邮亭多坏败者。臣前部士入山，伐材木大小六万馀枚，皆在水次。愿罢骑兵，留弛刑应募，及淮阳、汝南步兵与吏士私从者，合凡万二百八十一人，用谷月二万七千三百六十三斛，盐三百八斛，分屯要害处。冰解漕下，缮乡亭，浚沟渠，②治湟陿以西道桥七十所，令可至鲜水左右。田事出，赋人二十晦。③至四月草生，发郡骑及属国胡骑伉健各千，倅马什二，就草，④为田者游兵。以充入金城郡，益积畜，省大费。⑤今大司农所转谷至者，足支万人一岁食。谨上田处及器用簿，⑥唯陛下裁许。

①师古曰："度音大各反。"

②师古曰："漕下，以水运木而下也。缮，补也。浚，深治也。"

③师古曰："田事出，谓至春人出营田也。赋谓班与之也。晦，古亩字。"

④师古曰："倅，副也。什二者，千骑则与副马二百匹也。伉音口浪反。"

⑤师古曰：“畜读曰蓄。”

⑥师古曰：“簿音步户反。”

上报曰：“皇帝问后将军，言欲罢骑兵万人留田，即如将军之计，虏当何时伏诛，兵当何时得决？孰计其便，复奏。”充国上状曰：

臣闻帝王之兵，以全取胜，是以贵谋而贱战。战而百胜，非善之善者也，故先为不可胜以待敌之可胜。①蛮夷习俗虽殊于礼义之国，然其欲避害就利，爱亲戚，畏死亡，一也。今虏亡其美地荐草，②愁于寄托远遁，骨肉离心，人有畔志，而明主般师罢兵，③万人留田，顺天时，因地利，以待可胜之虏，虽未即伏辜，兵决可期月而望。羌虏瓦解，前后降者万七百馀人，及受言去者凡七十辈，④此坐支解羌虏之具也。

①师古曰：“此兵法之辞也。言先自完坚，令敌不能胜我，乃可以胜敌也。”

②师古曰：“荐，稠草。”

③邓展曰：“般音班。班，还也。”

④如淳曰：“羌胡言欲降，受其言遣去者。”师古曰：“如说非也。谓羌受充国之言，归相告喻者也。羌虏即羌贼耳，无豫于胡也。”

臣谨条不出兵留田便宜十二事。步兵九校，①吏士万人，留屯以为武备，因田致谷，威德并行，一也。又因排折羌虏，令不得归肥饶之墜，②贫破其众，以成羌虏相畔之渐，二也。居民得并田作，不失农业，三也。③军马一月之食，度支田士一岁，④罢骑兵以省大费，四也。至春省甲士卒，循河湟漕谷至临羌，以际羌虏，⑤扬威武，传世折冲之具，五也。以闲暇时下所伐材，⑥缮治邮亭，充入金城，六也。兵出，乘危徼幸，⑦不出，令反畔之虏窜于风寒之地，离霜露疾疫瘃堕之患，⑧坐得必胜之道，七也。亡经阻远追死伤之害，八也。内不损威武之重，外不令虏得乘间之势，九也。⑨又亡惊动河南大开、小开⑩使生它变之忧，十也。治湟陕中道桥，令可至鲜水，以制西域，信威千里，⑪从枕席上过师，十一也。⑫大费既省，繇役豫息，以戒不虞，十二也。留屯田得十二便，出兵失十二利。臣充国材下，犬马齿衰，不识长册，唯明诏博详公卿议臣采择。

①师古曰："一部为一校也。"

②师古曰："墼，古地字。"

③师古曰："并，且也，读如本字，又音步浪反。"

④师古曰："度音大各反。"

⑤师古曰："际亦示字。"

⑥师古曰："闲读曰闲。"

⑦师古曰："言不可必胜。"

⑧师古曰："离，遭也。堕谓因寒瘃而堕指者也。"

⑨师古曰："间谓军之间隙者也。"

⑩服虔曰："皆羌种，在河西之河南也。"

⑪师古曰："信读曰申。"

⑫郑氏曰："桥成军行安易，若于枕席上过也。"

上复赐报曰："皇帝问后将军，言十二便，闻之。虏虽未伏诛，兵决可期月而望，期月而望者，谓今冬邪，谓何时也？将军独不计虏闻兵颇罢，且丁壮相聚，攻扰田者及道上屯兵，复杀略人民，将何以止之？又大开、小开前言曰：‘我告汉军先零所在，兵不往击，久留，得亡效五年时不分别人而并击我？’①其意常恐。今兵不出，得亡变生，与先零为一？将军孰计复奏。"充国奏曰：

①如淳曰："此语谓本始五年伐先零，不分别大小开本意，是以大小开有此言也。"

臣闻兵以计为本，故多算胜少算。先零羌精兵今馀不过七八千人，失地远客，分散饥冻。罕、开、莫须又颇暴略其羸弱畜产，畔还者不绝，皆闻天子明令相捕斩之赏。臣愚以为虏破坏可日月冀，远在来春，故曰兵决可期月而望。窃见北边自敦煌至辽东万一千五百馀里，乘塞列隧有吏卒数千人，虏数大众攻之而不能害。今留步士万人屯田，地势平易，多高山远望之便，部曲相保，为堑垒木樵，①校联不绝，②便兵弩，饬斗具。③烽火幸通，势及并力，以逸待劳，兵之利者也。臣愚以为屯田内有亡费之利，外有守御之备。骑兵虽罢，虏见万人留田为必禽之具，其土崩归德，宜不久矣。从今尽三月，虏马羸瘦，必不敢捐其妻子于他种中，远涉河山而来为寇。又见屯田之士精兵万人，终不敢复将其累重还归故地。④是臣之愚计，所以度虏且必瓦解其处，⑤不战而自破之册也。至于虏小寇盗，时杀人民，其原未可卒禁。⑥臣闻战不必胜，不苟接刃；攻不必取，不苟劳众。诚令兵出，虽不能灭先零，亶能令虏绝不为小寇，则出兵可也。⑦即今同是⑧而释坐胜之道，从乘危之势，往终不见利，空内自罢敝，⑨贬重而自损，非所以视蛮夷也。⑩又大兵一出，还不可复留，<u>湟中</u>亦未可空，如是，繇役复发也。且<u>匈奴</u>不可不备，<u>乌桓</u>不可不忧。今久转运烦费，倾我不虞之用以澹一隅，⑪臣愚以为不便。校尉<u>临众</u>幸得承威德，奉厚币，拊循众<u>羌</u>，谕以明诏，宜皆乡风。⑫虽其前辞尝曰"得亡效五年"，宜亡它心，不足以故出兵。臣窃自惟念，奉诏出塞，引军远击，穷天子之精兵，散车甲于山野，虽亡尺寸之功，媮得避慊之便，⑬而亡后咎餘责，此人臣不忠之利，非明主社稷之福也。臣幸得奋精兵，讨不义，久留天诛，⑭罪当万死。陛下宽仁，未忍加诛，（今）〔令〕臣数得执计。⑮〔6〕愚臣伏计孰甚，不敢避斧钺之诛，昧死陈愚，唯陛下省察。

①师古曰："樵与谯同，谓为高楼以望敌也，音才消反。"

②如淳曰："播校相连也。"师古曰："此校谓用木自相贯穿以为固者，亦犹周易'荷校灭耳'也。周礼'校人掌王马之政'，'六厩成校'，盖用关械阑养马也。说文解字云'校，木囚也'，亦谓以木相贯，遮阑禽兽也。今云校联不绝，言营垒相次。"

③师古曰："便，利也。饬，整也，其字从力。"

④师古曰："累重谓妻子也。累音力瑞反。重音直用反。"

⑤师古曰："各于其处自瓦解。"

⑥师古曰："卒读曰猝。"

⑦师古曰："亶读曰但。"

⑧师古曰："俱不能止小寇盗。"

⑨师古曰："罢读曰疲。"

⑩师古曰："视读曰示。"

⑪师古曰："澹，古赡字。赡，给也。"

⑫师古曰："谕，晓告之。乡读曰向。"

⑬师古曰："媮,苟且也。慊亦嫌字。"

⑭师古曰："言不早殄灭贼也。"

⑮师古曰："数音所角反。其下亦同。"

充国奏每上,辄下公卿议臣。初是充国计者什三,中什五,最后什八。有诏诘前言不便者,皆顿首服。丞相魏相曰:"臣愚不习兵事利害,后将军数画军册,其言常是,臣任其计可必用也。"①上于是报充国曰:"皇帝问后将军,上书言羌虏可胜之道,今听将军,将军计善。其上留屯田及当罢者人马数。将军强食,慎兵事,自爱!"上以破羌、强弩将军数言当击,又用充国屯田处离散,恐虏犯之,于是两从其计,诏两将军与中郎将卬出击。强弩出,降四千馀人,破羌斩首二千级,中郎将卬斩首降者亦二千馀级,而充国所降复得五千馀人。诏罢兵,独充国留屯田。

①师古曰："任,保也。"

明年五月,充国奏言:"羌本可五万人军,凡斩首七千六百级,降者三万一千二百人,溺河湟饥饿死者五六千人,定计遗脱与煎巩、黄羝俱亡者不过四千人。羌靡忘等自诡必得,①请罢屯兵。"奏可,充国振旅而还。

①师古曰："诡,责也。自以为忧,责言必能得之。"

2588

所善浩星赐迎说充国,①曰:"众人皆以破羌、强弩出击,多斩首获降,虏以破坏。然有识者以为虏势穷困,兵虽不出,必自服矣。将军即见,宜归功于二将军出击,非愚臣所及。如此,将军计未失也。"充国曰:"吾年老矣,爵位已极,岂嫌伐一时事以欺明主哉!兵势,国之大事,当为后法。老臣不以馀命壹为陛

下明言兵之利害，卒死，谁当复言之者?"②卒以其意对。③上然
其计，罢遣辛武贤归酒泉太守官，充国复为后将军卫尉。

①邓展曰："浩星，姓；赐，名也。"

②师古曰："卒读曰猝。"

③师古曰："卒，终也。"

　　其秋，羌若零、离留、且种、兒库①共斩先零大豪犹非、杨
玉首，②及诸豪弟泽、阳雕、良兒、靡忘皆帅煎巩、黄羝之属四
千馀人降汉。封若零、弟泽二人为帅众王，离留、且种二人为
侯，兒库为君，阳雕为言兵侯，良兒为君，靡忘为献牛君。初置
金城属国以处降羌。

①师古曰："且，子间反。"

②文颖曰："犹非，人名也。"师古曰："犹非及杨玉，二人也。宣纪作
　　酋非，而此传作犹字，疑纪误。"

　　诏举可护羌校尉者，时充国病，四府举辛武贤小弟汤。充国
遽起奏："汤使酒，不可典蛮夷。①不如汤兄临众。"时汤已拜受
节，有诏更用临众。后临众病免，五府复举汤，汤数醉酗羌
人，②羌人反畔，卒如充国之言。

①师古曰："使酒，因酒以使气，若今言恶酒者。"

②师古曰："酗音况务反。"师古曰：[7]"即酗字也。醉怒曰酗。"

　　初，破羌将军武贤在军中时与中郎将卬宴语，①卬道："车骑
将军张安世始尝不快上，②上欲诛之，卬家将军以为安世本持橐
簪笔③事孝武帝数十年，见谓忠谨，宜全度之。④安世用是得
免。"及充国还言兵事，武贤罢归故官，深恨，上书告卬泄省中

语。①坐禁止而入至充国莫府司马中乱屯兵⑤下吏，自杀。

①师古曰："闲宴时共语也。"

②如淳曰："所为行不可上意。"

③张晏曰："橐，韬橐也。近臣负橐簪笔，从备顾问，或有所纪也。"

师古曰："橐，所以盛书也。有底曰囊，无底曰橐。簪笔者，插笔于首。橐音丁各反，又音托。"

④师古曰："全安而免度之，不令丧败也。"

⑤如淳曰："方见禁止而入至充国莫府司马中。司马中，律所谓营军司马中也。"

充国乞骸骨，赐安车驷马、黄金六十斤，罢就第。朝庭每有四夷大议，常与参兵谋，问筹策焉。①年八十六，甘露二年薨，谥曰壮侯。传子至孙钦，钦尚敬武公主。主亡子，主教钦良人习诈有身，名它人子。钦薨，子岑嗣侯，习为太夫人。岑父母求钱财亡已，忿恨相告。岑坐非子免，国除。元始中，修功臣后，复封充国曾孙伋为营平侯。②

①师古曰："与读曰豫。"

②师古曰："伋音汲。"

初，充国以功德与霍光等列，画未央宫。成帝时，西羌尝有警，上思将帅之臣，追美充国，乃召黄门郎杨雄即充国图画而颂之，①曰：

①师古曰："即，就也。于画侧而书颂。"

明灵惟宣，戎有先零。先零昌狂，侵汉西疆。汉命虎臣，惟后将军，整我六师，是讨是震。①既临其域，谕以威德，有守矜功，谓之弗克。请奋其旅，于罕之羌，天子命我，从之鲜阳。②营平守节，娄奏封章，③料敌制胜，威谋靡亢。④遂克西戎，还师于京，鬼方宾服，罔有不庭。⑤昔周之宣，有方有虎，⑥诗人歌功，乃列于雅。⑦在汉中兴，充国作武，赳赳桓桓，亦绍厥后。⑧

①师古曰："震合韵音真。"

②应劭曰："酒泉太守辛武贤自将万骑出张掖击羌。宣帝使充国共武贤讨罕、开于鲜水之阳也。"

③师古曰："娄，古屡字。"

④师古曰："料，量也。亢，当也。合韵音康。"

⑤师古曰："鬼方，言其幽昧也。庭，来帝庭也。一说庭，直也。"

⑥张晏曰："方叔、邵虎也。"

⑦师古曰："大雅、小雅之诗也。"

⑧师古曰："赳赳，劲也。桓桓，威也。绍厥后谓继周之方、邵也。"

充国为后将军，徙杜陵。辛武贤自羌军还后七年，复为破羌将军，征乌孙至敦煌，后不出，征未到，病卒。子庆忌至大官。

辛庆忌字子真，少以父任为右校丞，随长罗侯常惠屯田乌孙赤谷城，与歙侯战，①陷陈却敌。惠奏其功，拜为侍郎，迁校尉，将吏士屯焉耆国。还为谒者，尚未知名。元帝初，补金城长史，举茂材，迁郎中车骑将（军），[8]朝庭多重之者。转为校尉，迁张掖太守，徙酒泉，所在著名。

①师古曰："歙即翕字也。歙侯，乌孙官名。"

成帝初，征为光禄大夫，迁左曹中郎将，至执金吾。始武贤与赵充国有隙，后充国家杀，辛氏至庆忌为执金吾，坐子杀赵氏，左迁酒泉太守。岁馀，大将军王凤荐庆忌“前在两郡著功迹，征入，历位朝廷，莫不信乡。①质行正直，仁勇得众心，通于兵事，明略威重，任国柱石。②父破羌将军武贤显名前世，有威西夷。臣凤不宜久处庆忌之右。”③乃复征为光禄大夫、执金吾。数年，坐小法左迁云中太守，复征为光禄勋。

①师古曰："乡读曰向。"

②师古曰："任，堪也。"

③师古曰："右，上也。"

时数有灾异，丞相司直何武上封事曰："虞有宫之奇，晋献不寐；①卫青在位，淮南寝谋。故贤人立朝，折冲厌难，胜于亡形。②司马法曰：'天下虽安，忘战必危。'夫将不豫设，则亡以应卒；③士不素厉，则难使死敌。是以先帝建列将之官，近戚主内，异姓距外，故奸轨不得萌动而破灭，④诚万世之长册也。光禄勋庆忌行义修正，柔毅敦厚，⑤谋虑深远。前在边郡，数破敌获虏，外夷莫不闻。乃者大异并见，未有其应。加以兵革久寝。春秋大灾未至而豫御之，⑥庆忌宜在爪牙官以备不虞。"⑦其后拜为右将军诸吏散骑给事中，岁馀徙为左将军。

①应劭曰："晋献公欲伐虞，以宫之奇在，寝不寐。"

②师古曰："厌，抑也。未有祸难之形，豫胜之也。厌音一叶反。"

③师古曰："卒读曰猝，谓暴也。"

④师古曰："始生曰萌。"

⑤师古曰："和柔而能沈毅也。尚书咎繇谟曰'扰而毅'。扰亦柔也。今流俗书本柔字作果者，妄改之。"

⑥师古曰："庄十八年'公追戎于济西'。公羊传曰：'此未有伐中国

者，言追何？大其未至而豫御也。'"

　　⑦师古曰："虞，度也。言有寇难非意所度也。"

　　庆忌居处恭俭，食饮被服尤节约，然性好舆马，号为鲜明，唯是为奢。为国虎臣，遭世承平，匈奴、西域亲附，敬其威信。年老卒官。长子通为护羌校尉，中子遵函谷关都尉，少子茂水衡都尉出为郡守，皆有将帅之风。宗族支属至二千石者十馀人。

　　元始中，安汉公王莽秉政，见庆忌本大将军凤所成，三子皆能，欲亲厚之。是时莽方立威柄，用甄丰、甄邯以自助，丰、邯新贵，威震朝廷。水衡都尉茂自见名臣子孙，兄弟并列，不甚诎事两甄。时平帝幼，外家卫氏不得在京师，而护羌校尉通长子次兄素与帝从舅卫子伯相善，①两人俱游侠，宾客甚盛。及吕宽事起，莽诛卫氏。两甄搆言诸辛阴与卫子伯为心腹，有背恩不说安汉公之谋。②于是司直陈崇举奏其宗亲陇西辛兴等侵陵百姓，威行州郡。莽遂按通父子、遵茂兄弟及南郡太守辛伯等，皆诛杀之。辛氏繇是废。③庆忌本狄道人，为将军，徙昌陵。昌陵罢，留长安。

　　①师古曰："次兄，其字也。兄读如本字，亦读曰况。"
　　②师古曰："说读曰悦。"
　　③师古曰："繇读与由同。"

　　赞曰：秦汉已来，山东出相，山西出将。秦将军白起，郿人；①王翦，频阳人。汉兴，郁郅王围、甘延寿，②义渠公孙贺、傅介子，成纪李广、李蔡，杜陵苏建、苏武，上邽上官桀、赵充国，襄武廉褒，狄道辛武贤、庆忌，皆以勇武显闻。苏、辛父子著节，此其可称列者也，其馀不可胜数。何则？山西天水、陇西、安定、北地处势迫近羌胡，民俗修习战备，高上勇力鞍马骑射。故秦诗曰："王于兴师，修我甲兵，与子皆行。"③其风声气俗自古而然，今之歌谣慷慨，风流犹存耳。

①师古曰："郿，扶风之县也，音媚。"
②师古曰："围为强弩将军，见艺文志。郁音於六反。郅音质。"
③师古曰："小戎之诗也，解在地理志。"

【校勘记】

〔1〕 设谓（闻）〔开〕许之也。　景祐、殿本都作"开"。王先谦说作"开"是。

〔2〕 长水校尉富昌、酒泉（候）〔候〕奉世将姑、月氏兵四千人，沈钦韩说，"候"当为"候"，奉世即冯奉世。

〔3〕 若有便宜，则当（国）〔固〕守以取安利也。　王先谦说，"国"当为"固"。按景祐、殿、局本都作"固"。

〔4〕 （此羌之首帅名王）　钱大昭说，闽本无"此羌"句。按景祐本无此句。

〔5〕 失之毫厘，差（之）〔以〕千里，　景祐、殿本都作"以"。

〔6〕 （今）〔令〕臣数得勤计。　景祐、殿本都作"令"。王先谦说作"令"是。

〔7〕 师古曰：　王先谦说前"师古"误。按各本皆误。

〔8〕 迁郎中车骑将（军），　刘敞、齐召南、沈钦韩都说"军"字衍。

汉 书 卷 七 十

傅常郑甘陈段传第四十

傅介子，北地人也，^①以从军为官。先是龟兹、楼兰皆尝杀
汉使者，^②语在西域传。至元凤中，介子以骏马监求使大宛，因
诏令责楼兰、龟兹国。

①师古曰："赵充国传赞云'义渠公孙贺、傅介子'然则介子北地义渠
　人也。"

②服虔曰："龟兹音丘慈。"

介子至楼兰，责其王教匈奴遮杀汉使："大兵方至，王苟不
教匈奴，匈奴使过至诸国，何为不言？"王谢服，言"匈奴使属
过，^①当至乌孙，道过龟兹。"介子至龟兹，复责其王，王亦服
罪。介子从大宛还到龟兹，龟兹言"匈奴使从乌孙还，在此"。
介子因率其吏士共诛斩匈奴使者。还奏事，诏拜介子为中郎，迁
平乐监。

2595

①师古曰："属，近也。近始过去。属音之欲反。"

介子谓大将军霍光曰："楼兰、龟兹数反覆而不诛，无所惩艾。①介子过龟兹时，其王近就人，易得也，②愿往刺之，以威示诸国。"大将军曰："龟兹道远，且验之于楼兰。"于是白遣之。

①师古曰："艾读曰乂。"
②师古曰："附近而亲就，言不相猜阻也。"

介子与士卒俱赍金币，扬言以赐外国为名。至楼兰，楼兰王意不亲介子，介子阳引去，至其西界，使译谓曰："汉使者持黄金锦绣行赐诸国，①王不来受，我去之西国矣。"即出金币以示译。译还报王，王贪汉物，来见使者。介子与坐饮，陈物示之。饮酒皆醉，介子谓王曰："天子使我私报王。"②王起随介子入帐中，屏语，③壮士二人从后刺之，刃交胸，立死。其贵人左右皆散走。介子告谕以"王负汉罪，天子遣我来诛王，当更立前太子质在汉者。汉兵方至，毋敢动，动，灭国矣！"遂持王首还诣阙，公卿将军议者咸嘉其功。上乃下诏曰："楼兰王安归尝为匈奴间，候遮汉使者，④发兵杀略卫司马安乐、光禄大夫忠、期门郎遂成等三辈，及安息、大宛使，盗取节印献物，⑤甚逆天理。平乐监傅介子持节使诛斩楼兰王安归首，县之北阙，以直报怨，⑥不烦师众。其封介子为义阳侯，食邑七百户。士刺王者皆补侍郎。"

①师古曰："遍往赐之。"
②师古曰："谓密有所论。"
③师古曰："屏人而独共语也。"
④师古曰："（间）〔言〕为匈奴之间（为）〔而〕候伺。"[1]
⑤晋灼曰："此安息、大宛远遣使献汉，而楼兰王使人盗取所献之物

也。”师古曰："节及印，汉使者所赍也。献物，大宛等使所献也。楼兰既杀汉使，又杀诸国使者。"

⑥师古曰："论语载孔子言曰'以直报怨，以德报德'，言怨于我者则直道而报之。故诏引之也。"

介子薨，子敞有罪不得嗣，国除。元始中，继功臣世，复封介子曾孙长为义阳侯，王莽败，乃绝。

常惠，太原人也。少时家贫，自奋应募，随栘中监苏武使匈奴，①并见拘留十馀年，昭帝时乃还。汉嘉其勤劳，拜为光禄大夫。

①师古曰："栘中，厩名也，音移。解在昭纪。"

是时，乌孙公主上书言：匈奴发骑田车师，①车师与匈奴为一，共侵乌孙，唯天子救之！"汉养士马，议欲击匈奴。会昭帝崩，宣帝初即位，本始二年，遣惠使乌孙。公主及昆弥皆遣使，因惠言"匈奴连发大兵击乌孙，取车延、恶师地，收其人民去，使使胁求公主，②欲隔绝汉。昆弥愿发国半精兵，自给人马五万骑，尽力击匈奴。唯天子出兵以救公主、昆弥！"于是汉大发十五万骑，五将军分道出，③语在匈奴传。

①师古曰："车师，西域国名也。"

②师古曰："胁谓以威迫之也。"

③师古曰："祁连将军田广明、蒲类将军赵充国、武牙将军田顺、度辽将军范明友、前将军韩增。"

以惠为校尉，持节护乌孙兵。昆弥自将翖侯以下五万馀骑①从西方入至右谷蠡庭，②获单于父行及嫂居次，③名王骑将以下三万九千人，得马牛驴骡橐佗五万馀匹，羊六十馀万头，乌孙皆自取卤获。惠从吏卒十馀人随昆弥还，未至乌孙，乌孙人盗惠印绶节。惠还，自以当诛。④时汉五将皆无功，天子以惠奉使克获，遂封惠为长罗侯。复遣惠持金币还赐乌孙贵人有功者，惠因奏请龟兹国尝杀校尉赖丹，未伏诛，请便道击之，宣帝不许。大将军霍光风惠以便宜从事。⑤惠与吏士五百人俱至乌孙，还过，发西国兵二万人，令副使发龟兹东国二万人，乌孙兵七千人，从三面攻龟兹，兵未合，先遣人责其王以前杀汉使状。王谢曰："乃我先王时为贵人姑翼所误耳，我无罪。"惠曰："即如此，缚姑翼来，吾置王。"⑥王执姑翼诣惠，惠斩之而还。

①师古曰："翎即翕字也。翎侯，乌孙官号也。"

②师古曰："谷音鹿。蠡音黎。"

③晋灼曰："匈奴女号，若言公主也。"师古曰："行音胡浪反。"

④师古曰："谓失印绶及节为辱命。"

⑤师古曰："言至前所专命而行也。风读曰讽。"

⑥师古曰："置犹放。"

后代苏武为典属国，明习外国事，勤劳数有功。甘露中，后将军赵充国薨，天子遂以惠为右将军，典属国如故。宣帝崩，惠事元帝，三岁薨，谥曰壮武侯。传国至曾孙，建武中乃绝。

郑吉，会稽人也，以卒伍从军，数出西域，由是为郎。吉为人强执，习外国事。①自张骞通西域，李广利征伐之后，初置校尉，屯田渠黎。至宣帝时，吉以侍郎田渠黎，积谷，因发诸国兵攻破车师，迁卫司马，使护鄯善以西南道。②

①师古曰:"强力而有执志者。"

②师古曰:"鄯音善。"

神爵中,匈奴乖乱,日逐王先贤掸欲降汉,①使人与吉相闻。吉发渠黎、龟兹诸国五万人迎日逐王,口万二千人、小王将十二人随吉至河曲,颇有亡者,吉追斩之,遂将诣京师。汉封日逐王为归德侯。

①师古曰:"掸音缠。"

吉既破车师,降日逐,威震西域,遂并护车师以西北道,故号都护。①都护之置自吉始焉。

①师古曰:"并护南北二道,故谓之都。都犹大也,总也。"

上嘉其功效,乃下诏曰:"都护西域骑都尉郑吉,拊循外蛮,宣明威信,①迎匈奴单于从兄日逐王众,击破车师兜訾城,②功效茂著。其封吉为安远侯,食邑千户。"吉于是中西域而立莫府,③治乌垒城,镇抚诸国,诛伐怀集之。汉之号令班西域矣,④始自张骞而成于郑吉。语在西域传。

①师古曰:"礼云东夷、北狄、西戎、南蛮,然夷蛮戎狄亦四方之总称耳,故史传又云百蛮也。"

②师古曰:"訾音子移反。"

③师古曰:"中西域者,言最处诸国之中,近远均也。中音竹仲反。"

④师古曰:"班,布也。"

吉薨,谥曰缪侯。子光嗣,薨,无子,国除。元始中,录功臣不以罪绝者,封吉曾孙永为安远侯。

甘延寿字君况,北地郁郅人也。少以良家子善骑射为羽林,投石拔距绝于等伦,^①尝超逾羽林亭楼,由是迁为郎。试弁,为期门,^②以材力爱幸。稍迁至辽东太守,免官。车骑将军许嘉荐延寿为郎中谏大夫,使西域都护骑都尉,与副校尉陈汤共诛斩郅支单于,封义成侯。薨,谥曰壮侯。传国至曾孙,王莽败,乃绝。

①应劭曰:"投石,以石投人也。拔距,即下超逾羽林亭楼是也。"张晏曰:"范蠡兵法飞石重十二斤,为机发,行二百步。延寿有力,能以手投之。拔距,超距也。"师古曰:"投石,应(劭)〔说〕是也。^[2]拔距者,有人连坐相把据地,距以为坚而能拔取之,皆言其有手掣之力。超逾亭楼,又言其趫捷耳,非拔距也。今人犹(言)〔有〕拔爪之戏,^[3]盖拔距之遗法。"

②孟康曰:"弁,手搏。"

陈汤字子公,山阳瑕丘人也。少好书,博达善属文。^①家贫匄贷无节,不为州里所称。^②西至长安求官,得太官献食丞。数岁,富平侯张勃与汤交,高其能。初元二年,元帝诏列侯举茂材,勃举汤,汤待迁,父死不犇丧,^③司隶奏汤无循行,勃选举故不以实,坐削(二百户)〔户二百〕,^[4]会薨,因赐谥曰缪侯。^④汤下狱论。后复以荐为郎,数求使外国。久之,迁西域副校尉,与甘延寿俱出。

①师古曰:"属音之欲反。"

②师古曰:"匄,乞也。贷音吐得反。"

③师古曰:"犇,古奔字。"

④师古曰:"以其缪举人也。"

先是，宣帝时匈奴乖乱，五单于争立，呼韩邪单于与郅支单于俱遣子入侍，汉两受之。后呼韩邪单于身入称臣朝见，郅支以为呼韩邪破弱降汉，不能自还，即西收右地。会汉发兵送呼韩邪单于，郅支由是遂西破呼偈、坚昆、丁令，①兼三国而都之。怨汉拥护呼韩邪而不助己，困辱汉使者江乃始等。初元四年，遣使奉献，因求侍子，愿为内附。汉议遣卫司马谷吉送之。御史大夫贡禹、博士匡衡以为春秋之义"许夷狄者不壹而足"，②今郅支单于乡化未（滘）〔醇〕，③〔5〕所在绝远，宜令使者送其子至塞而还。吉上书言："中国与夷狄有羁（靡）〔縻〕不绝之义，〔6〕今既养全其子十年，德泽甚厚，空绝而不送，近从塞还，示（捐弃）〔弃捐〕不畜，④〔7〕使无乡从之心。⑤弃前恩，立后怨，不便。议者见前江乃始无应敌之数，知勇俱困，以致耻辱，即豫为臣忧。臣幸得建强汉之节，承明圣之诏，宣谕厚恩，不宜敢桀。⑥若怀禽兽，加无道于臣，则单于长婴大罪，⑦必遁逃远舍，不敢近边。⑧没一使以安百姓，国之计，臣之愿也。愿送至庭。"⑨上以示朝者，禹复争，以为吉往必为国取悔生事，不可许。右将军冯奉世以为可遣，上许焉。既至，郅支单于怒，竟杀吉等。自知负汉，又闻呼韩邪益强，遂西奔康居。康居王以女妻郅支，郅支亦以女予康居王。康居甚尊敬郅支，欲倚其威以胁诸国。⑩郅支数借兵击乌孙，深入至赤谷城，杀略民人，（欧）〔敺〕畜产，⑪〔8〕乌孙不敢追，西边空虚，不居者且千里。郅支单于自以大国，威名尊重，又乘胜骄，不为康居王礼，怒杀康居王女及贵人、人民数百，或支解投都赖水中。⑫发民作城，日作五百人，二岁乃已。又遣使责阖苏、大宛诸国岁遗，⑬不敢不予。汉遣使三辈至康居求谷吉等死，⑭郅支困辱使者，不肯奉诏，而因都护上书言："居困厄，愿归计强汉，遣子入侍。"⑮其骄嫚如此。

①服虔曰："呼偈，小国名，在匈奴北。"师古曰："偈音起厉反。今与零同。"

②师古曰："言（制节）〔节制〕之，〔9〕不皆称其所求也。"

③师古曰："乡读曰向。不杂曰醇。醇，一也，厚也。"

④师古曰："畜谓爱养也。"

⑤师古曰："乡读曰向。向从谓向化而从命也。"

⑥师古曰："言郅支畏威，当不敢桀黠也。"

⑦师古曰："婴犹带也。"

⑧师古曰："舍，止也。"

⑨师古曰："单于庭。"

⑩师古曰："倚音於绮反。"

⑪师古曰："（欧）〔敺〕与驱同。下皆类此。"

⑫师古曰："支解谓〔解〕截其四支也。〔10〕都赖，郅支水名。"

⑬师古曰："胡广云康居北可一千里有国名奄蔡，一名阖苏。然则阖苏即奄蔡也。岁遗者，年常所献遗之物。遗音弋季反。"

⑭师古曰："死，尸也。"

⑮师古曰："故为此言以调戏也。归计谓归附而受计策也。"

建昭三年，汤与延寿出西域。汤为人沈勇有大虑，多策谋，喜奇功，①每过城邑山川，常登望。既领外国，与延寿谋曰："夷狄畏服大种，其天性也。西域本属匈奴，今郅支单于威名远闻，侵陵乌孙、大宛，常为康居画计，欲降服之。如得此二国，北击伊列，西取安息，南排月氏、山离乌弋，数年之间，城郭诸国危矣。②且其人剽悍，③好战伐，数取胜，久畜之，必为西域患。郅支单于虽所在绝远，蛮夷无金城强弩之守，如发屯田吏士，敺从乌孙众兵，④直指其城下，彼亡则无所之，守则不足自保，⑤千载之功可一朝而成也。"延寿亦以为然，欲奏请之，汤曰："国家与公卿议，大策非凡所见，事必不从。"⑥延寿犹与不听。⑦会其久病，汤独矫制发城郭诸国兵、车师戊己校尉屯田吏士。延寿闻之，惊起，欲止焉。汤怒，按剑叱延寿曰："大众已集会，竖子欲沮众邪?"⑧延寿遂从之，部勒行陈，益置扬威、白虎、合骑之校，⑨汉兵胡兵合四万馀人，延寿、汤上疏自劾奏矫制，陈言兵状。

①师古曰："喜音许吏反。"

②服虔曰："山离乌弋不在(二)〔三〕十六国中，[11]去中国二万里。"
师古曰："谓西域国为城郭者，言不随畜牧迁徙，以别于匈奴也。"

③师古曰："剽，轻也。悍，勇也。剽音频妙反，又音匹妙反。悍音胡干反。"

④师古曰："敺，帅之令随从也。"

⑤师古曰："之，往也。保，安也。"

⑥师古曰："言凡庸之人，不能远见，故坏其事也。"

⑦师古曰："与读曰豫。"

⑧师古曰："沮，止也，坏也，音才汝反。"

⑨张晏曰："西域陈法之名也。"师古曰："张说非也。一校则别为一部军，故称校耳。汤特新置此等诸校名，以为威声也。"

即日引军分行，别为六校，其三校从南道逾葱领径大宛，其三校都护自将，发温宿国，从北道入赤谷，过乌孙，涉康居界，至阗池西。而康居副王抱阗将数千骑，寇赤谷城东，①杀略大昆弥千馀人，敺畜产甚多。从后与汉军相及，颇寇盗后重。②汤纵胡兵击之，杀四百六十人，得其所略民四百七十人，还付大昆弥，其马牛羊以给军食。又捕得抱阗贵人伊奴毒。

①文颖曰："阗音填。"

②师古曰："重谓辎重也，音直用反。"

入康居东界，令军不得为寇。①间呼其贵人屠墨见之，②谕以威信，与饮盟遣去。径引行，未至单于城可六十里，止营。复捕得康居贵人贝色子男开牟以为导。贝色子即屠墨母之弟，③皆怨单于，由是具知郅支情。

①师古曰："勿抄掠。"

②师古曰："间谓密呼也。"

③师古曰："母之弟即谓舅也。"

明日引行，未至城三十里，止营。单于遣使问汉兵何以来，应曰："单于上书言居困阸，愿归计强汉，身入朝见。天子哀闵单于弃大国，屈意康居，故使都护将军来迎单于妻子，恐左右惊动，故未敢至城下。"使数往来相答报。延寿、汤因让之：①"我为单于远来，而至今无名王大人见将军受事者，②何单于忽大计，失客主之礼也！③兵来道远，人畜罢极，食度且尽，④恐无以自还，愿单于与大臣审计策。"

①师古曰："让，责也。"

②师古曰："名王，诸王之贵者，受事，受教命而供事也。"

③师古曰："忽，忘也。"

④师古曰："罢读曰疲。度音大各反。"

明日，前至郅支城都赖水上，离城三里，止营傅陈。①望见单于城上立五采幡织，②数百人披甲乘城，③又出百馀骑往来驰城下，步兵百馀人夹门鱼鳞陈，④讲习用兵。城上人更招汉军曰"斗来!"⑤百余骑驰赴营，营皆张弩持满指之，骑引却。颇遣吏士射城门骑步兵，骑步兵皆入。延寿、汤令军闻鼓音皆薄城下，⑥四面围城，各有所守，穿堑，塞门户，卤楯为前，戟弩为后，卬射城中楼上人，⑦楼上人下走。土城外有重木城，从木城中射，颇杀伤外人。外人发薪烧木城。夜，数百骑欲出外，迎射杀之。

①师古曰："傅读曰数。数，布也。"

②师古曰："织读曰帜，音式志反。"

③师古曰："乘谓登之备守也。"

④师古曰："言其相接次，形若鱼鳞。"

⑤师古曰："更，互也，音工行反。"

⑥师古曰："薄，迫也。"

⑦师古曰："卬读曰仰。"

初，单于闻汉兵至，欲去，疑康居怨己，为汉内应，又闻乌孙诸国兵皆发，自以无所之。①郅支已出，复还，曰："不如坚守。汉兵远来，不能久攻。"单于乃被甲在楼上，诸阏氏夫人数十皆以弓射外人。外人射中单于鼻，诸夫人颇死。单于下骑，传战大内。②夜过半，木城穿，中人却入土城，乘城呼。③时康居兵万馀骑分为十馀处，四面环城，亦与相应和。④夜，数犇营，不利，辄却。⑤平明，四面火起，吏士喜，大呼乘之，⑥钲鼓声动地。康居兵引却。汉兵四面推卤楯，并入土城中。单于男女百馀人走入大内。汉兵纵火，吏士争入，单于被创死。军候假丞杜勋斩单于首，得汉使节二及谷吉等所赍帛书。诸卤获以畀得者。⑦
凡斩阏氏、太子、名王以下千五百一十八级，生虏百四十五人，
降虏千馀人，赋予城郭诸国所发十五王。⑧

①师古曰："之，往也。"

②师古曰："下骑谓下橐而骑马也。传战，转战也。大内，单于之内室
也。言且战且行而入内室。"

③师古曰："乘，登也。呼音火故反。次下亦同。"

④师古曰："环，绕也，音患。和音胡卧反。"

⑤师古曰："犇，古奔字也。"

⑥师古曰："乘，逐也。"

⑦师古曰："畀，予也。各以与所得人。畀音必寐反。"

⑧师古曰："赋谓班与之也。所发十五王，谓所发诸国之兵，共围郅支
王者也。"

于是延寿、汤上疏曰："臣闻天下之大义，当混为一，①昔有
唐虞，今有强汉。匈奴呼韩邪单于已称北藩，唯郅支单于叛逆，
未伏其辜，大夏之西，以为强汉不能臣也。②郅支单于惨毒行于
民，大恶通于天。臣延寿、臣汤将义兵，行天诛，赖陛下神灵，
阴阳并应，天气精明，陷陈克敌，斩郅支首及名王以下。宜县头
槁街蛮夷邸间，③以示万里，明犯强汉者，虽远必诛。"事下有
司。丞相匡衡、御史大夫繁延寿④以为"郅支及名王首更历诸
国，蛮夷莫不闻知。⑤月令春'掩骼埋胔'之时，⑥宜勿县。"车
骑将军许嘉、右将军王商以为"春秋夹谷之会，优施笑君，孔子
诛之，⑦方盛夏，首足异门而出。宜县十日乃埋之。"有诏将军
议是。

①师古曰:"混,同也,音胡本反。"

②师古曰:"谓汉为不能使郅支臣服也。"

③晋灼曰:"黄图在长安城门内。"师古曰:"槁街,街名,蛮夷邸在此街也。邸,若今鸿胪客馆也。崔浩以为槁当为橐,橐街即铜驼街也。此说失之。铜驼街在雒阳,西京无也。"

④师古曰:"繁音蒲何反。"

⑤师古曰:"更音工衡反。"

⑥应劭曰:"禽兽之骨曰骼。骼,大也。鸟鼠之骨曰胔。胔,可恶也。"臣瓒曰:"枯骨曰骼,有肉曰胔。"师古曰:"瓒说是也。骼音工客反。胔音才赐反。"

⑦师古曰:"夹谷,地名,即祝其也。定十年'公会齐侯于夹谷,孔子摄相事,齐侯奏宫中之乐,俳优侏儒戏于前,孔子历阶而上曰:"匹夫侮诸侯者,罪应诛。"于是斩侏儒,首足异处,齐侯惧,有惭色。'施者,优人之名。夹音颊。"

　　初,中书令石显尝欲以姊妻延寿,延寿不取。及丞相、御史亦恶其矫制,皆不与汤。①汤素贪,所卤获财物入塞多不法。②司隶校尉移书道上,系吏士按验之。汤上疏言:"臣与吏士共诛郅支单于,幸得禽灭,万里振旅,③宜有使者迎劳道路。④今司隶反逆,收系按验,是为郅支报仇也!"上立出吏士,令县道具酒食以过军。既至,论功,石显、匡衡以为"延寿、汤擅兴师矫制,幸得不诛,如复加爵土,则后奉使者争欲乘危徼幸,生事于蛮夷,⑤为国招难,渐不可开。"元帝内嘉延寿、汤功,而重违衡、显之议,⑥议久不决。

①师古曰:"与犹许。"

②师古曰:"不法者,私自取之,不依军法。"

③师古曰："师入曰振旅。振，整也。旅，众也。"

④师古曰："劳音力到反。"

⑤师古曰："（若如）〔如，若〕也。"〔12〕

⑥师古曰："重，难也。"

故宗正刘向上疏曰："郅支单于囚杀使者吏士以百数，事暴扬外国，伤威毁重，群臣皆闵焉。①陛下赫然欲诛之，意未尝有忘。西域都护延寿、副校尉汤承圣指，倚神灵，总百蛮之君，揽城郭之兵，②出百死，入绝域，遂蹈康居，屠五重城，搴歙侯之旗，③斩郅支之首，县旌万里之外，扬威昆山之西，扫谷吉之耻，立昭明之功，万夷慑伏，莫不惧震。④呼韩邪单于见郅支已诛，且喜且惧，乡风驰义，稽首来宾，⑤愿守北藩，累世称臣。立千载之功，建万世之安，群臣之勋莫大焉。昔周大夫方叔、吉甫为宣王诛猃狁而百蛮从，其诗曰：'啴啴焞焞，如霆如雷，显允方叔，征伐猃狁，蛮荆来威。'⑥易曰：'有嘉折首，获（非）〔匪〕其醜。'⑦〔13〕言美诛首恶之人，而诸不顺者皆来从也。今延寿、汤所诛震，虽易之折首、诗之雷霆不能及也。论大功者不录小过，举大美者不疵细瑕。司马法曰'军赏不逾月'，欲民速得为善之利也。盖急武功，重用人也。吉甫之归，周厚赐之，其诗曰：'吉甫燕喜，既多受祉，来归自镐，我行永久。'⑧千里之镐犹以为远，况万里之外，其勤至矣！延寿、汤既未获受祉之报，反屈捐命之功，久挫于刀笔之前，⑨非所以劝有功厉戎士也。昔齐桓公前有尊周之功，⑩后有灭项之罪，⑪君子以功覆过而为之讳行事。⑫贰师将军李广利捐五万之师，靡亿万之费，经四年之劳，⑬而厪获骏马三十匹，⑭虽斩宛王毋鼓之首，⑮犹不足以复费，⑯其私罪恶甚多。孝武以为万里征伐，不录其过，遂封拜两侯、三卿、二千石百有馀人。今康居国强于大宛，郅支之号重于宛王，杀使者罪甚于留马，而延寿、汤不烦汉士，不费斗粮，比于贰师，功德百之。⑰且常惠随欲击之乌孙，郑吉迎自来之日逐，犹皆裂土受爵。故言威武勤劳则大于方叔、吉甫，列功覆过则优于齐桓、贰师，近事之功则高于安远、长罗，⑱而大功未著，小恶数布，臣窃痛之！宜以时解县通籍，⑲除过勿治，尊宠爵位，以劝有功。”

①师古曰："闵，病也。"

②师古曰："揽，总持之也。其字从手。"

③师古曰："搴，拔也，音骞。"

④师古曰："慑，恐也，音之涉反。"

⑤师古曰："驰义，慕义驱驰而来也，鄕读曰向。"

⑥师古曰："小雅采芑之诗也。啴啴，众也。焞焞，盛也。言车徒既众且盛，有如雷霆，故能克定猃狁而令荆土之蛮亦畏威而来也。啴音他丹反。焞音他回反。"

⑦师古曰："离上九爻辞也。嘉，善也。醜，类也。言王者出征，克胜斩首，多获非类，故以为善。"

⑧师古曰："小雅六月之诗也。镐，地名，非丰镐之镐。此镐及方皆在周之北。时猃狁侵镐及方，至于泾阳。吉甫薄伐，自镐而还。王以燕礼乐之，多受福赐，以其行役有功，日月长久故也。"

⑨师古曰："捐弃其躯命，言无所顾也。挫，屈折也。刀笔谓吏也。"

⑩师古曰："谓伐楚责苞茅，及会王太子于首止。"

⑪师古曰："项，国名也。春秋僖十七年夏，灭项。公羊传曰：'齐灭之也。不言齐，为桓公讳也。桓常有继绝存亡之功，故君子为之讳。'"

⑫师古曰："行事谓灭项之事也。"

⑬师古曰："靡，散也，音糜。"

⑭师古曰："厪与仅同。仅，少也。"

⑮师古曰："西域传作毋寨，而此云毋鼓，鼓寨声相近，盖戎狄之言不甚谛也。"

⑯师古曰："复，偿也，音扶目反。"

⑰师古曰："百倍胜之。"

⑱师古曰："安远侯郑吉，长罗侯常惠也。"

⑲孟康曰："县，罪未竟也，如言县罚也。通籍，不禁止，令得出入也。"

　　于是天子下诏曰："匈奴郅支单于背畔礼义，留杀汉使者、吏士，甚逆道理，朕岂忘之哉！所以优游而不征者，重动师众，劳将帅，①故隐忍而未有云也。今延寿、汤睹便宜，乘时利，结城郭诸国，擅兴师矫制而征之，赖天地宗庙之灵，诛讨郅支单于，斩获其首，及阏氏贵人名王以下千数。虽逾义干法，②内不烦一夫之役，不开府库之臧，因敌之粮以赡军用，立功万里之外，威震百蛮，名显四海。为国除残，兵革之原息，边竟得以安。③然犹不免死亡之患，罪当在于奉宪，朕甚闵之！其赦延寿、汤罪，勿治。"诏公卿议封焉。议者皆以为宜如军法捕斩单于令。匡衡、石显以为"郅支本亡逃失国，窃号绝域，非真单于。"元帝取安远侯郑吉故事，封千户，衡、显复争。乃封延寿为义成侯，赐汤爵关内侯，食邑各三百户，加赐黄金百斤。告上帝、宗庙，大赦天下。拜延寿为长水校尉，汤为射声校尉。

①师古曰："重，难也。"

②师古曰："干，犯也。"

③师古曰："竟读曰境。"

延寿迁城门校尉，护军都尉，薨于官。成帝初即位，丞相衡复奏"汤以吏二千石奉使，颛命蛮夷中，①不正身以先下，而盗所收康居财物，戒官属曰绝域事不覆校。虽在赦前，不宜处位。"汤坐免。

①师古曰："颛与专同。"

后汤上书言康居王侍子非王子也。按验，实王子也。汤下狱当死。太中大夫谷永上疏讼汤曰："臣闻楚有子玉得臣，文公为之仄席而坐；①赵有廉颇、马服，强秦不敢窥兵井陉；②近汉有郅都、魏尚，匈奴不敢南鄉沙幕。③由是言之，战克之将，国之爪牙，不可不重也。盖'君子闻鼓鼙之声，则思将率之臣'。④窃见关内侯陈汤，前使副西域都护，忿郅支之无道，闵王诛之不加，⑤策虑愊亿，义勇奋发，⑥卒兴师奔逝，横厉乌孙，逾集都赖，⑦屠三重城，斩郅支首，报十年之逋诛，雪边吏之宿耻，⑧威震百蛮，武畅西海，汉元以来，征伐方外之将，未尝有也。今汤坐言事非是，幽囚久系，历时不决，执宪之吏欲致之大辟。昔白起为秦将，南拔郢都，北坑赵括，以纤介之过，赐死杜邮，⑨秦民怜之，莫不陨涕。今汤亲秉钺，席卷喋血万里之外，⑩荐功(宗)〔祖〕庙，[14]告类上帝，⑪介胄之士靡不慕义。以言事为罪，无赫赫之恶。周书曰：'记人之功，忘人之过，宜为君者也。'⑫夫犬马有劳于人，尚加帷盖之报，⑬况国之功臣者哉！窃恐陛下忽于鼓鼙之声，不察周书之意，而忘帷盖之施，庸臣遇汤，卒从吏议，⑭使百姓介然有秦民之恨，⑮非所以厉死难之臣也。"书奏，天子出汤，夺爵为士伍。

①师古曰："子玉，楚大夫也，得臣其名也。春秋僖二十八年，子玉帅师与晋文公战于城濮，楚师败绩。晋师三日馆谷，而文公犹有忧色，曰：'得臣犹在，忧未歇也。'及楚杀子玉，公喜而后可知也。礼记曰'有忧者仄席而坐'，盖自贬也。仄，古侧字也。"

②师古曰："廉颇，赵将也。马服君赵奢亦赵将也。井陉之口，赵之西界山险道也。"

③师古曰："乡读曰向。"

④师古曰："礼之乐记曰'鼓鼙之声讙，讙以立动，动以进众。君子听鼓鼙之声，则思将率之臣'也。"

⑤师古曰："闵，忧也。"

⑥师古曰："愊亿，愤怒之貌也。愊音皮逼反。"

⑦如淳曰："踰，远也。远集郅支都赖水上也。"师古曰："卒读曰猝。厉，度也。踰读曰遥。"

⑧师古曰："遒，亡也。"

⑨师古曰："地名也，在咸阳西也。"

⑩师古曰："如席之卷。言其疾也。喋血，解在文纪。"

⑪张晏曰："谓以所征之国事类告天也。"

⑫师古曰："尚书之外逸书也。"

⑬师古曰："礼记称孔子云：'敝帷弗弃，为薶马也；敝盖弗弃，为薶狗也'。"

⑭师古曰："以庸臣之礼待遇之也。卒，终也。"

⑮师古曰："介然犹耿耿。"

后数岁，西域都护段会宗为乌孙兵所围，驿骑上书，愿发城郭敦煌兵以自救。①丞相王商、大将军王凤及百僚议数日不决。凤言"汤多筹策，习外国事，可问。"上召汤见宣室。汤击郅支时中寒病，两臂不诎申。汤入见，有诏毋拜，示以会宗奏。汤辞谢，曰："将相九卿皆贤材通明，小臣罢癃，不足以策大事。"②
上曰："国家有急，君其毋让。"对曰："臣以为此必无可忧也。"
上曰："何以言之?"汤曰："夫胡兵五而当汉兵一，何者? 兵刃
朴钝，弓弩不利。今闻颇得汉巧，然犹三而当一。又兵法曰'客
倍而主人半然后敌'，今围会宗者人众不足以胜会宗，唯陛下勿
忧! 且兵轻行五十里，重行三十里，今会宗欲发城郭敦煌，历时
乃至，所谓报仇之兵，非救急之用也。"上曰："奈何? 其解可
必乎? 度何时解?"③汤知乌孙瓦合，不能久攻，④故事不过数
日，⑤因对曰："已解矣!"诎指计其日，曰："不出五日，当有
吉语闻。"⑥居四日，军书到，言已解。大将军凤奏以为从事中
郎，莫府事壹决于汤。汤明法令，善因事为势，纳说多从。常受
人金钱作章奏，卒以此败。

> ①师古曰："西域城郭诸国及敦煌兵也。"
> ②师古曰："罢读曰疲。"
> ③师古曰："度音徒各反。"
> ④师古曰："瓦合谓碎瓦之杂居不齐同。"
> ⑤师古曰："故事谓以旧事测之。"
> ⑥师古曰："吉，善也。善谓兵解之事。"

初，汤与将作大匠解万年相善。自元帝时，渭陵不复徙民起
邑。成帝起初陵，数年后，乐霸陵曲亭南，更营之。万年与汤
议，以为"武帝时工杨光以所作数可意①自致将作大匠，及大司
农中丞耿寿昌造杜陵赐爵关内侯，将作大匠乘马延年以劳苦秩中
二千石;②今作初陵而营起邑居，成大功，万年亦当蒙重赏。子
公妻家在长安，儿子生长长安，不乐东方，宜求徙，可得赐田

宅，俱善。"汤心利之，即上封事言："初陵，京师之地，最为肥美，可立一县。天下民不徙诸陵三十馀岁矣，关东富人益众，多规良田，役使贫民，③可徙初陵，以强京师，衰弱诸侯，又使中家以下得均贫富。汤愿与妻子家属徙初陵，为天下先。"于是天子从其计，果起昌陵邑，后徙内郡国民。万年自诡三年可成，④后卒不就，⑤群臣多言其不便者。下有司议，皆曰："昌陵因卑为高，积土为山，度便房犹在平地上，⑥客土之中不保幽冥之灵，浅外不固，卒徒工庸以钜万数，至燋脂火夜作，⑦取土东山，且与谷同贾。⑧作治数年，天下遍被其劳，国家罢敝，府臧空虚，⑨下至众庶，嗷嗷苦之。⑩故陵因天性，据真土，处势高敞，旁近祖考，前又已有十年功绪，⑪宜还复故陵，勿徙民。"上乃下诏罢昌陵，语在成纪。丞相御史请废昌陵邑中室，⑫奏未下，人以问汤："第宅不〔得彻〕〔彻，得〕毋复发徙？"⑬〔15〕汤曰："县官且顺听群臣言，犹且复发徙之也。"

①师古曰："可天子之意。"

②师古曰："姓乘马，名延年。乘音食孕反。"

③师古曰："规，画也，自占为疆界也。"

④师古曰："诡，责也，自以为忧责也。"

⑤师古曰："卒，终也。就亦成也。"

⑥师古曰："度音徒各反。"

⑦师古曰："燋，古然字也。"

⑧师古曰："贾读曰价。"

⑨师古曰："罢读曰疲。"

⑩师古曰："嗷嗷，众愁声。"

⑪师古曰："绪谓端次也。"

⑫师古曰："徙人新所起室居。"

⑬师古曰："问其不被发彻，更移徙邪？"

时成都侯商新为大司马卫将军辅政，素不善汤。商闻此语，白汤惑众，下狱治，按验诸所犯。汤前为骑都尉王莽上书言："父早死，（犯）〔独〕不封，〔16〕母明君共养皇太后，尤劳苦，①宜封。"竟为新都侯。后皇太后同母弟苟参为水衡都尉，死，子伋为侍中，②参妻欲为伋求封，汤受其金五十斤，许为求比上奏。③弘农太守张匡坐臧百万以上，狡猾不道，有诏即讯，④恐下狱，使人报汤。汤为讼罪，得逾冬月，许谢钱二百万，皆此类也。事在赦前。后东莱郡黑龙冬出，人以问汤，汤曰："是所谓玄门开。微行数出，出入不时，故龙以非时出也。"又言当复发徙，传相语者十馀人。丞相御史奏"汤惑众不道，妄称诈归异于上，非所宜言，大不敬。"廷尉增寿议，以为"不道无正法，⑤以所犯剧易为罪，⑥臣下（丞）〔承〕用失其中，〔17〕故移狱廷尉，⑦无比者先以闻，⑧所以正刑罚，重人命也。明主哀悯百姓，下制书罢昌陵勿徙吏民，已申布。汤妄以意相谓且复发徙，虽颇惊动，所流行者少，百姓不为变，不可谓惑众。汤称诈，虚设不然之事，非所宜言，大不敬也。"制曰："廷尉增寿当是。⑨汤前有讨郅支单于功，其免汤为庶人，徙边。"又曰："故将作大匠万年佞邪不忠，妄为巧诈，多赋敛，烦繇役，兴卒暴之作，⑩卒徒蒙辜，死者连属，⑪毒流众庶，海内怨望，虽蒙赦令，不宜居京师。"于是汤与万年俱徙敦煌。

①师古曰："莽传言莽母渠，今此云明君。则明君者字也。"

②师古曰："伋音汲。"

③师古曰："比，例也，音必寐反。"

④师古曰："就其所居考问之。"

⑤晋灼曰："增寿，姓赵也。"

⑥师古曰："易音弋豉反。"

⑦如淳曰："如今谳罪轻重。"

⑧师古曰："比谓相比附也。"

⑨师古曰："当谓处正其罪也。"

⑩师古曰："卒读曰猝。"

⑪师古曰："蒙，被也，属音之欲反。"

久之，敦煌太守奏"汤前亲诛郅支单于，威行外国，不宜近边塞。"诏徙安定。

议郎耿育上书言便宜，因冤讼汤曰："延寿、汤为圣汉扬钩深致远之威，雪国家累年之耻，讨绝域不羁之君，系万里难制之虏，岂有比哉！先帝嘉之，仍下明诏，宣著其功，①改年垂历，传之无穷。②应是，南郡献白虎，边陲无警备。会先帝寝疾，然犹垂意不忘，数使尚书责问丞相，趣立其功。③独丞相匡衡排而不予，封延寿、汤数百户，此功臣战士所以失望也。孝成皇帝承建业之基，乘征伐之威，兵革不动，国家无事，而大臣倾邪，谗佞在朝，曾不深惟本末之难，以防未然之戒，欲专主威，排妒有功，使汤块然④被冤拘囚，不能自明，卒以无罪，老弃敦煌，正当西域通道，令威名折冲之臣旋踵及身，复为郅支遗虏所笑，诚可悲也！至今奉使外蛮者，未尝不陈郅支之诛以扬汉国之盛。夫援人之功以惧敌，弃人之身以快谗，⑤岂不痛哉！且安不忘危，盛必虑衰，今国家素无文帝累年节俭富饶之畜，⑥又无武帝荐延⑦枭俊禽敌之臣，独有一陈汤耳！⑧假使异世不及陛下，尚望国家追录其功，封表其墓，以劝后进也。汤幸得身当圣世，功曾未久，反听邪臣鞭逐斥远，使亡逃分窜，死无处所。⑨远览之士，莫不计度，⑩以为汤功累世不可及，而汤过人情所有，⑪汤尚如此，虽复破绝筋骨，暴露形骸，犹复制于唇舌，为嫉妒之臣所系虏耳。此臣所以为国家尤戚戚也。”书奏，天子还汤，卒于长安。

① 师古曰："仍，频也。"

② 师古曰："谓改年为竟宁也。不以此事，盖当其年，上书者附著耳。"

③ 师古曰："趣读曰促。"

④ 师古曰："块然，独处之意，如土块也。音口内反。"

⑤ 师古曰："援，引也，音爰。"

⑥ 师古曰："畜读曰蓄，谓府库也。"

⑦ 如淳曰："荐延，使群臣荐士而延纳之。"

⑧ 师古曰："枭谓斩其首而县之也。俊谓敌之魁率，郅支是也。春秋左氏传曰'得俊曰克'。"

⑨ 师古曰："分谓散离也。虞书舜典曰'分北三苗'。"

⑩ 师古曰："度音大各反。"

⑪ 师古曰："言汤所犯之罪过，人情共有此事耳，非特诡异深可诛责也。"

死后数年，王莽为安汉公秉政，既内德汤旧恩，又欲谄皇太后，以讨郅支功尊元帝庙称高宗。以汤、延寿前功大赏薄，及候丞杜勋不赏，乃益封延寿孙迁千六百户，追谥汤曰破胡壮侯，封汤子冯为破胡侯，勋为讨狄侯。

段会宗字子松，天水上邽人也。竟宁中，以杜陵令五府举为西域都护、骑都尉光禄大夫，西域敬其威信。三岁，更尽还，①

拜为沛郡太守。以单于当朝，徙为雁门太守。数年，坐法免。西域诸国上书愿得会宗，阳朔中复为都护。

①如淳曰："边吏三岁一更，下言终更皆是也。"师古曰："更，工衡反。其下并同。"

会宗为人好大节，矜功名，与谷永相友善。谷永闵其老复远出，予书戒曰："足下以柔远之令德，复典都护之重职，①甚休甚休！②若子之材，可优游都城而取卿相，何必勒功昆山之仄，总领百蛮，怀柔殊俗？子之所长，愚无以喻。③虽然，朋友以言赠行，敢不略意。④方今汉德隆盛，远人宾服，傅、郑、甘、陈之功没齿不可复见，愿吾子因循旧贯，毋求奇功，⑤终更亟还，亦足以复雁门之踦。⑥万里之外以身为本。愿详思愚言。"

①师古曰："柔，安也。柔远，言能安远人。虞书舜典曰'柔远能迩'。"
②师古曰："休，美也。"
③师古曰："言子思虑深长，当不待己晓告也。"
④师古曰："赠行谓将别相赠也。略意，略陈本意也。"
⑤师古曰："贯，事也。"
⑥应劭曰："踦，只也。会宗从沛郡下为雁门，又坐法免，为踦只不偶也。"师古曰："亟，急也。复犹补也。亟音居力反。踦音居宜反。"

会宗既出。诸国遣子弟郊迎。小昆弥安日前为会宗所立，德之，①欲往谒，诸翕侯止不听，遂至龟兹谒。城郭甚亲附。②康居太子保苏匿率众万馀人欲降，会宗奏状，汉遣卫司马逢迎。③会宗发戊己校尉兵随司马受降。司马畏其众，欲令降者皆自缚，保苏匿怨望，举众亡去。会宗更尽还，以擅发戊己校尉之兵乏兴，有诏赎论。拜为金城太守，以病免。

①师古曰："怀会宗之恩德也。"

②师古曰："谓城郭诸国。"

③师古曰："迎之于道，随所到而逢之，故曰逢迎也。"

岁馀，小昆弥为国民所杀，诸翖侯大乱。征会宗为左曹中郎将光禄大夫，使安辑乌孙，①立小昆弥兄末振将，②定其国而还。

①师古曰："辑与集同。"

②服虔曰："人姓名也。"师古曰："其名也。昆弥之兄不可别举姓也。"

明年，末振将杀大昆弥，会病死，汉恨诛不加。元延中，复遣会宗发戊己校尉诸国兵，即诛末振将太子番丘。①会宗恐大兵入乌孙，惊番丘，亡逃不可得，即留所发兵垫娄地，②选精兵三十弩，③径至昆弥所在，召番丘，责以"末振将骨肉相杀，杀汉公主子孙，未伏诛而死，使者受诏诛番丘。"即手剑击杀番丘。官属以下惊恐，驰归。小昆弥乌犁靡者，末振将兄子也，勒兵数千骑围会宗，会宗为言来诛之意："今围守杀我，如取汉牛一毛耳。宛王郅支头县槁街，乌孙所知也。"昆弥以下服，曰："末振将负汉，诛其子可也，独不可告我，令饮食之邪？"④会宗曰："豫告昆弥，逃匿之，为大罪。即饮食以付我，伤骨肉恩，故不先告。"昆弥以下号泣罢去。会宗还奏事，公卿议会宗权得便宜，以轻兵深入乌孙，即诛番丘，⑤宣明国威，宜加重赏。天子赐会宗爵关内侯，黄金百斤。

①师古曰："番音步安反。"

②服虔曰："垫音垫陷之垫。"郑氏曰："娄音赢。"师古曰："垫音丁念反。娄音楼。"

③李奇曰："三十人，人持一弩。"

④师古曰："饮音於禁反。食读曰饲。次下亦同。"

⑤师古曰："即，就也。"

是时，小昆弥季父卑爰疐①拥众欲害昆弥，汉复遣会宗使安辑，与都护孙建并力。明年，会宗病死乌孙中，年七十五矣，城郭诸国为发丧立祠焉。

①师古曰："疐音竹二反。"

赞曰：自元狩之际，张骞始通西域，至于地节，郑吉建都护之号，讫王莽世，凡十八人，皆以勇略选，然其有功迹者具此。廉褒以恩信称，郭舜以廉平著，孙建用威重显，其馀无称焉。陈汤俶傥，不自收敛，①卒用困穷，议者闵之，故备列云。

①师古曰："俶傥，无行检也。傥音荡。"

【校勘记】

〔1〕（间）〔言〕为匈奴之间（为）〔而〕候伺。 景祐、殿本"间"作"言"，"为"作"而"。

〔2〕投石，应（劢）〔说〕是也。 景祐、殿本都作"说"，此误。

〔3〕今人犹（言）〔有〕拔爪之戏， 景祐、殿本都作"有"，此误。

〔4〕坐削（二百户）〔户二百〕， 景祐、殿本都作"户二百"。

〔5〕今郅支单于乡化未（滈）〔醇〕， 景祐、殿本都作"醇"。王先谦说"滈"字误。

〔6〕中国与夷狄有羁（靡）〔縻〕不绝之义， 景祐、殿本都作"縻"。王先谦说作"縻"是。

〔7〕示（捐弃）〔弃捐〕不畜， 景祐、殿本都作"弃捐"。

〔8〕 杀略民人，(欧)〔殴〕畜产，景祐、殿、局本都作"殴"，注同。

〔9〕 言 (制节)〔节制〕之， 景祐、殿本都作"节制"。

〔10〕 支解谓〔解〕截其四支也。 景祐、殿本都有"解"字。

〔11〕 山离乌弋不在 (二) 〔三〕十六国中， 景祐、殿、局本都作"三"。

〔12〕 (若如)〔如，若〕也。 景祐、殿、局本都作"如若"，此误倒。

〔13〕 获 (非)〔匪〕其丑。 景祐、殿本都作"匪"，通鉴、易今本并同。

〔14〕 荐功 (宗)〔祖〕庙， 景祐、殿本都作"祖"。

〔15〕 第宅不 (得彻)〔彻，得〕毋复发徒? 景祐、殿、局本都作"彻得"。王文彬说此误倒。

〔16〕 父早死，(犯)〔独〕不封， 景祐、殿、局本都作"独"。

〔17〕 臣下 (丞)〔承〕用失其中， 景祐、殿、局本都作"承"。

汉书卷七十一

隽疏于薛平彭传第四十一

隽不疑字曼倩，勃海人也。①治春秋，为郡文学，进退必以礼，名闻州郡。

①师古曰："隽音字兖反，又辞兖反。"

武帝末，郡国盗贼群起，暴胜之为直指使者，衣绣衣，持斧，逐捕盗贼，督课郡国，①东至海，以军兴诛不从命者，②威振州郡。胜之素闻不疑贤，至勃海，遣吏请与相见。不疑冠进贤冠，带櫑具剑，③佩环玦，④褒衣博带，⑤盛服至门上谒。⑥门下欲使解剑，不疑曰："剑者君子武备，所以卫身，不可解。请退。"吏白胜之。胜之开阁延请，望见不疑容貌尊严，衣冠甚伟，胜之蹑履起迎。⑦登堂坐定，不疑据地曰："窃伏海濒，闻暴公子威名旧矣，⑧今乃承颜接辞。凡为吏，太刚则折，太柔则废，威行施之以恩，然后树功扬名，永终天禄。"⑨胜之知不疑非庸人，⑩敬

2623

纳其戒，深接以礼意，问当世所施行。门下诸从事皆州郡选吏，⑪侧听不疑，莫不惊骇。至昏夜，罢去。胜之遂表荐不疑，征诣公车，拜为青州刺史。

①师古曰："督谓察视之。"

②师古曰："有所追捕及行诛罚，皆依兴军之制。"

③应劭曰："櫑具，木檦首之剑，櫑落壮大也。"晋灼曰："古长剑首以玉作井鹿卢形，上刻木作山形，如莲花初生未敷时。今大剑木首，其状似此。"师古曰："晋说是也。櫑音磊。檦音匹遥反。"

④师古曰："环，玉环也。玦即玉佩之玦也。带环而又著玉佩也。礼记曰'孔子佩象环'也。"

⑤师古曰："褎，大裾也。言着褎大之衣，广博之带也。而说者乃以为朝服垂褎之衣，非也。"

⑥师古曰："上谒，若今通名也。"

⑦文颖曰："蹑音缊。"师古曰："履不著跟曰蹑。蹑谓纳履未正，曳之而行，言其遽也。蹑音山尔反。"

⑧师古曰："濒，厓也。公子，胜之字也。旧，久也。濒音频，又音宾。"

⑨师古曰："树，立也。"

⑩师古曰："庸，常也。"

⑪师古曰："选州郡吏之最者乃得为从事。"

久之，武帝崩，昭帝即位，而齐孝王孙刘泽交结郡国豪杰谋反，欲先杀青州刺史。不疑发觉，收捕，皆伏其辜。擢为京兆尹，赐钱百万。京师吏民敬其威信。每行县录囚徒还，①其母辄问不疑："有所平反，活几何人？"②即不疑多有所平反，母喜笑，为饮食语言异于他时；或亡所出，母怒，为之不食。故不疑为吏，严而不残。

①师古曰："省录之，知其情状有冤滞与不也。今云虑囚，本录声之去者耳，音力具反。而近俗不晓其意，讹其文遂为思虑之虑，失其源矣。行音下更反。"

②如淳曰："反音幡。幡，奏使从轻也。"师古曰："几音居起反。"

始元五年，有一男子乘黄犊车，建黄旐，①衣黄襜褕，著黄冒，②诣北阙，自谓卫太子。③公车以闻，④诏使公卿将军中二千石杂识视。⑤长安中吏民聚观者数万人。右将军勒兵阙下，以备非常。丞相御史中二千石至者（立）〔并〕莫敢发言。[1]京兆尹不疑后到，叱从吏收缚。或曰："是非未可知，且安之。"⑥不疑曰："诸君何患于卫太子！昔蒯聩违命出奔，辄距而不纳，春秋是之。⑦卫太子得罪先帝，亡不即死，今来自诣，此罪人也。"遂送诏狱。

①师古曰："旐，旌旗之属，画龟蛇曰旐。"

②师古曰："襜褕，直裾禅衣。襜音昌瞻反。褕音踰。冒所以覆冒其首，即今之下裙冒也。"

③师古曰："戾太子。"

④师古曰："公车，主受章奏者。"

⑤师古曰："杂，共也。有素识之者，令视知其是非也。"

⑥师古曰："安犹徐也。"

⑦师古曰："蒯聩，卫灵公太子。辄，蒯聩子也。蒯聩得罪于灵公而出奔晋。及灵公卒，使辄嗣位，而晋赵鞅纳蒯聩于戚，欲求入卫。鲁哀公三年春，齐国夏、卫石曼姑帅师围戚。公羊传曰：'曼姑受命于灵公而立辄，曼姑之义固可以距蒯聩也。辄之义可以立乎？曰可。奈何不以父命辞王父命也。'"

天子与大将军霍光闻而嘉之，曰："公卿大臣当用经术明于大谊。"繇是名声重于朝廷，①在位者皆自以不及也。大将军光欲以女妻之，不疑固辞，不肯当。久之，以病免，终于家。京师纪之。后赵广汉为京兆尹，言："我禁奸止邪，行于吏民，至于朝廷事，不及不疑远甚。"廷尉验治何人，竟得奸诈。②本夏阳人，姓成名方遂，居湖，③以卜筮为事。有故太子舍人尝从方遂卜，谓曰："子状貌甚似卫太子。"方遂心利其言，几得以富贵，④即诈自称诣阙。廷尉逮召乡里识知者张宗禄等，方遂坐诬罔不道，要斩东市。一〔云〕姓张名延年。⑤〔2〕

②师古曰："凡不知姓名及所从来者，皆曰何人。他皆类此。"

③师古曰："湖，县名。"

④师古曰："几读曰冀。"

⑤师古曰："故昭纪谓之张延年。"

疏广字仲翁，东海兰陵人也。少好学，明春秋，家居教授，学者自远方至。征为博士太中大夫。地节三年，立皇太子，选丙吉为太傅，广为少傅。数月，吉迁御史大夫，广徙为太傅，广兄子受字公子，亦以贤良举为太子家令。受好礼恭谨，敏而有辞。①宣帝幸太子宫，受迎谒应对，及置酒宴，奉觞上寿，辞礼闲雅，上甚讙说。②顷之，拜受为少傅。

①师古曰："敏谓所见捷利。"

②师古曰："说读曰悦。"

太子外祖父特进平恩侯许伯以为太子少，白使其弟中郎将舜监护太子家。上以问广，广对曰："太子国储副君，师友必于天下英俊，不宜独亲外家许氏。且太子自有太傅少傅，官属已备，今复使舜护太子家，视陋，非所以广太子德于天下也。"①上善其言，以语丞相魏相，相免冠谢曰："此非臣等所能及。"广繇是见器重，数受赏赐。②太子每朝，因进见，太傅在前，少傅在后。父子并为师傅，朝廷以为荣。

①师古曰："视读曰示。言独亲外家，示天下以浅陋。"

②师古曰："繇读与由同。"

在位五岁，皇太子年十二，通论语、孝经。广谓受曰："吾闻'知足不辱，知止不殆'，'功遂身退，天之道'也。①今仕（宦）〔官〕至二千石，[3] 宦成名立，如此不去，惧有后悔，岂如父子相随出关，归老故乡，以寿命终，不亦善乎？"受叩头曰："从大人议。"即日父子俱移病。②满三月赐告，广遂称笃，上疏乞骸骨。上以其年笃老，皆许之，加赐黄金二十斤，皇太子赠以五十斤。公卿大夫故人邑子设祖道，供张东都门外，③送者车数百两，辞决而去。及道路观者皆曰："贤哉二大夫！"或叹息为之下泣。

①师古曰："此皆老子之言，广引之。殆，危也。遂，成也。"

②师古曰："移病即移书言病也。一曰以病而移居。"

③苏林曰："长安东郭门也。"师古曰："祖道，饯行也，解在景十三王及刘屈氂传。供音居共反。张音竹亮反。"

广既归乡里，日令家共具设酒食，①请族人故旧宾客，与相娱乐。数问其家金馀尚有几所，趣卖以共具。②居岁馀，广子孙窃谓其昆弟老人广所爱信者曰："子孙几及君时颇立产业基阯，③今日饮食（废）〔费〕且尽。[4] 宜从丈人所，劝说君买田宅。"④老人即以閒暇时为广言此计，⑤广曰："吾岂老詿不念子孙哉？⑥顾自有旧田庐，⑦令子孙勤力其中，足以共衣食，与凡人齐。今复增益之以为赢馀，但教子孙怠堕耳。贤而多财，则损其志；愚而多财，则益其过。且夫富者，众人之怨也；吾既亡以教化子孙，不欲益其过而生怨。又此金者，圣主所以惠养老臣也，故乐与乡党宗族共飨其赐，以尽吾馀日，不亦可乎！"于是族人说服。⑧皆以寿终。

①师古曰："日日设之也。共读曰供。其他类此。"

②师古曰："几所犹言几许也。趣读曰促。"

③师古曰："几读曰冀。"

④邓展曰："宜令意自从丈人所出，无泄吾言也。"师古曰："丈人，庄严之称也，故亲而老者皆称焉。"

⑤师古曰："閒即闲字也。"

⑥师古曰："詿，惑也，音布内反。"

⑦师古曰："顾，思念也。"

⑧师古曰："说读曰悦。"

于定国字曼倩，东海郯人也。①其父于公为县狱史，郡决曹，决狱平，罗文法者于公所决皆不恨。②郡中为之生立祠，号曰于公祠。

①师古曰："郯音谈。"

②师古曰："罗，罹也，遭也。"

东海有孝妇，少寡，亡子，养姑甚谨，姑欲嫁之，终不肯。姑谓邻人曰："孝妇事我勤苦，哀其亡子守寡。我老，久累丁壮，奈何?"①其后姑自经死,②姑女告吏:"妇杀我母。"吏捕孝妇,孝妇辞不杀姑。吏验治,孝妇自诬服。具狱上府,③于公以为此妇养姑十馀年,以孝闻,必不杀也。太守不听,于公争之,弗能得,乃抱其具狱,哭于府上,④因辞疾去。太守竟论杀孝妇。郡中枯旱三年。后太守至,卜筮其故,于公曰:"孝妇不当死,前太守强断之,咎党在是乎?"⑤于是太守杀牛自祭孝妇冢,因表其墓,天立大雨,岁孰。郡中以此大敬重于公。

①师古曰:"纍,古累字也,音力瑞反。"
②师古曰:"不欲累妇,故自杀。"
③师古曰:"府,郡之曹府也。上音时掌反。"
④师古曰:"具狱者,狱案已成,其文备具也。"
⑤师古曰:"党音他朗反。"

定国少学法于父,父死,后定国亦为狱史,郡决曹,补廷尉史,以选与御史中丞从事治反者狱,以材高举侍御史,迁御史中丞。会昭帝崩,昌邑王征即位,行淫乱,定国上书谏。后王废,宣帝立,大将军光领尚书事,条奏群臣谏昌邑王者皆超迁。定国繇是为光禄大夫,①平尚书事,甚见任用。数年,迁水衡都尉,超为廷尉。

①师古曰:"繇与由同。"

定国乃迎师学春秋,身执经,北面备弟子礼。为人谦恭,尤重经术士,虽卑贱徒步往过,定国皆与钧礼,①恩敬甚备,学士咸(声)〔称〕焉。[5]其决疑平法,务在哀鳏寡,罪疑从轻,加审慎之心。朝廷称之曰:"张释之为廷尉,天下无冤民;②于定国为廷尉,民自以不冤。"③定国食酒至数石不乱,④冬月请治谳,饮酒益精明。⑤为廷尉十八岁，迁御史大夫。

①师古曰："钧礼犹言亢礼。"

②师古曰："言决罪皆当。"

③师古曰："言知其宽平，皆无冤枉之虑。"

④如淳曰："食酒犹言喜酒也。"师古曰："若依如氏之说，食字当音嗜，此说非也。下叙定国子永乃言嗜酒耳。食酒者，谓能多饮，费尽其酒，犹云食言焉。今流俗书本辄改食字作饮字，失其真也。"

⑤师古曰："瓛，平议也，音鱼列反。"

甘露中，代黄霸为丞相，封西平侯。三年，宣帝崩，元帝立，以定国任职旧臣，敬重之。时陈万年为御史大夫，与定国并位八年，论议无所拂。①后贡禹代为御史大夫，数处驳议，②定国明习政事，率常丞相议可。③然上始即位，关东连年被灾害，民流入关，言事者归咎于大臣。④上于是数以朝日引见丞相、御史，⑤入受诏，条责以职事，曰："恶吏负贼，妄意良民，⑥至亡辜死。或盗贼发，吏不亟追而反系亡家，⑦后不敢复告，以故寝广。⑧民多冤结，州郡不理，连上书者交于阙廷。二千石选举不实，是以在位多不任职。⑨民田有灾害，吏不肯除，收趣其租，以故重困。⑩关东流民饥寒疾疫，已诏吏转漕，虚仓廪开府臧相振救，赐寒者衣，至春犹恐不赡。⑪今丞相、御史将欲何施以塞此咎？⑫悉意条状，陈朕过失。"⑬定国上书谢罪。

①师古曰："言不相违戾也。拂音佛。"

②师古曰："言与定国不同。"

③师古曰："（言事者）〔天子皆〕可定国所言。"[6]

④师古曰："言事者谓上书陈事也。"

⑤师古曰："五日一听朝，故云朝日也。"

⑥师古曰："贼发不得，恐负其殿，故妄疑善人，致其罪也。"

⑦师古曰："亟，急也，不急追贼，反禁系失物之家。"

⑧师古曰："寖，渐也。"

⑨师古曰："谓令长丞尉。"

⑩师古曰："趣读曰促。重音直用反。"

⑪师古曰："赡，足也。"

⑫师古曰："塞，补也。"

⑬师古曰："悉，尽也。"

永光元年，春霜夏寒，日青亡光，上复以诏条责曰："郎有从东方来者，言民父子相弃。①丞相、御史案事之吏匿不言邪？将从东方来者加增之也？何以错缪至是？②欲知其实。方今年岁未可预知也，即有水旱，其忧不细。公卿有可以防其未然，救其已然者不？各以诚对，③毋有所讳。"定国惶恐，上书自劾，归侯印，乞骸骨。上报曰："君相朕躬，不敢怠息，④万方之事，大录于君。⑤能毋过者，其唯圣人。方今承周秦之敝，俗化陵夷，⑥民寡礼谊，阴阳不调，灾咎之发，不为一端而作，自圣人推类以记，不敢专也，况于非圣者乎！⑦日夜惟思所以，未能尽明。⑧经曰：'万方有罪，罪在朕躬。'⑨君虽任职，何必颛焉？⑩其勉察郡国守相（郡）〔群〕牧，[7]非其人者毋令久贼民。永执纲纪，务悉聪明，强食慎疾。"⑪定国遂称笃，固辞。上乃赐安车驷马、黄金六十斤，罢就第。数岁，七十馀薨，谥曰安侯。

①师古曰："以遭饥馑不能相养。"

②师古曰："错，互也。缪，违也。谓吏及东方人言不相同也。"

③师古曰："言能防救已不，宜各以实对。"

④师古曰："息谓自休息。"

⑤师古曰："大录，总录也。"

⑥师古曰："言颓替也。"

⑦师古曰："非圣者谓常人。"

⑧师古曰："所以，所由也。言何由致此灾。"

⑨师古曰："此论语尧曰篇载殷汤伐桀告天之辞。"

⑩师古曰："颛与专同。事不专由君也。"

⑪师古曰："悉，尽也。"

　　子永嗣。少时，耆酒多过失，①年且三十，乃折节修行，以父任为侍中中郎将、长水校尉。定国死，居丧如礼，孝行闻。由是以列侯为散骑光禄勋，至御史大夫。尚馆陶公主施。施者，宣帝长女，成帝姑也，贤有行，永以选尚焉。上方欲相之，会永薨。子恬嗣。恬不肖，薄于行。

　　①师古曰："耆读曰嗜。"

　　始定国父于公，其闾门坏，父老方共治之。①于公谓曰："少高大闾门，令容驷马高盖车。我治狱多阴德，未尝有所冤，子孙必有兴者。"至定国为丞相，永为御史大夫，封侯传世云。

　　①师古曰："闾门，里门也。"

2632

　　薛广德字长卿，沛郡相人也。以鲁诗教授楚国，龚胜、舍师事焉。萧望之为御史大夫，除广德为属，数与论议，器之，①荐广德经行宜充本朝。②为博士，论石渠，③迁谏大夫，代贡禹为长信少府、御史大夫。

　　①师古曰："以为大器也。"

②师古曰："经明行修，宜于本朝任职也。"

③张晏曰："石渠，阁名也。"

广德为人温雅有酝藉。①及为三公，直言谏争。始拜旬日间，上幸甘泉，郊泰畤，礼毕，因留射猎。广德上书曰："窃见关东困极，人民流离。陛下日撞亡秦之钟，听郑卫之乐，②臣诚悼之。今士卒暴露，从官劳倦，愿陛下亟反宫，③思与百姓同忧乐，天下幸甚。"上即日还。其秋，上酎祭宗庙，出便门，④欲御楼船，广德当乘舆车，免冠顿首曰："宜从桥。"诏曰："大夫冠。"广德曰："陛下不听臣，臣自刎，以血污车轮，陛下不得入庙矣！"⑤上不说。⑥先殴光禄大夫张猛进曰：⑦"臣闻主圣臣直。乘船危，就桥安，圣主不乘危。御史大夫言可听。"上曰："晓人不当如是邪！"⑧乃从桥。

①服虔曰："宽博有馀也。"师古曰："酝言如酝酿也。藉，有所荐藉也。酝音於问反。藉，才夜反。"

②师古曰："撞音丈江反。"

③师古曰："亟，急也。"

④师古曰："长安城南面西头第一门。"

⑤师古曰："言不以理，终不得立庙也。一曰以见死伤，犯于齐絜，不得入庙祠也。"

⑥师古曰："说读曰悦。"

⑦师古曰："先殴，导乘舆也。殴与驱同。猛，张骞之孙。"

⑧师古曰："谓谏争之言，当如猛之详善也。"

后月馀，以岁恶民流，①与丞相定国、大司马车骑将军史高俱乞骸骨，皆赐安车驷马、黄金六十斤，罢。广德为御史大夫，凡十月免。东归沛，太守迎之界上。沛以为荣，县其安车传子孙。②

①师古曰："岁恶，年谷不熟也。"

②师古曰："县其所赐安车以示荣也。致仕县车，盖亦古法。韦孟诗云'县车之义，以洎小臣'也。"

平当字子思，祖父以訾百万，自下邑徙平陵。①当少为大行治礼丞，功次补大鸿胪文学，察廉为顺阳长，栒邑令，②以明经为博士，公卿荐当论议通明，给事中。每有灾异，当辄傅经术，言得失。③文雅虽不能及萧望之、匡衡，然指意略同。

①师古曰："下邑，梁国之县也。"

②师古曰："栒音询。"

③师古曰："傅读曰附。"

自元帝时，韦玄成为丞相，奏罢太上皇寝庙园，当上书言："臣闻孔子曰：'如有王者，必世而后仁。'①三十年之间，道德和洽，制礼兴乐，灾害不生，祸乱不作。今圣汉受命而王，继体承业二百馀年，孜孜不息，政令清矣。然风俗未和，阴阳未调，灾害数见，意者大本有不立与？②何德化休征不应之久也！祸福不虚，必有因而至者焉。宜深迹其道而务修其本。③昔者帝尧南面而治，先'克明俊德，以亲九族'，而化及万国。④孝经曰：'天地之性人为贵，人之行莫大于孝，孝莫大于严父，严父莫大于配天，则周公其人也。'⑤夫孝子善述人之志，周公既成文武之业而制作礼乐，修严父配天之事，知文王不欲以子临父，故推而序之，上极于后稷而以配天。⑥此圣人之德，亡以加于孝也。高皇帝圣德受命，有天下，尊太上皇，犹周文武之追王太王、王季也。此汉之始祖，后嗣所宜尊奉以广盛德，孝之至也。书云：
'正稽古建功立事，可以永年，传于亡穷。'"⑦上纳其言，下诏
复太上皇寝庙园。

　①师古曰："论语载孔子之言也。言治天下者，三十年然后仁道成
　　　著也。"
　②师古曰："与读曰欤。"
　③师古曰："迹谓求其踪迹也。"
　④师古曰："虞书尧典序尧之德曰：'克明俊德，以亲九族。九族既睦，
　　　平章百姓。百姓昭明，协和万邦。'故云然也。"
　⑤师古曰："言严谓尊严。"
　⑥师古曰："言文王始受命，宜为周之始祖。乃追王太王、王季，以及
　　　后稷，是不以卑临尊。"
　⑦师古曰："今文泰誓之辞。言能正考古道以立功立事，则可长年
　　　享国。"

　　顷之，使行流民幽州，①举奏刺史二千石劳徕有意者，②言勃
海盐池可且勿禁，以救民急。③所过见称，奉使者十一人为最，
迁丞相司直。坐法，左迁朔方刺史，④复征入为太中大夫给事中，
絫迁长信少府、大鸿胪、光禄勋。⑤

　①师古曰："行音下更反。"
　②师古曰："劳徕谓劝勉也。劳者，恤其勤劳也。徕者，以恩招徕也。
　　　劳音卢到反。徕音卢代反。"
　③师古曰："恣民煮盐，官不专也。"
　④师古曰："武帝初置朔方郡，别令刺史监之，不在十三州之限。"
　⑤师古曰："絫，古累字。"

　　先是太后姊子卫尉淳于长白言昌陵不可成，下有司议。当以

为作治连年，可遂就。①上既罢昌陵，以长首建忠策，复下公卿议封长。当又以为长虽有善言，不应封爵之科。坐前议不正，左迁钜鹿太守。②后上遂封长。当以经明禹贡，使行河，③为骑都尉，领河堤。

①师古曰："就亦成也。"

②师古曰："前议谓罢昌陵。"

③师古曰："尚书禹贡载禹治水次第，山川高下，当明此经，故使行河也。行音下更反。"

哀帝即位，征当为光禄大夫诸吏散骑，复为光禄勋，御史大夫，至丞相。以冬月，赐爵关内侯。明年春，上使使者召，欲封当。①当病笃，不应召。室家或谓当："不可强起受侯印为子孙邪？"当曰："吾居大位，已负素餐之责矣，起受侯印，还卧而死，死有馀罪。今不起者，所以为子孙也。"遂上书乞骸骨。上报曰："朕选于众，以君为相，视事日寡，辅政未久，阴阳不调，冬无大雪，旱气为灾，朕之不德，何必君罪？君何疑而上书乞骸骨，归关内侯爵邑？使尚书令谭赐君养牛一，上尊酒十石。②君其勉致医药以自持。"后月馀，卒。子晏以明经历位大司徒，封防乡侯。汉兴，唯韦、平父子至宰相。③

①如淳曰："汉仪注御史大夫为丞相，更春乃封，故先赐爵关内侯。"李奇曰："（一）以冬月非封侯时，[8]故且先赐爵关内侯也。"师古曰："李说是也。"

②如淳曰："律，稻米一斗得酒一斗为上尊，稷米一斗得酒一斗为中尊，粟米一斗得酒一斗为下尊。"师古曰："稷即粟也。中尊者宜为黍米，不当言稷。且作酒自有浇醇之异为上中下耳，非必系之米。"

③师古曰："韦谓韦贤也。"

彭宣字子佩，淮阳阳夏人也。①治易，事张禹，举为博士，迁东平太傅。禹以帝师见尊信，荐宣经明有威重，可任政事，繇是入为右扶风，②迁廷尉，以王国人出为太原太守。③数年，复入为大司农、光禄勋、右将军。哀帝即位，徙为左将军。岁馀，上欲令丁、傅处爪牙官，乃策宣曰："有司数奏言诸侯国人不得宿卫，将军不宜典兵马，处大位。朕唯将军任汉将之重，而子又前取淮阳王女，婚姻不绝，非国之制。使光禄大夫曼赐将军黄金五十斤、安车驷马，其上左将军印绶，以关内侯归家。"

①师古曰："夏音假。"

②师古曰："繇读与由同。"

③李奇曰："初，汉制王国人不得在京师。"

宣罢数岁，谏大夫鲍宣数荐宣。会元寿元年正月朔日蚀，鲍宣复（上言）〔言，上〕乃召宣为光禄大夫，[9]迁御史大夫，转为大司空，封长平侯。

会哀帝崩，新都侯王莽为大司马，秉政专权。宣上书言："三公鼎足承君，一足不任，则覆乱美实。①臣资性浅薄，年齿老眊，②数伏疾病，昏乱遗忘，愿上大司空、长平侯印绶，乞骸骨归乡里，竢填沟壑。"③莽白太后，策宣曰："惟君视事日寡，功德未效，迫于老眊昏乱，非所以辅国家，绥海内也。使光禄勋丰册诏君，其上大司空印绶，便就国。"莽恨宣求退，故不赐黄金安车驷马。宣居国数年，薨，谥曰顷侯。传子至孙，王莽败，乃绝。

①师古曰："美实谓鼎中之实也。易鼎卦九四爻辞曰：'鼎折足，覆公
　　　　悚。'悚，食也。故宣引以为言。覆音芳目反。"

②师古曰："眊与耄同。"

③师古曰："竢，古俟字。"

赞曰：隽不疑学以从政，临事不惑，遂立名迹，终始可述。
疏广行止足之计，免辱殆之絫，①亦其次也。于定国父子哀鳏哲
狱，为任职臣。②薛广德保县车之荣，平当逡遁有耻，彭宣见险
而止，③异乎"苟患失之"者矣。④

①师古曰："絫音力瑞反。"

②应劭曰："哲，智也。"郑氏曰："当言折狱。"师古曰："哀鳏，哀恤
　　　　鳏寡也。哲狱，知狱情也。"

③师古曰："遁读与巡同。"

④师古曰："论语称孔子曰：'鄙夫不可与事君。其未得之，患得之；
　　　　既得之，患失之。苟患失之，无所不至矣。'谓其患于失位而为倾邪
　　　　也。赞言当、宣二人立操有异于此矣。"

【校勘记】

〔1〕　丞相御史中二千石至者（立）〔並〕莫敢发言。　各本都作
　　　　"立"。王念孙说"立"当为"並"。王先谦说通鉴亦作"並"。

〔2〕　一〔云〕姓张名延年。　王念孙说"一"下本有"云"字，汉
　　　　纪正作"一云姓张名延年"。

〔3〕　今仕（宦）〔官〕至二千石，　景祐、殿本都作"官"。

〔4〕　今日饮食（废）〔费〕且尽。　景祐、殿本都作"费"。王先谦
　　　　说作"费"是。

〔5〕 学士咸(声)〔称〕焉。 钱大昭说"声"当作"称"。按景祐、殿本都作"称"。

〔6〕 (言事者)〔天子皆〕可定国所言。 景祐、殿本都作"天子皆"。王先谦说此涉下"言事者"而误。

〔7〕 其勉察郡国守相(郡)〔群〕牧， 景祐、殿本都作"群"。王先谦说作"群"是。

〔8〕 (一)以冬月非封侯时， 景祐、殿、局本无"一"字。

〔9〕 鲍宣复(上言)〔言上〕乃召宣为光禄大夫， 景祐、殿本都作"言，上"。王先谦说"上"属下读。

汉 书 卷 七 十 二

王贡两龚鲍传第四十二

昔武王伐纣，迁九鼎于洛邑，①伯夷、叔齐薄之，②饿〔死〕于首阳，[1]不食其禄，③周犹称盛德焉。然孔子贤此二人，以为"不降其志，不辱其身"也。④而孟子亦云："闻伯夷之风者，贪夫廉，懦夫有立志；"⑤"奋乎百世之上，(行乎)[2]百世之下莫不兴起，非贤人而能若是乎！"

①师古曰："九鼎，即夏禹所铸者也。迁谓从纣都迁之以来。春秋左氏传曰：'夏之方有德也，远方图物，贡金九牧以铸鼎象物。桀有昏德，鼎迁于商，载祀六百。商纣暴虐，鼎迁于周。'"

②师古曰："夷、齐以武王父死不葬而用干戈为不孝，以臣伐君为不忠。"

③师古曰："马融云首阳山在河东蒲阪华山之北，河曲之中。高诱则云在洛阳东北。阮籍咏怀诗亦以为然。今此二山并有夷齐祠耳。而曹

2641

大家注幽通赋云陇西首阳县是也。今陇西亦有首阳山。许慎又云首
阳山在辽西。诸说不同，致有疑惑，而伯夷歌云'登彼西山'，则当
陇西者近为是也。"

④师古曰："事见论语。"

⑤师古曰："懦，柔弱也，音乃唤反，又音儒。"

汉兴有园公、绮里季、夏黄公、角里先生，①此四人者，当
秦之世，避而入商雒深山，②以待天下之定也。自高祖闻而召之，
不至。其后吕后用留侯计，使皇太子卑辞束帛致礼，安车迎而致
之。四人既至，从太子见，高祖客而敬焉，太子得以为重，遂用
自安。语在留侯传。

①师古曰："四皓称号，本起于此，更无姓名可称知。此盖隐居之人，
匿迹远害，不自标显，秘其氏族，故史传无得而详。至于后代皇甫
谧、圈称之徒，及诸地理书说，竞为四人施安姓字，自相错互，语
又不经，班氏不载于书。诸家皆臆说，今并弃略，一无取焉。"

②师古曰："即今之商州商雒县山也。"

其后谷口有郑子真，蜀有严君平，①皆修身自保，非其服弗
服，非其食弗食。成帝时，元舅大将军王凤以礼聘子真，子真遂
不诎而终。君平卜筮于成都市，以为"卜筮者贱业，而可以惠众
人。有邪恶非正之问，则依蓍龟为言利害。与人子言依于孝，与
人弟言依于顺，与人臣言依于忠，各因势导之以善，从吾言者，
已过半矣。"裁日阅数人，②得百钱足自养，则闭肆下帘而授老
子。③博览亡不通，依老子、严周之指著书十馀万言。④杨雄少时
从游学，以而仕京师显名，数为朝廷在位贤者称君平德。杜陵李
彊素善雄，久之为益州牧，喜谓雄曰："吾真得严君平矣。"雄

曰："君备礼以待之，彼人可见而不可得诎也。"彊心以为不然。及致蜀，至礼与相见，卒不敢言以为从事，乃叹曰："杨子云诚知人！"君平年九十馀，遂以其业终，蜀人爱敬，至今称焉。及雄著书言当世士，称此二人。其论曰："或问：君子疾没世而名不称，⑤盍势诸名卿可几？[3]曰：君子德名为几。⑥梁、齐、楚、赵之君非不富且贵也，⑦恶虖成其名！⑧谷口郑子真不诎其志，耕于岩石之下，名震于京师，岂其卿？岂其卿？楚两龚之絜，其清矣乎！蜀严湛冥，⑨不作苟见，不治苟得，⑩久幽而不改其操，虽随、和何以加诸？⑪举兹以旃，不亦宝乎！"⑫

① 师古曰："地理志谓君平为严遵。三辅决录云子真名朴，君平名尊，则君平、子真皆其字也。"

② 师古曰："载与才同。阅，历也。"

③ 师古曰："肆者，市也，列所坐之处也。"

④ 师古曰："严周即庄周。"

⑤ 师古曰："以身没而无名为病。"

⑥ 孟康曰："盍，何不也，言何不因名卿之势以求名。"韦昭曰："言有势之名卿，庶几可不朽。杨子以为不然，唯有德者可以有名。"师古曰："或人以事有权力之卿，用自表显，则其名可庶几而立。杨雄以为自蓄其德，则有名也。"

⑦ 师古曰："谓当时诸侯王也。"

⑧ 师古曰："恶，于何也。恶音乌。"

⑨ 孟康曰："蜀郡严君平湛深玄默无欲也。"师古曰："湛读曰沈。"

⑩ 师古曰："不为苟显之行，不事苟得之业。"

⑪ 师古曰："随，随侯珠也。和，和氏璧也。诸，之也。"

⑫ 师古曰："旃亦之也。言举此人而用之，不亦国之宝乎！自此以上皆

杨雄之言也。"

自园公、绮里季、夏黄公、角里先生、郑子真、严君平皆未尝仕，然其风声足以激贪厉俗，近古之逸民也。若王吉、贡禹、两龚之属，皆以礼让进退云。

王吉字子阳，琅邪皋虞人也。少（时）〔好〕学明经，[4]以郡吏举孝廉为郎，补若卢右丞，①迁云阳令。举贤良为昌邑中尉，而王好游猎，驱驰国中，动作亡节，吉上疏谏，曰：

①师古曰："少府之属官有若卢令丞。汉旧仪以为主治库兵者。"

臣闻古者师日行三十里，吉行五十里。诗云："匪风发兮，匪车揭兮，顾瞻周道，中心怛兮。"①说曰：是非古之风也，发发者；是非古之车也，揭揭者。盖伤之也。②今者大王幸方舆，③曾不半日而驰二百里，百姓颇废耕桑，治道牵马，臣愚以为民不可数变也。④昔召公述职，⑤当民事时，舍于棠下而听断焉。⑥是时人皆得其所，后世思其仁恩，至虖不伐甘棠，甘棠之诗是也。⑦

①师古曰："桧国匪风之篇。发发，飘风貌。揭揭，疾驱貌。怛，古恒字，伤也。言见此飘风及疾驱，则顾念哀伤，思周道也。揭音丘列反。"

②师古曰："今之发发然者非古有道之风也，今之揭揭然者非古有道之车也，故伤之。"

③师古曰："县名也，音房预。"

④师古曰："数音所角反。"

⑤师古曰："召读曰邵。邵公名奭。自陕以西邵公主之。"

⑥师古曰："舍，止息。"

⑦师古曰："邵南之诗也，其诗曰：'蔽芾甘棠，勿翦勿伐，邵伯所茇。'蔽芾，小树貌也。甘棠，杜也。茇，舍也。蔽音必二反。芾音方未反。茇音步末反。"

大王不好书术而乐逸游，冯式撙衔，①驰骋不止，口倦乎叱咤，②手苦于箠辔，③身劳乎车舆；朝则冒雾露，昼则被尘埃，④夏则为大暑之所暴炙，冬则为风寒之所匽薄。⑤数以软脆之玉体犯勤劳之烦毒，⑥非所以全寿命之宗也，⑦又非所以进仁义之隆也。⑧

①臣瓒曰："撙，促也。"师古曰："撙，挫也，音子本反。"

②师古曰："咤亦吒字也，音竹驾反。"

③师古曰："箠，马策，音止蕊反。"

④师古曰："冒，犯也，音莫克反。"

⑤师古曰："匽与偃同，言遇疾风则偃靡也。薄，迫也。"

⑥师古曰："软，柔也，音而兖反。"

⑦师古曰："宗，尊也。"

⑧师古曰："隆，高也。"

夫广夏之下，细旃之上，①明师居前，劝诵在后，上论唐虞之际，下及殷周之盛，考仁圣之风，习治国之道，訢訢焉发愤忘食，日新厥德，②其乐岂徒衔橛之间哉！③休则俯仰诎信以利形，④进退步趋以实下，⑤吸新吐故以练臧，专意积精以适神，⑥于以养生，岂不长哉！大王诚留意如此，则心有尧舜之志，体有乔松之寿，⑦美声广誉登而上闻，则福禄其辏而社稷安矣。⑧

①师古曰："广夏，大屋也。旃与毡同。"

②师古曰："䜣，古欣字。"

③师古曰："衔，马衔也。橛，车钩心也。张揖以橛为马之长衔，非也。橛音其月反。"

④师古曰："形，体也。信读曰伸。"

⑤如淳曰："今人不行，则膝巳下虚弱不实。"

⑥师古曰："臧，五臧也。练，练其气也。适，和也。"

⑦师古曰："乔松，仙人伯乔及赤松子也。"

⑧师古曰："臻与臻同。臻，至也。"

皇帝仁圣，至今思慕未怠，①于宫馆囿池弋猎之乐未有所幸，大王宜夙夜念此，以承圣意。诸侯骨肉，莫亲大王，大王于属则子也，于位则臣也，一身而二任之责加焉，恩爱行义孅介有不具者，于以上闻，非飨国之福也。臣吉愚戆，愿大王察之。

①师古曰："皇帝谓昭帝也。言武帝晏驾未久，故尚思慕。"

王贺虽不遵道，然犹知敬礼吉，乃下令曰："寡人造行不能无惰，中（慰）〔尉〕甚忠，[5]数辅吾过。使谒者千秋赐中尉牛肉五百斤，酒五石，脯五束。"其后复放从自若。①吉辄谏争，甚得辅弼之义，虽不治民，国中莫不敬重焉。

①师古曰："从音子用反。"

久之，昭帝崩，亡嗣，大将军霍光秉政，遣大鸿胪宗正迎昌邑王。吉即奏书戒王曰："臣闻高宗谅闇，三年不言。①今大王以丧事征，宜日夜哭泣悲哀而已，慎毋有所发。②且何独丧事，凡南面之君何言哉？天不言，四时行焉，百物生焉，③愿大王察之。

大将军仁爱勇智，忠信之德天下莫不闻，事孝武皇帝二十餘年未
尝有过。先帝弃群臣，属以天下，寄幼孤焉，④大将军抱持幼君
襁褓之中，布政施教，海内晏然，虽周公、伊尹亡以加也。今帝
崩亡嗣，大将军惟思可以奉宗庙者，攀援而立大王，⑤其仁厚岂
有量哉！⑥臣愿大王事之敬之，政事壹听之，大王垂拱南面而已。
愿留意，(尝)〔常〕以为念。"〔6〕

①师古曰："已解于上。"

②师古曰："发谓兴举众事。"

③师古曰："论语称孔子曰'天何言哉？四时行焉，百物生焉。天何言
哉？'故吉引之。"

④师古曰："属音之欲反。"

⑤师古曰："援，引也，音爰。"

⑥师古曰："言其深多也。量音力向反。"

王既到，即位二十餘日以行淫乱废。昌邑群臣坐在国时不举
奏王罪过，令汉朝不闻知，又不能辅道，陷王大恶，①皆下狱诛。
唯吉与郎中令龚遂以忠直数谏正得减死，髡为城旦。

①师古曰："道读曰导。"

起家复为益州刺史，病去官，复征为博士谏大夫。是时宣帝
颇修武帝故事，宫室车服盛于昭帝。时外戚许、史、王氏贵宠，
而上躬亲政事，任用能吏。吉上疏言得失，曰：

　　陛下躬圣质，总万方，帝王图籍日陈于前，惟思世务，
　　将兴太平。诏书每下，民欣然若更生。臣伏而思之，可谓至
　　恩，未可谓本务也。①

①师古曰:"言天子如此,虽于百姓为至恩,然未尽政务之本也。"

欲治之主不世出,①公卿幸得遭遇其时,言听谏从,然未有建万世之长策,举明主于三代之隆者也。②其务在于期会簿书,断狱听讼而已,此非太平之基也。

①师古曰:"言有时遇之不常值。"
②师古曰:"三代,夏、殷、周。"

臣闻圣王宣德流化,必自近始。朝廷不备,难以言治;右右不正,难以化远。民者,弱而不可胜,愚而不可欺也。圣主独行于深宫,得则天下称诵之,失则天下咸言之。行发于近,必见于远,故谨选左右,审择所使;左右所以正身也,所使所以宣德也。诗云:"济济多士,文王以宁。"①此其本也。

①师古曰:"大雅文王之诗。"

春秋所以大一统者,六合同风,九州共贯也。①今俗吏所以牧民者,非有礼义科指可世世通行者也,独设刑法以守之。其欲治者,不知所繇,②以意穿凿,各取一切,权谲自在,故一变之后不可复修也。③是以百里不同风,千里不同俗,户异政,人殊服,诈伪萌生,刑罚亡极,④质朴日销,恩爱寝薄。⑤孔子曰"安上治民,莫善于礼",⑥非空言也。王者未制礼之时,引先王礼宜于今者而用之。臣愿陛下承天心,发大业,与公卿大臣延及儒生,述旧礼,明王制,驱一世之民济之仁寿之域,⑦则俗何以不若成康,寿何以不若高宗?⑧窃见当世趋务不合于道者,谨条奏,⑨唯陛下财择焉。⑩

①师古曰："解在董仲舒传。"

②师古曰："緜与由同。"

③师古曰："言其敝深难久行。"

④师古曰："萌生，言其争出，如草木之初生。"

⑤师古曰："寖，渐也。"

⑥师古曰："孝经载孔子之言。"

⑦师古曰："以仁抚下，则群生安逸而寿考。"

⑧师古曰："高宗，殷王武丁也，享国百年。"

⑨师古曰："趋读曰趣。趣，向也。"

⑩师古曰："财与裁同。"

吉意以为"夫妇，人伦大纲，夭寿之萌也。①世俗嫁娶太早，未知为人父母之道而有子，是以教化不明而民多夭。聘妻送女亡节，则贫人不及，故不举子。又汉家列侯尚公主，诸侯则国人承翁主，②使男事女，夫诎于妇，逆阴阳之位，故多女乱。古者衣服车马贵贱有章，以褒有德而别尊卑，今上下僭差，人人自制，③是以贪财（趋）〔诛〕利，〔七〕不畏死亡。周之所以能致治，刑措而不用者，以其禁邪于冥冥，绝恶于未萌也。"④又言"舜、汤不用三公九卿之世而举皋陶、伊尹，⑤不仁者远。⑥今使俗吏得任子弟，⑦率多骄骜，不通古今，⑧至于积功治人，亡益于民，此伐檀所为作也。⑨宜明选求贤，除任子之令。外家及故人可厚以财，不宜居位。去角抵，减乐府，省尚方，⑩明视天下以俭。⑪古者工不造彫瑑，商不通侈靡，⑫非工商之独贤，政教使之然也。民见俭则归本，本立而末成。"其指如此，上以其言迂阔，不甚宠异也。⑬吉遂谢病归琅邪。

①师古曰："由之而生，故云萌。"

②晋灼曰："娶天子女则曰尚公主。国人娶诸侯女曰承翁主。尚承皆卑

下之名也。"师古曰："翁主者，言其父自主婚也。解具在高纪。"

③师古曰："言无节度。"

④师古曰："冥冥，言未有端绪。"

⑤李奇曰："不继世而爵也。言皋陶、伊尹非三公九卿之世。"

⑥师古曰："任用贤人，放黜谗佞。"

⑦张晏曰："子弟以父兄任为郎。"

⑧师古曰："骜与傲同。"

⑨师古曰："伐檀，诗篇名，刺不用贤也，在魏国风也。"

⑩师古曰："尚方主巧作。"

⑪师古曰："视读曰示。"

⑫师古曰："瑑者，刻镂为文。瑑音篆。"

⑬师古曰："迂，远也，音于。"

　　始吉少时学问，居长安。东家有大枣树垂吉庭中，吉妇取枣

以啖吉。①吉后知之，乃去妇。东家闻而欲伐其树，邻里共止之，

因固请吉令还妇。里中为之语曰："东家有树，王阳妇去；东家

枣完，去妇复还。"其厉志如此。

　　①师古曰："啖谓使食之，音徒滥反。啖亦啗字耳。此义与高纪'啗以

　　利'同。"

　　吉与贡禹为友，世称"王阳在位，贡公弹冠"，①言其取舍同

也。②元帝初即位，遣使者征贡禹与吉。吉年老，道病卒，上悼

之，复遣使者吊祠云。

　　①师古曰："弹冠者，且入仕也。"

　　②师古曰："取，进趣也。舍，止息也。"

初，吉兼通五经，能为驺氏春秋，以诗、论语教授，好梁丘贺说易，令子骏受焉。骏以孝廉为郎。左曹陈咸荐骏贤父子，经明行修，宜显以厉俗。光禄勋匡衡亦举骏有专对材。① 迁谏大夫，使责淮阳宪王。② 迁赵内史。吉坐昌邑王被刑后，戒子孙毋为王国吏，故骏道病，免官归。起家复为幽州刺史，迁司隶校尉，奏免丞相匡衡，迁少府。八岁，成帝欲大用之，出骏为京兆尹，试以政事。先是京兆有赵广汉、张敞、王尊、王章，至骏皆有能名，故京师称曰："前有赵、张，后有三王。"而薛宣从左冯翊代骏为少府，会御史大夫缺，谷永奏言："圣王不以名誉加于实效，③ 考绩用人之法，④ 薛宣政事已试。"⑤ 上然其议。宣为少府月馀，遂超御史大夫，至丞相。骏乃代宣为御史大夫，并居位。六岁病卒，翟方进代骏为大夫。数月，薛宣免，遂代为丞相。众人为骏恨不得封侯。骏为少府时，妻死，因不复娶，或问之，骏曰："德非曾参，子非华、元，⑥ 亦何敢娶？"

①师古曰："专对谓见问即对，无所疑也。论语称孔子曰：'使于四方，不能专对，虽多亦奚以为？'"

②师古曰："以其有口辞。"

③师古曰："言不听虚名。"

④师古曰："言用人之法，皆须考以功绩。"

⑤师古曰："言有效也。"

⑥如淳曰："华与元，曾参之二子也。韩诗外传曰曾参丧妻不更娶，人问其故，曾子曰：'以华、元善人也。'一曰曾参之子字华元。"师古曰："二子是也。"

骏子崇以父任为郎，历刺史、郡守，治有能名。建平三年，以河南太守征入为御史大夫数月。是时成帝舅安成恭侯夫人放寡居，共养长信宫，①坐祝诅下狱，崇奏封事，为放言。放外家解氏与崇为昏，②哀帝以崇为不忠诚，策诏崇曰："朕以君有累世之美，故逾列次。③在位以来，忠诚匡国未闻所繇，④反怀诈谖之辞，⑤欲以攀救旧姻之家，大逆之辜，举错专恣，⑥不遵法度，亡以示百僚。"左迁为大司农，后徙卫尉左将军。平帝即位，王莽秉政，大司空彭宣乞骸骨罢，崇代为大司空，封扶平侯。岁馀，崇复谢病乞骸骨，皆避王莽，莽遣就国。岁馀，为傅婢所毒，薨，国除。⑦

①师古曰："放者，夫人之名也。共音居用反。养音弋亮反。"

②师古曰："婚姻之家。"

③师古曰："谓自祖及身皆有名也。"

④师古曰："繇与由同。由，从也。"

⑤师古曰："谖，诈言也，音虚袁反。"

⑥师古曰："错，置也。"

⑦师古曰："凡言傅婢者，谓傅相其衣服衽席之事。一说傅曰附，谓近幸也。"

自吉至崇，世名清廉，然材器名称稍不能及父，而禄位弥隆。皆好车马衣服，其自奉养极为鲜明，而亡金银锦绣之物。及迁徙去处，所载不过囊衣，①不畜积馀财。②去位家居，亦布衣疏食。天下服其廉而怪其奢，故俗传"王阳能作黄金"。③

①师古曰："一囊之衣也，有底曰囊，无底曰橐。"

②师古曰："畜读曰蓄。"

③师古曰："以其无所求取，不营产业而车服鲜明，故谓自作黄金以给用。"

贡禹字少翁，琅邪人也。以明经絜行著闻，征为博士，凉州刺史，病去官。复举贤良为河南令。岁馀，以职事为府官所责，①免冠谢。禹曰："冠壹免，安复可冠也！"遂去官。

①师古曰："太守之府。"

元帝初即位，征禹为谏大夫，数虚己问以政事。①是时年岁不登，郡国多困，禹奏言：

①师古曰："虚己谓听受其言也。"

古者宫室有制，宫女不过九人，秣马不过八匹；①墙涂而不琱，木摩而不刻，②车舆器物皆不文画，苑囿不过数十里，与民共之；任贤使能，什一而税，亡它赋敛徭戍之役，使民岁不过三日，千里之内自给，千里之外各置贡职而已。③故天下家给人足，颂声并作。

①师古曰："秣，养也，谓以粟米（饭）〔饲〕也。"[8]
②师古曰："琱字与彫同。彫，画也。"
③师古曰："言天子以畿内赋敛自供，千里之外令其以时入贡，不欲烦劳也。"

至高祖、孝文、孝景皇帝，循古节俭，宫女不过十馀，厩马百馀匹。孝文皇帝衣绨履革，①器亡琱文金银之饰。后世争为奢侈，转转益（盛）〔甚〕，[9]臣下亦相放效，②衣服履绔刀剑乱于主上，③主上时临朝入庙，众人不能别异，甚非其宜。然非自知奢僭也，犹鲁昭公曰："吾何僭矣？"

①师古曰："绨，厚缯，音徒奚反。"
②师古曰："放音甫往反。其下亦同。"

③师古曰:"绔,古袴字。"

今大夫僭诸侯,诸侯僭天子,天子过天道,其日久矣。
承衰救乱,矫复古化,在于陛下。①臣愚以为尽如太古难,
宜少放古以自节焉。论语曰:"君子乐节礼乐。"②方今宫室
已定,亡可奈何矣,其馀尽可减损。故时齐三服官输物不过
十笥,③方今齐三服官作工各数千人,一岁费数钜万。蜀广
汉主金银器,岁各用五百万。三工官官费五千万,④东西织
室亦然。厩马食粟将万匹。臣禹尝从之东宫,⑤见赐杯案,
尽文画金银饰,非当所以赐食臣下也。⑥东宫之费亦不可胜
计。天下之民所为大饥饿死者,是也。今民大饥而死,死又
不葬,为犬猪(所)食。⑦〔10〕人至相食,而厩马食粟,苦其
大肥,气盛怒至,乃日步作之。⑧王者受命于天,为民父母,
固当若此乎! 天不见邪? 武帝时,又多取好女至数千人,以
填后宫。⑨及弃天下,昭帝幼弱,霍光专事,不知礼正,妄
多臧金钱财物,鸟兽鱼鳖牛马虎豹生禽,凡百九十物,尽瘗
臧之,又皆以后宫女置于园陵,大失礼,逆天心,又未必称
武帝意也。昭帝晏驾,光复行之。至孝宣皇帝时,陛下(乌)
〔恶〕有所言,⑩〔11〕群臣亦随故事,甚可痛也! 故使天下承
化,取女皆大过度,⑪诸侯妻妾或至数百人,豪富吏民畜歌
者至数十人,是以内多怨女,外多旷夫。⑫及众庶葬埋,皆
虚地上以实地下。其过自上生,⑬皆在大臣循故事之罪也。

①师古曰:"正曲曰矫。复音方目反。"
②师古曰:"论语称孔子曰'益者三乐,乐节礼乐,乐道人之善,乐多
　　贤友'也。"

③师古曰:"三服官主作天子之服,在齐地。笥,盛衣竹器,音先嗣反。"

④如淳曰:"地理志河内怀、蜀郡成都、广汉皆有工官。工官,主作漆器物者也。"师古曰:"如说非也。三工官,谓少府之属官,考工室也,右工室也,东园匠也。上已言蜀汉主金银器,是不入三工之数也。"

⑤师古曰:"从天子往太后宫。"

⑥师古曰:"食读曰饲。"

⑦师古曰:"食人之骸骨。"

⑧师古曰:"日日行步而动作之,以散充溢之气。"

⑨师古曰:"此填字读与窴同。"

⑩师古曰:"不能自言减省之事。"

⑪师古曰:"取读曰娶。"

⑫师古曰:"旷,空也。室家空也。"

⑬师古曰:"自,从也。上谓天子也。"

唯陛下深察古道,从其俭者,大减损乘舆服御器物,三分去二。子产多少有命,审察后宫,择其贤者留二十人,馀悉归之。①及诸陵园女亡子者,宜悉遣。独杜陵宫人数百,诚可哀怜也。厩马可亡过数十匹。独舍长安城南苑地以为田猎之囿,②自城西南至山西至鄠皆复其田,以与贫民。③方今天下饥馑,可亡大自损减以救之,称天意乎? 天生圣人,盖为万民,非独使自娱乐而已也。故诗曰:"天难谌斯,不易惟王;""上帝临女,毋贰尔心。"④"当仁不让",⑤独可以圣心参诸天地,揆之往古,⑥不可与臣下议也。若其阿意顺指,随君上下,⑦臣禹不胜拳拳,不敢不尽愚心。⑧

① 师古曰："言人产子多少自有定命，非由广妾媵也，故请止留二
十人。"

② 师古曰："舍，置也。独留置之，其馀皆废去。"

③ 师古曰："复音方目反。"

④ 师古曰："大雅大明之诗也。谌，诚也。上帝亦天也。言承天之意，
此诚难也。王者之命不妄改易，天常降监，信可畏也，毋贰尔心，
机事易失，勿犹豫也。"

⑤ 师古曰："论语称孔子曰'当仁不让于师'，故引之。"

⑥ 师古曰："揆，度也。"

⑦ 师古曰："上下犹言高下，谓苟顺从也。上音时掌反。"

⑧ 师古曰："奉奉，解在刘向传。下鲍宣传（倦倦）〔惓惓〕音义
亦同。"[12]

天子纳善其忠，乃下诏令太仆减食谷马，水衡减食肉兽，省宣春
下苑以与贫民，又罢角抵诸戏及齐三服官。迁禹为光禄大夫。

　　顷之，禹上书曰："臣禹年老贫穷，家訾不满万钱，妻子糠
豆不赡，裋褐不完。①有田百三十亩，陛下过意征臣，②臣卖田百
亩以供车马。至，拜为谏大夫，秩八百石，奉钱月九千二百。③
廪食太官，④又蒙赏赐四时杂缯绵絮衣服酒肉诸果物，德厚甚深。
疾病侍医临治，⑤赖陛下神灵，不死而活。又拜为光禄大夫，秩
二千石，奉钱月万二千。禄赐愈多，家日以益富，身日以益尊，
诚非亻茅愚臣所当蒙也。⑥伏自念终亡以报厚（恩）〔德〕，[13]日
夜惭愧而已。臣禹犬马之齿八十一，血气衰竭，耳目不聪明，非
复能有补益，所谓素餐尸禄洿朝之臣也。⑦自痛去家三千里，凡
有一子，年十二，非有在家为臣具棺椁者也。诚恐一旦蹎仆气
竭，不复自还，⑧洿席荐于宫室，骸骨弃捐，孤魂不归。不胜私

2656

愿，愿乞骸骨，及身生归乡里，⑨死亡所恨。"

①师古曰："裋者，谓僮竖所著布长襦也。褐，毛布之衣也。裋音竖。"

②师古曰："过犹误也。"

③师古曰："奉音扶用反。其下亦同。"

④师古曰："谓太官给其食。"

⑤师古曰："侍医，天子之医也。"

⑥师古曰："閤，古草字。"

⑦师古曰："洿与污同，音一故反。"

⑧师古曰："踬音颠，蹶踬也。仆音赴。仆，顿也。不自还者，遂死也。还读曰旋。"

⑨师古曰："及身生，谓及未死之前。"

天子报曰："朕以生有伯夷之廉，史鱼之直，①守经据古，不阿当世，孳孳于民，俗之所寡，②故亲近生，几参国政。③今未得久闻生之奇论也，而云欲退，意岂有所恨与？④将在位者与生殊乎？⑤往者尝令金敞语生，欲及生时禄生之子，既已谕矣，今复云子少。夫以王命辨护生家，虽百子何以加？传曰亡怀土，⑥何必思故乡！生其强饭慎疾以自辅。"后月馀，以禹为长信少府。会御史大夫陈万年卒，禹代为御史大夫，列于三公。

①师古曰："生谓先生也。史鱼，卫大夫史鳍也。论语称孔子曰'直哉史鱼，邦有道如矢，邦无道如矢'，言其壹志。"

②师古曰："孳与孜同。孜孜，不怠也。寡，少也，言少有此人。"

③师古曰："几读曰冀。"

④师古曰："与读曰欤。"

⑤师古曰："言志趣不同。"

⑥师古曰："论语孔子曰：'君子怀德，小人怀土。'"

自<u>禹</u>在位，数言得失，书数十上。<u>禹</u>以为古民亡赋算口钱，起<u>武帝</u>征伐四夷，重赋于民，民产子三岁则出口钱，故民重困，①至于生子辄杀，甚可悲痛。宜令儿七岁去齿乃出口钱，年二十乃算。

①师古曰："重音直用反。"

又言古者不以金钱为币，专意于农，故一夫不耕，必有受其饥者。今<u>汉家</u>铸钱，及诸铁官皆置吏卒徒，攻山取铜铁，一岁功十万人已上，中农食七人，是七十万人常受其饥也。凿地数百丈，销阴气之精，地臧空虚，不能含气出云，斩伐林木亡有时禁，水旱之灾未必不繇此也。①自五铢钱起已来七十馀年，民坐盗铸钱被刑者众，富人积钱满室，犹亡厌足。民心（摇动）〔动摇〕，[14]商贾求利，东西南北各用智巧，好衣美食，岁有十二之利，②而不出租税。农夫父子暴露中野，不避寒暑，捽屮杷土，手足胼胝，③已奉谷租，又出稿税，④乡部私求，不可胜供。⑤故民弃本逐末，耕者不能半。贫民虽赐之田，犹贱卖以贾，⑥穷则起为盗贼。何者？末利深而惑于钱也。是以奸邪不可禁，其原皆起于钱也。疾其末者绝其本，宜罢采珠玉金银铸钱之官，亡复以为币。市井勿得贩卖，⑦除其租铢之律，⑧租税禄赐皆以布帛及谷。使百姓壹归于农，复古道便。⑨

①师古曰："繇读与由同。"

②师古曰："若有万钱为贾，则获二千之利。"

③师古曰："捽，拔取也。屮，古草字也。杷，手扒之也。胼，并也。胝，茧也。捽音才兀反。杷音蒲巴反，其字从木。胼音步千反。胝音竹尸反。扒音蒲交反。"

④师古曰："稿，禾秆也。"

⑤师古曰："言乡部之吏又私有所求，不能供之。"

⑥师古曰："卖田与人而更为商贾之业。"

⑦师古曰："贱买贵卖曰贩。"

⑧师古曰："租税之法皆依田亩，不得杂计百物之铢两。"

⑨师古曰："追遵古法，于事便也。复音扶目反。"

又言诸离宫及长乐宫卫可减其太半，以宽繇役。① 又诸官奴婢十万馀人戏游亡事，税良民以给之，岁费五六钜万，宜免为庶人，廪食，② 令代关东戍卒，乘北边亭塞候望。③

①师古曰："繇读曰徭。"

②师古曰："给其食。"

③师古曰："乘，登也。"

又欲令近臣自诸曹侍中以上，家亡得私贩卖，与民争利，犯者辄免官削爵，不得仕宦。禹又言：

孝文皇帝时，贵廉絜，贱贪污，贾人、赘婿及吏坐赃者皆禁锢不得为吏，赏善罚恶，不阿亲戚，罪白者伏其诛，① 疑者以与民，② 亡赎罪之法，故令行禁止，海内大化，天下断狱四百，与刑错亡异。武帝始临天下，尊贤用士，辟地广境数千里，自见功大威行，遂从耆欲，③ 用度不足，乃行壹切之变，使犯法者赎罪，入谷者补吏，是以天下奢侈，官乱民贫，盗贼并起，亡命者众。郡国恐伏其诛，则择便巧史书习于计簿能欺上府者，以为右职；④ 奸轨不胜，则取勇猛能操切百姓者，以苛暴威服下者，使居大位。⑤ 故亡义而有财者显于世，欺谩而善书者尊于朝，⑥ 悖逆而勇猛者贵于官。⑦

故俗皆曰："何以孝弟为？财多而光荣。何以礼义为？史书而仕宦。何以谨慎为？勇猛而临官。"故黥劓而髡钳者犹复攘臂为政于世，行虽犬彘，家富势足，目指气使，是为贤耳。⑧故谓居官而置富者为雄桀，处奸而得利者为壮士，兄劝其弟，父勉其子，俗之坏败，乃至于是！察其所以然者，皆以犯法得赎罪，求士不得真贤，相守崇财利，⑨诛不行之所致也。

① 师古曰："白，明也。"

② 师古曰："罪疑从轻也。"

③ 师古曰："从读曰纵。耆读曰嗜。"

④ 师古曰："上府谓所属之府。右职，高职也。"

⑤ 师古曰："操，持也。切，刻也。操音千高反。"

⑥ 师古曰："谩，诞也。谩音慢，又音武连反。"

⑦ 师古曰："悖，乱也。音布内反。"

⑧ 师古曰："动目以指物，出气以使人。"

⑨ 师古曰："相，诸侯相也。守，郡守也。崇，尚也。"

今欲兴至治，致太平，宜除赎罪之法。相守选举不以实，及有臧者，辄行其诛，亡但免官，①则争尽力为善，贵孝弟，贱贾人，进真贤，举实廉，而天下治矣。孔子，匹夫之人耳，以乐道正身不解之故，②四海之内，天下之君，微孔子之言亡所折中。③况乎以汉地之广，陛下之德，处南面之尊，秉万乘之权，因天地之助，其于变世易俗，调和阴阳，陶冶万物，化正天下，易于决流抑队。④自成康以来，几且千岁，⑤欲为治者甚众，然而太平不复兴者，何也？以其舍法度而任私意，奢侈行而仁义废也。

①师古曰："不止免官而已。"

②师古曰："解读曰懈。"

③师古曰："微亦无也。折，断也。非孔子之言则无以为中也，音竹仲反。断音丁焕反。"

④师古曰："决欲流之水，抑将队之物，言其便易。"

⑤师古曰："几音钜依反。"

陛下诚深念高祖之苦，①醇法太宗之治，正己以先下，选贤以自辅，开进忠正，致诛奸臣，远放谄佞，②放出园陵之女，罢倡乐，绝郑声，去甲乙之帐，退伪薄之物，修节俭之化，驱天下之民皆归于农，如此不解，③则三王可侔，五帝可及。唯陛下留意省察，天下幸甚。

①师古曰："言取天下艰难也。"

②师古曰："远，离也。音于万反。谄，古谄字。"

③师古曰："解读曰懈。"

天子下其议，令民产子七岁乃出口钱，自此始。又罢上林宫馆希幸御者，及省建章、甘泉宫卫卒，减诸侯王庙卫卒省其半。徐虽未尽从，然嘉其质直之意。禹又奏欲罢郡国庙，定汉宗庙迭毁之礼，皆未施行。①

①师古曰："迭，互也。亲尽则毁，故曰迭毁。迭音大结反。"

2661

为御史大夫数月卒，天子赐钱百万，以其子为郎，官至东郡都尉。禹卒后，上追思其议，竟下诏罢郡国庙，定迭毁之礼。〔然通儒或非之〕，[15]语在韦玄成传。

两龚皆楚人也，胜字君宾，舍字君倩。①二人相友，并著名节，故世谓之楚两龚。少皆好学明经，胜为郡吏，舍不仕。

①师古曰："倩音千见反。"

久之，楚王入朝，闻舍高（明）〔名〕，聘舍为常侍，[16]不得已随王，归国固辞，愿卒学，复至长安。①而胜为郡吏，三举孝廉，以王国人不得宿卫。补吏，再为尉，壹为丞，胜辄至官乃去。州举茂材，为重泉令，②病去官。大司空何武、执金吾阎崇荐胜，哀帝自为定陶王固已闻其名，征为谏大夫。引见，胜荐龚舍及亢父甯寿、济阴侯嘉，③有诏皆征。胜曰："窃见国家征医巫，常为驾，征贤者宜驾。"上曰："大夫乘私车来邪？"胜曰："唯唯。"④有诏为驾。龚舍、侯嘉至，皆为谏大夫。甯寿称疾不至。

①师古曰："卒，终也，终其经业。"

②师古曰："重泉，左冯翊县也。"

③师古曰："亢音抗。父音甫。"

④师古曰："唯唯，恭应之词也，音（戈）〔弋〕癸反。"[17]

胜居谏官，数上书求见，言百姓贫，盗贼多，吏不良，风俗薄，灾异数见，不可不忧。制度泰奢，刑罚泰深，赋敛泰重，宜以俭约先下。其言祖述王吉、贡禹之意。为大夫二岁馀，迁丞相司直，徙光禄大夫，守右扶风。数月，上知胜非拨烦吏，乃复还胜光禄大夫①诸吏给事中。胜言董贤乱制度，繇是逆上指。②

①师古曰："依旧官。"

②师古曰："繇读与由同。"

后岁馀，丞相王嘉上书荐故廷尉梁相等，尚书劾奏嘉"言事恣意，迷国罔上，不道"。下将军中朝者议，左将军公孙禄、司隶鲍宣、光禄大夫孔光等十四人皆以为嘉应迷国不道法。胜独书议曰："嘉资性邪僻，所举多贪残吏。位列三公，阴阳不和，诸事并废，咎皆繇嘉，[1]迷国不疑，[2]今举相等，过微薄。"日暮议者罢。明旦复会，左将军禄问胜："君议亡所据，今奏当上，宜何从？"[3]胜曰："将军以胜议不可者，通劾之。"[4]博士夏侯常见胜应禄不和，起至胜前谓曰："宜如奏所言。"[5]胜以手推常曰："去！"

> [1]师古曰："繇读与由同。"
> [2]文颖曰："信必迷国，不疑也。"
> [3]师古曰："今欲奏此事，君定从何议也？"
> [4]师古曰："并劾胜。"
> [5]师古曰："谓如尚书所劾奏也。"

后数日，复会议可复孝惠、孝景庙不，议者皆曰宜复。胜曰："当如礼。"常复谓胜："礼有变。"胜疾言曰："去！是时之变。"[1]常恚，谓胜曰："我视君何若，[2]君欲小与众异，外以采名，君乃申徒狄属耳！"[3]

> [1]师古曰："疾，急也。言时人意自变耳，礼不变也。"
> [2]师古曰："何若，言无所似也。"
> [3]服虔曰："殷之末世介士也，自沈于河者。"

先是常又为胜道高陵有子杀母者。胜白之，尚书问："谁受？"[1]对曰："受夏侯常。"尚书使胜问常，常连恨胜，[2]即应曰："闻之白衣，戒君勿言也。[3]奏事不详，妄作触罪。"[4]胜穷，亡以对尚书，即自劾奏与常争言，湾辱朝廷。事下御史中丞，召诘问，劾奏"胜吏二千石，常位大夫，皆幸得给事中，与论议，⑤不崇礼义，而居公门下相非恨，疾言辩讼，媟嫚亡状，⑥皆不敬"。制曰："贬秩各一等。"胜谢罪，乞骸骨。上乃复加赏赐，以子博为侍郎，出胜为渤海太守。胜谢病不任之官，积六月免归。

①师古曰："言于谁闻之也。"

②师古曰："连恨谓再被（谓）〔谮〕去。"〔18〕

③服虔曰："闻之白衣耳，戒君勿言之，如何便上之邪？"师古曰："白衣，给官府趋走贱人，若今诸司亭长掌固之属。"

④师古曰："言奏事不审，妄有发作自触罪。"

⑤师古曰："与读曰豫。"

⑥师古曰："疾，急也。媟，古媟字。嫚读与慢同。亡状，无善状也。"

上复征为光禄大夫。胜常称疾卧，数使子上书乞骸骨，会哀帝崩。

初，琅邪邴汉亦以清行征用，至京兆尹，后为太中大夫。王莽秉政，胜与汉俱乞骸骨。自昭帝时，涿郡韩福以德行征至京师，赐策书束帛遣归。诏曰："朕闵劳以官职之事，其务修孝弟以教乡里。行道舍传舍，①县次具酒肉，食从者及马。②长吏以时存问，常以岁八月赐羊一头，酒二斛。不幸死者，赐复衾一，祠以中牢。"于是王莽依故事，白遣胜、汉。策曰："惟元始二年六月庚寅，光禄大夫、太中大夫耆艾二人以老病罢。太皇太后使谒者仆射策诏之曰：盖闻古者有司年至则致仕，所以恭让而不尽其力也。今大夫年至矣，朕愍以官职之事烦大夫，其上子若孙若同产、同产子一人。③大夫其修身守道，以终高年。赐帛及行道舍宿，岁时羊酒衣衾，皆如韩福故事。所上子男皆除为郎。"于是胜、汉遂归老于乡里。汉兄子曼容亦养志自修，为官不肯过六百石，辄自免去，其名过出于汉。

①师古曰："于传舍止宿，若今官人行得过驿也。"

②师古曰："道次给酒肉，并饲其从者及马也。食读曰饲。"

③师古曰："同产，兄弟也。同产子，即兄弟子也。"

初，龚舍以龚胜荐，征为谏大夫，病免。复征为博士，又病去。顷之，哀帝遣使者即楚拜舍为太山太守。①舍家居在武原，使者至县请舍，欲令至廷拜授印绶。②舍曰："王者以天下为家，何必县官？"遂于家受诏，便道之官。既至数月，上书乞骸骨。上征舍，至京兆东湖界，③固称病笃。天子使使者收印绶，拜舍为光禄大夫。数赐告，舍终不肯起，乃遣归。

①师古曰："即犹就也。"

②师古曰："廷谓县之庭内。"

③师古曰："湖，县也，时属京兆。"

舍亦通五经，以鲁诗教授。舍、胜既归乡里，郡二千石长吏初到官皆至其家，如师弟子之礼。舍年六十八，王莽居摄中卒。

莽既篡国，遣五威将帅行天下风俗，将帅亲奉羊酒存问胜。明年，莽遣使者即拜胜为讲学祭酒，①胜称疾不应征。后二年，莽复遣使者奉玺书，太子师友祭酒印绶，安车驷马迎胜，即拜，②秩上卿，先赐六月禄直以办装，使者与郡太守、县长吏、三老官属、行义诸生千人以上入胜里致诏。③使者欲令胜起迎，久立门外。胜称病笃，为床室中户西南牖下，④东首加朝服拕绅。⑤使者入户，西行南面立，致诏付玺书，迁延再拜奉印绶，内安车驷马，进谓胜曰："圣朝未尝忘君，制作未定，待君为政，思闻所欲施行，以安海内。"胜对曰："素愚，加以年老被病，命在朝夕，随使君上道，必死道路，⑥无益万分。"使者要说，⑦至以印绶就加胜身，胜辄推不受。使者即上言："方盛夏暑热，胜病少气，可须秋凉乃发。"⑧有诏许。使者五日壹与太守俱问起居，为胜两子及门人高晖等言："朝廷虚心待君以茅土之封，虽疾病，宜动移至传舍，示有行意，必为子孙遗大业。"晖等白使者语，胜自知不见听，即谓晖等："吾受汉家厚恩，亡以报，今年老矣，旦暮入地，谊岂以一身事二姓，下见故主哉？"胜因敕以棺敛丧事：⑨"衣周于身，棺周于衣。勿随俗动吾冢，种柏，作祠堂。"⑩语毕，遂不复开口饮食，积十四日死，死时七十九矣。使者、太守临敛，赐复衾祭祠如法。门人衰绖治丧者百数。有老父来吊，哭甚哀，既而曰："嗟虖！薰以香自烧，膏以明自销。⑪龚生竟夭天年，非吾徒也。"遂趋而出，莫知其谁。胜居彭城廉里，后世刻石表其里门。

①师古曰："即，就也。就其家而拜之。"

②师古曰："就家迎之，因拜官。"

③师古曰："行义谓乡邑有行义之人也。诸生谓学徒也。行音下更反。"

④师古曰："牖，窗也。于户之西室之南牖下也。"

⑤师古曰："扢，引也。卧著朝衣，故云加引大带于体也。论语称孔子'疾，君视之，东首加朝服扢绅'，故放之也。扢音土贺反。"

⑥师古曰："示若尊敬使者，故谓之使君。"

⑦师古曰："要音一遍反。说音式锐反。"

⑧师古曰："须，待也。"

⑨师古曰："棺音工焕反。敛音力赡反。"

⑩师古曰:"若葬多设器备,则恐被掘,故云动吾冢也。亦不得种柏及
作祠堂,皆不随俗。"

⑪师古曰:"薰,芳草。"

鲍宣字子都,渤海高城人也。好学明经,为县乡啬夫,守<u>束
州丞</u>。①后为都尉太守功曹,举孝廉为郎,病去官,复为州从事。
大司马卫将军<u>王商</u>辟<u>宣</u>,荐为议郎,后以病去。<u>哀帝</u>初,大司空
<u>何武</u>除<u>宣</u>为西曹掾,甚敬重焉,荐<u>宣</u>为谏大夫,迁<u>豫</u>州牧。岁
馀,丞相司直郭钦奏"<u>宣</u>举错烦苛,代二千石署吏听讼,所察过
诏条。②行部乘传去法驾,③驾一马,④舍宿乡亭,为众所非。"<u>宣</u>
坐免。归家数月,复征为谏大夫。

①师古曰:"束州,渤海之县也。"

②师古曰:"出六条之外。"

③师古曰:"行音下更反。传音张恋反。"

④师古曰:"言其单率不依典制也。"

<u>宣</u>每居位,常上书谏争,其言少文多实。是时帝祖母<u>傅</u>太后
欲与<u>成帝</u>母俱称尊号,封爵亲属,丞相<u>孔光</u>、大司空<u>师丹</u>、<u>何
武</u>、大司马<u>傅喜</u>始执正议,失<u>傅</u>太后指,皆免官。<u>丁</u>、<u>傅</u>子弟并
进,<u>董贤</u>贵幸,<u>宣</u>以谏大夫从其后,上书谏曰:

　　窃见<u>孝成</u>皇帝时,外亲持权,人人牵引所私以充塞朝
廷,①妨贤人路,浊乱天下,奢泰亡度,穷困百姓,是以日
蚀且十,彗星四起。危亡之征,陛下所亲见也,今奈何反覆
剧于前乎!朝臣亡有大儒骨鲠,白首耆艾,魁垒之士;②论
议通古今,喟然动众心,③忧国如饥渴者,臣未见也。敦外

亲小童及幸臣董贤等在公门省户下，④陛下欲与此共承天地，安海内，甚难。⑤今世俗谓不智者为能，谓智者为不能。昔尧放四罪而天下服，⑥今除一吏而众皆惑；古刑人尚服，今赏人反惑。⑦请寄为奸，⑧群小日进。国家空虚，用度不足。民流亡，去城郭，盗贼并起，吏为残贼，岁增于前。

①师古曰："塞，满也。"

②服虔曰："魁垒，壮貌也。"师古曰："魁音口贿反。垒音磊。"

③师古曰："喟然，叹息貌，音丘位反。"

④师古曰："敦谓厚重也。"

⑤师古曰："共读曰恭。"

⑥师古曰："四罪，流共工于幽州，放驩兜于崇山，窜三苗于三危，殛鲧于羽山也。"

⑦邓展曰："不得其人使之，天下惑也。"

⑧师古曰："请寄谓以事私相托也。"

凡民有七亡：①阴阳不和，水旱为灾，一亡也；县官重责更赋租税，二亡也；②贪吏并公，受取不已，三亡也；③豪强大姓蚕食亡厌，四亡也；苛吏徭役，失农桑时，五亡也；部落鼓鸣，男女遮迣，六亡也；④盗贼劫略，取民财物，七亡也。七亡尚可，又有七死：酷吏殴杀，一死也；⑤治狱深刻，二死也；冤陷亡辜，三死也；盗贼横发，四死也；⑥怨仇相残，五死也；岁恶饥饿，六死也；时气疾疫，七死也。民有七亡而无一得，欲望国安，诚难；民有七死而无一生，欲望刑措，诚难。此非公卿守相贪残成化之所致邪？⑦群臣幸得居尊官，食重禄，岂有肯加恻隐于细民，助陛下流教化者邪？⑧志但在营私家，称宾客，为奸利而已。⑨以苟容曲从为贤，以拱默尸禄为智，⑩谓如臣宣等为愚。陛下擢臣岩穴，诚冀有益豪毛，岂徒欲使臣美食大官，重高门之地哉！⑪

①师古曰："亡谓失其作业也。"

②师古曰："更谓为更卒也，音工行反。"

③师古曰："并，依也，音步浪反。"

④晋灼曰："迣，古列字也。"师古曰："言闻柝鼓之声以为有盗贼，皆当遮列而追捕。"

⑤师古曰："殴，击也，音一口反。"

⑥师古曰："横音胡盂反。"

⑦师古曰："守，郡守也。相，诸侯相也。"

⑧师古曰："恻隐，皆痛也。"

⑨师古曰："务称宾客所求也。称音尺孕反。"

⑩师古曰："尸，主也。不忧其职，但主食禄而已。"

⑪晋灼曰："高门，殿名也。"师古曰："在未央宫中。"

天下乃皇天之天下也，陛下上为皇天子，下为黎庶父母，为天牧养元元，视之当如一，合尸鸠之诗。①今贫民菜食不厌，衣又穿空，②父子夫妇不能相保，诚可为酸鼻。陛下不救，将安所归命乎？③奈何独私养外亲与幸臣董贤，多赏赐以大万数，使奴从宾客浆酒霍肉，④苍头庐儿皆用致富！非天意也。⑤及汝昌侯傅商亡功而封。夫官爵非陛下之官爵，乃天下之官爵也。陛下取非其官，官非其人，⑥而望天说民服，岂不难哉！⑦

①师古曰："尸鸠，曹国风之篇也。其诗云：'尸鸠在桑，其子七兮；淑人君子，其仪一兮。'言尸鸠之鸟养其子七，平均如一，善人君子布德施惠，亦当然也。尸鸠，拮掬也。拮音居黠反。"

② 师古曰："厌，饱足也。空，孔也。"

③ 师古曰："安，焉也。"

④ 刘德曰："视酒如浆，视肉如霍也。"师古曰："霍，豆叶也。贫人茹之也。"

⑤ 孟康曰："黎民、黔首，黎、黔皆黑也。下民阴类，故以黑为号。汉名奴为苍头，非纯黑，以别于良人也。诸给殿中者所居为庐，苍头侍从因呼为庐儿。"臣瓒曰："汉仪注官（如）〔奴〕给书计，[19]从侍中已下为苍头青帻。"

⑥ 师古曰："此官不当加于此人，此人不当受于此官也。"

⑦ 师古曰："说读曰悦。"

汉书卷七十二

方阳侯孙宠、宜陵侯息夫躬辩足以移众，强可用独立，奸人之雄，或世尤剧者也，宜以时罢退。及外亲幼童未通经术者，皆宜令休就师傅。急征故大司马傅喜使领外亲。故大司空何武、师丹、故丞相孔光、故左将军彭宣，经皆更博士，位皆历三公，①智谋威信，可与建教化，图安危。②龚胜为司直，郡国皆慎选举，三辅委输官不敢为奸，③可大委任也。陛下前以小不忍退武等，海内失望。④陛下尚能容亡功德者甚众，曾不能忍武等邪！治天下者当用天下之心为心，不得自专快意而已也。上之皇天见谴，下之黎庶怨恨，次有谏争之臣，陛下苟欲自薄而厚恶臣，天下犹不听也。臣虽愚戆，独不知多受禄赐，美食太官，广田宅，厚妻子，不与恶人结仇怨以安身邪？诚迫大义，官以谏争为职，不敢不竭愚。惟陛下少留神明，览五经之文，原圣人之至意，深思天地之戒。臣宣呐钝于辞，⑤不胜惓惓，尽死节而已。

① 师古曰："更亦历也，音工衡反。"

②师古曰："建，立也。图，谋也。"

③师古曰："委输谓输委积者也。委音迂伪反。输音式喻反。"

④师古曰："小有不快于心，不能忍之也。"

⑤师古曰："呐亦讷字也。"

上以宣名儒，优容之。

是时郡国地震，民讹言行筹，明年正月朔日蚀，上乃征**孔光**，免**孙宠**、**息夫躬**，罢侍中诸曹黄门郎数十人。**宣**复上书言：

> 陛下父事天，母事地，子养黎民，即位已来，父亏明，母震动，子讹言相惊恐。今日蚀于三始，①诚可畏惧。小民正月朔日尚恐毁败器物，何况于日亏乎！陛下深内自责，避正殿，举直言，求过失，罢退外亲及旁仄素餐之人，②征拜**孔光**为光禄大夫，发觉**孙宠**、**息夫躬**过恶，免官遣就国，众庶欢然，莫不说喜。③天人同心，人心说则天意解矣。乃二月丙戌，白虹虹日，连阴不雨，④此天有忧结未解，民有怨望未塞者也。

①如淳曰："正月一日为岁之朝，月之朝，日之朝。始犹朝也。"

②师古曰："仄，古侧字也。"

③师古曰："歡音翁。说音悦。次亦同也。"

④师古曰："虹音干。"

侍中驸马都尉**董贤**本无葭莩之亲，①但以令色谀言自进，②赏赐亡度，竭尽府藏，并合三第尚以为小，复坏暴室。③贤父子坐使天子使者将作治第，行夜吏卒皆得赏赐。④上冢有会，辄太官为供。海内贡献当养一君，今反尽之**贤**家，岂天意与民意邪！天（下）〔不〕可久负，[20]厚之如此，反所以害之也。诚欲哀贤，宜为谢过天地，解仇海内，免遣就国，收乘舆器物，还之县官。如此，可以父子终其性命；不者，海内之所仇，未有得久安者也。

①师古曰："葭音工遐反。莩音孚。葭莩，喻轻薄而附著也，解在景十三王传。"

②师古曰："令，善也。诔，谄也。"

③师古曰："时以三第总为一第赐贤，犹嫌狭小，复取暴室之地以增益之也。"

④师古曰："为贤第上持时行夜者。音下更反。"

孙宠、息夫躬不宜居国，可皆免以视天下。①复征何武、师丹、彭宣、傅喜，旷然使民易视，以应天心，②建立大政，以兴太平之端。

①师古曰："视读曰示。"

②师古曰："易，改也。"

高门去省户数十步，求见出入，二年未省，①欲使海濒仄陋自通，远矣！②愿赐数刻之间，③极竭瞀瞀之思，④退入三泉，死亡所恨。⑤

①师古曰："不被省视也。"

②师古曰："濒，涯也，音频，又音宾。"

③师古曰："刻，漏刻也。间，空隙。"

④师古曰："瞀音沐。沐〔沐〕犹蒙蒙也。"[21] 如淳曰："谨愿之貌也。"

⑤师古曰："三重之泉，言其深也。"

上感大异，纳宣言，征何武、彭宣，旬月皆复为三公。拜宣为司隶。时哀帝改司隶校尉但为司隶，官比司直。

丞相孔光四时行园陵，①官属以令行驰道中，②宣出逢之，使吏钩止丞相掾史，③没入其车马，摧辱宰相。事下御史中丞，侍御史至司隶官，欲捕从事，闭门不肯内。④宣坐距闭使者，亡人臣礼，大不敬，不道，下廷尉狱。博士弟子济南王咸举幡太学下，曰："欲救鲍司隶者会此下。"诸生会者千馀人。朝日，遮丞相孔光自言，⑤丞相车不得行，又守阙上书。上遂抵宣罪减死一等，髡钳。宣既被刑，乃徙之上党，以为其地宜田牧，又少豪俊，易长雄，⑥遂家于长子。⑦

①师古曰："行音下更反。"

②如淳曰："令诸使有制得行驰道中者，行旁道，无得行中央三丈也。"

③师古曰："钩，留也。"

④师古曰："御史欲捕从事，而司隶闭门不得入也。"

⑤师古曰："朝日谓早旦欲入朝也。"

⑥师古曰："长，为之长帅也。雄，为之雄豪〔也〕。"〔22〕

⑦师古曰："上党之县也。长读如本字。"

平帝即位，王莽秉政，阴有篡国之心，乃风州郡以罪法案诛诸豪桀，①及汉忠直臣不附己者，宣及何武等皆死。时名捕陇西辛兴，②兴与宣女婿许绀俱过宣，一饭去，③宣不知情，坐系狱，自杀。

①师古曰："风读曰讽。"

②师古曰："诏显其名而捕之。"

③师古曰："饭音扶晚反。"

自成帝至王莽时，清名之士，琅邪又有纪逡王思，齐则薛方子容，太原则郇越臣仲、郇相稚宾，沛郡则唐林子高、唐尊伯高，①皆以明经饬行显名于世。②

①师古曰："并列其人本土及姓名字也。后皆类此。逡音千旬反。郇音荀，又音胡颃反。今荀郇二姓并有之，俱称周武王之后也。"

②师古曰："饬，谨也，读与敕同。"

纪逡、两唐皆仕王莽，封侯贵重，历公卿位。唐林数上疏谏正，有忠直节。唐尊衣敝履空，①以瓦器饮食，又以历遗公卿，②被虚伪名。③

①服虔曰："履犹屦也。"师古曰："衣音於既反。著敝衣蹑空履也。空，穿也。"

②服虔曰："以瓦器遗之。"

③师古曰："被音皮义反。"

郇越、相，同族昆弟也，并举州郡孝廉茂材，数病，去官。越散其先人訾千馀万，以分施九族州里，志节尤高。相王莽时征为太子四友，病死，莽太子遣使祝以衣衾，①其子攀棺不听，曰："死父遗言，师友之送勿有所受，今于皇太子得托友官，故不受也。"京师称之。

①师古曰："赠丧衣服曰祝。祝音式芮反，其字从衣。"

薛方尝为郡掾祭酒，尝征不至，及莽以安车迎方，方因使者辞谢曰："尧舜在上，下有巢由，今明主方隆唐虞之德，小臣欲守箕山之节也。"①使者以闻，莽说其言，不强致。②方居家以经教授，喜属文，③著诗赋数十篇。

①张晏曰："许由隐于箕山，在阳城，有许由祠。"

②师古曰："说读曰悦。"

③师古曰："喜音许吏反。属音之欲反。"

　　始隃麇郭钦，哀帝时为丞相司直，①奏免豫州牧鲍宣、京兆尹薛修等，又奏董贤，左迁卢奴令，平帝时迁南郡太守。而杜陵蒋诩元卿为兖州刺史，亦以廉直为名。王莽居摄，钦、诩皆以病免官，归乡里，卧不出户，卒于家。

　　①师古曰："隃麇，扶风之县也。隃音逾。"

　　齐栗融客卿、北海禽庆子夏、苏章游卿、山阳曹竟子期皆儒生，去官不仕于莽。莽死，汉更始征竟以为丞相，封侯，欲视致贤人，销寇贼。①竟不受侯爵。会赤眉入长安，欲降竟，竟手剑格死。

　　①师古曰："视读曰示。"

　　世祖即位，征薛方，道病卒。两龚、鲍宣子孙皆见褒表，至大官。

　　赞曰：易称"君子之道，或出或处，或默或语"，①言其各得道之一节，譬诸草木，区以别矣。②故曰山林之士往而不能反，朝廷之士入而不能出，二者各有所短。春秋列国卿大夫及至汉兴将相名臣，怀禄耽宠以失其世者多矣！③是故清节之士于是为贵。然大率多能自治而不能治人。王、贡之材，优于龚、鲍。守死善道，胜实蹈焉。④贞而不谅，薛方近之。⑤郭钦、蒋诩好遁不污，绝纪、唐矣！⑥

　　①师古曰："上系辞也。谓发迹虽异，同归于道。"
　　②师古曰："言兰桂异类而各芬馨也。"

③师古曰:"怀,思也,言不能去。"

④师古曰:"论语称孔子曰:'笃信好学,守死善道,危邦不入,乱邦不居。'今龚胜不受莽官,蹈斯之迹也。"

⑤师古曰:"论语称孔子曰'君子贞而不谅',谓君子之人正其道耳,言不必信也。薛方志避乱朝,诡引巢许为喻,近此义也。"

⑥师古曰:"钦、诩不仕于莽,遁逃浊乱,不污其节,殊于纪逡及两唐。"

【校勘记】

〔1〕 饿〔死〕于首阳, 殿本有"死"字,无"于"字,景祐本有"死"字,又有"于"字。

〔2〕 奋乎百世之上,(行乎)百世之下莫不兴起, 景祐、殿本都无"行乎"二字。

〔3〕 或问:君子疾没世而名不称,盍势诸?名,卿可几。 杨树达说,近人汪荣宝注法言,以"名"一字为句,"卿可几"三字为句,是也。诸说以"名卿"连读,非是。

〔4〕 少(时)〔好〕学明经, 景祐、殿本都作"好"。王先谦说作"好"是。

〔5〕 中(慰)〔尉〕甚忠, 景祐、殿、局本都作"尉",此误。

〔6〕 愿留意(尝)〔常〕以为念, 景祐、殿本都作"常"。王先谦说作"常"是。

〔7〕 是以贪财(趍)〔诛〕利, 景祐、殿本都作"诛"。

〔8〕 谓以粟米(饭)〔饲〕也。 景祐、殿本都作"饲"。

〔9〕 后世争为奢侈,转转益(盛)〔甚〕, 景祐、殿本都作"甚",通鉴同。

〔10〕 为犬猪(所)食。 宋祁说浙本无"所"字 按景祐本无

“所”字。

[11] 陛下（乌）〔恶〕有所言， 景祐、殿本都作“恶”。杨树达说
作“恶”是。

[12] 下鲍宣传（倦倦）〔惓惓〕音义亦同， 景祐、殿本都作“惓
惓”。

[13] 伏自念终亡以报厚（恩）〔德〕， 景祐、殿本都作“德”。

[14] 民心（摇动）〔动摇〕， 景祐、殿本都作“动摇”。

[15] 〔然通儒或非之〕， 景祐、殿本都有此六字。

[16] 闻舍高（明）〔名〕，聘舍为常侍。 景祐、殿本都作“名”。
王先谦说作“名”是。

[17] 音（戈）〔弋〕癸反。 景祐、殿本都作“弋”，此误。

[18] 连恨谓再被（谓）〔谮〕去。 殿本作“谮”，此误。

[19] 官（如）〔奴〕给书计， 景祐、殿本都作“奴”，此误。

[20] 天（下）〔不〕可久负， 王先谦说“下”字误 按景祐、殿
本都作“不”。

[21] 沐〔沐〕犹蒙蒙也。 殿本重“沐”字。王先谦说重“沐”
字是。

[22] 雄，为之雄豪〔也〕。 景祐、殿本都有“也”字。

汉 书 卷 七 十 三

韦贤传第四十三

韦贤字长孺，鲁国邹人也。其先韦孟，家本彭城，为楚元王傅，傅子夷王及孙王戊。①戊荒淫不遵道，孟作诗风谏。后遂去位，徙家于邹，又作一篇。其谏诗曰：

①师古曰："官为楚王傅而历相三王也。"

肃肃我祖，国自豕韦，①黼衣朱绂，四牡龙旂。②彤弓斯征，抚宁遐荒，③总齐群邦，以翼大商，④迭彼大彭，勋绩惟光。⑤至于有周，历世会同。⑥王赧听谮，寔绝我邦。⑦我邦既绝，厥政斯逸，⑧赏罚之行，非繇王室。⑨庶尹群后，靡扶靡卫，五服崩离，宗周以队。⑩我祖斯微，迁于彭城，⑪在予小子，勤诶厥生，⑫厄此嫚秦，耒耜以耕。⑬悠悠嫚秦，上天不宁，乃眷南顾，授汉于京。⑭

①应劭曰："在商为豕韦氏也。"

②师古曰："黼衣画为斧形，而白与黑为彩也。朱绂为朱裳画为亚文也。亚，古弗字也，故因谓之。绂字又作黻，其音同声。"

③师古曰："言受彤弓之赐，于此得专征伐也。"

④师古曰："翼，佐助也。"

⑤应劭曰："国语曰'大彭、豕韦为商伯'。"师古曰："迭，互也。自言豕韦氏与大彭互为伯于殷商也。迭音徒结反。"

⑥师古曰："继为诸侯预盟会之事也。"

⑦应劭曰："王赧，周末王，听谗受谮，绝豕韦氏也。"

⑧应劭曰："言自绝豕韦氏之后，政教逸漏，不由王者也。"臣瓒曰："逸，放也。管仲曰'令而不行谓之放'。"师古曰："瓒说是也。"

⑨师古曰："繇与由同也。"

⑩应劭曰："五服谓甸服、侯服、绥服、要服、荒服也。"师古曰："庶尹，众官之长也。群后，诸侯也。队，失也，音直类反。"

⑪师古曰："言我之先祖于此遂微也。卷，古迁字。其下并同。"

⑫师古曰："诶，叹声，音许其反。"

⑬师古曰："言遭秦暴嫚，无有列位，躬耕于野。"

⑭师古曰："高祖起在丰沛，于秦为南，故曰南顾。言以秦之京邑，授与汉也。"

於赫有汉，四方是征，①靡适不怀，万国迪平。②乃命厥弟，建侯于楚，俾我小臣，惟傅是辅。兢兢元王，恭俭净壹，③惠此黎民，纳彼辅弼。綝国渐世，垂烈于后，④乃及夷王，克奉厥绪。咨命不永，唯王统祀，⑤左右陪臣，此惟皇士。⑥

①师古曰："於读曰乌。乌，叹辞也。赫，明貌。凡此诗中诸叹辞称於者，其音皆同。"

②师古曰："怀，思也，来也。逌，古攸字。攸，所也。言汉兵所往之处，人皆思附而来，万国所以平也。"

③师古曰："兢兢，谨戒也。"

④师古曰："元王立二十七年而薨，垂遗业于后嗣也。"

⑤师古曰："咎，嗟也。永，长也。夷王立四年而薨，戊乃嗣位，故言不永也。"

⑥师古曰："尔雅云：'皇，正也。'"

如何我王，不思守保，不惟履冰，以继祖考！①邦事是废，逸游是娱，犬马繇繇，是放是驱。②务彼鸟兽，忽此稼苗，烝民以匮，我王以媮。③所弘非德，所亲非俊，唯囿是恢，唯谀是信。④瑜瑜谄夫，咢咢黄发，⑤如何我王，曾不是察！既藐下臣，追欲从逸，⑥嫚彼显祖，轻兹削黜。

①师古曰："惟亦思也，言不思念敬慎如履薄冰之义，用继其祖考之业也。"

②师古曰："繇与悠同。悠悠，行貌。放，放犬也。驱，驱马也。"

③师古曰："媮与愉同，乐也。言众人失此稼穑，以致困匮，而王反以为乐也。"

④师古曰："恢，大也。谀，谄言也。"

⑤如淳曰："瑜瑜，自媚貌也。"师古曰："咢咢，直言也。瑜音蹦。咢音五各反。"

⑥应劭曰："藐，远也。言疏远忠贤之辅，追情欲，从逸游也。"臣瓒曰："藐，陵藐也。"师古曰："藐与邈同。应说是也。下臣，孟自谓也。从读曰纵。"

嗟嗟我王，汉之睦亲，①曾不夙夜，以休令闻！②穆穆天子，临尔下土，明明群司，执宪靡顾。③正遐繇近，殆其怗兹，④嗟嗟我王，曷不此思！

①师古曰："睦，密也，言服属近。"

②师古曰："休，美也。令，善也。闻，声名也。"

③师古曰："靡，无也。言执天子之法，无所顾望也。顾读如古，
　协韵。"

④师古曰："言欲正远人，先从近〔亲〕始，[1]而王怙恃与汉戚属，不
　自勖慎，以致危殆也。繇读与由同。"

非思非鉴，嗣其罔则，①弥弥其失，岌岌其国。②致冰匪
霜，致队靡嫚，瞻惟我王，昔靡不练。③兴国救颠，孰违悔
过，追思黄发，秦缪以霸。④岁月其徂，年其逮耇，⑤於昔君
子，庶显于后。⑥我王如何，曾不斯览！⑦黄发不近，胡不
时监！⑧

①师古曰："不思鉴戒之义，是令后嗣无所法则也。"

②应劭曰："弥弥犹稍稍也，罪过兹甚也。岌岌，欲毁坏也。"师古曰：
　"岌岌，危动貌，音五合反。"

③师古曰："言坚冰之成起于微霜，陨队之咎由于怠嫚也。练犹阅历
　之，言往昔之事，皆在王心，无所不阅也。"

④师古曰："言兴复邦国，救止颠队之道，无如能自悔其过恶。秦
　穆公伐郑，为晋所败而归，乃作秦誓曰：'虽则员然，尚犹询兹
　黄发，则罔所愆。'谓虽有员然之失，庶几以道谋于黄发之贤，
　则行无所过矣。黄发，老寿之人也，谓发落更生黄者也。员与
　云同。"

⑤师古曰："逮，及也，耇者，老人面色如垢也。言岁月骤往，年将及
　耇，不可殆忽。"

⑥师古曰："於，叹辞也。言昔之君子，庶几善道，所以能光显于后

世也。"

⑦师古曰:"览,视也,叶韵音滥。"

⑧师古曰:"黄发不近者,斥远耆老之人也。近音其靳反。"

其在邹诗曰:

> 微微小子,既耇且陋,①岂不牵位,秽我王朝。②王朝肃清,唯俊之庭,顾瞻余躬,惧秽此征。③

①师古曰:"自言年老,材质鄙陋也。"

②应劭曰:"言岂不恋此爵位乎?以王朝污秽不肃清故也。"师古曰:"此说非也。恐已秽王朝,所以去耳,故下又言'惧秽此征'也。"

③李奇曰:"于此便行也。"师古曰:"此皆孟已去逊辞,不欲显王之过恶也。"

> 我之退征,请于天子,天子我恤,矜我发齿。赫赫天子,明悊且仁,悬车之义,以洎小臣。①嗟我小子,岂不怀土?庶我王寤,越迁于鲁。②

①应劭曰:"古者七十县车致仕。洎,及也。天子以县车之义及我也。"师古曰:"洎音钜异反。"

②应劭曰:"言岂不怀土乎?庶几王之寤觉,欲还辅相之,相近居鲁也。"

> 既去祢祖,惟怀惟顾,①祁祁我徒,戴负盈路。②爰戾于邹,鬋茅作堂,③我徒我环,筑室于墙。④

①师古曰:"父庙曰祢。言去其父祖旧居,所以怀顾也。祢音乃礼反。"

②师古曰:"祁祁,众貌。一曰祁祁,徐行也。徒谓学徒也。戴负者,谓随其徒居也。"

③师古曰:"戾,至也。鬋字与剪同。"

④师古曰："环，绕也。"

　　我既坙逝，心存我旧，梦我渎上，立于王朝。①其梦如何？梦争王室。其争如何？梦王我弼。②寤其外邦，叹其喟然，③念我祖考，泣涕其涟。④微微老夫，咨既迁绝，⑤洋洋仲尼，视我遗烈。⑥济济邹鲁，礼义唯恭，诵习弦歌，于异他邦。⑦我虽鄙耇，心其好而，我徒侃尔，乐亦在而。⑧

①应劭曰："渎上，孟所居彭城东里名（日）〔也〕[2]。犹不忘本也。"

②师古曰："弼，戾也。言梦争王室之事，王违戾我言也。"

③师古曰："梦在王朝，及寐之寤，乃在邹也。寤，觉也。喟音丘位反。觉音工效反。"

④师古曰："涟涟，泣下貌，音连。"

⑤师古曰："咨，嗟也。绝谓与旧居绝也。"

⑥师古曰："洋洋，美盛也。烈，业也。视读曰示。孔子，邹人，故言示我遗业也。洋音祥，又音羊。"

⑦师古曰："言礼乐之教，不同馀土也。"

⑧师古曰："而者，句（端）〔绝〕之辞。[3]侃，和乐貌，音口旦反。"

　　孟卒于邹。或曰其子孙好事，述先人之志而作是诗也。

　　自孟至贤五世。贤为人质朴少欲，笃志于学，①兼通礼、尚书，以诗教授，号称邹鲁大儒。征为博士，给事中，进授昭帝诗，稍迁光禄大夫詹事，至大鸿胪。昭帝崩，无嗣，大将军霍光与公卿共尊立孝宣帝。帝初即位，贤以与谋议，安宗庙，赐爵关内侯，食邑。②徙为长信少府。③以先帝师，甚见尊重。本始三年，代蔡义为丞相，封扶阳侯，④食邑七百户。时贤七十馀，为相五岁，地节三年，以老病乞骸骨，赐

黄金百斤，罢归，加赐弟一区。丞相致仕自贤始。年八十二
薨，谥曰节侯。

①师古曰："笃，厚也。"

②师古曰："与读曰豫。"

③师古曰："长信者，太后宫名，为太后官属也。"

④孟康曰："属沛郡。"

贤四子：长子方山为高寝令，早终；次子弘，至东海太守；
次子舜，留鲁守坟墓；少子玄成，复以明经历位至丞相。故邹鲁
谚曰："遗子黄金满籝，不如一经。"①

①如淳曰："籝，竹器，受三四斗。今陈留俗有此器。"蔡谟曰："满籝
者，言其多耳，非器名也。若论陈留之俗，则我陈人也，不闻有此
器。"师古曰："许慎说文解字云'籝，笭也'，杨雄方言云'陈、
楚、宋、魏之间谓筲为籝'，然则筐笼之属是也。今书本籝字或作
盈，又是盈满之义，盖两通也。"

玄成字少翁，以父任为郎，常侍骑。少好学，修父业，尤谦
逊下士。①出遇知识步行，辄下从者，与载送之，②以为常。其接
人，贫贱者益加敬，繇是名誉日广。③以明经擢为谏大夫，迁大
河都尉。④

①师古曰："下音胡亚反。"

②师古曰："辄从者之车马也。"

③师古曰："繇与由同。"

④服虔曰："今东平郡也。本为济东国，后王国除，为大河郡。"

初，玄成兄弘为太常丞，职奉宗庙，典诸陵邑，烦剧多
罪过。父贤以弘当为嗣，故敕令自免。①弘怀谦，不去官。②

及贤病笃，弘竟坐宗庙事系狱，罪未决。室家问贤当为后者，贤恚恨不肯言。于是贤门下生博士义倩等与宗家计议，③共矫贤令，④使家丞上书言大行，⑤以大河都尉玄成为后。贤薨，玄成在官闻丧，又言当为嗣，玄成深知其非贤雅意，即阳为病狂，卧便利，妄笑语昏乱。⑥征至长安，既葬，当袭爵，以病狂不应召。大鸿胪（奉）〔奏〕状，[4]章下丞相御史案验。玄成素有名声，士大夫多疑其欲让爵辟兄者。⑦案事丞相史乃与玄成书⑧曰：“古之辞让，必有文义可观，故能垂荣于后。今子独坏容貌，蒙耻辱，为狂痴，光曜晻而不宣。⑨微哉！子之所托名也。⑩仆素愚陋，过为宰相执事，⑪愿少闻风声。不然，恐子伤高而仆为小人也。”玄成友人侍郎章亦上疏言：“圣王贵以礼让为国，宜优养玄成，勿枉其志，⑫使得自安衡门之下。”⑬而丞相御史遂以玄成实不病，劾奏之。有诏勿劾，引拜。玄成不得已受爵。宣帝高其节，以玄成为河南太守。兄弘太山都尉，迁东海太守。

①师古曰：“恐其有罪见黜，妨为继嗣，故令以病去官也。”

②师古曰：“谓若欲代父为侯，故避嫌不肯也。”

③师古曰：“博士姓义名倩也。宗家，贤之同族也。倩音千见反。”

④师古曰：“矫，托也。”

⑤师古曰：“为文书于大行，以言其事也。”

⑥师古曰：“便利，大小便。”

⑦师古曰：“辟读曰避。”

⑧师古曰：“即案验玄成事者。”

⑨师古曰：“晻读与暗同。”

⑩李奇曰：“名，声名也。”

⑪师古曰："过犹谬也。"

⑫师古曰："枉，屈也。"

⑬师古曰："衡门，谓横一木于门上，贫者之所居也。"

数岁，玄成征为未央卫尉，迁太常。坐与故平通侯杨恽厚善，恽诛，党友皆免官。后以列侯侍祀孝惠庙，当晨入庙，天雨淖，①不驾驷马车而骑至庙下。有司劾奏，等辈数人皆削爵为关内侯。玄成自伤贬黜父爵，叹曰："吾何面目以奉祭祀！"作诗自劾责，曰：

①师古曰："淖，泥也，音女教反。"

赫矣我祖，侯于豕韦，赐命建伯，有殷以绥。①厥绩既昭，车服有常，朝宗商邑，四牡翔翔。②德之令显，庆流于裔，宗周至汉，群后历世。③

①师古曰："建，立也。立为伯也。绥，安也。以有此伯，故天下安也。"

②师古曰："翔翔，安舒貌。"

③应劭曰："历世有爵位。"

肃肃楚傅，辅翼元、夷，①厥驷有庸，惟慎惟祗。②嗣王孔佚，越迁于邹，③五世圹僚，至我节侯。④

①师古曰："元王、夷王也。"

②孟康曰："驷，驷马也。尚书'车服以庸'。庸，功也。"师古曰："庸亦常也，即上车服有常同义也。祗，敬也。"

③师古曰："孔，甚也。佚与逸同。"

④应劭曰："自孟至贤五世无官。圹，空也。"

惟我节侯，显德遐闻，①左右昭、宣，五品以训。②既耇致位，惟懿惟兊，③厥赐祁祁，百金泊馆。④国彼扶阳，在京之东，惟帝是留，政谋是从。绎绎六辔，是列是理，⑤威仪济济，朝享天子。天子穆穆，是宗是师，⑥四方遐尔，观国之辉。⑦

① 师古曰："闻，合韵音问。"

② 师古曰："左右，助也，言为相也。五品，五教也。训，理也。左读曰佐，右读曰佑。"

③ 师古曰："言以年致仕也。懿，美也。兊，盛也。"

④ 师古曰："祁祁，行来貌。泊，及也。"

⑤ 师古曰："绎绎，和调之貌。"

⑥ 师古曰："穆穆，天子之容也。宗，尊也，言天子尊之以为师。"

⑦ 师古曰："辉，光也。"

茅土之继，在我俊兄，惟我俊兄，是让是形。①於休厥德，於赫有声，②致我小子，越留于京。③惟我小子，不肃会同，④婧彼车服，黜此附庸。⑤

① 师古曰："形，见也。言其谦让志节显见也。"

② 师古曰："於，皆叹辞也。休，美也。"

③ 师古曰："言致爵位于己身而留在京师，豫朝请。"

④ 师古曰："肃，敬也。"

⑤ 师古曰："婧，古惰字也。削爵为关内侯，故云黜此附庸，言见黜而为附庸也。"

赫赫显爵，自我队之；微微附庸，自我招之。谁能忍愧，寄之我颜；谁将遐征，从之夷蛮。①於赫三事，匪俊匪作，於蔑小子，终焉其度。②谁谓华高，企其齐而；谁谓德难，厉其庶而。③嗟我小子，于贰其尤，④队彼令声，申此择辞。⑤四方群后，我监我视，威仪车服，唯肃是履！⑥

①师古曰："言己耻辱之甚，无所自措，故曰谁有能忍愧者，以我颜寄之；谁欲远行去者，当与相从，适于蛮夷，不能见朝廷之士也。"

②师古曰："於，叹辞也。三事，三公之位也。度，居也。言三公显职，以贤俊为之，我虽微蔑，方自勉厉，终当居此也。度音大各反。后并同。"

③师古曰："华，华山也。华山虽高，企仰则能齐观。道德不易，克厉然庶几可及也。"

④师古曰："于，往也。尤，过也。自戒云，今以往勿贰其过。一曰，贰〔谓〕不一也，[5]言心不专一，致此过也。"

⑤师古曰："令，善也。择，可择之辞。一曰，择谓创也。"

⑥师古曰："戒他人。"

初，宣帝宠姬张婕好男淮阳宪王好政事，通法律，上奇其材，有意欲以为嗣，然用太子起于细微，又早失母，故不忍也。久之，上欲感风宪王，辅以礼让之臣，①乃召拜玄成为淮阳中尉。是时王未就国，玄成受诏，与太子太傅萧望之及五经诸儒杂论同异于石渠阁，条奏其对。及元帝即位，以玄成为少府，迁太子太傅，至御史大夫。永光中，代于定国为丞相。贬黜十年之间，遂继父相位，封侯故国，荣当世焉。玄成复作诗，自著复玷缺之繇难，②因以戒示子孙，曰：

①师古曰："风读曰讽。"

②师古曰："玉缺曰玷。复音房目反。繇，古艰字。玷音丁念反。"

於肃君子，既令厥德，①仪服此恭，棣棣其则。②咨余小子，既德靡逮，③曾是车服，荒嫚以队。④

①师古曰："於，叹辞也。肃，敬也。令，善也。言君子之人，皆肃敬以善其德也。"

②李奇曰："善威仪也。"师古曰："诗邶柏舟曰：'威仪逮逮，不可选也。'逮逮，闲习之貌，音徒继反。"

③师古曰："逮，及也，自言德不及也。"

④师古曰："曾之言则也。"

明明天子，俊德烈烈，不遂我遗，恤我九列。①我既兹恤，惟夙惟夜，②畏忌是申，供事靡惰。③天子我监，登我三事，④顾我伤队，爵复我旧。

①师古曰："恤，安也。九列，卿之位，谓少府。"

②师古曰："夙，早也。言早夜常自戒也。"

③师古曰："申，言自约束也。惰，古惰字。"

④师古曰："监，察也。三事，三公之位，谓丞相也。"

我既此登，望我旧阶，先后兹度，涟涟孔怀。①司直御事，我熙我盛；②群公百僚，我嘉我庆。于异卿士，非同我心，三事惟囏，莫我肯矜。③赫赫三事，力虽此毕，非（吾）〔我〕所度，[6]退其罔日。④昔我之队，畏不此居，⑤今我度兹，戚戚其惧。⑥

①应劭曰："我既此登，为丞相也。先后兹度，父所在也。"臣瓒曰："案古文宅度同。"师古曰："先后即先君也。以父昔居此位，故泣涕而甚思之也。"

②师古曰："司直，丞相司直也。御事，治事之吏也。言司直及治事之人助我兴盛而为职务也。"

③师古曰："言己居尊位，惧不克胜，而群公百官，皆来相庆，是与我心不同也。"

④师古曰："我虽毕力于此，然惧非所居，贬退无日。"

⑤师古曰："居，合韵音基庶反。"

⑥师古曰："度亦居也。"

嗟我后人，命其靡常，靖享尔位，瞻仰靡荒。①慎尔会同，戒尔车服，无媟尔仪，以保尔域。②尔无我视，不慎不整；我之此复，惟禄之幸。③於戏后人，惟肃惟栗。④无忝显祖，以蕃汉室！

①师古曰："靖，谋也。享，当也。言天（会）〔命〕无常，唯善是祐。[7]谋当尔位，无荒怠也。"

②师古曰："媟亦古惵字也。域谓封邑也。"

③师古曰："言我之得复此爵，乃蒙天之福幸而遇之，尔等不当视效而怠慢也。"

④师古曰："於戏读曰呜乎。"

玄成为相七年，守正持重不及父贤，而文采过之。建昭三年薨，谥曰共侯。初，贤以昭帝时徙平陵，玄成别徙杜陵，病且死，因使者自白曰："不胜父子恩，愿乞骸骨，归葬父墓。"上许焉。

子顷侯宽嗣。薨，子僖侯育嗣。薨，子节侯沈嗣。自贤传国至玄孙乃绝。玄成兄高寝令方山子安世历郡守，大鸿胪，长乐卫尉，朝廷称有宰相之器，会其病终。而东海太守弘子赏亦明诗。哀帝为定陶王时，赏为太傅。哀帝即位，赏以旧恩为大司马车骑将军，列为三公，赐爵关内侯，食邑千户，亦年八十馀，以寿终。宗族至吏二千石者十餘人。

初，高祖时，令诸侯王都皆立太上皇庙。至惠帝尊高帝庙为太祖庙，景帝尊孝文庙为太宗庙，行所尝幸郡国各立太祖、太宗庙。至宣帝本始二年，复尊孝武庙为世宗庙，行所巡狩亦立焉。凡祖宗庙在郡国六十八，合百六十七所。①而京师自高祖下至宣帝，与太上皇、悼皇考各自居陵旁立庙，②并为百七十六。又园中各有寝、便殿。③日祭于寝，月祭于庙，时祭于便殿。寝，日四上食；庙，岁二十五祠；④便殿，岁四祠。又月一游衣冠。而昭灵后、武哀王、昭哀后、孝文太后、孝昭太后、卫思后、戾太子、戾后各有寝园，与诸帝合，凡三十所。一岁祠，上食二万四千四百五十五，用卫士四万五千一百二十九人，祝宰乐人万二千一百四十七人，养牺牲卒不在数中。

①师古曰："六十八者，郡国之数也。百六十七所，宗庙之数也。"

②师古曰："悼皇考者，宣帝之父，即史皇孙。"

③如淳曰："黄图高庙有便殿，是中央正殿也。"师古曰："如说非也。凡言便殿、便室者，皆非正大之处。寝者，陵上正殿，若平生露寝矣。便殿者，寝侧之（便）〔别〕殿耳。"〔8〕

④如淳曰："月祭朔望，加腊月二十五。"晋灼曰："汉仪注宗庙一岁十二祠。五月尝麦。六月、七月三伏、立秋䝟娄，又尝粢。八月先夕馈飨，皆一太牢，酎祭用九太牢。十月尝稻，又饮蒸，二太牢。十〔一〕月尝，〔9〕十二月腊，二太牢。又每月一太牢，如闰加一祀，与此上十二为二十五祠。"师古曰："晋说是也。"

至元帝时，贡禹奏言："古者天子七庙，今孝惠、孝景庙皆亲尽，宜毁。及郡国庙不应古礼，宜正定。"天子是其议，未及施行而禹卒。永光四年，乃下诏先议罢郡国庙，曰："朕闻明王之御世也，遭时为法，因事制宜。①往者天下初定，远方未宾，因尝所亲以立宗庙，②盖建威销萌，一民之至权也。③今赖天地之灵，宗庙之福，四方同轨，蛮貊贡职，④久遭而不定，令疏远卑贱共承尊祀，⑤殆非皇天祖宗之意，朕甚惧焉。传不云乎？'吾不与祭，如不祭。'⑥其与将军、列侯、中二千石、二千石、诸大夫、博士、议郎议。"丞相玄成、御史大夫郑弘、太子太傅严彭祖、少府欧阳地馀、谏大夫尹更始等七十人皆曰："臣闻祭，非自外至者也，繇中出，生于心也。⑦故唯圣人为能飨帝，孝子为能飨亲。⑧立庙京师之居，躬亲承事，四海之内各以其职来助祭，尊亲之大义，五帝三王所共，不易之道也。⑨诗云：'有来雍雍，至止肃肃，相维辟公，天子穆穆。'⑩春秋之义，父不祭于支庶之宅，君不祭于臣仆之家，王不祭于下土诸侯。臣等愚以为宗庙在郡国，宜无修，臣请勿复修。"奏可。因罢昭灵后、武哀王、昭哀后、卫思后、戾太子、戾后园，皆不奉祠，裁置吏卒守焉。

① 师古曰："言不必同也。"

② 师古曰："亲谓亲临幸处也。"

③ 师古曰："销遏逆乱，使不得萌生。"

④ 师古曰："同轨，言车辙皆同，示法制齐也。"

⑤ 师古曰："共读曰恭。"

⑥ 师古曰："论语载孔子之言。与读曰预。"

⑦ 师古曰："繇读与由同。"

⑧ 师古曰："言情礼皆备。"

⑨ 师古曰："易，改也。"

⑩师古曰："此周颂雍篇（祖）〔禘〕太祖之诗也。〔10〕雍雍，和也。肃肃，敬也。相，助也。辟，百辟卿士也。公，诸侯也。有来而和者，至而敬者，助王禘祭，是百辟诸侯也。天子是时则穆穆然承事也。"

罢郡国庙后月馀，复下诏曰："盖闻明王制礼，立亲庙四，祖宗之庙，万世不毁，所以明尊祖敬宗，著亲亲也。①朕获承祖宗之重，惟大礼未备，战栗恐惧，不敢自颛，②其与将军、列侯、中二千石、二千石、诸大夫、博士议。"玄成等四十四人奏议曰："礼，王者始受命，诸侯始封之君，皆为太祖。以下，五庙而迭毁，③毁庙之主臧乎太祖，五年而再殷祭，言壹禘壹祫也。④祫祭者，毁庙与未毁庙之主皆合食于太祖，父为昭，子为穆，孙复为昭，古之正礼也。⑤祭义曰：'王者禘其祖自出，⑥以其祖配之，而立四庙。'言始受命而王，祭天以其祖配，而不为立庙，亲尽也。立亲庙四，亲亲也。亲尽而迭毁，亲疏之杀，示有终也。⑦周之所以七庙者，以后稷始封，文王、武王受命而王，是以三庙不毁，与亲庙四而七。非有后稷始封，文、武受命之功者，皆当亲尽而毁。成王成二圣之业，⑧制礼作乐，功德茂盛，庙犹不世，以行为谥而已。⑨礼，庙在大门之内，不敢远亲也。⑩臣愚以为高帝受命定天下，宜为帝者太祖之庙，世世不毁，承后属尽者宜毁。今宗庙异处，昭穆不序，宜入就太祖庙而序昭穆如礼。太上皇、孝惠、孝文、孝景庙皆亲尽宜毁，皇考庙亲未尽，如故。"⑪大司马车骑将军许嘉等二十九人以为孝文皇帝除诽谤，去肉刑，躬节俭，不受献，罪人不帑，不私其利，⑫出美人，重绝人类，宾赐长老，收恤孤独，德厚侔天地，利泽施四海，宜为帝者太宗之庙。廷尉忠以为孝武皇帝改正朔，易服色，攘四夷，宜为世宗之庙。⑬谏大夫尹更始等十八人以为皇考庙上序于昭穆，非正礼，宜毁。

①师古曰："著亦明也。"

②师古曰："颛与专同。"

③师古曰："迭，互也。亲尽则毁，故云迭也，音大结反。"

④师古曰："殷，大也。禘，谛也。（一）〔壹〕，一祭之也。[11]祫，合也。禘音大系反。祫音洽。"

⑤师古曰："昭穆者，父子易其号序也。昭，明也。穆，美也。后以晋室讳昭，故学者改昭为韶。"

⑥师古曰："祖所从出者。"

⑦师古曰："杀，渐降也，音所例反。"

⑧师古曰："二圣，文王、武王也。"

⑨师古曰："谓之成王，则是以行表谥也。"

⑩师古曰："远，离也，音于万反。"

⑪张晏曰："悼皇考于元帝祖也。"

⑫师古曰："重罪之人不及妻子，是不私其利也。帑读与孥同。"

⑬师古曰："忠，尹忠也。攘，却也。"

于是上重其事，①依违者一年，②乃下诏曰："盖闻王者祖有功而宗有德，尊尊之大义也；存亲庙四，亲亲之至恩也。高皇帝为天下诛暴除乱，受命而帝，功莫大焉。孝文皇帝国为代王，诸吕作乱，海内摇动，然群臣黎庶靡不壹意，北面而归心，犹谦辞固让而后即位，削乱秦之迹，兴三代之风，是以百姓晏然，咸获嘉福，德莫盛焉。高皇帝为汉太祖，孝文皇帝为太宗，世世承祀，传之无穷，朕甚乐之。孝宣皇帝为孝昭皇帝后，于义壹体。③孝景皇帝庙及皇考庙皆亲尽，其正礼仪。"玄成等奏曰：
"祖宗之庙世世不毁，继祖以下，五庙而迭毁。今高皇帝为太祖，
孝文皇帝为太宗，孝景皇帝为昭，孝武皇帝为穆，孝昭皇帝与孝
宣皇帝俱为昭。皇考庙亲未尽。太上、孝惠庙皆亲尽，宜毁。太
上庙主宜瘗园，孝惠皇帝为穆，主迁于太祖庙，寝园皆无复修。"
奏可。

①师古曰："重，难也。"

②师古曰："依违者，不决也。"

③师古曰："一体谓俱为昭也。礼，孙与祖俱为昭。宣帝之于昭帝为从
　孙，故云于义一体。"

议者又以为清庙之诗言交神之礼无不清静，①今衣冠出游，
有车骑之众，风雨之气，非所谓清静也。"祭不欲数，数则渎，
渎则不敬。"②宜复古礼，四时祭于庙，诸寝园日月间祀皆可勿复
修。③上亦不改也。明年，玄成复言："古者制礼，别尊卑贵贱，
国君之母非適不得配食，则荐于寝，④身没而已。陛下躬至孝，
承天心，建祖宗，定迭毁，序昭穆，大礼既定，孝文太后、孝昭
太后寝祠园宜如礼勿复修。"奏可。

①师古曰："清庙，周颂祀文王之诗。其诗云'於穆清庙，肃雍显相'，
　又曰'对越在天，骏奔走在庙'。"

②师古曰："此礼记祭法之言。渎，烦污也。数音所角反。"

③师古曰："间音工苋反。"

④师古曰："適读曰嫡也。"

后岁馀，玄成薨，匡衡为丞相。上寝疾，梦祖宗谴罢郡国
庙，上少弟楚孝王亦梦焉。上诏问衡，议欲复之，衡深言不可。

上疾久不平，衡惶恐，祷高祖、孝文、孝武庙曰："嗣曾孙皇帝恭承洪业，夙夜不敢康宁，思育休烈，以章祖宗之盛功。①故动作接神，必因古圣之经。往者有司以为前因所幸而立庙，将以系海内之心，非为尊祖严亲也。今赖宗庙之灵，六合之内莫不附亲，庙宜一居京师，天子亲奉，郡国庙可止毋修。皇帝祗肃旧礼，尊重神明，即告于祖宗而不敢失。②今皇帝有疾不豫，乃梦祖宗见戒以庙，楚王梦亦有其序。③皇帝悼惧，即诏臣衡复修立。谨案上世帝王承祖祢之大（义）〔礼〕，[12]皆不敢不自亲。郡国吏卑贱，不可使独承。又祭祀之义以民为本，间者岁数不登，百姓困乏，郡国庙无以修立。礼，凶年则岁事不举，以祖祢之意为不乐，是以不敢复。④如诚非礼义之中，违祖宗之心，咎尽在臣衡，⑤当受其殃，大被其疾，队在沟渎之中。皇帝至孝肃慎，宜蒙祐福。唯高皇帝、孝文皇帝、孝武皇帝省察，右飨皇帝之孝，⑥开赐皇帝眉寿亡疆，⑦令所疾日瘳，平复反常，⑧永保宗庙，天下幸甚！"

①师古曰："育，养也。休，美也。烈，业也。"

②师古曰："不敢失礼。"

③师古曰："序，绪也，谓端绪也。"

④师古曰："复音房目反。"

⑤师古曰："如，若也。中音竹仲反。"

⑥师古曰："右读曰祐。"

⑦师古曰："眉寿言寿考而眉秀也。疆，境也。"

⑧师古曰："反犹还也。"

又告谢毁庙曰："往者大臣以为在昔帝王承祖宗之休典，取象于天地，①天序五行，人亲五属，②天子奉天，故率其意而尊其制。是以禘尝之序，靡有过五。受命之君躬接于天，万世不堕。继烈以下，五庙而迁，③上陈太祖，间岁而祫，④其道应天，故福禄永终。<u>太上皇</u>非受命而属尽，义则当迁。又以为孝莫大于严父，故父之所尊子不敢不承，父之所异子不敢同。礼，公子不得为母信，为后则于子祭，于孙止，⑤尊祖严父之义也。寝日四上食，园庙间祠，皆可亡修。⑥皇帝思慕悼惧，未敢尽从。惟念<u>高皇帝</u>圣德茂盛，受命溥将，钦若稽古，承顺天心，⑦子孙本支，陈锡亡疆。⑧诚以为迁庙合祭，久长之策，<u>高皇帝</u>之意，乃敢不听？⑨即以令日⑩迁<u>太上</u>、<u>孝惠</u>庙，<u>孝文太后</u>、<u>孝昭太后</u>寝，将以昭祖宗之德，顺天人之序，定无穷之业。今皇帝未受兹福，乃有不能共职之疾。⑪皇帝愿复修承祀，臣<u>衡</u>等咸以为礼不得。⑫如不合<u>高皇帝</u>、<u>孝惠皇帝</u>、<u>孝文皇帝</u>、<u>孝武皇帝</u>、<u>孝昭皇帝</u>、<u>孝宣皇帝</u>、<u>太上皇</u>、<u>孝文太后</u>、<u>孝昭太后</u>之意，罪尽在臣<u>衡</u>等，当受其咎。今皇帝尚未平，诏中朝臣具复毁庙之文。臣<u>衡</u>中朝臣咸复以为天子之祀义有所断，礼有所承，违统背制，不可以奉先祖，皇天不祐，鬼神不飨。<u>六艺</u>所载，皆言不当，⑬无所依缘，以作其文。事如失指，罪乃在臣<u>衡</u>，当深受其殃。皇帝宜厚蒙祉福，嘉气日兴，疾病平复，永保宗庙，与天亡极，群生百神，有所归息。"⑭诸庙皆同文。

①师古曰："休，美也。典，法也。"

②师古曰："五属谓同族之五服，斩衰、齐衰、大功、小功、缌麻也。"

③师古曰："堕，毁也。烈，业也。继谓始嗣位者也。堕音火规反。"

④师古曰："间岁，隔一岁也。"

⑤李奇曰："不得信，尊其父也。公子去其所而为大宗后，尚得私祭其母，为孙则止，不得祭公子母也，明继祖不（得）〔复〕顾其私祖母

也。"〔13〕师古曰："信读曰伸。"

⑥师古曰："间音工苋反。"

⑦师古曰："溥，广也。将，大也。钦，敬也。若，善也。稽，考也。
商颂烈祖之篇曰'我受命溥将'。虞书尧典曰'钦若昊天'，又曰
'若稽古帝尧'，故衡总引之。"

⑧师古曰："诗大雅文王之篇曰：'陈锡载周，侯文王孙子。文王孙子，
本支百世。'陈，敷也。载，始也。本，本宗也。支，支子也。言子
孙承受敷锡初始之福，故得永久无穷竟也。"

⑨师古曰："言不敢不从。"

⑩师古曰："令，善也。谓吉日也。"

⑪师古曰："共读曰恭。"

⑫师古曰："于礼不合也。"

⑬师古曰："六艺，(之)〔六〕经也。"〔14〕

⑭师古曰："息，止也。"

久之，上疾连年，遂尽复诸所罢寝庙园，皆修祀如故。初，
上定迭毁礼，独尊孝文庙为太宗，而孝武庙亲未尽，故未毁。上
于是乃复申明之，曰："孝宣皇帝尊孝武庙曰世宗，损益之礼，
不敢有与焉。①他皆如旧制。"唯郡国庙遂废云。

①师古曰："与读曰预。其下亦同。"

元帝崩，衡奏言："前以上体不平，故复诸所罢祠，卒不蒙
福。①案卫思后、戾太子、戾后园，亲未尽。②孝惠、孝景庙亲
尽，宜毁。及太上皇、孝文、孝昭太后、昭灵后、昭哀后、武哀
王祠，请悉罢，勿奉。"奏可。初，高后时患臣下妄非议先帝宗
庙寝园官，故定著令，敢有擅议者弃市。至元帝改制，蠲除此
令。成帝时以无继嗣，河平元年复复太上皇寝庙园，世世奉祠。

昭灵后、武哀王、昭哀后并食于太上寝庙如故，又复擅议宗庙之命。③

①师古曰："卒，终也。"

②师古曰："言不当毁也。"

③师古曰："复音方目反。"

成帝崩，哀帝即位。丞相孔光、大司空何武奏言："永光五年制书，高皇帝为汉太祖，孝文皇帝为太宗。建昭五年制书，孝武皇帝为世宗。损益之礼，不敢有与。臣愚以为迭毁之次，当以时定，非令所为擅议宗庙之意也。臣请与群臣杂议。"奏可。于是，光禄勋彭宣、詹事满昌、博士左咸等五十三人皆以为继祖宗以下，五庙而迭毁，后虽有贤君，犹不得与祖宗并列。子孙虽欲褒大显扬而立之，鬼神不飨也。孝武皇帝虽有功烈，亲尽宜毁。

太仆王舜、中垒校尉刘歆议曰："臣闻周室既衰，四夷并侵，猃狁最强，于今匈奴是也。至宣王而伐之，诗人美而颂之曰'薄伐猃狁，至于太原'，①又曰'啴啴推推，如霆如雷，显允方叔，征伐猃狁，荆蛮来威'，②故称中兴。及至幽王，犬戎来伐，杀幽王，取宗器。③自是之后，南夷与北夷交侵，中国不绝如线。④春秋纪齐桓南伐楚，北伐山戎，孔子曰：'微管仲，吾其被发左衽矣。'⑤是故弃桓之过而录其功，以为伯首。⑥及汉兴，冒顿始强，破东胡，禽月氏，⑦并其土地，地广兵强，为中国害。南越尉佗总百粤，自称帝。故中国虽平，犹有四夷之患，且无宁岁。一方有急，三面救之，是天下皆动而被其害也。孝文皇帝厚以货赂，与结和亲，犹侵暴无已。甚者，兴师十馀万众，近屯京师及四边，岁发屯备虏，其为患久矣，非一世之渐也。诸侯郡守连匈奴及百粤以为逆者非一人也。匈奴所杀郡守都尉，略取人民，不可胜数。孝武皇帝愍中国罢劳无安宁之时，⑧乃遣大将军、骠骑、伏波、楼船之属，南灭百粤，起七郡；北攘匈奴，降昆邪十万之众，⑨置五属国，起朔方，以夺其肥饶之地；东伐朝鲜，起玄菟、乐浪，以断匈奴之左臂；⑩西伐大宛，并三十六国，结乌孙，起敦煌、酒泉、张掖，以鬲婼羌，裂匈奴之右肩。⑪单于孤特，远遁于幕北。四垂无事，斥地远境，起十馀郡。⑫功业既定，乃封丞相为富民侯，以大安天下，富实百姓，其规橅可见。⑬又招集天下贤俊，与协心同谋，兴制度，改正朔，易服色，立天地之祠，建封禅，殊官号，存周后，定诸侯之制，永无逆争之心，至今累世赖之。单于守藩，百蛮服从，万世之基也，中兴之功未有高焉者也。高帝建大业，为太祖；孝文皇帝德至厚也，为文太宗；孝武皇帝功至著也，为武世宗：此孝宣帝所以发德音也。礼记王制及春秋穀梁传，天子七庙，诸侯五，大夫三，士二。天子七日而殡，七月而葬；诸侯五日而殡，五月而葬：此丧事尊卑之序也，与庙数相应。其文曰：‘天子三昭三穆，与太祖之庙而七；诸侯二昭二穆，与太祖之庙而五。’故德厚者流光，德薄者流卑。⑭春秋左氏传曰：‘名位不同，礼亦异数。’自上以下，降杀以两，礼也。⑮七者，其正法数，可常数者也。宗不在此数中。宗，变也，⑯苟有功德则宗之，不可预为设数。故于殷，太甲为太宗，大戊曰中宗，武丁曰高宗。⑰周公为毋逸之戒，举殷三宗以劝成王。⑱繇是言之，宗无数也，⑲然则所以劝帝者之功德博矣。以七庙言之，孝武皇帝未宜毁；以所宗言之，则不可谓无功德。礼记祀典曰：'夫圣王之制祀也，功施于民则祀之，以劳定国则祀之，能救大灾则祀之。'窃观孝武皇帝，功德皆兼而有焉。凡在于异姓，犹将特祀之，况于先祖？或说天子五庙无见文，又说中宗、高宗者，宗其道而毁其庙。名与实异，非尊德贵功之意也。诗云：'蔽芾甘棠，勿翦勿伐，邵伯所茇。'⑳思其人犹爱其树，况宗其道而毁其庙乎？迭毁之礼自有常法，无殊功异德，固以亲疏相推及。至祖宗之序，多少之数，经传无明文，至尊至重，难以疑文虚说定也。孝宣皇帝举公卿之议，用众儒之谋，既以为世宗之庙，建之万世，宣布天下。臣愚以为孝武皇帝功烈如彼，孝宣皇帝崇立之如此，不宜毁。"上览其议而从之。制曰："太仆舜、中垒校尉歆议可。"

①师古曰："小雅六月之诗也。薄伐，言逐出之。"

②师古曰："小雅采芑之诗也。啴啴，众也。推推，盛也。显，明也。允，信也。方叔，周之卿士，命为将率也。言出师众盛，有如雷霆。方叔又能信明其德，既伐猃狁，惩其侵暴，则南荆之蛮，亦畏威而来服也。啴啴音他丹反。推音他回反。"

③师古曰："宗器，宗庙之器也。"

④师古曰："线，缕也，音思荐反。"

⑤师古曰："论语载孔子之言也。微，无也。被发左衽，戎狄之服。言无管仲佐齐桓公征讨，则中夏皆将为夷狄也。"

⑥师古曰："伯读曰霸。"

⑦师古曰："氏读曰支。"

⑧师古曰："罢读曰疲。"

⑨师古曰："昆音下门反。"

⑩师古曰："乐音来各反。浪音郎。"

⑪师古曰："㟈音而遮反。"

⑫师古曰："斥，开也。远，广也。"

⑬师古曰："橅读曰摹，其字从木。"

⑭师古曰："流谓流风馀福。"

⑮师古曰："杀音所例反。"

⑯师古曰："言非常数，故云变也。"

⑰师古曰："太甲，汤之孙，太丁之子也。太戊，太庚之子，雍己之弟也。武丁，小乙之子。"

⑱师古曰："毋逸，尚书篇名。戒以无逸豫也。"

⑲师古曰："繇与由同也。"

⑳师古曰："召南甘棠之诗也。解巳在前。髯字与蔽同。茇音步葛反。"

歆又以为"礼，去事有杀，①故春秋外传曰：'日祭，月祀，时享，岁贡，终王。'祖祢则日祭，曾高则月祀，二祧则时享，坛墠则岁贡，②大禘则终王。③德盛而游广，亲亲之杀也；④弥远则弥尊，故禘为重矣。孙居王父之处，正昭穆，则孙常与祖相代，此迁庙之杀也。圣人于其祖，出于情矣，礼无所不顺，故无毁庙。⑤自贡禹建迭毁之议，惠、景及太上寝园废而为虚，⑥失礼意矣。"

①师古曰："去，除也。杀，渐也。去音丘吕反。杀音所例反。其下并同也。"

②张晏曰："去祧为坛。墠，扫地而祭也。"师古曰："祧是远祖也。筑土为坛，除地为墠。祧音他尧反。墠音善。"

③服虔曰："蛮夷，终王乃入助祭，各以其珍贡，以共大褅之祭也。"

师古曰："每一王终，新王即位，乃来助祭。"

④如淳曰："游亦流也。"

⑤晋灼曰："以情推子，以子况祖，得人心，礼何所违，故无毁弃不褅之主也。谓下三庙废而为虚者也。"

⑥师古曰："虚读曰墟。"

至平帝元始中，大司马王莽奏："本始元年丞相义等议，①谥孝宣皇帝亲曰悼园，置邑三百家，至元康元年，丞相相等奏，②父为士，子为天子，祭以天子，悼园宜称尊号曰'皇考'，立庙，益故奉园民满千六百家，以为县。臣愚以为皇考庙本不当立，累世奉之，非是。又孝文太后南陵、③孝昭太后云陵园，虽前以礼不复修，陵名未正。谨与大司徒晏等百四十七人议，皆曰孝宣皇帝以兄孙继统为孝昭皇帝后，以数，故孝元世以孝景皇帝及皇考庙亲未尽，不毁。此两统贰父，违于礼制。案义奏亲谥曰'悼'，裁置奉邑，皆应经义。相奏悼园称'皇考'，立庙，益民为县，违离祖统，乖缪本义。父为士，子为天子，祭以天子者，乃谓若虞舜、夏禹、殷汤、周文、汉之高祖受命而王者也，非谓继祖统为后者也。臣请皇高祖考庙奉明园毁勿修，④罢南陵、云陵为县。"奏可。

①师古曰："蔡义也。"

②师古曰："魏相也。"

③师古曰："在霸陵之南，故曰南陵。"

④张晏曰："奉明园，悼皇考园也。"

司徒掾班彪曰：①汉承亡秦绝学之后，祖宗之制因时施宜。自元、成后学者（番）〔蕃〕滋，②[15]贡禹毁宗庙，匡衡改郊兆，何武定三公，后皆数复，故纷纷不定。③何者？礼文缺微，古今异制，各为一家，未易可偏定也。考观诸儒之议，刘歆博而笃矣。

①师古曰："汉书诸赞，皆固所为。其有叔皮先论述者，（谓）固亦具显以示后人，而或者〔谓〕固窃盗父名，观此可以免矣。"[16]

②师古曰："蕃音扶元反。"

③师古曰："数音所角反。复音扶目反。"

【校勘记】

〔1〕 言欲正远人先从近〔亲〕始。 景祐、殿本都有"亲"字。

〔2〕 孟所居彭城东里名（日）〔也〕。 景祐、殿本都作"也"。王先谦说作"也"是。

〔3〕 而者，句（端）〔绝〕之辞。 殿本作"绝"，景祐本作"端"。

〔4〕 大鸿胪（奉）〔奏〕状， 景祐、殿本都作"奏"。王先谦说作"奏"是。

〔5〕 贰〔谓〕不一也， 景祐、殿本都有"谓"字。

〔6〕 非（吾）〔我〕所度， 景祐、殿本都作"我"。

〔7〕 言天（会）〔命〕无常，唯善是祐。 景祐、殿、局本都作"命"，此误。

〔8〕 便殿者，寝侧之（便）〔别〕殿耳。 景祐、殿本都作"别"。

〔9〕 十〔一〕月尝， 景祐、殿本都有"一"字。

〔10〕 此周颂雍篇（祖）〔禘〕太祖之诗也。 景祐、殿、局本都作"禘"。王先谦说作"禘"是。

〔11〕 （一）〔壹〕，一祭之也。 殿本作"壹"。王先谦说殿本是。

〔12〕 谨案上世帝王承祖祢之大（义）〔礼〕，　宋祁说越本作“礼”。钱大昭说闽本作“礼”。按景祐本作“礼”。

〔13〕 明继祖不（得）　〔复〕顾其私祖母也。　景祐、殿本都作“复”。

〔14〕 六艺，（之）〔六〕经也。　景祐本作“之”，殿本作“六”。王先谦说作“六”是。

〔15〕 自元、成后学者（番）〔蕃〕滋，　景祐、殿本都作“蕃”。王先谦说作“蕃”是。

〔16〕 其有叔皮先论述者，（谓）固亦具显以示后人，而或者〔谓〕固窃盗父名，观此可以免矣。　宋祁说，越本“谓”字在后“或者”下。刘攽说，“谓”字合在“或者”下。按景祐、局本都在“或者”下。

汉 书 卷 七 十 四

魏相丙吉传第四十四

　　魏相字弱翁，济阴定陶人也，①徙平陵。少学易，为郡卒史，举贤良，以对策高第，为茂陵令。顷之，御史大夫桑弘羊客诈称御史止传，②丞不以时谒，客怒缚丞。相疑其有奸，收捕，案致其罪，论弃客市，③茂陵大治。

　　①师古曰："说者谓相即魏无知之后，盖承浅近之书，为妄深矣。"

　　②师古曰："传谓县之传舍。"

　　③师古曰："杀之于市。"

　　后迁河南太守，禁止奸邪，豪强畏服。会丞相车千秋死，先是千秋子为雒阳武库令，自见失父，而相治郡严，恐久获罪，乃自免去。相使掾追呼之，遂不肯还。相独恨曰："大将军闻此令去官，必以为我用丞相死不能遇其子。使当世贵人非我，殆矣！"①武库令西至长安，大将军霍光果以责过相曰："幼主新立，以为<u>函谷</u>京师之固，<u>武库</u>精兵所聚，故以<u>丞相</u>弟为关都尉，子为武库令。今<u>河南</u>太守不深惟国家大策，②苟见<u>丞相</u>不在而斥逐其子，何浅薄也！"后人有告<u>相</u>贼杀不辜，事下有司。<u>河南</u>卒戍中都官者二三千人，③遮大将军，自言愿复留作一年以赎太守罪。<u>河南</u>老弱万馀人守关欲入上书，关吏以闻。大将军用武库令事，遂下<u>相</u>廷尉狱。④久系逾冬，会赦出。复有诏守<u>茂陵</u>令，迁<u>杨州</u>刺史。考案郡国守相，多所贬退。<u>相</u>与<u>丙吉</u>相善，时<u>吉</u>为光禄大夫，与<u>相</u>书曰："朝廷已深知<u>弱翁</u>（行治）〔治行〕，[1]方且大用矣。愿少慎事自重，臧器于身。"⑤<u>相</u>心善其言，为霁威严。⑥居部二岁，征为谏大夫，复为<u>河南</u>太守。

①师古曰："殆，危也。"

②师古曰："惟，思也。"

③师古曰："来京师诸官府为戍卒，若今卫士上番分守诸司。"

④师古曰："光心以武库令事嫌之，而下其贼杀不辜之狱也。"

⑤师古曰："<u>易下</u>系辞云：'君子臧器于身，待时而动。'言不显见其材能。"

⑥苏林曰："霁音限齐之齐。"臣瓒曰："此雨霁字也。霁，止也。"师古曰："二说皆是也。音才诣反，又音子诣反。"

数年，<u>宣帝</u>即位，征<u>相</u>入为大司农，迁御史大夫。四岁，大将军<u>霍光</u>薨，上思其功德，以其子<u>禹</u>为右将军，兄子乐平侯<u>山</u>复领尚书事。①<u>相</u>因平恩侯<u>许伯</u>奏封事，言："<u>春秋</u>讥世卿，恶<u>宋</u>三世为大夫，②及<u>鲁</u>季孙之专权，皆危乱国家。自后元以来，禄去王室，政繇冢宰。③今<u>光</u>死，子复为大将军，兄子秉枢机，昆弟诸婿据权势，在兵官。<u>光</u>夫人<u>显</u>及诸女皆通籍<u>长信宫</u>，④或夜诏门出入，骄奢放纵，恐寖不制。⑤宜有以损夺其权，破散阴谋，以固万世之基，全功臣之世。"又故事诸上书者皆为二封，署其一曰副，领尚书者先发副封，所言不善，屏去不奏。相复因许伯白，去副封以防雍蔽。⑥宣帝善之，诏相给事中，皆从其议。霍氏杀许后之谋始得上闻。乃罢其三侯，令就第，⑦亲属皆出补吏。于是韦贤以老病免，相遂代为丞相，封高平侯，食邑八百户。及霍氏怨相，又惮之，谋矫太后诏，先召斩丞相，然后废天子。事发觉，伏诛。宣帝始亲万机，厉精为治，练群臣，核名实，而相总领众职，甚称上意。

①师古曰："山者，去病之孙。今言兄子，此传误。"

②师古曰："解在五行志。"

③师古曰："縣与由同。"

④师古曰："通籍谓禁门之中皆有名籍，恣出入也。"

⑤师古曰："寖，渐也。不制，不可制御也。"

⑥师古曰："雍读曰壅。"

⑦师古曰："禹及云、山也。"

元康中，匈奴遣兵击汉屯田车师者，不能下。上与后将军赵充国等议，欲因匈奴衰弱，出兵击其右地，使不敢复扰西域。相上书谏曰："臣闻之，救乱诛暴，谓之义兵，兵义者王；敌加于己，不得已而起者，谓之应兵，兵应者胜；争恨小故，不忍愤怒者，谓之忿兵，兵忿者败；利人土地货宝者，谓之贪兵，兵贪者破；恃国家之大，矜民人之众，欲见威于敌者，谓之骄兵，兵骄者灭：此五者，非但人事，乃天道也。间者匈奴尝有善意，所得汉民辄奉归之，未有犯于边境，虽争屯田车师，不足致意中。今闻诸将军欲兴兵入其地，臣愚不知此兵何名者也。今边郡困乏，父子共犬羊之裘，食草莱之实，常恐不能自存，难于动兵。①
'军旅之后，必有凶年'，②言民以其愁苦之气，伤阴阳之和也。
出兵虽胜，犹有后忧，恐灾害之变因此以生。今郡国守相多不实
选，③风俗尤薄，水旱不时。案今年计，子弟杀父兄、妻杀夫者，
凡二百二十二人，臣愚以为此非小变也。今左右不忧此，④乃欲
发兵报纤介之忿于远夷，殆孔子所谓'吾恐季孙之忧不在颛臾而
在萧墙之内'也。⑤愿陛下与平昌侯、乐昌侯、平恩侯及有识者
详议乃可。"⑥上从（其）〔相〕言而止。[2]

①师古曰："不可以兵事动之。"

②师古曰："此引老子道经之言。"

③师古曰："言不得其人。"

④师古曰："左右谓近臣在天子左右者。"

⑤师古曰："论语季氏将伐颛臾，孔子谓冉有、季路曰：'吾恐季孙之
忧不在颛臾而在萧墙之内。'故相引之。颛臾，鲁附庸国。萧墙，屏
墙也，解在五行志。"

⑥师古曰："平昌侯王无故、乐昌侯王武，并帝之舅。平恩侯许伯，皇
太子外祖父也。"

相明易经，有师法，好观汉故事及便宜章奏，①以为古今异
制，方今务在奉行故事而已。数条汉兴已来国家便宜行事，及贤
臣贾谊、晁错、董仲舒等所言，奏请施行之，曰："臣闻明主在
上，贤辅在下，则君安虞而民和睦。②臣相幸得备位，不能奉明
法，广教化，理四方，以宣圣德。民多背本趋末，③或有饥寒之
色，为陛下之忧，臣相罪当万死。臣相知能浅薄，不明国家大
体，时用之宜，惟民终始，未得所繇。④窃伏观先帝圣德仁恩之
厚，勤劳天下，垂意黎庶，忧水旱之灾，为民贫穷发仓廪，赈乏

餧；⑤遣谏大夫博士巡行天下，⑥察风俗，举贤良，平冤狱，冠盖交道；⑦省诸用，宽租赋，弛山泽波池，⑧禁秣马酤酒贮积：⑨所以周急继困，慰安元元，便利百姓之道甚备。臣相不能悉陈，昧死奏故事诏书凡二十三事。臣谨案王法必本于农而务积聚，量入制用以备凶灾，⑩亡六年之畜，尚谓之急。⑪元鼎二年，平原、勃海、太山、东郡溥被灾害，⑫民饿死于道路。二千石不豫虑其难，使至于此，⑬赖明诏振捄，乃得蒙更生。⑭今岁不登，谷暴腾踊，⑮临秋收敛犹有乏者，至春恐甚，亡以相恤。西羌未平，师旅在外，兵革相乘，臣窃寒心，宜蚤图其备。⑯唯陛下留神元元，帅繇先帝盛德以抚海内。"⑰上施行其策。

①师古曰："既观国家故事，又观前人所奏便宜之章也。"

②师古曰："虞与娱同。"

③师古曰："本，农业也。末，商贾也。趋读曰趣。"

④师古曰："惟，思也。繇读与由同。由，从也，因也。"

⑤师古曰："餧，饿也，音乃贿反。"

⑥师古曰："行音下更反。"

⑦师古曰："言其往来不绝也。"

⑧师古曰："弛，放也，言不禁障之也。波音陂。"

⑨师古曰："秣，以粟米饲马也。酤酒者，糜费深也。贮积者，滞米粟也。"

⑩师古曰："谓视年岁之丰俭。"

⑪师古曰："畜读曰蓄。礼记王制云：'国无九年之蓄曰不足，无六年之蓄曰急，无三年之蓄曰国非其国也。'"

⑫师古曰："溥与普同。"

⑬师古曰："虑，思也。"

⑭师古曰："捄，古救字。"

⑮师古曰："价忽大贵也。"

⑯师古曰："蚤，古早字也。"

⑰师古曰："帅，循也。繇与由同。由，从也。"

又数表采易阴阳及明堂月令奏之，①曰："臣相幸得备员，奉职不修，不能宣广教化。阴阳未和，灾害未息，咎在臣等。臣闻易曰：'天地以顺动，故日月不过，四时不忒；圣王以顺动，故刑罚清而民服。'②天地变化，必繇阴阳，③阴阳之分，以日为纪。日冬夏至，则八风之序立，万物之性成，各有常职，不得相干。东方之神太昊，乘震执规司春；④南方之神炎帝，乘离执衡司夏；⑤西方之神少昊，乘兑执矩司秋；⑥北方之神颛顼，乘坎执权司冬；⑦中央之神黄帝，乘坤艮执绳司下土。⑧兹五帝所司，各有时也。东方之卦不可以治西方，南方之卦不可以治北方。春兴兑治则饥，秋兴震治则华，冬兴离治则泄，⑨夏兴坎治则雹。明王谨于尊天，慎于养人，故立羲和之官以乘四时，⑩节授民事。⑪君动静以道，奉顺阴阳，则日月光明，风雨时节，寒暑调和。三者得叙，则灾害不生，五谷熟，丝麻遂，⑫中木茂，鸟兽蕃，⑬民不夭疾，衣食有馀。若是，则君尊民说，上下亡怨，⑭政教不违，礼让可兴。夫风雨不时，则伤农桑；农桑伤，则民饥寒；饥寒在身，则亡廉耻，寇贼奸宄所繇生也。⑮臣愚以为阴阳者，王事之本，群生之命，自古贤圣未有不繇者也。天子之义，必纯取法天地，而观于先圣。高皇帝所述书天子所服第八⑯曰：'大谒者臣章受诏长乐宫，曰："令群臣议天子所服，以安治天下。"相国臣何、御史大夫臣昌⑰谨与将军臣陵、太子太傅臣通等议：⑱"春夏秋冬天子所服，当法天地之数，中得人和。故自天子王侯

汉书卷七十四

2712

有土之君，下及兆民，能法天地，顺四时，以治国家，身亡祸殃，年寿永究，⑲是奉宗庙安天下之大礼也。臣请法之。中谒者赵尧举春，⑳李舜举夏，兒汤举秋，贡禹举冬，㉑四人各职一时。"大谒者襄章奏，制曰："可。"'孝文皇帝时，以二月施恩惠于天下，赐孝弟力田及罢军卒，祠死事者，颇非时节。㉒御史大夫朝错时为太子家令，奏言其状。臣相伏念陛下恩泽甚厚，然而灾气未息，窃恐诏令有未合当时者也。愿陛下选明经通知阴阳者四人，各主一时，时至明言所职，以和阴阳，天下幸甚！"相数陈便宜，上纳用焉。

①师古曰："表为标明之。采，撮取也。"

②师古曰："豫卦象辞也。忒，差也。"

③师古曰："繇与由同。"

④张晏曰："木为仁，仁者生，生者圜，故为规。"

⑤张晏曰："火为礼，礼者齐，齐者平，故为衡。"

⑥张晏曰："金为义，义者成，成者方，故为矩。"

⑦张晏曰："水为智，智者谋，谋者重，故为权。"

⑧张晏曰："土为信，信者诚，诚者直，故为绳。"

⑨师古曰："天地之气不闭密也。"

⑩师古曰："乘，治也。"

⑪师古曰："各依其节而授以事。"

⑫师古曰："遂，成也。"

⑬师古曰："中，古草字。蕃，多也，音扶元反。"

⑭师古曰："说读曰悦。"

⑮师古曰："乱在外为奸，在内为宄。繇与由同。其下类此。"

⑯如淳曰："第八，天子衣服之制也，于施行诏书第八。"

⑰师古曰："萧何、周昌也。"

⑱师古曰："陵，王陵。通，叔孙通。"

⑲师古曰："究，竟也。"

⑳应劭曰："四时各举所施行政事。"服虔曰："主一时衣服礼物朝祭百事也。"师古曰："服说是也。"

㉑师古曰："高帝时自有一贡禹也。兒音五奚反。"

㉒师古曰："罢军卒，卒之疲于军事者也。罢音疲。一曰新从军而休罢者也，音薄蟹反。"

相敕掾史案事郡国及休告从家还至府，辄白四方异闻，或有逆贼风雨灾变，郡不上，相辄奏言之。时丙吉为御史大夫，同心辅政，上皆重之。相为人严毅，不如吉宽。视事九岁，神爵三年薨，谥曰宪侯。子弘嗣，甘露中有罪削爵为关内侯。①

①师古曰："弘坐骑至宗庙下，大不敬也。"

丙吉字少卿，鲁国人也。治律令，为鲁狱史。积功劳，稍迁至廷尉右监。坐法失官，归为州从事。武帝末，巫蛊事起，吉以故廷尉监征，①诏治巫蛊郡邸狱。时宣帝生数月，以皇曾孙坐卫太子事系，吉见而怜之。又心知太子无事实，重哀曾孙无辜，②吉择谨厚女徒，令保养曾孙，置闲燥处。③吉治巫蛊事，连岁不决。后元二年，武帝疾，往来长杨、五柞宫，④望气者言长安狱中有天子气，于是上遣使者分条中都官诏狱系者，⑤亡轻重一切皆杀之。内谒者令郭穰夜到郡邸狱，吉闭门拒使者不纳，曰："皇曾孙在。他人亡辜死者犹不可，况亲曾孙乎！"相守至天明不得入，穰还以闻，因劾奏吉。武帝亦寤，曰："天使之也。"

因赦天下。郡邸狱系者独赖吉得生，恩及四海矣。⑥曾孙病，几不全者数焉，⑦吉数敕保养乳母加致医药，视遇甚有恩惠，以私财物给其衣食。

①师古曰："被召诣京师。"

②师古曰："重音直用反。"

③师古曰："閒读曰闲。闲，宽静之处也。燥，高敞也。"

④师古曰："长杨、五柞宫并在盩厔，往来二宫之间。"

⑤师古曰："条谓疏录之。"

⑥师古曰："吉拒闭使者，天子感寤，乃普赦天下。其郡邸系狱者，既因吉得生，而赦宥之恩遂及四海也。"

⑦师古曰："几音钜依反。数音所角反。次下亦同。"

后吉为车骑将军军市令，迁大将军长史，霍光甚重之，入为光禄大夫给事中。昭帝崩，亡嗣，大将军光遣吉迎昌邑王贺。贺即位，以行淫乱废，光与车骑将军张安世诸大臣议所立，未定。吉奏记光曰："将军事孝武皇帝，受襁褓之属，任天下之寄，①孝昭皇帝早崩亡嗣，海内忧惧，欲亟闻嗣主。②发丧之日以大谊立后，③所立非其人，复以大谊废之，④天下莫不服焉。方今社稷宗庙群生之命在将军之壹举。窃伏听于众庶，察其所言，诸侯宗室在（列位）〔位列〕者，[3]未有所闻于民间也。而遗诏所养武帝曾孙名病已在掖庭外家者，⑤吉前使居郡邸时见其幼少，至今十八九矣，通经术，有美材，行安而节和。愿将军详大议，参以蓍龟，岂宜褒显，先使入侍，⑥令天下昭然知之，然后决定大策，天下幸甚！"光览其议，⑦遂尊立皇曾孙，遣宗正刘德与吉迎曾孙于掖庭。宣帝初即位，赐吉爵关内侯。

①师古曰："属音之欲反。"

②师古曰："亟，急也，音居力反。"

③师古曰："虽无嫡嗣，旁立支属，令宗庙有奉，故云大谊。"

④师古曰："恐危社稷，故废黜之。"

⑤苏林曰："外家犹言外人民家，不在宫中。"晋灼曰："出郡邸狱，归在外家史氏，后入掖庭耳。"师古曰："晋说是也。"

⑥师古曰："侍太后。"

⑦师古曰："省纳而用之。"

　　吉为人深厚，不伐善。自曾孙遭遇，吉绝口不道前恩，①故朝廷莫能明其功也。地节三年，立皇太子，吉为太子太傅，数月，迁御史大夫。及霍氏诛，上躬视政，省尚书事。是时，掖庭宫婢则令民夫上书，自陈尝有阿保之功。②章下掖庭令考问，则辞引使者丙吉知状。掖庭令将则诣御史府以视吉。③吉识，谓则曰："汝尝坐养皇曾孙不谨督笞，汝安得有功？④独渭城胡组、淮阳郭徵卿有恩耳。"分别奏组等共养劳苦状。⑤诏吉求组、徵卿，已死，有子孙，皆受厚赏。诏免则为庶人，赐钱十万。上亲见问，然后知吉有旧恩，而终不言。上大贤之，制诏丞相："朕微眇时，御史大夫吉与朕有旧恩，厥德茂焉。⑥诗不云虖：'亡德不报。'⑦其封吉为博阳侯，邑千三百户。"临当封，吉疾病，上将使人加绋而封之，及其生存也。⑧上忧吉疾不起，太子太傅夏侯胜曰："此未死也。臣闻有阴德者，必飨其乐以及子孙。今吉未获报而疾甚，非其死疾也。"后病果瘉。⑨吉上书固辞，自陈不宜以空名受赏。上报曰："朕之封君，非空名也，而君上书归侯印，是显朕之不德也。方今天下少事，君其专精神，省思虑，近医药，以自持。"后五岁，代魏相为丞相。

①师古曰："遭遇谓升大位也。"

②师古曰："谓未为宫婢时，有旧夫见在俗间者。"

③师古曰："视读曰示。"

④师古曰："督谓视察之。"

⑤师古曰："共音居用反。养音弋亮反。"

⑥师古曰："茂，美也。"

⑦师古曰："大雅抑之诗。"

⑧应劭曰："吉时病不能起，欲如君视疾，（如）〔加〕朝服拖绅，[4] 就封之也。"师古曰："绅，系印之组也，音弗也。"

⑨师古曰："瘉与愈同。"

吉本起狱法小吏，后学诗、礼，皆通大义。及居相位，上宽大，好礼让。掾史有罪臧，不称职，辄予长休告，①终无所案验。客或谓吉曰："君侯为汉相，奸吏成其私，然无所惩艾。"②吉曰："夫以三公之府有案吏之名，吾窃陋焉。"后人代吉，因以为故事，公府不案吏，自吉始。

①师古曰："长给休假，令其去职也。"

②师古曰："艾读曰乂。"

于官属掾史，务掩过扬善。吉驭吏耆酒，数逋荡，①尝从吉出，醉欧丞相车上。②西曹主吏白欲斥之，③吉曰："以醉饱之失去士，使此人将复何所容？④西曹地忍之，⑤此不过污丞相车茵耳。"⑥遂不去也。此驭吏边郡人，习知边塞发奔命警备事，⑦尝出，适见驿骑持赤白囊，边郡发奔命书驰来至。驭吏因随驿骑至公车刺取，⑧知虏入云中、代郡，遽归府见吉白状，⑨因曰："恐虏所入边郡，二千石长吏有老病不任兵马者，宜可豫视。"吉善其言，召东曹案边长吏，琐科条其人。⑩未已，诏召丞相、御史，问以虏所入郡吏，吉具对。御史大夫卒遽不能详知，⑪以得谴让。⑫而吉见谓忧边思职，驭吏力也。吉乃叹曰："士亡不可容，能各有所长。向使丞相不先闻驭吏言，何见劳勉之有？"掾史繇是益贤吉。⑬

①师古曰："遺，亡也。荡，放也。谓亡其所供之职而游放也。耆读曰嗜。"

②师古曰："欧，吐也，音一口反。"

③师古曰："斥，弃逐。"

④师古曰："言无所容身也。"

⑤李奇曰："地犹第也。"师古曰："地亦但也，语声之急也。"

⑥师古曰："茵，蓐也，音因。"

⑦师古曰："犇，古奔字也。有命则奔赴之，言应速也。"

⑧师古曰："刺谓探候之也。"

⑨师古曰："遽，速也。"

⑩张晏曰："琐，录也。欲科条其人老少及所经历，知其本以文武进也。"

⑪师古曰："卒读曰猝。"

⑫师古曰："让，责也。"

⑬师古曰："繇与由同。"

吉又尝出，逢清道群斗者，死伤横道，①吉过之不问，掾史独怪之。吉前行，逢人逐牛，牛喘吐舌。②吉止驻，使骑吏问："逐牛行几里矣？"掾史独谓丞相前后失问，或以讥吉，吉曰："民斗相杀伤，长安令、京兆尹职所当禁备逐捕，岁竟丞相课其殿最，奏行赏罚而已。宰相不亲小事，非所当于道路问也。方春少阳用事，未可大热，③恐牛近行，用暑故喘，此时气失节，恐

有所伤害也。三公典调和阴阳，职（所）当忧，[5]是以问之。"掾
史乃服，以吉知大体。

①李奇曰："清道时反群斗也。"师古曰："清道，谓天子当出，或有斋
　祠，先令道路清净。"

②师古曰："喘，急息，音昌兖反。"

③师古曰："少音式邵反。"

五凤三年春，吉病笃。上自临问吉，曰："君即有不讳，谁
可以自代者？"①吉辞谢曰："群臣行能，明主所知，愚臣无所能
识。"上固问，吉顿首曰："西河太守杜延年明于法度，晓国家
故事，前为九卿十馀年，今在郡治有能名。廷尉于定国执宪详
平，天下自以不冤。太仆陈万年事后母孝，惇厚备于行止。此三
人能皆在臣右，唯上察之。"上以吉言皆是而许焉。及吉薨，御
史大夫黄霸为丞相，征西河太守杜延年为御史大夫，会其年老，
乞骸骨，病免。以廷尉于定国代为御史大夫。黄霸薨，而定国为
丞相，太仆陈万年代定国为御史大夫，居位皆称职，上称吉为
知人。

①师古曰："不讳，言死不可复言也。"

吉薨，谥曰定侯。子显嗣，甘露中有罪削爵为关内侯，官至
卫尉太仆。始显少为诸曹，尝从祠高庙，至夕牲日，乃使出取斋
衣。①丞相吉大怒，谓其夫人曰："宗庙至重，而显不敬慎，亡吾
爵者必显也。"夫人为言，然后乃已。②吉中子禹为水衡都尉，少
子高为中垒校尉。

①师古曰："未祭一日，其夕展视牲具，谓之夕牲。"

②师古曰："免其罪罚也。"

元帝时，长安士伍尊上书，①言"臣少时为郡邸小吏，窃见孝宣皇帝以皇曾孙在郡邸狱。是时治狱使者丙吉见皇曾孙遭离无辜，吉仁心感动，涕泣悽恻，选择复作胡组养视皇孙，吉常从。臣尊日再侍卧庭上。②后遭条狱之诏，吉扞拒大难，不避严刑峻法。既遭大赦，吉谓守丞谁如，皇孙不当在官，③使谁如移书京兆尹，遣与胡组俱送京兆尹，不受，复还。及组日满当去，皇孙思慕，吉以私钱顾组，令留与郭徵卿并养数月，乃遣组去。后少内啬夫白吉曰：'食皇孙亡诏令。'④时吉得食米肉，月月以给皇孙。吉即时病，⑤辄使臣尊朝夕请问皇孙，视省席蓐燥湿。候伺组、徵卿，不得令晨夜去皇孙敖盪，⑥数奏甘毳食物。⑦所以拥全神灵，成育圣躬，功德已亡量矣。时岂豫知天下之福，而徼其报哉！⑧诚其仁恩内结于心也。虽介之推割肌以存君，不足（比也）〔以比〕。⑨〔6〕孝宣皇帝时，臣上书言状，幸得下吉，吉谦让不敢自伐，删去臣辞，⑩专归美于组、徵卿。组、徵卿皆以受田宅赐钱，吉封为博阳侯。臣尊不得比组、徵卿。臣年老居贫，死在旦暮，欲终不言，恐使有功不著。吉子显坐微文夺爵为关内侯，臣愚以为宜复其爵邑，⑪以报先人功德。"先是显为太仆十馀年，与官属大为奸利，臧千馀万，司隶校尉昌案劾，罪至不道，奏请逮捕。上曰："故丞相吉有旧恩，朕不忍绝。"免显官，夺邑四百户。后复以为城门校尉。显卒，子昌嗣爵关内侯。

①师古曰："先尝有爵，经夺免之，而与士卒为伍，故称士伍。其人名尊。"

②师古曰："郡邸之庭也。侍谓参省之也。时皇孙孩弱，常在襁褓，故指言卧也。"

③孟康曰："郡守丞也，来诣京师邸治狱，姓谁名如。言皇孙不当在狱

官，宜属郡县也。"文颖曰："不当在郡邸官也。"师古曰："守丞者，守狱官之丞耳，非郡丞也。谁如者，其人名，不作谯字，言姓，又非也。"

④师古曰："少内，掖庭主府臧之官也。食读曰饲。诏令无文，无从得其廪具也。"

⑤师古曰："有病时也。"

⑥师古曰："去，离也。敖，游戏也。潒，放也。潒读与荡同。"

⑦师古曰："奏，进也。毳读与脆同。"

⑧师古曰："缴，要也，音工尧反。"

⑨师古曰："韩诗外传云：'晋公子重耳之亡也，过曹，里凫须以从，因盗其资而逃。重耳无粮，馁不能行，介子推割其股肉以食重耳，然后能行也。'"

⑩师古曰："删，削也。"

⑪师古曰："复音防目反。"

　　成帝时，修废功，以吉旧恩尤重，鸿嘉元年制诏丞相御史："盖闻褒功德，继绝统，所以重宗庙，广贤圣之路也。故博阳侯吉以旧恩有功而封，今其祀绝，朕甚怜之。夫善善及子孙，古今之通谊也，其封吉孙中郎将关内侯昌为博阳侯，奉吉后。"国绝三十二岁复续云。昌传子至孙，王莽时乃绝。

　　赞曰：古之制名，必繇象类，①远取诸物，近取诸身。故经谓君为元首，臣为股肱，②明其一体，相待而成也。是故君臣相配，古今常道，自然之势也。近观汉相，高祖开基，萧、曹为冠，③孝宣中兴，丙、魏有声。是时黜陟有序，众职修理，公卿多称其位，④海内兴于礼让。览其行事，岂虚誉哉！⑤

①师古曰：“繇与由同。”

②师古曰：“谓虞书益稷云'元首明哉，股肱良哉'也。”

③师古曰：“名位在众臣之上。”

④师古曰：“称，副也。”

⑤师古曰：“言君明臣贤，所以致治，非徒然也。”

【校勘记】

〔1〕 朝廷已深知弱翁 (行治) 〔治行〕， 景祐、殿本都作“治行”。
　　　王先谦说作“治行”是。

〔2〕 上从 (其) 〔相〕言而止。 景祐、殿本都作“相”。

〔3〕 诸侯宗室在 (列位) 〔位列〕者， 景祐、殿本都作“位列”。

〔4〕 (如) 〔加〕朝服拖绅， 景祐、殿本都作“加”。

〔5〕 三公典调和阴阳职 (所) 当忧， 景祐、殿本都无“所”字。

〔6〕 虽介之推割肌以存君，不足 (比也) 〔以比〕。 景祐、殿本都作
　　　“以比”。